그림으로 더 쉽게~ **Do it!** 자바!

KB168434

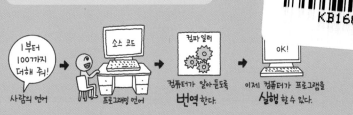

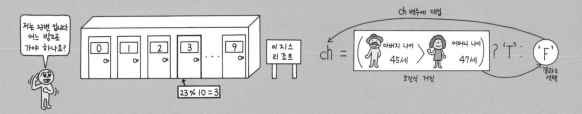

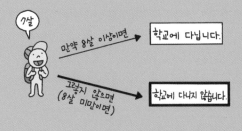

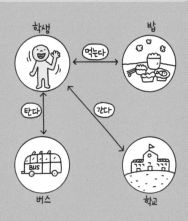

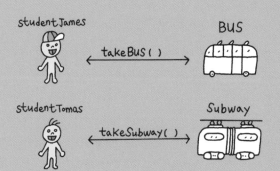

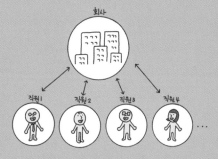

07 · 배열과 ArrayList

08 · 상속과 다형성

09 · 추상 클래스

10 · 인터페이스

11 · 기본 클래스

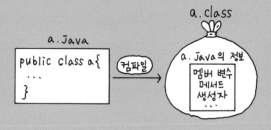

15 · 자바 입출력

세상의 속도를
따라잡고 싶다면

Do it!

개발 10년, 강의 10년! 명강사의 기초 튼튼 코딩 밥상!

자바 프로그래밍 입문

135개 그림! 실전 예제! 자바 기본 문법은 이 책 한 권으로 OK!
문과생도 중학생도 쉽게 배운다!

박은종 지음

이지스 퍼블리싱

세상의 속도를 따라잡고 싶다면 **Do it!**
변화의 속도를 즐기게 됩니다.

Do it!
자바 프로그래밍 입문

초판 발행 • 2018년 8월 6일
초판 14쇄 • 2024년 10월 30일

지은이 • 박은종
펴낸이 • 이지연
펴낸곳 • 이지스퍼블리싱(주)
출판사 등록번호 • 제313-2010-123호
주소 • 서울특별시 마포구 잔다리로 109 이지스 빌딩 3층(우편번호 04003)
대표 전화 • 02-325-1722 / **팩스** • 02-326-1723
홈페이지 • www.easyspub.co.kr | **페이스북** • www.facebook.com/easyspub
Do it! 스터디룸 카페 • cafe.naver.com/doitstudyroom | **인스타그램** • instagram.com/easyspub_it

총괄 • 최윤미 | **기획 및 책임편집** • 홍연의 | **IT2팀** • 신지윤, 이소연, 정유민 | **기술검토** • 조영호
교정교열 • 오유진 | **표지 및 본문 디자인** • 트인글터 | **삽화** • 김학수 | **인쇄** • 보광문화사
마케팅 • 권정하 | **독자지원** • 박애림, 김수경 | **영업 및 교재 문의** • 이주동, 김요한(support@easyspub.co.kr)

• '세상의 속도를 따라잡고 싶다면 Do it!'은 출원 중인 상표명입니다.
• 잘못된 책은 구입한 서점에서 바꿔 드립니다.
• 이 책에 실린 모든 내용, 디자인, 이미지, 편집 구성에 대한 판면권과 저작권은 이지스퍼블리싱(주)와
  지은이에게 있습니다.

 이 책을 저작권자의 허락 없이 무단 복제 및 전재(복사, 스캔, PDF 파일 공유)하면 저작권법
제136조에 따라 5년 이하의 징역 또는 5천만 원 이하의 벌금을 부과할 수 있습니다. 무단 게
재나 불법 스캔본 등을 발견하면 출판사나 한국저작권보호원에 신고해 주십시오(불법 복제
신고 https://www.copy112.or.kr).

ISBN 979-11-6303-019-5 13000
가격 25,000원

노력을 이기는 재능은 없고
노력을 외면하는 결과도 없다.

이창호 9단

국내 IT 업계 사용률 1위 언어 자바,
'헉' 소리 나게 공부하지 말고 '똑' 소리 나게 시작하세요!

자바가 세상에 나온 지 20년이 넘었습니다. 많은 언어가 역사 속에서 탄생하고 사라졌지만, 자바는 시대에 맞게 변화하고 발전하면서 프로그래밍 언어에서 상위*를 굳건하게 지키고 있습니다. 여러분이 프로그래머의 꿈을 키우고 있다면 자바는 반드시 배워야 하는 필수 언어입니다.

10년은 현업에서, 또 다른 10년은 수백 명의 학생들과 부대낀 경험을 책에 녹여냈습니다.
이 책은 자바로 프로그래밍을 배우기 시작하는 분들을 위해 썼습니다. 프로그래밍 공부를 시작할 때 프로그래밍 개념을 정확히 이해하는 것은 매우 중요합니다. 필자는 오랜 시간 현업에서 자바, C++ 개발자로 근무한 후 자바, 모바일, 웹 분야의 강의를 계속 해 왔습니다. 사실 처음 강의를 시작할 때만 해도 '학생들이 왜 이해하지 못하는 걸까?'라는 생각을 했습니다. 하지만 NHN NEXT와 대학에서 비전공자들에게 강의를 해보니 이 생각은 '당연히 모를 수밖에 없지!'로 바뀌었습니다. 실무자들이 쓰는 어렵고 축약된 용어를 비전공 왕초보가 어떻게 알아들을 수 있을까요? 모르는 게 당연하다는 걸 깨달은 순간 초보자에게 장벽이 될 수 있는 용어보다 쉬운 말로 풀어서 설명하는 연습을 꾸준히 했습니다. 이 책은 그러한 제 노력의 결과물입니다. 프로그래밍을 처음 시작하는 분들도 술술 읽어 나갈 수 있을 겁니다.

열 줄 문법은 알아도 한 줄 코드는 못 쓴다? 손이 자바를 기억하게 하는 실전형 예제!
자바를 공부하려고 마음먹은 초보자들은 방대한 자바 문법에 지레 겁먹을 수도 있습니다. 하지만 중요도가 낮은 문법까지 머리 싸매고 외우는 건 시간 낭비입니다. 이 책은 자바에 입문하는 여러분을 위해 필자의 20년 경험을 살려 우선순위가 높은 문법을 골라 담았습니다.

또한 이 책은 아무 의미 없이 단순히 자바 문법을 외우기 위해 만든 예제를 최대한 지양했습니다. 이러한 예제로 문법을 익히더라도 그 문법을 어떻게 사용하는지 몰라서 키보드에 손가락 하나 움직이지 못하는 학생들을 많이 봐 왔습니다. 이 책은 여러분의 머릿속에 자바 문법이 한 번이라도 더 기억될 수 있도록 친숙한 실생활 예제를 중심으로 다루었고, 간단하지만 자바의 쓰임을 잘 살려 현업에서 자바가 어떻게 쓰이는지 미리 경험할 수 있도록 구성했습니다. 기본 예제부터 실전 예제까지 직접 실습하다 보면 어느새 손이 자바를 기억하고 있을 것입니다.

---

* 출처 : TIOBE Index for June 2021(www.tiobe.com/tiobe-index/)

오늘 공부한 개념, 다음 학기에도 머리에 남도록 설계했습니다.

이 책에는 자바 문법을 반복해서 익힐 수 있는 여러 장치를 마련해 두었습니다. 우선 책의 설명을 하나하나 꼼꼼하게 읽고 '코딩해 보세요'의 코드를 직접 입력합니다. 눈으로만 보고 이해해서는 절대 코딩 실력을 향상시킬 수 없습니다. 출력 내용이나 결과에 대한 설명을 잘 이해해 봅니다. 그리고 '1분 복습' 코너에서 바로 전에 배운 내용을 간단히 복습해 봅니다. '나 혼자 코딩'에서는 앞에서 배운 내용을 바탕으로 비슷한 수준의 다른 예를 스스로 구현해 봅니다. 한 장을 공부하고 나면 그 장에서 반드시 기억해야 할 부분을 '연습 문제'를 통해 익혀서 나만의 지식으로 남길 수 있습니다.

집필을 마치며…

NHN NEXT에서 강의를 마무리하며 더욱 많은 분들이 자바를 학습하는 데 도움이 되고 싶다는 마음에 책을 쓰기 시작했습니다. 책을 쓰는 사이 사계절이 흐르고 대학과 기업에 여러 강의를 다니느라 시간 조율이 어려웠던 부분도 있었습니다. 무식하면 용감하다고 의욕 넘치게 도전했는데, 책으로 기술을 전달한다는 건 생각보다 많은 노력이 필요한 작업이었습니다. 그래도 많은 분들의 도움으로 드디어 책이 세상과 만나게 되었습니다.

책을 쓰는 내내 같이 고민해 준 열정적인 홍연의 편집자님께 감사드립니다. 좋은 기회를 주신 이지스퍼블리싱 이지연 대표님께도 감사드립니다. 원고를 처음부터 끝까지 꼼꼼히 리뷰해 주신 조영호 님께도 감사드립니다. 몇 년을 함께한, 지금은 과거가 된 NHN NEXT에서의 모든 인연들에게도 감사 인사를 전합니다. 무엇보다 가장 큰 힘이 되는 가족에게 고맙습니다. 평생 네 자녀를 사랑과 희생으로 키워 주신 하늘에 계신 아버지와 일하는 딸의 아이들을 봐 주시느라 아프고 고생하신 어머니 임두심 여사님, 앞으로 항상 건강하시길 바랍니다. 마지막으로 이 세상에서 가장 사랑하는 세 남자, 어설픈 아내를 늘 곁에서 지켜 주는 든든한 남편 안재용 씨와 바쁜 엄마를 이해해 주고 멋지게 자라고 있는 두 아들 연수와 승연이에게 이 책을 바칩니다.

박은종 드림
eunjong.park@gmail.com

20년 경력 자바 장인이 초보자를 위해
잘 골라 차려 놓았습니다!

입문자의 어려움이 괴로움으로 바뀌는 지점을 잘 알고 있는 저자의 노하우를 만나 보세요.
세상에 수많은 자바 책이 있지만 이 책은 강력하게 추천할 수 있습니다. 저자가 박은종 선생님이기 때문입니다. 박은종 선생님은 NHN NEXT를 만드는 과정에서 만나 학생들 지도를 부탁드리고 국민대학교 소프트웨어학부로 옮긴 이후 자바 기초, 응용, 모바일 프로그래밍 강의까지 요청했을 만큼, 학생들이 처음 자바를 배울 때 느끼는 어려움과 그 어려움이 괴로움으로 바뀌는 지점을 아주 잘 아시는 분입니다.

박은종 선생님은 이 책이 자바를 처음 배우는 초보자용이라고 하셨습니다. 책의 몇 문단을 읽어 보고 이보다 더 친절하게 쓰기는 쉽지 않겠다고 느꼈고, 한 장을 읽고 나서는 이미 자바에 익숙한 학생이나 개발자들도 느긋하게 다시 이 책을 읽어 보면 좋겠다는 생각이 들었습니다. 이 책은 다른 자바 책들이 대충 넘어간 많은 개념을 쉽고 명확하게 설명하기 때문에, 여러 프로젝트를 진행하면서 경험한 단편적 느낌을 '아하, 이래서 그랬었구나!' 하면서 체화할 수 있는 기회를 제공합니다. 그래서 이 책은 처음 배울 때 보고 나중에도 펼쳐 볼 이유가 있는, 소장 가치가 높은 책이라고 자신할 수 있습니다.

요즘에는 기술도 변하고, 표준도 변하고, 개발자들의 관심도 빠르게 변합니다. 책을 쓰는 것도 어렵지만 변화하는 세상에서 책의 가치를 유지하기는 더욱 어렵습니다. 일단 책을 쓰셨으니 아마 많은 후속 작업이 기다리고 있을 것입니다. 박은종 선생님은 이 책을 계기로 미래의 개발자들을 더 도와주기로 약속하셨습니다. 이 책이 자바를 배우려는 분들에게 큰 사랑을 받아서, 박은종 선생님이 나를 만날 때마다 소고기를 사 줄 수 있을 것이라고 확신합니다.

국민대학교 소프트웨어학부 이민석 교수

소설 책 읽듯이 술술 읽히는 자바! 프로그래밍 자신감을 키워 줍니다.
이 책을 보는 순간 처음 드는 생각은 '또 자바 기본서야?'였다. 맞다. 또 한 권의 자바 기본서이다. 목차를 보면 기존의 자바 기본서와 다른 점이 없어 보인다. 다른 기본서가 다루고 있는 모든 내용을 똑같이 다루고 있다. 하나 다른 점이 있다면 프로그래밍을 시작하는 사람들이 읽기 쉽게 쓰였다는 것이다. 내용을 이해하는 것과 읽기 쉬운 것은 다르다. 대부분의 자바 기본서는 책을 읽어 내려가는 것 자체가 힘든 경우가 많은데 이 책은 소설 책 읽듯이 술술 읽힌다. 나는 책이 끊김 없이 읽혀야 이해하는 단계로 넘어갈 수 있는 자신감이 생긴다고 생각한다. 이 하나의 다름이 바로 이 책을 읽어야 하는 이유이다.

넥스트스텝 대표 박재성

자바 프로그래머를 꿈꾸는 분들에게 걱정 없이, 마음 편히 추천해 줄 수 있는 책!

책의 검토를 마무리하고 어떤 말로 추천사를 시작할지 생각을 정리하다 보니 자연스럽게 자바를 처음 만났던 때의 기억이 떠오르더군요. JDK 버전이 1.1에 머물러 있던 시절의 자바는 놀랍도록 직관적이고도 단순한 언어였습니다. 너무 단순해서 투박하다는 생각이 들 정도였죠. 하지만 그런 제 생각을 비웃듯이 자바는 지속적인 변화와 성장을 거듭하며 20년이 넘는 긴 시간 동안 개발 언어의 주도권 쟁탈전에서 항상 우위를 점해 왔습니다. 사실 지금의 자바는 옛 C++를 떠올릴 정도로 복잡합니다. 그만큼 표현력은 더 풍부해졌으며 JDK가 제공하는 라이브러리 양은 방대해졌습니다. 그러다 보니 한 가지 걱정거리가 생겼죠. 프로그래밍에 입문하는 분들이 배우기에 자바라는 언어가 너무 어려워진 것은 아닐까? 자바가 프로그래밍 입문자들에게 적절한 언어이기는 한 걸까? 하지만 이제 그 걱정을 조금은 덜어도 될 것 같습니다. **프로그래머의 꿈을 품은 분들에게 마음 편히 추천해 줄 책이 한 권 생겼기 때문**입니다. 여러분이 보고 계신 바로 이 책입니다.

이 책의 가장 큰 장점은 분량이 적다는 것입니다. 이 책은 처음 언어를 배울 때 자칫 압도당할 수 있는 복잡한 내용을 과감히 생략하였고 **가장 많이 사용되고 반드시 알아야 하는 핵심 내용에 집중**하고 있습니다. 두 번째 장점은 프로그래밍에 처음 입문하는 사람도 쉽게 이해할 수 있도록 쉽게 구성되어 있다는 것입니다. **비유는 직관적이고 수록된 예제는 적절한 난이도를 유지**하고 있습니다. 자바와 직접 연관이 없지만 **프로그래머로서 알아 두면 좋을 만한 다양한 지식과 정보를 넘치지 않을 정도로 제공한다는 것 역시 이 책이 가지고 있는 미덕**이라고 생각합니다.

현재의 자바는 어렵고 복잡합니다. 하지만 자바가 복잡하다고 해서 자바를 학습하는 과정까지 어렵고 복잡해야 할 필요는 없습니다. 자바를 배우는 과정은 충분히 쉽고 재미있을 수 있습니다. 저는 이 책이 자바를 재미있게 배울 수 있도록 도와줄 수 있다고 생각합니다. 자바를 처음 만났던 시절의 자바가 풍기던 단순함과 소박함을 다시 떠올리게 만들 정도로 이 책의 설명은 쉽고 담백합니다. 여러분은 어떨까요? 이 책을 통해 여러분이 만나게 될 첫 번째 자바가 궁금합니다.

《객체 지향의 사실과 오해》 저자 **조영호**

"이 책으로 시작하면 함께 일하고 싶은 개발자가 됩니다."

— 저자의 강의로 프로그래밍을 시작하고 실무에서 일하고 있는 개발자들의 한마디!

저자의 실제 강의를 들으며 프로그래밍 언어를 익혔던 사람으로서 이 책이 세상에 나와 많은 사람들에게 도움을 줄 생각을 하니 기쁩니다. 저자는 20년 이상 자바를 다룬 분입니다. 경험에서 우러나오는 설명은 입문자가 좋은 개발자가 되는 데 도움을 줍니다. 초보자가 실수하기 쉬운 부분을 미리 알려 주고, 가독성이 좋은 코드란 무엇인지 함께 고민하는 시간을 갖기도 합니다. 저는 이 책이 현재 시중에 파는 책 중 최고의 자바 입문서라고 감히 말할 수 있습니다.

카카오페이지 이규원

객체 지향 프로그래밍 언어를 배우면 호기심이 생깁니다. 왜 이런 개념을 만들었는지, 어떤 장점이 있는지, 원리는 무엇인지 궁금해집니다. 저자는 수년간 학생들에게 받아온 그런 질문을 모두 녹여 적절한 예시로 설명합니다. 책 속의 예시를 따라가다 보면 어느 순간 연결되는 객체 지향의 철학에 감동하게 됩니다. 이와 더불어 적절한 수준의 연습 문제는 배운 내용을 더 깊이 있게 이해하도록 도와줍니다. 자바의 기초와 함께 객체 지향 철학까지 잡고 싶은 분들께 추천합니다.

xSync CSO 최원영

책을 읽다가 교수님께 '가상 메서드'와 '다형성'에 대해 배울 때 눈이 번쩍 뜨인 순간이 기억났습니다. 교수님 강의 특유의 깔끔함이 책에 잘 녹아 있어서, 자바를 어렴풋이 알고 있지만 자신 없고 헷갈리는 분들에게 특히 좋을 듯합니다. 기본 단어부터 개념, 구현까지 차근차근 쌓아나갈 수 있으므로 자바를 처음 시작하는 분도 편하게 읽을 수 있습니다.

네이버 정희수

중학생, 고등학생, 대학생, 대학원생까지 모두 다 Do it!
— 이 책을 먼저 읽어 본 베타테스터의 한마디!

어려운 용어로 설명한 것이 아닌 초등학생도 이해할 수 있는 쉬운 단어로 설명하여 내용을 이해하는 데 문제가 없었습니다. 제가 정보 올림피아드를 준비하며 잘 몰랐던 개념도 책을 보며 이해하게 되었습니다.

당하중학교 3학년 이상원

이 책은 제가 뭘 궁금해하는지 미리 알아차려서 〈한 걸음 더!〉 코너에서 알려 줍니다. 그래서 구글링에 시간을 쓸 필요가 없어서 좋았습니다. 이해하기 어려운 개념은 그림으로 설명해 주기 때문에 쉽게 이해할 수 있었습니다.

한세사이버보안고 3학년 김재관

자바라는 언어를 처음 접해 혼자서 잘 이해할 수 있을까 걱정했습니다. 하지만 모르는 단어나 미처 생각하지 못하고 지나갈 내용을 따로 찾을 필요 없이 책의 흐름대로만 공부하다 보면 어느새 다 이해할 수 있었습니다.

컴퓨터공학과 2학년 이한별

책의 글꼴이나 배치가 쉽게 되어 있어서 소설책을 읽듯 잘 넘겼습니다. 또 설치 과정이나 프로그램 실행에 대한 이해를 도와주는 사진 및 그림 자료가 많아서 실습을 쉽게 진행했어요.

컴퓨터공학과 석사 과정 서현지

예제 다운로드 안내 — 깃허브 또는 이지스퍼블리싱 홈페이지 자료실

이 책의 모든 예제 코드는 저자의 깃허브(github.com/easyspubjava/JAVA_LAB)에서 확인할 수 있습니다. 깃허브에 익숙하지 않은 분들은 이지스퍼블리싱 홈페이지(www.easyspub.co.kr) 자료실에서 다운로드할 수 있습니다.

- First : 첫 번째 프로젝트
- Chapter00 : 각 장의 '코딩해 보세요'
- Exercise : 연습 문제
- OneMinute : 1분 복습
- Alone : 나 혼자 코딩!
- StudentGrade, StudentInfo, StudentInfoUpgrade : 최종 프로젝트

저자 동영상 강의 — 이지스퍼블리싱 유튜브 채널 또는 인프런 사이트

혼자 공부하더라도 방향을 잃지 않도록 이지스퍼블리싱 유튜브 채널(youtube.com/easyspub)에서 저자의 동영상 강의를 무료로 제공합니다! 각 장을 소개하는 동영상 강의를 보며 여러분만의 목표를 세워 학습하세요.

저자 블로그 — 더 많은 자바 정보를 얻고 싶다면?

이 책은 입문자들이 자바를 시작하기 위해 반드시 알아야 하는 개념을 소개합니다. 만약 자바에 대해 더 자세하게 공부해 보고 싶다면 저자의 블로그(blog.naver.com/bell01)를 방문해 보세요. 더 많은 자바 정보와 연습 문제 등을 제공합니다!

별도의 프로그램 설치 없이 실습 결과를 확인하고 싶다면?

온라인 코딩 교육 플랫폼인 엘리스(https://academy.elice.io)에서 별도의 프로그램 설치 없이 내가 짠 코드의 결과를 확인할 수 있습니다. 책과 동일한 과정으로 실습하고 싶다면 개인 PC에 직접 프로그램을 설치해서 진행하기를 권장합니다.

- **실습 방법**: 회원가입/로그인 → 상단 '돋보기' 아이콘 → 'Do it! 자바 프로그래밍 입문' 찾기

초보자 30일 코스

프로그래밍 경험이 없는 분들에게는 자바를 꼼꼼히 공부할 수 있는 하루 2시간 30일 코스를 추천합니다. 책에 나오는 소스 코드를 눈으로만 읽지 말고 반드시 하나하나 직접 실습해 보세요!

1일차 | 월 일	2일차 | 월 일	3일차 | 월 일	4일차 | 월 일	5일차 | 월 일
01장	02-1~02-2	02-3~02-4	02-5 ~02장 연습문제	03-1
6일차 | 월 일	**7일차 | 월 일**	**8일차 | 월 일**	**9일차 | 월 일**	**10일차 | 월 일**
03-2 ~03장 연습문제	04-1	04-2 ~04장 연습문제	05-1~05-3	05-4~05-5
11일차 | 월 일	**12일차 | 월 일**	**13일차 | 월 일**	**14일차 | 월 일**	**15일차 | 월 일**
05-6 ~05장 연습문제	06-1~06-3	06-4 ~06장 연습문제	07-1~07-2	07-3 ~07장 연습문제
16일차 | 월 일	**17일차 | 월 일**	**18일차 | 월 일**	**19일차 | 월 일**	**20일차 | 월 일**
08-1~08-2	08-3~08-4	08-5 ~08장 연습문제	09-1~09-3	09-4 ~09장 연습문제
21일차 | 월 일	**22일차 | 월 일**	**23일차 | 월 일**	**24일차 | 월 일**	**25일차 | 월 일**
10-1~10-3	10-4 ~10장 연습문제	11장	12-1~12-3	12-4 ~12장 연습문제
26일차 | 월 일	**27일차 | 월 일**	**28일차 | 월 일**	**29일차 | 월 일**	**30일차 | 월 일**
13-1~13-2	13-3 ~13장 연습문제	14장	15-1~15-4	15-5 ~15장 연습문제

모든 코스를 마무리하고 최종 프로젝트에 도전해 보세요!

중급자 15일 코스

다른 프로그래밍 언어를 사용해 본 경험이 있다면 조금 속도를 내어 15일 코스로 공부해 보세요. 기초 문법을 다루는 첫째마당까지는 가벼운 마음으로 훑어 봐도 좋습니다.

1일차 | 월 일	2일차 | 월 일	3일차 | 월 일	4일차 | 월 일	5일차 | 월 일
01장~02-3	02-4~04장	05장	06장	07장
6일차 | 월 일	**7일차 | 월 일**	**8일차 | 월 일**	**9일차 | 월 일**	**10일차 | 월 일**
08장	09장	10장	11장	12-1~12-3
11일차 | 월 일	**12일차 | 월 일**	**13일차 | 월 일**	**14일차 | 월 일**	**15일차 | 월 일**
12-4 ~12장 연습문제	13장	14장	15-1~15-3	15-5 ~15장 연습문제

나만의
진도표
만들기

권장 진도표를 참고하여 여러분만의 진도표를 만들어 보세요! 혼자 공부하기
가 막막하다면 Do it! 스터디 룸 카페(cafe.naver.com/doitstudyroom)를 방
문해 여러분이 작성한 학습 계획표를 올리고 이 책을 공부하는 사람들을 만나
보세요. 책을 공부하다가 궁금한 점에 대해 서로 의견을 공유할 수 있습니다.

책으로 스스로 발전하는 지적인 독자들을 만나 보세요!

01	월	일	02	월	일	03	월	일	04	월	일	05	월	일
06	월	일	07	월	일	08	월	일	09	월	일	10	월	일
11	월	일	12	월	일	13	월	일	14	월	일	15	월	일
16	월	일	17	월	일	18	월	일	19	월	일	20	월	일
21	월	일	22	월	일	23	월	일	24	월	일	25	월	일
26	월	일	27	월	일	28	월	일	29	월	일	30	월	일
31	월	일	32	월	일	33	월	일	34	월	일	35	월	일

차례

셋째마당

자바 JDK로
프로그래밍
날개 달기

첫째마당

자바 기본 익히기

자바 프로그래밍의 세계에 온 것을 환영합니다. 첫째마당에서는 개발 환경 설정부터 프로그래밍 기본 문법 등 자바 프로그래밍을 할 때 알아야 할 기초 내용을 배웁니다. 내용이 많이 어렵지 않으니 차근차근 실습하며 진행해 봅시다.

자바 프로그래밍 시작하기

우리가 배울 자바 언어와 자바 프로그램의 특성에 대해 알아봅시다. 또한 자바 프로그램을 만들고 실행할 수 있는 개발 환경을 구축해 보겠습니다.

01-1 프로그래밍과 자바

프로그래밍이란 무엇일까요?

컴퓨터 프로그램 만드는 일을 프로그래밍(programming)이라 하고, 프로그램 만드는 사람을 프로그래머(programmer)라고 합니다. 프로그래밍을 한다는 것은 컴퓨터가 일을 하도록 컴퓨터 언어로 명령을 만들고 컴퓨터로 하여금 그 명령을 실행하게 하는 것을 말합니다. 그러면 '프로그램'이란 무엇일까요? 한마디로 프로그램은 컴퓨터에게 일을 시키는 명령의 집합이라고 할 수 있습니다. 예를 들어 컴퓨터에 1부터 100까지 더하라고 명령하고 싶습니다. 그렇다고 우리말로 '1부터 100까지 더하라'고 쓸 수는 없지요. 인공지능 로봇이 아닌 한 컴퓨터는 그 명령을 알아들을 수 없으니까요. 그래서 '프로그래밍 언어'를 사용하여 명령 집합을 만드는 것입니다.

그리고 이렇게 만든 프로그램이 프로그래밍 언어 문법에 잘 맞는지 확인하고, 컴퓨터가 이해할 수 있는 언어로 번역해야 합니다. 이 작업이 컴파일(compile)이며 컴파일 작업을 하는 프로그램을 컴파일러(compiler)라고 합니다. 결국 우리가 말하는 프로그램이란 프로그램에 들어 있는 명령(소스 코드) 집합과 컴파일된 결과물까지 포함한다고 생각하면 됩니다.

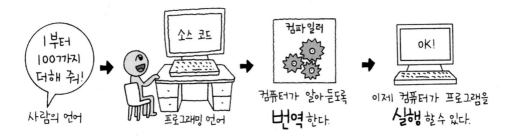

우리가 공부할 자바(Java)는 프로그래밍 언어이고, 자바 개발 환경을 설치하면 컴파일러도 함께 설치됩니다.

> **한 걸음 더! 컴퓨터가 이해할 수 있는 언어란 무엇일까요?**
>
> 컴퓨터가 이해할 수 있는 언어는 기계어입니다. 기계어는 2진수 0과 1로만 이루어져 있습니다. 컴퓨터는 0과 1의 조합만 이해할 수 있기 때문입니다. 프로그래밍 언어는 사람이 이해하기 쉬울수록 고급 언어, 컴퓨터가 이해하기 쉬울수록 저급 언어입니다. 우리가 배울 자바는 고급 언어이며 대표적인 저급 언어에는 어셈블리어(Assembly language)가 있습니다.

자바를 쓰면 왜 좋을까요?

이 책에서는 자바 언어로 프로그램 만드는 방법을 배웁니다. 자바는 1991년 제임스 고슬링을 비롯한 선 마이크로시스템스 연구원들이 처음 개발했습니다. 그 당시에 가장 많이 사용하던 프로그래밍 언어는 C와 C++였는데, 가전제품이나 휴대용 장치 등에 사용하는 소프트웨어를 만들기 위해 독립적으로 작동하는 더 안정된 프로그래밍 언어가 필요했습니다. 이러한 이유로 개발된 언어가 바로 자바입니다. 그러면 자바의 특성을 좀 더 살펴볼까요?

플랫폼에 영향을 받지 않으므로 다양한 환경에서 사용할 수 있다

자바는 '한 번 작성하면, 어디서든 돌아간다(write once, run anywhere)'는 슬로건이 있습니다. 다시 말해 플랫폼에 종속되지 않는 프로그램을 개발하여 여러 플랫폼에서 실행할 수 있습니다. 여러 플랫폼에서 실행할 수 있다는 것이 무슨 뜻일까요?

> ◎ 플랫폼(platform)이란 프로그램이 실행되는 환경을 말합니다. 우리가 사용하는 컴퓨터의 운영체제(OS) 즉 윈도우, 맥, 리눅스(Linux) 등이 바로 플랫폼입니다.

예를 들어 윈도우 운영체제에서 C 언어로 개발한 프로그램이 있다고 합시다. 프로그램 이름을 Test라고 해보죠. 이 프로그램을 컴파일하면 Test.exe가 만들어집니다. Test.exe는 윈도우에서 실행되는 '실행 파일'이라고 합니다. 이 실행 파일은 윈도우 운영체제에 맞게 만들어졌기 때문에 리눅스 운영체제에서는 실행할 수 없습니다. 만약 이 Test.exe 파일을 리눅스 운영체제에서 실행하려면, 리눅스 환경에서 다시 컴파일해서 리눅스 운영체제에 맞는 실행 파일을 새로 만들어야 합니다.

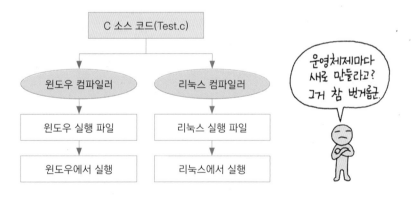

하지만 자바에서 Example이라는 이름의 프로그램을 만들고 컴파일하면 Example.class 파일이 생성됩니다. 이 파일을 바이트 코드라고 하는데 완벽한 실행 파일이 아닙니다. 다시 말하면 운영체제에 맞는 완벽한 기계어가 아닌 중간 기계어입니다. 이 바이트 코드를 실행하려면 운영체제에 맞는

> ◎ 자바를 설치하면 자바 가상 머신(Java Virtual Machine; JVM)도 함께 설치됩니다.

자바 가상 머신이 필요합니다. 운영체제에서 직접 실행하는 게 아니라 가상 머신에서 먼저 실행하고, 이 가상 머신이 운영체제에 맞는 완벽한 실행 파일로 바꿔 줍니다. 즉 .class 파일을 만들어 두면 운영체제에 맞는 가상 머신을 이용하여 어느 환경에서나 실행할 수 있습니다.

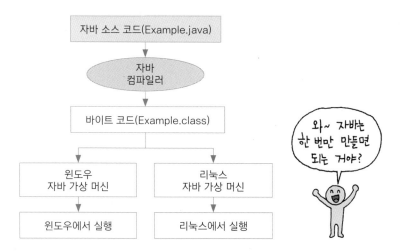

이러한 특성 때문에 처음 자바가 발표되었을 때 프로그램 실행 속도가 느리다는 평이 많았고 실제로 느리기도 했습니다. 하지만 하드웨어가 발전하면서 자바 컴파일러도 JIT(Just In Time) 컴파일 방식으로 개선되었고 이제 자바 프로그램의 실행 속도는 아무 문제가 없습니다.

한 걸음 더!   **자바 가상 머신과 JIT 컴파일러가 무엇인가요?**

자바 가상 머신(Java Virtual Machine; JVM)은 자바 프로그램 실행 환경을 만들어 주는 소프트웨어입니다. 자바 코드를 컴파일하여 .class 바이트 코드로 만들면 이 코드가 자바 가상 머신 환경에서 실행됩니다. 현재 사용하는 컴퓨터의 운영체제에 맞는 자바 실행 환경(Java Runtime Environment; JRE)이 설치되어 있다면 자바 가상 머신이 설치되어 있는 것입니다.

JIT(Just In Time) 컴파일러는 실행 시점에 기계어 코드를 생성하는데, 같은 코드가 반복되면 매번 기계어 코드를 새로 생성하지 않고 이전에 만든 기계어를 재사용합니다. 또한 JIT 컴파일러는 운영체제에 맞게 바이트 실행 코드로 한 번에 변환하여 실행하기 때문에 이전의 자바 해석기(Java interpreter) 방식보다 성능이 10~20배 좋습니다.

객체 지향 언어이기 때문에 유지보수가 쉽고 확장성이 좋다

자바는 객체 지향 언어입니다. 자바가 나오기 전에 대표 적인 객체 지향 언어는 C++였습니다. 기술이 발전하면

> ◎ 객체란 프로그램의 대상을 말합니다. 좀 더 자세한 내용은 05장에서 다룹니다.

서 가전제품 내부에 사용할 수 있는 안정된 프로그램을 개발하는 데 기존의 C++가 적합하지 않았고, 여러 기계 환경에서 독립적으로 작동하는 안정된 프로그램을 개발하기 위해 자바를 만들었습니다.

객체 지향 프로그래밍이란 일의 순서대로 프로그래밍하는 것이 아닌 여러 객체의 협력을 통해 프로그램을 구현하는 것입니다. 어떤 회원이 쇼핑몰 사이트에 접속하여 상품을 주문하고 상품이 집까지 배송되는 과정을 생각해 봅시다. 이때 회원, 상품, 주문, 배송 등이 객체입니다. 즉 회원과 상품과 주문과 배송이라는 객체를 기반으로 각 객체의 상호 관계를 이용하여 프로그래밍하는 것입니다. 객체 지향 언어로 프로그래밍하면 공통으로 사용하는 부분을 수정하지 않고도 프로그램에 새 기능을 쉽게 추가할 수 있습니다. 따라서 객체 지향 언어로 프로그램을 잘 설계하면 유지보수가 쉽고 확장성이 좋습니다.

프로그램이 안정적이다

자바는 비교적 최근에 출시된 언어로서 기존 언어가 가지는 모호성과 불안정한 부분을 과감히 없애고 개선했습니다. 자바는 C나 C++에서 제공하는 문법인 포인터를 사용하지 않아 메모리를 직접 제어할 수 없습니다. 하지만 프로그램에서 메모리를 직접 제어하면 오류가 발생할 수 있는데, 이러한 위험성이 없으므로 훨씬 안정된 코드를 만들 수 있습니다. 또한 동적 메모리 수거를 프로그래머가 하지 않고 가비지 컬렉터(Garbage Collector; GC)를 이용하므로 메모리를 효율적으로 관리할 수 있습니다.

> ◎ 가비지 컬렉터란 이름 그대로 쓰레기를 수집하는 기능입니다. 여기에서 쓰레기란 더 이상 사용하지 않는 메모리를 의미합니다. C나 C++에서는 필요 없는 메모리 사용 해제를 프로그래머가 직접 해야 했지만, 자바는 가비지 컬렉터가 사용하지 않는 동적 메모리를 주기적으로 수거합니다.

풍부한 기능을 제공하는 오픈 소스이다

기존의 다른 언어에서는 특정 기능을 대부분 개발자가 직접 개발하여 사용했습니다. 자바에는 기본 기능을 제공하는 클래스뿐 아니라 자료 구조, 네트워크, 입출력, 예외 처리 등에 최적화된 알고리즘 라이브러리를 제공하는 자바 개발 키트(Java Development Kit; JDK)가 있습니다. 그래서 프로그램을 빠르게 완성할 수 있습니다. 즉 자바는 오픈 소스이고 자바를 활용한 오픈 소스가 이미 많이 개발되어 있으므로 이들 오픈 소스를 연동하여 더 풍부한 기능을 빠르게 구현할 수 있다는 장점이 있습니다.

자바로 어떤 프로그램을 만들 수 있을까요?

자바를 사용하여 서버나 모바일용 앱 등 다양한 프로그램을 개발할 수 있습니다.

웹 서버

웹 사이트를 운영하려면 반드시 서버(server)가 필요합니다. 사용자가 웹 사이트에 접속해서 뉴스나 메일 서비스를 요청하면 서버에 그 요청이 전달되고 요청 결과를 응답으로 받습니다. 이때 사용자에게 요청을 받아 응답을 주는 프로그램이 서버입니다. 검색 사이트, 쇼핑몰, 금융 사이트 등 우리가 흔히 이용하는 사이트가 자바로 개발한 웹 서버 프로그램으로 운영되고 있습니다.

> ◎ 서버란 서비스를 제공하는 프로그램을 뜻합니다. 서버 프로그램이 설치된 컴퓨터를 가리키기도 합니다.

안드로이드 앱

현재 우리가 사용하는 스마트폰은 크게 안드로이드폰과 아이폰이 있습니다. 이 중 안드로이드폰에서 사용하는 앱을 만들 수 있는 프로그래밍 언어 중 하나가 자바입니다. 멋진 앱을 개발하고 싶다면 자바를 잘 아는 게 중요하겠죠?

게임

마인크래프트라는 게임을 들어 보았나요? 초등학생들도 즐겨 하는 이 게임은 자바로 구현되었습니다. 게임을 만들 때는 C++와 C를 주로 사용하지만 마인크래프트처럼 자바도 게임을 구현하는 데 종종 사용됩니다.

> 하나의 언어를 정복하는 것은 하나의 산을 오르는 것과 같습니다. 처음 시작할 때는 별 어려움이 없어 보이지만 더 깊게 배울수록 어려움을 느끼게 마련입니다. 이 책은 여러분이 끝까지 포기하지 않을 수 있도록 여러 학습 설계를 해 두었습니다. 특히 코딩은 눈으로만 보고 이해해서는 절대 실력이 늘지 않는다는 것을 기억하세요. 자, 그러면 지금부터 이 책을 벗 삼아 자바라는 산을 함께 정복해 봅시다!

01-2 자바 개발 환경 설치하기

자바로 프로그램을 개발하기 위해 개발 환경을 구성해 보겠습니다. 자바 프로그램을 개발하기 위해서는 일단 자바와 프로그래밍 도구인 이클립스를 설치해야 합니다.

◎ **주의하세요!** 설치 순서가 중요합니다. 반드시 자바를 먼저 설치하고 이클립스를 설치해야 이클립스가 잘 실행됩니다.

자바 설치하기

자바를 설치한다는 것은 자바 JDK를 설치한다는 뜻입니다. JDK는 Java Development Kit 의 줄임말로 자바 프로그램을 개발하는 데 필요한 라이브러리와 플랫폼이 포함되어 있습니다. 자바 프로그램을 실행하기 위해서는 자바 실행 환경(Java Runtime Environment; JRE)만 있으면 되지만, 자바 프로그램을 만들기 위해서는 반드시 JDK가 있어야 합니다.

◎ 이 책에서 사용하는 Jave SE 버전은 10.0.1 입니다.

1. 자바는 오라클 사이트(www.oracle.com/technetwork/java/index.html)에서 다운로드할 수 있습니다. 사이트에 접속한 후 [Software Downloads → Java SE] 메뉴를 클릭합니다.

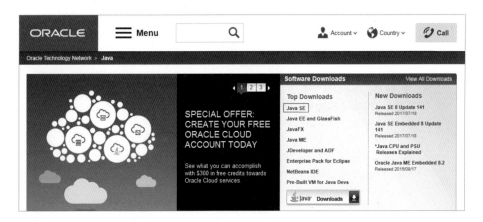

한 걸음 더! **Java SE, EE, ME 무엇이 다른가요?**

이 책에서는 자바의 기본 개발 환경인 Java SE(Standard Edition)를 설치합니다. Java EE(Enterprise Edition)는 서버 기반 프로그램의 개발 환경입니다. 서블릿이나 JSP 등을 개발할 때 사용합니다. Java ME(Micro Edition)는 모바일 및 임베디드 시스템의 개발 환경입니다.

2. 다음 화면에서 Java 로고를 선택하면 오른쪽 화면을 볼 수 있습니다. 'Accept License Agreement'를 클릭하고 여러분 컴퓨터의 운영체제에 맞는 자바 설치 파일을 다운로드합니다.

◎ 맥(Mac) 운영체제인 경우에도 버전에 맞게 다운로드합니다. 이 책에서는 윈도우 운영체제를 기본으로 설명합니다.

3. 다운로드한 파일을 실행하고 [Next] 버튼을 누릅니다. 자바가 기본으로 설치될 폴더는 C:\Program Files\Java\jdk-10.0.1입니다. 다른 폴더에 설치하려면 [Change] 버튼을 눌러 경로를 변경할 수 있습니다. 여기에서는 경로를 변경하지 않을 것이므로 [Next] 버튼을 눌러 진행합니다.

◎ 자바 버전에 따라 경로 숫자는 달라질 수 있습니다.

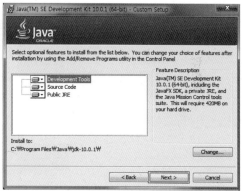

4. 사용자 정의 설치 창이 뜨면 [다음] 버튼을 눌러 설치를 계속 진행합니다. 설치가 완료되면 [Close] 버튼을 눌러 창을 닫습니다.

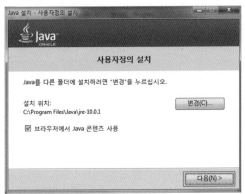 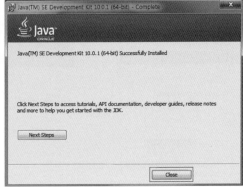

이클립스 설치하기

이번에는 자바 프로그래밍을 하는 데 꼭 필요한 통합 개발 환경(Integrated Development Environment; IDE)인 이클립스를 설치해 보겠습니다. 이 책에서는 이클립스를 사용하여 자바 코드를 작성하고 컴파일하고 실행합니다.

1. 이클립스 사이트(www.eclipse.org)에 접속하여 [Download]를 클릭하면 오른쪽과 같은 화면이 나옵니다. 그중 [Download 64 bit] 버튼을 한 번 더 클릭합니다.

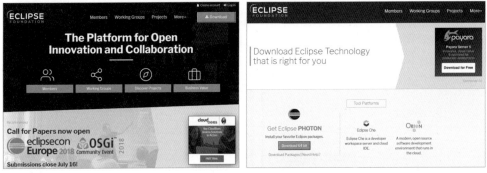

ⓒ 이클립스는 최신 버전으로 계속 업데이트되므로 설치 시점에 따라 버전이 다를 수 있다는 점에 주의하기 바랍니다.

2. 설치 파일을 실행하면 다음 화면이 나타납니다. 맨 위에 있는 Eclipse IDE for Java Developers를 선택하면 기본으로 설치되는 폴더 경로가 나타납니다. 경로를 변경하고 싶다면 폴더 아이콘(📂)을 누릅니다. [INSTALL] 버튼을 클릭하면 이클립스가 설치됩니다.

◎ 이클립스를 설치하려는데 자바를 찾을 수 없다는 메시지(The required 64-bit Java 1.7.0 virtual machine could not be found)가 나올 수 있습니다. 이럴 때는 컴퓨터를 재부팅하면 해결됩니다.

3. Licenses 창이 나오면 [Accept]를 누릅니다. 설치가 끝나면 [LAUNCH] 버튼을 눌러 이클립스를 실행합니다. 바탕 화면에도 이클립스 실행 아이콘이 생깁니다.

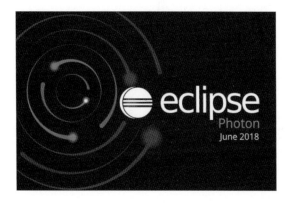

4. 이클립스를 실행하면 다음 창이 나타납니다. [Browse] 버튼을 눌러 작업할 공간인 워크스페이스를 변경할 수 있습니다.

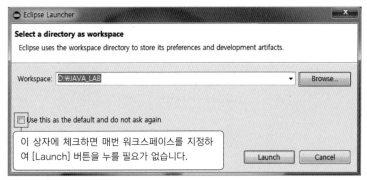

ⓒ 워크스페이스(workspace)는 개발할 프로그램이 저장될 디렉터리 위치입니다. 앞으로 계속 사용해야 하므로 자신이 잘 기억할 수 있는 위치를 선택하는 게 좋습니다.

5. 워크스페이스를 선택한 후 [Launch]를 누르면 다음과 같은 첫 화면이 나타납니다.

ⓒ 워크스페이스를 변경하지 않고 그냥 [OK] 버튼을 눌렀다면, 이클립스 메뉴 [File → Switch Workspace → Other]에서 수정할 수 있습니다.

위쪽의 [Welcome] 탭을 닫으면 작업 공간이 나타날 것입니다. 이제 자바 프로그래밍을 시작할 준비를 모두 마쳤습니다.

01-3 이클립스로 첫 프로그램 만들기

필요한 프로그램을 모두 설치했으니 첫 번째 프로그램을 만들어 보겠습니다. 화면에 간단히 한 문장을 출력하는 프로그램입니다. 이해가 잘 안 되는 부분이 있더라도 일단 따라 해봅시다. 개발 환경에 익숙해지는 게 중요하니까요.

'Hello, Java' 문장을 화면에 출력하는 프로그램 만들기

1. 설치한 이클립스를 열어 보세요. 워크스페이스(workspace)를 선택하고 [Launch]를 누르세요. [Welcome] 탭을 닫으면 다음 화면이 보입니다.

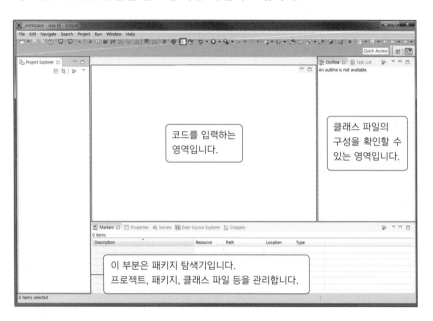

2. 첫 프로젝트 만들기

자바로 프로그램을 만들려면 먼저 프로젝트(project)를 생성해야 합니다. [File → New] 메뉴를 누르고 [Java Project]를 선택합니다. 프로젝트는 개발자가 만드는 하나의 프로그램 단위라고 생각하면 됩니다.

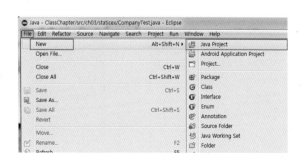

3. 프로젝트 이름은 첫 프로젝트라는 뜻에서 First라고 짓겠습니다. Project name: 항목에 First라고 입력하세요. 꼭 First라고 짓지 않고 여러분 마음대로 프로젝트 이름을 작성해도 됩니다. 현재 개발할 프로그램의 목적이나 특성과 어울리게 작성하는 것이 좋겠죠? 이름을 적고 [Next] 버튼을 누르면 다음 오른쪽 화면이 나옵니다. Create module-info.java file 체크 상자를 눌러 해제하세요. 이제 [Finish] 버튼을 클릭 하세요.

😊 이 책에서는 모듈 파일을 생성하지 않습니다.

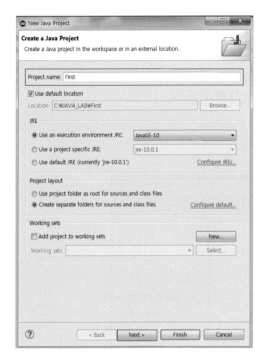

4. 첫 번째 클래스 만들기

이번에는 클래스를 만들어 보겠습니다. 자바 프로그램은 모두 클래스 기반으로 구성됩니다. 이클립스 화면에서 First 프로젝트를 선택하고 오른쪽 마우스를 클릭하면 메뉴가 나옵니다. 먼저 패키지(package)를 만들어야 하므로 [New → Package]를 선택하세요.

😊 클래스(class)란 객체를 소스 코드로 나타낸 것입니다. 자세한 내용은 05장에 서 다룹니다.

😊 패키지란 프로그램 소스의 묶음으로 클래스를 만드는 데 반드시 필요합니다. 더 자세한 내용은 05장에서 다룹니다.

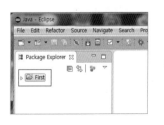
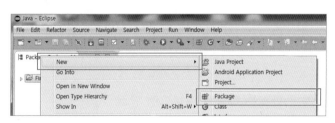

5. 패키지 이름에 다음과 같이 소문자 hello라 적고 [Finish]를 누릅니다.

6. 이제 패키지 아래에 클래스를 만듭니다. hello 패키지를 선택하고 오른쪽 마우스 버튼을 클릭해서 [New → Class] 메뉴를 선택합니다.

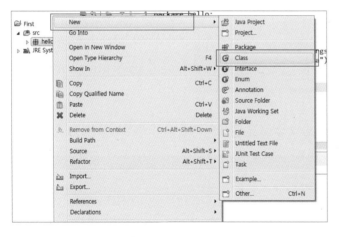

😊 new 창을 띄우는 단축 키는 Ctrl + N 입니다.

7. New Java Class 창이 나타납니다. 클래스가 속한 패키지 이름은 hello입니다. 클래스 이름은 HelloJava라고 정하겠습니다. 아래 public static void main(String[ ] args) 항목을 선택하여 main( ) 함수를 추가하고 [Finish] 버튼을 누릅니다. main( ) 함수란 프로그램의 첫 시작점을 의미합니다. 자세한 내용은 05장에서 다룹니다.

ⓒ 함수라는 용어가 처음 나왔네요. 05-3에서 함수에 대해 더 자세히 설명합니다.

ⓒ HelloJava의 전체 이름(full name)은 패키지 이름까지 포함한 hello.HelloJava입니다. 만약 패키지가 다르다면 클래스 이름이 같더라도 다른 클래스가 됩니다.

8. 클래스 파일이 만들어지면 다음처럼 소스 코드 몇 줄이 자동으로 생성됩니다.

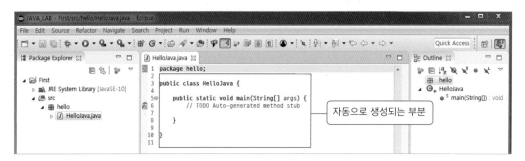

main( ) 함수 내부에 적혀 있는 // TODO~ 문장을 지우고 다음과 같이 소스 코드를 작성합니다. 다음은 'Hello, Java'라는 문장을 화면에 출력하는 예제입니다.

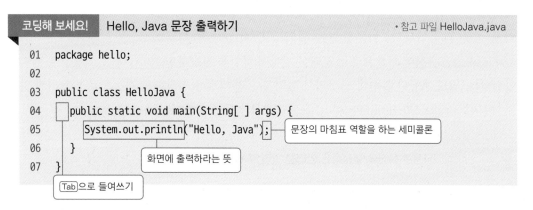

코딩해 보세요!　Hello, Java 문장 출력하기　　　• 참고 파일 HelloJava.java

```
01    package hello;
02
03    public class HelloJava {
04        public static void main(String[ ] args) {
05            System.out.println("Hello, Java");
06        }
07    }
```

문장의 마침표 역할을 하는 세미콜론

화면에 출력하라는 뜻

Tab 으로 들여쓰기

함께 수행되어야 하는 부분은 중괄호 { }로 묶어 줍니다. 그리고 가독성을 높이기 위해 Tab 을 눌러 코드 들여쓰기를 하는 게 좋습니다.

ⓒ 코드에서 도트(.)를 입력할 때 보이는 창은 이클립스의 코드 자동 완성 기능입니다. 여러분이 사용하려는 코드를 일일이 외우지 않아도 되니 정말 편리하겠죠?

한 걸음 더!　소스 코드 아래에 빨간 밑줄이 뜨나요?

이클립스는 프로그래밍하는 데 편리한 개발 환경을 제공하는 도구입니다. 프로그래밍하는 도중에 오류가 생기면 바로 오류 상황을 알려 줍니다. 다음 화면을 봅시다.

```
HelloJava.java ⊠
    package hello;

    public class HelloJava {

        public static void main(String[] args) {
            system.out.println("Hello, Java");
        }
    }
```
오류 발생

프로그래밍을 하다 보면 System의 S를 대문자로 써야 하는데 실수로 소문자로 쓸 수도 있겠죠. 이렇게 오류가 생기면 오류가 난 부분에 빨간 줄로 표시됩니다. 빨간 줄이 표시된 부분이나 앞쪽의 ▧ 부분에 마우스를 가져가면 오류 내용을 확인할 수 있습니다.

```
HelloJava.java ⊠
 1  package hello;
 2
 3  public class HelloJava {
 4
 5      public static void main(String[] args) {
 6 [system cannot be resolved]t.println("Hello, Java");
 7      }
 8  }
 9
```

소문자 s를 대문자로 고치면 오류 메시지와 빨간 줄이 사라집니다.

9. 컴파일하기

이클립스에서 만든 프로그램을 실행하려면 컴파일 단계를 거쳐야 합니다. 컴파일은 프로그래밍 언어를 기계어로 번역해 주는 과정입니다. 이클립스는 빌드 자동화(Build Automatically) 옵션이 기본으로 설정되어 있어서 파일을 저장하면(Ctrl + S) 자동으로 컴파일됩니다. 빌드 자동화 옵션이 설정되어 있지 않으면 파일을 저장해도 자동으로 빌드되지 않기 때문에 [Project → Build Project]를 선택해서 수동으로 컴파일해야 합니다.

> 빌드란 컴파일러가 소스 코드를 컴파일하여 실행 파일을 만드는 과정을 말합니다. 자바는 빌드 과정을 통해 .class 파일이 만들어집니다.

한 걸음 더! **자동화 옵션을 설정하는 방법을 알려 주세요!**

프로그램을 만들 때 저장과 동시에 컴파일하는 것이 훨씬 편리합니다. 그러므로 되도록 빌드 자동화 옵션을 사용하세요. 빌드 자동화 옵션은 [Project → Build Automatically]에서 설정할 수 있습니다. 기본 값으로 선택되어 있으므로 그냥 사용하면 됩니다.

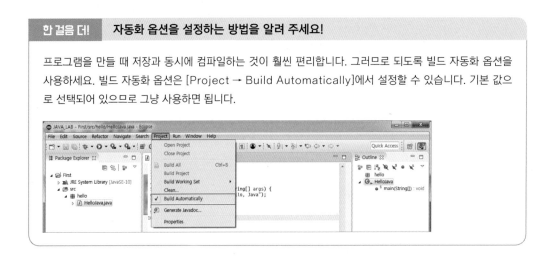

---

10. 프로그램 실행하기

이제 드디어 첫 프로그램을 실행할 차례입니다. 메뉴의 초록색 화살표를 누르면 프로그램을 실행할 수 있습니다.

> 프로그램을 실행하는 단축 키는 Ctrl + F11 입니다. 반드시 빌드한 후 프로그램을 실행하세요.

실행 버튼

프로그램을 실행하면 이클립스 아래쪽의 콘솔(console) 창에서 실행 결과를 볼 수 있습니다. 우리가 직접 작성한 'Hello, Java 문장을 화면에 출력하라' 명령이 컴퓨터에 전달되었네요!

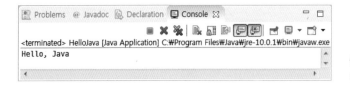

> 중간에 혹시 Select resources to save 창이 나오면 [OK] 버튼을 누르세요.

한 걸음 더! **실행 파일은 어디에 저장되어 있을까요?**

컴파일되어 실행된 파일은 어디에 있을까요? 윈도우 탐색기에서 찾아보겠습니다. 탐색기에서 여러분이 처음
선택한 workspace 디렉터리를 찾아가면 프로젝트 폴더가 있고 First 자바 프로젝트 폴더가 있습니다. 그
아래에 src와 bin 폴더가 있는데, src는 우리가 작성한 소스 코드가 있는 폴더이고 bin은 컴파일된 실행 파
일이 있는 폴더입니다.

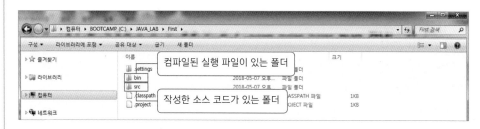

src 폴더를 살펴보면 패키지 이름 아래에 우리가 만든 HelloJava.java 파일이 있는 것을 볼 수 있습니다.

다시 이전 프로젝트 파일 상태에서 bin 폴더로 가 보면 hello 폴더 아래에 HelloJava.class 파일이 있습
니다. 이 파일이 앞에서 설명한 바이트 코드로 이루어진 자바 클래스 파일입니다.

주석으로 소스 코드 정보 표시하기

주석은 프로그램에 설명을 추가하거나 특정 코드가 컴파일되지 않도록 처리할 때 사용합니
다. 특히 소스 코드 설명을 주석으로 잘 작성해 놓으면 나중에 본인이나 다른 개발자가 프로
그램을 볼 때 이해하기 쉽습니다. 프로그램 설명서로 사용할 수 있는 JavaDoc으로 만들어 문
서화할 수도 있습니다. 주석은 한 줄로 표시할 수도 있고 여러 줄로 표시할 수도 있습니다.

한 줄 주석 표시하기

다음과 같이 문장 앞에 // 표시를 하면 주석으로 처리되고 컴파일되지 않습니다. 한 줄 주석은 간단한 테스트 코드를 작성하거나 코드 바로 옆에서 설명을 하는 데 주로 쓰입니다.

```
package hello;

public class HelloJava {
    public static void main(String[ ] args) {
        //System.out.println("Hello, Java"); 한 줄 주석 연습입니다.
    }
}
```

여러 줄 주석 표시하기

여러 줄 주석 처리는 /*, */ 기호로 주석의 시작과 끝을 나타낼 수 있습니다. 여러 줄 주석은 코드의 여러 줄을 한꺼번에 주석 처리하거나 코드에 대해 길게 설명할 때 사용합니다. 다음과 같이 프로그램 시작 부분에 프로그램을 만든 날짜, 만든 사람, 마지막 업데이트 날짜 그리고 프로그램 설명을 쓰기도 합니다.

```
/*
  Date : 2018년 5월 8일
  Author : 박은종
  Description : 첫 번째 자바 프로그램입니다.
  Version : 1.0
*/
package hello;

public class HelloJava {
    public static void main(String[ ] args) {
        System.out.println("Hello, Java");
    }
}
```

 1분 복습 첫 번째 자바 프로그램을 잘 만들어 보았나요? 다음 빈칸에 {, }, ;, // 중 하나를 골라서 넣어 보세요. 이 소스 코드는 앞으로 여러분이 자바로 프로그래밍할 때 자주 보게 될 예제 형식입니다.

```
package hello;

public class HelloJava {
    public static void main(String[ ] args) {
        [    ]¹ 화면에 문장을 출력함
        System.out.println("자바 프로그래밍 재미있다!") [    ]²
        [    ]³
    }
}
```

정답 1. // 2. ; 3. }

Q1 프로그램(코드)을 기계가 이해할 수 있는 언어로 바꾸는 작업을 컴[　　　]이라고 합니다.

Q2 객[　　　　　] 언어는 자바나 C++와 같이 대상이 되는 객체를 기반으로 프로그램을 구현하는 언어입니다.

Q3 자바로 만든 프로그램은 자[　　　　] 이 설치되어 있으면 운영체제와 상관없이 실행할 수 있습니다.

Q4 자바 개발을 위해 설치하는 자바 라이브러리를 J[　　　]라고 합니다.

Q5 자바 프로그램이 실행되는 자바 실행 환경을 J[　　　]라고 합니다.

Q6 두 번째 자바 프로그램을 만들어 보세요. 이클립스에서 'Hello, Java' 대신 여러분의 이름을 출력해 보세요.

01장 정답
590쪽

변수와 자료형

기계가 정보를 이해하는 방법은 사람과 다를 수밖에 없습니다. 우리가 평소에 사용하는 숫자나 알파벳 문자를 컴퓨터 내부에 어떻게 저장하고 표현하는지, 그리고 이러한 값을 어떻게 컴퓨터가 이해할 수 있게 사용하는지 알아봅시다.

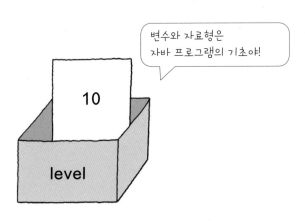

02-1 컴퓨터는 데이터를 어떻게 표현할까?

컴퓨터에서 수를 표현하는 방법

사람은 다른 사람과 대화하기 위해 언어를 사용하고 그 언어를 이해함으로써 의사 소통을 할 수 있습니다. 그러면 컴퓨터는 프로그래밍 언어를 어떻게 이해하고 있을까요?

우리가 사용하는 모든 데이터는 컴퓨터 내부에서 0과 1로 이루어져 있습니다. 컴퓨터 내부를 구성하는 반도체가 데이터를 0과 1로만 표현할 수 있기 때문입니다. 집에서 사용하는 전구처럼 불이 켜지는 경우와 꺼지는 경우 두 가지밖에 없다고 생각하면 됩니다. 이렇게 0 또는 1로 표현할 수 있는 최소 단위를 비트(bit)라고 하며, 8비트가 모이면 1바이트(byte)가 됩니다. 컴퓨터 내부에서 모든 정보를 0과 1로만 인식한다면, 실제 우리가 사용하는 숫자는 어떻게 표현될까요?

© 컴퓨터 내부에서 데이터를 어떻게 표현하는지 이해하면, 프로그래밍 언어를 배우기가 훨씬 수월해집니다.

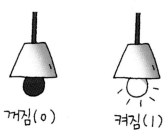

꺼짐(0)   **켜짐(1)**

0과 1을 표현할 수 있는 최소 단위는 비트

10진수와 2진수

우리가 일상 생활에서 사용하는 숫자는 0부터 9까지 한 자릿수이고 10부터는 두 자릿수가 됩니다. 이를 10진수라고 합니다. 하지만 앞에서 배운 것처럼 컴퓨터 내부에서는 모든 데이터를 0과 1로 표현해야 합니다. 이때 사용하는 것이 바로 2진수입니다. 2진수란 0과 1 두 개로만 표현되는 수를 말합니다. 0부터 10까지의 10진수를 2진수로 표기하면 다음과 같습니다.

© 2진수 10은 '일영'이라고 읽습니다. 또 1011은 '일영일일'이라고 읽지요.

© 이 책에서는 2진수와 10진수를 서로 변환하는 방법은 다루지 않습니다. 자세한 방법이 궁금하다면 수학 전문 서적을 참고하세요.

10진수	0	1	2	3	4	5	6	7	8	9	10
2진수	0	1	10	11	100	101	110	111	1000	1001	1010

컴퓨터 내부에서는 숫자뿐만 아니라 문자도 2진수로 표현합니다. 예를 들어 A라는 문자가 있을 때 A는 숫자 65라는 값으로 표현하도록 약속되어 있습니다.

따라서 컴퓨터 내부에서 A는 2진수 1000001으로 표현됩니다. 이 값을 A 문자의 아스키(ASCII) 값이라고 합니다. 즉모든 문자는 컴퓨터가 이해할 수 있는 아스키 값이 미리 정해져 있습니다.

💬 아스키(ASCII)란 American Standard Code for Information Interchange의 약어로 미국 표준 협회(ANSI)가 제정한 규칙입니다. 영문자, 숫자, 특수 문자를 8비트 값의 수로 미리 정의해 놓았습니다.

한 걸음 더! 　　비트로 표현할 수 있는 수의 범위를 알아볼까요?

컴퓨터는 몇 비트로 표현하느냐에 따라 수의 범위를 결정합니다. 컴퓨터는 2진수로 수를 표현하기 때문에 비트 수가 n개일 때 2진수로 나타낼 수 있는 숫자의 개수는 2^n개입니다. 비트가 한 개라면 2개(2^1개)의 수를 표현할 수 있으므로 범위는 0~1이고, 비트가 두 개라면 4개(2^2개)의 수를 표현할 수 있으므로 범위는 0~3입니다.

> 한 개의 비트로 나타낼 수 있는 수의 범위 → 0, 1 (0~1)
> 두 개의 비트로 나타낼 수 있는 수의 범위 → 00, 01, 10, 11 (0~3)
> 세 개의 비트로 나타낼 수 있는 수의 범위 → 000, 001, 010, 011, 100, 101, 110, 111 (0~7)

2진수, 16진수, 8진수

자바 프로그램에서는 2진수, 8진수, 16진수를 사용할 수 있습니다. 2진수는 비트 값을 그대로 표현할 수 있지만 길이가 너무 길어서 불편하므로 8진수나 16진수로 바꿔서 사용하면 간단하게 표현할 수 있습니다. 8진수를 2진수로 표현하기 위해 3개의 비트가 필요하고 16진수는 4개의 비트가 필요합니다. 0부터 16까지 수를 10진수, 2진수, 8진수, 16진수로 나타내면 다음과 같습니다.

10진수	0	1	2	3	4	5	6	7	8
2진수	0000	0001	0010	0011	0100	0101	0110	0111	1000
8진수	0	1	2	3	4	5	6	7	10
16진수	0	1	2	3	4	5	6	7	8

10진수	9	10	11	12	13	14	15	16
2진수	1001	1010	1011	1100	1101	1110	1111	10000
8진수	11	12	13	14	15	16	17	20
16진수	9	A	B	C	D	E	F	10

앞의 표에서 보듯 8진수는 2진수 3비트를, 16진수는 4비트를 합쳐서 간단하게 표현할 수 있습니다. 프로그램에서 2진수를 사용할 때는 숫자 앞에 0B를 붙이고, 8진수를 사용할 때는 0, 16진수를 사용할 때는 0X를 붙입니다. 소문자 b와 x도 사용할 수 있습니다. 예를 들어 10진수 10은 코드에서 2진수 0B1010, 8진수 012, 16진수 0XA로 표현할 수 있습니다.

부호 있는 수를 표현하는 방법

컴퓨터에서 숫자를 표현할 때 양수와 음수를 어떻게 표현할까요? 컴퓨터는 숫자를 0과 1로만 표현할 수 있기 때문에 부호 또한 0과 1로 표현합니다. 부호를 나타내는 비트는 맨 앞에 붙이며 부호 비트(Most Significant Bit; MSB)라고 부릅니다. 부호 비트가 0이면 양수, 1이면 음수를 나타냅니다. 8비트로 5라는 숫자를 표현하면 다음과 같습니다.

◎ 여기에서 다루는 보수와 음수를 만드는 방법을 이해하기 어렵다면 넘어가도 좋습니다. 나중에 필요할 때 다시 살펴보면 됩니다.

양수를 위와 같이 표현했다면 음수는 어떻게 표현할 수 있을까요? 부호 비트가 있다고 했으니 다음처럼 맨 앞 비트만 1로 바꾸면 이 값이 −5일까요?

1	0	0	0	0	1	0	1

이 값이 정말 −5인지 확인해 보기 위해 앞에서 살펴본 5(00000101)와 더해 봅시다. 5+(−5)는 당연히 0이 될 테니까요.

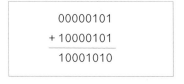

◎ 2진수의 덧셈은 10진수의 덧셈과 크게 다르지 않습니다. 다만 2진수는 0과 1로만 이루어져 있기 때문에 더한 결과 값이 2가 되면 자릿수가 하나 올라갑니다. 예를 들어 2진수로 1+1을 하면 2가 되는 것이 아니라 10(일영)이 됩니다.

그런데 결과를 보니 0이 나오지 않네요. 맨 앞 비트만 1로 바꾼다고 해서 음수가 되는 것은 아닌가 봅니다. 그렇다면 어떻게 해야 −5를 표현할 수 있을까요? 컴퓨터에서 표현할 −5는 5와 더했을 때 0이 되는 값이어야 합니다. 프로그래밍에서는 이 값을 '2의 보수'라고 합니다.

2의 보수란?

보수는 말 그대로 보충해 주는 수입니다. 어떤 특정한 10진수 N이 있을 때 3에 대한 N의 보수라고 하면 3과 어떤 수를 합하여 N이 되는 수를 의미합니다. 즉 3에 대한 N의 보수는 N−3인 것이지요. 쉽게 이야기 해서 N=10이라고 하면, 3에 대한 10의 보수는 7이 되는 것입니다. 그러면 컴퓨터가 사용하는 2진수에서 2의 보수는 무엇일까요? 2진수에서 2의 보수는 음수를 나타냅니다. 왜 2의 보수가 음수인지 차근차근 살펴보겠습니다.

10진수에서 10의 보수는 더해서 10(십)이 되는 수라고 했습니다. 따라서 2진수에서 2의 보수는 더해서 2, 즉 10(일영)이 되는 수입니다. 즉 맨 왼쪽 한 비트가 1로 증가하고 나머지는 0이 됩니다.

ⓒ 이렇게 맨 앞의 1비트가 없어지는 것을 '트렁케이트(truncate)된다'고 표현합니다.

예를 들어 4비트만 사용하는 컴퓨터가 있다면 이 컴퓨터에서 0011에 대한 2의 보수는 이 수와 더해서 맨 왼쪽 한 비트가 1이 되고 나머지는 0인 10000이 되어야 합니다. 0011과 더해 10000이 되는 2의 보수는 1101입니다. 그런데 이 컴퓨터는 4비트만 사용한다고 했으므로 이러한 경우 맨 앞의 1비트는 없어집니다. 맨 앞의 1이 사라져 0000, 즉 0이 되는 것입니다. 앗, 그러고 보니 0011에 대한 2의 보수를 구해서 두 값을 더했더니 0이 되었네요. 그래서 2진수에서 2의 보수를 음수라고 합니다.

ⓒ 2의 보수를 구하는 과정을 자세히 알고 싶다면 다음 '한 걸음 더'를 참고하세요.

지금까지 컴퓨터 내부에서 숫자를 표현하는 방법과 음수를 표현하는 방법을 알아보았습니다. 숫자뿐 아니라 문자나 기호 등 모든 값은 2진수로 표현할 수 있습니다. 따라서 컴퓨터 내부에서 값을 어떻게 표현하는지 알아두는 게 좋습니다.

앞에서 예로 든 -5를 만드는 방법을 살펴보겠습니다. 10진수 5를 2진수 8비트로 나타내면 00000101입니다.

1. 1의 보수 구하기

2의 보수를 구하기 위해서는 일단 1의 보수를 만들어야 합니다. 어떤 수 A가 있을 때 이 수와 더해서 1이 되는 수를 'A에 대한 1의 보수'라고 합니다. 10진수 5를 2진수 8비트로 나타낸 00000101에 대한 1의 보수는 11111010입니다. 즉 2진수에 대한 1의 보수는 0과 1의 값이 그대로 반전됩니다. 00000101과 11111010을 더하면 오른쪽과 같습니다.

2. 제일 낮은 자리에 1 더하기

아직 우리가 원하는 0을 만들지 못했습니다. 이 수를 0으로 만들려면 어떻게 해야 할까요? 제일 낮은 자리에 1을 더하면 됩니다. 11111111과 00000001을 더하면 원래는 100000000으로 총 아홉 자리인데 여기에서는 8비트만 사용하므로 맨 앞의 1은 버려집니다. 드디어 값 0이 되었습니다.

결론적으로 2의 보수(음수)를 구하는 방법은 1의 보수를 구해서 더한 후 그 값에 1을 더하면 됩니다. 즉 00000101에 대한 2의 보수는 11111010의 제일 낮은 자리에 1을 더한 11111011입니다. 이 2진수 값이 바로 10진수 -5입니다.

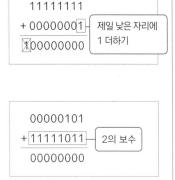

02-2 변수란 무엇일까?

게임을 프로그래밍한다고 생각해 봅시다. 게임 캐릭터는 모두 레벨이 있지요? 처음에는 1이 었던 레벨이 시간이 지나거나 여러 목표를 달성하면 2나 3으로 업그레이드됩니다. 이처럼 우리가 프로그래밍할 때 처음에 사용한 값과 다르게 변하는 값이 있습니다. 사람의 나이가 그렇고, 학년이 그렇고, 은행에 있는 잔액도 입금과 출금이 발생하면 변하게 됩니다. 프로그래밍에서 이렇게 변하는 값을 '변수'라고 합니다. 변수는 말 그대로 변하는 수입니다. 그러면 변하는 수는 어떻게 선언하여 사용하는지 살펴봅시다.

변수 선언하고 값 대입하기

조금 전에 설명한 것처럼 컴퓨터에 게임 레벨 값을 저장하려면 저장할 공간이 필요하겠죠? 이 공간의 이름이 바로 변수입니다. 변수를 사용하기 위해 어떤 형태의 자료를 저장할 것인지 정해야 합니다. 사람의 나이를 저장하려면 정수 형태를 써야 하고, 이름을 저장하려면 문자 형태를 써야겠죠. 이 형태를 변수의 '자료형'이라고 합니다. 변수의 자료형을 선택했다면 변수의 이름도 정해주어야 합니다. 이렇게 변수의 자료형을 선택하고 이름을 정하는 것을 '변수를 선언한다'라고 합니다.

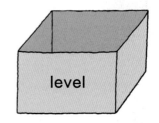

변수는 값을 넣을 수 있는 빈 그릇과 같습니다.

그러면 게임 레벨을 변수로 선언하고 이 변수에 값 10을 넣어 보겠습니다. 게임 레벨은 정수입니다. 정수로 된 변수는 다음과 같은 형식으로 선언하고 선언한 변수에는 자료형에 맞는 값을 대입할 수 있습니다.

```
자료형   변수 이름
int  level;    // 정수형 변수 level을 선언
level = 10;    // 값 10을 level 변수에 대입
```

10

level

level 변수에 값 10을 넣습니다.

앞 코드에서 int는 정수를 나타내는 자료형이고, level은 게임 레벨을 의미하는 변수 이름입니다. = 기호는 수학에서 오른쪽과 왼쪽이 같다는 의미이지만 프로그램에서는 '오른쪽 값을 왼쪽에 대입한다'는 의미로 사용합니다. 앞 코드의 두 문장을 해석하면 'level이라는 이름의 변수를 정수 자료형으로 선언한다. 선언한 level 변수에 값 10을 넣는다(대입한다)'입니다. 정리하자면, 프로그램에서 게임 레벨을 나타내기 위해서는 일단 레벨을 의미하는 변수를 먼저 선언해야 합니다. 변수를 선언하면 변수에 값을 넣을 수도 있고, 변수 이름을 사용하여 변수에 들어 있는 값을 가져올 수도 있습니다.

이번에는 변수를 선언하고 값을 대입하고 출력하는 프로그램을 만들어 보겠습니다. 이 프로그램에서 패키지 이름은 chapter2이고 클래스 이름은 Variable1입니다.

© 01장에서 만들어 본 Hello, Java 출력 프로그램을 기억하고 있나요? 프로그램을 만드는 순서가 잘 기억나지 않는다면 01장을 참고하여 따라 해보세요.

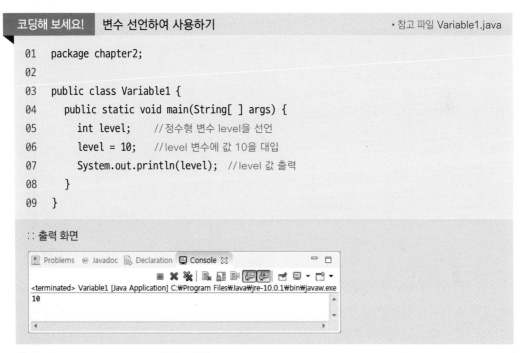

코딩해 보세요! **변수 선언하여 사용하기** • 참고 파일 Variable1.java

```
01    package chapter2;
02
03    public class Variable1 {
04      public static void main(String[ ] args) {
05        int level;        //정수형 변수 level을 선언
06        level = 10;       //level 변수에 값 10을 대입
07        System.out.println(level);  //level 값 출력
08      }
09    }
```

:: 출력 화면

```
Problems  @ Javadoc  Declaration  Console ✕
<terminated> Variable1 [Java Application] C:\Program Files\Java\jre-10.0.1\bin\javaw.exe
10
```

© 프로그램을 실행하는 단축 키는 Ctrl + F11 입니다. 반드시 프로그램을 한 번 저장한 후 실행하세요!

위 프로그램을 좀 더 살펴보겠습니다. level이라는 정수형 변수를 선언하고 값 10을 대입했습니다. level 값을 출력해 보면 변수에 대입한 값인 10을 볼 수 있네요.

1분 복습 조금 전 예제에서 나이를 뜻하는 age로 변수 이름을 바꾸고 여러분의 나이를 대입해 보세요.

정답 587쪽 참고

그런데 코드를 보면 아직 제대로 배우지 않은 생소한 부분이 있지요? 먼저 1행에 나온 package는 소스 코드의 묶음을 나타냅니다. 패키지에 대해서는 05장에서 다시 설명합니다. 그리고 Variable1이라는 이름으로 클래스를 새로 만들었습니다. 4행에 나오는 main( )은 자바 프로그램의 첫 시작을 나타내는 함수입니다. 프로그램의 다른 세세한 부분은 관련 내용이 나오면 좀 더 자세히 설명하겠습니다.

변수 초기화하기

앞의 프로그램에서 우리는 level 변수를 먼저 선언한 후 값 10을 대입했습니다. 이번에는 다음 프로그램을 따라 입력해 봅시다.

코딩해 보세요!   **변수 초기화하기**   • 참고 파일 Variable2.java

```
01   package chapter2;
02
03   public class Variable2 {
04     public static void main(String[ ] args) {
05       int level = 10;      //level 변수 선언과 동시에 값을 대입(초기화)
06       System.out.println(level);
07     }
08   }
```

:: 출력 화면

```
Problems  @ Javadoc  Declaration  Console ☒
<terminated> Variable2 [Java Application] C:\Program Files\Java\jre1.8.0_121\bin\javaw.exe
10
```

변수를 선언한 방식이 약간 다르지요? level 변수를 선언함과 동시에 값 10을 넣어 주었습니다. 이처럼 변수를 선언할 때 변수 값을 바로 대입할 수도 있습니다. 변수에 처음 값을 대입하는 것을 '초기화'라고 합니다. 그러면 변수의 초기화는 언제 해야 할까요? 변수를 사용할 때마다 다릅니다. 반드시 변수 선언과 동시에 초기화를 해야 하는 것은 아닙니다. 위에서 보듯이 변수 선언과 동시에 초기화를 할 수도 있고, 변수를 선언한 이후 대입할 값이 정해지는 시점에 초기화를 할 수도 있습니다.

'1분
복습' 'int형 변수 year에 값 2018을 대입한다'를 의미하는 코드를 완성해 보세요.

자료형	변수 이름	대입	값	세미콜론
1	2	3	4	5

정답 1. int 2. year 3. = 4. 2018 5. ;

변수 이름 정하기

자바에서 변수 이름은 용도에 맞게 지으면 됩니다. 다만 다음과 같은 제약 사항이 있습니다.

제약 사항	예시
변수 이름은 영문자(대문자, 소문자)나 숫자를 사용할 수 있고, 특수 문자 중에는 $, _만 사용할 수 있습니다.	g_level(O), count100(O), _master(O), $won(O)
변수 이름은 숫자로 시작할 수 없습니다.	27day(X), 1abc(X)
자바에서 이미 사용 중인 예약어는 사용할 수 없습니다.	while, int, break, …

ⓒ 예약어(reserved word)란 프로그래밍 언어에서 특별한 의미로 미리 약속되어 있는 단어를 말합니다.

변수 이름은 프로그램에서 계속 사용하기 때문에 사용 목 적에 맞게 의미를 잘 부여해서 만드는 것이 좋습니다. 변수

ⓒ 변수 이름을 한글로 만들면 오류가 나 지는 않지만 보통 사용하지 않습니다.

길이에 제한이 없으므로 줄임말보다는 의미를 풀어서 쓰는 것이 프로그램을 작성하고 이해 하는 데 편리합니다. 만약 '학생 수'를 뜻하는 변수를 선언할 때 ns와 numberOfStudent 둘 중 어느 이름이 더 이해가 잘될까요? 당연히 '학생 수'라는 뜻을 바로 알 수 있는 number OfStudent입니다. 또 변수 이름은 대부분 소문자로 시작하며 여러 단어로 변수 이름을 만들 경우 중간에 다른 뜻의 단어가 등장할 때 첫 글자를 대문자로 사용하는 것도 변수 이름을 알아 보기 쉽게 만드는 요령입니다. 이것은 함수를 선언할 때도 사용하는 표기법인데, 중간에 튀어 나온 대문자가 낙타의 등과 같다고 하여 카멜 표기법(camel notation)이라고도 합니다.

 '1분
복습' 다음 중 적합하지 않은 변수 이름을 모두 고르세요.

① 2018   ② _hello   ③ int   ④ MAX_COUNT   ⑤ numberOfBaby

정답 ①, ③

02-3 변수가 저장되는 공간의 특성, 자료형

변수와 메모리

변수는 컴퓨터 내부의 메모리 공간에 저장됩니다. 메모리는 프로그램이 실행되는 작업 공간입니다. 즉 int level; 문장을 선언하면, 메모리에 4바이트(int형) 크기의 공간이 level이라는 이름으로 할당됩니다. 앞으로 이 메모리를 변수 level로 사용하겠다는 뜻이지요.

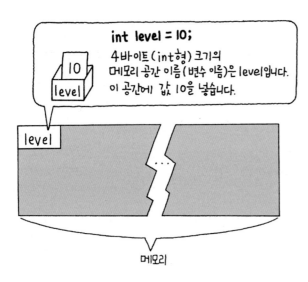

이후에 level 변수를 연산에 사용하거나 값을 출력할 일이 있으면 이 공간에 있는 값을 가져와야 합니다. 이때 변수 이름을 사용해서 값을 가져옵니다. 즉 변수를 선언한다는 것은 선언한 변수 이름으로 어떤 위치에 있는 메모리를 얼마만큼의 크기로 사용하겠다는 뜻입니다.

기본 자료형의 종류

자바에서 제공하는 자료형은 기본 자료형과 참조 자료형이 있습니다. 기본 자료형은 자바 라이브러리에서 기본으로 제공하며, 얼마만큼의 메모리를 어떻게 사용할 것인지가 이미 정해져 있습니다.

☺ 참조 자료형은 나중에 배울 클래스형입니다. 이러한 참조 자료형에는 자바에서 제공하는 것도 있고, 개발자가 직접 만든 클래스도 있습니다. 클래스를 공부하는 05장에서 자세히 설명합니다.

자바에서 제공하는 기본 자료형은 다음과 같습니다. 기본 자료형은 각 자료형이 사용할 공간의 크기, 즉 바이트 수가 정해져 있습니다.

	정수형	문자형	실수형	논리형
1바이트	byte	–	–	boolean
2바이트	short	char	–	–
4바이트	int	–	float	–
8바이트	long	–	double	–

정수 자료형

정수 자료형은 양수, 음수, 0을 나타내는 데 사용하는 자료형입니다. 앞 표에서 보면 정수는 byte형, short형, int형, long형 4가지 자료형으로 나타낼 수 있습니다. 각 자료형은 메모리에서 사용하는 바이트 수와 용도가 다릅니다.

컴퓨터 내부에서 모든 정보는 0과 1로 표현된다고 했지요? 예를 들어 정수 자료형 중 가장 많이 사용하는 int형(4바이트, 32비트)에 10진수 10을 저장한다면 어떻게 표현될지 생각해 봅시다. 다음은 4바이트(32비트)로 표현된 10진수 10을 보여 주는 그림입니다.

부호가 있는 수를 표현할 때 맨 앞의 비트는 부호를 나타냅니다. 부호 비트가 0이면 양수, 1이면 음수입니다. 위에서 10은 양수이므로 맨 앞의 비트 값이 0입니다. int는 4바이트이므로 나타낼 수 있는 수의 범위는 맨 앞의 부호 비트를 제외하고 생각하면 $-2^{31} \sim 2^{31}-1$입니다. 0은 모든 비트가 0이므로 양수의 범위는 0을 뺀 $2^{31}-1$까지 되는 것입니다. 각 정수 자료형에 따라 표현할 수 있는 수의 유효 범위는 다음과 같습니다.

자료형	바이트 크기	수의 범위
byte	1	$-2^7 \sim 2^7-1$
short	2	$-2^{15} \sim 2^{15}-1$
int	4	$-2^{31} \sim 2^{31}-1$
long	8	$-2^{63} \sim 2^{63}-1$

그러면 각 정수형의 특징을 하나씩 살펴보겠습니다.

byte형

1바이트는 8비트입니다. 바이트 단위의 정보를 저장하거나 통신할 때 주로 사용합니다. 예를 들어 동영상이나 음악 파일을 재생할 때 또는 네트워크로 데이터를 전송할 때 사용합니다. byte형으로 표현할 수 있는 수의 범위는 -2^7~2^7-1(-128~127)이고, 이 범위를 초과하는 값을 대입하면 다음 화면처럼 밑줄이 생기면서 오류가 납니다.

```
public class ByteVariable {
    public static void main(String[] args) {
        byte bs1 = -128;
        byte bs2 = 128;
```

byte 자료형 변수에 값 128을 대입하면 오류가 납니다.

short형

2바이트로 정수를 표현하는 자료형입니다. 유효 범위는 -2^{15}~$2^{15}-1$($-32,768$~$32,767$)입니다. byte형과 마찬가지로 범위를 넘어서는 값은 허용되지 않습니다.

int형

정수를 표현할 때 가장 많이 사용하는 자료형입니다. 유효 범위는 -2^{31}~$2^{31}-1$($-2,147,483,648$ ~$2,147,483,647$)로 꽤 큰 범위의 정수를 나타낼 수 있습니다. 정수 자료형으로 int형을 가장 많이 사용하는 이유는 컴퓨터에서 정수로 연산을 할 때 4바이트 단위로 처리하는 것이 가장 효율적이기 때문입니다.

한 걸음 더! **자료형이 다른 정수끼리 더하면 어떻게 될까요?**

다음은 서로 다른 정수 자료형인 byte형 변수와 short형 변수의 값을 더하여 결과 값을 출력하는 프로그램입니다. 이런 경우 두 정수는 어떻게 더해질까요?

```
public class IntegerVariable {
    public static void main(String[ ] args) {
        short sVal = 10;
        byte bVal = 20;
        System.out.println(sVal + bVal);
    }
}
```

```
<terminated> IntegerVariable [Java Application] C:\Program Files\Java\jre-10.0.1\bin\javaw.exe
30
```

프로그램이 실행되어 정수 값을 연산할 때 4바이트를 기본 단위로 사용하기 때문에, 두 정수를 더하기 전에 두 정수는 모두 int형으로 변환됩니다. 또한 더한 결과 값도 int형으로 저장됩니다. 즉 정수의 기본형은 int형이고, byte형이나 short형은 컴퓨터가 연산을 편리하게 하려고 내부적으로 int형으로 변환합니다. 그러면 정수에서 int형 외에 다른 자료형은 필요 없는 것일까요? 그렇지는 않습니다. 1바이트 단위로 데이터를 조작하는 경우도 있고, 다른 언어(C나 C++)와 호환이 가능하도록 short형을 사용하는 경우도 있습니다.

long형

long형은 자바에서 정수를 표현하는 가장 큰 단위의 자료형입니다. 유효 범위는 $-2^{63} \sim 2^{63}-1$ 이며 int형 범위를 넘어서는 정수를 사용할 때 long형을 사용합니다. 그런데 long형을 사용할 때는 주의할 점이 있습니다. 다음 예시를 봅시다.

```
int num1 = 12345678900;
long num2 = 12345678900;
```

위와 같이 선언하면 두 문장이 모두 오류가 납니다. 첫 번째 문장은 int형으로 표현할 수 있는 범위를 넘어섰기 때문에 오류가 발생합니다. 그러면 두 번째 문장은 왜 오류가 나는 걸까요? 자바는 모든 정수 값을 기본으로 int형으로 처리하기 때문입니다. 즉 숫자 12,345,678,900을 int형으로 처리하기 때문이지요. 이런 경우에는 이 숫자를 long형으로 처리하라고 컴파일러에게 알려주어야 합니다. 그러기 위해서는 long형을 나타내는 식별자인 L이나 l을 사용하려는 숫자 뒤에 붙입니다.

◎ 여기에서 사용하는 식별자 L에 대해서는 '02-4 상수와 리터럴'에서 자세히 설명합니다.

```
long num = 12345678900L;
```

그런데 다음과 같은 경우에는 long형을 쓰더라도 오류가 발생하지 않습니다. 1,000이라는 숫자가 int형 범위를 넘지 않고 int형이 long형으로 자동 형 변환되기 때문입니다. 즉 범위 내부에 있는 값을 사용할 때는 식별자가 필요 없습니다.

◎ 정수 값 1,000은 long형 변수로 자동 변환되어 저장됩니다. '02-5 형 변환'에서 자세하게 설명합니다.

```
long num = 1000;
```

◎ 자바에서는 정수를 사용할 때 양수, 음수를 모두 표현합니다. 다른 언어에서 양수만 표현할 수 있도록 제공하는 unsigned 형이 없습니다.

문자 자료형

문자를 컴퓨터 내부에서 어떻게 나타내야 할지 생각해 봅시다. 컴퓨터는 0과 1로만 표현할 수 있다고 했으므로 문자 역시 컴퓨터 내부에서 표현할 때 0과 1의 조합으로 나타내야 합니다. 따라서 어떤 문자를 컴퓨터 내부에서 표현하려면 특정 정수 값으로 정하자고 약속합니다. 예를 들어 A를 얼마로 표현할 것인지 약속하는데, 이런 코드 값을 모아 둔 것을 '문자 세트'라고 하고 문자를 정해진 코드 값으로 변환하는 것을 '문자 인코딩 (encoding)'이라고 합니다. 반대로 코드 값을 다시 문자로 변환하는 것을 '문자 디코딩(decoding)'이라고 합니다.

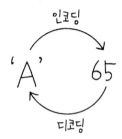

가장 기본이 되는 문자 인코딩은 아스키(ASCII) 코드입니다. 아스키 코드는 영문자, 숫자, 특수 문자 등을 나타내는 문자 세트입니다. 영문자는 대문자, 소문자, 특수 문자, 기호를 포함해도 1바이트(2^8=256개)로 표현할 수 있기 때문에 아스키 코드는 1바이트만 사용합니다. 하지만 한글 등 다른 언어 문자는 복잡하고 다양하기 때문에 1바이트만으로 모든 문자를 표현하기 어렵습니다. 그래서 2바이트 이상을 사용하게 되는데, 이때 각 언어의 표준 인코딩을 정의해 놓은 것이 '유니코드(unicode)'입니다. 유니코드의 1바이트는 아스키 코드 값과 호환되고, 그 밖의 문자를 2바이트나 그 이상의 조합으로 표현합니다. 자바는 유니코드에 기반하여 문자를 표현하기 때문에, 자바의 문자 자료형인 char형은 2바이트를 사용합니다. 문자형 변수는 다음과 같이 선언할 수 있습니다.

> 😊 유니코드에 대한 자세한 내용은 www.unicode.org 사이트를 참고하세요.

```
char myChar = 'A';
```

문자를 변수에 대입하면 문자 그대로 저장되는 것이 아니라 그 문자에 해당하는 정수 값(아스키 코드 값)이 저장됩니다.

 1분 복습 다음 설명과 일치하는 자료형을 찾아 연결해 보세요.

① 4바이트 정수 자료형 •   • ⓐ char
② 2바이트 문자 자료형 •   • ⓑ long
③ 8바이트 정수 자료형 •   • ⓒ int

정답 ①-ⓒ, ②-ⓐ, ③-ⓑ

다음 예제를 통해 확인해 보겠습니다.

코딩해 보세요! **문자형 연습**   · 참고 파일 CharacterEx1.java

```
01    package chapter2;
02
03    public class CharacterEx1 {
04      public static void main(String[ ] args) {
05        char ch1 = 'A';
06        System.out.println(ch1);              // 문자 출력
07        System.out.println((int)ch1);         // 문자에 해당하는 정수 값(아스키 코드 값) 출력
08
09        char ch2 = 66;                        // 정수 값 대입
10        System.out.println(ch2);              // 정수 값에 해당하는 문자 출력
11
12        int ch3 = 67;
13        System.out.println(ch3);              // 문자 정수 값 출력
14        System.out.println((char)ch3);        // 정수 값에 해당하는 문자 출력
15      }
16    }
```

:: 출력 화면

```
Problems  @ Javadoc  Declaration  Console ☒
<terminated> CharacterEx1 [Java Application] C:₩Program Files₩Java₩jre-10.0.1₩bin₩javaw.exe
A
65
B
67
C
```

☺ 위에서부터 순서대로 예제 코드 6행, 7행, 10행, 13행, 14행의 출력 결과입니다.

변수 ch1에 저장된 문자를 int형으로 변환하여 출력하면 그 문자에 해당하는 정수 값을 알 수 있습니다. 또한 ch2처럼 문자형 변수에 정수 값을 대입하면 그 정수 값에 해당하는 문자가 출력됩니다. 마지막으로 ch3과 같이 정수형 변수를 문자형으로 변환하여 출력하면 그 정수 값에 해당하는 문자가 출력됩니다.

☺ 문자형을 int형으로 출력하고 싶다면 char형으로 선언한 변수를 사용할 때 앞에 (int)를 붙입니다. int형을 char형으로 출력하고 싶을 때는 (char)를 붙입니다. 이러한 형 변환은 '02-5 형 변환'에서 자세히 다룹니다.

 1분 복습 조금 전 예제에서 ch1 = 'Z', ch2 = 38, ch3 = 97로 바꾸어 대입하면 출력 결과가 어떻게 될까요?

정답 Z, 90, &, 97, a

프로그램에서 문자를 사용할 때는 항상 작은따옴표(' ')를 사용합니다. 문자를 여러 개 이은 문자열을 사용할 때는 큰따옴표(" ")를 사용합니다. 문자열은 "Hello"처럼 여러 개의 문자를 큰 따옴표로 감싸 표현하고 기본 자료형으로는 표현할 수 없습니다. 그리고 문자열 끝에는 항상 널 문자('\0')가 있습니다. 널 문자는 문자열의 끝을 나타냅니다. 문자와 문자열은 전혀 다른 값을 가집니다. 즉 'A'와 "A"는 다른 값이지요. 'A'는 정수 값 65로 정해져 있는 문자이고, "A"는 그 내부를 살펴보면 "A\0"과 같이 쓰입니다. 자바에서 문자열을 다룰 때 String 클래스를 사용합니다.

ⓒ String 클래스에 대한 내용은 11장에서 배웁니다.

또한 다음과 같이 유니코드 값을 직접 사용할 수도 있습니다. 유니코드란 전 세계의 모든 문자를 처리할 수 있도록 만든 표준 문자 전산 처리 방식입니다.

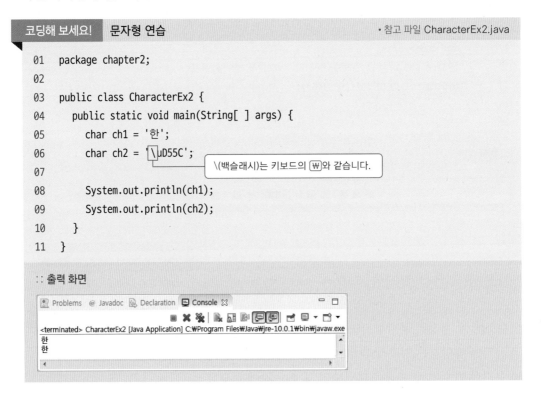

코딩해 보세요! **문자형 연습**　　　　　　　　　　• 참고 파일 CharacterEx2.java

```
01    package chapter2;
02
03    public class CharacterEx2 {
04      public static void main(String[ ] args) {
05        char ch1 = '한';
06        char ch2 = '\uD55C';
07
08        System.out.println(ch1);
09        System.out.println(ch2);
10      }
11    }
```

\(백슬래시)는 키보드의 ₩와 같습니다.

:: 출력 화면

```
Problems  @ Javadoc  Declaration  Console ✕
<terminated> CharacterEx2 [Java Application] C:₩Program Files₩Java₩jre-10.0.1₩bin₩javaw.exe
한
한
```

\uD55C는 '한'이라는 글자의 유니코드 값이고 16진수로 나타내고 있습니다. 16진수 숫자 하나가 4비트를 사용하므로 한글 '한'이라는 글자를 표현하는 데 4비트 4개, 즉 2바이트를 사용합니다.

ⓒ 한글 유니코드는 www.unicode.org/charts/PDF/UAC00.pdf에서 확인할 수 있습니다.

문자형 변수에 숫자를 저장한다면?

char형은 문자 자료형이지만 다른 자료형과 마찬가지로 컴퓨터 내부에서는 정수 값으로 표현되기 때문에 정수 자료형으로 분류하는 경우도 있습니다. 다른 정수 자료형과 차이점은 char형은 음수 값을 표현할 수 없다는 것입니다. 다음 예제를 통해 확인해 봅시다.

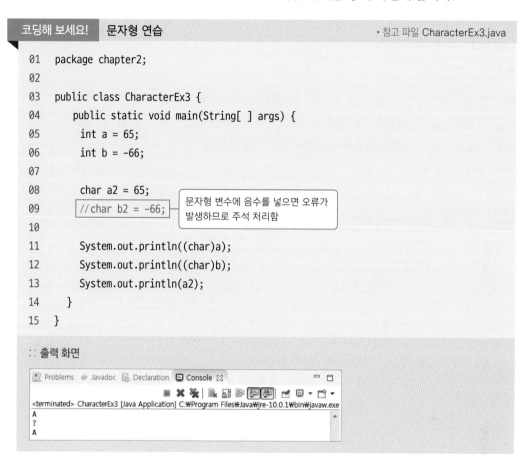

코딩해 보세요! 문자형 연습 · 참고 파일 CharacterEx3.java

```
01   package chapter2;
02
03   public class CharacterEx3 {
04      public static void main(String[ ] args) {
05        int a = 65;
06        int b = -66;
07
08        char a2 = 65;
09        // char b2 = -66;      문자형 변수에 음수를 넣으면 오류가
                                 발생하므로 주석 처리함
10
11        System.out.println((char)a);
12        System.out.println((char)b);
13        System.out.println(a2);
14      }
15   }
```

:: 출력 화면

```
Problems  @ Javadoc  Declaration  Console ✕
<terminated> CharacterEx3 [Java Application] C:₩Program Files₩Java₩jre-10.0.1₩bin₩javaw.exe
A
?
A
```

char형으로 선언한 변수에 음수 값을 대입하면 오류가 발생합니다. 음수 값을 대입한 정수형 변수 b를 char형으로 출력해 보면 물음표(?)로 출력되는데, 알 수 없는 문자라는 의미입니다.

한 걸음 더! **자바는 UTF-16 인코딩을 사용합니다**

유니코드를 표현하는 인코딩 방법은 크게 UTF-8과 UTF-16이 있습니다. 자바의 기본 인코딩 방식은 모든 문자를 2바이트로 표현하는 UTF-16입니다. 그런데 모두 2바이트로 표현하면 1바이트로 표현할 수 있는 알파벳 같은 자료를 저장하는 경우에 메모리가 낭비될 수 있습니다. 반면에 UTF-8은 각 문자마다 1바이트에서 4바이트까지 사용하여 문자를 나타내는 방식입니다. UTF-16에 비해 메모리 낭비가 적고 전송 속도가 빠릅니다. 이러한 특성으로 UTF-8은 인터넷에서 많이 사용합니다.

실수 자료형

실수를 컴퓨터 내부에서 표현한다고 생각해 봅시다. 실수 값 3.14를 표현한다고 했을 때 간단히 생각하면 3이라는 정수 부분과 .14라는 소수 부분을 따로 표현할 수 있겠네요. 하지만 0과 1 사이에는 무한개의 실수가 있습니다. 이 무한개의 실수를 모두 표현하는 데 이와 같은 방식은 한계가 있습니다. 따라서 컴퓨터에서 실수는 정수와는 조금 다른 방식으로 표현해야 합니다.

부동 소수점 방식

실수 값 0.1은 1.0×10^{-1}으로도 표현할 수 있습니다. 이처럼 가수 부분(1.0)과 지수 부분(-1)을 나누어서 실수를 나타내는 방식을 부동 소수점 방식이라고 합니다. 이 방식을 사용하면 더 많은 실수를 좀 더 세밀하게 표현할 수 있습니다.

밑수는 2, 10, 16 등을 주로 사용합니다.

한 걸음 더! **부동 소수점 방식에 대해 조금 더 알아볼까요?**

컴퓨터는 숫자를 내부적으로 표현할 때 2^n으로 표현하기 때문에 실수를 표현할 때도 밑수를 2로 씁니다. 그리고 지수 부분과 가수 부분을 각각 비트에 표현합니다. 예를 들어 값 0.2를 표현한다고 할 때 밑수 2인 경우는 0.4×2^{-1}입니다. 여기에서 가수를 밑수보다 작은 한 자리짜리 가수로 표현하는 것을 정규화라고 합니다. 즉 밑수 값이 2인 상황에서 가수는 2 이하가 되어야 하므로, 값 0.2가 정규화되면 1.6×2^{-3}입니다(결국 밑수가 2일 때 가수 부분을 정규화하면 가수 부분의 첫째 자리 숫자는 항상 1이 됩니다). 이때 1.6이 가수 부분이 되고 -3이 지수 부분이 되는 것입니다. 식으로 표현해 보면, 모든 실수는 밑수 2로 정규화를 할 때 $1.m \times 2^n$과 같이 표현할 수 있습니다. 이 내용이 잘 이해되지 않는다고 걱정하지 않아도 됩니다. 실수는 정수와 표현 방식이 다르며, 지수와 가수를 구분해서 표현하는 방식이 '부동 소수점 방식'이라는 사실만 기억해도 됩니다.

---

float형과 double형

실수 자료형에는 float형과 double형이 있습니다. float형은 부호 1비트, 지수부 8비트, 가수부 23비트로 총 32비트(4바이트)를 사용합니다. double형은 부호 1비트, 지수부 11비트, 가수부 52비트로 총 64비트(8바이트)를 사용합니다.

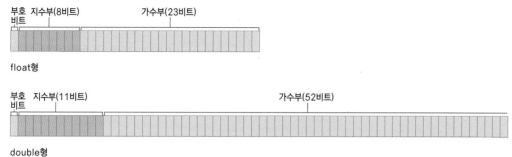

float형

double형

자바에서 실수는 double형을 기본으로 사용합니다. float형(4바이트)에 비해 double형(8바이트)이 더 정밀하게 실수를 표현할 수 있습니다.

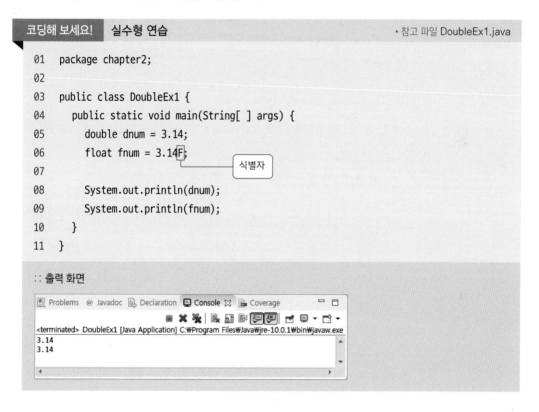

3.14는 double형으로 컴퓨터 내부에 저장되어 dnum 값에 대입됩니다. float형으로 대입되는 값 3.14는 double형이 아닌 float형 값이 대입된다는 의미로 F 또는 f를 숫자 뒤에 붙여서 식별해주어야 합니다. 앞에서 배운 long형의 식별자인 L, l과 비슷합니다.

지수와 가수로 나타내는 부동 소수점 방식은 지수로 표현되는 값이 0을 나타낼 수 없습니다. 따라서 부동 소수점 값을 연산하면 약간의 오차가 발생할 수 있습니다. 다음 예제를 살펴봅시다.

```
package chapter2;

public class DoubleEx2 {
    public static void main(String[ ] args) {
        double dnum = 1;

        for(int i = 0; i < 10000; i++) {
            dnum = dnum + 0.1;
        }
        System.out.println(dnum);
    }
}
```

> for문은 지정한 문장을 정해진 횟수만큼 반복해서 수행하는 반복문입니다. 여기에서는 더하기를 10,000번 반복하라는 의미입니다. 04장에서 자세히 배웁니다.

위 예제의 실행 결과는 1에 0.1을 10,000번 더했으므로 1001일 것 같지만 다음과 같은 결과 값이 나옵니다.

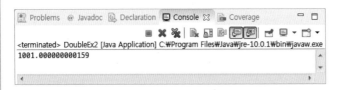

```
<terminated> DoubleEx2 [Java Application] C:₩Program Files₩Java₩jre-10.0.1₩bin₩javaw.exe
1001.000000000159
```

하지만 약간의 오차를 감수하고라도 더 넓은 범위의 실수 값을 표현하기 위해 부동 소수점 방식을 사용합니다.

논리 자료형

논리 자료형은 어떤 변수의 참, 거짓의 값을 나타내는 데 사용합니다. 종류는 boolean형 한 가지뿐입니다. 결혼 여부, 프로그램 수행이 잘되었는지 여부, 값이 존재하는지 여부 등을 참·거짓으로 나타낼 수 있겠네요. boolean형은 다음과 같이 선언합니다.

```
boolean isMarried;
```

boolean형 변수는 1바이트로 값을 저장합니다. true(참), false(거짓) 두 가지 값만 가집니다.

```
01   package chapter2;
02
03   public class BooleanEx {
04     public static void main(String[ ] args) {
05       boolean isMarried = true;      //boolean 변수를 선언하고 초기화
06       System.out.println(isMarried);
07     }
08   }
```

:: 출력 화면

```
Problems  @ Javadoc  Declaration  Console ☆  Coverage
        ■ ✖ ✖ | ▣ ▣ | ▣ ▣ | ▣ ▣ ▼ ▢ ▼
<terminated> BooleanEx [Java Application] C:\Program Files\Java\jre-10.0.1\bin\javaw.exe
true
```

위의 예제는 boolean형 변수 하나를 선언하고 출력해 보는 예제입니다. boolean형 변수는 true나 false만 대입할 수 있고 그 결과 값도 true, false로 출력됩니다.

자료형 없이 변수 선언하기(자바 10부터 생긴 문법)

자바 10이 발표되면서 변수를 사용할 때 문법적인 변화가 생겼습니다. 앞에서 배웠듯이 자바의 모든 변수를 사용할 때는 사용할 자료형을 정확히 명시해야 합니다. 즉 어떤 변수가 얼마만큼의 메모리를 사용하고 어떤 방식으로 그 값을 저장할지 자료형으로 선언해 주는 것입니다. 그런데 자바 10부터는 자료형을 쓰지 않고도 변수를 사용할 수 있습니다. 이를 지역 변수 자료형 추론(local variable type inference)이라고 합니다. 그러면 어떻게 자료형을 쓰지 않고 변수를 사용할 수 있을까요? 변수에 대입되는 자료를 보고 컴파일러가 추측하여 알 수 있습니다.

```
var num = 10;
var dNum = 10.0;
var str = "hello";
```

➡

```
int num = 10;
double dNum = 10.0;
String str = "hello";
```

이렇게 쓰면 num은 정수(int), dNum은 실수(double), str은 문자열(String)으로 컴파일됩니다. 사실 var를 사용하여 변수를 선언하는 방법은 자바스크립트 같은 다른 프로그래밍 언어에서 이미 사용하고 있습니다. 다만 자바에서 var를 사용할 때는 다음 사항을 유의해야 합니다.

첫째, 한번 선언한 자료형 변수를 다른 자료형으로 사용할 수 없습니다. 오른쪽 str 변수는 이미 String으로 선언되었기 때문에 다시 정수 값을 넣을 수는 없습니다. 둘째, var로 자료형 없이 변수를 선언하는 방법은 '지역 변수'만 가능합니다. 지역 변수는 프로그램의 { } 내에서 사용할 수 있는 변수입니다. 다음 예제로 var에 대해 익혀 봅시다.

```
str = "test";      (O)
str = 3;           (X)
```

◎ 지역 변수에 대해서는 '06-4 변수 유효 범위'에서 자세히 설명합니다.

코딩해 보세요!   **자료형 추론**   • 참고 파일 TypeInference.java

```java
01  package chapter2;
02
03  public class TypeInference {
04    public static void main(String[ ] args) {
05      var i = 10;          //int i = 10으로 컴파일됨
06      var j = 10.0;        //double j = 10.0으로 컴파일됨
07      var str = "hello";   //String str = "hello"로 컴파일됨
08
09      System.out.println(i);
10      System.out.println(j);
11      System.out.println(str);
12
13      str = "test";        다른 문자열은 대입 가능
14      //str = 3;           str 변수는 String형으로 먼저 사용되었기 때문에
15    }                      정수 값을 넣을 수 없음
16  }
```

:: 출력 화면

```
Problems  @ Javadoc  Declaration  Console ✕  Coverage
<terminated> TypeInference [Java Application] C:\Program Files\Java\jre-10.0.1\bin\javaw.exe
10
10.0
hello
```

자바 10에서 var를 사용하여 변수를 선언하는 기능을 제공하긴 하지만 자바 하위 버전과의 호환성을 위해 이 책에서는 모든 변수를 사용할 때 자료형을 명시하고 사용하겠습니다.

02-4 상수와 리터럴

상수 선언하기

지금까지 변수와 그 변수의 특성을 나타내는 자료형에 대해 이야기했습니다. 변수는 말 그대로 변하는 수입니다. 그런데 프로그램에서는 변하지 않는 수도 필요합니다. 예를 들어 원의 넓이를 구할 때 원주율을 3.14라고 정했다면 이 값은 변하지 않는 값이지요. 1년은 12개월이라는 값도 변하지 않습니다. 이렇게 항상 변하지 않는 값을 '상수(constant)'라고 합니다. 자바에서 상수는 다음처럼 final 예약어를 사용해 선언합니다.

```
final double PI = 3.14;
final int MAX_NUM = 100;
```

상수 이름은 대문자를 주로 사용하고, 여러 단어를 연결하는 경우에 _ 기호를 사용하면 보기 좋습니다. 한 번 선언한 상수는 변하지 않기 때문에 선언과 동시에 값을 지정하는 것이 좋습니다. 가끔은 선언만 하고 사용하기 전에 값을 지정하기도 합니다. 다음 예제를 살펴보겠습니다.

> **코딩해 보세요!** **상수 사용하기**
> • 참고 파일 Constant.java

```
01  package chapter2;
02
03  public class Constant {
04    public static void main(String[ ] args) {
05      final int MAX_NUM = 100;         ← 선언과 동시에 초기화
06      final int MIN_NUM;
07
08      MIN_NUM = 0;                       사용하기 전에 초기화. 초기화하지
                                           않으면 오류 발생
09
10      System.out.println(MAX_NUM);
11      System.out.println(MIN_NUM);
12
13      //MAX_NUM = 1000;                 오류 발생. 상수는 값을 변경할 수 없음
14    }
15  }
```

:: 출력 화면

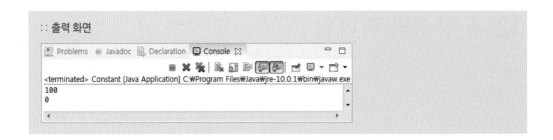

5행에서는 상수 MAX_NUM 선언과 동시에 초기화했습니다. 6행의 MIN_NUM은 선언만 하고, 사용하기 전에 값을 대입했습니다. 상수는 10, 11행처럼 값을 가져와서 사용할 수 있을 뿐 13행처럼 한 번 대입한 값을 변경하려고 하면 오류가 발생합니다.

상수를 사용하면 편리한 이유

프로그램 내부에서 반복적으로 사용하고, 변하지 않아야 하는 값을 상수로 선언하여 사용하면 좋습니다. 예를 들어 어떤 학급의 학생 수가 최대 30명이라는 코드를 작성하는 경우를 봅시다. 다음 예시에서 왼쪽은 값을 코드에 바로 사용하는 경우입니다. 그런데 만약 최대 학생 수가 30명에서 35명으로 늘어난다면 어떻게 해야 할까요? 프로그램에서 값 30을 쓴 부분을 모두 찾아서 고쳐야 하므로 굉장히 번거롭습니다. 하지만 오른쪽처럼 상수로 선언해 사용했다면 상수를 선언한 부분의 값만 변경해 주면 됩니다.

```
if(count == 30) { ... }// 값이 30이라면
while(i < 30) { ... }  //30보다 작은 동안
```

➡

```
final int MAX_STUDENT_NUM = 35;
// 값이 MAX_STUDENT_NUM이라면
if(count == MAX_STUDENT_NUM) { ... }
//MAX_STUDENT_NUM보다 작은 동안
while(i < MAX_STUDENT_NUM) { ... }
```

값을 코드에 직접 사용한 경우   상수로 선언하여 사용한 경우

MY_AGE 상수를 선언하고 출력하도록 코드를 완성해 보세요.

```
public class Constant {
  public static void main(String[ ] args) {
       [  1  ] int MY_AGE = 22;          //상수 MY_AGE를 선언하고 값 22를 대입함
      System.out.println(  [  2  ]  );  //MY_AGE 값을 출력함
  }
}
```

정답 1. final 2. MY_AGE

리터럴

리터럴(literal)이란 프로그램에서 사용하는 모든 숫자, 문자, 논리값(true, false)을 일컫는 말입

니다. 오른쪽에서 사용한 'A', 10, 3.14와 같은 문자와 숫
자를 '리터럴' 혹은 '리터럴 상수'라고 합니다. 리터럴은 변
수나 상수 값으로 대입할 수 있습니다. 리터럴은 프로그램
이 시작할 때 시스템에 같이 로딩되어 특정 메모리 공간인

```
char ch = 'A';
int num = 10;
final double PI= 3.14;
```

상수 풀(constant pool)에 놓입니다. 예를 들어 int num = 3; 문장에서 값 3이 메모리 공간 어
딘가에 존재해야 num 변수에 그 값을 복사할 수 있습니다. 즉 숫자가 변수에 대입되는 과정은
일단 숫자 값이 어딘가 메모리에 쓰여 있고, 이 값이 다시 변수 메모리에 복사되는 것입니다.

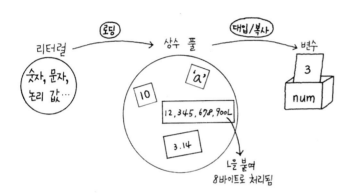

자바에서 정수를 표현하는 메모리의 기본 크기는 4바이트입니다. 이는 상수 풀에서도 마찬가
지입니다. 예를 들어 리터럴 10은 int형(4바이트)으로 처리됩니다. 그런데 long num =
12,345,678,900;은 12,345,678,900이 4바이트 크기에 들어갈 수 없기 때문에 long형, 즉 8
바이트로 처리하라고 컴파일러에 알려 주어야 합니다. 따라서 '이 리터럴은 long형으로 저장
되어야 한다'는 의미로 리터럴 뒤에 식별자 l이나 L을 써 주는 것입니다.

실수도 마찬가지입니다. 모든 실수 리터럴은 double형(8바이트)으로 처리됩니다. float pi =
3.14;의 경우 3.14는 double형이고, 변수 pi는 float형이므로 값을 대입할 수 없습니다. 따
라서 3.14를 float형으로 처리하도록 float PI = 3.14F;와 같이 식별자 f나 F를 사용해야 합
니다.

02-5 형 변환

형 변환이란?

정수와 실수는 컴퓨터 내부에서 표현되는 방식이 전혀 다릅니다. 따라서 정수와 실수를 더한 다고 할 때 그대로 연산을 수행할 수 없고 하나의 자료형으로 통일한 후 연산을 해야 합니다. 이때 형 변환(type conversion)이 이루어집니다.

```
int n = 10;          // int형 변수 n에 정수 값 10을 대입
double dnum = n;     // int형 변수 n의 값을 double형 변수 dnum에 대입
```

위 문장에서 변수 n은 int형이고 변수 dnum은 double형입니다. 형 변환이란 이렇게 각 변수의 자료형이 다를 때 자료형을 같게 바꾸는 것을 말합니다.

형 변환은 크게 묵시적 형 변환(자동 형 변환)과 명시적 형 변환(강제 형 변환) 두 가지로 구별해서 생각할 수 있습니다. 형 변환의 기본 원칙은 다음과 같습니다.

> 1. 바이트 크기가 작은 자료형에서 큰 자료형으로 형 변환은 자동으로 이루어진다.
> 2. 덜 정밀한 자료형에서 더 정밀한 자료형으로 형 변환은 자동으로 이루어진다.

이 두 가지 원칙에 기반하여 묵시적 형 변환이 이루어지는 관계를 살펴보면 다음과 같습니다.

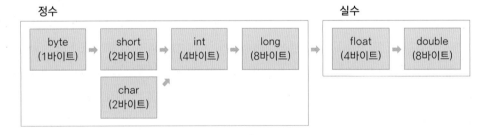

위 그림에서 화살표 방향과 반대로 형 변환을 하려면 강제로 변환해야 합니다. long형이 8바이트이고 float형이 4바이트인데 자동 형 변환이 되는 이유는 실수가 정수보다 표현 범위가 더 넓고 정밀하기 때문입니다. 화살표 방향으로 형 변환이 이루어질 때는 자료 손실이 없지만, 그 반대인 경우에는 자료 손실이 발생할 수 있습니다.

묵시적 형 변환

바이트 크기가 작은 자료형에서 큰 자료형으로 대입하는 경우

```
byte bNum = 10;
int iNum = bNum;    // byte형 변수 bNum 값을 int형 변수 iNum에 대입함
```

이 경우에 bNum의 크기는 1바이트이고 iNum의 크기는 4바이트이므로 자료 손실 없이 bNum에 들어 있는 값이 모두 iNum에 저장됩니다. 남은 3바이트에는 0으로 채워집니다.

덜 정밀한 자료형에서 더 정밀한 자료형으로 대입하는 경우

이 경우에는 두 변수의 크기가 같은 4바이트라도 float형 인 fNum이 더 정밀하게 데이터를 표현할 수 있으므로 실 수형인 float형으로 변환됩니다.

```
int iNum2 = 20;
float fNum = iNum2;
```

연산 중에 자동 변환되는 경우

이 경우에는 dNum = fNum + iNum에서 두 번의 형 변환 이 일어납니다. 먼저 fNum + iNum 연산에서 int형이 float형으로 변환되고, 두 변수를 더한 결과 값이 dNum에 대입되면서 double형으로 변환됩니다. 이렇듯 바이트 크 기가 작은 수에서 큰 수로, 덜 정밀한 수에서 더 정밀한 수 로 자료형이 변환되는 경우에 자동 형 변환이 일어납니다.

```
int iNum = 20;
float fNum = iNum;
double dNum;
dNum = fNum + iNum ;
```
float형
double형

다음 예제를 보며 묵시적 형 변환이 어떻게 일어나는지 확인해 봅시다.

코딩해 보세요!   묵시적 형 변환   • 참고 파일 ImplicitConversion.java

```
01    package chapter2;
02
03    public class ImplicitConversion {
04      public static void main(String[ ] args) {
05        byte bNum = 10;
06        int iNum = bNum;      byte형 값이 int형 변수로 대입됨
07
08        System.out.println(bNum);
09        System.out.println(iNum);
```

```
10
11          int iNum2 = 20;
12          float fNum = iNum2;  ──── int형 값이 float형 변수로 대입됨
13
14          System.out.println(iNum);
15          System.out.println(fNum);
16
17          double dNum;
18          dNum = fNum + iNum;
19          System.out.println(dNum);
20      }
21  }
```

:: 출력 화면

```
Problems  @ Javadoc  Declaration  Console ⌧  Coverage                    ─ □
                        ■ ✖ ⚒ | ▤ ▦ ▦ | ☞ ☞ ☞ | ☞ ☞ ▾ ☞ ▾
<terminated> ImplicitConversion [Java Application] C:\Program Files\Java\jre-10.0.1\bin\javaw.exe
10
10
10
20.0
30.0
```

명시적 형 변환

묵시적 형 변환과 반대의 경우로 생각할 수 있습니다.

바이트 크기가 큰 자료형에서 작은 자료형으로 대입하는 경우

```
int iNum = 10;
byte bNum = (byte)iNum;  //강제로 형을 바꾸려면 바꿀 형을 괄호를 써서 명시해야 함
```

byte형은 1바이트로 int형보다 크기가 작기 때문에 자료 손실이 발생할 수 있습니다. 따라서
프로그래머가 변환할 자료형을 명시적으로 써 주어야 하며 이를 강제 형 변환이라고 합니다.
이 경우에는 대입된 값 10을 1바이트 안에 표현할 수 있으므로 자료 손실이 없습니다. 그러나
다음처럼 byte형이 표현할 수 있는 범위를 넘는 경우에는 자료 손실이 발생할 수 있습니다.

```
int iNum = 1000;
byte bNum = (byte)iNum;
```

이 경우에는 값 1000이 byte형 범위(-128~127)를 넘기 때문에 자료 손실이 발생해 대입된 값이 -24로 출력됩니다.

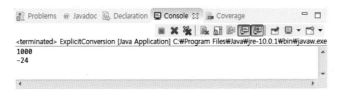

더 정밀한 자료형에서 덜 정밀한 자료형으로 대입하는 경우

실수 자료형에서 정수 자료형으로 값이 대입되는 경우에도 역시 형 변환을 명시적으로 해주어야 합니다.

```
double dNum = 3.14;
int iNum2 = (int)dNum;   //실수 자료형 double을 정수 자료형 int로 형 변환
```

이 경우에는 실수의 소수점 이하 부분이 생략되고 다음처럼 정수 부분만 대입됩니다.

문자형 연습 예제에서 형 변환을 사용했던 것을 기억하고 있나요? 주석 내용에 맞게 코드를 완성해 보세요.

```
public CharacterEx1  {
  public static void main(String[ ] args) {
    char ch1 = 'A';
    System.out.println(          1 );  //문자에 해당하는 정수 값 출력

    int ch2 = 67;
    System.out.println(          2 );  //정수 값에 해당하는 문자 출력
  }
}
```

정답 1. (int)ch1 2. (char)ch2

연산 중 형 변환

다음은 연산 중에 명시적으로 형 변환을 하는 예제입니다.

코딩해 보세요! **명시적 형 변환**　　　　　　　　　　　　　　　• 참고 파일 ExplicitConversion.java

```java
01  package chapter2;
02
03  public class ExplicitConversion {
04    public static void main(String[ ] args) {
05      double dNum1 = 1.2;
06      float fNum2 = 0.9F;
07
08      int iNum3 = (int)dNum1 + (int)fNum2;   //두 실수가 각각 형 변환되어 더해짐
09      int iNum4 = (int)(dNum1 + fNum2);      //두 실수의 합이 먼저 계산되고 형 변환됨
10      System.out.println(iNum3);
11      System.out.println(iNum4);
12    }
13  }
```

:: 출력 화면

```
Console ⊠  Problems  @ Javadoc  Declaration  Search  Coverage
                          ■ ✖ ⚙ | ■ ⬔ ▣ | ▣ ▣ | ⬚ ▣ ▾ ⬚ ▾
<terminated> ExplicitConversion [Java Application] C:₩Program Files₩Java₩jre-10.0.1₩bin₩javaw.exe
1
2
```

8행과 9행의 연산 결과가 다른 것을 알 수 있습니다. 8행에서는 두 실수가 각각 명시적으로 형 변환이 일어납니다. 따라서 1과 0으로 변환된 두 값을 합하여 결과 값이 1이 됩니다. 하지만 9행에서는 두 dNum1과 fNum2의 합을 먼저 계산합니다. 이때 두 실수의 자료형이 다르지만, float형이 double형으로 변환되는 묵시적 형 변환이 일어나면서 두 수가 더해져 결과 값이 2.1이 되고, 이후에 int형으로 명시적 형 변환이 되어 결과 값이 2가 됩니다. 이처럼 같은 연산이라도 형 변환이 언제 이루어졌는지에 따라 그 결과 값이 다르게 나타날 수 있습니다.

Q1 바이트 크기가 작은 자료형을 더 큰 자료형으로 대입하는 형 변환은 자동으로 이루어집니다. (예 / 아니오)

Q2 실수를 정수형 변수에 대입하는 경우에 형 변환이 자동으로 이루어지고, 소수점 이하 부분만 없어집니다. (예 / 아니오)

Q3 더 많은 실수를 표현하기 위해 가수부와 지수부로 비트를 나누어 표현하는 방식을

[부   ] 이라고 합니다.

Q4 변수 두 개를 선언해서 10과 2.0을 대입하고 두 변수의 사칙 연산 결과를 정수로 출력해 보세요.

Q5 '글'이라는 한글 문자의 유니코드 값을 찾아서 char형으로 선언한 변수에 저장한 뒤 그 변수를 출력하여 확인해 보세요.

힌트 www.unicode.org/charts/PDF/UAC00.pdf 사이트를 참고하세요!

02장 정답
590쪽

자바의 여러 가지 연산자

●

프로그램에서 사용하는 값을 연산해야 하는 경우가 자주 있습니다. 이때 사용하는 연산자는 간단한 사칙 연산부터 값을 비교하는 연산자, 비트 단위 연산자까지 종류가 다양합니다. 이 장에서는 연산자의 종류를 살펴보고, 여러 연산자를 동시에 사용할 때 적용되는 연산자 우선순위에 대해 알아보겠습니다.

연산자의 종류와 연산 순서를 배워 볼까?

10 - 2 * (5 + 3) ÷ 5 + 20

03-1 기본 연산자

항과 연산자

연산에 사용하는 기호를 연산자(operator)라고 합니다. 우리가 수학 시간에 배운 더하기, 빼기 등이 연산자입니다. 그리고 연산에 사용하는 값을 항(operand)이라고 합니다. 예를 들어 3+4 에서 3과 4는 항이고 +는 연산자이지요. 연산자는 항의 개수에 따라 단항 연산자, 이항 연산자, 삼항 연산자로 나눌 수 있습니다. 단항 연산자는 항이 한 개인 연산자입니다. 이항 연산자는 항이 두 개인 연산자로 사칙 연산이 그 대표 예입니다. 그리고 프로그램에서 사용하는 조건 연산자가 있는데, 바로 항이 세 개가 필요한 삼항 연산자입니다.

연산자	설명	연산 예
단항 연산자	항이 한 개인 연산자	++num
이항 연산자	항이 두 개인 연산자	num1 + num2;
삼항 연산자	항이 세 개인 연산자	(5 > 3) ? 1 : 0;

우리가 사칙 연산을 할 때 곱셈과 나눗셈은 덧셈, 뺄셈보다 먼저 계산하지요? 이러한 연산 순서를 '연산자 우선순위'라고 합니다. 프로그램에 사용하는 연산자도 우선순위가 있습니다. 단항 연산자가 가장 높고 이항, 삼항 연산자 순서입니다. 그러면 이제부터 각 연산자를 자세히 살펴보겠습니다.

대입 연산자

대입 연산자(assignment operator)는 말 그대로 변수에 값을 대입하는 연산자입니다. 대입 연산자는 이항 연산자 중 우선순위가 가장 낮은 연산자입니다. 즉 하나의 문장에 여러 연산자가 있을 때 모든 연산을 다 끝낸 후 마지막에 연산 결과를 변수에 대입하는 것입니다. 대입 연산자를 간단히 표현하면 오른쪽과 같습니다. 오른쪽 변수 값이나 식의 연산 결과 값을 왼쪽 변수에 대입합니다.

> 왼쪽 변수 = 오른쪽 변수(또는 식)

```
int age = 24;    // 나이를 의미하는 age 변수에 값 24를 대입함
```

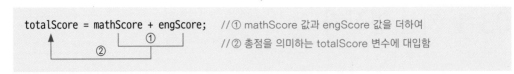

```
totalScore = mathScore + engScore;    //① mathScore 값과 engScore 값을 더하여
                                      //② 총점을 의미하는 totalScore 변수에 대입함
```

앞으로 공부할 대부분의 연산을 수행하고 나면 결과 값이 만들어지는데, 그 결과 값을 변수에 대입할 것입니다. 따라서 대입 연산자는 프로그래밍에서 가장 많이 사용하는 연산자입니다.

> **한 걸음 더!**　**왼쪽 변수(lValue)와 오른쪽 변수(rValue)**
>
> 대입 연산자를 기준으로 왼쪽에 있는 변수를 lValue(left value), 오른쪽에 있는 변수를 rValue(right value)라고 합니다. 대입 연산자를 사용하면 항상 rValue(오른쪽 변수) 값을 가져와서 lValue(왼쪽 변수)에 대입하는 것을 알 수 있습니다. 따라서 값이 대입되는 lValue에는 10 같은 숫자가 올 수 없고 항상 변수나 상수가 와야 합니다. rValue에는 변수나 숫자(상수)가 올 수 있습니다.

부호 연산자

부호 연산자는 +, − 두 가지가 있습니다. 더하기, 빼기 연산에 쓰는 이항 연산자이면서 부호를 나타내는 단항 연산자로도 사용합니다. 예를 들어 +3은 양수, −3은 음수를 나타내지요.

연산자	기능	연산 예
+	변수나 상수 값을 양수로 만듭니다.	+3
-	변수나 상수 값을 음수로 만듭니다.	-3

그런데 변수에 - 연산자만 사용한다고 해서 값 자체가 음수로 바뀌는 것은 아닙니다. 다음 예시를 봅시다.

```
int num = 10;

System.out.println(+num);    //값 10이 그대로 출력됨
System.out.println(-num);    //값 10에 -가 붙어서 -10이 출력되지만 num 값이 실제로 바뀌지는 않음
System.out.println(num)      //값 10이 그대로 출력됨

num = -num;                  //num 값을 음수로 바꿔서 다시 num에 대입함
System.out.println(num);     //값 -10이 출력됨
```

앞 코드에서 값 자체를 음수로 바꾸려면 = 연산자(대입 연산자)를 사용하여 값을 대입해야 합니다. 따라서 num = −num의 결과 값은 음수가 되는 것을 알 수 있습니다.

산술 연산자

사칙 연산에서 사용하는 연산자가 산술 연산자입니다. 프로그램에서 산술 연산자는 덧셈(+), 뺄셈(-), 곱셈(*), 나눗셈(/), 나머지(%) 이렇게 다섯 가지가 있습니다. 프로그래밍할 때 곱셈 기호는 ×가 아닌 *를 사용하며 나눗셈 기호는 ÷ 대신 /를 사용합니다.

연산자	기능	연산 예
+	두 항을 더합니다.	5 + 3
-	앞에 있는 항에서 뒤에 있는 항을 뺍니다.	5 - 3
*	두 항을 곱합니다.	5 * 3
/	앞에 있는 항에서 뒤에 있는 항을 나누어 몫을 구합니다.	5 / 3
%	앞에 있는 항에서 뒤에 있는 항을 나누어 나머지를 구합니다.	5 % 3

우리가 평소에 사용하지 않던 % 연산자가 있지요? % 연산자는 나머지를 구하는 연산자입니다. 프로그램을 만들 때 % 연산자는 종종 유용하게 사용할 수 있습니다.

이런 경우를 생각해 볼까요? 학생 30명이 이지스 리조트로 수학 여행을 갔습니다. 리조트에는 방이 10개 있고 방 번호는 0번부터 9번까지 있습니다. 30명의 학생이 각각 번호표를 받아 한 방에 3명씩 배정받는다고 합시다. 이 과정을 어떻게 처리하는 것이 효율적일까요? 이때 % 연산자를 사용하면 방 번호를 쉽게 정해 줄 수 있습니다. 어떤 학생이 가진 번호가 23번이라면 23%10=3으로 계산해서 3번 방을 배정하면 됩니다. 정리하자면 방 번호는 0~9, 즉 10이란 수의 나머지 중 하나가 되므로 % 연산자를 사용해 0~9 사이의 방을 배정하는 것입니다. 일정 범위 안의 수를 사용해야 할 때 이렇게 % 연산자를 유용하게 쓸 수 있습니다.

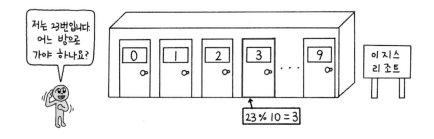

산술 연산자의 우선순위

산술 연산자의 우선순위는 일반 수학의 산술 연산과 같습니다. 나머지를 구하는 % 연산자의 우선순위는 *, / 연산자의 우선순위와 동일합니다. 다음은 산술 연산자를 사용하여 수학 점수(mathScore)와 영어 점수(engScore)의 총점과 평균을 구하는 예제입니다.

```java
01   package operator;
02
03   public class OperationEx1 {
04     public static void main(String[ ] args) {
05       int mathScore = 90;
06       int engScore = 70;
07
08       int totalScore = mathScore + engScore;   //총점 구하기
09       System.out.println(totalScore);
10
11       double avgScore = totalScore / 2.0;       //평균 구하기
12       System.out.println(avgScore);
13     }
14   }
```

:: 출력 화면

```
Console 🔲   Problems  @ Javadoc  Declarat...  Search  Coverage
<terminated> OperationEx1 [Java Application] C:₩Program Files₩Java₩jre-10.0.1₩bin₩javaw.exe
160
80.0
```

 1분 복습 조금 전에 작성한 예제 코드에 국어 점수를 의미하는 korScore 변수를 추가하고 여러분이 원하는 점수를 대입해 보세요. 그리고 국어 점수까지 포함한 총점(totalScore)과 평균 점수(avgScore)를 구해서 결과 값을 출력하도록 예제를 수정해 보세요.

정답 587쪽 참고

증가·감소 연산자

증가·감소 연산자는 단항 연산입니다. 연산자 앞이나 뒤에 사용하며 값을 1만큼 늘리거나 1만큼 줄입니다. 증가·감소 연산자는 자주 사용하는 연산자이므로 잘 익혀 두세요.

연산자	기능	연산 예

++	항의 값에 1을 더합니다.	val = ++num; //먼저 num 값이 1 증가한 후 val 변수에 대입
		val = num++; //val 변수에 기존 num 값을 먼저 대입한 후 num 값 1 증가

--	항의 값에서 1을 뺍니다.	val = --num; //먼저 num 값이 1 감소한 후 val 변수에 대입
		val = num--; //val 변수에 기존 num 값을 먼저 대입한 후 num 값 1 감소

연산자를 피연산자 앞에 쓰는 경우와 뒤에 쓰는 경우 그 결과 값이 전혀 다르므로 주의해야 합니다. 그러면 증가·감소 연산자를 변수의 앞에 사용하는 실습을 해봅시다.

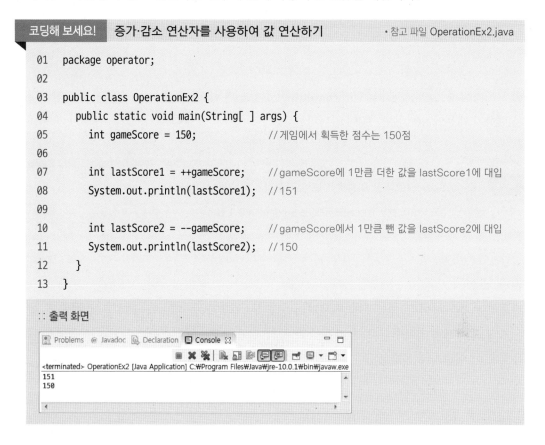

```java
01  package operator;
02
03  public class OperationEx2 {
04      public static void main(String[ ] args) {
05          int gameScore = 150;              //게임에서 획득한 점수는 150점
06
07          int lastScore1 = ++gameScore;     //gameScore에 1만큼 더한 값을 lastScore1에 대입
08          System.out.println(lastScore1);   //151
09
10          int lastScore2 = --gameScore;     //gameScore에서 1만큼 뺀 값을 lastScore2에 대입
11          System.out.println(lastScore2);   //150
12      }
13  }
```

:: 출력 화면

```
Problems  @ Javadoc  Declaration  Console ✕
<terminated> OperationEx2 [Java Application] C:₩Program Files₩Java₩jre-10.0.1₩bin₩javaw.exe
151
150
```

증가·감소 연산자의 위치

증가·감소 연산자의 기능을 더 잘 이해하려면 프로그램에서 문장의 의미를 알아 두는 것이 중요합니다. 프로그램에

> ☺ 프로그래밍 언어에서 하나의 문장을 sentence 또는 statement라고 부릅니다.

서 한 문장은 우리말에서 하나의 문장과 의미가 같다고 생각하면 됩니다. 한글에서 문장의 끝에는 .(마침표)를 사용하지요? 자바 프로그램에서는 문장 끝에 ;(세미 콜론)을 사용합니다. 즉 ; 까지가 하나의 문장입니다. 증가·감소 연산자가 피연산자 앞에 있으면 문장이 끝나기 전에 피연산자 값이 증가하거나 감소합니다. 다음 코드를 봅시다.

```java
int value = 10;
int num = ++value;     //num에 11이 대입됨
```

위 코드에서 증가 연산자가 피연산자 value 앞에 있는데 이때 num 값은 11이 됩니다.

반대로 증가·감소 연산자가 피연산자 뒤에 있으면 문장이 끝난 후에 피연산자 값이 증가하거나 감소합니다. 설명이 좀 어렵나요? 다음 예를 보겠습니다.

```java
int value = 10;
int num = value++;    //num에 10이 대입됨
```

위 코드처럼 증가 연산자가 피연산자 value 뒤에 있으면 value 값을 num에 먼저 대입한 후 1을 더하기 때문에 num 값은 10이 됩니다.

 조금 전 실습에서 7행의 ++gameScore를 gameScore++로, 10행의 --gameScore를 gameScore--로 바꾼 후 출력해 보세요. 결과가 어떻게 나오나요?

정답 int lastScore1 = gameScore++; 문장이 끝난 후 gameScore 값은 1 증가, int lastScore2 = gameScore--; 문장이 끝난 후 gameScore 값은 1 감소. 따라서 출력 결과는 순서대로 150, 150, 151, 151.

관계 연산자

관계 연산자는 항이 두 개인 이항 연산자입니다. 두 개의 항 중 어느 것이 더 큰지, 작은지, 같은지 등의 여부를 검사합니다. 우리가 수학 시간에 배운 부등호가 이 연산자에 해당합니다. 관계 연산자의 결과 값은 참(true) 또는 거짓(false)으로 반환됩니다.

☺ '반환한다'는 말은 연산의 결과 값을 되돌려준다는 의미입니다. 더 자세한 내용은 메서드에 대해 설명하는 05장에서 배웁니다.

연산자	기능	연산 예
>	왼쪽 항이 크면 참을, 아니면 거짓을 반환합니다.	num > 3;
<	왼쪽 항이 작으면 참, 아니면 거짓을 반환합니다.	num < 3;
>=	왼쪽 항이 오른쪽 항보다 크거나 같으면 참, 아니면 거짓을 반환합니다.	num >= 3;
<=	왼쪽 항이 오른쪽 항보다 작거나 같으면 참, 아니면 거짓을 반환합니다.	num <= 3;
==	두 개 항의 값이 같으면 참, 아니면 거짓을 반환합니다.	num == 3;
!=	두 개 항이 다르면 참, 아니면 거짓을 반환합니다.	num != 3;

예를 들면 다음과 같은 경우에 value 값은 참이 되어 true 값을 가지게 됩니다.

```java
int myAge = 27;
boolean value = (myAge > 25);
System.out.println(value);    //true
```

관계 연산자는 이렇게 두 값을 비교하여 결과 값을 반환하므로 비교 연산자라고도 부릅니다. 나중에 배울 조건식이나 반복문을 제어하는 데 자주 사용하는 연산자입니다.

한 걸음 더! **읽기 좋은 프로그램을 만듭시다**

관계 연산자는 대입 연산자보다 연산자 우선순위가 높으므로 다음처럼 괄호를 사용하지 않아도 우리가 원하는 결과 값이 나옵니다.

```
boolean value = myAge > 25;
```

그런데 앞의 예제에서는 다음처럼 괄호를 사용했습니다.

```
boolean value = (myAge > 25);
```

이렇게 괄호를 사용한 이유는 읽기 좋은 프로그램, 즉 가독성이 좋은 코드를 만들기 위해서입니다. 괄호를 사용하면 관계 연산의 결과 값이 value에 대입되는 것을 좀 더 명확하게 알 수 있습니다.

읽기 좋은 프로그램을 만드는 것은 매우 중요합니다. 프로그램은 나 혼자만 만들고 끝나는 것이 아니기 때문입니다. 팀 프로젝트를 할 때 다른 팀원이 내 코드를 봐야 하는 경우도 많고, 내가 나중에 코드를 수정하기 위해 보기도 합니다. 따라서 좋은 프로그래머가 되는 첫걸음은 가독성이 좋은 코드를 작성하는 습관을 들이는 것임을 명심하세요.

논리 연산자

논리 연산자는 중학교 수학 시간에 배운 명제를 생각하면 됩니다. 두 명제가 모두 참이면 논리 곱은 참이고, 두 명제 중 하나만 참이면 논리 합은 참입니다. 참의 부정은 거짓, 거짓의 부정은 참입니다. 이러한 논리 연산을 프로그래밍 언어로 구현한 연산자가 논리 연산자입니다. 논리 연산자는 주로 관계 연산자와 함께 사용합니다. 관계 연산자의 우선순위가 논리 연산자보다 높으므로, 관계 연산자의 결과 값을 기반으로 논리 연산자의 결과 값을 계산합니다.

연산자	기능	연산 예
&& (논리 곱)	두 항이 모두 참인 경우에만 결과 값이 참입니다. 그렇지 않은 경우는 거짓입니다.	boolean val = (5 > 3) && (5 > 2);
|| (논리 합)	두 항 중 하나의 항만 참이면 결과 값은 참입니다. 두 항이 모두 거짓이면 결과 값은 거짓입니다.	boolean val = (5 > 3) || (5 < 2);
! (부정)	단항 연산자입니다. 참인 경우는 거짓으로 바꾸고, 거짓인 경우는 참으로 바꿉니다.	boolean val = !(5 > 3);

간단한 예를 통해 논리 연산자의 기능을 알아봅시다. 이 코드를 보면 논리 곱(&&) 연산에서 두 항의 결과 값이 모두 참인 경우만 참이고 그렇지 않으면 거짓이 됩니다. 그에 비해 논리 합(||) 연산은 두 항 중 하나의 항만 참인 경우에도 결과 값은 참이 됩니다.

```java
int num1 = 10;
int num2 = 20;

boolean flag = (num1 > 0) && (num2 > 0);
System.out.println(flag);     //flag는 참

flag = (num1 < 0) && (num2 > 0);
System.out.println(flag);     //flag는 거짓

flag = (num1 < 0) || (num2 > 0);
System.out.println(flag);     //flag는 참
```

논리 연산에서 모든 항이 실행되지 않는 경우 — 단락 회로 평가

앞에서 설명한 대로 논리 곱(&&) 연산은 두 항이 모두 참일 때만 결과 값이 참이 됩니다. 다시 말해 하나의 항이라도 거짓이면 결과 값이 거짓이 되지요. 반면에 논리 합(||) 연산은 하나의 항이 참이면 나머지 항과 상관없이 결과 값은 무조건 참이 됩니다. 다음 예를 살펴보겠습니다.

코딩해 보세요! **단락 회로 평가 실습하기** • 참고 파일 OperationEx3.java

```java
01  package operator;
02
03  public class OperationEx3 {
04    public static void main(String[ ] args) {
05      int num1 = 10;
06      int i = 2;
07
08      boolean value = ((num1 = num1 + 10) < 10) && ((i = i + 2) < 10);
09      System.out.println(value);
10      System.out.println(num1);
11      System.out.println(i);
12
13      value = ((num1 = num1 + 10 ) > 10) || ((i = i + 2) < 10);
14      System.out.println(value);
15      System.out.println(num1);
16      System.out.println(i);
17    }
18  }
```

> 논리 곱에서 앞 항의 결과 값이 거짓이므로 이 문장은 실행되지 않음

> 논리 합에서 앞 항의 결과 값이 참이므로 이 문장은 실행되지 않음

:: 출력 화면

Problems @ Javadoc Declaration Console ⋈

<terminated> OperationEx3 [Java Application] C:₩Program Files₩Java₩jre-10.0.1₩bin₩javaw.exe

```
false
20
2     논리 곱에서 앞 항이 거짓이면 뒷 항이 실행되지 않아 i 값은 그대로!
true
30
2     논리 합에서 앞 항이 참이면 뒷 항이 실행되지 않아 i 값은 그대로!
```

8행의 (num1 = num1 + 10) < 10에 num1 값 10을 대입하면 20 < 10이기 때문에 결과 값은 거짓입니다. 논리 곱은 앞 항의 결과 값이 거짓이면 뒤에 나오는 항과 관계없이 거짓이죠. 따라서 그다음에 오는 (i = i + 2) < 10 문장은 아예 실행조차 되지 않기 때문에 i 값을 출력해 보면 값이 증가하지 않았습니다. 그리고 논리 곱 연산의 결과 값은 거짓인 false를 반환합니다. 13행의 (num1 = num1 + 10) > 10에 num1 값 20을 대입하면 결과 값은 참입니다. 논리 합은 앞 항의 결과 값이 참이면 뒤에 나오는 항과 상관없이 결과 값은 참이 됩니다. 따라서 (i = i + 2) < 10의 결과 값은 살펴볼 필요가 없으므로 실행조차 되지 않아 i 값은 증가하지 않습니다.

이처럼 논리 곱 연산과 논리 합 연산을 할 때 두 항을 모두 실행하지 않더라도 결과 값을 알 수 있는 경우에, 나머지 항은 실행되지 않는 것을 단락 회로 평가(Short Circuit Evaluation; SCE)라고 합니다. 프로그램을 만들면서 예상한 실행 결과와 다를 수 있으므로 주의해야 합니다.

1분
복습

다음 예제에서 단락 회로 평가에 주의하여 출력 결과를 예상해 보세요.

```
int num = 5;
int i = 10;

boolean value = ((num = num * 10) > 45) || ((i = i - 5) < 10);
System.out.println(value); ——①
System.out.println(num); ———②
System.out.println(i); ———③
```

정답 ① true ② 50 ③ 10

복합 대입 연산자

복합 대입 연산자란 대입 연산자와 다른 연산자를 조합해 하나의 연산자처럼 사용하는 연산자입니다. 산술 연산자, 비트 연산자와 함께 사용하여 코드를 간결하게 표현할 수 있습니다.

대입 연산자는 우선순위가 가장 낮은 연산자입니다. 연산이 모두 끝난 후 마지막으로 결과 값을 변수에 대입하지요. 복합 대입 연산자 역시 연산한 결과 값을 변수에 대입합니다. 복합 대입 연산자는 특히 산술 연산자와 함께 자주 사용하므로 잘 이해해 두면 좋습니다.

연산자	기능	연산 예
+=	두 항의 값을 더해서 왼쪽 항에 대입합니다.	num1 += 2; num1 = num1 + 2;와 같음
-=	왼쪽 항에서 오른쪽 항을 빼서 그 값을 왼쪽 항에 대입합니다.	num1 -= 2; num1 = num1 - 2;와 같음
*=	두 항의 값을 곱해서 왼쪽 항에 대입합니다.	num1 *= 2; num1 = num1 * 2;와 같음
/=	왼쪽 항을 오른쪽 항으로 나누어 그 몫을 왼쪽 항에 대입합니다.	num1 /= 2; num1 = num1 / 2;와 같음
%=	왼쪽 항을 오른쪽 항으로 나누어 그 나머지를 왼쪽 항에 대입합니다.	num1 %= 2; num1 = num1 % 2;와 같음
<<=	비트를 왼쪽으로 이동하고 그 값을 왼쪽 항에 대입합니다.	num1 <<= 2; num1 = num1 << 2;와 같음
>>=	비트를 오른쪽으로 이동하고 그 값을 왼쪽 항에 대입합니다(왼쪽에 채워지는 비트 값은 부호 비트와 동일합니다).	num1 >>= 2; num1 = num1 >> 2;와 같음
>>>=	비트를 오른쪽으로 이동하고 그 값을 왼쪽 항에 대입합니다(왼쪽에 채워지는 비트 값은 0입니다).	num1 >>>= 2; num1 = num1 >>> 2;와 같음
&=	두 항의 & 비트 연산 후 그 값을 왼쪽 항에 대입합니다.	num1 &= num2; num1 = num1 & num2;와 같음
|=	두 항의 | 비트 연산 후 그 값을 왼쪽 항에 대입합니다.	num1 |= num2; num1 = num1 | num2;와 같음
^=	두 항의 ^ 비트 연산 후 그 값을 왼쪽 항에 대입합니다.	num1 ^= num2; num1 = num1 ^ num2;와 같음

ⓒ 비트 연산자는 '03-2 비트 연산자'에서 배웁니다.

표에서 설명한 내용을 보면 알 수 있듯이 복합 대입 연산자를 사용하면 변수를 반복적으로 사용하지 않아도 되는 장점이 있습니다. num1 = num1 + num2;라고 써야 하는 코드가 있다면 num1 += num2;와 같이 쓰는 것이 훨씬 간결합니다.

 1분 복습 다음 코드를 복합 대입 연산자를 사용해서 변경해 보세요.

num1 = num1 + 5;	➡	1
num1 = num1 * num2;	➡	2

정답 1. num1 += 5 2. num1 *= num2

조건 연산자

조건 연산자는 연산에 필요한 항의 개수가 세 개입니다. 그래서 삼항 연산자라고 합니다. 조건 연산은 주어진 조건식이 참인 경우와 거짓인 경우에 다른 결과 값이 나옵니다.

연산자	기능	연산 예
조건식 ? 결과1 : 결과2;	조건식이 참이면 결과1, 조건식이 거짓이면 결과2가 선택됩니다.	int num = (5 > 3) ? 10 : 20;

위 연산 예에서 5가 3보다 크므로 조건식이 참입니다. 따라서 num 값은 10이 됩니다. 그러면 조건 연산자를 사용하여 어머니와 아버지의 나이를 비교하는 예제를 따라 해봅시다.

코딩해 보세요! 　**조건 연산자를 사용하여 부모님의 나이 비교하기**　• 참고 파일 OperationEx4.java

```java
01  package operator;
02
03  public class OperationEx4 {
04    public static void main(String[ ] args) {
05      int fatherAge = 45;
06      int motherAge = 47;
07
08      char ch;
09      ch = (fatherAge > motherAge) ? 'T' : 'F';
10
11      System.out.println(ch);
12    }
13  }
```

조건 연산자를 사용한 9행을 살펴볼까요? 아버지의 나이를 의미하는 fatherAge와 어머니의 나이를 의미하는 motherAge를 비교하여 fatherAge가 motherAge보다 크면 'T', 그렇지 않으면 'F'를 변수 ch에 대입합니다. 여기서는 fatherAge가 motherAge보다 작은 값이므로 변수 ch에는 문자 'F'가 대입됩니다.

조건 연산자는 항을 세 개 사용하므로 처음 사용할 때 조금 어색할 수 있습니다. 하지만 04장에서 배우는 조건문을 간결하게 표현할 수 있는 연산자이기 때문에 프로그램에서 종종 쓰이니 잘 이해해 두기 바랍니다.

 1분 복습 조건 연산자를 사용하여 10이 짝수인 경우에는 true, 그렇지 않으면 false를 출력하도록 빈칸을 채워 보세요.

```
int num = 10;
boolean isEven;
    [    1    ] = [        2        ] ? true : false;
System.out.println(isEven);
```

정답 1. isEven 2. (num % 2) == 0

03-2 비트 연산자

우리는 앞 장에서 비트와 바이트에 대해 배웠습니다. 지금까지 배운 연산이 변수나 상수에 대한 연산이라면, 이번에는 비트 값을 기반으로 하는 연산자를 소개하겠습니다.

비트 연산자는 말 그대로 비트 단위로 연산이 이루어지는 연산자입니다. 비트 단위의 연산을 하는 경우는 '암호화' 작업처럼 임의의 숫자를 만들거나, 어떤 변수의 특정 비트를 꺼내보는 (마스킹; masking) 경우에 사용합니다. 혹은 하드웨어에 내장되는 임베디드 시스템 프로그램에서 메모리 용량이 부족하거나 계산이 복잡해서 속도가 느려질 때, 곱셈이나 나눗셈을 비트 이동 연산자를 사용하면 어떤 수의 2배수, 4배수를 만들어 속도를 빠르게 할 수 있습니다. 자바는 이런 환경은 아니지만 프로그램에서 특정 값을 만들거나 연산할 때 비트 연산자를 사용합니다.

비트 논리 연산자

비트 단위로 &, |, ^, ~ 연산이 이루어집니다. 하나씩 예를 들어 살펴보겠습니다.

& 연산자

&(AND) 연산자는 두 개의 비트 값이 모두 1인 경우에만 연산의 결과 값이 1이 됩니다. 앞에서 본 논리 연산과 유사하지요? 이제 실제 비트 값이 어떻게 나타나는지 알아봅시다. 다음은 5와 10을 & 연산하는 과정입니다. 컴퓨터 내부에서는 5와 10이 비트 단위로 연산되기 때문에 오른쪽처럼 2진수 형태로 연산됩니다(간단히 보기 위해 8비트만 표시하겠습니다).

```
int num1 = 5;
int num2 = 10;
int result = num1 & num2;
```

→

```
num1 : 00000101
& num2 : 00001010
 result : 00000000
```

😊 0과 1을 AND 연산하면 0 & 0 → 0, 0 & 1 → 0, 1 & 0 → 0, 1 & 1 → 1입니다.

5와 10을 & 연산하면 결과 값은 0이 됩니다.

| 연산자

|(OR) 연산자는 비트 값이 하나라도 1이면 연산 결과 값이 1이 됩니다. 이번에는 5와 10을 |
연산해 봅시다. 앞에서 보았듯이 5를 8비트의 2진수로 표현하면 00000101, 10은
00001010입니다.

```
int num1 = 5;
int num2 = 10;
int result = num1 | num2;
```
➡
```
  num1 : 0 0 0 0 0 1 0 1
| num2 : 0 0 0 0 1 0 1 0
 result : 0 0 0 0 1 1 1 1
```

◎ 0과 1을 OR 연산하면 0 | 0 → 0, 0 | 1 → 1, 1 | 0 → 1, 1 | 1 → 1입니다.

5와 10을 | 연산한 결과는 2진수로는 00001111입니다. 이 값을 10진수로 변환하면 15가 나
옵니다.

^ 연산자

^(XOR) 연산자는 같은 값이면 0, 다른 값이면 1의 결과 값을 갖습니다.

```
int num1 = 5;
int num2 = 10;
int result = num1 ^ num2;
```
➡
```
  num1 : 0 0 0 0 0 1 0 1
^ num2 : 0 0 0 0 1 0 1 0
 result : 0 0 0 0 1 1 1 1
```

◎ 0과 1을 XOR 연산하면 0 ^ 0 → 0, 0 ^ 1 → 1, 1 ^ 0 → 1, 1 ^ 1 → 0입니다.

~ 연산자

~(반전) 연산자는 비트 값을 0은 1로, 1은 0으로 바꾸는 연산자입니다. 그래서 반전 연산자라
고도 합니다. 다음은 10진수 10을 반전해 보는 예시입니다. 0은 1이 되고 1은 0이 될 테니 결
과는 다음과 같이 나옵니다.

```
int num = 10;
int result = ~num;
```
➡
```
  num  : 0 0 0 0 1 0 1 0
~ num  : 1 1 1 1 0 1 0 1
```

◎ 0과 1을 반전 연산하면 ~0 → 1, ~1 → 0입니다.

위 경우는 부호 비트가 1로 바뀌었기 때문에 음수가 되었습니다. 음수는 02장에서 살펴본 것
처럼 양수로 다시 변환해야 값이 얼마인지 알 수 있습니다. ◎ 양수·음수 변환에 대해 잘 기억나지 않는다면 41쪽의 '부호 있는 수를 표현하는 방법'을 다시 한 번 읽어 보세요.
다. 2진수 11110101을 10진수로 변환하면 11이 되고
따라서 ~num 값은 -11입니다.

비트 이동 연산자

비트 이동 연산자는 <<, >>, >>> 이렇게 세 가지가 있습니다. 이를 시프트(shift) 연산자라고도 부릅니다. 세 연산자의 기능을 자세히 살펴보겠습니다.

<< 연산자

<< 시프트 연산자는 왼쪽으로 비트를 이동하는 연산자입니다.

```
int num = 5;
num << 2;
```

➡

```
num       : 0 0 0 0 0 1 0 1
num << 2 : 0 0 0 1 0 1 0 0
```

00000101을 두 비트만큼 왼쪽으로 이동했습니다. 이때 앞 두 자리 비트 00은 없어지고 뒷부분은 0으로 채워집니다. 왼쪽으로 n비트 이동한다는 것은 기존 값에 2^n만큼 곱한다는 뜻입니다. 따라서 왼쪽으로 2비트 이동한 00010100은 $5*2^2=20$, 즉 값 20이 됩니다.

>> 연산자

>> 시프트 연산자는 오른쪽으로 비트를 이동하는 연산자입니다.

```
int num = 10;
num >> 2;
```

➡

```
num       : 0 0 0 0 1 0 1 0
num >> 2 : 0 0 0 0 0 0 1 0
```

오른쪽으로 n비트 이동하면 기존 값을 2^n만큼 나눕니다. 위 경우 $10/2^2$이 되므로 결과 값은 2가 됩니다. 위 경우 왼쪽에 채워지는 비트 값은 기존 값의 부호 비트와 동일합니다.

>>> 연산자

>>> 시프트 연산자는 >> 연산과 동일하게 비트를 오른쪽으로 이동합니다. 차이가 있다면 >>> 연산자는 왼쪽에 채워지는 비트 값이 부호 비트와 상관없이 무조건 0이 됩니다. 다음 예제를 통해 확인해 보겠습니다.

코딩해 보세요! 비트 이동 연산자를 사용하여 연산하기 • 참고 파일 OperationEx5.java

```
01  package operator;
02
03  public class OperationEx5 {
04      public static void main(String[ ] args) {
05          int num = 0B00000101;   5를 8비트 2진수로 나타냄
```

```
06
07       System.out.println(num << 2);  //왼쪽으로 2비트 이동 00010100 (20)
08       System.out.println(num >> 2);  //오른쪽으로 2비트 이동 00000001 (1)
09       System.out.println(num >>> 2); //오른쪽으로 2비트 이동 00000001 (1)
10
11       System.out.println(num);           num에 값을 대입하지 않았으므로 비트
                                            이동과 관계없이 기존 값 그대로 출력
12
13       num = num << 2;              왼쪽으로 2비트 이동한 값을 다시 num에 대입
14       System.out.println(num);
15    }
16  }
```

:: 출력 화면

```
Problems  @ Javadoc  Declaration  Console ✕

<terminated> OperationEx5 [Java Application] C:\Program Files\Java\jre-10.0.1\bin\javaw.exe
20
1
1
5
20
```

이 예제에서 주의할 점은 비트를 이동했다고 해서 num 값이 바로 변하지는 않는다는 것입니다. 왜냐하면 num 값을 참조해서 이동했을 뿐 이동한 값을 num에 대입하지는 않았기 때문입니다. 따라서 11행에서 num 값은 비트 이동과 관계없이 5가 됩니다. 13행처럼 결과 값을 직접 num에 대입해 주어야 num 값이 바뀌는 것을 알 수 있습니다.

연산자 우선순위

지금까지 우리가 배운 연산자에는 우선순위가 있습니다. 우선순위에 따라 컴퓨터가 연산을 수행하고 그 결과가 달라지기 때문에 우선순위를 이해해야 합니다. 연산자의 일반적인 우선순위는 다음과 같습니다.

- 단항 연산자가 가장 높고 이항, 삼항 연산자 순서입니다.
- 대입 연산자의 우선순위가 가장 낮습니다.
- 산술, 관계, 논리, 대입 연산자 순서로 우선순위를 가지며 ( )의 우선순위가 가장 높습니다.

좀 더 자세한 연산자 우선순위는 다음 표를 참고하세요. 표의 맨 오른쪽 화살표는 연산의 진행 방향입니다.

우선순위	형	연산자	연산 방향
1	일차식	( ) [ ] .	→
2	단항	! ++ -- + -	←
3	산술	% /	→
4	산술	+ -	→
5	비트 이동	<< >>	→
6	관계	< > <= >=	→
7	관계	== !=	→
8	비트 곱	&	→
9	비트 차	^	→
10	비트 합			→
11	논리 곱	&&	→
12	논리 합	||	→
13	조건	? :	→
14	대입	= += -= *= %= /=	←

1분 복습

다음 연산자들을 우선순위가 높은 순으로 배치해 보세요.

&&, ++, +=, == ➡

정답 ++, ==, &&, +=

Q1 다음 소스 코드의 빈칸을 채워 보세요.

```
package chapter3;

public class OperationEx1 {
  public static void main(String[ ] args) {
    int myAge [    1    ] 23;
    int teacherAge = 38;

    boolean value = (myAge > 25);
    System.out.println(value);

    System.out.println(myAge <= 25);
    System.out.println(myAge [    2    ] teacherAge);

    char ch;
    ch = (myAge > teacherAge) [    3    ] 'T' [    4    ] 'F';

    System.out.println(ch);
  }
}
```

myAge 변수에 값 23을 대입할 때 사용하는 연산자

myAge 변수 값과 teacherAge 변수 값이 같은지 비교하는 연산자

조건식이 참인 경우와 거짓인 경우 다른 결과 값을 출력하는 연산자

Q2 다음 코드가 수행될 때 출력되는 값을 적어 보세요.

```
int num;
num = -5 + 3 * 10 / 2;
System.out.println(num); ①
```

➡ ①

힌트 연산자 우선순위를 기억해 보세요.

Q3 다음 코드가 수행될 때 출력되는 값을 적어 보세요.

```
int num = 10;

System.out.println(num); ①
System.out.println(num++); ②
System.out.println(num); ③
System.out.println(--num); ④
```

➡ ①

➡ ②

➡ ③

➡ ④

힌트 증가·감소 연산자의 위치에 주의하세요!

Q4 다음 코드가 수행될 때 출력되는 값을 적어 보세요.

```
int num1 = 10;
int num2 = 20;
boolean result;

result = ((num1 > 10) && (num2 > 10)); ①
System.out.println(result);
result = ((num1 > 10) || (num2 > 10));
System.out.println(result); ②
System.out.println(!result); ③
```

➡ ①

➡ ②

➡ ③

힌트 단락 회로 평가를 주의하세요!

Q5 다음 코드가 수행될 때 출력되는 값을 적어 보세요.

```
int num1 = 2;
int num2 = 10;


System.out.println(num1 & num2); ①
System.out.println(num1 | num2); ②
System.out.println(num1 ^ num2); ③
System.out.println(~num1); ④
```

➡ ①

➡ ②

➡ ③

➡ ④

힌트 10진수 2는 2진수 00000010, 10진수 10은 2진수 00001010입니다.

Q6 다음 코드가 순서대로 수행될 때 출력되는 값을 적어 보세요.

```
int num = 8;

System.out.println(num += 10); ①
System.out.println(num -= 10); ②
System.out.println(num >>= 2); ③
```

➡ ①

➡ ②

➡ ③

Q7 다음 코드가 수행될 때 출력되는 값을 적어 보세요.

```
int num = 10;
int num2 = 20;

int result = (num >= 10) ? num2 + 10 : num2 - 10;
System.out.println(result); ①
```

➡ ①

03장 정답
590쪽

제어 흐름 이해하기

프로그램은 어떤 작업을 특정 '조건'에 맞게 수행하거나 '반복'하도록 제어할 수 있습니다. 예를 들어 도로에서 자동차가 시속 80km 이상으로 주행하면 사진을 찍는 속도 측정 프로그램이나 장난감을 조립할 때 나사못을 10번 반복해서 돌리는 로봇 프로그램처럼 말이지요. 이때 사용하는 것이 바로 제어문입니다. 이 장에서는 제어문에 대해 배워 보겠습니다.

04-1 조건문

조건문이란?

조건문이란 말 그대로 주어진 조건에 따라 다른 문장을 선택할 수 있도록 프로그래밍하는 것을 말합니다. 예를 들어 '만약 나이가 8살 이상이면 학교에 다닌다'라는 문장에서는 '나이'가 조건이 됩니다. 다음은 우리가 배울 조건문과 유사한 형태를 아주 쉽게 표현한 것입니다.

```
만약 (나이가 8살 이상이라면) {
    학교에 다닙니다
}
그렇지 않다면 {
    학교에 다니지 않습니다
}
```

> 조건문이나 04-2에서 배울 반복문을 사용할 때는 그 조건에서 수행할 문장을 { }로 묶어서 나타냅니다. 중괄호 안의 부분을 블록이라고 표현합니다.

if문과 if-else문

조건문의 가장 단순한 형식은 if문입니다. if를 우리말로 해석하면 '만약 ~이라면'입니다. if문을 사용하는 형태를 간단히 나타내면 오른쪽과 같습니다. 주어진 조건식이

```
if (조건식) {
    수행문;  //조건식이 참일 경우에 이 문장을 수행
}
```

'참'일 경우에 중괄호 안에 있는 문장을 수행합니다. 조건식에는 결과가 참, 거짓으로 판별되는 식이나 참, 거짓의 값을 가진 변수, 상수를 사용할 수 있습니다. 연산의 결과가 참, 거짓이 되는 관계 연산자를 자주 사용합니다.

'만약 나이가 8살 이상이면 학교에 다닌다'라는 문장을 if문으로 나타내면 다음과 같습니다.

```
int age = 10;            age 값이 8 이상이면
if (age >= 8) {
    System.out.println("학교에 다닙니다");    이 문장을 수행함
}
```

조건식을 만족하는 경우와 만족하지 않는 경우를 모두 나타낼 때는 if-else문을 사용합니다. if-else문은 '만약 ~이라면, 그렇지 않다면'으로 해석할 수 있는데요. 주어진 조건식이 '참'일 경우에 if문 블록 안에 있는 문장을 수행하고 '거짓'일 경우에는 else문 블록 안에 있는 문장을 수행합니다. 따라서 else문에는 '조건식'을 사용하지 않습니다. if-else문은 어떤 조건식이 참인 경우와 그 반대의 경우를 구현한 것이기 때문입니다. 그러면 if-else문을 간단한 그림으로 나타내 볼까요? 오른쪽 그림을 순서도(flow chart)라고 부릅니다. 조건이 참인 경우와 거짓인 경우에 따라 다르게 수행하는 것을 알 수 있습니다.

☺ if문 다음에 항상 else문이 와야 하는 것은 아닙니다. 상황에 맞게 적절하게 사용하세요.

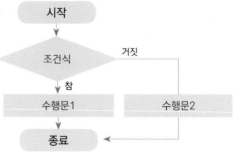

한 걸음 더! 순서도에 대해 좀 더 알아 볼까요?

순서도는 프로그램의 논리 흐름을 순서대로 그림으로 나타낼 때 사용합니다. 순서도에는 다음과 같은 구성 요소가 있습니다.

요소	설명
	프로그램의 시작과 끝을 나타냅니다.
	변수를 선언하거나 대입하는 처리문을 나타냅니다.
	조건을 나타냅니다.
→	프로그램의 흐름을 표현합니다.

이 외에도 여러 요소가 있지만 이 정도만 알아도 우리가 구현할 프로그램의 논리 흐름을 표현할 수 있습니다.

우리가 프로그램 코드를 작성하는 것을 흔히 코딩한다고 합니다. 코딩할 때 가장 먼저 무엇을 할까요? '변수가 필요하고 연산자가 필요하고 각 연산자의 조건에 따라 연산 결과를 만들어야겠어' 이렇게 생각을 합니다. 그런데 막상 컴퓨터 앞에 앉아 코딩을 시작하면 머릿속에 생각한 것을 바로 코드로 옮기는 것이 쉽지 않을 때가 종종 있습니다.

필자가 프로그래밍 강의를 할 때 학생들에게 항상 종이와 연필을 가져오라고 합니다. 자신이 생각하는 것을 바로 코딩할 수 없다면 무엇을 구현하려고 하는지 종이에 적어 보라는 것입니다. 순서도를 그려 볼 수도 있고, 프로그래밍 언어는 아니지만 로직을 비슷하게 만들어 유사 코드(pseudo code)로 표현할 수도 있습니다. 유사 코드는 한글로 적어도 됩니다. 손코딩을 하다 보면 구현하려는 프로그램에 필요한 변수와 흐름이 정리됩니다. 앞으로 제어문을 공부하면서 손코딩으로 생각을 정리하는 습관을 들여 보세요.

if-else문 예제

if-else문을 사용하면 처음에 설명한 '만약 나이가 8살 이상이면 학교에 다닌다. 그렇지 않으면 학교에 다니지 않는다'라는 문장을 코드로 나타낼 수 있습니다. 예제 코드를 보기 전에 먼저 순서도를 확인해 봅시다.

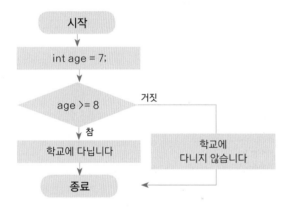

지금까지 배운 내용을 실제로 코딩해 보면서 살펴볼까요?

코딩해 보세요!　　**나이에 따라 다른 문장 출력하기**　　　　　　　　• 참고 파일 IfExample1.java

```java
01  package ifexample;
02
03  public class IfExample1 {
04    public static void main(String[ ] args) {
05      int age = 7;
06      if(age >= 8) {
07        System.out.println("학교에 다닙니다.");
08      }
```

```
09      else {
10        System.out.println("학교에 다니지 않습니다.");
11      }
12    }
13  }
```

:: 출력 화면

Problems | @ Javadoc | Declaration | Console ⊠
<terminated> IfExample1 [Java Application] C:₩Program Files₩Java₩jre-10.0.1₩bin₩javaw.exe
학교에 다니지 않습니다.

나이를 키보드로 직접 입력하는 방법은 15장에서 다룹니다.

예제에서 age 변수 값이 7이므로 '학교에 다니지 않습니다.'라는 결과 값이 나왔습니다.

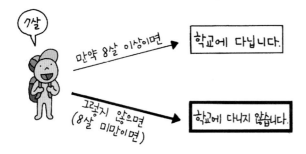

1분 복습

gender 변수 값이 'F'인 경우 '여성입니다.' 라고 출력하고 그렇지 않은 경우 '남성입니다.'를 출력하도록 코드를 완성해 보세요.

```
public IfExample1 {
  public static void main(String[ ] args) {
    char gender = 'F';
        [      ]¹ (gender [      ]²) {  //만약 gender가 'F'라면
      System.out.println("여성입니다.");
    }
        [      ]³ {  //그렇지 않다면
      System.out.println("남성입니다.");
    }
  }
}
```

정답 1. if 2. == 'F' 3. else

한 걸음 더!　제어문에서 중괄호와 들여쓰기를 사용할 때 주의하세요.

수행문이 두 개 이상인 경우에는 반드시 중괄호를 사용하여 조건식을 만족할 때 괄호 안 문장을 수행하라고 표시해 주어야 합니다. 조건식을 만족할 때 수행할 문장이 하나인 경우에는 다음처럼 중괄호를 사용하지 않아도 오류가 발생하지 않습니다.

```java
if(age >= 8) System.out.println("학교에 다닙니다.");
```

그러면 수행문이 하나인 IfExample1.java 예제는 왜 중괄호를 썼을까요? 필자가 경험한 바로는 수행문이 하나이든 두 개 이상이든 항상 중괄호로 표시해 주는 것이 가독성도 좋고 나중에 다른 수행문을 추가했을 때 오류를 방지할 수 있습니다. 따라서 제어문을 구현할 때는 중괄호를 쓰는 습관을 들이기 바랍니다.

그리고 중괄호를 사용하면 블록 내부의 문장은 들여쓰기를 해야 합니다. 코드를 작성할 때 들여쓰기는 매우 중요합니다. 들여쓰기를 하면 제어에 해당하는 문장을 한눈에 알아보기 쉽습니다. 앞에서도 말했지만, 보기 좋은 코드가 좋은 프로그램의 중요한 요소임을 꼭 기억하세요.

if-else if-else문

지금까지는 어떤 상황에서 하나의 조건을 만족하는 경우와 그렇지 않은 경우를 살펴보았습니다. 그런데 하나의 상황에 조건이 여러 개인 경우는 if-else if-else문으로 표현할 수 있습니다. 간단히 문법을 표현하면 다음과 같습니다.

```java
if(조건식1) {
    수행문1;  //조건식1이 참일 경우에 수행함
}
else if(조건식2) {
    수행문2;  //조건식2가 참일 경우에 수행함
}
else if(조건식3) {
    수행문3;  //조건식3이 참일 경우에 수행함
}
else {
    수행문4;  //위의 조건이 모두 해당하지 않는 경우에 수행함
}
수행문5;      //if-else if-else문이 끝난 후 수행함
```

예를 들어 놀이 공원 입장료를 계산한다고 생각해 봅시다. 취학 전 아동(8살 미만)은 1,000원, 초등학생(14살 미만)은 2,000원, 중·고등학생(20살 미만)은 2,500원, 그 이상은 3,000원이라고 하겠습니다. 그러면 놀이 공원 입장료 계산 프로그램을 순서도로 나타내 볼까요?

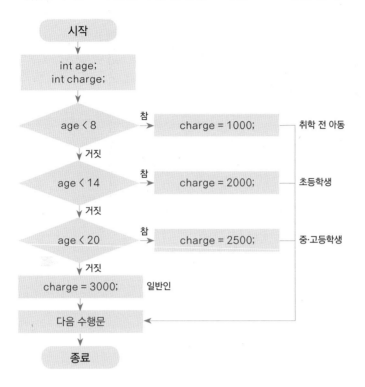

순서도를 보면 나이에 따라 요금이 다르게 부과되는 것을 알 수 있습니다. 9살 어린이를 생각해 볼까요? 처음 조건식에서 age < 8인지 여부를 비교합니다. 값이 9이므로 이 조건은 맞지 않습니다. 그다음 조건식이 age < 14이지요. 이 조건식은 만족하므로 이 어린이가 내야 하는 요금은 2,000원입니다. 그리고 더 이상 다른 조건식은 비교하지 않고 바로 다음 수행문을 수행합니다. 즉 if-else if-else문에서는 하나의 조건을 만족하면 이후의 조건은 비교하지 않습니다. 이 순서도를 구현한 코드를 함께 살펴봅시다.

코딩해 보세요! if-else if-else문으로 입장료 계산하기 · 참고 파일 IfExample2.java

```
01    package ifexample;
02
03    public class IfExample2 {
04      public static void main(String[ ] args) {
05        int age = 9;
06        int charge;
07
```

```
08        if(age < 8) {
09            charge = 1000;
10            System.out.println("취학 전 아동입니다.");
11        }
12        else if(age < 14) {
13            charge = 2000;
14            System.out.println("초등학생입니다.");
15        }
16        else if(age < 20) {
17            charge = 2500;
18            System.out.println("중, 고등학생입니다.");
19        }
20        else {
21            charge = 3000;
22            System.out.println("일반인입니다.");
23        }
24        System.out.println("입장료는" + charge + "원입니다.");
25    }
26 }
```

> 출력문에서 +를 사용하면 여러 단어를 연결하여 출력할 수 있습니다. '11-2 String 클래스'에서 자세히 설명합니다.

:: 출력 화면

```
Console ⊠    Proble...   @ Javadoc   Declar...   Search   Covera...
                    ■ ✖ ✖ | 昆 昆 昆 | ❏ ❏ ❐ ▾ ❏ ▾ ❐ ▾
<terminated> IfExample2 [Java Application] C:\Program Files\Java\jre-10.0.1\bin\javaw.exe
초등학생입니다.
입장료는 2000원입니다.
```

이 프로그램에서 나이대별로 구분을 하면 8살 미만, 8살 이상 14살 미만, 14살 이상 20살 미만, 20살 이상이 됩니다. 그런데 12행을 보면 age >= 8 && age < 14라고 쓰지 않고 age < 14라고만 써 있네요. 왜 그럴까요? if-else if-else문은 하나의 조건을 만족하면 다른 조건은 더 이상 비교하지 않는다고 했습니다. 즉 이미 8행의 조건에서 age < 8을 비교했기 때문에 이 조건식에 의해 모두 처리된 것입니다. 따라서 다음 조건식인 age < 14는 당연히 8살 이상인 경우를 포함하므로 age < 14라고만 써도 됩니다.

 1분 복습 조금 전 예제에서 age 조건이 60살 이상인 경우에 '경로우대입니다.'와 '입장료는 0원입니다.'를 출력하도록 수정해 보세요.

정답 588쪽 참고

if-else if문과 if-if문의 차이

앞의 예제에서 놀이 공원 입장료를 계산할 때 else if문을 사용했습니다. 그런데 어차피 조건을 비교한다면 굳이 else if문을 사용하지 않고 if문만 사용해서 코드를 만들 수도 있지 않을까요? 다음 코드를 봅시다.

```
int age = 9;

if(age < 8) {
  charge = 1000;
  System.out.println("취학 전 아동입니다.");
}
if(age < 14) {
  charge = 2000;
  System.out.println("초등학생입니다.");
}
if(age < 20) {
  charge = 2500;
  System.out.println("중, 고등학생입니다.");
}
else {
  charge = 3000;
  System.out.println("일반인입니다.");
}
System.out.println("입장료는 " + charge + "원입니다.");
```

if -else if문은 하나의 조건을 만족하면 나머지 조건을 비교하지 않고 다음 수행문으로 넘어갑니다. 하지만 if문으로만 이루어진 코드는 조건마다 각각 비교합니다. 즉 위의 코드에서 보면 age가 9이므로 이미 if(age < 14) 조건문에서 입장료가 2,000원으로 결정되었습니다. 그런데 그다음 비교문이 else if문이 아닌 if(age < 20) 조건문이어서 또 비교를 하고, 비교 결과 값이 참이므로 다음처럼 원하지 않는 출력 결과가 나옵니다.

따라서 코드를 작성할 때 하나의 상황에 여러 조건을 비교하는 경우에는 if-else if문으로 구현해야 합니다. 그래야 하나의 조건을 만족하면 그렇지 않은 경우를 더 이상 비교하지 않습니다. 만약 성별처럼 개별 조건을 비교해야 하는 상황이라면 if문을 따로 사용해야 합니다. 위 프로그램은 나이라는 동일 조건을 구분하는 것이므로 if-else if문을 사용하는 것이 맞습니다.

> **나 혼자 코딩!**
>
> **성적에 따라 학점 부여하기**
> 앞에서 입력한 예제 코드를 바탕으로 성적에 따라 학점을 부여하는 프로그램을 만들어 보세요.
> 100~90점은 A, 89~80점은 B, 79~70점은 C, 69~60점은 D, 나머지는 F입니다. int형 변수 score와 char형 변수 grade를 사용하여 score에 따른 grade를 출력해 보세요.
>
> 정답 자료실 제공

조건문과 조건 연산자

if-else문은 03장에서 배운 조건 연산자로도 구현할 수 있습니다. 서로 다른 두 수 a, b를 비교해서 둘 중 더 큰 수를 max 변수에 대입하는 코드를 구현할 때 if-else문과 조건 연산자를 사용한 코드는 다음과 같습니다.

```
if(a > b)
  max = a;
else
  max = b;
```
if-else문

```
max = (a > b) ? a : b;
```
조건 연산자

두 코드 중 어느 것을 사용하는 것이 좋을까요? if-else문으로 구현한 코드가 아무래도 가독성이 더 좋습니다. 하지만 이처럼 간단한 조건문이고 선택이 두 가지만 있는 경우에는 종종 조건 연산자도 사용한다는 것을 기억해 두기 바랍니다.

 1분 복습 다음 조건식을 조건 연산자 형태로 바꾸어 보세요.

```
if(score >= 90) {
  grade = 'A';
} else {
  grade = 'B';
}
```

grade = ([1   ]) ? 'A' : [2   ];

정답 1. score >= 90 2. 'B'.

switch-case문

조건문을 구현할 때 if문을 사용하면 번거로운 경우가 있습니다. 예를 들어 경기에 참가한 선수의 순위에 따라 메달 색을 정하는 프로그램을 생각해 봅시다. 이때 조건은 선수의 순위가 되겠죠. 이를 if-else if문으로 구현하면 다음 왼쪽 코드와 같습니다. 사실 이렇게 구현한다고 해서 잘못된 코드는 아닙니다. 하지만 조건(메달을 주는 순위)이 더 많아지면 중괄호도 많아지게 되고 코드 또한 길어집니다.

```
if(rank == 1) {
  medalColor = 'G';
}
else if(rank == 2) {
  medalColor = 'S'
}
else if(rank == 3) {
  medalColor = 'B'
}
else {
  medalColor = 'A'
}
```

```
switch(rank) {
  case 1 : medalColor = 'G';
           break;
  case 2 : medalColor = 'S';
           break;
  case 3 : medalColor = 'B';
           break;
  default : medalColor = 'A';
}
```

조건식의 결과가 정수 또는 문자열 값이고 그 값에 따라 수행되는 경우가 각각 다른 경우에는 위 코드의 오른쪽처럼 switch-case문으로 구성하는 것이 코드도 깔끔하고 가독성도 좋습니다. case문에는 여러 문장이 있어도 { }를 여러 번 사용하지 않습니다.

case : ~ break;까지가 조건에 해당하는 문장입니다. rank 값이 1이면 case 1의 코드가 수행됩니다. rank 값이 2이면 case 2, rank 값이 3이면 case 3의 코드가 수행됩니다. rank 값과 일치하는 case가 없다면 default 코드가 수행됩니다.

이를 일반적인 형태로 살펴보면 다음과 같습니다.

```
if (조건식1) {
    수행문1;
}
else if(조건식2) {
    수행문2;
}
else if(조건식3) {
    수행문3;
}
else {
    수행문4;
}
```

➡

```
switch(조건) {
    case 값1 : 수행문1;
                    break;
    case 값2 : 수행문2;
                    break;
    case 값3 : 수행문3;
                    break;
    default : 수행문4;
}
```

if-else if문을 살펴보면 모든 조건을 만족하지 않을 경우에 맨 마지막 else문이 수행됩니다. switch-case문에서는 default문이 그런 역할을 합니다. 주어진 값이 어떤 case에도 해당하지 않으면 맨 마지막 default문을 수행합니다. 그리고 break문은 switch-case문의 수행을 멈추고 빠져나가도 록 만듭니다.

ⓒ switch-case문에서 default문은 생략할 수 있습니다.

그러면 어떤 경우에 switch-case문을 사용할까요? 주로 조건이 하나의 변수 값이나 상수 값으로 구분되는 경우 사용합니다. 조건이 복잡한 식으로 이루어진다면, 예를 들어 10 < age < 20과 같은 경우는 switch-case문이 적합하지 않습니다. 하나의 값으로 조건을 비교할 수 있을 때, 예를 들어 학점 A, B, C처럼 대상을 하나의 값으로 비교할 수 있을 때 사용합니다.

이제 switch-case문을 직접 구현해 봅시다. 다음은 순위에 따라 선수에게 수여하는 메달 색을 정해 주는 프로그램이고, 순위에 들지 못하면 'A' 값을 부여합니다.

코딩해 보세요!　**switch-case문 예제**　　　　　　　　　　　• 참고 파일 SwitchCase.java

```java
01    package ifexample;
02
03    public class SwitchCase {
04      public static void main(String[ ] args) {
05        int ranking = 1;
06        char medalColor;
07
```

```
08        switch(ranking) {
09          case 1 : medalColor = 'G';
10                  break;
11          case 2 : medalColor = 'S';
12                  break;
13          case 3 : medalColor = 'B';
14                  break;
15          default:
16                  medalColor = 'A';
17          }
18          System.out.println(ranking + "등 메달의 색깔은 " + medalColor + " 입니다.");
19      }
20   }
```

:: 출력 화면

Problems | @ Javadoc | Declaration | Console ✖

<terminated> SwitchCase [Java Application] C:\Program Files\Java\jre-10.0.1\bin\javaw.exe
1등 메달의 색깔은 G 입니다.

case문 동시에 사용하기

case문은 여러 경우를 동시에 처리할 때도 자주 사용합니다. 각 달의 날짜를 출력하는 예제를 생각해 봅시다. 1, 3, 5, 7, 8, 10, 12월은 31일까지이고 4, 6, 9, 11월은 30일까지입니다. 편의상 2월은 28일까지로 하겠습니다. 그러면 다음처럼 열두 달을 case문 조건에 하나씩 넣어서 1월은 31일, 2월은 28일, 3월 31일, … 이렇게 코딩할 수 있을 것입니다.

```
case 1 : day = 31;
        break;
case 2 : day = 28;
        break;
case 3 : day = 31;
        break;
case 4 : day = 30;
        break;
case 5 : day = 31;
        break;
...
case 12 : day = 31;
         break;
```

그런데 코드를 유심히 살펴보면 case문의 값은 다르지만 수행문이 같은 경우가 반복됩니다. 1, 3, 5, 7, 8, 10, 12월은 모두 day = 31인 것처럼 말입니다.

이런 경우는 다음과 같이 case문을 동시에 사용할 수 있습니다.

```
case 1 : case 3 : case 5 : case 7 : case 8 : case 10 : case 12 : day = 31;
        break;
case 4 : case 6 : case 9 : case 11 : day = 30;
        break;
case 2 : day = 28;
        break;
```

switch-case문에서 break문의 역할
break문은 switch-case문의 수행을 멈추고 빠져나가도록 만든다고 했습니다. 그런데 switch-case문에서 실수로 break문을 쓰지 않으면 결과 값이 어떻게 되는지 확인해 볼까요?

```java
public static void main(String[ ] args) {
  int ranking = 1;
  char medalColor;

  switch(ranking) {
    case 1 : medalColor = 'G';
    case 2 : medalColor = 'S';
    case 3 : medalColor = 'B';
    default : medalColor = 'A';
  }
  System.out.println(ranking + "등 메달의 색깔은 " + medalColor + " 입니다.");
}
```

원래 1등의 메달 색은 'G'입니다. 그런데 다음 출력 결과를 보면 '1등 메달의 색깔은 A입니다.'라고 나왔습니다.

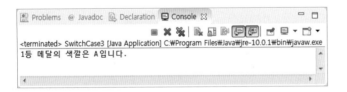

이렇게 break문을 사용하지 않으면 첫 번째 case 조건을 만족해서 메달 색(medalColor 변수)에 'G'가 대입되었더라도 switch-case문을 빠져나오지 않습니다. 따라서 잇따라 나오는 문장까지 모두 수행되어서 맨 마지막 default문에 있는 'A' 값이 medalColor 변수에 대입된 것

입니다. switch-case문에서는 조건에 맞는 수행문을 수행한 후에 swtich-case문을 빠져나올 수 있도록 break문을 꼭 사용해야 합니다.

case문에 문자열 사용하기

자바 7부터는 switch-case문의 case 값에 정수 값뿐 아니라 문자열도 사용할 수 있습니다. 이전에는 문자열을 사용할 수 없었기 때문에 오른쪽처럼 문자열을 비교하는 equals( ) 메서드라는 것을 이용해야 했습니다. 하지만 자바 7부터는 문자열을 직접 case문에 사용할 수 있으므로 프로그램을 좀 더 간결하게 구현할 수 있습니다. 다음 예제를 살펴보겠습니다.

```
if(medal.equals("Gold")) {
  ...
}
```

ⓒ 메서드는 '05-3 메서드'에서 자세히 다룹니다.

코딩해 보세요! switch-case문 예제 (2) •참고 파일 SwitchCase2.java

```java
01   package ifexample;
02
03   public class SwitchCase2 {
04     public static void main(String[ ] args) {
05       String medal = "Gold";
06
07       switch(medal) {
08         case "Gold":
09           System.out.println("금메달입니다.");
10           break;
11         case "Silver":
12           System.out.println("은메달입니다.");
13           break;
14         case "Bronze":
15           System.out.println("동메달입니다.");
16           break;
17         default:
18           System.out.println("메달이 없습니다.");
19           break;
20       }
21     }
22   }
```

:: 출력 화면

메달 색을 의미하는 Gold, Silver, Bronze 문자열을 case문에 직접 사용했습니다. medal의
값이 Gold이므로 '금메달입니다.'라고 출력됩니다.

나 혼자 코딩!

switch-case문 연습하기

5층 건물이 있습니다. 1층 약국, 2층 정형외과, 3층 피부과, 4층 치과, 5층 헬스 클럽입니다. 건물의
층을 누르면 그 층이 어떤 곳인지 알려 주는 엘리베이터가 있다고 할 때 앞의 예제를 참고해서
switch-case문으로 구현해 보세요(5인 경우 '5층 헬스 클럽입니다' 라고 출력).

정답 자료실 제공

04-2 반복문

반복문이란?

1부터 10까지 더하여 그 합을 계산해 볼까요? 지금까지 우리가 배운 것만으로 코드를 작성한다면 다음과 같을 것입니다.

코딩해 보세요! 1부터 10까지 더하기 · 참고 파일 BasicLoop.java

```
01  package loopexample;
02
03  public class BasicLoop {
04      public static void main(String[ ] args) {
05          int num = 1;
06          num += 2;
07          num += 3;
08          num += 4;
09          num += 5;
10          num += 6;
11          num += 7;
12          num += 8;
13          num += 9;
14          num += 10;
15
16          System.out.println("1부터 10까지의 합은 " + num + "입니다.");
17      }
18  }
```

> 복합 대입 연산자입니다.
> num=num+2;와 같습니다.

:: 출력 화면

```
Problems  @ Javadoc  Declaration  Console ⋈          ▬ ▫
                    ▬ ✖ ⚒ | ▤ ▦ ▥ | ▦▦ ▭ ▪ ▾ ▭ ▾
<terminated> BasicLoop [Java Application] C:\Program Files\Java\jre-10.0.1\bin\javaw.exe
1부터 10까지의 합은 55입니다.
```

그냥 보기에도 별로 효율적이지 않은 것 같죠? 이렇게 반복되는 일을 처리하기 위해 사용하는 것이 '반복문'입니다.

ⓒ 반복문은 영어로 루프(loop), 반복문을 수행하는 것을 '루프가 돈다'라고 표현하기도 합니다.

자바 프로그램에서 사용하는 반복문의 종류에는 while문, do-while문, for문 이렇게 세 가지가 있습니다. 모두 반복 수행을 한다는 것은 동일하지만, 사용 방법에 조금씩 차이가 있습니다.

while문

반복문 중 먼저 while문을 살펴보겠습니다. while문은 조건식이 참인 동안 수행문을 반복해서 수행합니다. while문의 문법을 살펴보면 다음과 같습니다.

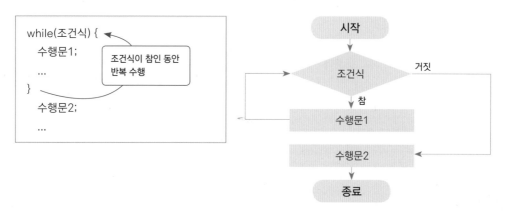

어떠한 조건식을 만족하는 동안 중괄호 { } 안의 수행문을 반복해서 처리합니다. 조건문과 마찬가지로 수행문이 하나인 경우에는 { }를 사용하지 않을 수 있습니다.

그러면 우리가 앞에서 만든 1부터 10까지 더하는 프로그램을 while문으로 만들어 보겠습니다. 반복문은 조건식을 만족하는 동안에 수행문을 반복해서 처리한다고 했습니다. 그러면 조건식을 어떻게 만들면 될까요? 다음 그림을 봅시다.

'1부터 10까지 숫자가 커지는 동안'을 조건으로 하고, 1씩 증가한 숫자를 더하는 작업을 합니다. 1씩 늘려 나갈 변수를 하나 선언하고, 증가한 숫자를 모두 더한 결과 값은 다른 변수에 저장하겠습니다. 이 내용을 순서도로 보면 다음과 같습니다.

num이 1씩 증가하다가 숫자가 10을 넘어
가는 순간 while문이 끝납니다. 즉 num이
10일 때까지 1씩 더한 값이 sum에 저장됩
니다.

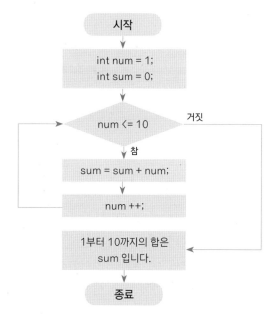

다음은 while문이 반복되는 과정을 보여 주는 표입니다.

num	num = 1	num = 2	num = 3	num = 4	num = 5		num = 9	num = 10	num = 11
sum = sum + num	sum = 0 + 1	sum = 1 + 2	sum = 3 + 3	sum = 6 + 4	sum = 10+5	...	sum = 36 + 9	sum = 45 + 10	while문 종료
sum	sum = 1	sum = 3	sum = 6	sum = 10	sum = 15		sum = 45	sum = 55	

전체 코드는 다음과 같습니다.

코딩해 보세요!   while문 활용하여 1부터 10까지 더하기   • 참고 파일 WhileExmaple1.java

```
01   package loopexample;
02
03   public class WhileExample1 {
04     public static void main(String[ ] args) {
05       int num = 1;
06       int sum = 0;
07
08       while(num <= 10) {   //num 값이 10보다 작거나 같을 동안
09         sum += num;        //합계를 뜻하는 sum에 num을 더하고
10         num++;             //num에 1씩 더해 나감
11       }
12       System.out.println("1부터 10까지의 합은 " + sum + "입니다.");
13     }
14   }
```

조건식이 참인 동안 반복 수행

:: 출력 화면

위의 예제에서 5~6행을 보면 num 변수와 sum 변수를 선언하면서 동시에 초깃값을 저장했습니다. 변수를 항상 초기화해야 하는 것은 아니지만, 이 예제에서는 반드시 초기화를 해야합니다. 만약 변수를 초기화하지 않고 프로그램을 실행하면 오류가 납니다. 왜 그럴까요? while문 내부를 보면 sum에 num 값을 더해 줍니다. 그런데 num 값이 먼저 정해져 있지 않다면 sum에 무엇을 더해야 할지 알 수 없습니다. 또 sum 값도 정해져 있지 않다면 어떤 값에 num 값을 더해야 할지 알 수 없겠죠. 즉 변수를 사용하여 연산을 하거나 그 값을 가져다 사용하려면 변수는 반드시 어떤 값을 가지고 있어야 합니다. 따라서 이 예제에서는 num과 sum을 먼저 초기화해야 합니다.

 while문을 사용해 1부터 50까지 더하는 프로그램입니다. 코드를 완성해 보세요.

```java
public WhileExample1  {
  public static void main(String[ ] args) {
    int num = 1;
    int sum = 0;

        [      1      ] (num <= 50) {
      sum += num;
        [      2      ]
    }
    System.out.println("1부터 50까지 합은" + sum + "입니다.");
  }
}
```

정답 1. while 2. num++;

while문이 무한히 반복되는 경우

앞에서 살펴본 while문은 특정 조건을 만족하는 동안 반복되는 명령을 수행하고, 그렇지 않으면 수행을 중단한 후 while문을 빠져나옵니다. 그런데 어떤 일을 수행할 때는 멈추면 안 되고 무한 반복해야 하는 경우도 있습니다. 가장 쉬운 예로 여러분이 자주 사용하는 인터넷 쇼핑몰을 생각해 봅시다. 인터넷 쇼핑몰이 24시간 서비스하기 위해서는 쇼핑몰의 데이터를 저장하고 있는 웹 서버가 멈추지 않고 끊임없이 돌아가야 합니다. 웹 서버가 멈추면 고객들의 항의가 많을 겁니다.

◎ 웹 서버처럼 끊임없이 돌아가는 시스템을 데몬(daemon)이라고 부릅니다. 데몬 서비스를 구현할 때 무한 반복을 사용합니다.

while문의 구조를 보면 조건식이 참이면 반복합니다. 따라서 while문을 오른쪽과 같이 사용하면 조건이 항상 '참'이 되어 '무한 반복'하겠죠? 이렇게 반복문을 이용하여 멈추지 않는 서비스를 구현할 수 있습니다.

```
while(true) {
  ...
}
```

do-while문

while문은 조건을 먼저 검사하기 때문에 조건식에 맞지 않으면 반복 수행이 한 번도 일어나지 않습니다. 하지만 do-while문은 {} 안의 문장을 무조건 한 번 수행한 후에 조건식을 검사합니다. 즉 조건이 만족하는지 여부를 마지막에 검사하는 것입니다. 따라서 중괄호 안의 문장을 반드시 한 번 이상 수행해야 할 때 while문 대신 do-while문을 사용합니다. do-while문의 구조는 다음과 같습니다.

```
do {
  수행문1;
  ...
} while(조건식);
  수행문2;
  ...
```

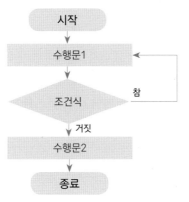

while문으로 만든 1부터 10까지 더하는 프로그램을 do-while문으로 바꿔 봅시다.

코딩해 보세요! **do-while문 예제** ・참고 파일 DoWhileExample.java

```java
01   package loopexample;
02
03   public class DoWhileExample {
04     public static void main(String[ ] args) {
05       int num = 1;
06       int sum = 0;
07
08       do {
09         sum += num;          조건식이 참이 아니더라도 무조건 한 번 수행함
10         num++;
11       } while(num <= 10);
12
13       System.out.println("1부터 10까지의 합은 " + sum + "입니다");
14     }
15   }
```

:: 출력 화면

```
Problems @ Javadoc Declaration  Console ☒
■ ✖ ✖ | ■. ■. ■ ■ | ■ ■ ▾ | ■ ▾
<terminated> DoWhileExample [Java Application] C:\Program Files\Java\jre-10.0.1\bin\javaw.exe
1부터 10까지의 합은 55입니다
```

for문

반복문 중에서 가장 많이 사용하는 반복문이 for문입니다. for문은 while문이나 do-while문보다 구조가 조금 더 복잡합니다. 왜냐하면 반복문을 구현하는 데 필요한 여러 요소(변수의 초기화식, 조건식, 증감식)를 함께 작성하기 때문이지요. 처음에는 for문이 좀 낯설겠지만, 익숙해지면 어떤 조건부터 어떤 조건까지 반복 수행하는지 한눈에 알아볼 수 있어 편리합니다.

for문의 기본 구조

for문의 구조를 살펴보면서 반복문의 요소도 함께 알아봅시다. 초기화식은 for문이 시작할 때 딱 한 번만 수행하며 사용할 변수를 초기화합니다. 조건식에서 언제까지 반복 수행할 것인지 구현합니다. 증감식에서 반복 횟수나 for문에서 사용하는 변수 값을 1만큼 늘리거나 줄입니다.

```
for(초기화식; 조건식; 증감식) {
    수행문;
}
```

for문의 수행 순서를 이해하기 쉽도록 간단한 예를 들어 보겠습니다. 1부터 5까지 출력하는 프로그램을 for문으로 만들어 볼까요? 화살표와 번호는 이 예제가 수행되는 순서입니다. 조건식이 참인 동안 ②~④ 순서로 반복문을 계속 수행합니다. for문은 증감식에서 사용한 변수가 조건식의 참·거짓 여부를 결정합니다.

```
int num;        ①  ──▶ ②  ◀── ④
for(num = 1;  num <= 5;   num++)
{                        ③
    System.out.println(num);
}
```

① 처음 for문이 시작할 때 출력할 숫자인 num을 1로 초기화합니다.

⬇

② 조건식 num <= 5를 검사했을 때 num은 1이므로 참입니다.
③ 조건식이 참이기 때문에 for문의 System.out.println(num);을 수행하고 1을 출력합니다.
④ 증감식 num++를 수행하여 num 값은 2가 됩니다.

⬇

② 조건식 num <= 5를 검사했을 때 num 값은 2이므로 참입니다.
③ 조건식이 참이기 때문에 for문의 System.out.println(num);을 수행하고 2를 출력합니다.
④ 증감식 num++를 수행하여 num 값은 3이 됩니다.

⬇
...
⬇

② 조건식 num <= 5를 검사했을 때 num 값은 6이므로 거짓입니다. for문이 끝납니다.

이 내용을 표로 정리하면 다음과 같습니다.

num 값	1(초기화)	2	3	4	5	6
조건식 (num <= 5)	참	참	참	참	참	거짓
출력 값	1	2	3	4	5	for문 종료
증감식	수행	수행	수행	수행	수행	x

 1분 복습 'num이 1부터 10이 될 때까지 num 값을 증가하며 반복한다' 를 의미하는 for문을 완성해 보세요.

```
            초기화식;         조건식;           증감식
    for(           1              2              3  ) { ... }
```

정답 1. int num = 1; 2. num <= 10; 3. num++

1부터 10까지 더하는 과정을 for문으로 구현한 전체 프로그램은 다음과 같습니다.

코딩해 보세요! **for문 예제** · 참고 파일 ForExample1.java

```java
01    package loopexample;
02
03    public class ForExample1 {
04      public static void main(String[ ] args) {
05        int i;
06        int sum;
07        for(i = 1, sum = 0; i <= 10; i++) {
08          sum += i;
09        }
10
11        System.out.println("1부터 10까지의 합은 " + sum + "입니다.");
12      }
13    }
```

> for문에서 가장 자주 사용하는 변수 이름은 i입니다. 주로 횟수를 표현합니다.

:: 출력 화면

```
Problems  @ Javadoc  Declaration  Console ☒                    ▭ ☐
                        ■ ✖ ✖ | 🔳 🔳 🔳 | 🔳 🔳 | 🔳 🔳 ▾ 🔳 ▾
<terminated> ForExample1 [Java Application] C:\Program Files\Java\jre-10.0.1\bin\javaw.exe
1부터 10까지의 합은 55입니다.
◀                                                                 ▶
```

초기화 부분과 증감식 부분도 콤마(,)로 구분하여 여러 문장을 사용할 수 있습니다. 예를 들어 7행을 보면 i = 1, sum = 0으로 두 개의 변수를 초기화한 것을 볼 수 있습니다.

> **나 혼자 코딩!**
>
> **for문 연습하기**
> for문과 변수를 사용하여 '안녕하세요1, 안녕하세요2…, 안녕하세요10' 까지 차례로 출력하는 프로그램을 작성해 보세요.
>
> 정답 자료실 제공

for문을 자주 사용하는 이유

for문을 가장 많이 사용하는 이유는 반복 횟수를 관리할 수 있기 때문입니다. 물론 while문에서도 반복 횟수에 따라 구현할 수 있습니다. 1부터 10까지 더하는 프로그램을 while문과 for문으로 만들어 비교해 보겠습니다.

```
int num = 1;        // 초기화
int sum = 0;
while(num <= 10) {  // 조건 비교
    sum += num;
    num++;          // 증감식
}
```

```
int sum = 0;
for(int num = 1; num <= 10; num++) {
    sum += num;
}
```

while문으로 구현   for문으로 구현

while문으로 작성한 코드를 살펴보면 변수 num의 초기화와 조건 비교, 증감식을 따로 구현했습니다. 하지만 for문을 사용하여 구현하면 초기화, 조건 비교, 증감식을 한 줄에 쓸 수 있을 뿐더러 가독성도 좋습니다.

또 for문은 배열과 함께 자주 사용합니다. 배열은 같은 자료형이 순서대로 모여 있는 구조인데, 배열 순서를 나타내는 색인은 항상 0부터 시작합니다. 따라서 배열의 전체 요소 개수가 n개일 때, 요소 위치는 n-1번째로 표현할 수 있습니다. 이러한 배열의 특성과 증감에 따른 반복을 표현하는 데 적합한 for문의 특성 때문에 for문과 배열을 함께 자주 사용하는 것입니다.

> Ⓖ 배열은 07장에서 더 자세히 설명합니다.

한 걸음 더! **i + 1;과 i++;는 다릅니다**

03장의 '연산자'에서 잠깐 언급했듯이 i + 1이라고 쓴다고 i 값이 증가하지는 않습니다. i + 1이라고 사용하면 현재 i 값에 1을 더한 값을 사용하겠다는 뜻입니다. 예를 들어 i가 3이었다고 하면 3에 1을 더한 4를 사용한다는 뜻이지요. 이 경우 i는 계속 3인 것입니다. i 값이 증가하려면 대입 연산자까지 사용해야 합니다. 즉 i = i + 1; 이렇게 사용해야 i 값이 1만큼 증가하는 것이지요. 증감 연산자를 사용한 i++는 그 뜻이 i = i + 1과 같다고 했지요? 그렇기 때문에 i++만 사용해도 i 값이 증가하는 것입니다.

---

for문 요소 생략하기

for문을 구성하는 요소는 코드가 중복되거나 논리 흐름상 사용할 필요가 없을 때 생략할 수 있습니다.

초기화식 생략

이미 이전에 다른 곳에서 변수가 초기화되어 중복으로 초기화할 필요가 없을 때 초기화 부분을 생략할 수 있습니다.

```
int i = 0;
for( ; i < 5; i++) {
    ...          초기화식 생략
}
```

조건식 생략

어떤 연산 결과 값이 나왔을 때 바로 for문의 수행을 멈추려면 조건식을 생략하고 for문 안에 if문을 사용하면 됩니다. 예를 들어 1부터 시작해 수를 더해 나갈 때 더한 결과 값이 200을 넘는지 검사하려면 for문 안에 if문을 사용합니다.

```
                        조건식 생략
for(i = 0;  ; i++) {
    sum += i;
    if(sum > 200) break;
}
```

증감식 생략

증감식의 연산이 복잡하거나 다른 변수의 연산 결과 값에 좌우된다면 증감식을 생략하고 for문 안에 쓸 수 있습니다.

```
                       증감식 생략
for(i = 0; i < 5;  ) {
    ...
    i = (++i) % 10;
}
```

요소 모두 생략

모든 요소를 생략하고 무한 반복하는 경우에 사용합니다.

```
for( ;  ;  ) {
    ...          무한 반복
}
```

중첩된 반복문

반복문 안에 또 다른 반복문을 중첩해서 사용하는 경우가 종종 있습니다. 간단한 예로 구구단을 출력해 보겠습니다.

코딩해 보세요! **중첩된 반복문** · 참고 파일 NestedLoop.java

```
01   package loopexample;
02
03   public class NestedLoop {
04       public static void main(String[ ] args) {
05           int dan;
06           int times;
07
```

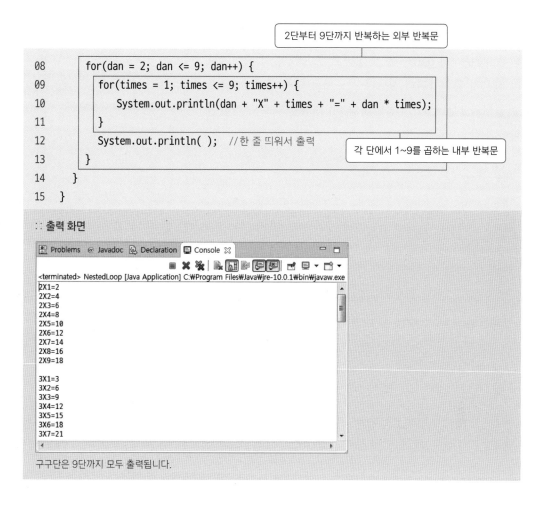

```
08    for(dan = 2; dan <= 9; dan++) {
09        for(times = 1; times <= 9; times++) {
10            System.out.println(dan + "X" + times + "=" + dan * times);
11        }
12        System.out.println( );   //한 줄 띄워서 출력
13    }
14    }
15 }
```

2단부터 9단까지 반복하는 외부 반복문

각 단에서 1~9를 곱하는 내부 반복문

:: 출력 화면

구구단은 9단까지 모두 출력됩니다.

반복문을 중첩해서 사용할 때 외부 for문과 내부 for문이 어떤 순서로 실행되는지 잘 이해해야 합니다. 구구단은 2단부터 9단까지 단이 증가합니다. 그리고 각 단은 1부터 9까지 곱하는 수가 증가하죠. 그러면 '단이 증가'하는 부분과 '곱하는 수가 증가'하는 부분 중 무엇을 먼저 반복 수행해야 할까요?

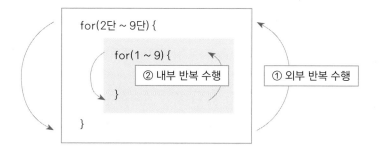

먼저 외부 for문의 초기화 값이 dan = 2이므로 구구단 2단부터 시작합니다. 그리고 내부 for문으로 들어가면 초기화 값 times = 1부터 시작해 1씩 증가하면서 9보다 작거나 같을 때까지 곱합니다. times 값이 10이 되면 내부 for문은 끝나고 외부 for문으로 돌아갑니다.

외부 for문에서 dan++를 수행하고 증가한 단의 값이 9보다 작은지 확인합니다. 9보다 작으므로 다시 내부 for문으로 들어와 1부터 9까지 곱합니다. 이 내용을 표로 정리하면 다음과 같습니다.

 내부 반복을 수행하기 전에 곱하는 수를 반드시 초기화(예를 들어 times=1)해야 합니다. 안 그러면 이전에 증가한 times 값이 그대로 유지됩니다.

외부	dan = 2								
내부	times = 1	times = 2	times = 3	times = 4	times = 5	times = 6	times = 7	times = 8	times = 9
출력	2×1=2	2×2=4	2×3=6	2×4=8	2×5=10	2×6=12	2×7=14	2×8=16	2×9=18

↓

외부	dan = 3								
내부	times = 1	times = 2	times = 3	times = 4	times = 5	times = 6	times = 7	times = 8	times = 9
출력	3×1=3	3×2=6	3×3=9	3×4=12	3×5=15	3×6=18	3×7=21	3×8=24	3×9=27

↓
...
↓

외부	dan = 9								
내부	times = 1	times = 2	times = 3	times = 4	times = 5	times = 6	times = 7	times = 8	times = 9
출력	9×1=9	9×2=18	9×3=27	9×4=36	9×5=45	9×6=54	9×7=63	9×8=72	9×9=81

정리하자면, 중첩 반복문을 쓸 때는 어떤 반복문을 먼저 수행해야 하는지 그리고 내부 반복문을 수행하기 전에 초기화해야 할 값을 잘 초기화했는지를 살펴야 합니다. for문 외의 다른 반복문도 중첩해서 사용할 수 있습니다.

1분 복습 조금 전에 실습한 중첩 반복문 예제를 수정해 구구단을 3단부터 7단까지만 출력해 보세요.

정답 589쪽 참고

우리는 지금까지 세 가지 반복문(while문, do-while문, for문)을 살펴보았습니다. 그러면 각 반복문을 언제, 어떤 경우에 사용하는 것이 가장 좋을까요? 반복 횟수가 정해진 경우에는 for문을 사용하는 것이 좋습니다. 그리고 수행문을 반드시 한 번 이상 수행해야 하는 경우에는 do-while문이 적합합니다. 이 두 경우 외에 조건의 참·거짓에 따라 반복문이 수행하는 경우에는 while문을 사용합니다. 물론 반복 횟수가 정해진 반복문을 while문으로 구현할 수도 있습니다. 그리고 조건의 참·거짓에 따른 반복문을 for문으로 구현할 수도 있죠. 하지만 좋은 프로그래밍 습관을 가지고 싶다면, 상황에 맞는 적절한 문법을 사용하는 것이 중요합니다.

continue문

continue문은 반복문과 함께 쓰입니다. 반복문 안에서 continue문을 만나면 이후의 문장은 수행하지 않고 for문의 처음으로 돌아가 증감식을 수행합니다. 다음 예제를 봅시다. 1부터 100까지 수를 더할 때 홀수일 때만 더하고 짝수일 때는 더하지 않는 프로그램을 continue문으로 작성해 보겠습니다.

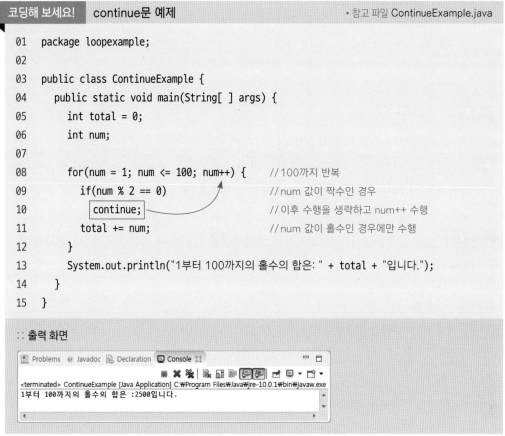

코딩해 보세요! continue문 예제 · 참고 파일 ContinueExample.java

```java
01  package loopexample;
02
03  public class ContinueExample {
04      public static void main(String[ ] args) {
05          int total = 0;
06          int num;
07
08          for(num = 1; num <= 100; num++) {    // 100까지 반복
09              if(num % 2 == 0)                  // num 값이 짝수인 경우
10                  continue;                     // 이후 수행을 생략하고 num++ 수행
11              total += num;                     // num 값이 홀수인 경우에만 수행
12          }
13          System.out.println("1부터 100까지의 홀수의 합은: " + total + "입니다.");
14      }
15  }
```

:: 출력 화면

```
Problems  @ Javadoc  Declaration  Console ☒
<terminated> ContinueExample [Java Application] C:\Program Files\Java\jre-10.0.1\bin\javaw.exe
1부터 100까지의 홀수의 합은 :2500입니다.
```

◎ % 연산자는 나머지 값을 반환합니다. num 값이 짝수라면 2로 나눴을 때 나머지가 0이기 때문에 num%2==0이 짝수 조건을 의미하는 것입니다.

그러면 continue문은 언제 사용할까요? 예제를 보면 반복문 안의 조건문에서 변수 num이 짝수일 때는 이후 수행을 생략하고 for문의 증감식으로 돌아가서 num에 1을 더합니다. num이 홀수일 때는 계속 진행(continue)해서 total += num; 문장을 수행합니다. 이렇듯 continue문은 반복문을 계속 수행하는데, 특정 조건에서는 수행하지 않고 건너뛰어야 할 때 사용합니다.

1부터 100까지 수 중에서 3의 배수만 출력하는 코드를 완성해 보세요.

```
int num;

for(                    ;                    ; num++) {
        1                    2
    if(                    )
              3
          continue;
    System.out.println(num);
}
```

정답 1. num = 1 2. num <= 100 3. num % 3 != 0

break문

switch-case문에서 break문을 사용할 때 조건을 만족하면 다른 조건을 더 이상 비교하지 않고 switch문을 빠져나왔지요? 반복문에서도 마찬가지입니다. 반복문에서 break문을 사용하면 그 지점에서 더 이상 수행문을 반복하지 않고 반복문을 빠져나옵니다.

다음 예제를 살펴보겠습니다. 0부터 시작해 숫자를 1씩 늘리면서 합을 계산할 때 숫자를 몇까지 더하면 100이 넘는지 알고 싶습니다. 지금까지 배운 반복문을 사용해 봅시다.

```java
public class BreakExample1 {
  public static void main(String[ ] args) {
    int sum = 0;
    int num = 0;

    for(num = 0; sum < 100; num++) {   //합한 값이 100보다 클 때 종료
      sum += num;
    }
    System.out.println("num : " + num);
    System.out.println("sum : " +sum);
  }
}
```

이 코드를 실행해 보면 다음과 같은 출력 결과가 나옵니다.

```
Problems  @ Javadoc  Declaration  Console ☒
<terminated> BreakExample1 [Java Application] C:\Program Files\Java\jre-10.0.1\bin\javaw.exe
num : 15
sun : 105
```

합은 105가 되었고 이때 num 값은 15가 출력되었습니다. 그렇다면 1부터 15까지 더했을 때 100이 넘는 걸까요? 그렇지 않습니다. 합이 105가 되는 순간 num 값은 14였습니다. 즉 1부터 14까지 더해져서 105가 되었고 num 값이 1씩 증가하여 15가 되었을 때 조건을 비교해 보니 합이 100보다 커서 반복문이 끝난 것입니다. 따라서 우리가 원하는 정확한 값인 14를 얻으려면 증감이 이루어지기 전에 반복문을 끝내야 하죠. 그러면 반복문 안에 break문을 사용하여 수행을 중단해 보겠습니다.

코딩해 보세요!   break문 예제   • 참고 파일 BreakExample2.java

```java
01  package loopexample;
02
03  public class BreakExample2 {
04    public static void main(String[ ] args) {
05      int sum = 0;
06      int num = 0;
07
08      for(num = 0;   ; num++) {
09        sum += num;
10        if(sum >= 100)          //sum이 100보다 크거나 같을 때(종료 조건)
11          break;                //반복문 중단
12      }
13      System.out.println("num : " + num);
14      System.out.println("sum : " +sum);
15    }
16  }
```

> 조건식을 생략하는 대신 break문을 사용합니다.

:: 출력 화면

```
Problems  @ Javadoc  Declaration  Console
<terminated> BreakExample2 [Java Application] C:\Program Files\Java\jre-10.0.1\bin\javaw.exe
num : 14
sun : 105
```

위 예제는 0부터 시작해 1씩 늘린 숫자를 sum에 더합니다. 그리고 sum 값이 100보다 크거나 같으면 반복문을 바로 빠져나옵니다. 프로그램을 실행하면 num 값이 14일 때 합이 105가 되는 것을 알 수 있습니다. 종료 조건을 for문 안에 사용하면 num 값을 늘리는 증감식을 먼저 수행하므로 num 값이 15가 됩니다. 따라서 프로그램 실행 중에 반복문을 중단하려면 break문을 사용해야 정확한 결과 값을 얻을 수 있습니다.

break문의 위치

앞의 예제에서 봤듯이 반복문이 중첩된 경우가 있습니다. 이 경우에 break문을 사용하면 모든 반복문을 빠져나오는 것이 아니고 break문을 감싸고 있는 반복문만 빠져나옵니다.

```
while(조건식1) {
    while(조건식2) {
        if(조건식)   //조건에 해당하는 경우
        ① break;   //내부 반복문만 빠져나옴
    }
}
```

내부
반복문

외부
반복문

위 코드의 ① 위치에서 break문을 사용하면 if 조건문만 빠져나온다고 생각할 수도 있는데, 반복문 안의 break문은 해당 반복문 수행만 중지한다는 것을 기억하기 바랍니다. 즉 이러한 경우에는 내부 반복문만 빠져나오고 외부 반복문은 계속 수행합니다.

정리하자면, continue문은 반복문을 계속 수행하지만 특정 조건에서 수행문을 생략하는 경우에 사용하고, break문은 반복문을 더 이상 수행하지 않고 빠져나올 때 사용합니다.

 1분 복습 1부터 더했을 때 그 합이 500이 넘는 자연수는 얼마인가요? 다음 코드의 빈칸을 채우고 직접 프로그램을 실행해 답을 확인해 보세요.

```java
int sum = 0;
int num;
for(num = 1; ;          ¹ ) {
    sum += num;
                   ²
                   ³
}
System.out.println(sum);
System.out.println(num);
```

정답 1. num++ 2. if(sum >= 500) 3. break; / 출력 결과 num: 32, sum: 528

Q1 operator 값이 +, -, *, /인 경우에 사칙 연산을 수행하는 프로그램을 if-else if문과 switch-case문을 사용해 작성해 보세요.

```
int num1 = 10;
int num2 = 2;
char operator = '+';
```

Q2 구구단을 짝수 단만 출력하도록 프로그램을 만들어 보세요.

힌트 continue문을 사용합니다.

Q3 구구단을 단보다 곱하는 수가 작거나 같은 경우까지만 출력하는 프로그램을 만들어 보세요.

힌트 break문을 사용합니다.

Q4 반복문을 사용하여 다음 모양을 출력하는 프로그램을 만들어 보세요.

Q5 반복문과 조건문을 사용하여 다음 모양을 출력하는 프로그램을 만들어 보세요.

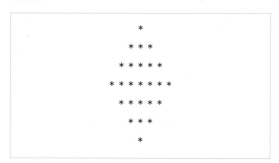

04장 정답
590쪽

둘째마당

자바의 핵심,
객체 지향 프로그래밍

첫째마당에서 자바 프로그래밍의 기본 내용을 학습했습니다. 둘째마당에서는 객체 지향 프로그램에
대해 공부해 봅시다. 자바로 코딩을 하면서 객체 지향 프로그램을 어떻게 만들고 어떤 특징이 있는지
잘 익혀 두면 다른 응용 프로그램을 개발하는 데도 많은 도움이 될 것입니다.
자, 그러면 둘째마당을 시작해 볼까요?

클래스와 객체 1

우리가 사는 세상의 모든 일은 사물 간의 협력으로 이루어집니다. 여러분이 목적지로 가기 위해 대중 교통을 타거나, 물건을 사기 위해 온라인 쇼핑몰에서 주문을 하는 것 역시 사물 간의 협력입니다. 앞으로 우리가 배울 객체 지향 프로그램은 이러한 사물의 흐름과 움직임을 중심으로 프로그래밍하게 됩니다. 그리고 그 시작에 클래스가 있습니다. 그러면 클래스부터 함께 살펴볼까요?

우리가 사는 세상의 일을 객체 지향 프로그램으로 표현한다고!

05-1 객체 지향 프로그래밍과 클래스

객체와 객체 지향 프로그래밍

국어 사전에서 객체의 뜻을 찾아보면 '의사나 행위가 미치는 대상'이라고 설명합니다. 우리 주위에 있는 객체를 생각해 보면 사람, 자동차, 건물 등이 있습니다. 즉 눈에 보이는 사물은 모두 객체라고 할 수 있죠. 그런데 눈에 안 보이는 것도 객체가 될 수 있습니다. 주문, 생산, 관리 등 어떤 행동을 나타내는 단어도 객체가 될 수 있습니다. 이제부터 배울 자바 객체 지향 프로그래밍(Object-Oriented Programming; OOP)은 객체를 기반으로 하는 프로그램입니다. 아직 감이 안 잡히지요? 일단 머릿속에 객체 지향 프로그램이란 '어떤 대상(객체)을 가지고 프로그래밍한다'는 개념을 넣어 두고 시작해 봅시다.

생활 속에서 객체 찾아보기

이런 상황을 생각해 봅시다. 아침에 일어나 학교에 갑니다. 학교에 가기까지 여러 가지 일을 하게 됩니다. 어떤 일이 일어나는지 서술해 볼까요?

'아침에 일어난다. 씻는다. 밥을 먹는다. 버스를 탄다. 요금을 지불한다. 학교에 도착한다.' 이 정도가 되겠죠? 이렇게 순서대로 일어나는 일을 시간순으로 프로그래밍하는 것을 절차 지향 프로그래밍이라고 합니다. 아침에 일어나 학교 가는 과정을 순서대로 나타내 보면 다음과 같습니다.

ⓒ 절차 지향 프로그래밍 언어를 대표하는 언어에 C 언어가 있습니다.

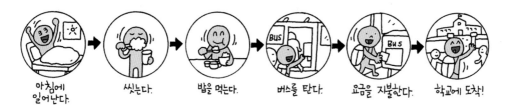

반면에 객체 지향 프로그래밍이란 객체를 정의하고 객체 간 협력을 프로그래밍하는 것입니다. 먼저 앞의 상황에서 객체와 객체 간의 협력을 생각해 볼까요? 일단 대상이 되는 객체를 찾아보면 학생, 밥, 버스, 학교 등이 있겠죠.

그리고 '밥을 먹는다'는 행동은 '학생'이라는 객체와 '밥'이라는 객체가 있어 학생이 밥을 먹는 협력으로 이루어집니다. '버스를 탄다'는 행동을 생각해 보면 '학생' 객체가 '버스' 객체에 타는 행동이 발생하는 것이지요. 이렇듯 객체 지향 프로그램은 먼저 객체를 만들고 객체 사이에 일어나는 일을 구현하는 것입니다. 따라서 우리가 객체 지향 프로그래밍을 할 때는 객체를 먼저 정의하고 각 객체가 어떤 기능을 제공하고 객체 간 협력을 어떻게 구현할 것인지를 고민해야 합니다.

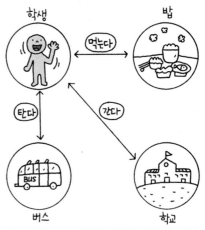

객체 지향 프로그래밍은 객체인 학생, 밥, 버스, 학교 사이에 일어나는 일을 프로그램으로 구현하는 것입니다.

클래스란?

앞에서 객체가 무엇인지 간단하게 살펴보았습니다. 객체 지향 프로그램은 클래스를 기반으로 프로그래밍합니다. 클래스는 객체의 속성과 기능을 코드로 구현한 것입니다. 객체를 클래스로 구현하는 것을 '클래스를 정의한다'라고 합니다. 클래스를 정의하려면 우선 클래스 이름과 클래스가 가지는 속성 또는 특성이 필요합니다. 객체를 코드로 구현한다는 말이 잘 이해되지 않을 테니 '학생'이라는 객체를 클래스로 살펴봅시다.

학생 객체를 생각해 보면, 먼저 객체를 표현할 클래스의 '이름'이 필요합니다. 프로그래밍에서 우리말은 사용할 수 없으니 Student라고 해보겠습니다. 이제 학생 객체가 가지는 일반적인 속성을 생각해 봅시다. 학번, 이름, 학년, 사는

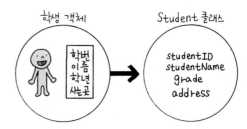

곳 등이 있겠네요. 이런 클래스 속성은 특성이라고도 하고 클래스 내부에 변수로 선언합니다. 이렇게 선언하는 클래스의 속성을 '멤버 변수'라고 합니다.

클래스를 정의하는 문법을 간단히 나타내면 다음과 같습니다.

```
(접근 제어자) class 클래스 이름 {
    멤버 변수;
    메서드;
}
```

◎ 클래스 이름 앞에 있는 public 예약어는 '접근 제어자'라고 합니다. '05-7 정보 은닉'에서 자세히 배웁니다. 여기에서는 public class인 경우에 클래스 이름과 자바 파일 이름이 같아야 한다는 정도만 알고 넘어가면 됩니다.

그러면 이클립스를 열고 코드로 학생 클래스를 정의해 봅시다.

코딩해 보세요! **학생 클래스 만들기** • 참고 파일 Student.java

```
01  package classpart;
02
03  public class Student {
04      int studentID;           //학번
05      String studentName;      //학생 이름
06      int grade;               //학년
07      String address;          //사는 곳
08  }
```

클래스를 만드는 예약어

클래스 이름

멤버 변수

작성한 코드를 하나하나 살펴봅시다. 클래스를 만들 때는 class 예약어를 사용합니다. 그리고 클래스 이름은 Student라고 정했습니다. { } 안에는 클래스 내용을 구현합니다. 아까 우리는 학생이라는 객체의 속성에 대해 이야기했습니다. 이 중 프로그램에서 사용할 객체의 속성을 클래스의 변수로 선언합니다. 변수를 선언할 때는 02장에서 배운 것처럼 각 변수 속성에 맞는 자료형을 사용해야 합니다. 또한 자바 프로그램은 모든 요소가 클래스 내부에 있어야 합니다. 클래스 외부에는 package 선언과 import 문장 외에 아무것도 선언하지 않습니다.

1분 복습 사람 객체를 구현하는 Person 클래스를 만들고 이름, 나이, 성별을 멤버 변수로 정의해 보세요.

```
public [        1        ] [        2        ] {
    String name;
    [        3        ] age;
    char gender;
}
```

정답 1. class 2. Person 3. int

클래스 이름 짓는 규칙

자바에서 클래스 이름은 대문자로 시작합니다. 소문자로 시작한다고 해서 오류가 발생하는 것은 아니지만, 대문자로 시작하는 것이 개발자들 사이의 규칙입니다. 소셜 컨벤션(social convension)이 사회적 관습을 뜻하는 것처럼 코딩 동네에서는 이런 규칙을 코딩 컨벤션(coding convension)이라고 합니다. 코딩 컨벤션이란 코딩을 할 때 읽기 쉽고 이해하기 쉽도록 정한 규칙이지요. '클래스 이름은 대문자로 시작한다'는 것도 그중 하나라고 볼 수 있습니다.

05-2 클래스 살펴보기

클래스 속성을 구현하는 멤버 변수

Student 클래스를 다시 살펴보면 학생 객체가 가지는 속성(학번, 이름, 학년, …)을 변수로 선언하였습니다. 이렇게 클래스 내부에 선언하여 객체 속성을 나타내는 변수가 멤버 변수(member variable)입니다.

```
public class Student {
    int studentID;          //학번
    String studentName;     //학생 이름          멤버 변수
    int grade;              //학년
    String address;         //사는 곳
}
```

클래스에 선언하는 멤버 변수는 다른 말로 속성(property), 특성(attribute) 등으로 표현하기도 합니다. 이 책에서는 멤버 변수라는 용어를 사용하겠습니다. 멤버 변수는 속성이 무엇이냐에 따라 알맞은 자료형을 선언해 주어야 합니다.

속성	자료형	변수 이름	설명
학번	int	studentID	학번은 정수로 나타낼 수 있기 때문에 int형으로 선언합니다.
이름	String	studentName	학생 이름은 문자로 되어 있습니다. 그런데 이름은 A 같은 하나의 문자가 아니라 여러 개의 문자로 이루어진 문자열로 표현합니다. 문자열은 자바에서 제공하는 String 클래스를 사용합니다.
학년	int	grade	학년은 정수로 나타낼 수 있기 때문에 int형으로 선언합니다.
사는 곳	String	address	문자열을 나타내기 위해 String을 사용합니다.

ⓖ 문자열을 표현하는 String은 아직 배우지 않았습니다. String에 대한 자세한 내용은 '11-2 String 클래스'에서 설명합니다. 여기에서는 우선 '홍길동'이나 '서울시 영등포구'처럼 문자가 여러 개 이어진 문자열은 String형으로 선언한다는 정도만 이해하고 넘어갑시다.

그러면 이번에는 사람 객체를 구현하는 Person 클래스를 만들면서 멤버 변수에 대해 알아보겠습니다. 사람 속성은 여러 가지가 있습니다. 이를테면 이름, 나이, 직업, 주소, 키, 몸무게 등이 있지요. 코드에서 패키지 생성까지는 그대로 두고 클래스 파일만 추가합니다.

◎ 이클립스 화면 왼쪽 패키지 탐색기(package explorer)에서 classpart에 오른쪽 마우스를 클릭하면 새로운 클래스 파일을 만들 수 있습니다.

코딩해 보세요! **Person 클래스 만들기** · 참고 파일 Person.java

```
01    package classpart;
02
03    public class Person {
04        String name;        // 이름
05        int height;         // 키
06        double weight;      // 몸무게
07        char gender;        // 성별
08        boolean married;    // 결혼 여부
09    }
```

Person 클래스의 멤버 변수로 이름, 키, 몸무게, 성별, 결혼 여부를 선언했습니다. 이와 같이 멤버 변수를 선언할 때 int형, double형 같은 기본 자료형(primitive data type)으로 선언할 수도 있고, 또 다른 클래스형으로 선언할 수도 있습니다. 클래스형이란 다른 말로 객체

◎ 기본 자료형이 잘 기억나지 않는다면 02장을 다시 한 번 확인해 보세요.

◎ 이 책에서는 '참조 자료형'이라고 통일하여 사용하겠습니다. 참조 자료형은 '05-6 참조 자료형'에서 자세히 설명합니다.

자료형 또는 참조 자료형이라고 합니다. 참조 자료형으로 사용하는 클래스는 String, Date와 같이 이미 JDK에서 제공하는 것일 수도 있고, 개발자가 직접 만든 Student나 Person 같은 클래스가 다른 클래스에서 사용하는 멤버 변수의 자료형이 될 수도 있습니다.

변수의 자료형 ── 기본 자료형
int, long, float, double 등

참조 자료형
String, Date, Student 등

클래스 기능을 구현하는 메서드

지금까지 클래스를 선언하고 클래스 속성인 멤버 변수를 선언했습니다. 그런데 클래스에서는 학생 객체가 가지는 속성을 사용해 학생과 관련된 기능을 구현할 수 있습니다. 예를 들어 '학생에게 이름을 부여한다', '학생이 사는 곳을 출력한다'처럼 말이지요. 이렇게 클래스 내부에서 멤버 변수를 사용하여 클래스 기능을 구현한 것을 '멤버 함수(member function)' 또는 '메서드(method)'라고 합니다. 이 책에서는 메서드로 통일해서 사용하겠습니다. 메서드에 대해 자세히 알아보기 전에 먼저 다음 예제를 따라 하면서 학생 이름과 주소를 출력하는 메서드를 만들어 보겠습니다.

☺ 함수는 '05-3 메서드'에서 자세히 설명합니다.

| 코딩해 보세요! | 학생 이름과 주소 출력하는 메서드 만들기 | · 참고 파일 Student.java |

```java
01    package classpart;
02
03    public class Student {
04        int studentID;
05        String studentName;
06        int grade;
07        String address;
08
09        public void showStudentInfo( ) {
10            System.out.println(studentName + "," + address);   //이름, 주소 출력
11        }
12    }
```

메서드 추가

위 코드를 보면 Student 클래스 안에 showStudentInfo( ) 메서드를 추가했습니다. 이 메서드는 학생 이름과 주소를 출력하는 기능입니다. 05-3에서 메서드를 구현하고 사용하는 방법에 대해 차근차근 다뤄 보겠습니다.

패키지란?

패키지는 간단히 말하면 클래스 파일의 묶음입니다. 패키지를 만들면 프로젝트 하위에 물리적으로 디렉터리가 생성됩니다. 또한 패키지는 계층 구조를 가질 수 있습니다. 프로젝트를 수행할 때 패키지의 계층 구조를 구성하는 것은 전체 프로젝트의 소스 코드를 어떻게 관리할지와 관련이 있습니다. 예를 들어 학교와 관련된 프로젝트를 수행한다고 합시다. 이 프로젝트는 학생, 과목, 교실, 담당 교수, 학과 등의 클래스로 만들 수 있습니다. 그리고 그러한 클래스와 협력을 하는 여러 다른 클래스가 있을 수 있습니다.

가령 학생이 신청한 과목에 대한 정보를 담고 있는 클래스나 모든 정보를 관리하는 데이터베이스에서 학생 정보를 가져오는 클래스, 또는 학생의 학점이나 학교 정보를 등록하거나 관리할 수 있는 화면을 구성하는 부분 등의 코드가 있을 것입니다. 패키지의 계층 구조를 만드는 작업은 이러한 소스 코드를 어떠한 계층 구조로 관리할지 구성하는 것입니다. 오른쪽 패키지 구조를 생각해 보겠습니다.

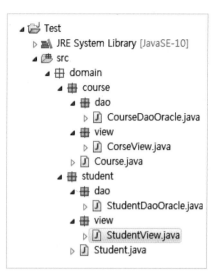

Student와 Course 등 기본이 되는 클래스를 기반으로 그 하위의 협력 클래스를 패키지로 구분하여 구성한 모습입니다. 물론 다른 형태의 계층 구조로 구성할 수 도 있습니다. 여기에서 우리가 알아야 할 부분은 패키지가 단순히 클래스 묶음이 아닌 프로젝트 전체 소스 코드를 구성하는 계층 구조가 되고, 이 계층 구조를 잘 구성해야 소스 코드 관리와 유지 보수가 편리하다는 사실입니다. 아직은 입문 단계이므로 이렇게 복잡한 패키지 구조를 구성하지는 않지만, 패키지를 구성하는 의미가 무엇인지 기억하기 바랍니다.

패키지 선언하기
자바 소스 코드에서 클래스의 패키지 선언은 다음처럼 맨 위에서 합니다.

```
StudentView.java ⊠
1 package domain.student.view;
2
3 public class StudentView {
4
5 }
6
```

클래스 이름은 StudentView이지만, 클래스의 전체 이름(class full name)은 domain.student. view.StudentView입니다. 클래스 이름이 같다고 해도 패키지 이름이 다르면 클래스 전체 이름이 다른 것이므로 다른 클래스가 됩니다. 다시 말해 같은 이름의 클래스라도 다른 패키지에 속해 있으면 서로 연관이 없습니다.

05-3 메서드

메서드는 함수(function)의 한 종류입니다. 함수란 무엇인지 먼저 살펴보고, 자바에서 사용하는 메서드에 대해 자세히 알아보겠습니다.

함수란?

함수란 '하나의 기능을 수행하는 일련의 코드'를 말합니다. 말이 조금 어렵지요? 예를 들어 오른쪽 그림처럼 두 숫자를 더하는 세 가지 경우가 있다고 해봅시다. 두 수를 입력받아 더하는 경우, 가장 좋은 성적 둘을 더하는 경우, 두 거리를 더하는 경우를 각각 프로그램으로 구현합니다. 사실 세 경우 모두 '두 수를 더해서

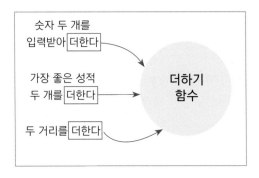

결과 값을 보여 준다'는 기능입니다. 이런 경우에 더하기 기능을 수행하는 코드를 묶어서 '더하기 함수'로 만들 수 있습니다. 그리고 더하기 기능이 필요할 때마다 이 함수를 불러서 연산을 하는 것입니다. 이처럼 함수는 어떤 기능을 수행하도록 미리 구현해 놓고 필요할 때마다 호출하여 사용할 수 있습니다.

함수의 입력과 반환

함수는 이름이 있고 입력 값과 결과 값을 갖습니다. 앞에서 예로 든 '두 수를 더하는 함수'를 그림으로 그려 보겠습니다. 두 수를 입력받아서 '더하기 함수'를 거치면 두 수의 합을 반환합니다. 이 내용을 간단한 코드 형식으로 적어 보면 다음 그림의 오른쪽과 같습니다.

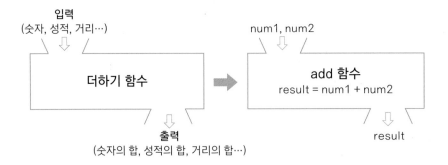

함수에 이름을 붙일 때는 의미를 알 수 있는 단어를 사용하는 것이 좋습니다. 앞의 예는 두 수를 더하는 함수이므로 add라고 이름을 짓겠습니다. 그리고 더할 두 수는 각각 num1, num2라고 정하겠습니다. num1, num2와 같이 함수의 입력으로 받는 변수를 '매개변수'라고 합니다. 그리고 두 수를 더한 결과 값을 result 변수에 저장하여 돌려줍니다. 이를 '결과를 반환한다'고 하며, 이렇게 함수를 수행한 후 결과로 되돌려 주는 값인 result를 '반환 값'이라고 부릅니다.

함수 정의하기

더하기 함수를 실제 코드로 작성해 봅시다. 이렇게 함수가 하는 일을 코드로 구현하는 것을 '함수를 정의한다'라고 합니다. 오른쪽 예제를 살펴보겠습니다.

```
④ 함수 반환형
① 함수 이름   ② 매개변수
int add (int num1, int num2) {
    int result;
    result = num1 + num2;
    return result;
}
③ return 예약어
```

함수 이름 add

함수 이름은 add라고 썼습니다. 위 예제에서 ① 위치가 함수 이름을 적는 부분입니다. 함수 이름은 변수 이름처럼 프로그래머가 임의로 만들면 되는데, 함수 기능과 관련 있게 만들어야 나중에 호출하거나 이해하기 좋습니다.

매개변수 num1, num2

add 함수는 두 값을 더하는 일을 합니다. 덧셈을 수행하기 위해서는 먼저 함수에 두 값이 입력되어야겠죠. 이 두 값은 함수를 호출할 때 괄호 안의 자료형에 맞게 함수에 전달됩니다. 함수는 넘겨받은 값으로 덧셈을 수행합니다. 이렇게 함수 내부에서 사용할 괄호 안의 변수를 매개변수라고 합니다. 앞 예제에서는 ② num1과 num2가 매개변수입니다.

오른쪽 예제의 getTenTotal( )처럼 매개변수가 필요 없는 함수도 있습니다. getTenTotal( ) 함수의 기능은 1부터 10까지 더한 합을 반환합니다. 따라서 함수에 전달할 값이 굳이 필요하지 않습니다. 이런 경우에 함수는 매개변수가 필요 없고 함수를 수행한 결과 값만 있게 됩니다.

```
int getTenTotal( ) {
    int i;
    int total = 0;
    for(i = 1; i <= 10; i++) {
        total += i;
    }
    return total;   //1부터 10까지 더한 값을 반환
}
```

return 예약어와 반환형

add( ) 함수를 수행한 후 결과 값은 변수 result에 저장됩니다. result에 저장된 결과 값은 함수를 호출했을 때 반환되는 값이므로 '반환 값'이라고도 부릅니다. '이 함수의 결과 값을 반환합니다'를 뜻하는 예약어가 바로 return입니다. 즉 ③ return 예약어를 사용하여 result 값을 반환하는 것입니다. 반환 값의 자료형을 반환형이라고 하는데 ④ 위치에 써 줍니다. 이 함수에서 변수 result의 반환형은 정수형이므로 ④ 위치에 int라고 적었습니다.

오른쪽 예제처럼 반환 값이 없는 함수도 있습니다. 반환 값이 없다고 해서 반환형을 쓰는 ④ 위치를 비워 두면 오류가 발생하니 이때는 ④ 위치에 void라고 씁니다. void는 비어 있다는 의미로 '반환할 값이 없다'는 뜻의 예약어입니다.

```
void printGreeting(String name) {
    System.out.println(name + "님 안녕하세요");
    return; //반환 값 없음
}
```
전달받은 매개변수 name을 사용하여 인사말 출력

return 예약어는 함수 수행을 끝내고 프로그램 흐름 중에서 호출한 곳으로 다시 되돌아갈 때도 사용할 수 있습니다.

```
void divide(int num1, int num2) {
    if(num2 == 0) {
        System.out.println("나누는 수는 0이 될 수 없습니다");
        return;   //함수 수행 종료
    }
    else {
        int result = num1 / num2;
        System.out.println(num1 + "/" + num2 + "=" + result + "입니다.");
    }
}
```

위 divide( ) 함수는 두 수를 매개변수로 전달받아서 나눗셈을 한 후 몫을 출력하는 함수입니다. 그런데 만약 나누는 수가 0이라면 당연히 수행하면 안 되겠죠. 이 경우에는 함수 수행을 종료하는 예약어 return을 사용합니다. 함수 수행을 종료하는 목적이므로 return 뒤에 반환 값을 적지 않아도 됩니다.

함수 호출하고 값 반환하기

지금까지는 함수를 정의하고 구현만 하고 직접 사용하지는 않았습니다. 이제 두 정수를 더한 후 결과 값을 돌려주는 함수를 만들고 사용해 보겠습니다. 이렇게 함수를 사용하는 것을 '함수를 호출한다'라고 합니다. 다음 예제는 객체 지향을 반영한 예제라기보다는 일반적인 함수를 어떻게 사용하는지에 중점을 두었습니다.

😊 객체 지향 메서드를 만드는 방법은 141쪽에서 설명합니다.

😊 객체 지향 메서드를 만드는 방법은 141쪽에서 설명합니다.

코딩해 보세요! **함수 구현하고 호출하기** • 참고 파일 FunctionTest.java

```java
01   package classpart;
02
03   public class FunctionTest {
04     public static void main(String[ ] args) {
05       int num1 = 10;
06       int num2 = 20;
07
08       int sum = add(num1, num2);        ← add( ) 함수 호출
09       System.out.println(num1 + " + " + num2 + " = " + sum + "입니다");
10     }
11
12     public static int add(int n1, int n2) {
13       int result = n1 + n2;             ← add( ) 함수
14       return result;  // 결과 값 반환
15     }
16   }
```

:: 출력 화면

```
<terminated> FunctionTest [Java Application] C:₩Program Files₩Java₩jre-10.0.1₩bin₩javaw.exe
10 + 20 = 30입니다
```

위 코드는 add( ) 함수를 구현했습니다. add( ) 함수는 두 개의 매개변수에 int형 값을 전달받아 두 수의 합을 돌려줍니다. 결과 값이 정수이기 때문에 반환형이 int형입니다. 8행에 add( ) 함수를 호출하는 코드가 보입니다. 반환 값이 int형이기 때문에 결과 값이 저장되는 sum 변수 앞에 int라고 써 주었습니다.

매개변수 살펴보기

8행에서 add( ) 함수를 호출할 때 num1, num2 두 개의 변수를 넘겼습니다. 그리고 12행의 함수를 구현하는 부분에서는 add(int n1, int n2)와 같이 n1, n2를 사용했습니다. 프로그래밍을 처음 공부하는 사람들은 함수를 호출할 때 넘겨주는 변수 이름과 함수를 구현할 때 사용한 매개변수 이름이 같아야 한다고 생각할 수 있습니다. 그런데 이 둘은 전혀 상관이 없습니다.

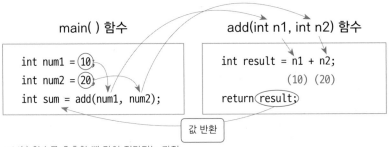

add( ) 함수를 호출할 때 값이 전달되는 과정

여기에서 num1, num2는 main( ) 함수의 변수입니다. add(num1, num2)로 사용하면 add( ) 함수에 두 값을 넘겨줄 수 있습니다. 매개변수 n1, n2는 실제 함수로 넘어온 두 값을 받아 주는 역할입니다. 다시 말해 n1, n2는 add( ) 함수에서 선언한 새로운 변수입니다. 따라서 함수를 호출할 때 사용하는 변수 이름과 호출되는 함수에서 사용하는 변수는 서로 다른 변수이므로 이름이 같아도 되고 달라도 상관없습니다.

> **나 혼자 코딩!**
>
> **사칙 연산 함수 완성하기**
> FuctionTest.java 코드에 사칙 연산을 수행하는 함수를 모두 구현하고 결과 값을 출력해 봅시다.
>
> 정답 자료실 제공

함수 호출과 스택 메모리

함수가 수행될 때 컴퓨터 메모리를 어떻게 사용하는지 살펴보겠습니다. 조금 어려울 수 있지만 중요한 내용이므로 꼭 이해하고 넘어가세요.

함수를 호출하면 그 함수만을 위한 메모리 공간이 할당되는데, 이 메모리 공간을 스택(stack)이라고 부릅니다. 그러면 함수가 사용하는 스택 메모리 구조를 그림으로 확인해 보겠습니다. 다음 그림은 add( ) 함수를 호출하면서 메모리를 생성하는 과정입니다.

ⓒ 스택은 자료가 상자처럼 쌓이는 자료 구조를 말합니다. 스택은 마지막에 추가된 자료부터 순서대로 꺼내서 사용할 수 있으며 LIFO(Last In First Out) 구조라고 부릅니다.

함수가 호출되면 그 함수가 사용할 메모리 공간이 스택에 생성됩니다. 프로그램을 시작할 때 main( ) 함수부터 호출하기 때문에 가장 먼저 main( ) 함수에 포함된 변수 num1, num2, sum을 저장할 메모리 공간이 생성됩니다. 그리고 main( ) 함수에서 add( ) 함수를 호출하면 add( ) 함수를 저장할 메모리 공간이 스택에 새롭게 생성됩니다. add( ) 함수 수행이 끝나고 함수에 할당했던 메모리 공간을 해제하는 과정은 다음 그림과 같습니다.

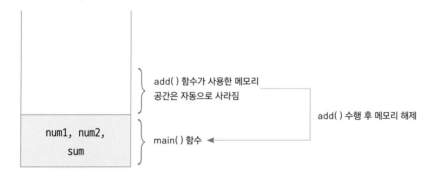

add( ) 함수 수행이 끝나고 결과 값이 반환되면 add( ) 함수가 사용하던 메모리 공간은 자동으로 사라집니다. 프로그램에서 여러 함수를 사용하는 경우에 함수를 호출한 순서대로 메모리 공간이 만들어지고 맨 마지막에 호출한 함수부터 반환됩니다. 따라서 메모리 공간도 맨 마지막에 추가된 것부터 스택에서 사라집니다. 즉 A( ) → B( ) → C( ) 함수의 순서로 호출했다면 C( ) → B( ) → A( ) 순서로 반환되고 스택 메모리도 이 순서대로 소멸됩니다.

그리고 그림에서 보듯 main( ) 함수에서 사용하는 num1, num2 변수와 add( ) 함수에서 사용하는 n1, n2 변수는 서로 다른 메모리 공간을 사용하므로 이름이 같든 다르든 상관없습니다. 이렇게 함수 내부에서만 사용하는 변수를 지역 변수라고 합니다. 지역 변수는 스택 메모리에 생성됩니다.

😊 지역 변수에 대한 자세한 내용은 '06-4 변수 유효 범위'에서 설명합니다.

함수의 장점

복잡해 보이는 함수를 굳이 사용하는 이유는 뭘까요? 첫째, 함수를 사용하면 기능을 나누어 코드를 효율적으로 구현할 수 있습니다. 간단한 경우를 생각해 보죠. 계산기를 구현하려면 먼저 숫자를 입력받아야 합니다. 그리고 사칙 연산을 한 후 결과 값을 출력하겠죠. 이 과정을 구현하는 코드를 main( ) 함수 안에 한꺼번에 작성할 수도 있겠지만 덧셈, 뺄셈, 곱셈, 나눗셈으로 기능을 나누어 각 연산을 수행하는 함수를 여러 개 만든 후 main( ) 함수에서 필요할 때마다 각 함수를 호출할 수도 있습니다. 이렇게 기능을 분리해서 구현하면 프로그램 코드의 가독성이 좋아집니다. 너무 긴 코드가 main( ) 함수에 모두 들어 있으면 이해하기 어렵기 때문이죠.

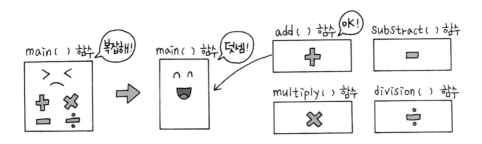

둘째, 기능별로 함수를 구현해 놓으면 같은 기능을 매번 코드로 만들지 않고 그 기능의 함수를 호출하면 되니까 편리합니다. 또 중복되는 코드를 막을 수도 있습니다. 셋째, 프로그램을 실행할 때 생긴 오류를 수정하는 디버깅 작업을 할 때도 편리합니다. 하나의 기능이 하나의 함수로 구현되어 있기 때문에 오류가 난 기능만 찾아서 수정하면 되기 때문입니다.

하나의 함수에 하나의 기능 구현하기

앞에서 우리는 더하기 연산을 위해 add( ) 함수를 만들었습니다. 그러면 이 함수가 해야 하는 기능은 무엇일까요? 당연히 '더하기'입니다. 만약 하나의 함수에 여러 기능이 섞여 있으면 앞에서 이야기한 함수의 장점을 활용할 수 없습니다. 무조건 소스 코드를 나누어 호출한다고 해서 함수를 구현하는 것이 아닙니다. 함수 코드의 행 수가 길고 짧고를 의미하는 것도 아닙니다. 필요한 기능 함수를 만들고, 그 이름에 맞는 하나의 기능을 구현하는 것이 중요합니다.

클래스 기능을 구현하는 메서드

지금까지 설명한 함수는 오래전에 출시된 많은 프로그래밍 언어에서 이미 사용하고 있는 중요한 코드 구현 방법 중 하나입니다. 자바 프로그램에는 클래스 내부에서 사용하는 멤버 함수가 있습니다. 이를 메서드(method)라고 하는데 메서드는 멤버 변수를 사용하여 클래스의 기능을 구현합니다. 즉 메서드는 함수에 객체 지향 개념이 포함된 용어로 이해하면 됩니다. 앞에서 설명했던 함수의 스택 메모리 사용 방법과 함수의 장점 등도 모두 메서드에 동일하게 적용됩니다. 그러면 Student 클래스에 메서드를 직접 구현해 봅시다.

ⓒ 메서드의 호출은 '05-4 클래스와 인스턴스'에서 클래스를 생성한 후 학습하겠습니다.

메서드 구현하기

코딩해 보세요! 학생 이름을 반환하는 메서드 · 참고 파일 Student.java

```
01  package classpart;
02
03  public class Student {
04      int studentID;
05      String studentName;
06      int grade;
07      String address;
08
09      public String getStudentName( ) {
10          return studentName;
11      }
12  }
```

학생의 이름을 반환하는 메서드

메서드 이름은 해당 클래스를 사용하는 코드의 입장에서 짓는 것이 좋습니다. 예를 들어 Student 클래스를 사용하는 A 클래스가 있다고 합시다. A 클래스에서 학생 이름(studentName)을 가져오는(get) 기능을 제공하는 메서드 이름은 getStudentName으로 짓습니다. 이 메서드의 반환 값은 studentName인데 studentName 자료형이 String이므로 반환형도 String입니다.

이번에는 학생 이름을 멤버 변수에 대입하는 setStudentName( ) 메서드를 만들어 봅시다.

코딩해 보세요! 학생 이름을 부여하는 메서드 • 참고 파일 Student.java

```
12    ...
                                          학생 이름을 매개변수로 전달
13    public void setStudentName(String name) {
14        studentName = name;
15    }
16  }
```

setStudentName( ) 메서드는 Student 클래스를 사용하는 다른 코드에서 학생 이름을 새로 지정하거나 바꾸어 줍니다. studentName 값을 지정하는(set) 기능을 제공하는 것입니다. 이 메서드는 이름을 전달받아 지정하는 것이기 때문에 매개변수 name이 필요합니다. 매개변수 name을 멤버 변수 studentName에 대입하면 학생 이름이 지정되겠지요? 반환 값은 없으므로 반환형은 void로 지정합니다.

☺ get( ), set( ) 메서드가 필요한 이유가 잘 이해되지 않나요? '05-7 정보 은닉'에서 확인할 수 있으니 여기에서는 이런 메서드가 있다는 정도만 알아두세요.

자바의 이름 짓기 규약

자바에는 이름 짓기 규약(naming convention)이 딱히 있는 것은 아닙니다. 다만 앞에서 이야기했듯이 클래스 이름은 대문자로 시작합니다. 하나의 자바 파일에 클래스가 여러 개 있을 수도 있지만, public 클래스는 단 하나이고 이 public 클래스 이름과 자바 파일 이름은 같아야 합니다. 패키지 이름은 모두 소문자로 만듭

니다. 변수와 메서드 이름은 소문자로 시작하며, 이름이 길어지는 경우에는 중간에 새 단어로 바뀔 때마다 대문자를 써 줌으로써 가독성을 좋게 합니다. 이렇게 이름 짓는 방법을 중간중간 대문자가 위로 튀어나온 모양이 마치 낙타의 등과 같다고 해서 낙타 표기법(camel notation)이라고 부릅니다.

05-4 클래스와 인스턴스

클래스 사용과 main( ) 함수

지금까지 우리가 만든 클래스를 다시 한 번 살펴보겠습니다.

```java
public class Student {
    int studentID;
    String studentName;          ── 멤버 변수
    int grade;
    String address;

    public String getStudentName( ) {
        return studentName;
    }                                              ── 메서드
    public void setStudentName(String name) {
        studentName = name;
    }
}
```

Student 클래스는 멤버 변수와 메서드로 구성되어 있습니다. 멤버 변수는 클래스 속성을 나타내고, 메서드는 멤버 변수를 이용하여 클래스 기능을 구현합니다. 그런데 지금까지 우리는 클래스를 열심히 만들어 놓고 이렇다 할 출력 화면을 한 번도 보지 못했습니다. 이제 이렇게 만든 클래스를 직접 사용해서 결과 값을 출력해 봅시다.

프로그램을 시작하는 main( ) 함수

클래스를 사용하여 프로그램을 실행하려면 먼저 main( ) 함수를 알아야 합니다. main( ) 함수는 자바 가상 머신(Java Virtual Machine; JVM)이 프로그램을 시작하기 위해 호출하는 함수입니다. 클래스 내부에 만들지만, 클래스의 메서드는 아닙니다.

main( ) 함수에서 클래스를 사용하는 방법은 두 가지가 있습니다. 하나는 우리가 만든 클래스 내부에 main( ) 함수를 만드는 것이고, 또 하나는 외부에 테스트용 클래스를 만들어 사용하는 것입니다. 먼저 지금까지 만든 Student 클래스에 main( ) 함수를 넣어 보겠습니다.

Student 클래스에 main( ) 함수 포함하기

Student 클래스 안에 다음 예제의 13~19행을 따라 입력합니다. 14행을 보면 Student를 자료형처럼 사용한 변수에 무언가를 대입하는 코드도 있고, 15~18행에는 처음 보는 도트(.) 연산자도 있습니다. 이런 코드가 어떤 역할을 하는지 추측하면서 따라 입력해 봅시다.

| 코딩해 보세요! | Student 클래스에 main( ) 함수 추가하기 | • 참고 파일 Student.java |

```
01  package classpart;
02
03  public class Student {
04      int studentID;
05      String studentName;
06      int grade;
07      String address;
08
09      public String getStudentName( ) {
10          return studentName;
11      }
12
13      public static void main(String[ ] args) {
14          Student studentAhn = new Student( );   // Student 클래스 생성
15          studentAhn.studentName = "안연수";
16
17          System.out.println(studentAhn.studentName);
18          System.out.println(studentAhn.getStudentName( ));
19      }
20  }
```

13~19행 → main( ) 함수

:: 출력 화면

```
Problems  @ Javadoc  Declaration  Console ⌧  Coverage
<terminated> Student [Java Application] C:\Program Files\Java\jre-10.0.1\bin\javaw.exe
안연수
안연수
```

위와 같이 클래스 내부에 main( ) 함수를 만들면 이 클래스가 프로그램의 시작 클래스가 됩니다. 클래스가 제대로 수행되는지 알아보기 위해 이렇게 클래스 내부에 main( ) 함수를 만들고 직접 실행할 수 있습니다. main( ) 함수 내부에서 14행은 새로운 Student 클래스를 생성하는 코드이고, 15행은 클래스의 멤버 변수에 값을 대입하는 코드입니다. 클래스를 생성하는 new 예약어에 대한 자세한 내용은 곧 살펴보겠습니다.

그런데 이런 식으로 클래스 테스트를 수행하면 거의 모든 클래스가 main( ) 함수를 포함해야 겠죠? 하지만 프로젝트를 수행하거나 소프트웨어를 개발할 때 모든 클래스에 main( ) 함수가 있는 것은 아닙니다. 여기에서는 클래스 내부에 main( ) 함수를 만들지 않고, 다음과 같이 테스트용 클래스를 따로 만들어 실행하는 방식을 사용하겠습니다.

main( ) 함수를 포함한 실행 클래스 따로 만들기

Student 클래스를 실행하기 위해 같은 패키지에 StudentTest.java 파일을 만들어 봅시다.

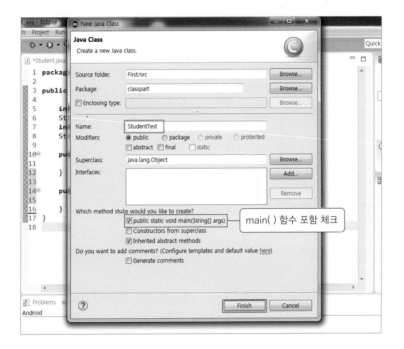

위 그림과 같이 클래스 이름을 StudentTest라고 쓰고, 클래스를 실행하려면 main( ) 함수가 있어야 하므로 public static void main(Stirng[ ] args) 항목을 체크합

◎ 클래스를 만들 때 public static void main(Stirng[ ] args)를 체크하지 않아 main( ) 함수가 없다면 코드를 직접 입력해 넣으면 됩니다.

니다. main( ) 함수가 포함된 클래스부터 프로그램이 시작하므로, 이 예제에서는 StudentTest 클래스 내부에서 Student 클래스를 만들어 실행할 것입니다. [Finish]를 누르면 다음과 같이 StudentTest.java 파일이 만들어집니다.

```
 1  package classpart;
 2
 3  public class StudentTest {
 4
 5      public static void main(String[] args) {
 6
 7          // TODO Auto-generated method stub
 8      }
 9  }
10
```

//TODO 주석을 지운 후 실행하려는 코드를 작성하면 됩니다. StudentTest.java 파일을 만들었다면 main( ) 함수에 다음과 같이 Student 클래스를 생성하는 코드를 구현합니다.

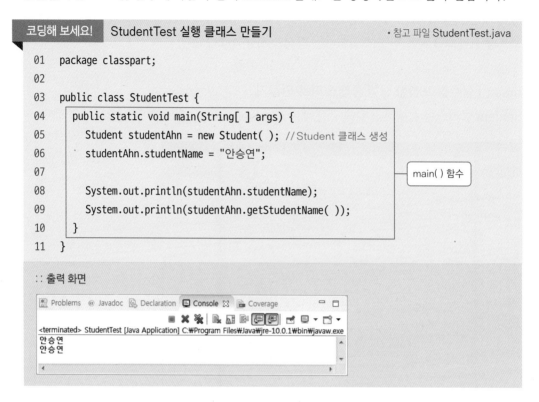

코딩해 보세요! StudentTest 실행 클래스 만들기 · 참고 파일 StudentTest.java

```
01    package classpart;
02
03    public class StudentTest {
04        public static void main(String[ ] args) {
05            Student studentAhn = new Student( ); //Student 클래스 생성
06            studentAhn.studentName = "안승연";
07
08            System.out.println(studentAhn.studentName);
09            System.out.println(studentAhn.getStudentName( ));
10        }
11    }
```
main( ) 함수

:: 출력 화면

```
Problems  @ Javadoc  Declaration  Console ☒  Coverage
<terminated> StudentTest [Java Application] C:₩Program Files₩Java₩jre-10.0.1₩bin₩javaw.exe
안승연
안승연
```

현재 두 클래스가 같은 패키지에 있기 때문에 패키지 이름이 classpart로 동일합니다. 이런 경우는 위와 같이 코드를 작성해도 문제가 되지 않습니다. 그런데 만약 패키지가 다르다면 import문을 사용해서 함께 사용하기를 원하는 클래스를 불러와야 합니다. 우리는 아직 import문을 배우지 않았으므로 두 클래스를 같은 패키지에 두고 코드를 작성하겠습니다.

한 걸음 더! 클래스 이름이 같아도 패키지가 다르면 다른 클래스입니다

Student라는 같은 이름의 두 클래스를 하나의 패키지에 구현하면 같은 이름의 클래스가 존재한다고 오류가 날 것입니다. 하지만 패키지가 다르면 문제가 되지 않습니다. 왜냐하면 aaa 패키지 하위의 Student 클래스의 실제 이름은 aaa.Student이고, bbb 패키지 하위의 Student 클래스의 실제 이름은 bbb. Student이기 때문입니다. 이를 클래스 전체 이름(class full name)이라고 합니다. 따라서 패키지가 다르면 클래스 이름이 같아도 다른 클래스라는 걸 알아 두세요.

new 예약어로 클래스 생성하기

클래스를 만들고 실행하는 과정을 살펴볼까요? 클래스를 사용하려면 먼저 클래스를 생성해야 합니다. 클래스를 생성하는 코드는 오른쪽과 같습니다. 자바에서 클래스를 생성할 때는 new 예약어를 사용하고 이

클래스형 ˅변수 이름 = new ˅생성자;

ⓒ 생성자는 '05-5 생성자'에서 자세히 설명합니다.

어서 생성자를 써 줍니다. 클래스 자료형 변수를 선언하고 new 예약어로 생성자를 호출하여 대입하면 새로운 클래스가 생성됩니다. 클래스가 생성된다는 것은 클래스를 실제 사용할 수 있도록 메모리 공간(힙 메모리)을 할당 받는다는 뜻입니다. 이렇게 실제로 사용할 수 있도록 생성된 클래스를 '인스턴스'라고 합니다. 그리고 인스턴스를 가리키는 클래스형 변수를 '참조 변수'라고 합니다.

우리가 앞에서 따라 입력하기만 하고 넘어갔던 코드를 다시 한 번 봅시다.

```
Student studentAhn = new Student( );
```

위 코드는 Student 클래스 자료형으로 studentAhn 변수를 선언하고 new Student( );로 Student 클래스를 생성하여 studentAhn에 대입한다는 뜻입니다. 이때 studentAhn을 참조 변수라고 하고, 이 변수가 생성된 인스턴스를 가리킵니다.

인스턴스와 참조 변수

객체, 클래스, 인스턴스

객체란 '의사나 행위가 미치는 대상'이며 이를 코드로 구현한 것이 클래스입니다. 그리고 클래스가 메모리 공간에 생성된 상태를 인스턴스라고 했습니다. 또한 생성된 클래스의 인스턴스를 객체라고도 합니다. 클래스, 인스턴스를 그림으로 나타내면 다음과 같습니다.

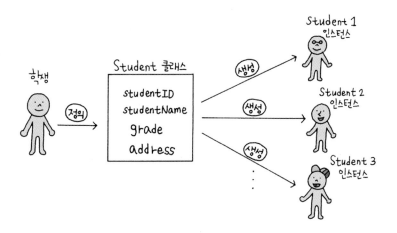

클래스의 생성자를 호출하면 인스턴스가 만들어집니다. 아직 우리는 인스턴스를 하나만 만들었는데 여러 개 생성할 수도 있습니다. 클래스는 하나이지만, 이 클래스로부터 여러 개의 각각 다른 인스턴스를 생성할 수 있는 것입니다. 예를 들어 어떤 학교에서 학생이란 추상어는 뜻이 하나이지만, 그 학교에 다니는 학생 개개인은 여러 명인 것과 마찬가지입니다. 각 학생은 이름이 다르고, 학번이 다르고, 학년이 다릅니다. 즉 클래스라는 틀에서 인스턴스를 여러 개 만들어 프로그램을 구현하는 것입니다.

인스턴스 여러 개 생성하기

인스턴스는 하나 이상 만들 수 있습니다. 다음과 같이 학생을 한 명 더 만들어 보겠습니다.

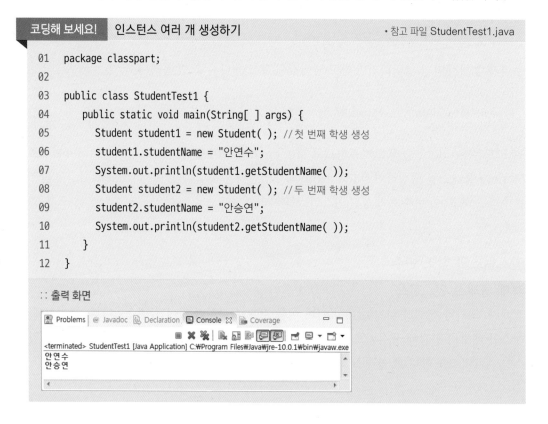

위와 같이 생성자를 두 번 사용해서 서로 다른 변수 이름으로 클래스를 두 개 생성했습니다. 즉 서로 다른 인스턴스(student1, student2)가 두 개 생성되었습니다. 그러면 이렇게 만든 인스턴스를 어디에, 어떻게 참조하여 사용할 수 있는지 알아보겠습니다.

참조 변수 사용하기

참조 변수를 사용하면 인스턴스의 멤버 변수와 메서드를 참조하여 사용할 수 있는데 이때 도트(.) 연산자를 사용합니다. 다음은 studentAhn 참조 변수로 studentName 멤버 변수에 이름을 저장하고 getStudentName( ) 메서드를 사용하는 코드입니다.

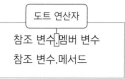

```
studentAhn.studentName = "안연수";              //멤버 변수 사용
System.out.println(studentAhn.getStudentName( ));   //메서드 사용
```

인스턴스와 힙 메모리

이제 인스턴스가 생성되는 과정을 조금 더 자세히 살펴보겠습니다. new Student( )를 선언하면 Student 하나가 생성되는데 각 Student는 studentID, studentName 등의 멤버 변수를 가지고 있습니다. 그런데 이들 변수를 저장할 공간이 있어야 합니다. 이때 사용하는 메모리가 힙 메모리(heap memory)입니다. 클래스 생성자를 하나 호출하면 인스턴스가 힙 메모리에 생성되는 것입니다.

```
Student studentAhn = new Student( );
```

위와 같이 생성된 클래스를 studentAhn 변수에 대입하면, 인스턴스가 저장된 메모리를 studentAhn 변수가 가리킵니다. 그림으로 표현하면 다음과 같습니다.

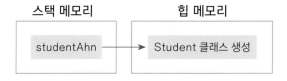

그림의 studentAhn 변수는 지역 변수입니다. '05-3 메서드'에서 설명했듯이 지역 변수는 스택 메모리에 생성됩니다. 그리고 인스턴스는 힙 메모리에 생성됩니다. 지역 변수 studentAhn에 생성된 인스턴스를 대입하는 것은 studentAhn에 인스턴스가 생성된 힙 메모리의 주소를 대입한다는 것과 같은 의미입니다.

한 걸음 더! **힙 메모리란?**

힙(heap)은 프로그램에서 사용하는 동적 메모리(dynamic memory) 공간을 말합니다. 일반적으로 프로그램은 스택, 힙, 데이터 이렇게 세 영역을 사용하는데, 객체가 생성될 때 사용하는 공간이 힙입니다. 힙은 동적으로 할당되며 사용이 끝나면 메모리를 해제해 주어야 합니다. C나 C++ 언어에서는 프로그래머가 직접 메모리를 해제해야 하지만, 자바에서는 가비지 컬렉터(garbage collector)가 자동으로 메모리를 해제해 줍니다.

그러면 다음과 같이 두 개의 인스턴스를 생성해 보겠습니다.

```
Student student1 = new Student( );
Student student2 = new Student( );
```

생성된 두 인스턴스는 당연히 각각 다른 메모리 공간을 차지합니다. 따라서 student1.studentName과 student2.studentName은 서로 다른 값을 가지게 됩니다.

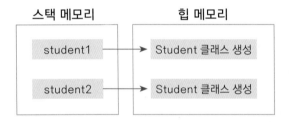

클래스가 생성될 때마다 인스턴스는 다른 메모리 공간을 차지합니다. 다시 말하면 멤버 변수를 저장하는 공간이 매번 따로 생긴다는 의미입니다. 이런 이유 때문에 클래스에 선언한 멤버 변수를 다른 말로 '인스턴스 변수'라고도 부릅니다.

참조 변수와 참조 값

참조 변수는 힙 메모리에 생성된 인스턴스를 가리킵니다. 그러면 참조 변수에 실제로 어떤 내용이 들어 있는지 출력해 보겠습니다.

코딩해 보세요! **참조 값 출력하기** • 참고 파일 StudentTest2.java

```
01  package classpart;
02
03  public class StudentTest2 {
04    public static void main(String[ ] args) {
05      Student student1 = new Student( );
06      student1.studentName = "안연수";
```

```
07
08        Student student2 = new Student( );
09        student2.studentName = "안승연";
10
11        System.out.println(student1);  ┐── 참조 변수 값 출력
12        System.out.println(student2);  ┘
13    }
14 }
```

:: 출력 화면

```
Problems  @ Javadoc  Declaration  Console ☒  Coverage              ─ □
                  ■ ✖ ✖ | ⬚ ⬚ ⬚ | ⬚ ⬚ ⬚ | ⬚ ⬚ ▾ ⬚ ▾
<terminated> StudentTest2 [Java Application] C:₩Program Files₩Java₩jre-10.0.1₩bin₩javaw.exe
classpart.Student@16f65612
classpart.Student@311d617d
```

힙 메모리에 생성된 인스턴스의 메모리 주소는 참조 변　　😊 해시 코드에 대해서는 '11-1 Object 클래
수에 저장됩니다. 출력 내용을 확인해 보면 '클래스 이　　스'의 hashCode( ) 메서드에서 설명합니다.
름@주소 값'입니다. 여기에 나오는 주소 값은 다른 말로 해시 코드(hash code) 값이라고도 합
니다. 이 값은 자바 가상 머신에서 객체가 생성되었을 때 생성된 객체에 할당하는 가상 주소
값입니다. 따라서 student1 변수를 사용하여 student1 인스턴스를 참조할 수 있습니다. 이때
student1을 참조 변수, 주소 값을 참조 값이라고 합니다.

이 장에서 객체 지향 개념을 배우기 시작하면서 많은 용어가 새롭게 등장했지요? 다음 표에
객체 지향 프로그램 관점에서 용어를 정리하였습니다. 용어가 헷갈리면 이후에 나오는 개념
을 이해하는 데도 어렵기 때문에 반드시 기억해 두기 바랍니다.

용어	설명
객체	객체 지향 프로그램의 대상, 생성된 인스턴스
클래스	객체를 프로그래밍하기 위해 코드로 만든 상태
인스턴스	클래스가 메모리에 생성된 상태
멤버 변수	클래스의 속성, 특성
메서드	멤버 변수를 이용하여 클래스의 기능을 구현
참조 변수	메모리에 생성된 인스턴스를 가리키는 변수
참조 값	생성된 인스턴스의 메모리 주소 값

1. 다음 예제의 클래스를 만들고 결과 값을 출력해 봅시다.

나이가 40살, 이름이 James라는 남자가 있습니다. 이 남자는 결혼을 했고, 자식이 셋 있습니다.

〈출력 결과〉
이 사람의 나이
이 사람의 이름
이 사람의 결혼 여부
이 사람의 자녀 수

힌트 1 클래스 이름은 보편적인 것으로 만드는 것이 좋습니다(Person 또는 Man).
힌트 2 클래스에서 사용할 멤버 변수를 생각해 보세요.
힌트 3 각 멤버 변수에 맞는 자료형을 생각해 보세요(결혼 여부 : boolean isMarried).

2. 쇼핑몰에 주문이 들어왔습니다. 주문 내용은 다음과 같습니다.

주문 번호 : 201803120001
주문자 아이디 : abc123
주문 날짜 : 2018년 3월 12일
주문자 이름 : 홍길순
주문 상품 번호 : PD0345-12
배송 주소 : 서울시 영등포구 여의도동 20번지

위 주문 내용에 대한 클래스를 만들고 주문 내용을 인스턴스로 생성한 후 위와 같은 형식으로 주문 내용을 그대로 출력해 보세요.

정답 자료실 제공

05-5 생성자

생성자란?

생성자(constructor)에 대해 더 자세히 살펴봅시다. 다음과 같이 Person과 PersonTest 클래
스를 만들어 보겠습니다.

코딩해 보세요! 생성자 만들기
• 참고 파일 Person.java

```
01   package constructor;
02
03   public class Person {
04       String name;
05       float height;
06       float weight;
07   }
```

코딩해 보세요! 생성자 테스트하기
• 참고 파일 PersonTest.java

```
01   package constructor;
02
03   public class PersonTest {
04     public static void main(String[ ] args) {
05         Person personLee = new Person( );          생성자
06     }
07   }
```

위 예제에서 자바에서 클래스를 생성할 때 사용하는 Person( ) 같은 함수를 생성자라고 합니
다. 클래스의 멤버 변수는 메서드에 의해 값이 변경될 수도 있지만, 처음 클래스를 생성할 때
값을 정해야 하는 경우도 있습니다. 생성자가 하는 일은 클래스를 처음 만들 때 멤버 변수나
상수를 초기화하는 것입니다.

디폴트 생성자

생성자는 클래스를 생성할 때만 호출합니다. 생성자 이름은 클래스 이름과 같고, 생성자는 반환
값이 없습니다. 그런데 Person 클래스를 살펴보면 Person( ) 생성자가 따로 없지요? 앞에서 만

든 Student 클래스도 생성자가 따로 없었습니다. 그래도 new Student( )를 사용해서 객체를 만들 수 있었습니다. 어떻게 된 걸까요? 생성자가 없는 클래스는 클래스 파일을 컴파일할 때 자바 컴파일러에서 자동으로 생성자를 만들어 줍니다. 이렇게 자동으로 만들어 주는 생성자를 디폴트 생성자(default constructor)라고 합니다. 디폴트 생성자는 매개변수가 없고 구현 코드도 없습니다. 프로그래머가 디폴트 생성자를 직접 만드는 경우에는 필요에 따라 직접 코드를 구현할 수도 있습니다. 다음 예제를 봅시다.

> **코딩해 보세요!** **디폴트 생성자** • 참고 파일 Person.java
>
> ```
> 01  package constructor;
> 02
> 03  public class Person {
> 04      String name;
> 05      float height;
> 06      float weight;
> 07
> 08      public Person( ) { }         ┐── 자바 컴파일러가 자동으로 제공하는
> 09  }                                    디폴트 생성자
> ```

따로 생성자를 만들지 않아도 8행처럼 자동으로 디폴트 생성자가 만들어집니다.

생성자 만들기

필요한 경우 프로그래머가 직접 생성자를 구현할 수도 있습니다. 어떤 경우에 생성자를 직접 구현할까요? 생성자는 주로 멤버 변수에 대한 값들을 매개변수로 받아서 인스턴스가 새로 생성될 때 멤버 변수 값들을 초기화하는 역할을 합니다. 즉 인스턴스가 생성됨과 동시에 멤버 변수의 값을 지정하고 인스턴스를 초기화하기 위해 생성자를 직접 구현하여 사용합니다.

Person 클래스를 생성할 때 이름을 매개변수로 받는 생성자를 구현해 보겠습니다.

> **코딩해 보세요!** **생성자 만들기** • 참고 파일 Person.java
>
> ```
> 01  package constructor;
> 02
> 03  public class Person {
> 04      String name;
> 05      float height;
> 06      float weight;
> 07
> ```

```
08    public Person(String pname) {          사람 이름을 매개변수로 입력받아서
09        name = pname;                       Person 클래스를 생성하는 생성자
10    }
11  }
```

새로 만든 생성자는 문자열 String형 매개변수를 하나 입력받아서 이름을 지정합니다. 그런
데 이때 Person 클래스를 저장하면 컴파일되는 순간 이전에 만든 PersonTest.java 코드에서
오류가 발생합니다. 테스트 프로그램을 작성해서 확인해 봅시다.

코딩해 보세요!   생성자 테스트하기   • 참고 파일 PersonTest.java

```
01  package constructor;
02
03  public class PersonTest {
04      public static void main(String[ ] args) {
05          Person personLee = new Person( );
06      }                                          오류 발생
07  }
```

오류가 난 이유는 생성자를 직접 구현하여 디폴트 생성자가 없기 때문입니다. 자바 컴파일러
는 생성자가 하나도 없는 경우에만 디폴트 생성자를 제공합니다. 프로그래머가 생성자를 직
접 추가하면 디폴트 생성자는 만들어지지 않습니다. 따라서 PersonTest 코드는 디폴트 생성
자가 없어서 오류가 난 것입니다. 오류를 없애려면 매개변수가 있는 생성자로 호출하거나 프
로그래머가 디폴트 생성자를 추가로 직접 구현하면 됩니다.

코딩해 보세요!   디폴트 생성자 직접 추가하기   • 참고 파일 Person.java

```
01  package constructor;
02
03  public class Person {
04      String name;
05      float height;
06      float weight;
07
08      public Person( ) { }          디폴트 생성자 직접 추가
09
10      public Person(String pname) {
11          name = pname;
12      }
13  }
```

디폴트 생성자를 직접 추가하면 PersonTest.java 파일을 실행했을 때 더 이상 오류가 발생하지 않습니다. 이제 Person 클래스를 생성할 때 두 생성자 중 하나를 선택해 사용할 수 있습니다.

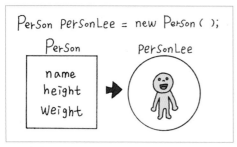

디폴트 생성자로 클래스를 생성한 경우

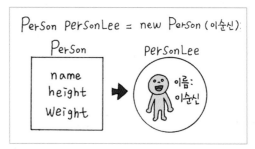

이름을 매개변수로 받아 클래스를 생성한 경우

생성자 오버로드

이렇게 클래스에 생성자가 두 개 이상 제공되는 경우를 생성자 오버로드(constructor overload)라고 합니다. 필요에 따라 매개변수가 다른 생성자를 여러 개 만들 수

ⓒ 객체 지향 프로그램에서 메서드 이름이 같고 매개변수만 다른 경우를 '오버로드'라고 합니다.

있습니다. 클래스에 생성자를 여러 개 제공하면 이 클래스를 사용하는 코드에서는 원하는 생성자를 선택해 사용할 수 있습니다. 경우에 따라서는 클래스에서 일부러 디폴트 생성자를 제공하지 않기도 합니다.

다음 Student 클래스를 살펴봅시다.

```java
public class Student {
    int studentID;
}
```

학생이 생성될 때는 반드시 학번이 있어야 한다면 다음처럼 생성자를 제공할 수 있습니다.

```java
public class Student {
    int studentID;

    public Student(int studentID) {        학번을 매개변수로 입력받아
        this.studentID = studentID;        Student 클래스를 생성하는 생성자
    }
}
```

이러한 경우에 항상 학번을 사용하여 Student 클래스를 생성할 수 있습니다. 이 경우 디폴트 생성자를 구현하지 않습니다. 왜냐하면 학생이 생성될 때 학번이 꼭 필요하기 때문이죠. 즉 매개변수가 있는 생성자를 추가한다고 해서 프로그래머가 꼭 디폴트 생성자를 추가로 작성해야 하는 것은 아닙니다.

ⓒ this는 생성된 인스턴스 스스로를 가리키는 예약어입니다. '06-1 this 예약어'에서 자세히 다룹니다.

> **나 혼자 코딩!**
>
> **매개변수가 있는 생성자 추가하기**
> Person 클래스에 이미 추가된 생성자 외에 이름, 키, 몸무게를 매개변수로 받는 생성자를 추가하세요. 그리고 PersonTest.java 클래스에서 추가된 생성자를 사용하여 인스턴스를 생성해 보세요.
>
> 정답 자료실 제공

생성자 오버로드에 대해 좀 더 살펴보겠습니다. 앞에서 생성자의 역할은 주로 인스턴스 변수의 초기화라고 했습니다. 다음과 같이 Person 클래스에서 여러 가지 생성자를 제공한다면 이클래스를 사용하여 인스턴스를 만드는 경우에 필요한 생성자를 골라서 사용할 수 있습니다.

코딩해 보세요! 생성자 사용하기

• 참고 파일 Person.java

```java
01  package constructor;
02
03  public class Person {
04      String name;
05      float height;
06      float weight;
07
08      public Person( ) { }          ── 디폴트 생성자
09
10      public Person(String pname) {
11          name = pname;             ── 이름을 매개변수로 입력받는 생성자
12      }
13      public Person(String pname, float pheight, float pweight) {
14          name = pname;
15          height = pheight;         ── 이름, 키, 몸무게를
16          weight = pweight;            매개변수로 입력
17      }                                받는 생성자
18  }
```

이러한 Person 클래스가 있을 때 이 클래스를 사용하는 PersonTest.java 클래스는 다음과 같이 구현할 수 있습니다.

코딩해 보세요! **테스트 클래스 구현하기** · 참고 파일 PersonTest.java

```java
01  package constructor;
02
03  public class PersonTest {
04    public static void main(String[ ] args) {
05      Person personKim = new Person( );
06      personKim.name = "김유신";
07      personKim.weight = 85.5F;
08      personKim.height = 180.0F;
09
10      Person personLee = new Person("이순신", 175, 75);
11    }
12  }
```

> 디폴트 생성자로 클래스를 생성한 후 인스턴스 변수 값을 따로 초기화

> 인스턴스 변수 초기화와 동시에 클래스 생성

위 예제는 디폴트 생성자를 사용하는 경우와 매개변수가 있는 생성자를 사용하는 두 가지 경우를 보여줍니다. 5~8행을 보면 디폴트 생성자를 사용하는 경우는 클래스를 생성한 후 인스턴스 변수 값을 따로 초기화합니다. 하지만 10행처럼 매개변수가 있는 생성자를 사용하면 생성자 내부에서 변수를 초기화할 수 있도록 구현되어 있으므로 코드도 간결하고 사용하기도 편리합니다.

'05-7 정보 은닉'에서 소개하겠지만, 어떤 멤버 변수들은 6~8행처럼 외부 클래스에서 값을 지정하지 못하는 경우도 있습니다. 따라서 매개변수가 있는 생성자를 구현하고 이를 사용하는 것이 편리한 경우가 많습니다.

05-6 참조 자료형

참조 자료형이란?

크기가 정해진 기본 자료형(int, char, float, double 등)으로 선언하는 변수가 있고, 클래스 자료형으로 선언하는 참조 자료형 변수가 있습니다. 참조 자료형 변수의 특징에 대해 좀 더 자세히 살펴보고, 클래스를 선언하여 참조형을 이용한 프로그램을 구현해 봅시다.

어떤 학생이 있습니다. 이 학생이 국어와 수학 과목을 수강하는데, 시험을 본 후 국어 성적과 수학 성적 정보를 저장하는 프로그램을 만든다고 생각해 봅시다. 객체 지향 프로그래밍을 시작할 때는 일단 클래스를 어떻게 만들지 생각합니다. 먼저 클래스가 제공해야 할 멤버 변수와 메서드를 생각해 볼 수 있습니다. 이를 바탕으로 다음처럼 학생 클래스를 만들어 보았습니다.

코딩해 보세요! **학생 클래스 만들기(1)** · 참고 파일 Student1.java

```
01   package reference;
02
03   public class Student1 {
04     int studentID;
05     String studentName;
06     int koreaScore;
07     int mathScore;
08   }
```

여기에서 String이 JDK(Java Development Kit)에서 제공하는 참조 자료형입니다. 나머지 변수는 기본 자료형

⊙ JDK에서 제공하는 기본 클래스는 '11장 기본 클래스'에서 더 자세히 소개합니다.

을 사용했습니다. 그런데 한 가지 생각해 봅시다. 성적을 저장하는 변수가 두 개(int koreaScore, int mathScore) 있는데, 만약 성적뿐만 아니라 이 학생이 수강하는 과목의 이름도 함께 저장해야 한다면 어떻게 할까요? 아주 간단한 방법으로는 String을 사용해서 과목 이름 변수까지 추가할 수 있습니다. 다음 예제를 봅시다.

```
01   package reference;
02
03   public class Student2 {
04     int studentID;
05     String studentName;
06     int koreaScore;
07     int mathScore;
08     String koreaSubject;  ┐ 과목 이름 변수 추가
09     String mathSubject;   ┘
10   }
```

이렇게 구현하고 보니 뭔가 개운하지 않은 것 같습니다. 이 클래스는 학생에 대한 클래스인데 과목에 대한 변수가 계속 늘어나고 있습니다. 이 문제를 해결하기 위해 과목의 이름과 성적을 Subject라는 클래스로 분리하고, 학생에 Subject 변수를 각 과목별로 추가해 보겠습니다. 그러면 다음과 같은 클래스의 관계도가 나올 것입니다.

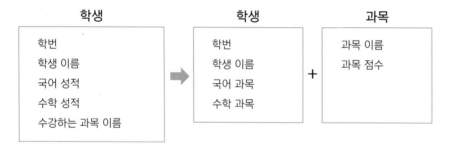

위 내용을 우리가 사용하는 변수 형태로 보면 다음과 같습니다.

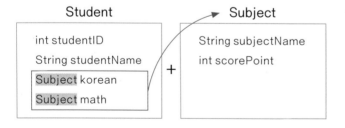

과목을 의미하는 Subject라는 클래스를 새로 만들었습니다. Subject 클래스는 과목의 이름과 점수를 멤버 변수로 가지고 있습니다. 이렇게 수정하면 과목과 관련한 내용은 Subject 클래스로 분리하여 구현할 수 있습니다. 또한 Student는 Subject 클래스를 멤버 변수로 가지면 됩니다. 이 학생은 두 과목을 수강하므로 Subject형 변수를 두 개 선언했습니다.

과목 클래스 만들기   • 참고 파일 Subject.java

```
01   package reference;
02
03   public class Subject {
04     String SubjectName;
05     int scorePoint;
06   }
```

학생 클래스 만들기(3)   • 참고 파일 Student3.java

```
01   package reference;
02
03   public class Student3 {
04     int studentID;
05     String studentName;
06     Subject korean;          Subject형을 사용하여 선언
07     Subject math;
08   }
```

이렇게 구현하면 달라지는 것이 무엇일까요? 기존의 Student2 클래스에 과목 이름을 추가해야 한다면, koreanSubjectName, mathSubjectName 이렇게 두 개의 변수를 추가해야 할 것입니다. 하지만 Subject로 클래스를 분리하면 subjectName은 Subject 클래스에 선언하면 됩니다. 그리고 국어 과목 이름은 korean.subjectName으로 사용하고, 수학 과목 이름은 math.subjectName으로 사용할 수 있어 편리합니다.

지금까지 Student 클래스와 Subject 클래스를 분리하며 참조 자료형을 어떻게 사용하는지 알아보았습니다. 참조 자료형은 프로그래머가 필요에 의해 만든 클래스를 사용할 수도 있고, JDK에서 제공하는 클래스를 사용할 수도 있습니다. 기본 자료형을 사용하듯이 클래스 자료형 변수를 선언해서 사용 한다고 생각하면 이해하기 쉽습니다.

ⓒ JDK에서 제공하는 클래스는 11장에서 자세히 설명합니다.

05-7 정보 은닉

접근 제어자 살펴보기

지금까지 클래스를 만들고 멤버 변수, 메서드, 생성자 등을 만들 때 public 예약어를 많이 사용했습니다. 이제 이 예약어의 의미를 살펴보지요.

객체 지향 프로그램에서는 예약어를 사용해 클래스 내부의 변수나 메서드, 생성자에 대한 접근 권한을 지정할 수 있습니다. 이러한 예약어를 '접근 제어자(access modifier)'라고 합니다. 앞에서 만든 Student.java 코드의 모든 변수에는 public 예약어가 있습니다. public이라고 선언한 변수나 메서드는 외부 클래스에서 접근이 가능하며 외부 클래스가 사용할 수 있다는 뜻입니다. 반대로 접근 제어자를 private으로 선언한 변수나 메서드는 외부 클래스에서 사용할 수 없습니다.

다음 예제에서 변수를 private으로 선언하면 결과 값이 어떻게 바뀌는지 알아봅시다.

> **코딩해 보세요!** private 사용하기　　　　　　　　　　　• 참고 파일 Student.java

```java
01   package hiding;
02
03   public class Student {
04     int studentID;
05     private String studentName;   // studentName 변수를 private으로 선언
06     int grade;
07     String address;
08
09     public String getStudentName( ) {
10       return studentName;
11     }
12
13     public void setStudentName(String studentName) {
14       this.studentName = studentName;
15     }
16   }
```

앞 예제에서 studentName 변수를 private으로 바꿔 보았습니다. 그리고 파일을 저장합니다.

코딩해 보세요! **private 변수 테스트하기** • 참고 파일 StudentTest.java

```
01  package hiding;
02
03  public class StudentTest {
04      public static void main(String[ ] args) {
05          Student studentLee = new Student( );
06          studentLee.studentName = "이상원";          오류 발생
07
08          System.out.println(studentLee.getStudentName( ));
09      }
10  }
```

코드를 수정한 후 저장하고 나서 Student.java 파일의 실행 클래스인 StudentTest.java 파일을 보니 오류가 발생합니다. 그 이유는 무엇일까요? studentName 변수의 접근 제어자가 public일 때는 외부 클래스인 StudentTest.java 클래스에서 이 변수에 접근할 수 있었지만, private으로 바뀌면서 외부 클래스의 접근이 허용되지 않기 때문입니다.

get( ), set( ) 메서드

그러면 private으로 선언한 studentName 변수를 외부 코드에서 사용하려면 어떻게 해야 할까요? studentName 변수를 사용할 수 있도록 public 메서드를 제공해야 합니다. public 메서드가 제공되지 않는다면 studentName 변수에 접근할 수 있는 방법은 없습니다. 이때 사용할 수 있는 것이 바로 앞에서 간단히 배운 get( ), set( ) 메서드입니다. 다음처럼 get( ), set( ) 메서드를 사용할 수 있도록 코드를 수정해 봅시다.

😊 값을 얻는 get( ) 메서드를 getter, 값을 지정하는 set( ) 메서드를 setter라고도 부릅니다.

```java
01   package hiding;
02
03   public class Student {
04      int studentID;
05      private String studentName;
06      int grade;
07      String address;
08
09      public String getStudentName( ) {
10         return studentName;
11      }
12
13      public void setStudentName(String studentName) {
14         this.studentName = studentName;
15      }
16   }
```

private 변수인 studentName에 접근해
값을 가져오는 public get( ) 메서드

private 변수인 studentName
에 접근해 값을 지정하는 public
set( ) 메서드

학생 이름을 받아오거나 지정할 수 있도록 getStudentName( ) 메서드와 setStudentName( )
메서드를 추가했습니다.

한 걸음 더!   get( ), set( ) 메서드는 이클립스에서 자동으로 만들 수 있어요

이클립스에서는 모든 멤버 변수에 대해 get 메서
드와 set 메서드를 자동으로 만들 수 있는 기능
을 제공합니다. 이클립스 편집기 창의 멤버 변수
를 선언한 클래스 내부에서 오른쪽 마우스를 클
릭하고 [Source → Generate Getters and
Setters...] 메뉴를 클릭하면 오른쪽과 같은 창
이 뜹니다. 이 중 get( ), set( ) 메서드를 추가하
고 싶은 멤버 변수를 선택하고 아래쪽의 [OK]를
누르면 해당 변수의 get( ), set( ) 메서드가 생성
됩니다.

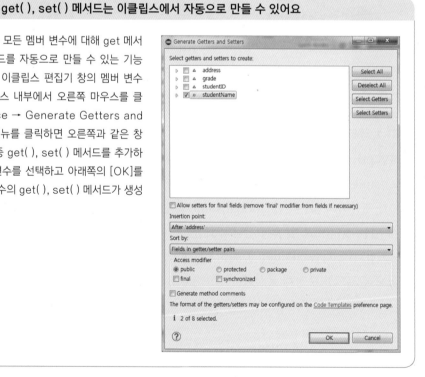

다음과 같이 StudentTest.java 파일을 수정합니다.

코딩해 보세요! private 변수에 접근하기 • 참고 파일 StudentTest.java

```java
01  package hiding;
02
03  public class StudentTest {
04    public static void main(String[ ] args) {
05      Student studentLee = new Student( );
06      //studentLee.studentName = "이상원";
07      studentLee.setStudentName("이상원");
08
09      System.out.println(studentLee.getStudentName( ));
10    }
11  }
```

> setStudentName( ) 메서드를 활용해 private 변수에 접근 가능

:: 출력 화면

```
Problems  @ Javadoc  Declaration  Console ☒  Coverage
<terminated> StudentTest (1) [Java Application] C:₩Program Files₩Java₩jre-10.0.1₩bin₩javaw.exe
이상원
```

studentName 멤버 변수에 이름 값을 직접 대입하는 것이 아니고 setStudentName( ) 메서드를 활용하여 값을 대입할 수 있습니다. 즉 외부 클래스에서 private 변수에 직접 접근할 수는 없지만, public 메서드를 통하면 private 변수에 접근할 수 있습니다.

정보 은닉이란?

변수를 public으로 선언하는 것과 변수를 private으로 선언하고 나서 그 변수를 사용할 수 있도록 public 메서드를 제공하는 것의 차이는 무엇일까요? 어차피 변수에 접근하는 것은 마찬가지인데 말이지요. 다음 예제를 함께 생각해 봅시다.

```java
public class MyDate {
  public int day;
  public int month;
  public int year;
}
```

앞 코드에서 MyDate 클래스를 보면 MyDate 클래스의 day, month, year를 모두 public으로 선언했습니다. 따라서 외부 클래스에서 MyDate를 사용할 때 값을 마음대로 넣을 수 있습니다. 그리고 이 클래스를 사용한 다음 코드를 보면 2월은 28일이나 29일까지인데 31일로 대입되었습니다.

```java
public class MyDateTest {
  public static void main(String[ ] args) {
    MyDate date = new MyDate( );
    date.month = 2;
    date.day = 31;
    date.year = 2018;
  }
}
```

즉 클래스의 멤버 변수를 public으로 선언하면 접근이 제한되지 않으므로 정보의 오류가 발생할 수 있습니다. 이런 경우에는 오류가 나더라도 그 값이 해당 변수에 대입되지 못하도록 다음과 같이 변수를 private으로 바꾸고 public 메서드를 별도로 제공해야 합니다.

```java
public class MyDate {
  private int day;
  private int month;
  private int year;

  public void setDay(int day) {
    if(month == 2) {
      if(day < 1 || day > 28) {
        System.out.println("오류입니다");
      } else {
        this.day = day;
      }
    }
  }
}
```

ⓖ 예제에서 윤년은 고려하지 않았습니다.

이처럼 클래스 내부에서 사용할 변수나 메서드는 private으로 선언해서 외부에서 접근하지 못하도록 하는 것을 객체 지향에서는 '정보 은닉(information hiding)'이라고 합니다. 정보 은닉은 객체 지향 프로그래밍의 특징 중 하나이며 자바에서는 접근 제어자를 사용하여 정보 은닉을 구현합니다. 모든 변수를 private으로 선언해야 하는 것은 아니지만, 필요한 경우에는 private으로 선언하여 오류를 막을 수 있습니다.

자바에서 사용하는 접근 제어자를 정리하면 다음과 같습니다.

접근 제어자	설명
public	외부 클래스 어디에서나 접근할 수 있습니다.
protected	같은 패키지 내부와 상속 관계의 클래스에서만 접근할 수 있고 그 외 클래스에서는 접근할 수 없습니다.
아무것도 없는 경우	default이며 같은 패키지 내부에서만 접근할 수 있습니다.
private	같은 클래스 내부에서만 접근할 수 있습니다.

나 혼자 코딩!

접근 제어자 연습하기

앞에서 만든 Student와 StudentTest 클래스를 사용하여 접근 제어자를 테스트해 봅시다. Chapter5 프로젝트 폴더 아래에 test 패키지를 만들고 그곳으로 StudentTest 클래스를 옮깁니다. 그러면 StudentTest 클래스에 오류가 발생합니다. Student 클래스 멤버 변수에 접근 제어자를 변경하여 오류를 수정하세요.

정답 자료실 제공

Q1 클래스를 생성할 때 호출하는 [생   ] 는 멤버 변수를 초기화하는 데 사용합니다.

Q2 클래스를 생성하여 메모리에 있는 상태를 [인   ] 라 하고 멤버 변수를 다른 말로
[인   ] 라고 합니다.

Q3 [메   ] 는 일반 함수에 객체 지향의 개념을 추가하여, 클래스 내부에 선언하고 클래스 멤버 변수를 사용하여 클래스 기능을 구현합니다.

Q4 05-7에서 예제로 나온 MyDate와 MyDateTest 클래스를 완성해 봅시다.

〈MyDate 클래스 완성하기〉
- day, month, year 변수는 private으로 선언합니다.
- 각 변수의 get, set 메서드를 public으로 만듭니다.
- MyDate(int day, int month, int year) 생성자를 만듭니다.
- public boolean isValid( ) 메서드를 만들어 날짜가 유효한지 확인합니다.
- MyDateTest 클래스에서 생성한 MyDate 날짜가 유효한지 확인합니다

```
class MyDateTest {
    MyDate date1 = new MyDate(30, 2, 2000);
    System.out.println(date1.isValid( ));
    MyDate date2 = new MyDate(2, 10, 2006);
    System.out.println(date2.isValid( ));
}
```

➡

〈출력 결과〉

유효하지 않은 날짜입니다.

유효한 날짜입니다.

05장 정답
590쪽

클래스와 객체 2

05장에서는 객체란 무엇이고, 코드로 객체를 어떻게 구현하고 생성하는지 알아보았습니다. 이 장에서는 클래스와 객체에 관련된 새로운 용어들을 살펴보고, 객체 간에 어떻게 협력할 수 있는 지 알아보겠습니다.

06-1 this 예약어

자신의 메모리를 가리키는 this

this는 간단히 설명하면 생성된 인스턴스 스스로를 가리키는 예약어입니다. 이 외에도 다른 역할로 this를 사용할 수 있습니다. 예제를 통해 하나씩 내용을 살펴보겠습니다.

생년월일을 의미하는 BirthDay 클래스를 만들고, this가 실제로 어떤 의미인지 알기 위해 this를 출력하는 메서드를 추가해 보겠습니다.

코딩해 보세요!　　this 출력하기　　　　　　　　　　　　　• 참고 파일 ThisExample.java

```
01   package thisex;
02
03   class BirthDay {
04       int day;
05       int month;
06       int year;
07
08       public void setYear(int year) {        태어난 연도를 지정하는 메서드
09           this.year = year;
10       }
                                                bDay.year = year;와 같음
11
12       public void printThis( ) {             this 출력 메서드
13           System.out.println(this);
14       }
15   }
                                                System.out.println(bDay);와 같음
16
17   public class ThisExmaple {
18       public static void main(String[ ] args) {
19           BirthDay bDay = new BirthDay( );
20           bDay.setYear(2000);                // 태어난 연도를 2000으로 지정
21           System.out.println(bDay);          // 참조 변수 출력
22           bDay.printThis( );                 // this 출력 메서드 호출
23       }
24   }
```

:: 출력 화면

😊 인스턴스가 생성된 동적 메모리(힙) 주소는 실제 주소가 아닌 자바 가상 머신이 생성한 주소입니다.

05장에서 인스턴스를 가리키는 변수가 참조 변수이며, 참조 변수를 출력하면 '클래스 이름@ 메모리 주소' 문자열 값이 나온다고 했습니다. 출력 결과를 보면 bDay.printThis( ) 메서드를 호출하여 출력한 this 값이 참조 변수 bDay를 출력한 값과 같습니다. 즉 클래스 코드에서 사용하는 this는 생성된 인스턴스 자신을 가리키는 역할을 합니다. 따라서 this.year = year; 문장으로 참조하면 동적 메모리에 생성된 인스턴스의 year 변수 위치를 가리키고 그 위치에 매개변수 값을 넣어 주는 것입니다. 그림으로 나타내면 다음과 같습니다.

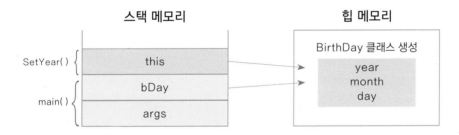

위 그림에서 main( ) 함수는 ThisExample 클래스의 시작 메서드입니다. 그림을 보면 main( ) 함수에서 bDay 변수가 가리키는 인스턴스와 BitrhDay 클래스의 setYear( ) 메서드에서 this 가 가리키는 인스턴스가 같은 곳에 있음을 알 수 있습니다.

한 걸음 더! **프로그램 구성이 다른 점에 주의하세요!**

이 예제는 프로그램 구성이 이전까지의 예제와 좀 다릅니다. 지금까지 살펴본 예제는 클래스를 만들고 테스트하는 클래스를 따로 만들었는데, 이번에는 한 파일에 클래스가 두 개 존재하는 것을 알 수 있습니다. BirthDay 클래스는 객체를 코드로 만든 클래스이고, ThisExample 클래스는 this 출력 값의 의미를 알기 위해 main( ) 함수를 포함하여 만든 테스트용 클래스입니다. 앞에서도 설명했듯이 하나의 자바 파일에 하나의 클래스가 있는 경우가 대부분이지만, 이번 예제처럼 하나의 파일에 클래스가 여러 개 존재할 수도 있습니다. 이때 public 클래스는 하나뿐이며 public 클래스와 자바 파일 이름은 같아야 합니다. 예제를 보면 main( ) 함수를 포함한 클래스가 ThisExample이므로 이 클래스를 public으로 선언했고, 자바 파일 이름도 ThisExample이라는 것을 알 수 있습니다. 이처럼 간단한 클래스를 활용하는 경우에 하나의 자바 파일에 여러 개의 클래스가 존재할 수도 있다는 것을 알아 두세요.

생성자에서 다른 생성자를 호출하는 this

클래스에 생성자가 여러 개 있을 때 어떤 생성자에서 다른 생성자를 호출하는 경우가 종종 있습니다. 이때 this를 사용해 클래스의 생성자에서 다른 생성자를 호출할 수 있습니다. 예제 코드를 먼저 보고 내용을 설명하겠습니다.

코딩해 보세요! **this로 다른 생성자 호출하기** · 참고 파일 CallAnotherConst.java

```java
01  package thisex;
02
03  class Person {
04    String name;
05    int age;
06
07    Person( ) {
08      this("이름 없음", 1);        this를 사용해 Person(String, int) 생성자 호출
09    }
10
11    Person(String name, int age) {
12      this.name = name;
13      this.age = age;
14    }
15  }
16
17  public class CallAnotherConst {
18    public static void main(String[ ] args) {
19      Person noName = new Person( );
20      System.out.println(noName.name);
21      System.out.println(noName.age);
22    }
23  }
```

:: 출력 화면

```
Problems  @ Javadoc  Declaration  Console  Coverage
<terminated> CallAnotherConst [Java Application] C:\Program Files\Java\jre-10.0.1\bin\javaw.exe
이름 없음
1
```

Person 클래스에는 Person( ) 디폴트 생성자와 매개변수를 가지는 Person(String, int) 생성자가 있습니다. 클래스가 생성될 때 Person(String, int)가 호출되어 이름과 나이를 전달받

고, Person( ) 디폴트 생성자가 호출되는 경우에는 초깃값으로 "이름 없음"과 1 값을 대입하고자 합니다. 물론 디폴트 생성자 코드 안에서 직접 써도 되지만, 이미 다른 생성자에 이 코드가 작성되어 있으므로 8행처럼 this를 활용하여 다른 생성자를 호출할 수 있습니다.

그런데 this로 다른 생성자를 호출할 때는 주의할 점이 있습니다. this를 사용하여 생성자를 호출하는 코드 이전에 다른 코드를 넣을 수 없습니다. 만약 다른 코드를 넣으면 다음과 같은 오류 메시지가 나타납니다.

```
Person(){
    this.name = "noname";
    this("이름없음", 1);   // Person(String, int) 생성자 호출
}
    ⊗ Constructor call must be the first statement in a constructor
                                              Press 'F2' for focus
```

생성자는 클래스가 생성될 때 호출되므로 클래스 생성이 완료되지 않은 시점에 다른 코드가 있다면 오류가 발생할 수 있습니다. 즉 디폴트 생성자에서 생성이 완료되는 것이 아니라 this를 사용해 다른 생성자를 호출하므로, 이때는 this를 활용한 문장이 가장 먼저 와야 합니다.

자신의 주소를 반환하는 this

마지막으로 this를 사용하여 생성된 클래스 자신의 주소 값을 반환할 수 있습니다. 인스턴스 주소 값을 반환할 때는 this를 사용하고 반환형은 클래스 자료형을 사용합니다.

다음 코드를 같이 살펴봅시다.

코딩해 보세요! **this를 사용하여 주소 값 반환하기** · 참고 파일 CallAnotherCont.java

```java
01  package thisex;
02
03  class Person {
04      String name;
05      int age;
06
07      Person( ) {
08          this("이름 없음", 1);        Person(String, int) 생성자 호출
09      }
10
11      Person(String name, int age) {
12          this.name = name;
```

```
13        this.age = age;
14    }

                    ┌─────────────┐
                    │ 반환형은 클래스형 │
                    └─────────────┘
15
16    ┌──────┐
      │Person│ returnItSelf( ) {
      └──────┘
17        return this;   //this 반환
18    }
19 }
20
21 public class CallAnotherConst {
22    public static void main(String[ ] args) {
23        Person noName = new Person( );
24        System.out.println(noName.name);
25        System.out.println(noName.age);
26
27        Person p = noName.returnItSelf( );      //this 값을 클래스 변수에 대입
28        System.out.println(p);                  //noName.returnItSelf( )의 반환 값 출력
29        System.out.println(noName);             //참조 변수 출력
30    }
31 }
```

∷ 출력 화면

```
🔲 Problems  @ Javadoc  🔍 Declaration  🖥 Console 🔀  🔲 Coverage              ⊟ ☐
                      ⬛ ✖ 🔏 | 🔳 🔳 🔳 | 🔳 🔳 | 🖃 🖃 ▾ 🖾 ▾
<terminated> CallAnotherConst [Java Application] C:\Program Files\Java\jre-10.0.1\bin\javaw.exe
이름 없음
1
thisex.Person@16f65612
thisex.Person@16f65612
```

this를 반환하는 메서드를 사용할 일이 흔하지는 않지만, 클래스 자료형과 상관없이 클래스
내에서 this를 사용하면 자신의 주소 값을 반환할 수 있다는 것을 알아 두세요.

06-2 객체 간 협력

객체 지향 프로그램은 객체를 정의하고 객체 간 협력으로 만든다고 했습니다. 그러면 실제로 객체의 협력이 어떻게 이루어지는지 살펴보겠습니다.

05장에서 학생이 학교에 가기 위해 수행하는 여러 과정을 객체 지향 프로그램으로 만들 수 있다고 했지요? 또한 여러 객체의 협력이 이루어지는 과정을 프로그램으로 구현할 수 있다고 했습니다. 그중 하나로 학생이 버스나 지하철을 타고 학교에 가는 것을 객체 지향으로 프로그래밍해 보겠습니다. 여기에서는 학생, 버스, 지하철 이렇게 세 객체를 만들고 이들 사이에 어떻게 협력이 이루어지는지 살펴보겠습니다.

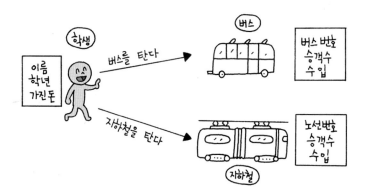

학생 클래스 구현하기

학생 클래스는 '이름', '학년', '가진 돈'을 멤버 변수(속성)로 가집니다. 그리고 '버스를 탄다', '지하철을 탄다', '학생의 현재 정보를 보여 준다'를 메서드(멤버 함수)로 가집니다.

코딩해 보세요!　**학생 클래스 구현하기**　　　　　　　　　　　　　• 참고 파일 Student.java

```
01  package cooperation;
02
03  public class Student {
04      public String studentName;    //학생 이름
05      public int grade;             //학년
06      public int money;             //학생이 가지고 있는 돈
```

```
07
08      public Student(String studentName, int money) {
09          this.studentName = studentName;
10          this.money = money;
11      }
12
13      public void takeBus(Bus bus) {
14          bus.take(1000);
15          this.money -= 1000;
16      }
17
18      public void takeSubway(Subway subway) {
19          subway.take(1500);
20          this.money -= 1500;
21      }
22
23      public void showInfo( ) {
24          System.out.println(studentName + "님의 남은 돈은" + money + "입니다.");
25      }
26  }
```

> 학생 이름과 가진 돈을 매개변수로 받는 생성자

> 학생이 버스를 타면 1,000원을 지불하는 기능을 구현한 메서드

> 학생이 지하철을 타면 1,500원을 지불하는 기능을 구현한 메서드

> 학생의 현재 정보를 출력하는 메서드

8행에 생성자는 학생 이름과 학생이 가진 돈을 매개변수로 받습니다. 학생 클래스를 하나 생성하면 학생 이름과 학생이 가진 돈을 초기화합니다. 디폴트 생성자를 제공하지 않으므로 학생 클래스를 생성하려면 매개변수가 있는 Student(String studentName, int money) 생성자를 호출해야 합니다. takeBus( ) 메서드는 학생이 한 버스를 선택해서 탄 경우를 구현한 코드입니다. 버스를 타면 버스 요금(1,000원)을 내기 때문에 this.money -= 1000; 문장이 수행되면 학생이 가진 돈이 1,000원만큼 줄어듭니다. 지하철도 마찬가지로 takeSubway( ) 메서드에서 지하철 요금(1,500원)을 내는 것을 구현한 this.money -= 1500; 문장이 수행되면 학생이 가진 돈은 1,500원만큼 줄어듭니다. 마지막으로 showInfo( ) 함수는 학생 정보를 출력해 줍니다. 학생의 이름과 남은 돈 정보가 문자열로 연결되어 출력됩니다.

버스 클래스 구현하기

버스 객체에서는 어떤 일이 일어날까요? 학생 한 명이 승차하면 버스 요금을 받고 승객 수가 증가할 것입니다. 버스 클래스를 다음과 같이 만들어 보았습니다.

```java
01    package cooperation;
02
03    public class Bus {
04        int busNumber;              //버스 번호
05        int passengerCount;         //승객 수
06        int money;                  //버스 수입
07
08        public Bus(int busNumber) {
09            this.busNumber = busNumebr;     ──┤ 버스 번호를 매개변수로 받는 생성자
10        }
11
12        public void take(int money) {
13            this.money += money;        // 버스 수입 증가
14            passengerCount++;           //승객 수 증가       ──┤ 승객이 버스에 탄 경우를 구현한 메서드
15        }
                                                           ──┤ 버스 정보를 출력하는 메서드
16
17        public void showInfo( ) {
18            System.out.println("버스 " + busNumber + "번의 승객은 " + passengerCount +"명이고,
      수입은 " + money + "입니다.");
19        }
20    }
```

버스 클래스의 멤버 변수로는 버스 번호, 승객 수, 버스가 받은 요금 총액이 있습니다. take( ) 메서드에서 승객 한 명이 버스를 탄 경우를 구현합니다. 승객이 요금을 지불합니다. 요금을 매개변수로 받고(거스름돈은 생략하겠습니다) 요금이 들어오면 버스 수입이 증가하고 승객 수도 증가합니다. 8행 Bus(int busNumber) 생성자에서는 버스 번호를 매개변수로 받아 버스가 생성될 때 버스 번호를 초기화합니다. 마지막으로 showInfo( ) 메서드에서 버스 번호와 버스를 탄 승객 수 그리고 버스 수입을 문자열로 연결하여 출력합니다.

지하철 클래스 구현하기

다음 코드의 내용은 버스 예제와 유사합니다.

```java
01    package cooperation;
02
```

```
03    public class Subway {
04        String lineNumber;           // 지하철 노선
05        int passengerCount;          // 승객 수
06        int money;                   // 수입액
07
08        public Subway(String lineNumber) {
09            this.lineNumber = lineNumber;          ──  지하철 노선 번호를 매개변수로 받는 생성자
10        }
11
12        public void take(int money) {
13            this.money += money;  // 수입 증가        ──  승객이 지하철에 탄 경우를 구현한 메서드
14            passengerCount++;      // 승객 수 증가
15        }
                                                        지하철 정보 출력하는 메서드
16
17        public void showInfo( ) {
18            System.out.println(lineNumber + "의 승객은 " + passengerCount +"명이고, 수입은 "
    + money + "입니다.");
19        }
20    }
```

Subway(String lineNumber) 생성자가 지하철 몇 호선인지를 매개변수로 받아 Subway 클래스를 생성합니다. take( ) 메서드는 승객이 탄 경우에 발생하는 일을 구현합니다. 지하철 수입이 증가하고 지하철 승객 수가 한 명 증가합니다. showInfo( ) 메서드는 지하철 노선, 승객수, 지하철 수입 금액을 문자열로 출력합니다.

학생, 버스, 지하철 객체 협력하기

이제 Student, Bus, Subway 클래스를 기반으로 학생이 버스나 지하철을 탔을 때 상황을 구현해 봅시다. 두 학생 James와 Tomas가 있습니다. 이 두 학생은 각각 버스와 지하철을 한 번씩 타고 학교에 갑니다. 두 학생이 교통 수단을 이용한 후 각자가 가진 돈의 변화와 버스, 지하철 수입의 합을 알아보겠습니다.

코딩해 보세요! **버스와 지하철 타기**   • 참고 파일 TakeTrans.java

```
01    package cooperation;
02
03    public class TakeTrans {
04        public static void main(String[ ] args) {
```

```
05      Student studentJames = new Student("James", 5000);          ┐ 학생 두 명 생성
06      Student studentTomas = new Student("Tomas", 10000);         ┘
07
08      Bus bus100 = new Bus(100);                  //노선 번호가 100번인 버스 생성
09      studentJames.takeBus(bus100);               //james가 100번 버스를 탐
10      studentJames.showInfo( );                   //james 정보 출력
11      bus100.showInfo( );                         //버스 정보 출력
12
13      Subway subwayGreen = new Subway("2호선");   //노선 번호가 2호선인 지하철 생성
14      studentTomas.takeSubway(subwayGreen);       //Tomas가 2호선을 탐
15      studentTomas.showInfo( );                   //Tomas 정보 출력
16      subwayGreen.showInfo( );                    //지하철 정보 출력
17    }
18  }
```

:: 출력 화면

```
Problems  @ Javadoc  Declaration  Console ☒  Coverage

<terminated> TakeTrans [Java Application] C:₩Program Files₩Java₩jre-10.0.1₩bin₩javaw.exe
James님의 남은 돈은 4000입니다.
버스 100번의 승객은 1명이고, 수입은 1000입니다.
Tomas님의 남은 돈은 8500입니다.
2호선의 승객은 1명이고, 수입은 1500입니다.
```

위 예제를 보면 두 개의 학생 인스턴스가 생성되었습니다. studentJames 인스턴스에서 학생 이름은 James, 가진 돈은 5,000원으로 초기화하고, studentTomas 인스턴스에서 학생 이름은 Tomas, 가진 돈은 10,000원으로 초기화했습니다. 그리고 bus100 변수가 가리키는 버스와 subwayGreen이 가리키는 지하철이 생성되었습니다. studentJames는 takeBus( ) 메서드에서 버스를 타고, studentTomas는 takeSubway( ) 메서드에서 지하철을 탔습니다.

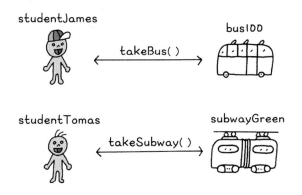

그러면 예제에서 객체의 협력은 어느 부분일까요? 우리가 살펴본 예제에서 객체 간 협력은 학생, 버스, 지하철 사이에 이루어졌습니다. 학생은 버스나 지하철을 이용할 수 있습니다. 학생이 버스를 선택하면 학생이 가진 돈은 1,000원이 줄고 버스 승객은 1명이 증가하고 버스 수입은 1,000원 증가합니다. 학생이 지하철을 이용하는 경우에 학생이 가진 돈은 1,500원이 줄어들고 지하철 승객은 1명이 증가하고 지하철 수입은 1,500원 증가하지요. 우리가 객체를 클래스로 만들어 구현하면 이렇듯 객체 사이에는 서로 어떤 값을 주고받고 메서드를 호출하는 일이 발생합니다.

지금까지 구현한 과정을 정리해 보면 맨 처음 필요한 객체를 정의했습니다. 이 프로그램에서 사용한 객체는 학생, 버스, 지하철입니다. 그리고 각 객체에 필요한 멤버 변수를 선언하고, 생성자를 정의했습니다. 객체 사이의 협력 기능도 구현했습니다. '학생이 지하철을 탄다'는 학생 객체의 입장에서 사용한 문장입니다. 이를 지하철 객체의 입장에서 생각해 보면 '지하철에 학생이 탄다'입니다. 즉 하나의 경우에 대해 두 객체에서 서로 다른 일이 발생하는 것이므로 이를 각각의 클래스에 메서드로 구현했습니다. 이렇게 살펴보니 객체 간 협력은 우리 일상의 모습과 참 비슷하지 않나요? 그래서 객체 지향 프로그램은 현실 세계를 가장 잘 반영한 프로그램 방식이라고도 합니다.

> **나 혼자 코딩!**
>
> **택시 타는 과정을 추가로 구현하기**
> Edward 학생이 늦잠을 자서 택시를 타고 학교에 가게 되었습니다. 택시 요금은 10,000원을 지불했습니다. 이 과정을 구현해 보세요.
>
> 정답 자료실 제공

06-3 static 변수

변수를 여러 클래스에서 공통으로 사용하려면?

학생 클래스를 다시 한 번 봅시다. 학생 클래스를 사용하면 여러 학생의 인스턴스를 만들 수 있습니다. 그리고 학생마다 고유한 학번(studentID)을 가지는데, 학생이 입학하면(클래스가 생성되면) 학번이 자동으로 생성되도록 만들고 싶습니다. 생성된 인스턴스는 학번을 순서대로 가져야 합니다. 이때 어떻게 학생에게 학번

```java
public class Student {
    public int studentID;
    public String studentName;
    public int grade;
    public String address;
}
```

을 부여할 수 있을까요? 이 경우에 각 인스턴스마다 따로 생성되는 변수가 아닌, 클래스 전반에서 공통으로 사용할 수 있는 기준 변수가 있어야 합니다. 그리고 학생이 한 명 생성될 때마다 기준 변수 값을 하나씩 증가시켜 각 학생 인스턴스의 학번 변수에 대입해 주면 됩니다. 이때 클래스에서 공통으로 사용하는 변수를 'static 변수'로 선언합니다.

static 변수의 정의와 사용 방법

static 변수란 다른 용어로 '정적 변수'라고도 합니다. static 변수는 자바뿐만 아니라 다른 언어에서도 비슷한 개념으로 사용하고 있는 변수로서 자바에서는 다른 멤버 변수처럼 클래스 내부에 선언합니다. 변수를 선언할 때 다음과 같이 자료형 앞에 static 예약어를 사용합니다.

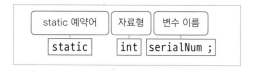

static 변수는 클래스 내부에 선언하지만, 다른 멤버 변수처럼 인스턴스가 생성될 때마다 새로 생성되는 변수가 아닙니다. static 변수는 프로그램이 실행되어 메모리에 올라갔을 때 딱 한 번 메모리 공간이 할당됩니다. 그리고 그 값은 모든 인스턴스가 공유합니다.

다시 말하면 일반 멤버 변수는 인스턴스가 생성될 때마다 새로 생성되어 각각 다른 studentName을 가지게 되지만, static으로 선언한 변수는 인스턴스 생성과 상관없이 먼저 생성되고 그 값을 모든 인스턴스가 공유하게 되는 것입니다. 이런 이유 때문에 static 변수를 클래스에 기반한 변수라고 해서 '클래스 변수(class variable)'라고도 합니다.

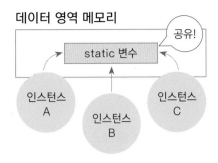

데이터 영역 메모리

그러면 학생이 새로 생성되면 학번을 차례로 부여하는 예제를 통해 static 변수를 사용하는 방법을 살펴봅시다. 예제에서 사용할 static 변수는 serialNum입니다. 변수의 값은 학생이 생성될 때마다 순서대로 증가할 것입니다. 이 증가된 값을 각 학생의 학번에 대입해 주면 학생에게 새로운 학번이 부여됩니다.

코딩해 보세요! static 변수 사용하기 • 참고 파일 Student.java

```java
01   package staticex;
02
03   public class Student {
04     public static int serialNum = 1000;   // static 변수는 인스턴스 생성과
                                              //   상관 없이 먼저 생성됨
05     public int studentID;
06     public String studentName;
07     public int grade;
08     public String address;
09
10     public String getStudentName( ) {
11       return studentName;
12     }
13
14     public void setStudentName(String name) {
15       studentName = name;
16     }
17   }
```

Student 클래스에서 기준 값 역할을 하는 serialNum 변수를 선언하고 기준 값으로 1000을 대입합니다. 다음의 테스트 코드에서 학생을 두 명 생성하고 serialNum이 증가했을 때 두 인스턴스에서 증가된 값이 공유되는지 확인해 봅시다.

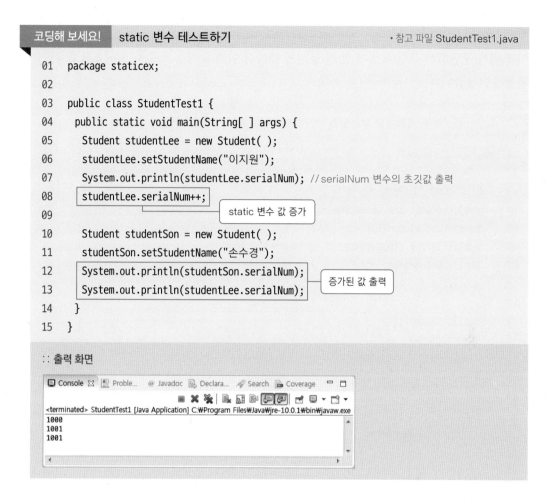

```java
01   package staticex;
02
03   public class StudentTest1 {
04     public static void main(String[ ] args) {
05       Student studentLee = new Student( );
06       studentLee.setStudentName("이지원");
07       System.out.println(studentLee.serialNum); // serialNum 변수의 초깃값 출력
08       studentLee.serialNum++;         ┐ static 변수 값 증가
09
10       Student studentSon = new Student( );
11       studentSon.setStudentName("손수경");
12       System.out.println(studentSon.serialNum);    증가된 값 출력
13       System.out.println(studentLee.serialNum);
14     }
15   }
```

:: 출력 화면

```
<terminated> StudentTest1 [Java Application] C:\Program Files\Java\jre-10.0.1\bin\javaw.exe
1000
1001
1001
```

studentLee를 먼저 생성하고 이 참조 변수를 사용하여 전체 인스턴스에서 공통으로 사용하는 serialNum 변수 값을 1 증가시킵니다. 그리고 studentSon을 생성합니다. 생성된 studentSon 으로는 아무 연산도 수행하지 않습니다. 그다음에 studentSon과 studentLee로 serialNum 변수 값을 출력해 보면 둘 다 1001로 증가된 serialNum 값이 출력되는 것을 알 수 있습니다. static으로 선언한 serialNum 변수는 모든 인스턴스가 공유하기 때문이지요. 즉 두 개의 참조 변수가 동일한 변수의 메모리를 가리키고 있다는 것을 알 수 있습니다.

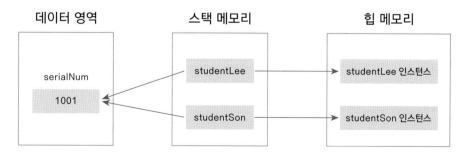

학번 생성하기

이제 원래 구현하려 했던 학생이 한 명 생성될 때마다 학번을 자동으로 부여하는 프로그램을 완성해 보겠습니다.

코딩해 보세요! **학번 자동으로 부여하기** • 참고 파일 Student1.java

```java
01  package staticex;
02
03  public class Student1 {
04      public static int serialNum = 1000;
05      public int studentID;
06      public String studentName;
07      public int grade;
08      public String address;
09
10      public Student1( ) {            // 생성자
11          serialNum++;               //학생이 생성될 때마다 증가
12          studentID = serialNum;     //증가된 값을 학번 인스턴스 변수에 부여
13      }
14
15      public String getStudentName( ) {
16          return studentName;
17      }
18
19      public void setStudentName(String name) {
20          studentName = name;
21      }
22  }
```

static 변수(serialNum)를 하나 선언합니다. 학생이 생성될 때마다 이 변수 값이 증가합니다. 그런데 여기에서 주의할 점은 static 변수를 그냥 바로 학번으로 사용하면 안 된다는 것입니다. 왜냐하면 static 변수는 모든 인스턴스가 공유하는 변수이므로 이 변수를 바로 학번으로 사용하면 모든 학생이 동일한 학번 값을 가지게 되기 때문입니다. 학번은 학생의 고유 번호이므로 학생의 멤버 변수로 선언해 주고, 학생이 한 명 생성될 때마다 증가한 serialNum 값을 studentID에 대입해 주면 이 문제를 해결할 수 있습니다. Student 클래스에 생성자를 추가하고 생성자에서 serialNum 값을 증가시키고 증가된 값을 studentID 변수에 대입합니다.

그러면 StudentTest2 클래스에서 실제로 학생이 생성될 때마다 증가된 다른 학번을 가지는지 확인해 보겠습니다.

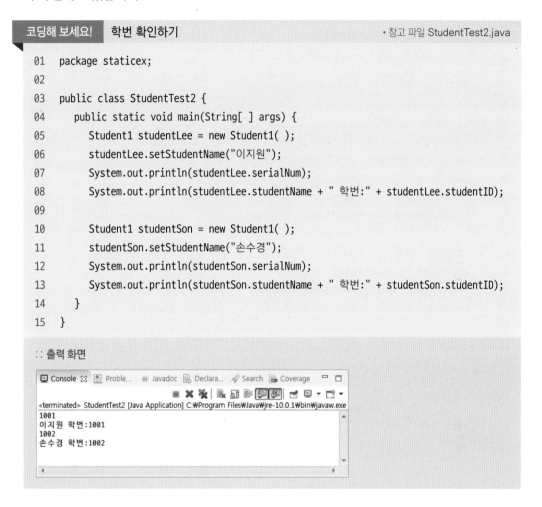

코딩해 보세요! 학번 확인하기 • 참고 파일 StudentTest2.java

```java
01  package staticex;
02
03  public class StudentTest2 {
04    public static void main(String[ ] args) {
05      Student1 studentLee = new Student1( );
06      studentLee.setStudentName("이지원");
07      System.out.println(studentLee.serialNum);
08      System.out.println(studentLee.studentName + " 학번:" + studentLee.studentID);
09
10      Student1 studentSon = new Student1( );
11      studentSon.setStudentName("손수경");
12      System.out.println(studentSon.serialNum);
13      System.out.println(studentSon.studentName + " 학번:" + studentSon.studentID);
14    }
15  }
```

:: 출력 화면

```
1001
이지원 학번:1001
1002
손수경 학번:1002
```

학생 인스턴스를 생성할 때마다 serialNum 변수의 값은 증가합니다. 그리고 새로 생성되는 학생마다 가지는 studentID 변수에 증가한 serialNum 값을 복사해 주었으므로, 두 학생의 학번은 다릅니다. 이처럼 static 변수는 같은 클래스에서 생성된 인스턴스들이 같은 값을 공유할 수 있으므로, 인스턴스 간에 공통으로 사용할 값이 필요한 경우 유용하게 사용할 수 있습니다.

클래스 변수

앞 예제에서 살펴본 것처럼 static 변수는 인스턴스를 생성할 때마다 만들어지는 것이 아니고 클래스를 선언할 때 특정 메모리에 저장되어 모든 인스턴스가 공유하는 변수입니다. static

변수는 인스턴스 생성과는 별개이므로 인스턴스보다 먼저 생성됩니다. 그러므로 인스턴스가 아닌 클래스 이름으로도 참조하여 사용할 수 있습니다. 따라서 자바에서는 static 변수를 클래스 변수라고도 하며 StudentTest2.java 코드는 다음처럼 변경할 수 있습니다.

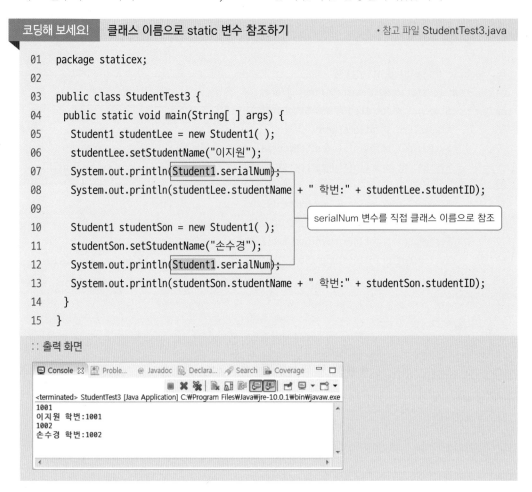

코딩해 보세요! 클래스 이름으로 static 변수 참조하기 · 참고 파일 StudentTest3.java

```
01  package staticex;
02
03  public class StudentTest3 {
04    public static void main(String[ ] args) {
05      Student1 studentLee = new Student1( );
06      studentLee.setStudentName("이지원");
07      System.out.println(Student1.serialNum);
08      System.out.println(studentLee.studentName + " 학번:" + studentLee.studentID);
09
10      Student1 studentSon = new Student1( );
11      studentSon.setStudentName("손수경");
12      System.out.println(Student1.serialNum);
13      System.out.println(studentSon.studentName + " 학번:" + studentSon.studentID);
14    }
15  }
```

serialNum 변수를 직접 클래스 이름으로 참조

:: 출력 화면

```
<terminated> StudentTest3 [Java Application] C:\Program Files\Java\jre-10.0.1\bin\javaw.exe
1001
이지원 학번:1001
1002
손수경 학번:1002
```

StudentTest2.java 파일처럼 static 변수 serialNum을 studentLee.serialNum과 같이 인스턴스로 참조할 수도 있습니다. 하지만 static 변수는 인스턴스가 생성되지 않아도 사용할 수 있기 때문에 보통은 Student.serialNum과 같이 클래스 이름과 함께 사용합니다.

한 걸음 더! static 변수는 클래스 이름으로 직접 참조합니다

StudentTest2.java에서처럼 static 변수를 studentLee.serialNum과 같이 사용하면 serialNum 아래쪽에 노란색 줄이 보입니다. 이것은 오류가 아니고 이 변수가 static 변수이므로 인스턴스 참조 변수가 아닌 클래스 이름으로 직접 참조하라는 뜻입니다. StudentTest3.java처럼 클래스 이름으로 직접 참조하면 노란색 줄이 사라질 것입니다. 이클립스에서 static 변수와 static 메서드는 이탤릭체로 나타납니다.

지금까지 static 변수, 정적 변수, 클래스 변수라는 세 가지 용어를 사용했습니다. 셋 모두 자바에서 static 변수를 의미합니다. 자바에서 static 변수를 클래스 변수라고 하는 이유는 인스턴스마다 생성되는 변수가 아니라 클래스에 속해 한 번만 생성되는 변수이고 이를 여러 인스턴스가 공유하기 때문입니다.

클래스 메서드

일반 멤버 변수를 위한 메서드가 존재하듯이 static 변수를 위한 메서드도 있습니다. 이런 메서드를 'static 메서드' 또는 '클래스 메서드(class method)'라고 합니다. 여기에서는 serialNum 변수를 사용하는 메서드를 만들어 보겠습니다. 외부 클래스에서 serialNum 변수를 직접 참조하지 못하도록 일단 private으로 선언하고 이 변수에 대한 get( ) 메서드와 set( ) 메서드를 생성합니다. Student 클래스의 serialNum 변수를 private으로 변경하면 기존의 StudentTest1, StudentTest2, StudentTest3에서는 직접 참조할 수 없어 오류가 발생하므로 Student2 클래스를 새로 생성하겠습니다.

> **코딩해 보세요!**　serialNum의 get( ), set( ) 메서드 사용하기　　• 참고 파일 Student2.java

```
01    package staticex;
02
03    public class Student2 {
04      private static int serialNum = 1000;    ┐ private 변수로 변경
05      int studentID;
06      String studentName;
07      int grade;
08      String address;
09
10      public Student2( ) {
11        serialNum++;
12        studentID = serialNum;
13      }
14
15      public String getStudentName( ) {
16        return studentName;
17      }
18
19      public void setStudentName(String name) {
20        studentName = name;
21      }
```

```
22
23    public static int getSerialNum( ) {
24       int i = 10;
25       return serialNum;
26    }
27
28    public static void setSerialNum(int serialNum) {
29       Student2.serialNum = serialNum;
30    }
31 }
```

serialNum의 get( ) 메서드

serialNum의 set( ) 메서드

이제 외부 클래스에서 serialNum 값을 사용하려면 get( ) 메서드를 호출하고, serialNum 변수 값을 변경하려면 set( ) 메서드를 사용해야 합니다. get( ) 메서드와 set( ) 메서드를 사용하도록 변경했을 때 프로그램이 제대로 실행되는지 확인해 봅시다.

코딩해 보세요! 학번 출력하기   · 참고 파일 StudentTest4.java

```
01  package staticex;
02
03  public class StudentTest4 {
04     public static void main(String[ ] args) {
05        Student2 studentLee = new Student2( );
06        studentLee.setStudentName("이지원");
07        System.out.println(Student2.getSerialNum( ));
08        System.out.println(studentLee.studentName + " 학번:" + studentLee.studentID);
09
10        Student2 studentSon = new Student2( );
11        studentSon.setStudentName("손수경");
12        System.out.println(Student2.getSerialNum( ));
13        System.out.println(studentSon.studentName + " 학번:" + studentSon.studentID);
14     }
15  }
```

serialNum 값을 가져오기 위해 get( ) 메서드를 클래스 이름으로 직접 호출

:: 출력 화면

```
Console ☒  Proble...  @ Javadoc  Declara...  Search  Covera...
<terminated> StudentTest4 [Java Application] C:₩Program Files₩Java₩jre-10.0.1₩bin₩javaw.exe
1001
이지원 학번:1001
1002
손수경 학번:1002
```

StudentTest4.java의 7행과 12행 코드는 serialNum을 직접 참조하지 않고 getSerial
Num( ) 메서드를 호출하여 참조합니다. static 메서드 또한 static 변수처럼 인스턴스 참조 변
수가 아닌 클래스 이름으로 직접 호출할 수 있습니다.

클래스 메서드와 인스턴스 변수

클래스 메서드 내부에서는 인스턴스 변수를 사용할 수 없습니다. 아래 코드를 살펴보겠습니다.

```java
public class Student2 {
  private static int serialNum = 1000;    ── private 변수로 변경
  int studentID;
  String studentName;
  int grade;
  String address;
  ...
  public static int getSerialNum( ) {
    int i = 10;
    studentName = "이지원";    ── 오류 발생        serialNum의 get( ) 메서드(클래스 메서드임)
    return serialNum;
  }
...
```

getSerialNum( ) 메서드는 static 예약어를 붙인 클래스 메서드입니다. 이 메서드는 세 종류
의 변수를 사용하고 있습니다. 일단 가장 먼저 선언한 int i를 보겠습니다. 이 변수는 메서드
내부에서 선언하였습니다. 이렇게 메서드 내부에서 선언한 변수를 그 지역에서만 사용한다
고 해서 지역 변수(local variable)라고 합니다. '06-4 변수 유효 범위'에서 자세히 다루겠지만,
지역 변수는 메서드가 호출될 때 메모리에 생성되어 메서드가 끝나면 사라지는 변수입니다.
따라서 이 변수는 getSerialNum( ) 메서드 내부에서만 사용할 수 있습니다. 마지막 return
serialNum; 문장을 보면 serialNum 변수는 static 변수입니다. 그러므로 클래스 메서드인
getSerialNum( ) 메서드 내부에서도 사용할 수 있습니다.

그런데 메서드 내부의 두 번째 줄에 사용한 studentName 변수는 오류가 발생합니다. 이 변
수는 Student2 클래스의 멤버 변수로, 인스턴스가 생성될 때 만들어지는 인스턴스 변수이기
때문입니다.

클래스 메서드와 클래스 변수는 인스턴스가 생성되지 않아도 사용할 수 있습니다. 실제로 다음 코드로 확인해 볼까요?

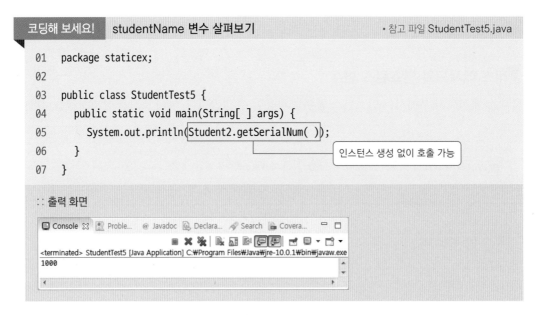

코딩해 보세요! **studentName 변수 살펴보기** • 참고 파일 StudentTest5.java

```
01  package staticex;
02
03  public class StudentTest5 {
04    public static void main(String[ ] args) {
05      System.out.println(Student2.getSerialNum( ));
06    }
07  }
```

인스턴스 생성 없이 호출 가능

:: 출력 화면

```
Console ☒  Proble...  @ Javadoc  Declara...  Search  Covera...
<terminated> StudentTest5 [Java Application] C:\Program Files\Java\jre-10.0.1\bin\javaw.exe
1000
```

5행을 보면 클래스 메서드는 Student2.getSerialNum( )과 같이 인스턴스가 생성되지 않아도 언제든 호출할 수 있습니다. 따라서 studentName처럼 인스턴스가 생성되어야 메모리가 할당되는 인스턴스 변수는 클래스 메서드에서 사용할 수 없습니다.

정리하자면, 클래스 메서드 내부에서 지역 변수와 클래스 변수는 사용할 수 있지만, 인스턴스 변수는 사용할 수 없습니다. 또한 클래스 메서드에서 인스턴스 변수를 사용할 수는 없지만, 반대로 일반 메서드에서 클래스 변수를 사용하는 것은 전혀 문제가 되지 않습니다. 왜냐하면 일반 메서드는 인스턴스가 생성될 때 호출되는 메서드이고, 클래스 변수는 이미 만들어진 변수이기 때문에 일반 메서드에서도 클래스 변수를 호출할 수 있기 때문입니다.

▶ **나 혼자 코딩!**

static 변수와 static 메서드 연습하기
학생마다 각각 다른 학생 카드가 발급됩니다. 학생 카드 번호는 학번에 100을 더한 값입니다. Student3 클래스를 만들어 학생 카드 번호 멤버 변수를 추가하고, 학생이 생성될 때마다 학생 카드 번호를 부여합니다. StudentTest6 클래스를 만들어 학생 두 명을 생성합니다. 두 학생의 카드 번호를 출력해 보세요.

정답 자료실 제공

06-4 변수 유효 범위

변수 유효 범위란?

지금까지 세 가지 종류의 변수를 배웠습니다. 첫 번째는 함수나 메서드 안에서만 사용할 수 있는 지역 변수(로컬 변수, local variable), 클래스 안에서 사용하는 멤버 변수(인스턴스 변수, instance variable), 그리고 여러 인스턴스에서 공통으로 사용할 수 있는 static 변수(클래스 변수, class variable)입니다. 변수는 어디에 어떻게 선언되느냐에 따라 유효 범위(scope)가 달라집니다.

지역 변수의 유효 범위

지역 변수는 함수나 메서드 내부에 선언하기 때문에 함수 밖에서는 사용할 수 없습니다. 즉 하나의 함수에 선언한 지역 변수는 다른 함수에서 사용할 수 없습니다. 지역 변수가 생성되는 메모리를 스택(stack)이라고 합니다. 스택에 생성되는 지역 변수는 함수가 호출될 때 생성되었다가 함수가 반환되면 할당되었던 메모리 공간이 해제되면서 함께 없어집니다.

> ⓒ 스택 메모리와 함수에 관한 자세한 설명은 138쪽의 '함수의 호출과 스택 메모리'를 참고하세요.

멤버 변수의 유효 범위

멤버 변수는 인스턴스 변수라고도 합니다. 클래스가 생성될 때 힙(heap) 메모리에 생성되는 변수입니다. 멤버 변수는 클래스의 어느 메서드에서나 사용할 수 있습니다. 힙에 생성된 인스턴스가 가비지 컬렉터(garbage collector)에 의해 수거되면 메모리에서 사라집니다. 따라서 클래스 내부의 여러 메서드에서 사용할 변수는 멤버 변수로 선언하는 것이 좋습니다.

static 변수의 유효 범위

사용자가 프로그램을 실행하면 메모리에 프로그램이 상주합니다. 이때 프로그램 영역 중에 데이터 영역이 있습니다. 이 영역에는 상수나 문자열, static 변수가 생성됩니다. 인스턴스 변수는 객체가 생성되는 문장 즉 new가 되어야 생성되지만, static 변수는 클래스 생성과 상관없이 처음부터 데이터 영역 메모리에 생성됩니다. 따라서 인스턴스 변수와 static 변수는 사용하는 메모리가 다릅니다.

이렇게 생성된 static 변수는 private이 아니라면 클래스 외부에서도 객체 생성과 무관하게 사용할 수 있습니다. 프로그램 실행이 끝난 뒤 메모리에서 내려가면(예를 들어 워드 프로그램이라면 [닫기]를 한 경우가 됩니다) static 변수도 소멸됩니다. static 변수는 프로그램이 시작할 때부터 끝날 때까지 메모리에 상주하므로 크기가 너무 큰 변수를 static으로 선언하는 것은 좋지 않습니다. ⓒ 데이터 영역은 다른 말로 상수 영역 혹은 static 영역이라고 표현하는 경우도 있습니다.

변수 유형에 따른 용도

앞에서 배운 세 가지 변수를 표로 정리하면 다음과 같습니다.

변수 유형	선언 위치	사용 범위	메모리	생성과 소멸
지역 변수 (로컬 변수)	함수 내부에 선언	함수 내부에서만 사용	스택	함수가 호출될 때 생성되고 함수가 끝나면 소멸함
멤버 변수 (인스턴스 변수)	클래스 멤버 변수로 선언	클래스 내부에서 사용하고 private이 아니면 참조 변수로 다른 클래스에서 사용 가능	힙	인스턴스가 생성될 때 힙에 생성되고, 가비지 컬렉터가 메모리를 수거할 때 소멸됨
static 변수 (클래스 변수)	static 예약어를 사용하여 클래스 내부에 선언	클래스 내부에서 사용하고 private이 아니면 클래스 이름으로 다른 클래스에서 사용 가능	데이터 영역	프로그램이 처음 시작할 때 상수와 함께 데이터 영역에 생성되고 프로그램이 끝나고 메모리를 해제할 때 소멸됨

변수는 특성에 맞게 선언해서 사용하는 것이 중요합니다. 클래스의 여러 메서드에서 사용할 변수를 지역 변수로 선언하면 다른 메서드에서 그 변수를 사용해야 할 때 지역 변수를 메서드의 매개변수로 전달해야 하므로 번거롭습니다. 그렇다고 모든 변수를 멤버 변수나 static 변수로 선언하면 메모리가 낭비되고 코드의 가독성도 떨어집니다. 따라서 용도에 따라 변수 유형을 명확히 정해서 효율적으로 프로그래밍하는 것이 좋습니다.

 1분 복습 다음 빈칸에 알맞은 변수 유형을 적어 보세요.

함수에서 기능 구현을 위해 잠시 사용한다면? → ☐¹ 변수

클래스의 속성을 나타내고 각 인스턴스마다 다른 값을 가진다면? → ☐² 변수

여러 인스턴스에서 공유해서 사용하도록 한 번만 생성되어야 한다면? → ☐³ 변수

정답 1. 지역 2. 멤버 3. static

06-5 static 응용 — 싱글톤 패턴

싱글톤 패턴이란?

프로그램을 구현하다 보면 여러 개의 인스턴스가 필요한 경우도 있고 단 하나의 인스턴스만 필요한 경우도 있습니다. 객체 지향 프로그램에서 인스턴스를 단 하나만 생성하는 디자인 패턴을 싱글톤 패턴(singleton pattern)이라고 합니다. 우리가 여기서 살펴볼 싱글톤 패턴은 static을 응용하여 프로그램 전반에서 사용하는 인스턴스를 하나만 구현하는 방식입니다. 실무나 여러 프레임워크에서 많이 사용하는 패턴이므로 내용을 잘 익혀 두면 나중에 싱글톤 패턴을 응용하여 프로그램을 구현할 수 있을 것입니다.

© 프레임워크(framework)란 프로그램을 쉽게 개발하기 위해 구체적인 기능 설계와 구현을 미리 만들어 놓은 도구를 말합니다.

어떤 회사의 직원들을 객체 지향 프로그램으로 구현한다고 가정합시다. 직원은 여러 명이겠지만 회사는 하나입니다. 이런 경우에 직원 인스턴스는 여러 개를 생성하는 것이 당연하지만, 회사 객체는 하나만 생성해야겠지요? 그러면 싱글톤 패턴으로 Company 클래스를 단계적으로 만들어 봅시다.

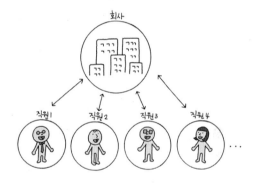

한 걸음 더!   **디자인 패턴이란 무엇인가요?**

객체 지향 프로그램을 어떻게 구현해야 좀 더 유연하고 재활용성이 높은 프로그램을 만들 수 있는지를 정리한 내용이 디자인 패턴(design pattern)입니다. 간단히 말해서 프로그램 특성에 따른 설계 유형을 이론화한 내용이며, 특정 알고리즘이나 프로그래밍 언어를 위한 라이브러리가 아니라 객체 지향으로 설계하는 방법을 설명한 것입니다. 따라서 디자인 패턴은 자바는 물론 C++나 C#과 같은 다른 객체 지향 언어에도 적용하여 구현할 수 있습니다. 디자인 패턴 이론은 책 한 권에 담을 만큼 방대합니다. 이 책에서는 배운 내용을 응용하는 정도로만 살짝 맛보고 넘어가겠습니다.

싱글톤 패턴으로 회사 클래스 구현하기

단계 1 : 생성자를 private으로 만들기

생성자가 하나도 없는 클래스는 컴파일러가 자동으로 디폴트 생성자 코드를 넣어 줍니다. 그런데 컴파일러가 만들어 주는 디폴트 생성자는 항상 public입니다. 생성자가 public이면 외부 클래스에서 인스턴스를 여러 개 생성할 수 있습니다. 따라서 싱글톤 패턴에서는 생성자를 반드시 명시적으로 만들고 그 접근 제어자를 private으로 지정해야 합니다. 그러면 생성자가 있으므로 컴파일러가 디폴트 생성자를 만들지 않고, 접근 제어자가 private이므로 외부 클래스에서 마음대로 Company 인스턴스를 생성할 수 없게 됩니다. 즉 Company 클래스 내부에서만 이 클래스의 생성을 제어할 수 있습니다.

코딩해 보세요! private 생성자 만들기 · 참고 파일 Company.java

```
01   package singleton;
02
03   public class Company {
04       private Company( ) { }
05   }
```

단계 2 : 클래스 내부에 static으로 유일한 인스턴스 생성하기

단계 1에서 외부 인스턴스를 생성할 수 없도록 만들었습니다. 하지만 우리가 프로그램에서 사용할 인스턴스 하나는 필요합니다. 따라서 Company 클래스 내부에서 하나의 인스턴스를 생성합니다. 이 인스턴스가 프로그램 전체에서 사용할 유일한 인스턴스가 됩니다. 또한 private으로 선언하여 외부에서 이 인스턴스에 접근하지 못하도록 제한해야 인스턴스 오류를 방지할 수 있습니다.

코딩해 보세요! 인스턴스 생성하기 · 참고 파일 Company.java

```
01   package singleton;
02
03   public class Company {
04       private static Company instance = new Company( );   //유일하게 생성한 인스턴스
05       private Company( ) { }
06   }
```

단계 3 : 외부에서 참조할 수 있는 public 메서드 만들기

이제 private으로 선언한 유일한 인스턴스를 외부에서도 사용할 수 있도록 설정해야 합니다. 이를 위해 public 메서드를 생성합니다. 그리고 유일하게 생성한 인스턴스를 반환해 줍니다. 이때 인스턴스를 반환하는 메서드는 반드시 static으로 선언해야 합니다. 왜냐하면 getInstance( ) 메서드는 인스턴스 생성과 상관없이 호출할 수 있어야 하기 때문입니다.

```
코딩해 보세요!    public 메서드 만들기                              • 참고 파일 Company.java

01   package singleton;
02
03   public class Company {
04     ...
05     public static Company getInstance( ) {
06       if(instance == null) {                        인스턴스를 외부에서 참조할 수 있도록
07         instance = new Company( );                   public get( ) 메서드 구현
08       }
09       return instance;      유일하게 생성한 인스턴스 반환
10     }
11   }
```

단계 4 : 실제로 사용하는 코드 만들기

외부 클래스에서는 Company를 생성할 수 없으므로 static으로 제공되는 getInstance( ) 메서드를 호출합니다. Company.getInstance( );와 같이 호출하면 반환 값으로 유일한 인스턴스를 받아 옵니다. 다음 예제에서 유일한 인스턴스를 대입한 두 변수의 주소 값이 같은지 확인해 봅시다.

```
코딩해 보세요!    변수의 주소 값 비교하기                          • 참고 파일 CompanyTest.java

01   package singleton;
02
03   public class CompanyTest {
04     public static void main(String[ ] args) {
05       Company myCompany1 = Company.getInstance( );     클래스 이름으로 getInstance( )
06       Company myCompany2 = Company.getInstance( );     호출하여 참조 변수에 대입
07       System.out.println(myCompany1 == myCompany2);
08     }                                                   두 변수가 같은 주소인지 확인
09   }
```

:: 출력 화면

myCompany1과 myCompany2를 비교해 보면 같은 참조 값을 가지는 동일한 인스턴스임을 알 수 있습니다. 열 번, 백 번을 호출해도 항상 같은 주소의 인스턴스가 반환될 것입니다. 또 Company 클래스는 내부에 생성된 유일한 인스턴스 외에는 더 이상 인스턴스를 생성할 수 없습니다. 이와 같이 static을 사용하여 유일한 객체를 생성하는 싱글톤 패턴을 구현할 수 있습니다.

이 장에서 배우는 내용은 비단 자바뿐 아니라 다른 프로그래밍 언어에도 대동소이하게 적용되는 내용이므로 프로그래머의 기본 소양을 익힌다고 생각하고 공부하기를 권합니다.

> **나 혼자 코딩!**

싱글톤 패턴으로 클래스 구현 연습하기

자동차 공장이 있습니다. 자동차 공장은 유일한 객체이고, 이 공장에서 생산되는 자동차는 제작될 때마다 고유 번호가 부여됩니다. 자동차 번호가 10001부터 시작되어 자동차가 생성될 때마다 10002, 10003 이렇게 번호가 붙도록 자동차 공장 클래스, 자동차 클래스를 만들어 보세요. 두 클래스는 다음 CarFactoryTest.java 테스트 코드가 수행될 수 있도록 구현해 봅니다.

```java
public class CarFactoryTest {
  public static void main(String[ ] args) {
    CarFactory factory = CarFactory.getInstance( );      //싱글톤 패턴
    Car mySonata = factory.createCar( );                 //메서드에서 Car 생성
    Car yourSonata = factory.createCar( );
    System.out.println(mySonata.getCarNum( ));           //10001 출력
    System.out.println(yourSonata.getCarNum( ));         //10002 출력
  }
}
```

힌트 앞의 학생 클래스에서 만든 '학번 자동 생성하기' 소스 코드를 활용합니다.

정답 자료실 제공

Q1 클래스 내부에서 자신의 주소를 가리키는 예약어를 [t　　　　　] 라고 합니다.

Q2 클래스에 여러 생성자가 오버로드되어 있을 경우에 하나의 생성자에서 다른 생성자를 호출할 때 [t　　　　　] 를 사용합니다.

Q3 클래스 내부에 선언하는 static 변수는 생성되는 인스턴스마다 만들어지는 것이 아닌 여러 인스턴스가 공유하는 변수입니다. 따라서 클래스에 기반한 유일한 변수라는 의미로 [클　　　　　] 라고도 합니다.

Q4 지역 변수는 함수나 메서드 내부에서만 사용할 수 있고 [스　　　　] 메모리에 생성됩니다. 멤버 변수 중 static 예약어를 사용하는 static [데　　　　] 메모리에 생성됩니다.

Q5 아침 출근길에 김 씨는 4,000원을 내고 별다방에서 아메리카노를 사 마셨습니다. 이 씨는 콩다방에서 4,500원을 내고 라테를 사 마셨습니다. '06-2 객체 간 협력'을 참고하여 이 과정을 객체 지향으로 프로그래밍해 보세요.

Q6 카드 회사에서 카드를 발급할 때마다 카드 고유 번호를 부여해 줍니다. 06-3의 〈학번 생성하기〉 예제를 참고하여 카드가 생성될 때마다 카드 번호가 자동으로 증가할 수 있도록 카드 클래스를 만들고 생성해 보세요.

Q7 **Q6** 에 구현한 내용에 카드 회사 클래스 CardCompany를 싱글톤 패턴을 사용하여 구현해 보세요.

06장 정답
590쪽

배열과 ArrayList

이제까지 사용한 변수는 자료 한 개를 저장하기 위한 공간이었습니다. 그런데 프로그래밍을 하다 보면 자료형이 같은 자료를 여러 개 처리해서 구현해야 하는 일이 종종 생깁니다. 이런 경우에는 변수를 각각 선언하는 것보다 여러 자료를 한 번에 처리할 수 있는 기능이 필요합니다. 이 장에서는 자료형이 같은 여러 자료를 효율적으로 다룰 수 있는 배열에 대해 알아보겠습니다.

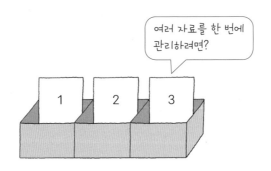

07-1 배열이란?

자료를 순차적으로 관리하는 구조, 배열

학교에 학생이 100명 있습니다. 이 학생들 100명의 학번을 어떻게 관리할 수 있을까요? 학번의 자료형을 정수라고 하면 학생이 100명일 때 int studentID1, int studentID2, int studentID3, …, int studentID100 이렇게 변수 100개를 선언해서 사용해야겠죠. 그런데 학번에 대한 여러 개 변수들을 일일이 쓰는 것은 너무 귀찮고 번거롭습니다. 이때 사용하는 자료형이 배열(array) 입니다. 배열은 자료 구조의 가장 기초 내용입니다.

ⓒ 자료 구조(data structure)는 데이터를 어떻게 관리하면 좋은지 공부하는 분야입니다. 12장에서 자세히 살펴보겠습니다.

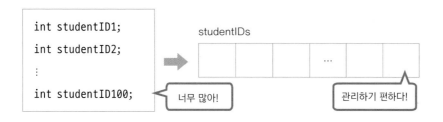

배열을 사용하면 자료형이 같은 자료 여러 개를 한 번에 관리할 수 있습니다. 위 그림으로 알 수 있다시피 배열은 자료가 연속으로 나열된 자료 구조입니다.

배열 선언과 초기화

배열을 사용하려면 먼저 배열을 선언해야 합니다. 배열도 변수와 마찬가지로 자료형을 함께 선언합니다. 배열은 선언하는 문법은 오른쪽과 같습니다.

> 자료형[ ] ∨배열 이름 = new ∨자료형[개수];
> 자료형 ∨배열 이름[ ] = new ∨자료형[개수];

배열을 이루는 각각의 자료를 배열 요소라고 합니다. 배열 요소는 자료형이 모두 같습니다. 먼저 저장하려는 자료의 성격에 맞게 자료형을 정하고 선언하려는 배열 요소 개수만큼 [ ] 안에 적습니다. new 예약어는 배열을 새로 만들라는 의미입니다. 이 책에서는 '배열형' 자료란 의미로 변수 앞에 '자료형[ ]'을 사용하는 '자료형[ ] 변수이름 = new 자료형[개수];' 선언 방식을 사용하겠습니다.

이 선언 방식을 사용해서 앞에서 이야기한 학생들의 학번을 배열로 선언해 봅시다.

```
int[ ] studentIDs = new int[10];   //int형 요소가 10개인 배열 선언
```

위 문장은 int형 요소가 10개인 배열을 선언한 것입니다. 이렇게 선언했을 때 메모리 상태를 그림으로 나타내면 다음과 같습니다.

배열을 선언하면 선언한 자료형과 배열 길이에 따라 메모리가 할당됩니다. 위 그림을 보면 자료형이 int형이므로 배열 요소를 저장할 수 있는 공간의 크기는 전부 4바이트로 동일합니다. 배열 요소를 저장할 수 있는 공간이 총 10개이므로 이 배열을 위해 총 40바이트의 메모리가 할당되는 것입니다.

배열 초기화하기

자바에서 배열을 선언하면 그와 동시에 각 요소의 값이 초기화됩니다. 배열의 자료형에 따라 정수는 0, 실수는 0.0, 객체 배열은 null로 초기화되며, 다음처럼 배열 선언과 동시에 특정 값으로 초기화할 수도 있습니다. 배열이 초기화 요소의 개수만큼 생성되므로 [ ] 안의 개수는 생략합니다.

```
int[ ] studentIDs = new int[ ] {101, 102, 103};   //개수는 생략함
```

다음과 같이 값을 넣어 초기화할 때 [ ] 안에 개수를 쓰면 오류가 발생합니다.

```
int[ ] studentIDs = new int[3] {101, 102, 103};   //오류 발생
```

선언과 동시에 초기화할 때 다음과 같이 new int[ ] 부분을 생략할 수도 있습니다. int형 요소가 3개인 배열을 생성한다는 의미이므로 new int[ ]를 생략해도 됩니다.

```
int[ ] studentIDs = {102, 102, 103};   //int형 요소가 3개인 배열 생성
```

하지만 다음과 같이 배열의 자료형을 먼저 선언하고 초기화하는 경우에는 new int[ ]를 생략할 수 없습니다.

```
int[ ] studentIDs; //배열 자료형 선언
studentIDs = new int[ ] {101, 102, 103}; //new int[ ]를 생략할 수 없음
```

배열 사용하기

선언한 배열의 각 요소에 값을 넣을 때나 배열 요소에 있는 값을 가져올 때는 [ ]를 사용합니다. 만약 배열의 첫 번째 요소에 값 10을 저장한다면 다음처럼 코드를 작성합니다.

```
studentIDs[0] = 10; //배열의 첫 번째 요소에 값 10을 저장
```

첫 번째 요소에 값을 저장했다는데 [ ] 안에는 0이 있네요. 위 코드에 대해 자세히 살펴봅시다.

인덱스 연산자 [ ]

[ ]는 배열을 처음 선언할 때 사용한 연산자입니다. 배열 이름에 [ ]를 사용하는 것을 인덱스 연산이라고 합니다. 인덱스 연산자의 기능은 배열 요소가 저장된 메모리 위치를 찾아 주는 역할입니다. 변수 이름으로 변수가 저장된 메모리 위치를 찾는 것처럼, 배열에서 [i] 인덱스 연산을 하면 i번째 요소의 위치를 찾아 해당 위치의 메모리에 값을 넣거나 이미 저장되어 있는 값을 가져와서 사용할 수 있습니다. 예를 들어 int형으로 선언한 num 배열의 네 번째 요소에 값 25를 저장하고, 그 값을 가져와 int형 변수 age에 저장한다면 다음 그림과 같습니다.

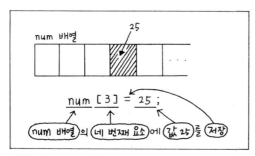

배열의 요소에 값 저장하기

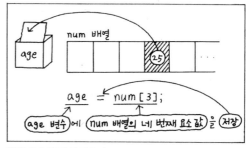

배열 요소의 값 가져오기

한 걸음 더! **배열의 물리적 위치와 논리적 위치는 같습니다**

물리적(physical) 위치란 배열이 메모리에서 실제 저장되는 곳을 의미하며, 논리적(logical) 위치란 이론상 배열 위치를 의미합니다. 배열은 요소 10개를 선언하면 사용하는 실제 값 도 바로 이웃한 메모리에 놓입니다. 즉 '5 다음에 10이 있다' 는 논리적 순서와 실제 메모리를 살펴보면 값 5가 놓인 메모리 주소에서 4바이트(int형 크기) 다음 메모리 주소에 값 10이 놓입니다.

◎ 배열 이외에 다른 자료 구조를 살펴보면 논리적 위치는 바로 이웃하지만, 실제 메모리 상 물리적 위치는 완전히 동떨어진 경우도 있 습니다.

배열 순서는 0번부터

배열 길이(처음에 선언한 배열 전체 요소 개수)가 n이라고 하면, 배열 순서는 0번부터 n-1번까지 입니다. 0번 요소를 배열의 첫 번째 요소라고 합니다. 이해를 돕기 위해 정수 10개를 저장할 배열을 선언하고 각 요소를 값 1부터 10까지 초기화한 후 for 반복문을 사용하여 배열 요소 값을 하나씩 출력해 보겠습니다.

코딩해 보세요! **배열 초기화하고 출력하기** • 참고 파일 ArrayTest.java

```
01  package array;
02
03  public class ArrayTest {
04    public static void main(String[ ] args) {
05      int[ ] num = new int[ ] {1,2,3,4,5,6,7,8,9,10};
06
07      for(int i = 0; i < num.length; i++) {
08        System.out.println(num[i]);
09      }
10    }
11  }
```

배열의 첫 번째 요소(num[0])부터 열 번째 요소(num[9])까지 10개 요소 값 출력

:: 출력 화면

```
Problems  @ Javadoc  Declaration  Console ⊠
<terminated> ArrayTest [Java Application] C:\Program Files\Java\jre-10.0.1\bin\javaw.exe
1
2
3
4
5
6
7
8
9
10
```

5행에서 int형 배열 num을 선언하고 1부터 10까지의 값으로 초기화하였습니다. 초기화가 끝난 num 배열은 다음 그림과 같습니다.

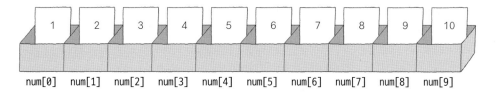

배열 요소를 하나씩 가져와 출력하기 위해 7행에서 for 반복문을 사용했습니다. 배열의 첫 번째 요소 인덱스는 0부터 시작합니다.

 1분 복습

int형 배열 arr를 다음처럼 초기화했습니다. 연산의 결과 값이 어떻게 출력될까요? 컴파일 오류가 발생하는 연산이 있다면 몇 번일까요?

```
int[ ] arr = new int[ ] {3, 6, 9, 12};
```

정답 1. 5 2. 15 3. 컴파일 오류 발생

한 걸음 더! **0부터 9까지 반복이면 조건식을 i <= 9로 쓰는 게 더 좋은 거 아닌가요?**

0부터 9까지 반복할 때는 일반적으로 for(int = 0; i < 10; i++) 문장을 사용합니다. 여기에서 의문이 드는 건 배열 요소가 10개일 때 0부터 9까지의 값으로 각 배열 요소가 만들어진다고 했으니 for(int i = 0; i <= 9; i++)이라고 써야 하지 않을까 하는 것입니다. 물론 이렇게 해도 결과 값은 같지만, 프로그래밍을 할 때는 i <= 9보다 i < 10으로 쓰는 것을 선호합니다. 왜냐하면 10이 배열 길이이므로 10으로 쓰는 것이 훨씬 직관적이기 때문입니다. 즉 처음에 선언한 전체 배열 요소의 개수가 n개일 때 배열 요소의 인덱스는 0부터 n-1까지 만들어지지만 반복문은 i < n과 같이 사용하는 것이 코드를 직관적으로 이해하는 데 도움이 됩니다.

자바의 배열은 배열 길이를 나타내는 length 속성을 가집니다. 자바에서 배열 길이는 처음에 선언한 배열의 전체 요소 개수를 의미합니다. 전체 길이를 알고 싶은 배열 이름 뒤에 도트(.) 연산자를 붙이고 length 속성을 쓰면 배열 길이를 반환합니다. for문의 조건에서 얼만큼 반복할지 결정해야 하는데, 배열 요소 끝까지 반복하기 위해 배열 전체 길이(length)를 넣습니다. 따라서 num.length 값은 10이 됩니다. 이렇게 배열 전체 길이만큼 수행문을 반복해야 할 때는 숫자를 직접 사용하는 것보다 length 속성을 사용하는 것이 좋습니다.

 1분 복습

조금 전 실습한 예제의 main( ) 함수에 int sum = 0;을 작성하고, 8행 코드를 수정하여 배열의 모든 요소 합을 계산하는 프로그램을 만들어 보세요.

정답 589쪽 참고

전체 배열 길이와 유효한 요소 값

우리가 배열을 사용할 때 처음 선언한 배열 길이만큼 값을 저장해서 사용하는 경우는 많지 않습니다. 따라서 전체 배열 길이와 현재 배열에 유효한 값이 저장되어 있는 배열 요소 개수가 같다고 혼동하면 안 됩니다.

다음 예제를 한번 살펴보겠습니다.

코딩해 보세요!　배열 길이만큼 출력하기　　　　　　　• 참고 파일 ArrayTest2.java

```java
01  package array;
02
03  public class ArrayTest2 {
04    public static void main(String[ ] args) {
05      double[ ] data = new double[5];        ← double형으로 길이 5인 배열 선언
06
07      data[0] = 10.0;   //첫 번째 요소에 값 10.0 대입
08      data[1] = 20.0;   //두 번째 요소에 값 20.0 대입
09      data[2] = 30.0;   //세 번째 요소에 값 30.0 대입
10                                             ← 전체 배열 길이만큼 반복
11      for(int i = 0; i < data.length; i++) {
12        System.out.println(data[i]);
13      }
14    }
15  }
```

:: 출력 화면

```
Problems  @ Javadoc  Declaration  Console ✕

<terminated> ArrayTest2 [Java Application] C:\Program Files\Java\jre-10.0.1\bin\javaw.exe
10.0
20.0
30.0
0.0
0.0
```

---

double형으로 길이가 5인 배열을 선언했습니다. 자바에서 정수 배열과 실수 배열을 별도로 초기화하지 않고 선언하면 배열의 요소 값은 0으로 초기화됩니다. 7~9행을 보면 배열의 첫 번째 요소(data[0])부터 세 번째 요소(data[2])까지만 값을 저장했습니다. 11행 for문에서 i가 0부터 배열 길이인 data.length 미만까지 반복하며 배열에 저장된 요소 값을 출력합니다.

배열의 네 번째 요소와 다섯 번째 요소에는 값을 저장하지 않았기 때문에 0이 출력되는 것을 알 수 있습니다. 즉 배열의 세 번째 요소까지만 유효한 값이 저장된 것이죠. 만약 위 코드에서 유효한 값이 저장된 배열 요소만 정확히 출력하려면 새로운 변수를 선언하고 배열 요소 순서 대로 값을 저장할 때마다 그 변수 값을 증가시킵니다. 그리고 반복문 종료 조건으로 배열의 length 속성이 아닌 해당 변수를 사용하면 됩니다.

그러면 유효한 값이 저장된 배열 요소까지만 출력하는 프로그램을 만들어 봅시다.

코딩해 보세요! 배열의 유효한 요소 값 출력하기 · 참고 파일 ArrayTest3.java

```java
01  package array;
02
03  public class ArrayTest3 {
04    public static void main(String[ ] args) {
05      double[ ] data = new double[5];
06      int size = 0;        ─ 유효한 값이 저장된 배열 요소 개수를 저장할 변수 선언
07
08      data[0] = 10.0; size++;
09      data[1] = 20.0; size++;  ─ 값을 저장한 후 size 변수 값 증가
10      data[2] = 30.0; size++;
                                    유효한 값이 저장된 배열 요소 개수만큼 반복문 실행
11
12      for(int i = 0; i < size; i++) {
13        System.out.println(data[i]);
14      }
15    }
16  }
```

:: 출력 화면

```
Problems  @ Javadoc  Declaration  Console ☒
<terminated> ArrayTest3 [Java Application] C:\Program Files\Java\jre-10.0.1\bin\javaw.exe
10.0
20.0
30.0
```

6행에 유효한 값이 저장된 배열 요소 개수를 저장할 size 변수를 선언했습니다. 배열 요소에 순서대로 값을 저장할 때마다 size 변수의 값을 하나씩 증가시킵니다. 즉 유효한 값을 저장하고 있는 배열 요소 개수를 알 수 있는 것이죠. 따라서 12행 반복문은 전체 배열 길이만큼 반복하는 게 아니라 유효한 요소 개수만큼만 반복합니다.

◎ 자바의 ArrayList 객체 배열은 이러한 부분을 모두 미리 구현해 메서드로 제공합니다.

문자 저장 배열 만들기

이번에는 문자를 저장하는 배열도 한번 생각해 봅시다. 문자 자료형 배열을 만들고 알파벳 대문자를 A부터 Z까지 저장한 후 각 요소 값을 알파벳 문자와 정수 값(아스키 코드 값)으로 출력해 보겠습니다. 문자 자료형 배열은 char[ ]로 선언해야 합니다.

코딩해 보세요! **알파벳 문자와 아스키 코드 값 출력하기** • 참고 파일 CharArray.java

```java
01  package array;
02
03  public class CharArray {
04    public static void main(String[ ] args) {
05      char[ ] alphabets = new char[26];
06      char ch = 'A';
07
08      for(int i = 0; i < alphabets.length; i++, ch++) {
09        alphabets[i] = ch;   //아스키 값으로 각 요소에 저장
10      }
11
12      for(int i = 0; i < alphabets.length; i++) {
13        System.out.println(alphabets[i] + "," + (int)alphabets[i]);
14      }
15    }
16  }
```

:: 출력 화면

```
Problems  @ Javadoc  Declaration  Console ✕
<terminated> CharArray [Java Application] C:\Program Files\Java\jre-10.0.1\bin\javaw.exe
A,65
B,66
C,67
D,68
E,69
F,70
G,71
H,72
I,73
J,74
K,75
L,76
M,77
N,78
O,79
P,80
Q,81
R,82
S,83
T,84
U,85
V,86
W,87
X,88
Y,89
Z,90
```

5행에서 대문자 알파벳 26개를 저장하기 위해 문자형 배열을 선언하고, 8행에서 for문을 사용해 각 배열 요소에 알파벳 문자를 저장하였습니다. 각 알파벳 문자는 실제 메모리에 아스키 코드 값으로 저장되기 때문에 ch 값에 1을 더하면(ch++) 1만큼 증가한 값이 배열에 저장됩니다.

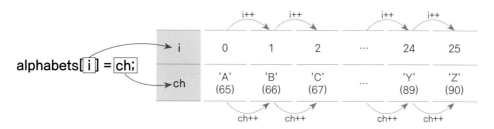

12행의 for문은 alphabets 배열에 저장된 알파벳 문자와 그 문자에 해당하는 아스키 코드 값을 반복하여 출력합니다. 13행의 (int)alphabets[i] 문장에서 형 변환 연산자 (int)는 배열에 저장된 char형 문자를 int형 정수로 변환합니다.

> ☺ 형 변환에 대해 잘 기억나지 않는다면 '02-5 형 변환'을 다시 한 번 살펴보세요.

객체 배열 사용하기

이번에는 참조 자료형으로 선언하는 객체 배열에 대해 알아보겠습니다. 동일한 기본 자료형 (int 등) 변수 여러 개를 배열로 사용할 수 있듯이 참조 자료형 변수도 여러 개를 배열로 사용할 수 있습니다. 객체 배열은 int나 char 등 기본 자료형 배열과 사용 방법이 조금 다릅니다. 어떻게 다른지 예제를 통해 살펴보죠.

> ☺ 참조 자료형 변수란 클래스형으로 선언하는 변수를 의미합니다. 잘 기억나지 않는다면 '05-6 참조 자료형'에서 다시 한 번 살펴보세요.

먼저 Book 클래스를 만들고 이 클래스로 객체 배열을 만들어 보겠습니다.

코딩해 보세요! **객체 배열 만들기 (1)** • 참고 파일 Book.java

```
01  package array;
02
03  public class Book {
04      private String bookName;
05      private String author;
06
07      public Book( ) { }      ← 디폴트 생성자
08
```

```
09    public Book(String bookName, String author) {
10        this.bookName = bookName;
11        this.author = author;
12    }
```
책 이름과 저자 이름을 매개변수로 받는 생성자

```
13    public String getBookName( ) {
14        return bookName;
15    }
16    public void setBookName(String bookName) {
17        this.bookName = bookName;
18    }
19    public String getAuthor( ) {
20        return author;
21    }
22    public void setAuthor(String author) {
23        this.author = author;
24    }
25    public void showBookInfo( ) {
26        System.out.println(bookName + "," + author);
27    }
28 }
```
책 정보를 출력해 주는 메서드

Book 클래스는 책 이름과 저자를 멤버 변수로 가지는 클래스입니다. 디폴트 생성자 외에도 책 이름과 저자 이름을 매개변수로 받는 생성자를 하나 더 구현했습니다. 다른 코드에서 이 클래스를 사용할 때 멤버 변수 값을 가져오거나 지정할 수 있도록 get( ), set( ) 메서드도 구현합니다. 마지막으로 책의 정보를 출력해 주는 showBookInfo( ) 메서드까지 구현했습니다.

도서관에 책이 5권 있다고 가정합니다. Book 클래스를 사용하여 책 5권을 객체 배열로 만들어 보겠습니다.

코딩해 보세요!   **객체 배열 만들기 (2)**   • 참고 파일 BookArray.java

```
01 package array;
02
03 public class BookArray {
04    public static void main(String[ ] args) {
05        Book[ ] library = new Book[5];
```
Book 클래스형으로 객체 배열 생성

```
06
07        for(int i = 0; i < library.length; i++) {
08            System.out.println(library[i]);
```

```
09        }
10     }
11  }
```

:: 출력 화면

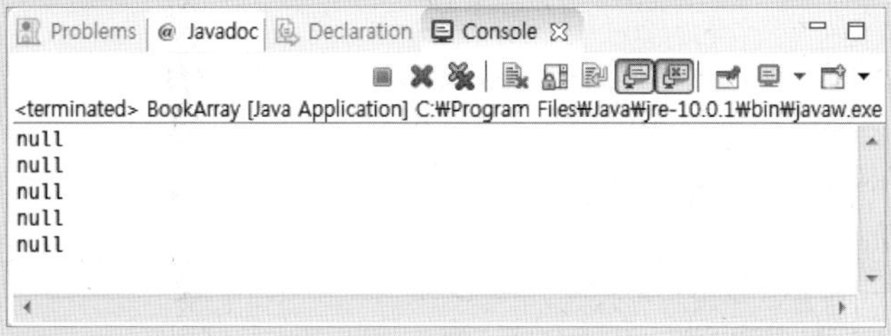

Problems | @ Javadoc | Declaration | Console ⟨⟩

<terminated> BookArray [Java Application] C:₩Program Files₩Java₩jre-10.0.1₩bin₩javaw.exe
null
null
null
null
null

이 코드에서 우리가 이해해야 할 부분은 5행 Book[ ]
library = new Book[5]; 문장입니다. 코드의 내용만

ⓒ 인스턴스에 대해서는 '05-4 클래스와 인
스턴스'를 참조하세요.

보면 Book 인스턴스 5개가 생성된 것처럼 보입니다. 하지만 Book 인스턴스 5개가 바로 생
성되는 것은 아닙니다. 그러면 이때 만들어지는 것은 무엇일까요? 인스턴스를 생성하면 그
인스턴스를 가리키는 주소 값이 있습니다. Book[ ] library = new Book[5];는 각각의 Book
인스턴스 주소 값을 담을 공간 5개를 생성하는 문장입니다. 즉 이 문장을 실행하면 다음 그림
처럼 Book 주소 값을 담을 공간이 5개 만들어지고 자동으로 각 공간은 '비어 있다'는 의미의
null 값으로 초기화됩니다.

library[0]	library[1]	library[2]	library[3]	library[4]
null	null	null	null	null

이제 각 배열 요소에 인스턴스를 생성해 넣어 보겠습니다. Book 클래스에 구현한 생성자를
사용합니다.

코딩해 보세요!   **객체 배열 만들기 (3)**   • 참고 파일 BookArray2.java

```java
01  package array;
02
03  public class BookArray2 {
04    public static void main(String[ ] args) {
05      Book[ ] library = new Book[5];
06
```

```
07      library[0] = new Book("태백산맥", "조정래");
08      library[1] = new Book("데미안", "헤르만 헤세");
09      library[2] = new Book("어떻게 살 것인가", "유시민");        인스턴스 생성 후 배열에 저장
10      library[3] = new Book("토지", "박경리");
11      library[4] = new Book("어린왕자", "생텍쥐페리");
12
13      for(int i = 0; i < library.length; i++) {
14          library[i].showBookInfo( );
15      }
16      for(int i = 0; i < library.length; i++) {
17          System.out.println(library[i]);
18      }
19    }
20  }
```

:: 출력 화면

```
Problems  @ Javadoc  Declaration  Console ✕           ▢ ▢
                    ■ ✖ ✖ | ▣ ▣ ▣ ▣ ▣ | ▣ ▣ ▾ ▣ ▾
<terminated> BookArray2 [Java Application] C:\Program Files\Java\jre-10.0.1\bin\javaw.exe
태백산맥,조정래
데미안,헤르만 헤세
어떻게 살 것인가,유시민        Book 인스턴스 멤버들
토지,박경리
어린왕자,생텍쥐페리
array.Book@707f7052
array.Book@11028347
array.Book@14899482        Book 인스턴스를 저장
array.Book@21588809        한 메모리 공간 주소
array.Book@2aae9190
```

배열의 각 요소에 Book 인스턴스를 만들어 직접 저장했습니다. 위 출력 화면을 보면 각 인스 턴스가 모두 잘 생성되었음을 알 수 있습니다. 16~17행 의 출력 내용은 각 배열 요소가 가지고 있는 인스턴스 주소 값입니다.

◎ 주소 값에 대해서는 '11-1 Object 클래스' 를 소개할 때 자세하게 설명하겠습니다.

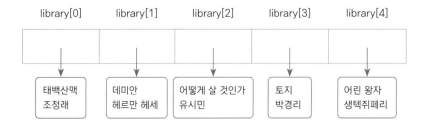

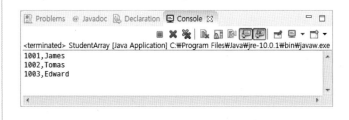

나 혼자 코딩!

객체 배열 만들어 활용하기

학생 클래스 Student를 만들고 멤버 변수로 studentID, name을 선언합니다. showStudentInfo( )
메서드를 만들어 studentID와 name 값을 출력합니다. 그리고 StudentArray 클래스에서
Student 3명의 배열을 만들고 Student를 생성하여 저장한 후 for문을 사용하여 Student 정보를
출력합니다. 출력 결과가 다음과 같도록 Student와 StudentArray 클래스를 만들어 보세요.

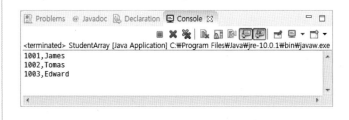

정답 자료실 제공

배열 복사하기

기존 배열과 자료형 및 배열 크기가 똑같은 배열을 새로 만들거나 배열의 모든 요소에 자료가
꽉 차서 더 큰 배열을 만들어 기존 배열에 저장된 자료를 가져오려 할 때 배열을 복사합니다.
배열을 복사하는 방법은 두 가지가 있습니다. 첫 번째는 기존 배열과 배열 길이가 같거나 더
긴 배열을 만들고 for문을 사용하여 각 요소 값을 반복해서 복사하는 방법입니다. 이 코드는
간단하기 때문에 생략하겠습니다. 두 번째는 System.arraycopy( ) 메서드를 사용하는 방법
입니다. System.arraycopy(src, srcPos, dest, destPos, length) 메서드에서 각 매개변수 의
미는 다음과 같습니다.

매개변수	설명
src	복사할 배열 이름
srcPos	복사할 배열의 첫 번째 위치
dest	복사해서 붙여 넣을 대상 배열 이름
destPos	복사해서 대상 배열에 붙여 넣기를 시작할 첫 번째 위치
length	src에서 dest로 자료를 복사할 요소 개수

System.arraycopy( ) 메서드를 사용한 다음 예제를 살펴봅시다.

```
01   package array;
02
03   public class ArrayCopy {
04     public static void main(String[ ] args) {
05       int[ ] array1 = {10, 20, 30, 40, 50};
06       int[ ] array2 = {1, 2, 3, 4, 5};
07
08
09       System.arraycopy(array1, 0, array2, 1, 4);
10       for(int i = 0; i < array2.length; i++) {
11           System.out.println(array2[i]);
12       }
13     }
14   }
```

복사할 배열 | 복사할 첫 위치 | 대상 배열 | 붙여 넣을 첫 위치 | 복사할 요소 개수

:: 출력 화면

```
Problems | @ Javadoc | @ Declaration | Console ✕
<terminated> ArrayCopy [Java Application] C:\Program Files\Java\jre-10.0.1\bin\javaw.exe
1
10
20
30
40
```

예제를 보면 array1 배열에서 array2 배열로 요소 값을 복사합니다. array1 배열의 요소 0번 (첫 번째 요소)부터 4개를 복사해서 대상 배열 array2의 요소 1번(두 번째 요소)부터 붙여 넣습니다. 출력 결과를 보면 array2 배열의 첫 번째 요소 값인 1을 제외하고 나머지 요소 값만 변경된 것을 알 수 있습니다. 이때 복사할 대상 배열의 전체 길이가 복사할 요소 개수보다 작다면 오류가 납니다. 즉 위 예제에서는 요소 4개를 복사했지만, 만일 요소 5개를 복사한다고 코드를 수정하면 array2 배열 길이보다 요소 개수가 많아지므로 오류가 발생합니다.

객체 배열 복사하기

객체 배열도 마찬가지로 복사해서 사용할 수 있습니다. 간단하게 String 클래스를 사용한 예를 살펴보겠습니다. array 패키지에 Book 클래스는 이미 만들어 두었으므로, 같은 패키지에 다음 ObjectCopy1 클래스를 추가로 만들어 진행합니다.

```
01   package array;
02
03   public class ObjectCopy1 {
04     public static void main(String[ ] args) {
05       Book[ ] bookArray1 = new Book[3];
06       Book[ ] bookArray2 = new Book[3];
07
08       bookArray1[0] = new Book("태백산맥", "조정래");
09       bookArray1[1] = new Book("데미안", "헤르만 헤세");
10       bookArray1[2] = new Book("어떻게 살 것인가", "유시민");
11       System.arraycopy(bookArray1, 0, bookArray2, 0, 3);
12
13       for(int i = 0; i < bookArray2.length; i++) {
14         bookArray2[i].showBookInfo( );
15       }
16     }
17   }
```

:: 출력 화면

```
Problems  @ Javadoc  Declaration  Console ✕
<terminated> ObjectCopy1 [Java Application] C:\Program Files\Java\jre-10.0.1\bin\javaw.exe
태백산맥,조정래
데미안,헤르만 헤세
어떻게 살 것인가,유시민
```

위 예제 코드의 출력 결과를 보면 bookArray1 배열에서 bookArray2 배열로 요소 값이 잘 복사된 것을 알 수 있습니다. 그런데 한 가지 의문이 생깁니다. bookArray2 배열의 인스턴스를 따로 만들지 않았는데 각 요소 값이 잘 출력되고 있습니다. 객체 배열을 사용하려면 꼭 인스턴스를 생성해서 넣어야 한다고 했는데, 이 경우는 어떻게 된 것일까요?

얕은 복사

앞 예제에서 배열을 복사해 출력하기 전 bookArray1 배열 요소 값 하나를 변경해 보겠습니다.

```
01   package array;
02
03   public class ObjectCopy2 {
```

```
04    public static void main(String[ ] args) {
05        Book[ ] bookArray1 = new Book[3];
06        Book[ ] bookArray2 = new Book[3];
07
08        bookArray1[0] = new Book("태백산맥", "조정래");
09        bookArray1[1] = new Book("데미안", "헤르만 헤세");
10        bookArray1[2] = new Book("어떻게 살 것인가", "유시민");
11        System.arraycopy(bookArray1, 0, bookArray2, 0, 3);
12
13        for(int i = 0; i < bookArray2.length; i++) {
14            bookArray2[i].showBookInfo( );
15        }
16
17        bookArray1[0].setBookName("나목");          ─── bookArray1 배열의 첫 번째 요소 값 변경
18        bookArray1[0].setAuthor("박완서");
19
20        System.out.println("=== bookArray1 ===");
21        for(int i=0; i<bookArray1.length; i++){
22            bookArray1[i].showBookInfo();
23        }
24
25        System.out.println("=== bookArray2 ===");
26        for(int i = 0; i < bookArray2.length; i++) {
27            bookArray2[i].showBookInfo( );          ─── bookArray2 배열 요소 값도 변경되어 출력
28        }
29    }
30  }
```

:: 출력 화면

```
Problems  @ Javadoc  Declaration  Console ⋈                      □

<terminated> ObjectCopy2 [Java Application] C:₩Program Files₩Java₩jre-10.0.1₩bin₩javaw.exe
태백산맥,조정래
데미안, 헤르만 헤세
어떻게 살 것인가,유시민
=== bookArray1 ===
나목,박완서
데미안, 헤르만 헤세
어떻게 살 것인가,유시민
=== bookArray2 ===          ─── bookArray1의 변경 사항이
나목,박완서                      bookArray2에 반영됨
데미안, 헤르만 헤세
어떻게 살 것인가,유시민
```

출력 화면을 보면 17~18행에서 bookArray1 배열 요소 값을 변경했는데 bookArray2 배열 요소 값도 변경된 것을 알 수 있습니다. 배열이 어떻게 복사되었길래 이런 일이 발생할까요? 그 이유는 객체 배열의 요소에 저장된 값은 인스턴스 자체가 아니고 인스턴스의 주소 값이기 때문입니다. 따라서 객체 배열을 복사할 때 인스턴스를 따로 생성하는 게 아니라 기존 인스턴스의 주소 값만 복사합니다. 결국 두 배열의 서로 다른 요소가 같은 인스턴스를 가리키고 있으므로 복사되는 배열의 인스턴스 값이 변경되면 두 배열 모두 영향을 받는 것입니다. 다음 그림을 봅시다.

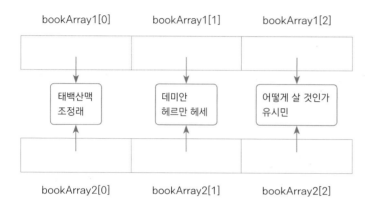

17~18행 코드처럼 bookArray1의 첫 번째 요소 값을 변경하면 다음처럼 bookArray2의 첫 번째 요소 값도 영향을 받는 것이지요.

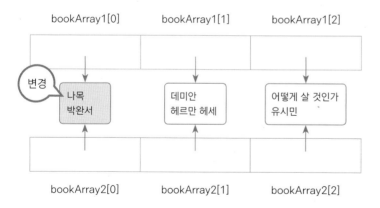

이와 같은 복사를 주소 값만 복사한다고 해서 '얕은 복사(shallow copy)'라고 합니다. 그러면 인스턴스 값만 복사하고, bookArray1 배열과 bookArray2 배열의 각 요소가 서로 다른 인스턴스를 가리키게 하려면 어떻게 해야 할까요?

깊은 복사

반복문을 사용하건 System.arraycopy( ) 메서드를 사용하건 객체 배열을 복사하면 항상 인스턴스 주소가 복사됩니다. 대부분의 경우는 이렇게 해도 문제가 없지만, 인스턴스를 따로 관리하고 싶다면 직접 인스턴스를 만들고 그 값을 복사해야 합니다. 이를 '깊은 복사(deep copy)'라고 합니다.

다음 예제는 복사할 배열에 인스턴스를 따로 생성한 후 요소 값을 복사합니다. 이렇게 하면 복사한 배열 요소는 기존 배열 요소와 서로 다른 인스턴스를 가리키므로 기존 배열의 요소 값이 변경되어도 영향을 받지 않는다는 것을 알 수 있습니다.

코딩해 보세요! 객체 배열의 깊은 복사 · 참고 파일 ObjectCopy3.java

```
01   package array;
02
03   public class ObjectCopy3 {
04     public static void main(String[ ] args) {
05       Book[ ] bookArray1 = new Book[3];
06       Book[ ] bookArray2 = new Book[3];
07
08       bookArray1[0] = new Book("태백산맥", "조정래");
09       bookArray1[1] = new Book("데미안", "헤르만 헤세");
10       bookArray1[2] = new Book("어떻게 살 것인가", "유시민");
11
12       bookArray2[0] = new Book( );          디폴트 생성자로 bookArray2
13       bookArray2[1] = new Book( );          배열 인스턴스 생성
14       bookArray2[2] = new Book( );
15
16       for(int i = 0; i < bookArray1.length; i++) {      bookArray1 배열
17         bookArray2[i].setBookName(bookArray1[i].getBookName( ));   요소를 새로 생성한
18         bookArray2[i].setAuthor(bookArray1[i].getAuthor( ));       bookArray2 배열
19       }                                                  인스턴스에 복사
20
21       for(int i = 0; i < bookArray2.length; i++) {
22         bookArray2[i].showBookInfo( );      //bookArray2 배열 요소 값 출력
23       }
24
25       bookArray1[0].setBookName("나목");    bookArray1 첫 번째 배열
26       bookArray1[0].setAuthor("박완서");     요소 값 수정
27
```

```
28        System.out.println("=== bookArray1 ===");
29        for(int i = 0; i < bookArray1.length; i++) {
30          bookArray1[i].showBookInfo( );   //bookArray1 배열 요소 값 출력
31        }
32
33        System.out.println("=== bookArray2 ===");
34        for(int i = 0; i < bookArray2.length; i++) {
35          bookArray2[i].showBookInfo( );   //bookArray2 배열 요소 값 출력
36        }
37      }
38  }
```

> bookArray1 배열 요소 값과 다른 내용이 출력됨

:: 출력 화면

```
Problems  @ Javadoc  Declaration  Console ✕
<terminated> ObjectCopy3 [Java Application] C:\Program Files\Java\jre-10.0.1\bin\javaw.exe
태백산맥,조정래
데미안,헤르만 헤세
어떻게 살 것인가,유시민
=== bookArray1 ===
나목,박완서
데미안,헤르만 헤세
어떻게 살 것인가,유시민
=== bookArray2 ===
태백산맥,조정래
데미안,헤르만 헤세
어떻게 살 것인가,유시민
```

위 예제처럼 깊은 복사를 할 경우 메모리 그림은 다음과 같습니다.

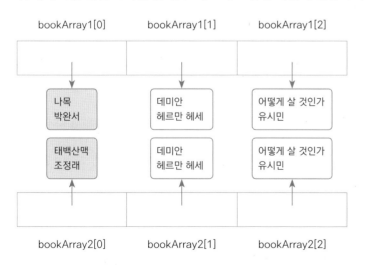

07 · 배열과 ArrayList **217**

향상된 for문과 배열

자바 5부터 제공되는 향상된 for문(enhanced for loop)은 배열의 처음에서 끝까지 모든 요소를 참조할 때 사용하면 편리한 반복 문입니다. 향상된 for문은 배열 요소 값을 순서대로 하나씩 가져 와서 변수에 대입합니다. 따로 초기화와 종료 조건이 없기 때문

```
for(변수 : 배열) {
    반복 실행문;
}
```

에 모든 배열의 시작 요소부터 끝 요소까지 실행합니다. 다음 예제를 따라 하며 향상된 for문을 연습해 봅시다.

코딩해 보세요!　향상된 for문 사용하기　　　　　• 참고 파일 EnhancedForLoop.java

```java
01   package array;
02
03   public class EnhancedForLoop {
04      public static void main(String[ ] args) {
05         String[ ] strArray = {"Java", "Android", "C", "JavaScript", "Python"};
06
07         for(String lang : strArray) {
08            System.out.println(lang);
09         }
10      }
11   }
```

변수에는 배열의 각 요소가 대입

:: 출력 화면

```
Problems  @ Javadoc  Declaration  Console ▣

<terminated> EnhancedForLoop [Java Application] C:\Program Files\Java\jre-10.0.1\bin\javaw.exe
Java
Android
C
JavaScript
Python
```

String형으로 선언된 strArray 배열에 문자열 5개를 저장했습니다. 향상된 for문을 사용해서 String형 lang 변수에 strArray 배열 요소 값을 순서대로 가져와 대입합니다. lang 변수를 출력하면 strArray 배열에 저장된 값이 순서대로 출력됩니다.

 1분 복습　다음은 향상된 for문을 사용해 int형 배열 numArray의 요소 값을 순서대로 하나씩 가져와서 int형 변수 number에 대입하는 코드입니다. 빈칸을 채워 보세요.

```java
int[ ] numArray = new int[ ] {1, 2, 3, 4, 5, 6, 7, 8, 9, 10};
for(            ¹ :             ² ) { ... }
```

정답 1. int number 2. numArray

07-2 다차원 배열

다차원 배열이란?

지금까지 배운 배열은 모두 행 하나로 이루어진 '일차원 배열'입니다. 수학에서 평면을 나타내기 위해 x, y 좌표를 쓰는 것처럼 프로그램에서도 평면을 구현하기 위해 이차원 배열을 사용할 수 있습니다. 예를 들어 바둑이나 체스 게임, 네비게이션 지도 등을 구현할 때 이차원 배열을 활용합니다. 삼차원 이상의 배열도 가능합니다. 삼차원 배열은 주로 공간을 나타내는 프로그램에서 활용합니다. 이렇게 이차원 이상으로 구현한 배열을 '다차원 배열'이라고 합니다. 다차원 배열은 평면이나 공간 개념을 구현하는 데 사용합니다. 여기에서는 이차원 배열에 대해 살펴보겠습니다.

이차원 배열

다음은 2행 3열의 이차원 배열을 선언하는 코드와 논리 구조입니다.

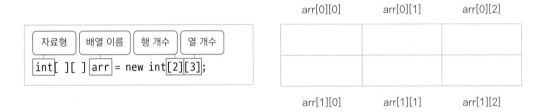

배열의 모든 요소를 참조하려면 각 행을 기준으로 열 값을 순회하면 됩니다. 이차원 배열을 초기화하려면 다음

◎ 순회란 각 배열 요소를 하나씩 찾아본다는 뜻입니다.

처럼 행과 열 개수에 맞추어서 중괄호 {} 안에 콤마(,)로 구분해 값을 적습니다. 이렇게 이차원 배열을 초기화하면 괄호 안에 적은 6개 값이 순서대로 arr 배열의 각 요소에 저장됩니다.

	arr[0][0]	arr[0][1]	arr[0][2]
`int[ ][ ] arr = {{1, 2, 3}, {4, 5, 6}};` →	1	2	3
	4	5	6
	arr[1][0]	arr[1][1]	arr[1][2]

그러면 이 내용을 코드로 구현한 다음 예제를 살펴보겠습니다.

```java
01    package array;
02
03    public class TwoDimension {
04      public static void main(String[ ] args) {
05        int[ ][ ] arr = {{1, 2, 3}, {4, 5, 6}};        이차원 배열 선언과 동시에 초기화
06
07        for(int i = 0; i < arr.length; i++) {
08          for(int j = 0; j < arr[i].length; j++) {
09            System.out.println(arr[i][j]);
10          }
11          System.out.println( );   //행 출력 끝난 후 한 줄 띄움
12        }
13      }
14    }
```

:: 출력 화면

```
Problems  @ Javadoc  Declaration  Console ☒
<terminated> TowDimension [Java Application] C:₩Program Files₩Java₩jre-10.0.1₩bin₩javaw.exe
1
2
3

4
5
6
```

7~10행의 중첩 for문은 배열 인덱스용으로 i, j 두 변수를 사용하는데 i는 행을, j는 열을 가리킵니다. 전체 배열 길이인 arr.length는 행의 개수를 각 행의 길이 arr[i].length는 열의 개수를 나타냅니다.

열의 길이 arr[i].length		
1	2	3
4	5	6

행의 길이 arr.length

나 혼자 코딩!

이차원 배열 연습하기

알파벳 소문자를 2글자씩 13줄(13행 2열)로 출력하는 프로그램을 이차원 배열로 구현해 보세요.

정답 자료실 제공

다음 예제에서 이차원 배열 각 행의 길이와 열의 길이를 다시 살펴보겠습니다.

코딩해 보세요! 이차원 배열의 길이 출력하기 • 참고 파일 TwoDimension2.java

```
01  Package array;
02
03  public class TwoDimension2 {
04    public static void main(String[ ] args) {
05      int[ ][ ] arr = new int[2][3];      // 2행 3열 이차원 배열 선언
06
07      for(int i = 0; i < arr.length; i++) {      행 길이
08        for(int j = 0; j < arr[i].length; j++) {
09            System.out.println(arr[i][j]);
10        }                                   열 길이
11        System.out.println( );
12      }
13      System.out.println(arr.length);
14      System.out.println(arr[0].length);
15    }
16  }
```

:: 출력 화면

```
<terminated> TwoDimension2 [Java Application] C:\Program Files\Java\jre-10.0.1\bin\javaw.exe
0
0
0      1행 1열~1행 3열
0
0
0      2행 1열~2행 3열
2      행 길이
3
       열 길이
```

위 코드를 보면 이차원 배열을 선언만 하고 초기화를 따로 하지 않았기 때문에, 모두 0으로 자동 초기화된 것을 알 수 있습니다.

07-3 ArrayList 클래스 사용하기

기존 배열의 단점과 ArrayList

우리가 앞에서 배운 기본 배열은 프로그램에서 사용하려면 항상 배열 길이를 정하고 시작합니다. 그런데 이런 경우를 생각해 보죠. 처음에 100명의 학생을 위한 프로그램을 개발했는데 어느 순간 학생 수가 100명이 넘었습니다. 배열을 사용하는 중에는 배열 길이를 변경할 수 없기 때문에 코드를 수정해야 합니다. 혹은 중간에 학생 한 명이 전학을 갔습니다. 배열은 중간에 있는 요소를 비워 둘 수 없으므로 배열 요소 위치를 변경해야 합니다. 이 두 경우 모두 배열을 하나하나 수정하려면 힘들고 복잡하겠죠?

그래서 자바는 객체 배열을 좀 더 쉽게 사용할 수 있도록 객체 배열 클래스 ArrayList를 제공합니다. ArrayList 클래스는 객체 배열을 관리할 수 있는 멤버 변수와 메서드를 제공하므로 사용 방법만 알아 두면 편리하게 사용할 수 있습니다. ArrayList에 대해서는 12장에서 다시 한 번 자세히 다룰 예정이므로 이 장에서는 간단히 사용법 위주로 설명하겠습니다.

> ⓒ ArrayList 외에도 배열을 쉽게 사용할 수 있도록 제공되는 클래스가 있지만 ArrayList가 효율이 가장 높기 때문에 많이 사용합니다.

ArrayList 클래스의 주요 메서드

ArrayList 클래스에는 이미 만들어져 있는 메서드가 많이 있습니다. 여기에서는 그중 프로그램을 만들 때 가장 많이 사용하는 메서드 위주로 설명하겠습니다.

메서드	설명
boolean add(E e)	요소 하나를 배열에 추가합니다. E는 요소의 자료형을 의미합니다.
int size( )	배열에 추가된 요소 전체 개수를 반환합니다.
E get(int index)	배열의 index 위치에 있는 요소 값을 반환합니다.
E remove(int index)	배열의 index 위치에 있는 요소 값을 제거하고 그 값을 반환합니다.
boolean isEmpty( )	배열이 비어 있는지 확인합니다.

add( ) 메서드를 이용하면 배열 길이와 상관없이 객체를 추가할 수 있습니다. 만일 배열의 길이가 추가될 요소 개수보다 부족하다면 배열을 더 키울 수 있도록 구현되어 있습니다. 또 배열 중간의 어떤 요소 값이 제거되면 그다음 요소 값을 하나씩 앞으로 이동하는 코드도 이미 구현되어 있습니다. 이렇게 자바에서 제공하는 라이브러리를 활용하면 좀 더 편리하게 프로그래밍할 수 있습니다.

한 걸음 더!   F1 을 눌러서 JavaDoc을 활용해 보세요

ArrayList 클래스는 여러 메서드를 가지고 있습니다. 이들 메서드를 책에서 모두 소개하는 것은 무의미합니다. 이 책은 여러분이 길을 찾는 데 도움을 주는 책이므로 길을 안내할 뿐 그 길을 걸어가야 하는 사람은 여러분 자신이기 때문입니다. 자바를 공부하다 모르는 내용이 있을 때 가장 좋은 방법은 자바에서 제공하는 문서인 JavaDoc을 찾아보는 것입니다. ArrayList에 대해 궁금하다면 이클립스의 편집 창에서 ArrayList라고 적고 F1 키를 누르면 ArrayList 클래스 설명이 있는 JavaDoc을 볼 수 있습니다. 각 메서드에 대한 자세한 설명은 JavaDoc을 참고하세요.

ArrayList 클래스 활용하기

ArrayList를 사용할 때 어떤 자료형 객체를 사용하여 프로그래밍할 것인지 선언할 수 있습니다. 다음은 ArrayList를 사용하는 기본 형식입니다.

```
ArrayList<E> 배열 이름 = new ArrayList<E>( );
```

◎ <E>와 같은 형태를 '제네릭(generic) 자료형'이라고 합니다. 제네릭 자료형에 대해서는 '12-1 제네릭'에서 자세히 다룹니다.

배열을 선언하는 부분의 < > 안에 사용할 객체의 자료형(E)을 쓰면 됩니다. 예를 들어 앞에서 살펴본 Book 클래스형을 자료형으로 사용해서 ArrayList 배열을 생성한다면 다음과 같습니다.

```
ArrayList<Book> library = new ArrayList<Book>( );
```

ArrayList는 java.util 패키지에 구현되어 있는 클래스입니다. 현재 만든 프로그램에는 java.util 패키지가 포함되어 있지 않기 때문에 ArrayList를 사용하기 위해서

◎ java.util 패키지는 자바에서 사용하는 여러 자료 구조와 알고리즘에 관련된 클래스를 구현해 놓은 패키지입니다.

는 컴파일러에게 ArrayList가 어디에 구현되어 있는지 알려줘야 합니다. 이렇게 내 코드에 없는 클래스를 가져와 사용할 때 이 클래스가 어디에 구현되어 있다고 알려주기 위해 코드 맨 위에 선언하는 것을 임포트(import)한다고 합니다. 즉 ArrayList를 사용하려면 자바 클래스를 선언하기 전에 import java.util.ArrayList; 문장을 반드시 써 주어야 합니다.

앞에서 만든 Book 클래스 배열 예제를 ArrayList 클래스를 활용하여 구현해 보겠습니다.

코딩해 보세요! **ArrayList 클래스 사용하기** ·참고 파일 ArrayListTest.java

```java
01  package array;
02  import java.util.ArrayList;          ─ ArrayList 클래스 import
03
04  public class ArrayListTest {
05    public static void main(String[ ] args) {
06      ArrayList<Book> library = new ArrayList<Book>( );   ─ ArrayList 선언
07
08      library.add(new Book("태백산맥", "조정래"));
09      library.add(new Book("데미안", "헤르만 헤세"));
10      library.add(new Book("어떻게 살 것인가", "유시민"));   ─ add( ) 메서드로 요소 값 추가
11      library.add(new Book("토지", "박경리"));
12      library.add(new Book("어린왕자", "생텍쥐페리"));
13
14      for(int i = 0; i < library.size( ); i++) {
15        Book book = library.get(i);
16        book.showBookInfo( );                           ─ 배열에 추가된 요소 개수만큼 출력
17      }
18      System.out.println( );
19
20      System.out.println("=== 향상된 for문 사용 ===");
21      for(Book book : library) {
22        book.showBookInfo( );
23      }
24    }
25  }
```

:: 출력 화면

```
Problems  @ Javadoc  Declaration  Console ✕                    ⬜ ⬜
                      ■ ✖ ✗ | ▣ ▤ ▥ | ▤ ▣ | ⬜ ▣ ▾ ▭ ▾
<terminated> ArrayListTest [Java Application] C:\Program Files\Java\jre-10.0.1\bin\javaw.exe
태백산맥,조정래
데미안,헤르만 헤세
어떻게 살 것인가,유시민
토지,박경리
어린왕자,생텍쥐페리

=== 향상된 for문 사용 ===
태백산맥,조정래
데미안,헤르만 헤세
어떻게 살 것인가,유시민
토지,박경리
어린왕자,생텍쥐페리
```

기본 배열에서는 [ ] 안에 배열 전체 길이를 미리 지정해야 했습니다. 하지만 ArrayList를 생성할 때는 미리 지정할 필요 없이 add( ) 메서드를 사용해 생성자만 호출하면 됩니다. ArrayList는 객체 배열이므로 8~12행과 같이 각 인스턴스를 생성해서 배열의 요소로 추가합니다. 14~17행은 ArrayList에 있는 인스턴스를 순서대로 가져와서 출력합니다. 요소를 하나 가져오는 메서드는 get( )입니다. 매개변수로 몇 번째 요소를 가져올 것인지 지정합니다. 14행 for문을 보면 배열에 추가된 요소 개수만큼만 출력하기 위해 size( ) 메서드를 사용했습니다. size( ) 메서드는 배열에 유효한 값이 저장된 요소 개수를 반환합니다. 21~23행의 향상된 for문 역시 배열의 요소 값을 출력합니다.

> ☺ JavaDoc을 살펴보면 ArrayList의 생성자가 몇 가지 더 있는데, 이는 12장에서 다루겠습니다.

나 혼자 코딩!

ArrayList 활용하기
211쪽의 〈나 혼자 코딩〉에서 만든 Student 클래스를 이용하여 StudentArrayList 클래스를 만들고 ArrayList〈Student〉 자료형의 ArrayList를 선언합니다. ArrayList에 학생 3명을 추가하고 그 정보를 출력하세요. 출력 결과는 다음과 같습니다.

```
1001,James
1002,Tomas
1003,Edward
```

정답 자료실 제공

07-4 배열 응용 프로그램

지금까지 배운 ArrayList를 사용해 학생 성적 출력 프로그램을 구현해 보겠습니다. 이 프로그램은 Student 클래스와 Subject 클래스를 사용합니다. 만약 어떤 학생이 10과목을 수강한다면 Subject 클래스형을 자료형으로 선언한 변수가 10개 필요할 것입니다. 또 어떤 학생은 3과목을 수강할 수도 있고, 어떤 학생은 5과목을 수강할 수도 있습니다. 따라서 이러한 경우에는 배열을 사용하여 프로그램을 구현하는 것이 좋습니다. Subject 클래스는 참조 자료형이므로 ArrayList를 활용해서 구현해 보겠습니다.

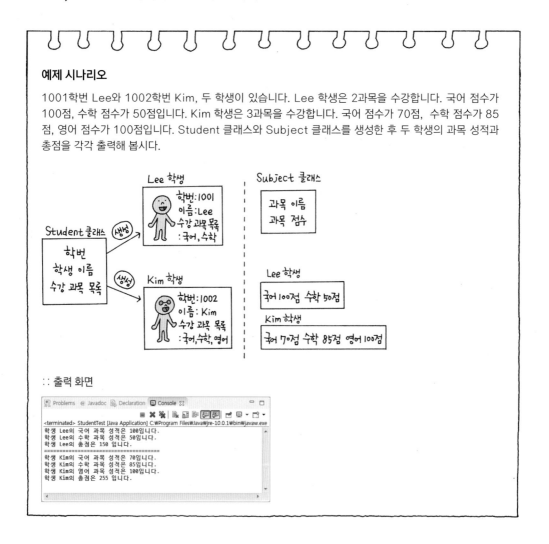

예제 시나리오

1001학번 Lee와 1002학번 Kim, 두 학생이 있습니다. Lee 학생은 2과목을 수강합니다. 국어 점수가 100점, 수학 점수가 50점입니다. Kim 학생은 3과목을 수강합니다. 국어 점수가 70점, 수학 점수가 85점, 영어 점수가 100점입니다. Student 클래스와 Subject 클래스를 생성한 후 두 학생의 과목 성적과 총점을 각각 출력해 봅시다.

:: 출력 화면

```
학생 Lee의 국어 과목 성적은 100입니다.
학생 Lee의 수학 과목 성적은 50입니다.
학생 Lee의 총점은 150 입니다.
========================================
학생 Kim의 국어 과목 성적은 70입니다.
학생 Kim의 수학 과목 성적은 85입니다.
학생 Kim의 영어 과목 성적은 100입니다.
학생 Kim의 총점은 255 입니다.
```

Student 클래스 구현하기

성적 출력 프로그램은 어떤 학생이 수강하는 과목들의 성적을 출력하는 것이므로 '학생' 객체
가 필요하겠죠? 그러면 Student 클래스부터 구현해 보겠습니다.

코딩해 보세요!   Student 클래스 구현하기   • 참고 파일 Student.java

```java
01  package arraylist;
02  import java.util.ArrayList;
03
04  public class Student {
05      int studentID;
06      String studentName;
07      ArrayList<Subject> subjectList;   // ArrayList 선언하기
08
09      public Student(int studentID, String studentName) {
10          this.studentID = studentID;
11          this.studentName = studentName;
12          subjectList = new ArrayList<Subject>( );   // ArrayList 생성하기
13      }
14
15      public void addSubject(String name, int score) {
16          Subject subject = new Subject( );   // Subject 생성하기
17          subject.setName(name);              // 과목 이름 추가하기
18          subject.setScorePoint(score);       // 점수 추가하기
19          subjectList.add(subject);           // 배열에 저장하기
20      }
21
22      public void showStudentInfo( ) {
23          int total = 0;
24          for(Subject s : subjectList) {
25              total += s.getScorePoint( );  // 총점 더하기
26              System.out.println("학생 " + studentName + "의 " + s.getName( ) + " 과목
                            성적은 " + s.getScorePoint( ) + "입니다.");
27          }
28          System.out.println("학생 " + studentName + "의 총점은 " + total + " 입니다.");
29      }
30  }
```

- Student 클래스의 멤버 변수 (05~07)
- 생성자 (09~13)
- 학생이 수강하는 과목을 subjectList 배열에 하나씩 추가하는 메서드 (15~20)
- 배열 요소 값 출력 (24~27)

한 학생이 수강하는 과목은 여러 개 있을 수 있으므로, 7행에서 Subject 클래스형으로 ArrayList를 생성합니다. subjectList는 학생이 수강하는 과목을 저장할 배열입니다. 학생의 수강 과목을 하나씩 추가하기 위해 15~20행 addSubject( ) 메서드를 만듭니다. 매개변수로 넘어온 과목 이름과 점수를 가지고 Subject 클래스를 생성하고, 생성한 인스턴스는 subjectList에 추가합니다. 그러면 이 학생의 수강 과목 정보는 subjectList에 저장됩니다. 22~29행 showStudentInfo( ) 메서드에서는 각 과목의 성적과 총점을 출력합니다. 향상된 for문을 사용하여 subjectList 배열 내용을 출력할 수 있습니다.

Subject 클래스 구현하기

과목 정보를 담고 있는 Subject 클래스의 코드는 다음과 같습니다.

코딩해 보세요! Subject 클래스 구현하기 · 참고 파일 Subject.java

```java
01   package arraylist;
02
03   public class Subject {
04     private String name;      //과목 이름       ┐ Subject 클래스의
05     private int scorePoint;   //과목 점수       ┘ 멤버 변수
06
07     public String getName( ) {
08       return name;
09     }
10     public void setName(String name) {
11       this.name = name;
12     }
13     public int getScorePoint( ) {
14       return scorePoint;
15     }
16     public void setScorePoint(int scorePoint) {
17       this.scorePoint = scorePoint;
18     }
19   }
```

Subject 클래스의 멤버 변수는 과목 이름과 성적 두 가지입니다. 7~18행에 구현한 메서드는 name과 scorePoint 멤버 변수의 get( ), set( ) 메서드입니다.

테스트 클래스 구현 후 결과 확인하기

학생 두 명을 생성하고 각 학생의 과목별 성적과 총점을 출력해 보겠습니다.

코딩해 보세요! 학생 성적 출력하기
· 참고 파일 StudentTest.java

```java
01   package arraylist;
02
03   public class StudentTest {
04     public static void main(String[ ] args) {
05       Student studentLee = new Student(1001, "Lee");
06       studentLee.addSubject("국어", 100);
07       studentLee.addSubject("수학", 50);
08
09       Student studentKim = new Student(1002, "Kim");
10       studentKim.addSubject("국어", 70);
11       studentKim.addSubject("수학", 85);
12       studentKim.addSubject("영어", 100);
13
14       studentLee.showStudentInfo( );
15       System.out.println("=====================================");
16       studentKim.showStudentInfo( );
17     }
18   }
```

:: 출력 화면

```
Problems  @ Javadoc  Declaration  Console ☒              ⊟ ▢
              ▣ ✖ ✖ | ▣ ▣ ▣ ▣ ▣ | ▣ ▤ ▾ ▭ ▾ ▾
<terminated> StudentTest [Java Application] C:₩Program Files₩Java₩jre-10.0.1₩bin₩javaw.exe
학생 Lee의 국어 과목 성적은 100입니다.
학생 Lee의 수학 과목 성적은 50입니다.
학생 Lee의 총점은 150 입니다.
=====================================
학생 Kim의 국어 과목 성적은 70입니다.
학생 Kim의 수학 과목 성적은 85입니다.
학생 Kim의 영어 과목 성적은 100입니다.
학생 Kim의 총점은 255 입니다.
```

5행에서 studentLee를 생성합니다. 학생 ID는 1001, 이름은 Lee입니다. studentLee의 addSubject( ) 메서드를 호출하여 학생 Lee가 수강 중인 국어, 수학 과목을 studentLee의 subjectList에 추가합니다. 마찬가지로 학생 ID가 1002, 이름은 Kim인 studentKim을 9행에서 생성하고 이번에는 국어, 수학, 영어 3과목을 addSubject( ) 메서드를 사용하여 추가합니다. showStudentInfo( ) 메서드를 호출하여 각 학생의 과목별 성적과 총점을 출력합니다.

Q1 배열은 [같] 자료형을 순서대로 관리할 때 사용하는 자료 구조입니다.

Q2 206쪽의 알파벳 출력 예제에서 각 배열 요소 값을 소문자에서 대문자로 변환해 출력하세요.

힌트 A의 아스키 값은 65, a의 아스키 값은 97이므로 두 문자는 32만큼 차이가 납니다.

Q3 배열 길이가 5인 정수형 배열을 선언하고, 1~10 중 짝수만을 배열에 저장한 후 그 합을 출력하세요.

Q4 다음과 같이 Dog 클래스가 있습니다. DogTest 클래스와 배열 길이가 5인 Dog[ ] 배열을 만든 후 Dog 인스턴스를 5개 생성하여 배열에 추가합니다. for문과 향상된 for문에서 Dog 클래스의 showDogInfo( ) 메서드를 사용하여 배열에 추가한 Dog 정보를 모두 출력하세요.

```java
public class Dog {
    private String name;
    private String type;
    public Dog(String name, String type) {
        this.name = name;
        this.type = type;
    }
    public String getName( ) {
        return name;
    }
    public void setName(String name) {
        this.name = name;
    }
    public String getType( ) {
        return type;
    }
    public void setType(String type) {
        this.type = type;
    }
    public String showDogInfo( ) {
        return name + "," + type;
    }
}
```

Q5 **Q4** 에서 DogTestArrayList 클래스를 만들어 멤버 변수로 ArrayList를 사용합니다. Dog 인스턴스를 5개 생성하여 ArrayList에 추가하고 ArrayList의 정보를 출력하는 코드를 작성하세요.

힌트 ArrayList의 메서드를 활용하세요.

07장 정답
590쪽

상속과 다형성

객체 지향 프로그램에서 지원하는 여러 기술을 활용하면 재사용성, 확장성이 좋고 유지보수가 수월한 프로그램을 구현할 수 있습니다. 그 첫 번째로 클래스 간 상속 개념을 학습합니다. 또한 객체 지향 프로그램의 다형성을 활용하여 유연한 구조의 프로그램을 구현할 수 있습니다. 중요한 내용이므로 한 번에 이해가 안 된다면 반복 학습을 통해 상속 및 다형성 개념을 꼭 이해하기 바랍니다.

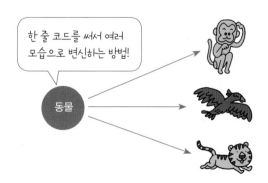

08-1 상속이란?

객체 지향 프로그래밍의 중요한 특징 중 하나가 상속(inheritance)입니다. 상속은 우리가 일반적으로 알 듯 무엇인가를 물려받는다는 의미입니다. 일례로 부모가 자식에게 물려주는 재산을 상속이라고 하죠. 부모에게 재산을 상속받으면 상속받은 재산을 자신의 것으로 사용할 수 있습니다. 객체 지향 프로그램에서도 마찬가지입니다. B 클래스가 A 클래스를 상속받으면 B 클래스는 A 클래스의 멤버 변수와 메서드를 사용할 수 있습니다. 객체 지향 프로그램은 유지보수하기 편하고 프로그램을 수정하거나 새로운 내용을 추가하는 것이 유연한데, 그 기반이 되는 기술이 바로 상속입니다. 그러면 이제부터 상속에 대해 하나씩 살펴봅시다.

클래스의 상속

상속을 구체적으로 학습하기 전에 자바에서 상속과 관련하여 사용하는 용어와 문법에 대해 알아보겠습니다. B 클래스가 A 클래스에서 상속받는다고 할 때 다음과 같은 그림으로 나타낼 수 있습니다.

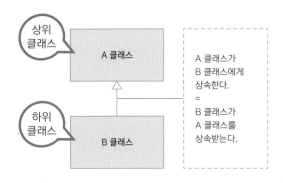

우리가 생각하기에 상속을 하는 클래스에서 상속을 받는 클래스로 화살표가 갈 것 같지만, 클래스 간 상속을 표현할 때는 위 그림에 표현한 것처럼 상속받는 클래스에서 상속하는 클래스로 화살표가 가므로 헷갈리면 안 됩니다. 이 책에서는 부모 클래스(parent class)를 '상위 클래스', 자식 클래스(child class)를 '하위 클래스'라고 부르겠습니다.

© 상위 클래스는 super class, base class로, 하위 클래스는 subclass, derived class로 표현하기도 합니다.

클래스 상속 문법

자바 문법으로 상속을 구현할 때는 extends 예약어를 사용합니다. 이때 사용하는 extends 예약어는 '연장, 확장하다'의 의미입니다. 즉 A가 가지고 있는 속성이나 기능을 추가로 확장하여 B 클래스를 구현한다는 뜻이죠. 그러면 일반적인 클래스 A에서 더 구체적인 클래스 B가 구현됩니다. 오른쪽 코드는 'B 클래스가 A 클래스를 상속받는다'라고 말합니다.

```
class B extends A {
}
```

다음과 같은 관계를 생각해 봅시다.

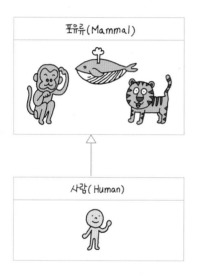

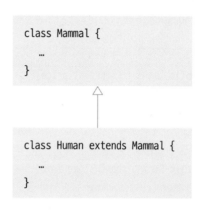

```
class Mammal {
    …
}
```

```
class Human extends Mammal {
    …
}
```

포유류는 사람보다 일반적인 개념입니다. 즉 사람은 포유류의 특징과 기능을 기본으로 더 많거나 다른 특징과 기능을 가지고 있습니다. 이렇게 상속 관계에서는 상위 클래스가 하위 클래스보다 일반적인 개념이고, 하위 클래스는 상위 클래스보다 구체적인 클래스가 됩니다. 그러면 간단한 프로그램을 만들면서 상속을 학습해 보겠습니다.

상속을 사용하여 고객 관리 프로그램 구현하기

회사에서 고객 정보를 가지고 맞춤 서비스를 제공하기 위해 고객 관리 프로그램을 구현하려고 합니다. 그러면 먼저 고객 클래스가 있어야겠지요? 고객 클래스를 구현하려면 클래스 속성을 멤버 변수로 선언하면 됩니다. 이 예제에서는 고객 아이디, 이름, 고객 등급, 보너스 포인트, 보너스 포인트 적립 비율을 속성으로 선언하겠습니다.

```
01   package inheritance;
02
03   public class Customer {
04       private int customerID; //고객 아이디
05       private String customerName;  //고객 이름
06       private String customerGrade; //고객 등급        멤버 변수
07       int bonusPoint;  //보너스 포인트
08       double bonusRatio;  //적립 비율
09
10       public Customer( ) {
11           customerGrade = "SILVER";  //기본 등급
12           bonusRatio = 0.01;  //보너스 포인트 기본 적립 비율     디폴트 생성자
13       }
14
15       public int calcPrice(int price) {
16           bonusPoint += price * bonusRatio;  //보너스 포인트 계산     보너스 포인트 적립, 지불
17           return price;                                              가격 계산 메서드
18       }
                                                                        고객 정보를 반환하는 메서드
19
20       public String showCustomerInfo( ) {
21           return customerName + " 님의 등급은 " + customerGrade + "이며, 보너스 포인트는" +
     bonusPoint + "입니다.";
22       }
23   }
```

예제에서 사용한 멤버 변수를 살펴보면 다음과 같습니다.

멤버 변수	설명
customerID	고객 아이디
customerName	고객 이름
customerGrade	고객 등급 기본 생성자에서 지정되는 기본 등급은 SILVER입니다.
bonusPoint	고객의 보너스 포인트 – 고객이 제품을 구매할 경우 누적되는 보너스 포인트입니다.

bonusRatio	보너스 포인트 적립 비율
	– 고객이 제품을 구매할 때 구매 금액의 일정 비율이 보너스 포인
	  트로 적립됩니다. 이때 계산되는 적립 비율입니다.
	– 기본 생성자에서 지정되는 적립 비율은 1%입니다. 즉 10,000
	  원짜리를 사면 100원이 적립됩니다.

모든 멤버 변수를 반드시 private으로 선언할 필요는 없습니다. 필요에 따라 멤버 변수나 메서드를 외부에 노출하지 않을 목적일 때 private으로 선언합니다. 다음은 예제에서 사용한 메서드입니다.

메서드	설명
Customer( )	기본 생성자입니다. 고객 한 명이 새로 생성되면 customerGrade 는 SILVER이고, bonusRatio는 1%로 지정합니다.
calcPrice(int price)	제품에 대해 지불해야 하는 금액을 계산하여 반환합니다. 할인되지 않는 경우 가격을 그대로 반환합니다. 그리고 가격에 대해 보너스 포인트 비율을 적용하여 보너스 포인트를 적립합니다.
showCustomerInfo( )	고객 정보를 출력합니다. 고객 이름과 등급, 현재 적립된 포인트를 보여 줍니다.

여기까지는 그동안 우리가 구현한 객체 지향 프로그램과 별반 차이가 없지요? 이제 다음과 같은 상황을 생각해 보겠습니다.

새로운 고객 등급이 필요한 경우

예제 시나리오

고객이 점점 늘어나고 판매도 많아지다 보니 단골 고객이 생겼습니다. 단골 고객은 회사 매출에 많은 기여를 하는 우수 고객입니다. 이 우수 고객에게 좋은 혜택을 주고 싶습니다. 우수 고객 등급은 VIP이고, 다음과 같은 혜택을 제공합니다.

- 제품을 살 때는 항상 10% 할인해 줍니다.
- 보너스 포인트를 5% 적립해 줍니다.
- 담당 전문 상담원을 배정해 줍니다.

이 요구 사항을 어떻게 구현하면 좋을까요? 가장 간단하게 생각해 보면, 이미 Customer 클래스가 존재하므로 Customer 클래스에 VIP 고객에게 필요한 변수와 메서드까지 함께 포함하여 구현하는 것입니다. 그런데 이렇게 구현하면 Customer 클래스의 코드가 복잡해집니다. 게다가 일반 고객의 인스턴스를 생성할 때는 VIP 고객과 관련된 기능은 전혀 필요 없는데 VIP 고객의 내용까지 같이 생성되어 낭비가 발생합니다. 이러한 경우는 다음처럼 VIPCustomer 클래스를 따로 만드는 것이 좋습니다.

```
public class VIPCustomer {
    private int customerID;
    private String customerName;
    private String customerGrade;          Customer 클래스와 겹치는 멤버 변수
    int bonusPoint;
    double bonusRatio;


    private int agentID;    //VIP 고객 담당 상담원 아이디      VIP 고객 관련 기능을 구현할 때만 필요한
    double saleRatio;        //할인율                          멤버 변수


    public VIPCustomer( ) {
        customerGrade = "VIP";   //고객 등급 VIP
        bonusRatio = 0.05;       //보너스 적립 5%        디폴트 생성자
        saleRatio = 0.1;         //할인율 10%
    }

    public int calcPrice(int price) {
        bonusPoint += price * bonusRatio;
        return price - (int)(price * saleRatio);     할인율 적용
    }

    public int getAgentID( ) {
        return agentID;                     VIP 고객에게만 필요한 메서드
    }

    public String showCustomerInfo( ) {
        return customerName + " 님의 등급은 " + customerGrade + "이며, 보너스 포인트는" + bo
nusPoint + "입니다.";
    }
}
```

그런데 클래스를 만들고 보니 앞에서 만든 Customer 클래스와 겹치는 멤버 변수와 메서드가 보이네요. 게다가 calcPrice( ) 메서드는 이름은 같은데 구현 내용은 다릅니다. 생각해 보면 VIP 고객도 어쨌든 고객입니다. 다만 일반 고객에게 제공하는 혜택을 기본으로 제공하고 추가 속성과 메서드가 있는 것이지요. 바로 이런 경우에 상속을 사용합니다.

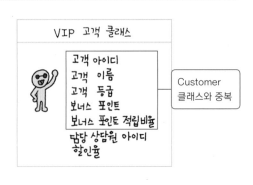

VIP 고객 클래스

고객 아이디
고객 이름
고객 등급
보너스 포인트
보너스 포인트 적립비율
담당 상담원 아이디
할인율

Customer 클래스와 중복

즉 Customer 클래스에 일반 고객의 속성과 기능이 이미 구현되어 있기 때문에, VIPCustomer 클래스는 Cutomer 클래스를 상속받고 VIP 고객에게 필요한 추가 속성과 기능을 구현하는 것입니다. Customer 클래스를 상속한 VIPCustomer 클래스의 코드는 다음과 같습니다.

코딩해 보세요! VIPCustomer 클래스 구현하기 · 참고 파일 VIPCustomer.java

```java
01  package inheritance;
02
03  public class VIPCustomer extends Customer {    VIPCustomer 클래스는 Customer
04      private int agentID;   //VIP 고객 상담원 아이디    클래스를 상속받음
05      double saleRatio;   //할인율
06
07      public VIPCustomer( ) {
08          customerGrade = "VIP";    상위 클래스에서 private
09          bonusRatio = 0.05;        변수이므로 오류 발생
10          saleRatio = 0.1;
11      }
12
13      public int getAgentID( ) {
14          return agentID;
15      }
16  }
```

VIPCustomer 클래스의 코드가 상당히 간단해졌습니다. Customer 클래스에 이미 선언되어 있는 customerID, customerName, customerGrade, bonusPoint, bonusRatio 멤버 변수와 calcPrice( ), showCustomerInfo( ) 메서드는 상속을 받아서 사용할 것이기 때문에 구현하지 않았습니다. 그런데 위 코드에는 두 가지 문제가 있습니다. 첫째, customerGrade 변수에서 오류가 발생합니다. 상위 클래스에 선언한 변수인데 오류가 발생한 이유가 무엇일까요? 상위 클래스에서 customerGrade는 private 변수입니다. 따라서 외부 클래스에서는 이 변수를 사용할 수 없습니다. 두 번째는 VIP 고객에게 제공하는 혜택인 할인율과 세일 가

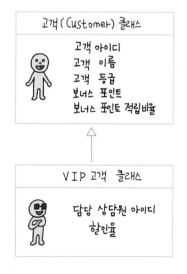

고객 (Customer) 클래스

고객 아이디
고객 이름
고객 등급
보너스 포인트
보너스 포인트 적립비율

VIP 고객 클래스

담당 상담원 아이디
할인율

격을 어떻게 적용할지 구현하지 않았다는 점입니다. 이 내용은 '08-3 메서드 오버라이딩'에서 설명하겠습니다.

상위 클래스 변수를 사용하기 위한 protected 예약어

우선 customerGrade 변수에서 발생하는 오류부터 수정해 보겠습니다. 이 오류는 상위 클래스에 선언한 customerGrade가 private 변수이기 때문에 발생합니다. 상위 클래스에 작성한 변수나 메서드 중 외부 클래스에서 사용할 수 없지만 하위 클래스에서는 사용할 수 있도록 지정하는 예약어가 바로 protected입니다. 상속받은 하위 클래스에서는 public처럼 사용할 수 있는 것이지요. 즉 protected는 상속된 하위 클래스를 제외한 나머지 외부 클래스에서는 private과 동일한 역할을 합니다.

그러면 Customer 클래스에 있는 private 변수를 다른 하위 클래스에서도 사용할 수 있도록 모두 protected로 바꾸겠습니다. 그리고 protected로 선언한 customerID, customerName, customerGrade 변수를 사용하기 위해 get( ), set( ) 메서드를 추가하겠습니다.

코딩해 보세요!　　protected 변수 선언　　　　　• 참고 파일 Customer.java

```
01   package inheritance;
02
03   public class Customer {
04       protected int customerID;
05       protected String customerName;
06       protected String customerGrade;
07       int bonusPoint;
08       double bonusRatio;
...      ...
24       public int getCustomerID( ) {
25           return customerID;
26       }
27
28       public void setCustomerID(int customerID) {
29           this.customerID = customerID;
30       }
31
32       public String getCustomerName( ) {
33           return customerName;
34       }
35
36       public void setCustomerName(String customerName) {
37           this.customerName = customerName;
38       }
39
```

> protected 예약어로 선언한 변수를 외부에서 사용할 수 있도록 get( ), set( ) 메서드 추가

```
40    public String getCustomerGrade( ) {
41       return customerGrade;
42    }
43
44    public void setCustomerGrade(String customerGrade) {
45       this.customerGrade = customerGrade;
46    }
47 }
```

protected 예약어로 선언한 변수는 외부 클래스에는 private 변수처럼 get( ) 메서드를 사용해 값을 가져올 수 있고, set( ) 메서드를 사용해 값을 지정할 수 있습니다. Customer 클래스를 상속받은 VIPCustomer 클래스는 protected로 선언한 변수를 상속받게 되고, 나머지 public 메서드도 상속받아 사용할 수 있습니다. 위와 같이 protected로 선언하면 VIPCustomer 부분의 오류는 사라집니다.

테스트 프로그램 실행하기

그러면 간단한 테스트 프로그램을 만들어 두 클래스를 생성해 보겠습니다.

예제 시나리오

일반 고객 1명과 VIP 고객 1명이 있습니다. 일반 고객의 이름은 이순신, 아이디는 10010입니다. 이 고객은 지금 보너스 포인트 1000점이 있습니다. VIP 고객의 이름은 김유신, 아이디는 10020입니다. 이 고객은 보너스 포인트 10000점을 가지고 있습니다.

코딩해 보세요! 상속 클래스 테스트하기　　　　　　　　• 참고 파일 CustomerTest1.java

```
01   package inheritance;
02
03   public class CustomerTest1 {
04     public static void main(String[ ] args) {
05       Customer customerLee = new Customer( );
06       customerLee.setCustomerID(10010);
07       customerLee.setCustomerName("이순신");
08       customerLee.bonusPoint = 1000;
09       System.out.println(customerLee.showCustomerInfo( ));
10
```

customerID와 customerName은 protected 변수이므로 set( ) 메서드 호출

```
11        VIPCustomer customerKim = new VIPCustomer( );
12        customerKim.setCustomerID(10020);
13        customerKim.setCustomerName("김유신");
14        customerKim.bonusPoint = 10000;
15        System.out.println(customerKim.showCustomerInfo( ));
16    }
17  }
```

> customerID와 customerName은 protected변수이므로 set( ) 메서드 호출

:: 출력 화면

```
Problems  @ Javadoc  Declaration  Console ⊠                      □ □
          ■ ✖ ※ | 🔒 🗐 🗒 | 🖶 🖩 | 🖻 🔻 🗂 ▼
<terminated> CustomerTest1 [Java Application] C:\Program Files\Java\jre-10.0.1\bin\javaw.exe
이순신 님의 등급은 SILVER이며, 보너스 포인트는 1000입니다.
김유신 님의 등급은 VIP이며, 보너스 포인트는 10000입니다.
```

5행에서 새로운 Customer 클래스를 생성하고 customerLee 참조 변수에 대입합니다. 11행에서는 VIPCustomer 클래스를 생성하고 customerKim 참조 변수에 대입합니다. VIPCustomer가 Customer를 상속했기 때문에 고객 아이디, 고객 이름의 메서드를 사용할 수 있습니다. 두 고객의 속성인 아이디, 이름, 보너스 포인트를 지정하고 showCustomerInfo( ) 메서드를 사용해 고객 정보를 출력했습니다.

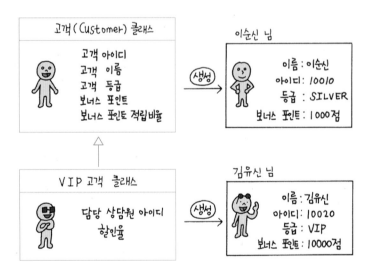

08-2 상속에서 클래스 생성과 형 변환

하위 클래스가 생성될 때는 상위 클래스의 생성자가 먼저 호출됩니다. 상속 관계에서 클래스의 생성 과정을 살펴보면 하위 클래스가 상위 클래스의 변수와 메서드를 사용할 수 있는 이유와 하위 클래스가 상위 클래스의 자료형으로 형 변환을 할 수 있는 이유를 이해할 수 있습니다.

하위 클래스가 생성되는 과정

상속을 받은 하위 클래스는 상위 클래스의 변수와 메서드를 사용할 수 있다고 했습니다. 즉 CustomerTest 예제를 살펴보면, VIPCustomer 클래스로 선언한 customerKim 인스턴스는 상속받은 상위 클래스의 변수를 자기 것처럼 사용할 수 있습니다. 변수를 사용할 수 있다는 것은 그 변수를 저장하고 있는 메모리가 존재한다는 뜻입니다. 그런데 VIPCustomer 클래스의 코드를 보면 해당 변수가 존재하지 않습니다. Customer 클래스를 상속받았을 뿐입니다. 여기에서 우리는 상속된 하위 클래스가 생성되는 과정을 다시 생각해 볼 필요가 있습니다. 테스트를 하기 위해 Customer와 VIPCustomer 클래스 생성자에 출력문을 추가하겠습니다.

> **코딩해 보세요!** **상속에서 클래스 생성 과정 (1)**   • 참고 파일 Customer.java

```
01   package inheritance;
02
03   public class Customer {
04     protected int customerID;
05     protected String customerName;
06     protected String customerGrade;
07     int bonusPoint;
08     double bonusRatio;
09
10     public Customer( ) {
11       customerGrade = "SILVER";
12       bonusRatio = 0.01;
13       System.out.println("Customer( ) 생성자 호출 ");    ─── 상위 클래스 생성할 때 콘솔 출력문
14     }
15
16     public int calcPrice(int price) {
```

```
17        bonusPoint += price * bonusRatio;
18        return price;
19    }
20    ...
21 }
```

Customer( ) 생성자에 출력문을 넣었습니다. Customer 인스턴스가 생성되면 이 호출문이 출력될 것입니다. 그리고 VIPCustomer( ) 생성자에도 출력문을 추가합니다.

코딩해 보세요! 상속에서 클래스 생성 과정 (2) · 참고 파일 VIPCustomer.java

```
01 Package inheritance;
02
03 public class VIPCustomer extends Customer {
04    private int agentID;
05    double saleRatio;
06
07    public VIPCustomer( ) {
08       customerGrade = "VIP";
09       bonusRatio = 0.05;
10       saleRatio = 0.1;
11       System.out.println("VIPCustomer( ) 생성자 호출 ");   ─── 하위 클래스 생성할 때
12    }                                                          콘솔 출력문
13
14    public int getAgentID( ) {
15       return agentID;
16    }
17 }
```

이제 CutomerTest2 클래스를 실행하여 출력 결과를 확인해 보겠습니다.

코딩해 보세요! 하위 클래스 생성하기 · 참고 파일 CustomerTest2.java

```
01 package inheritance;
02
03 public class CustomerTest2 {
04    public static void main(String[ ] args) {
05       VIPCustomer customerKim = new VIPCustomer( );   //하위 클래스 생성
06       customerKim.setCustomerID(10020);
07       customerKim.setCustomerName("김유신");
```

242 둘째마당 · 자바의 핵심, 객체 지향 프로그래밍

```
08        customerKim.bonusPoint = 10000;
09        System.out.println(customerKim.showCustomerInfo( ));
10    }
11 }
```

:: 출력 화면

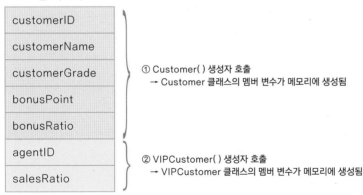

출력 화면을 보면 상위 클래스의 Customer( ) 생성자가 먼저 호출되고 그다음에 VIPCus
tomer( )가 호출되는 것을 알 수 있습니다. 정리하면 상위 클래스를 상속받은 하위 클래스가
생성될 때는 반드시 상위 클래스의 생성자가 먼저 호출됩니다. 그리고 상위 클래스 생성자가
호출될 때 상위 클래스의 멤버 변수가 메모리에 생성되는 것이지요. 하위 클래스
VIPCustomer가 생성될 때 메모리 구조를 간단히 그려 보면 다음과 같습니다.

힙 메모리

| customerID |
| customerName |
| customerGrade | ① Customer( ) 생성자 호출
| bonusPoint | → Customer 클래스의 멤버 변수가 메모리에 생성됨
| bonusRatio |

| agentID | ② VIPCustomer( ) 생성자 호출
| salesRatio | → VIPCustomer 클래스의 멤버 변수가 메모리에 생성됨

위와 같이 상위 클래스의 변수가 메모리에 먼저 생성되기 때문에 하위 클래스에서도 이 값들
을 모두 사용할 수 있습니다. 그렇다면 08-1에서 상위 클래스의 변수를 private으로 선언한
경우에 하위 클래스에서 해당 변수를 사용할 수 없었던 것은 상위 클래스의 변수가 생성되지
않았기 때문일까요? 아닙니다. private 변수가 생성은 되지만 단지 하위 클래스에서 접근할
수 없을 뿐입니다.

지금까지 하위 클래스가 생성될 때 상위 클래스가 먼저 만들어진다는 것을 배웠습니다. 이제 어떤 과정으로 상위 클래스가 생성되는지 살펴봅시다.

부모를 부르는 예약어, super

super 예약어는 하위 클래스에서 상위 클래스로 접근할 때 사용합니다. 하위 클래스는 상위 클래스의 주소, 즉 참조 값을 알고 있습니다. 이 참조 값을 가지고 있는 예약어가 바로 super입니다. this가 자기 자신의 참조 값을 가지고 있는 것과 같다고 생각하면 됩니다. 또한 super는 상위 클래스의 생성자를 호출하는 데도 사용합니다.

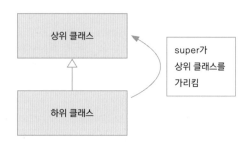

상위 클래스 생성자 호출하기

CustomerTest2.java 예제를 보면 VIPCustomer만 생성하였는데 Customer 상위 클래스도 생성된 것을 알 수 있었습니다. 하위 클래스 생성자만 호출했는데 상위 클래스 생성자가 호출되는 이유는 하위 클래스 생성자에서 super( )를 자동으로 호출하기 때문입니다. super( )를 호출하면 상위 클래스의 디폴트 생성자가 호출됩니다. 하위 클래스의 디폴트 생성자는 바이트 코드로 변환되기 전에 다음과 같이 코드가 자동으로 변경됩니다.

```
public VIPCustomer( ) {
    super( );                       컴파일러가 자동으로 추가하는 코드.
                                    상위 클래스의 Customer( )가 호출됨
    customerGrade = "VIP";
    bonusRatio = 0.05;
    saleRatio = 0.1;
    System.out.println("VIPCusomer( ) 생성자 호출");
}
```

super 예약어로 매개변수가 있는 생성자 호출하기

이런 경우를 생각해 보겠습니다. Customer 클래스를 생성할 때 고객 ID와 이름을 반드시 지정해야 한다고 가정합시다. 이런 경우에 set( ) 메서드로 값을 지정하는 것이 아니고, 새로운 생성자를 만들어서 매개변수로 값을 전달받아야겠죠. 즉 디폴트 생성자가 아닌 매개변수가 있는 생성자를 직접 구현해야 합니다. 다음과 같이 Customer 클래스에 새로운 생성자를 추가하고, 기존의 디폴트 생성자는 삭제하거나 주석 처리해 보겠습니다.

Customer 클래스에 새로운 생성자 추가하기 · 참고 파일 Customer.java

```
01  ...
02  public Customer(int customerID, String customerName) {
03    this.customerID = customerID;
04    this.customerName = customerName;
05    customerGrade = "SILVER";
06    bonusRatio = 0.01;
07    System.out.println("Customer(int, String) 생성자 호출");
08  }
09  ...
```

그런데 이렇게 Customer 클래스의 디폴트 생성자를 없애고 새로운 생성자를 작성하면, Customer 클래스를 상속받은 VIPCustomer 클래스에서 오류가 발생합니다. 오류가 발생한 디폴트 생성자에 마우스를 올려 보면 다음과 같은 오류 메시지가 보입니다.

```
8   public VIPCustomer()
9   {
10    cus   Implicit super constructor Customer() is undefined. Must explicitly invoke another constructor
11    bon                                                                   Press 'F2' for focus
12    saleRatio = 0.1;
```

이 오류 메시지는 묵시적으로 호출될 디폴트 생성자 Customer( )가 정의되지 않았기 때문에, 반드시 명시적으로 다른 생성자를 호출해야 한다는 뜻입니다.

> ☺ 하위 클래스가 생성될 때는 상위 클래스의 디폴트 생성자를 호출하는 super( )가 자동으로 생성됩니다.

Customer 클래스를 새로 생성할 때 고객 ID와 고객 이름을 반드시 지정하여 생성하기로 했으니 VIPCustomer 클래스를 생성할 때도 이 값이 필요하겠죠. 그리고 VIP 고객만을 위한 상담원 ID까지 함께 지정해 봅시다. 기존 VIPCustomer 클래스의 디폴트 생성자도 지우거나 주석 처리한 후 필요한 매개변수를 포함하는 생성자를 새로 작성합니다.

명시적으로 상위 클래스 생성자 호출하기 · 참고 파일 VIPCustomer.java

```
01  ...
02  public VIPCustomer(int customerID, String customerName, int agentID) {
03    super(customerID, customerName);      ← 상위 클래스 생성자 호출
04    customerGrade = "VIP";
05    bonusRatio = 0.05;
06    saleRatio = 0.1;
```

```
07    this.agentID = agentID;
08    System.out.println("VIPCustomer(int, String, int) 생성자 호출");
09  }
10  ...
```

새로운 생성자는 고객 ID, 고객 이름, 상담원 ID를 매개변수로 받습니다. super 예약어는 상위 클래스 생성자를 호출하는 역할을 하며, 3행의 super(customerID, customerName); 문장으로 상위 클래스 생성자를 호출합니다. VIPCustomer(int customerID, String customerName, int agentID) 생성자의 코드가 실제로 실행되는 형태는 다음과 같습니다.

```
public VIPCustomer(int customerID, String customerName, int agentID) {
    super(customerID, customerName);    public Customer(int customerID, String customerName) {
    customerGrade = "VIP";                  this.customerID = customerID;
    bonusRatio = 0.05;                      this.customerName = customerName;
    saleRatio = 0.1;                        customerGrade = "SILVER";
    this.agentID = agentID;                 bonusRatio = 0.01;
    System.out.println("VIPCusomer(int   System.out.println("Customer(int, String) 생성자 호출");
}                                       }
```

super( )를 통해 Customer(int customerID, String customerName) 상위 클래스 생성자를 호출하고 코드 순서대로 멤버 변수가 초기화됩니다. 상위 클래스 생성자 호출이 끝나면 VIPCusotmer 하위 클래스 생성자의 내부 코드 수행이 마무리됩니다.

242쪽 CustomerTest2 클래스에서 set( ) 메서드(6~7행)를 주석 처리하거나 삭제한 후 프로그램을 실행하면 다음과 같은 출력 화면을 볼 수 있습니다.

VIP 등급인 김유신 고객을 생성할 때는 상위 클래스 생성자를 먼저 호출한 후 하위 클래스 생성자의 코드 수행이 정상적으로 마무리되는 것을 확인할 수 있습니다.

상속 관계에서 생성자를 호출할 때 빈칸을 알맞게 채워 보세요.

- 하위 클래스가 생성될 때는 상위 클래스의 [1]가 먼저 호출됩니다.
- 상위 클래스에 생성자 코드가 따로 없으면 [2]로 상위 클래스의 디폴트 생성자가
  자동으로 호출됩니다.
- 상위 클래스에 디폴트 생성자가 없고 매개변수가 있는 생성자만 있을 경우 [3]에
  매개변수를 추가하여, 매개변수가 있는 상위 클래스의 생성자를 직접 호출해야 합니다.

정답 1. 생성자 2. super( ) 3. super( )

상위 클래스의 멤버 변수나 메서드를 참조하는 super

상위 클래스에 선언한 멤버 변수나 메서드를 하위 클래스에서 참조할 때도 super를 사용합니다. this를 사용하여 자신의 멤버에 접근했던 것과 비슷하죠. 예를 들어 VIPCustomer 클래스의 showVIPInfo( ) 메서드에서 상위 클래스의 showCustomerInfo( ) 메서드를 참조해 담당 상담원 아이디를 추가로 출력하려고 할 때 다음과 같이 구현할 수 있습니다.

```java
public String showVIPInfo( ) {
    return super.showCustomerInfo( ) + "담당 상담원 아이디는" + agentID + "입니다";
}
```

super 예약어는 상위 클래스의 참조 값을 가지고 있으므로 위 코드처럼 사용하면 고객 정보를 출력하는 showCustomerInfo( ) 메서드를 새로 구현하지 않고 상위 클래스의 구현 내용을 활용할 수 있습니다. 물론 위 코드의 showVIPInfo( ) 메서드에서는 굳이 super.show CustomerInfo( )라고 호출하지 않아도 상위 클래스의 메서드가 잘 호출됩니다. 아직 배우지는 않았지만 하위 클래스가 상위 클래스와 동일한 이름의 메서드를 구현하는 경우도 있습니다. 이러한 경우 하위 클래스에서 동일한 이름의 상위 클래스 메서드를 가리킬 때 super.showCustomerInfo( ) 라고 써야 합니다.

ⓒ 이 내용은 '08-3 메서드 오버라이딩'에서 자세히 다룹니다.

상위 클래스로 묵시적 클래스 형 변환

상속을 공부하면서 우리가 이해해야 하는 중요한 관계가 클래스 간의 형 변환입니다. 일단 Customer와 VIPCustomer의 관계를 생각해 봅시다. 개념 면에서 보면 상위 클래스인 Customer가 VIPCustomer보다 일반적인 개념이고, 기능 면에서 보면 VIPCustomer가

Customer보다 기능이 더 많습니다. 왜냐하면 상속받은 클래스는 상위 클래스 기능을 모두 사용할 수 있고 추가로 더 많은 기능을 구현하기 때문입니다.

따라서 VIPCusomer는 VIPCustomer형이면서 동시에 Customer형이기도 합니다. 즉 VIPCustomer 클래스로 인스턴스를 생성할 때 이 인스턴스의 자료형을 Customer형으로 클래스 형 변환하여 선언할 수 있습니다. 왜냐하면 VIPCustomer 클래스는 Customer 클래스를 상속받았기 때문입니다.

◎ 클래스형과 클래스의 자료형, 인스턴스형과 인스턴스의 자료형은 모두 비슷한 의미로 사용하는 용어입니다.

◎ 이러한 클래스 형 변환을 업캐스팅(upcasting)이라고도 합니다.

```
선언된 클래스형        생성된 인스턴스의 클래스형
(상위 클래스형)           (하위 클래스형)

Customer vc = new VIPCustomer( );
```

그러면 반대로 Customer로 인스턴스를 생성할 때 VIPCustomer형으로 선언할 수 있을까요? 그렇지는 않습니다. 상위 클래스인 Customer가 VIPCustomer 클래스의 기능을 다 가지고 있는 것은 아니기 때문이죠. 정리하자면, 모든 하위 클래스는 상위 클래스 자료형으로 형변환될 수 있지만 그 역은 성립하지 않습니다. 따라서 하위 클래스인 VIPCustomer는 상위 클래스 Customer형을 내포하고 있기 때문에 Customer형으로 형 변환할 수 있습니다. 하지만 그 역은 성립될 수 없습니다.

형 변환된 vc가 가리키는 것

Customer vc = new VIPCustomer( );에서 형 변환된 vc가 가리키는 것은 무엇일까요? 다시 메모리 그림을 살펴보겠습니다.

힙 메모리

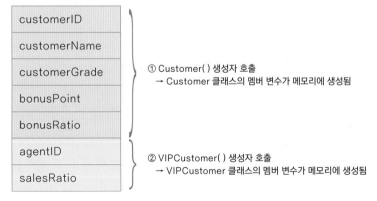

Customer vc = new VIPCustomer( ); 문장이 실행되면 VIPCustomer 생성자가 호출되므로 클래스 변수가 위와 같이 메모리에 만들어집니다. 그런데 클래스의 자료형이 Customer로 한정되었습니다. 클래스가 형 변환이 되었을 때는 선언한 클래스형에 기반하여 멤버 변수와 메서드에 접근할 수 있습니다. 따라서 이 vc 참조 변수가 가리킬 수 있는 변수와 메서드는 Customer 클래스의 멤버뿐입니다. 이클립스에서 vc 변수에서 Ctrl + Spacebar 를 눌러 보면 다음 그림과 같이 vc 참조 변수가 접근할 수 있는 변수와 메서드가 나타납니다.

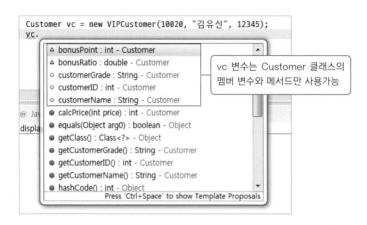

이렇게 클래스 형 변환을 사용하는 이유는 '08-3 메서드 오버라이딩'과 '08-4 다형성'에서 자세히 다룰 것입니다. 여기에서는 일단 하위 클래스의 인스턴스가 상위 클래스로 형 변환되는 과정이 묵시적으로 이루어진다는 정도만 이해하면 됩니다.

© vc 참조 변수를 다시 VIPCustomer 형으로 변환할 수도 있습니다. 이 내용은 '08-6 다운 캐스팅과 instanceof'에서 살펴보겠습니다.

한 걸음 더!　　**클래스의 상속 계층 구조가 여러 단계일 경우에도 묵시적으로 형 변환이 되나요?**

클래스의 상속 계층이 여러 단계일 경우도 상위 클래스로의 형 변환은 묵시적으로 이루어집니다. 그림의 계층 구조에서 보면 포유류를 상속받은 호랑이와 영장류가 있고, 영장류를 상속받은 인간이 있습니다. 이때 인간은 Human형이면서 Primate형, Mammal형이 되므로 다음과 같이 코딩할 수 있습니다.

```
Primate aHuman = new Human( );
Mammal mHuman = new Human( );
```

포유류(Mammal)

호랑이(Tiger)　　영장류(Primate)

인간(Human)

08-3 메서드 오버라이딩

상위 클래스 메서드 재정의하기

08-1에서 새로운 등급을 만들면서 VIP 고객에게 제공하는 할인율과 세일 가격을 어떻게 적용할지 구현하지 않았습니다. 이제 그 문제를 해결해 보겠습니다.

상위 클래스 Customer에는 제품 가격을 계산하는 calcPrice( ) 메서드가 이미 정의되어 있습니다. 이 메서드는 정가를 그대로 지불합니다. 그런데 VIP 고객은 정가에서 10% 할인을 받을 수 있습니다. 이 경우에 상위 클래스의 calcPrice( ) 메서드를 그대로 쓸 수 없겠죠? 이렇게 상위 클래스에 정의한 메서드가 하위 클래스에서 구현할

```
public int calcPrice(int price) {
    bonusPoint += price * bonusRatio;
    return price;
}
```

내용과 맞지 않을 경우에 하위 클래스에서 이 메서드를 재정의할 수 있습니다. 이를 메서드 오버라이딩(method overriding)이라고 합니다. 오버라이딩을 하려면 반환형, 메서드 이름, 매개변수 개수, 매개변수 자료형이 반드시 같아야 합니다. 그렇지 않으면 자바 컴파일러는 재정의한 메서드를 기존 메서드와 다른 메서드로 인식합니다.

VIP 고객 클래스의 제품 가격 계산 메서드 재정의하기

VIPCustomer 클래스에서 calcPrice( ) 메서드를 재정의해 봅시다.

코딩해 보세요! calcPrice( ) 메서드 재정의하기 · 참고 파일 VIPCustomer.java

```
01  package inheritance;
02
03  public class VIPCustomer extends Customer {
04      private int agentID;
05      double saleRatio;
06      ...
07      @Override
08      public int calcPrice(int price) {          재정의한 메서드
09          bonusPoint += price * bonusRatio;      //보너스 포인트 적립
```

```
10        return price - (int)(price * saleRatio);   // 할인된 가격을 계산하여 반환
11    }
12    ...
13 }
```

하위 클래스 VIPCustomer에서 calcPrice( ) 메서드를 재정의했습니다. 상위 클래스의 calPrice( ) 메서드와 매개변수의 자료형 및 개수가 같고, 반환형도 int형으로 같습니다. 9행은 할인율을 계산하여 정가에서 뺀 후 세일 가격을 반환합니다.

상위 클래스의 메서드를 재정의할 때는 조금 전 실습처럼 메서드 이름을 직접 써도 되고, 이클립스의 기능을 활용할 수도 있습니다. 코드에서 오른쪽 마우스 버튼을 누르고 [Source → Override/Implement Methods…]를 누르면 다음과 같은 화면이 나옵니다.

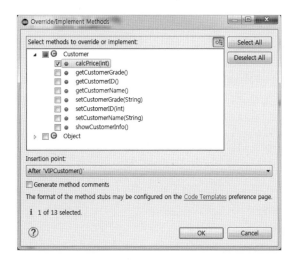

상위 클래스 Customer의 메서드 중 재정의할 메서드를 선택할 수 있습니다. calcPrice(int)를 선택하고 [OK]를 누르면 오른쪽과 같이 재정의할 메서드의 코드가 VIPCustomer 클래스에 자동으로 생성됩니다.

```
@Override
public int calcPrice(int price) {
  // TODO Auto-generated method stub
  return super.calcPrice(price);
}
```

@Override 애노테이션은 '이 메서드는 재정의된 메서드입니다'라고 컴파일러에 명확히 알려 주는 역할을 합니다.

한 걸음 더! **애노테이션(Annotation)이란?**

애노테이션은 영어로는 주석이라는 의미입니다. @ 기호와 함께 사용하며 '@애노테이션 이름'으로 표현합니다. 자바에서 제공하는 애노테이션은 컴파일러에게 특정한 정보를 제공해 주는 역할을 합니다. 예를 들어 @Override는 이 메서드가 재정의된 메서드임을 컴파일러에게 알려 줍니다. 만약 메서드의 선언부가 다르다면 컴파일 오류가 발생하여 프로그래머의 실수를 막아 줍니다. 이렇게 미리 정의되어 있는 애노테이션을 표준 애노테이션이라고 합니다. 주로 사용하는 표준 애노테이션은 다음과 같습니다.

애노테이션	설명
@Override	재정의된 메서드라는 정보 제공
@FuctionalInterface	함수형 인터페이스라는 정보 제공
@Deprecated	이후 버전에서 사용되지 않을 수 있는 변수, 메서드에 사용됨
@SuppressWarnings	특정 경고가 나타나지 않도록 함

이 외에도 애노테이션에 대해 좀 더 많은 정보를 추가할 수 있는 '메타 애노테이션'을 제공하고 있습니다.

두 고객을 생성해서 지불하는 가격을 출력해 보는 테스트 프로그램은 다음과 같습니다.

ⓒ Customer와 VIPCustomer에서 생성자 출력문은 주석 처리합니다.

코딩해 보세요! **calcPrice( ) 테스트하기** • 참고 파일 OverridingTest1.java

```
01  package inheritance;
02
03  public class OverridingTest1 {
04    public static void main(String[ ] args) {
05      Customer customerLee = new Customer(10010, "이순신");
06      customerLee.bonusPoint = 1000;
07
08      VIPCustomer customerKim = new VIPCustomer(10020, "김유신", 12345);
09      customerKim.bonusPoint = 10000;
10
11      int price = 10000;
12      System.out.println(customerLee.getCustomerName( ) + " 님이 지불해야 하는 금액은 "
    + customerLee.calcPrice(price) + "원입니다.");
13      System.out.println(customerKim.getCustomerName( ) + " 님이 지불해야 하는 금액은 "
    + customerKim.calcPrice(price) + "원입니다.");
14    }
15  }
```

:: 출력 화면

```
Problems  @ Javadoc  Declaration  Console ☒                           ▭ ▭
                     ▬ ✖ ※ | 🔳 🔝 🔝 🔝 | 🔲 🔳 | 🔜 ▾ ▭ ▾ ▭ ▾
<terminated> OverridingTest1 [Java Application] C:₩Program Files₩Java₩jre-10.0.1₩bin₩javaw.exe
이순신 님이 지불해야 하는 금액은 10000원입니다.
김유신 님이 지불해야 하는 금액은 9000원입니다.
```

이순신 고객은 일반 등급이므로 정가 10,000원을 그대로 지불합니다. 하지만 김유신 고객은
VIP 등급이므로 10% 할인을 받아 9,000원을 지불하도록 프로그램을 구현했습니다.

묵시적 클래스 형 변환과 메서드 재정의

다음과 같은 경우에는 어떻게 실행될지 생각해 봅시다.

```
Customer vc = new VIPCustomer("10030", "나몰라", 2000);
vc.calcPrice(10000);
```

묵시적 형 변환에 의해 VIPCustomer가 Customer형으로 변환되었습니다. 그러고 나서
calcPrice( ) 메서드가 호출되었습니다. calcPrice( )는 하위 클래스에서 재정의된 메서드이
며 Customer 클래스와 VIPCustomer 클래스에 모두 존재합니다. 그렇다면 vc.
calcPrice(10000)은 어떤 클래스의 메서드를 호출할까요?

고객이 지불해야 하는 금액은 얼마일지 다음 코드로 테스트해 보겠습니다.

코딩해 보세요! **클래스 형 변환과 재정의 메서드 호출하기**   • 참고 파일 OverridingTest2.java

```
01  package inheritance;
02
03  public class OverridingTest2 {
04    public static void main(String[ ] args) {
05      Customer vc = new VIPCustomer(10030, "나몰라", 2000);   //VIP 고객 생성
06      vc.bonusPoint = 1000;
07
08      System.out.println(vc.getCustomerName( ) + " 님이 지불해야 하는 금액은 "
                  + vc.calcPrice(10000) + "원입니다.");
09    }
10  }
```

멤버 변수와 메서드는 선언한 클래스형에 따라 호출됩니다. 그러면 vc.calcPrice(10000)은 당연히 선언한 클래스형인 Customer 클래스의 calcPrice( ) 메서드를 호출해야겠죠. 그런데 뭔가 이상합니다. 출력 결과를 보니 9,000원이네요. VIPCustomer 클래스의 calcPrice( ) 메서드, 즉 재정의된 메서드가 호출되었음을 알 수 있습니다.

상속에서 상위 클래스와 하위 클래스에 같은 이름의 메서드가 존재할 때 호출되는 메서드는 인스턴스에 따라 결정됩니다. 다시 말해 선언한 클래스형이 아닌 생성된 인스턴스의 메서드를 호출하는 것입니다. 이렇게 인스턴스의 메서드가 호출되는 기술을 '가상 메서드(virtual method)'라고 합니다. 가상 메서드가 실행되는 원리를 이해하면 왜 vc.calcPrice(10000)이 Customer 클래스의 메서드가 아닌 생성된 인스턴스, 즉 VIPCusotmer의 메서드를 호출하는지 이해할 수 있습니다.

가상 메서드

자바의 클래스는 멤버 변수와 메서드로 이루어져 있습니다. 클래스를 생성하여 인스턴스가 만들어지면 멤버 변수는 힙 메모리에 위치합니다. 그렇다면 메서드는 어디에 위치할까요? 변수가 사용하는 메모리와 메서드가 사용하는 메모리는 다릅니다. 변수는 인스턴스가 생성될 때마다 새로 생성되지만, 메서드는 실행해야 할 명령 집합이기 때문에 인스턴스가 달라도 같은 로직을 수행합니다. 즉 같은 객체의 인스턴스를 여러 개 생성한다고 해서 메서드도 여러 개 생성되지 않습니다.

간단한 예를 들어 볼까요?

| 코딩해 보세요! | 메서드 호출하기 | • 참고 파일 TestA.java |

```
01   package virtualfunction;
02
03   public class TestA {
```

```
04      int num;
05
06      void aaa( ) {
07        System.out.println("aaa( ) 출력");
08      }
09
10      public static void main(String[ ] args) {
11        TestA a1 = new TestA( );
12        a1.aaa( );
13        TestA a2 = new TestA( );
14        a2.aaa( );
15      }
16  }
```

:: 출력 화면

```
Problems | @ Javadoc | Declaration | Console 23                        ▢ ▢
                        ■ ✖ ✖ | ▣ ▥ ▦ ▦ | ▱ ▣ ▾ ▱ ▾
<terminated> TestA [Java Application] C:\Program Files\Java\jre-10.0.1\bin\javaw.exe
aaa() 출력
aaa() 출력
```

위 코드가 실행되는 메모리의 상태를 그림으로 그리면 다음과 같습니다.

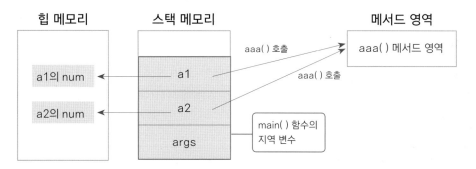

main( ) 함수가 실행되면 지역 변수는 스택 메모리에 위치합니다. 그리고 각 참조 변수 a1과 a2가 가리키는 인스턴스는 힙 메모리에 생성됩니다. 여기까지는 우리가 학습했던 내용입니다. 메서드의 명령 집합은 메서드 영역(코드 영역)에 위치합니다. 우리가 메서드를 호출하면 메서드 영역의 주소를 참조하여 명령이 실행됩니다. 따라서 인스턴스가 달라도 동일한 메서드가 호출됩니다.

가상 메서드의 원리

일반적으로 프로그램에서 메서드를 호출한다는 것은 그 메서드의 명령 집합이 있는 메모리 위치를 참조하여 명령을 실행하는 것입니다. 그런데 가상 메서드의 경우에는 '가상 메서드 테이블'이 만들어집니다. 가상 메서드 테이블은 각 메서드 이름과 실제 메모리 주소가 짝을 이루고 있습니다. 어떤 메서드가 호출되면 이 테이블에서 주소 값을 찾아서 해당 메서드의 명령을 수행합니다.

다음은 Customer 클래스와 VIPCustomer 클래스의 가상 메서드 테이블입니다.

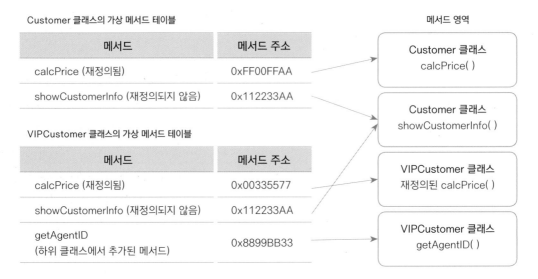

그림에서 보듯이 calcPrice( ) 메서드는 두 클래스에서 서로 다른 메서드 주소를 가지고 있습니다. 이렇게 재정의된 메서드는 실제 인스턴스에 해당하는 메서드가 호출됩니다. showCustomerInfo( )와 같이 재정의되지 않은 메서드인 경우는 메서드 주소가 같으며 상위 클래스의 메서드가 호출됩니다.

다음 예제를 통해 결과를 살펴봅시다. 가격이 10,000원인 상품이 있습니다. Customer 클래스로 인스턴스를 생성한 경우와 VIPCustomer 클래스로 인스턴스를 생성한 경우, 마지막으로 VIPCustomer 클래스로 인스턴스를 생성하여 Customer 클래스형으로 형 변환한 경우 각각 얼마를 지불해야 하는지 알아봅시다. ⓒ get( ), set( ) 메서드는 생략했습니다.

```
01  package inheritance;
02
03  public class OverridingTest3 {
04      public static void main(String[ ] args) {
05          int price = 10000;
06                                                    [ Customer 인스턴스 생성 ]
07          Customer customerLee = new Customer(10010, "이순신");
08          System.out.println(customerLee.getCustomerName( ) + " 님이 지불해야 하는 금액은" +
        customerLee.calcPrice(price) + "원입니다.");
                                                      [ VIPCustomer 인스턴스 생성 ]
09
10          VIPCustomer customerKim = new VIPCustomer(10020, "김유신", 12345);
11          System.out.println(customerKim.getCustomerName( ) + " 님이 지불해야 하는 금액은" +
        customerKim.calcPrice(price) + "원입니다.");
                                          [ VIPCustomer 인스턴스를 Customer형으로 변환 ]
12
13          Customer vc = new VIPCustomer(10030, "나몰라", 2000);
14          System.out.println(vc.getCustomerName( ) + " 님이 지불해야 하는 금액은" +
        vc.calcPrice(10000) + "원입니다.");
15      }
16  }
```

:: 출력 화면

```
Problems  @ Javadoc  Declaration  Console 🔲

<terminated> OverridingTest3 [Java Application] C:₩Program Files₩Java₩jre-10.0.1₩bin₩javaw.exe
이순신 님이 지불해야 하는 금액은 10000원입니다.
김유신 님이 지불해야 하는 금액은 9000원입니다.
나몰라 님이 지불해야 하는 금액은 9000원입니다.
```

7행에서 Customer형으로 선언하고 Customer 인스턴스를 생성하면 Customer의 메서드가 호출됩니다. 따라서 customerLee가 지불해야 할 가격은 할인이 안 된 10,000원입니다. 그리고 10행에서 VIPCustomer로 생성한 customerKim은 당연히 할인된 가격인 9,000원을 지불합니다. 마지막으로 13행에서 VIPCustomer로 생성하고 Customer형으로 변환한 vc는 원래 Customer형 메서드가 호출되는 것이 맞지만, 가상 메서드 방식에 의해 VIPCustomer 인스턴스의 메서드가 호출되어 할인 가격 9,000원이 출력됩니다.

정리해 보겠습니다. 상위 클래스(Customer)에서 선언한 calcPrice( ) 메서드가 있고 이를 하위 클래스(VIPCustomer)에서 재정의한 상태에서 하위 클래스 인스턴스(vc)가 상위 클래스로 형 변환이 되었습니다. 이때 vc.calcPrice( )가 호출되면, vc 변수를 선언할 때 사용한 자료형 (Customer)의 메서드가 호출되는 것이 아니라 생성된 인스턴스(VIPCustomer)의 메서드가 호 출됩니다. 이를 가상 메서드라고 합니다. 자바의 모든 메서드는 가상 메서드입니다.

08-4 다형성

다형성이란?

지금까지 설명한 묵시적 클래스 형 변환과 가상 메서드를 바탕으로 객체 지향의 중요한 특성인 다형성(polymorphism)을 학습해 봅시다. 다형성이란 하나의 코드가 여러 자료형으로 구현되어 실행되는 것을 말합니다. 쉽게 말해 같은 코드에서 여러 실행 결과가 나오는 것이죠. 무슨 뜻인지 예를 통해 살펴봅시다.

☺ 다형성은 추상 클래스, 인터페이스에서 구현됩니다. 또한 안드로이드, 스프링 등 자바 기반의 프레임워크에서 응용할 수 있는 객체 지향 프로그램의 중요한 개념입니다.

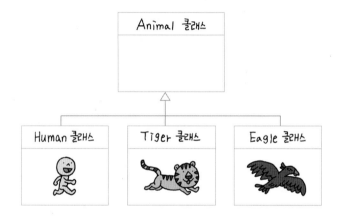

그림과 같이 3개의 클래스가 Animal 클래스를 상속받는 경우를 생각해 보죠. Animal 클래스에 메서드를 하나 정의하고 상속받은 클래스에서 재정의합니다. 이를 코드로 구현해 봅시다.

> **코딩해 보세요!** **다형성 테스트하기** · 참고 파일 AnimalTest1.java

```
01  package polymorphism;
02
03  class Animal {
04    public void move( ) {
05        System.out.println("동물이 움직입니다.");
06    }
07  }
08
09  class Human extends Animal {
```

```
10      public void move( ) {
11          System.out.println("사람이 두 발로 걷습니다.");
12      }
13  }
14
15  class Tiger extends Animal {
16      public void move( ) {
17          System.out.println("호랑이가 네 발로 뜁니다.");
18      }
19  }
20
21  class Eagle extends Animal {
22      public void move( ) {
23          System.out.println("독수리가 하늘을 납니다.");
24      }
25  }
26
27  public class AnimalTest1 {
28      public static void main(String[ ] args) {
29          AnimalTest1 aTest = new AnimalTest1( );
30          aTest.moveAnimal(new Human( ));
31          aTest.moveAnimal(new Tiger( ));
32          aTest.moveAnimal(new Eagle( ));
33      }
34
35      public void moveAnimal(Animal animal) {    ─── 매개변수의 자료형이 상위 클래스
36          animal.move( );    ─── 재정의된 메서드가 호출됨
37      }
38  }
```

:: 출력 화면

```
Problems  @ Javadoc  Declaration  Console ✕

<terminated> AnimalTest1 [Java Application] C:\Program Files\Java\jre-10.0.1\bin\javaw.exe
사람이 두 발로 걷습니다.
호랑이가 네 발로 뜁니다.
독수리가 하늘을 납니다.
```

테스트를 하기 위해 AnimalTest1 클래스에 moveAnimal( ) 메서드를 만들었습니다. 이 메
서드는 어떤 인스턴스가 매개변수로 넘어와도 모두 Animal형으로 변환합니다. 예를 들어 매
개변수가 전달되는 부분에 Human 인스턴스가 전달되었다면 다음 코드처럼 형 변환됩니다.

```
Animal ani = new Human( );
```

Animal에서 상속받은 클래스가 매개변수로 넘어오면 모두 Animal형으로 변환되므로 animal.move( ) 메서드를 호출할 수 있습니다. 가상 메서드 원리에 따라 animal.move( ) 메서드가 호출하는 메서드는 Animal의 move가 아닌 매개변수로 넘어온 실제 인스턴스의 메서드입니다. animal.move( ) 코드는 변함이 없지만 어떤 매개변수가 넘어왔느냐에 따라 출력문이 달라집니다. 이것이 바로 다형성입니다.

다형성의 장점

다른 동물이 새로 추가되는 경우를 생각해 봅시다. 새로운 동물도 Animal 클래스를 상속받아 구현하면 모든 클래스를 Animal 자료형 하나로 쉽게 관리할 수 있을 것입니다. 이것이 다형성을 활용한 프로그램의 확장성입니다. 각 자료형에 따라 코드를 다르게 구현한다면 코드는 훨씬 복잡해지고 내용도 길어지겠죠? 상위 클래스에서 공통 부분의 메서드를 제공하고, 하위 클래스에서는 그에 기반한 추가 요소를 덧붙여 구현하면 코드 양도 줄어들고 유지보수도 편리합니다. 또 필요에 따라 상속받은 모든 클래스를 하나의 상위 클래스로 처리할 수 있고 다형성에 의해 각 클래스의 여러 가지 구현을 실행할 수 있으므로 프로그램을 쉽게 확장할 수 있습니다. 이처럼 다형성을 잘 활용하면 유연하면서도 구조화된 코드를 구현하여 확장성 있고 유지보수하기 좋은 프로그램을 개발할 수 있습니다.

다형성을 활용해 VIP 고객 클래스 완성하기

앞에서 제시한 VIP 고객의 혜택을 다형성으로 구현해 보겠습니다.

ⓒ VIP 고객의 혜택은 235쪽을 참조하세요.

```
01   package polymorphism;
02
03   public class Customer {
04      protected int customerID;
05      protected String customerName;
06      protected String customerGrade;
07      int bonusPoint;
08      double bonusRatio;
09
10      public Customer( ) {
11         initCustomer( );
12      }
13
14      public Customer(int customerID, String customerName) {
15         this.customerID = customerID;
16         this.customerName = customerName;
17         initCustomer( );
18      }
19
20      private void initCustomer( ) {
21         customerGrade = "SILVER";
22         bonusRatio = 0.01;
23      }
24
25      public int calcPrice(int price) {
26         bonusPoint += price * bonusRatio;
27         return price;
28      }
29
30      public String showCustomerInfo( ) {
31         return customerName + " 님의 등급은 " + customerGrade + "이며, 보너스 포인트는" +
      bonusPoint + "입니다.";
32      }
33      ...
```

11 ~ 17행: 고객 등급과 보너스 포인트 적립률 지정 함수 호출

18행: 생성자에서만 호출하는 메서드이므로 private으로 선언

21 ~ 22행: 멤버 변수의 초기화 부분

기존 Customer 클래스와 달라진 점을 살펴보면 20~23행에 initCustomer( ) 메서드가 있습니다. 이 메서드는 클래스의 멤버 변수를 초기화하는데, Customer 클래스를 생성하는 두 생성자에서 공통으로 사용하는 코드이므로 메서드로 분리하여 호출했습니다.

이번에는 VIP 고객 클래스 코드를 수정해 봅시다.

코딩해 보세요! **고객 관리 프로그램 완성하기 (2)**   • 참고 파일 VIPCustomer.java

```java
01  package polymorphism;
02
03  public class VIPCustomer extends Customer {
04      private int agentID;
05      double saleRatio;
06
07      public VIPCustomer(int customerID, String customerName, int agentID) {
08          super(customerID, customerName);
09          customerGrade = "VIP";
10          bonusRatio = 0.05;
11          saleRatio = 0.1;
12          this.agentID = agentID;
13      }
14
15      public int calcPrice(int price) {
16          bonusPoint += price * bonusRatio;
17          return price - (int)(price * saleRatio);       지불 가격 메서드 재정의
18      }
                                                          고객 정보 출력 메서드 재정의
19
20      public String showCustomerInfo( ) {
21          return super.showCustomerInfo( ) + "담당 상담원 번호는 " + agentID + "입니다";
22      }
23
24      public int getAgentID( ) {
25          return agentID;
26      }
27  }
```

VIP 고객 클래스에서 calcPrice( ) 메서드와 showCustomerInfo( ) 메서드를 재정의했습니다.
일반 고객 클래스에서 calcPrice( ) 메서드는 정가를 그대로 반환했지만, VIP 고객 클래스에서
는 할인율을 반영한 지불 가격을 반환합니다. 또 일반 고객 클래스에서 showCustomerInfo( )
메서드는 고객 등급과 이름만 출력했지만, VIP 고객 클래스에서는 담당 상담원 번호까지 출
력합니다.

```java
01    package polymorphism;
02
03    public class CustomerTest {
04      public static void main(String[ ] args) {
05        Customer customerLee = new Customer( );
06        customerLee.setCustomerID(10010);
07        customerLee.setCustomerName("이순신");
08        customerLee.bonusPoint = 1000;
09
10        System.out.println(customerLee.showCustomerInfo( ));
11
12        Customer customerKim = new VIPCustomer(10020, "김유신", 12345);
13        customerKim.bonusPoint = 1000;
14
15        System.out.println(customerKim.showCustomerInfo( ));
16        System.out.println("====== 할인율과 보너스 포인트 계산 ======");
17
18        int price = 10000;
19        int leePrice = customerLee.calcPrice(price);
20        int kimPrice = customerKim.calcPrice(price);
21
22        System.out.println(customerLee.getCustomerName( ) + " 님이 " + leePrice + "원 지
23    불하셨습니다.");
          System.out.println(customerLee.showCustomerInfo( ));
24        System.out.println(customerKim.getCustomerName( ) + " 님이 " + kimPrice + "원 지
25    불하셨습니다.");
          System.out.println(customerKim.showCustomerInfo( ));
26      }
27    }
```

VIPCustomer를 Customer형으로 선언

:: 출력 화면

```
Problems  @ Javadoc  Declaration  Console ☒
<terminated> CustomerTest [Java Application] C:\Program Files\Java\jre-10.0.1\bin\javaw.exe (2018. 5. 14. 오전 12
이순신 님의 등급은 SILVER이며, 보너스 포인트는 1000점입니다.
김유신 님의 등급은 VIP이며, 보너스 포인트는 1000점입니다. 담당 상담원 번호는 12345입니다
====== 할인율과 보너스 포인트 계산 ======
이순신 님이 10000원 지불하셨습니다.
이순신 님의 등급은 SILVER이며, 보너스 포인트는 1100점입니다.
김유신 님이 9000원 지불하셨습니다.
김유신 님의 등급은 VIP이며, 보너스 포인트는 1500점입니다. 담당 상담원 번호는 12345입니다
```

출력 결과를 보면 10,000원짜리 상품을 구입했을 때 등급에 따라 다른 할인율과 포인트 적립이 이루어지는 것을 알 수 있습니다. 그런데 여기에서 customerLee와 customerKim은 모두 Customer형으로 선언되었고, 고객의 자료형은 Customer형으로 동일하지만 할인율과 보너스 포인트는 각 인스턴스의 메서드에 맞게 계산되었습니다. 즉 상속 관계에 있는 상위 클래스와 하위 클래스는 같은 상위 클래스 자료형으로 선언되어 생성할 수 있지만 재정의된 메서드는 각각 호출될 뿐만 아니라 이름이 같은 메서드가 서로 다른 역할을 구현하고 있음을 알 수 있습니다.

08-5 다형성 활용하기

앞에서 배운 상속과 다형성을 활용하면 프로그램을 유지보수하는 데 매우 편리합니다. 이때 배열을 함께 사용하면 여러 하위 클래스 자료형을 상위 클래스 자료형으로 한꺼번에 관리할 수도 있습니다. 이러한 내용을 같이 살펴보겠습니다.

일반 고객과 VIP 고객의 중간 등급 만들기

다음과 같은 새로운 요구 사항이 발생했습니다.

예제 시나리오

고객이 늘어 VIP 고객만큼 물건을 많이 구매하지는 않지만, 그래도 단골인 분들에게 혜택을 주고 싶습니다. 그래서 GOLD 고객 등급을 하나 추가합니다. GOLD 고객의 혜택은 다음과 같습니다.

- 제품을 살 때는 항상 10% 할인해 줍니다.
- 보너스 포인트를 2% 적립해 줍니다.
- 담당 전문 상담원은 없습니다.

새로운 고객 등급이 생겼습니다. 이 등급의 고객은 VIP 고객과 보너스 포인트 적립률이 다르고 담당 상담원도 없습니다. 이 내용을 기반으로 Customer 클래스를 상속받아 GoldCustomer 클래스를 만들어 보겠습니다. 고객 관리 시스템은 다음과 같은 계층 구조로 확장됩니다.

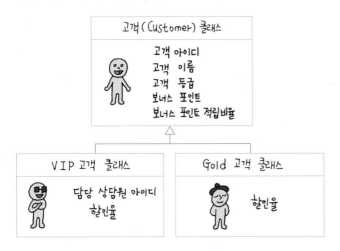

```
01  package witharraylist;
02
03  public class GoldCustomer extends Customer {
04    double saleRatio;
05
06    public GoldCustomer(int customerID, String customerName) {
07      super(customerID, customerName);
08      customerGrade = "GOLD";
09      bonusRatio = 0.02;
10      saleRatio = 0.1;
11    }
12
13    public int calcPrice(int price) {
14      bonusPoint += price * bonusRatio;          재정의한 메서드
15      return price - (int)(price * saleRatio);
16    }
17  }
```

GoldCustomer 클래스는 지불 가격과 보너스 포인트를 계산하는 calcPrice( ) 메서드만 재정의했습니다. 이처럼 상속을 사용하면 새로운 기능이 추가되더라도 쉽게 구현할 수 있습니다.

배열로 고객 5명 구현하기

이제 여러 등급의 고객을 한번에 관리할 수 있도록 구현해 보겠습니다.

예제 시나리오

이 회사의 고객은 현재 5명입니다. 5명 중 VIP 1명, GOLD 2명, SILVER 2명입니다. 이 고객들이 각각 10,000원짜리 상품을 구매했을 때의 결과를 출력합니다.

고객 인스턴스가 총 5개이므로 배열에 넣어서 관리하면 편리하겠지요? 객체 배열 ArrayList는 자료형을 지정하여 선언해야 합니다. 우리가 사용할 클래스는 Customer, GoldCustomer, VIPCustomer 세 종류입니다. 배열의 자료형을 Customer로 지정하고, VIPCustomer 클래스와 GoldCustomer 클래스 모두 Customer에서 상속받은 클래스이므

◎ 자료형을 지정하지 않을 수도 있는데, 이 경우에 대해서는 '11-1 Object 클래스'에서 설명하겠습니다.

로 Customer형으로 선언합니다. 이렇게 선언하면 이 배열에는 Customer, GoldCustomer, VIPCustomer를 모두 사용할 수 있습니다. 그리고 이 배열에 Customer 하위 클래스의 인스턴스가 추가될 때 모두 Customer형으로 묵시적 형 변환이 됩니다.

```
ArrayList<Customer> customerList = new ArrayList<Customer>( );
```

그러면 테스트 프로그램을 구현해 보겠습니다. Customer 클래스와 VIPCustomer 클래스는 이전 예제와 코드 내용이 동일하므로 생략합니다.

코딩해 보세요! 배열을 활용한 고객 관리 프로그램 구현하기 · 참고 파일 CustomerTest.java

```
01  package witharraylist;
02  import java.util.ArrayList;
03
04  public class CustomerTest {
05    public static void main(String[ ] args) {
06      ArrayList<Customer> customerList = new ArrayList<Customer>( );
07
08      Customer customerLee = new Customer(10010, "이순신");
09      Customer customerShin = new Customer(10020, "신사임당");
10      Customer customerHong = new GoldCustomer(10030, "홍길동");
11      Customer customerYoul = new GoldCustomer(10040, "이율곡");
12      Customer customerKim = new VIPCustomer(10050, "김유신", 12345);
13
14      customerList.add(customerLee);
15      customerList.add(customerShin);        ArrayList의 add 속성을 사용해
16      customerList.add(customerHong);        객체 배열에 고객 추가
17      customerList.add(customerYoul);
18      customerList.add(customerKim);
19
20      System.out.println("====== 고객 정보 출력 =======");
21      for(Customer customer : customerList) {
22        System.out.println(customer.showCustomerInfo( ));
23      }
24
25      System.out.println("====== 할인율과 보너스 포인트 계산 =======");   다형성 구현
26      int price = 10000;
27      for(Customer customer : customerList) {
28        int cost = customer.calcPrice(price);
29        System.out.println(customer.getCustomerName( ) + " 님이 "
                              + cost + "원 지불하셨습니다.");
```

```
30          System.out.println(customer.getCustomerName( ) + " 님의 현재 보너스 포인트는 "
                + customer.bonusPoint + "점입니다.");
31      }
32  }
33 }
```

:: 출력 화면

```
Problems  @ Javadoc  Declaration  Console ☒                         ▭ □
                        ■ ✖ ✖ ▐ ▐ ▐ ▐ ▐ ▐ ▐ ▐ ▐ ▼ □ ▼ ▭ ▼
<terminated> CustomerTest (1) [Java Application] C:\Program Files\Java\jre-10.0.1\bin\javaw.exe (2018. 5. :
====== 고객 정보 출력 =======
이순신 님의 등급은 SILVER이며, 보너스 포인트는 0입니다.
신사임당 님의 등급은 SILVER이며, 보너스 포인트는 0입니다.
홍길동 님의 등급은 GOLD이며, 보너스 포인트는 0입니다.
이율곡 님의 등급은 GOLD이며, 보너스 포인트는 0입니다.
김유신 님의 등급은 VIP이며, 보너스 포인트는 0입니다. 담당 상담원 번호는 12345입니다
====== 할인율과 보너스 포인트 계산 =======
이순신 님이 10000원 지불하셨습니다.
이순신 님의 현재 보너스 포인트는 100점입니다.
신사임당 님이 10000원 지불하셨습니다.
신사임당 님의 현재 보너스 포인트는 100점입니다.
홍길동 님이 9000원 지불하셨습니다.
홍길동 님의 현재 보너스 포인트는 200점입니다.
이율곡 님이 9000원 지불하셨습니다.
이율곡 님의 현재 보너스 포인트는 200점입니다.|
김유신 님이 9000원 지불하셨습니다.
김유신 님의 현재 보너스 포인트는 500점입니다.
```

6행에서 Customer형으로 객체 배열 ArrayList를 선언하였습니다. 그리고 14행에서 18행까지 Customer 클래스와 하위 클래스 VIPCustmer, GoldCustomer의 인스턴스를 ArrayList에 추가했습니다. 21행에서 향상된 for문을 사용하여 고객 정보를 출력합니다. 고객 정보를 출력하는 showCustomerInfo( ) 메서드는 재정의하지 않았으므로 Customer 클래스에 구현된 메서드가 호출될 것입니다. 그리고 27~31행에서 향상된 for문으로 각 고객이 지불해야 할 금액과 적립된 보너스 포인트를 출력합니다. 고객 등급에 따라 할인율과 적립금이 다르므로 calcPrice( ) 메서드는 각 클래스에 재정의했습니다. for(Customer customer : customerList) 문장은 customerList 배열의 요소를 하나씩 가져와서 Customer형 변수에 넣습니다. 고객 정보를 ArrayList 배열에 저장할 때 Customer형으로 형 변환을 하여 추가했기 때문에 배열 요소를 하나씩 가져올 때도 Customer형으로 가져오게 됩니다. 그리고 각 인스턴스가 calcPrice( ) 메서드를 호출하면 현재 이 변수의 실제 인스턴스가 무엇이냐에 따라 재정의한 메서드를 각각 호출하여 계산합니다. 이것이 다형성입니다.

만약 재정의한 메서드가 가상 메서드 방식에 의해 자동으로 호출되지 않는다면 if-else if문을 사용하여 각 자료형에 적합한 코드를 따로 구현해야 할 것입니다. 게다가 새로운 등급의 고객이 추가로 필요한 경우에는 또 다른 조건을 구현해야 하므로 코드의 유지보수가 어려워집니다. 이런 경우에 상속과 다형성을 잘 활용하면 복잡한 코드를 간결하게 줄일 수 있고 확장성 있는 프로그램을 구현할 수 있습니다.

상속은 언제 사용할까?

VIP 고객 등급을 추가하는 문제를 다시 생각해 봅시다. 이미 Customer 클래스가 구현되어 있는데 추가 요구 사항이 생긴 것이지요. 사실 가장 간단하게 생각해 보면, 이미 Customer 클래스가 존재하므로 여기에 추가 내용을 함께 구현할 수도 있습니다. Customer 클래스에 VIP 고객의 내용도 함께 구현하는 것이지요. 그런데 추가 기능을 이렇게 구현하면 코드가 굉장히 복잡해집니다. 그 이유는 일반 등급 고객이 사용하지 않는 속성(상담원 ID, 할인율 등)뿐만 아니라 VIP 고객만을 위한 서비스 내용까지 추가해야 하기 때문입니다. 다음 코드는 Customer 클래스에 모든 등급의 내용을 넣어 구현한 예입니다.

```
if(customerGrade == "VIP") {   //할인해 주고, 적립도 많이 해주고
}
else if(customerGrade == "GOLD") {   //할인해 주고, 적립은 적당히
}
else if(customerGrade == "SILVER") {   //적립만 해준다
}
```

고객 등급에 따라 다르게 구현해야 하기 때문에 if-else if-else문을 사용합니다. calcPrice( ) 메서드뿐 아니라 여러 다른 메서드에서도 등급에 따라 다른 구현이 필요하다면 클래스 전체에서 이러한 if-else if-else문이 많이 사용되겠죠. 이런 경우 고객의 등급이 하나라도 추가되거나 삭제되면 유지보수가 매우 복잡해집니다.

앞에서 학습했듯이 상속을 사용하면 모든 등급에서 공통으로 사용하는 코드 부분은 상위 클래스인 Customer 클래스에 구현하고, 각 등급별 고객의 내용은 각각의 하위 클래스에 구현합니다. 또한 새로운 등급의 고객이 추가되더라도 기존의 코드를 거의 수정하지 않고 새로운 클래스를 추가할 수 있습니다. 따라서 프로그램이 확장성 있고 유지보수하기 좋습니다.

상속을 항상 사용하는 것이 좋을까?

당연히 그렇지 않습니다. 'IS-A 관계(is a relationship; inheritance)'라는 용어가 있습니다. IS-A 관계란 일반적인 개념과 구체적인 개념의 관계입니다. 즉 '사람은 표유류이다'와 같은 관계죠. 상속은 IS-A 관계에서 사용하는 것이 가장 효율적입니다. 일반 클래스를 점차 구체화하는 상황에서 상속을 사용하는 것입니다. 상속을 사용하면 많은 장점이 있지만, 하위 클래스가 상위 클래스형에 종속되기 때문에 이질적인 클래스 간에는 상속을 사용하지 않는 것이 좋습니다. 단순히 코드를 재사용할 목적으로 서로 관련이 없는 개념의 클래스들을 상속 관계로 사용하는 것은 좋지 않은 코드 작성법입니다.

다음과 같은 경우를 생각해 볼까요? 과목을 나타내는 Subject 클래스가 있습니다. 과목 아이디, 이름을 멤버 변수로 가지고 get( ), set( ) 메서드도 제공합니다.

```java
package inheritance2;

public class Subject {
  private int subjectId;
  private int subjectName;

  public int getSubjectId( ) {
    return subjectId;
  }

  public void setSubjectId(int subjectId) {
    this.subjectId = subjectId;
  }

  public int getSubjectName( ) {
    return subjectName;
  }

  public void setSubjectName(int subjectName) {
    this.subjectName = subjectName;
  }

  public void showSubjectInfo( ) {
    System.out.println(subjectId + "," +subjectName);
  }
}
```

이제 Student(학생) 클래스를 만들고자 합니다. 모든 학생은 전공 과목(Subject)을 가지고 있습니다. 그러므로 Subject 클래스에서 제공하는 여러 메서드를 활용하면 좋을 것 같습니다. 이런 경우 다음과 같이 Student 클래스가 Subject 클래스를 상속받으면 되는 걸까요?

```java
class Student extends Subject { }
```

이런 경우에는 상속을 사용하지 않는 게 좋습니다. 왜냐하면 Subject가 Student를 포괄하는 개념의 클래스가 아니기 때문입니다. 또한 Student 클래스를 상속받는 다른 클래스가 있을 수도 있습니다. 이런 경우에는 'HAS-A 관계(has a relationship; association)'로 표현합니다.

HAS-A 관계란 한 클래스가 다른 클래스를 소유한 관계입니다. Subject는 Student에 포함되어 Student의 멤버 변수로 사용하는 것이 적절합니다.

```
class Student {
  Subject majorSubject;
}
```

상속을 코드 재사용 개념으로 이해하면 안 되는 이유가 여기에 있습니다. 재사용할 수 있는 코드가 있다고 해서 무조건 상속을 받는 것은 아닙니다. 상속을 사용하면 클래스 간의 결합도가 높아져서 상위 클래스의 변화가 하위 클래스에 미치는 영향이 큽니다. 따라서 상속은 '일반적인 클래스'와 '구체적인(확장되는) 클래스'의 관계에서 구현하는 것이 맞습니다.

한 걸음 더! **여러 클래스를 한 번에 상속받을 수도 있나요?**

한 클래스가 여러 클래스를 상속받는 것을 다중 상속이라고 합니다. 자바 이전의 객체 지향 언어인 C++는 다중 상속을 지원했지만, 자바는 다중 상속을 지원하지 않습니다. 여러 클래스에서 상속을 받으면 그만큼 다양한 기능을 상속받을 수 있는 장점이 있을 텐데 자바는 왜 다중 상속을 지원하지 않는 걸까요? 그 이유는 다중 상속으로 인한 모호성 때문입니다. 예를 들어 두 개 이상의 상위 클래스에 같은 이름의 메서드가 정의되어 있다면, 다중 상속을 받는 하위 클래스는 어떤 메서드를 상속받을지 모호해집니다. 객체 지향에서 다중 상속의 모호성에 대한 예가 다이아몬드 문제(diamond problem)입니다. C++ 같은 언어에서는 문법적으로 이러한 문제를 해결하지만, 자바에서는 다중 상속의 장점보다는 모호함을 없애는 쪽을 선택해 다중 상속을 사용하지 않는 것입니다. 따라서 extends 예약어 뒤에 오는 클래스는 반드시 한 개여야 합니다.

08-6 다운 캐스팅과 instanceof

하위 클래스로 형 변환, 다운 캐스팅

앞에서 상위 클래스로 형 변환이 묵시적으로 이루어지는 과정을 알아보았습니다. 여기에서는 다시 하위 클래스로 형 변환이 되는 과정을 살펴보겠습니다.

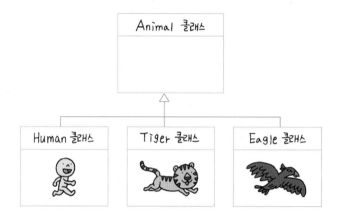

위와 같은 계층 구조에서 상위 클래스를 자료형으로 선언하는 Animal ani = new Human( ); 코드를 쓸 수 있습니다. 이때 생성된 인스턴스 Human은 Animal형입니다. 이렇게 Animal형으로 형 변환이 이루

© 기억나지 않는다면 '08-2 상속 클래스 생성과 형 변환'을 참조하세요.

어진 경우에는 Animal 클래스에서 선언한 메서드와 멤버 변수만 사용할 수 있습니다. 다시 말해 Human 클래스에 더 많은 메서드가 구현되어 있고 다양한 멤버 변수가 있다고 하더라도 자료형이 Animal형인 상태에서는 사용할 수가 없겠죠. 따라서 필요에 따라 다시 원래 인스턴스의 자료형(여기에서는 Human형)으로 되돌아가야 하는 경우가 있습니다. 이렇게 상위 클래스로 형 변환되었던 하위 클래스를 다시 원래 자료형으로 형 변환하는 것을 다운 캐스팅(down casting)이라고 합니다.

instanceof

상속 관계를 생각해 보면 모든 인간은 동물이지만 모든 동물이 인간은 아닙니다. 따라서 다운 캐스팅을 하기 전에 상위 클래스로 형 변환된 인스턴스의 원래 자료형을 확인해야 변환할 때 오류를 막을 수 있습니다. 이를 확인하는 예약어가 바로 instanceof입니다.

instanceof는 다음과 같이 사용할 수 있습니다.

```
Animal hAnimal = new Human( );
if(hAnimal instanceof Human) {       //hAnimal 인스턴스 자료형이 Human형이라면
   Human hunam = (Human)hAnimal;     //인스턴스 hAnimal을 Human형으로 다운 캐스팅
}
```

위 코드에서 사용한 참조 변수 hAnimal은 원래 Human형으로 생성되었는데, Animal형으로 형 변환되었습니다. instanceof 예약어는 왼쪽에 있는 변수의 원래 인스턴스형이 오른쪽 클래스 자료형인가를 확인합니다. 코드를 보면 hAnimal이 Animal형으로 되어 있지만, 원래는 Human형으로 생성된 인스턴스인지 확인하는 것이죠. instanceof의 반환 값이 true이면 다운 캐스팅을 하는데, 이때는 Human hunam = (Human)hAnimal; 문장과 같이 명시적으로 자료형을 써 주어야 합니다. 상위 클래스로는 묵시적으로 형 변환이 되지만, 하위 클래스로 형 변환을 할 때는 명시적으로 해야 하기 때문입니다. 만약 instanceof로 인스턴스형을 확인하지 않으면 오류가 발생할 수 있습니다.

다음처럼 원래 자료형이 Human형이 아닌 경우를 봅시다.

```
Animal ani = new Tiger( );
Human h = (Human)ani;
```

위와 같이 코딩해도 컴파일 오류는 나지 않습니다. 왜일까요? 일단 Tiger 인스턴스는 Animal형으로 자동으로 형 변환이 됩니다. 변수 h의 자료형 Human과 강제 형 변환되는 ani의 (Human)형이 동일하므로 컴파일 오류는 나지 않는 것입니다. 그 대신 이 코드를 실행하면 실행 오류가 발생합니다.

```
Problems  @ Javadoc  Declaration  Console ⅩⅩ                    ■ ✖ ✗ | ▤ ⬚ ⬚ | ⬚⬚ | ⬚ ⬚ ▾ ⬚ ▾ ⬚
<terminated> AnimalTest3 [Java Application] C:\Program Files\Java\jre-10.0.1\bin\javaw.exe (2018. 5. 14. 오전 12:55:10)
Exception in thread "main" java.lang.ClassCastException: polymorphism.Tiger cannot be cast to polymorphism.Human
        at polymorphism.AnimalTest3.main(AnimalTest3.java:8)
```

따라서 참조 변수의 원래 인스턴스형을 정확히 확인하고 다운 캐스팅을 해야 안전하며 이때 instanceof를 사용합니다. 그러면 원래 인스턴스형으로 다운 캐스팅하는 예를 살펴보겠습니다. Animal 클래스를 상속받은 여러 동물 클래스가 있습니다. Human 클래스, Tiger 클래스, Eagle 클래스에는 각각 다른 메서드도 추가로 구현했습니다.

```java
01  package polymorphism;
02  import java.util.ArrayList;
03
04  class Animal {
05      public void move( ) {
06          System.out.println("동물이 움직입니다.");
07      }
08  }
09
10  class Human extends Animal {
11      public void move( ) {
12          System.out.println("사람이 두 발로 걷습니다.");
13      }
14
15      public void readBook( ) {
16          System.out.println("사람이 책을 읽습니다.");
17      }
18  }
19
20  class Tiger extends Animal {
21      public void move( ) {
22          System.out.println("호랑이가 네 발로 뜁니다.");
23      }
24
25      public void hunting( ) {
26          System.out.println("호랑이가 사냥을 합니다.");
27      }
28  }
29
30  class Eagle extends Animal {
31      public void move( ) {
32          System.out.println("독수리가 하늘을 납니다.");
33      }
34
35      public void flying( ) {
36          System.out.print("독수리가 날개를 쭉 펴고 멀리 날아갑니다.");
37      }
38  }
39
```

상위 클래스
Animal

Animal을 상속받은
Human 클래스

Animal을 상속받은
Tiger 클래스

Animal을 상속받은
Eagle 클래스

```java
40  public class AnimalTest {
41      ArrayList<Animal> aniList = new ArrayList<Animal>( );
42
43      public static void main(String[ ] args) {
44          AnimalTest aTest = new AnimalTest( );
45          aTest.addAnimal( );
46          System.out.println("원래 형으로 다운 캐스팅");
47          aTest.testCasting( );
48      }
49
50      public void addAnimal( ) {
51          aniList.add(new Human( ));
52          aniList.add(new Tiger( ));
53          aniList.add(new Eagle( ));
54
55          for(Animal ani : aniList) {
56              ani.move( );
57          }
58      }
59
60      public void testCasting( ) {
61          for(int i = 0; i < aniList.size( ); i++) {    // 모든 배열 요소를 하나씩 돌면서
62              Animal ani = aniList.get(i);              // Animal형으로 가져옴
63              if(ani instanceof Human) {                // Human이면
64                  Human h = (Human)ani;                 // Human형으로 다운 캐스팅
65                  h.readBook( );
66              }
67              else if(ani instanceof Tiger) {
68                  Tiger t = (Tiger)ani;
69                  t.hunting( );
70              }
71              else if(ani instanceof Eagle) {
72                  Eagle e = (Eagle)ani;
73                  e.flying( );
74              }
75              else {
76                  System.out.println("지원되지 않는 형입니다.");
77              }
78          }
79      }
80  }
```

- (41행) 배열의 자료형은 Animal로 지정
- (51~53행) ArrayList에 추가되면서 Animal형으로 형 변환
- (55~57행) 배열 요소를 Animal형으로 꺼내서 move( )를 호출하면 재정의된 함수가 호출됨

:: 출력 화면

각 동물 클래스를 인스턴스로 생성하여 Animal형으로 선언한 배열에 추가합니다. 이렇게 되면 배열에 추가되는 요소의 자료형은 모두 Animal형으로 변환되겠죠? 이때 호출할 수 있는 메서드는 Animal 클래스에 선언된 메서드뿐입니다. 55~57행에서 향상된 for문을 사용하여 모든 배열 요소를 하나씩 꺼내 move( ) 메서드를 호출하면 재정의된 메서드가 호출됩니다. 하지만 배열 요소가 Animal형이므로 각 클래스에서 제공하는 readBook( ), hunting( ), flying( ) 메서드를 사용할 수 없습니다. 다시 말해 자료형이 Animal형인 상태에서는 Human 클래스가 제공하는 readBook( ) 메서드를 호출할 수 없는 것이지요. 각각의 클래스에 선언된 readBook( ), hunting( ), flying( )을 호출하기 위해서는 다시 원래 자료형으로 다운 캐스팅되어야 합니다. instanceof를 활용하여 실제 인스턴스형을 살펴본 후에 다운 캐스팅을 하면 각 클래스에 있는 메서드를 호출할 수 있습니다.

Q1 자바에서 어떤 클래스의 기능을 확장하여 새로운 클래스를 만들기 위해 상속을 합니다. 이때 사용하는 예약어는 [e   ] 입니다.

Q2 하위 클래스가 상위 클래스의 생성자를 호출하거나 상위 클래스의 멤버 변수, 메서드를 호출하기 위해 사용하는 예약어로 상위 클래스의 주소, 즉 참조 값을 나타내는 예약어는 [s   ] 입니다.

Q3 클래스를 상속받은 상태에서 상위 클래스에 이미 정의되어 있는 메서드를 하위 클래스에서 사용하기에 적절하지 않은 경우에 해당 메서드를 재정의할 수 있습니다. 이것을 [메   ] 이라고 합니다.

Q4 다음 코드는 오류가 발생합니다. 오류가 발생하는 원인을 설명하세요.

```
public class Employee {
  public String name;
  public String grade;
  public Employee(String name) {
    this.name = name
  }
}
public class Engineer extends Employee {
  private String skillset;
  public String getSkillSet( ) {
    return skillset;
  }
  public void setSkillSet(Strin skillset)
  this.skillSet = skillset;
}
```

힌트 1 상속에서 클래스 생성 과정을 잘 생각해 보세요.

Q5 다음 출력 결과가 나오도록 빈칸을 채우세요.

```
import java.util.ArrayList;

class Shape {
  public void draw( ) {
    System.out.println("Shape");
  }
}

class Circle extends Shape {
public void draw( ) {
    System.out.println("Circle");
  }
}

class Triangle extends Shape {
  public void draw( ) {
    System.out.println("Triangle");
  }
}
```

```
public class ShapeTest {
public static void main(String[ ] args) {
    [_____]1

    list.add(new Circle( ));
    list.add(new Triangle( ));
    list.add(new Shape( ));

    for(Shape s : list) {
      [_____]2
    }
  }
}
```

〈출력 결과〉
Circle
Triangle
Shape

08장 정답
590쪽

추상 클래스

08장에서 배운 상속을 기반으로 이 장에서는 추상 클래스에 대해 알아보겠습니다. 추상 클래스는 완전하지 않은 클래스입니다. 완전하지 않다는 것이 부족하다는 뜻일 수도 있지만, 다른 한 편으로는 가능성이 남아 있다는 의미입니다. 이 가능성을 활용해 좀 더 확장 가능하고 다양한 프로그램을 개발할 수 있습니다. 그러면 추상 클래스를 어떻게 구현하는지 함께 살펴볼까요?

09-1 추상 클래스

추상 클래스란?

'추상적이다'라는 말의 뜻을 생각해 봅시다. 추상적이라는 것은 구체적이지 않고 막연한 것을 뜻합니다. 그렇다면 '어떤 클래스가 추상적이다'라는 말은 무슨 뜻일까요? 앞의 용어 풀이를 대입해 보면 '구체적이지 않은 클래스'라는 뜻이겠죠. 추상 클래스를 영어로 표현하면 abstract class이고, 추상 클래스가 아닌 클래스는 concrete class라고 합니다. 우리가 지금까지 만든 클래스는 모두 concrete class였습니다. 추상 클래스 활용 방법을 살펴보기 전에 추상 클래스 문법부터 배워 보겠습니다.

추상 클래스는 항상 추상 메서드를 포함합니다. 추상 메서드는 구현 코드가 없습니다. 함수의 구현 코드가 없다는 것은 함수 몸체(body)가 없다는 뜻입니다.

```
int add(int x, int y) {
    return x + y;
}
```
{ } 안의 내용이 함수 몸체

중괄호 { }로 감싼 부분을 함수의 구현부(implementation)라고 합니다. 이 부분이 없는 함수는 추상 함수(abstract function)이고 자바에서는 추상 메서드(abstract method)라고 합니다. 추상 메서드는 다음과 같이 선언만 하며 abstract 예약어를 사용합니다. 그리고 { } 대신 ;를 씁니다.

```
abstract int add(int x, int y);
```

참고로 다음과 같은 메서드는 추상 메서드가 아닙니다. { }를 사용한 것만으로도 메서드를 구현한 셈입니다. 다만 { } 안에 코드가 없을 뿐이죠.

```
int add(int x, int y) { }
```

정리하자면, 자바에서 추상 메서드는 abstract 예약어를 사용하여 선언만 하는 메서드입니다.

메서드 선언의 의미

우리가 코딩을 한다고 하면 뭔가 열심히 구현하는 것을 생각하기 마련입니다. 변수를 선언하고 제어문을 사용하여 로직을 만들고 기능을 구현하는 것을 프로그램 개발이라고 생각하지요. 물론 그것도 중요한 일입니다. 그런데 로직을 구현하는 것보다 더 중요한 것이 어떻게 구현할지를 결정하는 것입니다. 이런 과정을 개발 설계라고 합니다. 물론 설계 과정은 더 복잡하고 다양한 방법이 있을 수 있습니다. 예를 들어 이런 경우를 생각해 봅시다.

```
int add(int num1, int num2);
```

위 코드처럼 선언한 메서드를 보면 두 개의 정수를 입력받은 후 더해서 그 결과 값을 반환한다는 것을 유추할 수 있습니다. 즉 이 메서드의 선언부(declatration)만 봐도 어떤 일을 하는 메서드인지 알 수 있는 것이지요. 함수의 선언부 즉 반환 값, 함수 이름, 매개변수를 정의한다는 것은 곧 함수의 역할이 무엇인지, 어떻게 구현해야 하는지를 정의한다는 뜻입니다. 따라서 함수 몸체를 구현하는 것보다 중요한 것은 함수 선언부를 작성하는 것입니다. 우리가 자바에서 사용하는 메서드 역시 마찬가지입니다. 메서드를 선언한다는 것은 메서드가 해야 할 일을 명시해 두는 것입니다.

추상 클래스 구현하기

그러면 구체적으로 구현하지 않은 추상 메서드를 어떻게 사용하는지 하나씩 살펴보죠. 추상 클래스의 구현 과정을 코드로 보기 전에 클래스 간의 관계를 살펴볼 수 있는 클래스 다이어그램을 그려 보겠습니다. 클래스 다이어그램 맨 위쪽에는 클래스 이름을 씁니다. 그리고 아래쪽에 변수 이름을 쓰고 그 다음에 메서드 이름을 씁니다. 추상 클래스와 추상 메서드는 기울임꼴로 표시합니다. Computer 클래스는 추상 클래스입니다. 컴퓨터 종류에는 데스크톱과 노트북이 있습니다. 그리고 노트북의 종류에는 MyNoteBook이 있습니다.

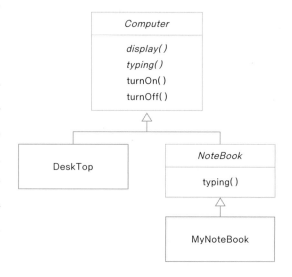

Computer 클래스는 추상 클래스이며 이를 상속받은 두 클래스 중 DeskTop 클래스는 일반 클래스이고 NoteBook 클래스는 추상 클래스입니다. 마지막으로 NoteBook 클래스를 상속받은 MyNoteBook 클래스도 일반 클래스입니다. Computer 클래스가 제공하는 메서드 중 두 개는 기울임꼴 서체로 표시했습니다. 이는 추상 메서드임을 나타냅니다. 즉 display( )와 typing( )은 추상 메서드이고 turnOn( )과 turnOff( )는 구현 코드가 있는 메서드입니다.

앞에서 본 다이어그램을 프로그램으로 구현한 다음 예제 코드를 따라 입력해 보면서 각 클래스 간의 관계를 이해해 봅시다.

코딩해 보세요! **추상 클래스 구현하기** • 참고 파일 Computer.java

```java
01  package abstractex;
02
03  public class Computer {
04      public void display( );      오류 발생
05      public void typing( );
06      public void turnOn( ) {
07          System.out.println("전원을 켭니다.");
08      }
09      public void turnOff( ) {
10          System.out.println("전원을 끕니다.");
11      }
12  }
```

Computer 클래스 내부에 추상 메서드 display( )와 typing( )을 선언하고, 구현 메서드 turnOn( )과 turnoff( )를 작성합니다. 그러면 완전하게 구현되지 않은 두 추상 메서드에서 오류가 발생할 것입니다. display( )나 typing( ) 위에 마우스를 올리면 오류를 해결할 수 있는 방법으로 다음 두 가지를 제시합니다.

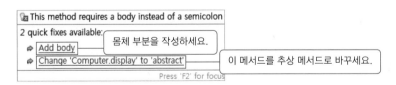

이 메서드의 몸체(body) 부분을 작성하거나 이 메서드를 추상 메서드로 바꾸라는 설명입니다. 두 번째 옵션을 선택하면 display( )와 typing( ) 메서드에 abstract 예약어가 생기는 것을 볼 수 있습니다.

```
package abstractex;
                            ┌─ 오류 발생
public class Computer {
    public abstract void display( );
    public abstract void typing( );        ─ 오류가 남아 있음
    ...
}            └─ abstract 예약어 추가
```

하지만 이번에는 메서드와 클래스 이름에 모두 오류가 표시됩니다. 왜냐하면 추상 메서드가
속한 클래스를 추상 클래스로 선언하지 않았기 때문입니다. 다시 오류 메시지 내용을 보면 다
음과 같습니다.

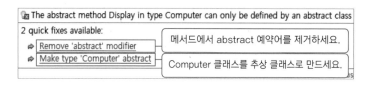

Computer를 추상 클래스로 선언하지 않았으므로 이 메서드에서 abstract 예약어를 빼거나
Computer 클래스를 추상 클래스로 만들어야 오류가 없어진다는 것입니다. 두 번째 옵션을
클릭해서 Computer 클래스를 추상 클래스로 만들겠습니다.

```
package abstractex;
                        ┌─ abstract 예약어 추가
public abstract class Computer {
    public abstract void display( );
    public abstract void typing( );   ─ 더 이상 오류 없음
    ...
}
```

Computer 클래스를 이와 같이 구현한 것은 'Computer를 상속받는 클래스 중 turnOn( )과
turnOff( ) 구현 코드는 공통이다. 하지만 display( )와 typing( )은 하위 클래스에 따라 구현
이 달라질 수 있다. 그래서 Computer에서는 구현하지 않고, 이 두 메서드 구현에 대한 책임
을 상속받는 클래스에 위임한다'라는 의미입니다. 따라서 Computer 클래스의 추상 메서드
는 추상 클래스를 상속받은 DeskTop과 NoteBook에서 실제로 구현하게 됩니다. 이 클래스
의 상위 클래스에서는 하위 클래스도 공통으로 사용할 메서드를 구현하고, 하위 클래스마다
다르게 구현할 메서드는 추상 메서드로 선언해 두는 것입니다.

그러면 DeskTop 클래스를 만들어 보겠습니다. 다음과 같이 DeskTop 클래스를 선언하고 Computer 클래스를 상속받습니다.

코딩해 보세요! **추상 클래스 상속받기** ·참고 파일 DeskTop.java

```java
01    package abstractex;
02
03    public class DeskTop extends Computer {
                        └─ 오류 발생
04
05    }
```

상속받은 DeskTop 클래스에 빨간색 줄로 오류 표시가 보입니다. 마우스를 올려서 메시지를 확인해 보면 다음과 같이 나옵니다.

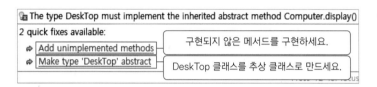

원래 Computer는 추상 클래스입니다. 추상 클래스를 상속받은 클래스는 추상 클래스가 가진 메서드를 상속받습니다. 따라서 상속받은 클래스는 추상 메서드를 포함합니다. 그렇기 때문에 추상 메서드를 모두 구현하든가 아니면 DeskTop도 추상 클래스로 만들든가 둘 중 하나를 해야 합니다. 즉 추상 클래스를 상속받은 하위 클래스는 구현되지 않은 추상 메서드를 모두 구현해야 구체적인 클래스가 됩니다. 예를 들어 추상 메서드가 두 개인데 그중 하나만 구현하면 이 역시 구현이 안 된 추상 메서드를 포함하는 것이므로 추상 클래스입니다. Add unimplemented methods 옵션을 눌러 보겠습니다. 그러면 비어 있던 클래스 내부에 다음과 같은 코드가 생성됩니다.

```java
@Override
public void display( ) {
    //TODO Auto-generated method stub
}

@Override
public void typing( ) {
    //TODO Auto-generated method stub
}
```

주석 부분을 삭제하고 다음과 같이 몸체 코드를 작성합니다.

코딩해 보세요! 추상 메서드 구현하기 • 참고 파일 DeskTop.java

```java
01  package abstractex;
02
03  public class DeskTop extends Computer {
04    @Override
05    public void display( ) {
06      System.out.println("DeskTop display( )");
07    }
08
09    @Override
10    public void typing( ) {
11      System.out.println("DeskTop typing( )");
12    }
13  }
```

추상 메서드의 몸체 코드 작성

4~12행은 상위 클래스인 Computer 클래스에 포함된 추상 메서드인 display( )와 typing( )을 재정의하는 부분입니다. 이 몸체 부분에 원하는 코드를 구현하면 됩니다.

마찬가지로 NoteBook 클래스도 구현합니다.

코딩해 보세요! NoteBook 클래스 구현하기 • 참고 파일 NoteBook.java

```java
01  package abstractex;
02
03  public abstract class NoteBook extends Computer {
04    @Override
05    public void display( ) {
06      System.out.println("NoteBook display( )");
07    }
08  }
```

이 클래스에서는 상속받은 추상 메서드를 모두 구현하지 않고 display( ) 하나만 구현하였습니다. 그러므로 NoteBook 클래스는 추상 메서드를 하나 가지고 있기 때문에 추상 클래스가 됩니다. NoteBook을 상속받은 MyNoteBook 클래스는 다음과 같이 구현할 수 있습니다.

```
01    package abstractex;
02
03    public class MyNoteBook extends NoteBook {
04       @Override
05       public void typing( ) {
06          System.out.println("MyNoteBook typing( )");
07       }
08    }
```

MyNoteBook은 모든 추상 메서드가 구현된 클래스이므로 abstract 예약어를 사용하지 않습니다.

한 걸음 더!   **모든 추상 메서드를 구현한 클래스에 abstract 예약어를 사용한다면?**

문법상으로 모든 메서드를 구현했어도 abstract 예약어를 사용하면 추상 클래스입니다. 다음 예제를 함께 보겠습니다.

```
package abstractex;

public abstract class AbstractTV {
  public void turnOn( ) {
    System.out.println("전원을 켭니다.");
  }

  public void turnOff( ) {
    System.out.println("전원을 끕니다.");
  }
}
```

AbstractTV 클래스는 모든 추상 메서드를 구현한 클래스입니다. 하지만 이것으로는 완벽한 TV 기능이 구현된 것이 아니고 TV의 공통 기능만을 구현해 놓은 것입니다. 이 클래스는 생성해서 사용할 목적이 아닌 상속만을 위해 만든 추상 클래스입니다. 이 경우에 new 예약어로 인스턴스를 생성할 수 없습니다.

추상 클래스 구현하기

다음은 Car 추상 클래스를 상속받은 Bus 클래스와 AutoCar 클래스를 표현한 클래스 다이어그램입니다. CarTest.java 파일을 보고 유추하여 클래스 다이어그램의 빈칸을 채워 보세요. 그리고 테스트 클래스인 CarTest.java의 출력 화면과 같이 출력되도록 Car, Bus, AutoCar 클래스를 직접 구현해 보세요.

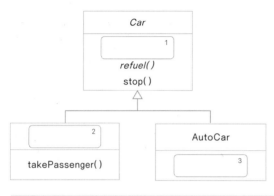

```
package chapter9.step1;

public class CarTest {
    public static void main(String[] args) {
        Bus bus = new Bus( );
        AutoCar autoCar = new AutoCar( );

        bus.run( );
        autoCar.run( );

        bus.refuel( );
        autoCar.refuel( );

        bus.takePassenger( );
        autoCar.load( );

        bus.stop( );
        autoCar.stop( );
    }
}
```

:: 출력 화면

```
Problems  @ Javadoc  Declaration  Console ☒
<terminated> CarTest [Java Application] C:\Program Files\Java\jre-10.0.1\bin\javaw.exe
버스가 달립니다.
차가 달립니다.
천연 가스를 충전합니다.
휘발유를 주유합니다.
승객을 버스에 태웁니다.
짐을 싣습니다.
차가 멈춥니다.
차가 멈춥니다.
```

정답 1. run( ) 2. Bus 3. load( )

추상 클래스를 만드는 이유

추상 클래스를 어떻게 정의하고 구현하는지 이야기했습니다. 그렇다면 이런 추상 클래스는 어디에 사용하기 위해 만드는 걸까요? 일단 '09-1 추상 클래스'에서 만든 Computer, Desktop, NoteBook, MyNoteBook 클래스를 바탕으로 프로그램을 실행할 수 있는 테스트 프로그램을 작성해 보겠습니다. 동일한 abstractex 패키지 안에 ComputerTest.java 파일을 생성합니다.

<table>
<tr><td>코딩해 보세요!</td><td>추상 클래스 테스트하기</td><td>· 참고 파일 ComputerTest.java</td></tr>
</table>

```
01  package abstractex;
02
03  public class ComputerTest {
04    public static void main(String[] args) {
05      Computer c1 = new Computer( );
06      Computer c2 = new DeskTop( );
07      Computer c3 = new NoteBook( );
08      Computer c4 = new MyNoteBook( );
09    }
10  }
```

Computer 클래스형으로 인스턴스를 4개 생성했습니다. 그런데 코드를 보면 Computer와 NoteBook에서 오류가 납니다. 다음 그림에서 오류 메시지를 확인해 보면 Computer 클래스와 NoteBook 클래스를 인스턴스로 생성할 수 없다고 나옵니다.

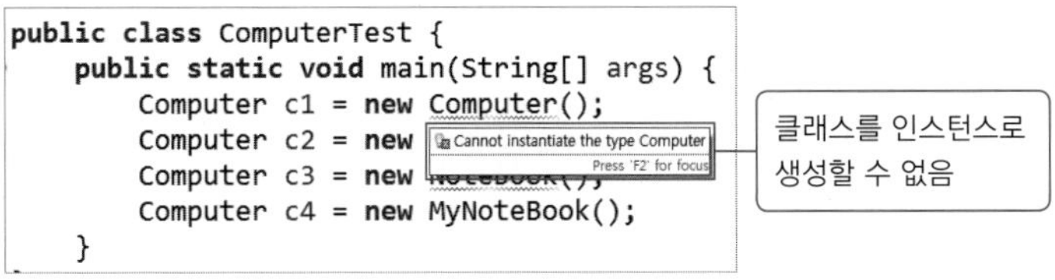

```
public class ComputerTest {
    public static void main(String[] args) {
        Computer c1 = new Computer();
        Computer c2 = new    Cannot instantiate the type Computer
        Computer c3 = new               Press 'F2' for focus
        Computer c4 = new MyNoteBook();
    }
```

클래스를 인스턴스로 생성할 수 없음

추상 클래스는 인스턴스로 생성할 수 없다

추상 클래스는 모든 메서드가 구현되지 않았으므로 인스턴스로 생성할 수 없습니다. 예를 들어 오른쪽 과 같은 ABC 클래스가 있다고 가정합시다.

```
abstract class ABC {
  abstract void a( );
  void b( ) {
    System.out.println("b( )");
  }
}
```

ABC 클래스는 추상 클래스이며 a( ) 추상 메서드를 가지고 있습니다. 만약 ABC 클래스를 생성하는 class abc = new ABC( ); 문장이 가능하다면 abc.a( ) 메서드를 호출했을 때 어떤 코드가 수행될까요? 결론을 말하자면 구현된 코드가 없으므로 수행할 수 있는 내용이 없습니다. 따라서 추상 클래스는 인스턴스로 만들 수 없습니다. ComputerTest 클래스에서도 Computer와 NoteBook 클래스는 추상 클래스이므로 인스턴스를 생성할 수 없습니다. 하지만 추상 클래스에서도 형 변환을 사용할 수는 있습니다. ComputerTest 클래스에서 보듯이 DeskTop, NoteBook, MyNoteBook 클래스는 상위 클래스 Computer를 상속받았으므로 Computer형으로 선언하여 사용할 수 있습니다.

추상 클래스에서 구현하는 메서드

생성할 수 없는 추상 클래스는 어디에 쓰는 걸까요? 앞에서 잠깐 언급했지만, 추상 클래스는 상속을 하기 위해 만든 클래스입니다. 그렇다면 어떤 메서드를 구현하고, 어떤 메서드를 구현하지 않고 추상 메서드로 남겨 두는 걸까요? 추상 클래스에서 구현하는 메서드는 하위 클래스에서도 사용할, 즉 하위 클래스에서도 구현 내용을 공유할 메서드를 구현합니다. 실제 하위 클래스에서 내용을 각각 다르게 구현해야 한다면, 구현 내용을 추상 메서드로 남겨 두고 하위 클래스에 구현을 위임하는 것입니다.

구현된 메서드	하위 클래스에서 공통으로 사용할 구현 코드. 하위 클래스에서 재정의할 수도 있음
추상 메서드	하위 클래스가 어떤 클래스냐에 따라 구현 코드가 달라짐

앞에서 구현한 Computer 클래스를 다시 생각해 보면, 전원을 켜고 끄는 turnOn( )과 turnOff( )의 구현은 하위 클래스에서 공유할 수 있지만, display( )와 typing( )의 구현 내용은 NoteBook인지 DeskTop인지에 따라 달라지므로 Computer 클래스에서는 구현하지 않은 것입니다.

> **한 걸음 더!** **추상 클래스와 프레임워크**
>
> 실제 추상 클래스는 많은 프레임워크에서 사용하고 있는 구현 방식입니다. 예를 들어 안드로이드를 생각해 보면, 안드로이드 앱을 만들 때 안드로이드 라이브러리에서 제공하는 많은 클래스를 사용합니다. 이들 클래스 중에는 모두 구현된 클래스도 있지만, 일부만 구현되어 있어서 상속을 받아 구현하는 경우도 많습니다.
> 이때 안드로이드에서 구현해 놓은 코드는 내부적으로 사용하거나 상속받은 모든 클래스가 공통으로 사용할 메서드입니다. 그리고 구현을 미루어 놓은 메서드(추상 메서드)는 실제로 앱에서 어떻게 만드냐에 따라 다르게 구현해야할 내용으로 앱에서 구현하도록 선언만 해 둔 것입니다.

09-2 템플릿 메서드

추상 클래스와 템플릿 메서드

추상 클래스를 활용한 예로 템플릿 메서드를 알아보겠습니다. '템플릿(template)'이란 용어를 사전에서 찾아보면, 틀이나 견본을 뜻합니다. 틀이 있는 메서드라는 의미지요. 05장에서 소개한 싱글톤 패턴과 같은 디자인 패턴입니다. 템플릿 메서드는 추상 클래스를 사용하여 구현할 수 있으며 다음 예를 통해 함께 살펴보겠습니다.

◎ 템플릿 메서드는 디자인 패턴의 한 방법으로 모든 객체 지향 프로그램에서 사용하는 구현 방법입니다. 따라서 이 구현 방법은 자바뿐 아니라 C++, C#에서도 동일하게 적용됩니다.

코딩해 보세요! **추상 클래스와 템플릿 메서드** · 참고 파일 Car.java

```java
01  package template;
02
03  public abstract class Car {
04      public abstract void drive( );
05      public abstract void stop( );
06
07      public void startCar( ) {
08          System.out.println("시동을 켭니다");
09      }
10
11      public void turnOff( ) {
12          System.out.println("시동을 끕니다.");
13      }
14
15      final public void run( ) {
16          startCar( );
17          drive( );              ← 템플릿 메서드
18          stop( );
19          turnOff( );
20      }
21  }
```

Car 클래스를 생성했습니다. 이 클래스는 drive( )와 stop( ) 추상 메서드와 3개의 구현된 메서드 startCar( ), turnOff( ), run( )을 가지고 있습니다. 자동차 시동을 켜고 끄는 방법은 어느 차

나 동일합니다. 그래서 startCar( )와 turnOff( )는 미리 코드를 구현해 두었습니다. drive( )와 stop( )은 차종에 따라 다른 방식으로 움직일 수 있습니다. 그래서 추상 메서드로 선언했습니다. 이 중 15~20행에 구현된 템플릿 메서드인 run( ) 메서드를 살펴보죠. 이 메서드는 자동차가 달리는 방법을 순서대로 구현해 두었습니다. 시동을 켜고, 달리고, 브레이크로 멈춘 후 시동을 끕니다. 만약 Car 클래스를 상속받으면 어떤 자동차든 모두 이 순서대로 동일한 방식으로 달리는 것입니다.

그러면 Car 클래스를 상속받을 클래스를 2개 구현해 보겠습니다.

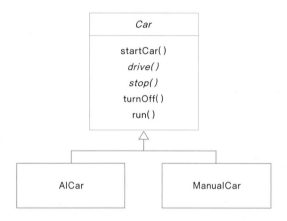

Car 클래스를 상속받는 두 클래스는 자율 주행 자동차(AICar)와 일반 자동차(ManualCar)입니다. 이 클래스들은 추상 클래스 Car를 상속받았기 때문에 구현되지 않은 추상 메서드를 마저 구현해야 합니다. 그러면 Car 클래스를 상속받은 클래스들을 살펴봅시다. AICar는 자율 주행이 가능합니다. 사람이 시동을 켠 후에는 자동차가 알아서 주행을 합니다. ManualCar는 우리가 사용하는 보통 자동차입니다. 사람이 시동을 켜고 핸들도 조작합니다. 즉 자동차 종류에 따라 구현 내용이 달라지는 부분은 추상 메서드로 만들고, 공통으로 사용하는 메서드는 추상 클래스에 구현하여 상속받아 사용합니다.

☺ 추상 메서드 중 하나라도 구현하지 않는다면, 추상 메서드를 포함하고 있기 때문에 추상 클래스가 됩니다.

그러면 먼저 AICar 클래스를 구현해 보겠습니다.

코딩해 보세요! **추상 클래스와 템플릿 메서드** • 참고 파일 AICar.java

```
01   package template;
02
03   public class AICar extends Car {
04       @Override
```

```
05      public void drive( ) {
06         System.out.println("자율 주행합니다");
07         System.out.println("자동차가 알아서 방향을 전환합니다.");
08      }
09
10      @Override
11      public void stop( ) {
12         System.out.println("스스로 멈춥니다.");
13      }
14   }
```

AICar 클래스는 Car 클래스를 상속받았고 drive( )와 stop( ) 추상 메서드를 구현했습니다.
AICar는 자율 주행을 하고 방향도 알아서 바꿉니다. 사람은 시동을 켜고 끄는 일만 하면 됩니다.

다음은 ManualCar 클래스입니다.

코딩해 보세요! **추상 클래스와 템플릿 메서드**   • 참고 파일 ManualCar.java

```
01   package template;
02
03   public class ManualCar extends Car {
04      @Override
05      public void drive( ) {
06         System.out.println("사람이 운전합니다");
07         System.out.println("사람이 핸들을 조작합니다");
08      }
09
10      @Override
11      public void stop( ) {
12         System.out.println("브레이크로 정지합니다");
13      }
14   }
```

ManualCar 클래스도 AICar 클래스와 마찬가지로 Car 클래스를 상속받았습니다. 그리고 추
상 메서드 drive( )와 stop( )을 구현했습니다. 코드 내용을 살펴보면 사람이 직접 핸들을 조
작하면서 달리고 있습니다. 정지를 하려면 브레이크를 밟으면 됩니다.

이제 테스트 프로그램을 만들어 이 두 자동차가 어떻게 움직이는지 확인해 보겠습니다.

```java
01  package template;
02
03  public class CarTest {
04      public static void main(String[] args) {
05          System.out.println("=== 자율 주행하는 자동차 ===");
06          Car myCar = new AICar( );
07          myCar.run( );
08
09          System.out.println("=== 사람이 운전하는 자동차 ===");
10          Car hisCar = new ManualCar( );
11          hisCar.run( );
12      }
13  }
```

:: 출력 화면

```
Problems  @ Javadoc  Declaration  Console ✕
<terminated> CarTest [Java Application] C:\Program Files\Java\jre-10.0.1\bin\javaw.exe
=== 자율 주행하는 자동차 ===
시동을 켭니다
자율 주행합니다
자동차가 스스로 방향을 전환합니다.
스스로 멈춥니다.
시동을 끕니다.
=== 사람이 운전하는 자동차 ===
시동을 켭니다
사람이 운전합니다
사람이 핸들을 조작합니다
브레이크로 정지합니다
시동을 끕니다.
```

템플릿 메서드의 역할

CarTest에서 두 개의 인스턴스(myCar, hisCar)를 생성했습니다. 그리고 run( )을 호출했습니다. run( )은 Car 클래스에 이미 구현된 메서드입니다. 차가 어떻게 달려야 하는지를 구현해 놓았습니다. 작동 순서는 어느 차나 동일합니다. 이렇게 템플릿 메서드의 역할은 메서드 실행 순서와 시나리오를 정의하는 것입니다. 템플릿 메서드에서 호출하는 메서드가 추상 메서드라면 차종에 따라 구현 내용이 바뀔 수는 있습니다. AICar와 ManualCar 작동 방식의 일부가 다른 것처럼 말이죠. 하지만 시동을 켜고, 달리고, 멈추고, 시동을 끄는 시나리오는 변하지 않습니다. 이런 메서드를 템플릿 메서드로 정의하는 것입니다. 템플릿 메서드는 실행 순서, 즉 시나리오를 정의한 메서드이므로 바뀔 수 없습니다. 상위 클래스를 상속받은 하위 클래스에서 템플릿 메서드를 재정의하면 안 된다는 것입니다. 그래서 템플릿 메서드는 final 예약어를 사용해 선언합니다. 메서드 앞에 final을 사용하면 상속받은 하위 클래스가 메서드를 재정의할 수 없습니다. 템플릿 메서드는 로직 흐름이 이미 정해져 있는 프레임워크에서 많이 사용하는 기본 구현 방법입니다.

정리하자면, 추상 클래스는 하위 클래스에서도 사용할 수 있는 코드를 구현합니다. 그런데 일반 메서드는 하위 클래스에서 재정의할 수 있습니다. start( )와 turnOff( )도 추가 기능이 필요하다면 하위 클래스에서 재정의해서 사용하면 됩니다. 하지만 템플릿 메서드는 로직 흐름을 정의하는 역할입니다. 이 흐름은 모든 하위 클래스가 공통으로 사용하고 코드를 변경하면 안 되기 때문에 final로 선언하는 것입니다.

나 혼자 코딩!

공통으로 사용하는 메서드를 상위 클래스에 추가하기

모든 차에 와이퍼 기능을 추가하려고 합니다. 추상 메서드를 사용하여 차종이 여러 개일 때 각 클래스에 와이퍼 기능을 구현합니다. wiper( ) 추상 메서드를 추가한 Car 클래스를 다이어그램으로 그려 보면 오른쪽과 같습니다.

ManualCar의 wiper( ) 메서드를 호출하면 '사람이 빠르기를 조절합니다'라고 출력하고, AICar의 wiper( ) 메서드를 호출하면 '비나 눈의 양에 따라 빠르기가 자동으로 조절됩니다'라고 출력하도록 앞의 예제를 수정해 보세요.

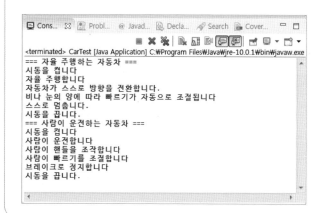

정답 자료실 제공

09-3 템플릿 메서드 응용하기

템플릿 메서드에 대해 이해했으니 재미있는 예제를 하나 만들어 봅시다. 우리가 게임을 할 때를 가정해 보죠. 게임 캐릭터에는 레벨이 있습니다. 레벨은 경험치가 쌓이거나 어떤 이벤트를 통해 올라갑니다. 플레이어 레벨이 다르면 그 레벨마다 할 수 있는 역할도 다를 것입니다. 이와 같은 상황을 템플릿 메서드를 사용해 구현해 보죠.

예제 시나리오

Player가 있고, 이 Player가 게임을 합니다. 게임에서 Player가 가지는 레벨에 따라 할 수 있는 세 가지 기능이 있습니다. 바로 run( ), jump( ), turn( )입니다.

- 초보자 레벨 : 천천히 달릴(run) 수 있습니다.
- 중급자 레벨 : 빠르게 달리고(run) 점프할(jump) 수 있습니다.
- 고급자 레벨 : 엄청 빠르게 달리고(run) 점프하고(jump) 턴할(turn) 수 있습니다.

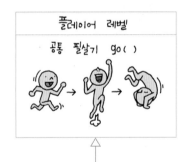

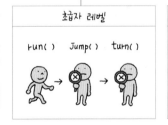
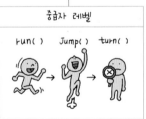
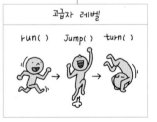

모든 레벨에서 Player가 사용할 수 있는 필살기인 go(int count) 메서드를 제공합니다. go( ) 메서드는 한 번 run하고, 매개변수로 전달된 count만큼 jump하고, 한 번 turn합니다. 그 레벨에서 불가능한 기능을 요청하면 할 수 없다는 메시지를 출력합니다.

:: 출력 화면

beginner에서 go(1), advanced에서
go(2), super에서 go(3)이 호출된 경우

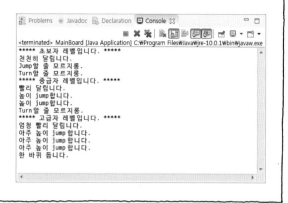

클래스 기능과 관계

예제 시나리오를 코드로 구현하기 전에 잠깐 생각을 좀 해보겠습니다. 무조건 클래스를 만들어 코딩하는 것보다 주어진 문제를 어떻게 해결할 것인지를 천천히 생각해 보고 손으로 클래스 다이어그램을 간략하게 그려 보는 것이 객체 지향 방식으로 문제를 해결하는 좋은 습관입니다. 큰 프로젝트를 진행할 때는 이 과정을 분석·설계 과정이라고 합니다. 시나리오에서 제시한 내용에 기반해 클래스를 생각해 봅시다.

간단하게 생각하면 Player 클래스를 만들고 현재
player의 레벨에 따라 if 조건문으로 코드를 구현하
면 됩니다. 의사 코드(pseudo code)로 작성하면 오른
쪽과 같습니다. 그런데 이렇게 구현하면 level 수만
큼 if문이 증가해서 복잡해질 것입니다. 현재는 level
이 3개밖에 없지만, 기능이 추가되어 level이 7개 정

```
if(level == beginner)
    //beginner 기능 구현
else if(level == advanced)
    //advanced 기능 구현
else if(level == super)
    //super 기능 구현
```

도로 늘어난다면 각 level마다 if-else if문을 7개씩 코딩해야 하기 때문입니다.

클래스 설계하기

이제부터는 클래스를 좀 더 체계적으로 설계하면서 진행해 보겠습니다. 각 플레이어가 가질 수 있는 레벨을 클래스로 분리하겠습니다. 각 레벨마다 공통 기능과 개별 기능이 있으므로 레벨 클래스를 상속 관계로 표현해 봅시다. 다음 클래스 다이어그램에 포함된 클래스는 모두 하나의 gamelevel 패키지에 만들어야 프로그램이 제대로 실행됩니다.

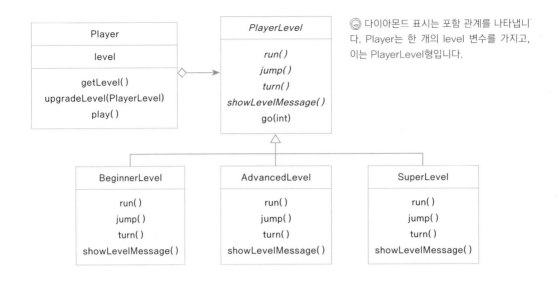

다이아몬드 표시는 포함 관계를 나타냅니다. Player는 한 개의 level 변수를 가지고, 이는 PlayerLevel형입니다.

Player 클래스와 PlayerLevel 클래스는 포함(HAS-A) 관계입니다. 게임에서 모든 Player는 자신의 레벨이 있기 때문에, Player 클래스에서 PlayerLevel을 멤버 변수로 갖는 것이죠. 레벨이 올라갈수록 수행할 수 있는 기능이 달라집니다. 그러므로 PlayerLevel 클래스를 추상 클래스로 만들어 모든 레벨에서 공통으로 수행하는 기능을 구현하고, 각 레벨마다 달라지는 기능은 추상 메서드로 만들어 둡니다. 그리고 PlayerLevel을 상속받은 하위 클래스 BeginnerLevel, AdvancedLevel, SuperLevel에서 추상 메서드로 선언한 부분을 나름의 필요에 맞게 구체적으로 구현하면 됩니다.

Player 클래스

Player는 한 번에 하나의 레벨 상태이므로 level 변수에 레벨에 해당하는 인스턴스를 대입합니다. 레벨을 변경할 수 있는 upgradeLevel( ) 메서드도 만듭니다.

코딩해 보세요! **Player 클래스 구현하기** • 참고 파일 Player.java

```java
01  package gamelevel;
02
03  public class Player {
04      private PlayerLevel level;            Player가 가지는 level 변수 선언
05
06      public Player( ) {
07          level = new BeginnerLevel( );      디폴트 생성자. 처음 생성되면 BeginnerLevel로
08          level.showLevelMessage( );         시작하며 레벨 메시지 출력
09      }
10
```

```
11      public PlayerLevel getLevel( ) {
12        return level;
13      }
14
15      public void upgradeLevel(PlayerLevel level) {
16        this.level = level;
17        level.showLevelMessage( );
18      }
19
20      public void play(int count) {
21        level.go(count);
22      }
23    }
```

> 매개변수 자료형은 모든 레벨로 변환 가능한 PlayerLevel

> 레벨 변경 메서드. 현재 자신의 level 을 매개변수로 받은 level로 변경하고 레벨 메시지 출력

> PlayerLevel의 템플릿 메서드 go( ) 호출

6행 Player 디폴트 생성자에서 초기 레벨을 Beginner로 지정하고 현재 레벨이 무엇인지 출력합니다. 15행 upgradeLevel( ) 메서드를 봅시다. 실제 게임에서는 특정 조건을 만족해야 레벨이 올라가겠지만 이 예제에서는 매개변수로 넘어온 레벨로 바로 업그레이드하겠습니다. 이 메서드에는 모든 레벨이 매개변수로 대입될 수 있기 때문에, 모든 레벨의 상위 클래스인 PlayerLevel을 매개변수의 자료형으로 정했습니다. 20행의 play( ) 메서드에서는 PlayerLevel 클래스가 제공하는 go( ) 메서드를 호출합니다.

PlayerLevel 클래스

각 레벨에서 수행할 공통 기능은 PlayerLevel 추상 클래스에서 선언합니다.

코딩해 보세요! PlayerLever 추상 클래스 구현하기 • 참고 파일 PlayerLevel.java

```
01    package gamelevel;
02
03    public abstract class PlayerLevel {
04      public abstract void run( );
05      public abstract void jump( );
06      public abstract void turn( );
07      public abstract void showLevelMessage( );
08
09      final public void go(int count) {
10        run( );
11        for(int i = 0; i < count; i++) {
```

> 재정의되면 안 되므로 final로 선언

```
12          jump( );
13        }
14      turn( );
15    }
16  }
```

각 레벨마다 run( ), jump( ), turn( ), showLevelMessage( ) 메서드는 조금씩 다르게 구현되기 때문에 추상 메서드로 선언합니다. go( ) 메서드는 시나리오대로 수행되어야 하므로 코드 내용을 완전히 구현했습니다. Player가 go( )를 호출하면 run( ), jump( ), turn( ) 메서드가 순서대로 호출될 것입니다. 이 코드는 모든 레벨에서 동일하고 변하면 안 되는 것이므로 final 예약어를 사용해 템플릿 메서드로 구현합니다. 각 레벨에서는 해당 레벨별로 제공하는 run( ), jump( ), turn( ), showLevelMessage( ) 기능을 구현합니다.

초보자 레벨 클래스

초보자 레벨에서는 천천히 달릴 수만 있습니다. 점프나 턴은 할 수 없도록 만듭니다.

코딩해 보세요! **초보자 레벨 클래스 구현하기** • 참고 파일 BeginnerLevel.java

```
01  package gamelevel;
02
03  public class BeginnerLevel extends PlayerLevel {
04    @Override
05    public void run( ) {
06       System.out.println("천천히 달립니다.");
07    }
08
09    @Override
10    public void jump( ) {
11       System.out.println("Jump할 줄 모르지롱.");
12    }
13
14    @Override
15    public void turn( ) {
16       System.out.println("Turn할 줄 모르지롱.");
17    }
18
```

```
19      @Override
20      public void showLevelMessage( ) {
21          System.out.println("***** 초보자 레벨입니다. *****");
22      }
23  }
```

중급자 레벨 클래스

중급자 레벨에서는 빠르게 달릴 수 있고 높이 점프할 수 있습니다. 아직까지도 턴하는 기술은
사용하지 못합니다.

코딩해 보세요! **중급자 레벨 클래스 구현하기** · 참고 파일 AdvancedLevel.java

```
01  package gamelevel;
02
03  public class AdvancedLevel extends PlayerLevel {
04      @Override
05      public void run( ) {
06          System.out.println("빨리 달립니다.");
07      }
08
09      @Override
10      public void jump( ) {
11          System.out.println("높이 jump합니다.");
12      }
13
14      @Override
15      public void turn( ) {
16          System.out.println("Turn할 줄 모르지롱.");
17      }
18
19      @Override
20      public void showLevelMessage( ) {
21          System.out.println("***** 중급자 레벨입니다. *****");
22      }
23  }
```

고급자 레벨 클래스

고급자 레벨에서는 엄청 빠르게 달릴 수 있고 아주 높게 점프할 수 있습니다. 그리고 한 바퀴 턴하는 기술까지 사용할 수 있도록 클래스를 구현합니다.

코딩해 보세요! **고급자 레벨 클래스 구현하기** · 참고 파일 SuperLevel.java

```java
01   package gamelevel;
02
03   public class SuperLevel extends PlayerLevel {
04      @Override
05      public void run( ) {
06         System.out.println("엄청 빨리 달립니다.");
07      }
08
09      @Override
10      public void jump( ) {
11         System.out.println("아주 높이 jump합니다.");
12      }
13
14      @Override
15      public void turn( ) {
16         System.out.println("한 바퀴 돕니다.");
17      }
18
19      @Override
20      public void showLevelMessage( ) {
21         System.out.println("***** 고급자 레벨입니다. *****");
22      }
23   }
```

테스트 프로그램 작성해서 실행하기

다이어그램에서 제시한 클래스를 모두 구현하였으므로 이제 테스트 프로그램을 만들어 실행해 보겠습니다. 실제 게임이라면 여러 그래픽 요소를 추가해야겠지만, 여기에서는 간단히 텍스트만 출력하겠습니다.

```java
01  package gamelevel;
02
03  public class MainBoard {
04    public static void main(String[] args) {
05      Player player = new Player( );        처음 생성하면 BeginnerLevel
06      player.play(1);
07
08      AdvancedLevel aLevel = new AdvancedLevel( );
09      player.upgradeLevel(aLevel);
10      player.play(2);
11
12      SuperLevel sLevel = new SuperLevel( );
13      player.upgradeLevel(sLevel);
14      player.play(3);
15    }
16  }
```

:: 출력 화면

```
Problems  @ Javadoc  Declaration  Console ☒            ⊟ ☐
            ■ ✕ ✖ | ▤ ▥ ▦ | ▨ ▧ | ☑ ▦ ▼ ▢ ▼
<terminated> MainBoard [Java Application] C:₩Program Files₩Java₩jre-10.0.1₩bin₩javaw.exe
***** 초보자 레벨입니다. *****
천천히 달립니다.
Jump할 줄 모르지롱.
Turn할 줄 모르지롱.
***** 중급자 레벨입니다. *****
빨리 달립니다.
높이 jump합니다.
높이 jump합니다.
Turn할 줄 모르지롱.
***** 고급자 레벨입니다. *****
엄청 빨리 달립니다.
아주 높이 jump 합니다.
아주 높이 jump 합니다.
아주 높이 jump 합니다.
한 바퀴 돕니다.
```

Player 클래스의 디폴트 생성자는 초보자 레벨로 시작하도록 구현되어 있습니다. Player 클래스를 생성하고 인스턴스를 player 참조 변수에 대입합니다. play( ) 메서드의 매개변수에 1을 입력하면 초보자 레벨이기 때문에 천천히 달린 후 점프할 줄 모른다는 문구와 턴할 줄 모른다는 문구를 출력합니다. 8행에서 중급자 레벨 클래스를 새로 생성하고 aLevel 참조 변수를 upgradeLevel( ) 메서드에 대입해서 레벨을 업그레이드합니다. 이제 player는 중급자 레벨입니다. play( ) 메서드의 매개변수에 값을 대입하면 빨리 달린 후 매개변수로 입력된 값만큼 점프합니다. 중급자 레벨에서도 아직 턴할 수는 없습니다. 12~14행의 고급자 레벨도 비슷한 방식으로 수행됩니다.

추상 클래스와 다형성

앞에서 만든 Player 클래스와 PlayerLevel 클래스에서 다형성이 구현된 코드를 보았나요? 모든 레벨 클래스는 PlayerLevel 클래스를 상속받았습니다. 그리고 Player가 가질 수 있는 여러 레벨을 별도의 자료형으로 선언하지 않고 PlayerLevel로 선언했습니다. 레벨을 변경하는 upgradeLevel( ) 메서드의 매개변수 자료형도 PlayerLevel입니다. 따라서 레벨 클래스가 여러 개 존재하더라도 모든 클래스는 PlayerLevel 클래스로 대입될 수 있습니다. level.go( ) 메서드가 호출되면 가상 메서드에 의해 각 레벨 클래스에 구현된 레벨별 기능이 호출됩니다. 정리하자면, 상위 클래스인 추상 클래스는 하위에 구현된 여러 클래스를 하나의 자료형 (상위 클래스 자료형)으로 선언하거나 대입할 수 있습니다. 추상 클래스에 선언된 메서드를 호출하면 가상 메서드에 의해 각 클래스에 구현된 기능이 호출됩니다. 즉 하나의 코드가 다양한 자료형을 대상으로 동작하는 다형성을 활용할 수 있는 것입니다.

지금까지 추상 클래스가 무엇인지와 어떻게 활용하는지에 대해 알아보았습니다. 모든 추상 클래스에 템플릿 메서드를 사용하는 것은 아니지만, 추상 클래스를 활용할 수 있는 좋은 패턴입니다. 내용이 복잡해서 이해하기 어렵다면 다시 한 번 읽어 보면서 프로그램 흐름을 이해하기 바랍니다.

09-4 final 예약어

템플릿 메서드를 만들면서 final 예약어를 사용해 본 것을 기억하나요? final은 '마지막'이란 의미이지요. 즉 마지막으로 정한 것이니 더 이상 수정할 수 없다는 뜻입니다. 자바 프로그램에서 final 예약어는 변수, 메서드, 클래스에 사용할 수 있습니다.

사용 위치	설명
변수	final 변수는 상수를 의미합니다.
메서드	final 메서드는 하위 클래스에서 재정의할 수 없습니다.
클래스	final 클래스는 상속할 수 없습니다.

final 메서드에 대해서는 템플릿 메서드에서 설명했으므로 여기에서는 final 변수와 클래스에 대해 알아보겠습니다.

상수를 의미하는 final 변수

상수는 변하지 않는 수입니다. 앞에서 학습한 내용이므로 간단한 예제만 확인하겠습니다.

코딩해 보세요!　final 실습하기　• 참고 파일 Constant.java

```java
01  package finalex;
02
03  public class Constant {
04    int num = 10;
05    final int NUM = 100;        상수 선언
06
07    public static void main(String[] args) {
08      Constant cons = new Constant( );
09      cons.num = 50;
10      cons.NUM = 200;        상수에 값을 대입하여 오류 발생
11
12      System.out.println(cons.num);
13      System.out.println(cons.NUM);
14    }
15  }
```

코드를 보면 변수를 두 개 선언했습니다. 하나는 int num이고 다른 하나는 final int NUM입니다. 변수 이름은 대소문자를 구별하기 때문에 두 변수는 다른 변수입니다. 상수를 선언할 때는 일반 변수와 구별하기 위해 대문자로 쓰는 경우가 많습니다. 9행을 보면 num으로 선언한 변수에는 다른 값을 대입할 수 있지만, 10행에서 상수로 선언한 NUM에는 다른 값을 대입할 수 없기 때문에 오류가 발생합니다.

☺ 이 예제는 따로 테스트 코드를 만들지 않고 하나의 클래스에 main 함수를 선언한 후 테스트했습니다.

여러 자바 파일에서 공유하는 상수 값 정의하기

하나의 자바 파일에서만 사용하는 상수 값은 해당 파일 안에서 정의해서 사용할 수 있습니다. 그런데 우리가 프로젝트를 하다 보면 여러 파일에서 똑같이 공유해야 하는 상수 값도 있습니다. 예를 들어 최솟값(MIN)이나 최댓값(MAX), 전체에서 공통으로 적용하는 과목 코드 값 등이 있겠지요. 이런 값을 파일마다 선언한다면 코드가 중복될 뿐만 아니라 값이 변하거나 추가될 때 그 값을 사용하는 파일을 모두 수정해야 합니다. 따라서 자바로 프로젝트를 진행할 때 여러 파일에서 공유해야 하는 상수 값은 한 파일에 모아 public static final로 선언하여 사용하면 좋습니다.

코딩해 보세요!   여러 파일에서 공유하는 상수   • 참고 파일 Define.java

```
01   package finalex;
02
03   public class Define {
04     public static final int MIN = 1;
05     public static final int MAX = 99999;
06     public static final int ENG = 1001;
07     public static final int MATH = 2001;
08     public static final double PI = 3.14;
09     public static final String GOOD_MORNING = "Good Morning!";
10   }
```

Define.java 파일을 하나 만들고 프로그램에서 사용할 상수 값들을 선언했습니다. 최솟값과 최댓값, 영어 과목 코드와 수학 과목 코드, 원주율 PI 값, 출력 문자열 등을 상수로 선언했습니다. 상수를 모두 public 예약어로 선언했으므로 이들 값은 외부에서도 사용할 수 있습니다. 그리고 모든 상수를 static으로 선언했기 때문에 인스턴스를 생성하는 것과 관계없이 클래스 이름으로 참조할 수 있습니다.

그러면 상수를 사용하는 예제 코드를 살펴봅시다.

코딩해 보세요! 상수 사용하기　　　　　　　　　　　　　　　• 참고 파일 UsingDefine.java

```java
01   package finalex;
02
03   public class UsingDefine {
04       public static void main(String[] args) {
05           System.out.println(Define.GOOD_MORNING);
06           System.out.println("최솟값은 " + Define.MIN + "입니다.");
07           System.out.println("최댓값은 " + Define.MAX + "입니다.");
08           System.out.println("수학 과목 코드 값은 " + Define.MATH + "입니다.");
09           System.out.println("영어 과목 코드 값은 " + Define.ENG + "입니다.");
10       }
11   }
```

> static으로 선언했으므로 인스턴스를 생성하지않고 클래스 이름으로 참조 가능

:: 출력 화면

```
Problems  @ Javadoc  Declaration  Console ☒

<terminated> UsingDefine [Java Application] C:\Program Files\Java\jre-10.0.1\bin\javaw.exe
Good Morning!
최솟값은 1입니다.
최댓값은 99999입니다.
수학 과목 코드 값은 2001입니다.
영어 과목 코드 값은 1001입니다.
```

상속할 수 없는 final 클래스

클래스를 final로 선언하면 상속할 수 없습니다. 상속을 하면 변수나 메서드를 재정의할 수 있는데, 그러면 원래 클래스가 가지고 있는 기능에 오류가 생길 수도 있습니다. 따라서 보안과 관련되어 있거나 기반 클래스가 변하면 안 되는 경우에는 클래스를 final로 선언합니다. JDK 에서 제공하는 클래스 중에도 final로 선언한 클래스가 있습니다. 대표적으로 문자열을 나타내는 String이나 정수 값을 나타내는 Integer 클래스를 예로 들 수 있습니다. 이러한 클래스가 상속되면 클래스를 만들 때 의도한 바와 다르게 사용될 수도 있으므로 final로 선언합니다.

프로그램을 잘 구현하는 또 다른 방법

지금까지 객체 지향 프로그램의 여러 기술을 알아보았습니다. 상속과 다형성, 추상 클래스까지 이해했다면 반 이상 온 것입니다. 여기에서 프로그램을 잘 짜는 방법을 하나 제안하겠습니다. 이 책에서는 게임 Player 예제를 만들면서 클래스를 순서대로 구현해 나갔습니다. Player

클래스 먼저 만들고 그다음에 PlayerLevel 클래스 만들고 마지막에 각 레벨 클래스를 만들었지요. 책 내용을 따라 순서대로 코딩을 해 보았다면, 이번에는 거꾸로 진행해 보세요. 패키지나 프로젝트를 새로 만들고 맨 먼저 최종 실행 파일 MainBoard.java부터 만듭니다.

코딩해 보세요! **테스트 코드(최종 실행 파일)부터 만들기** • 참고 파일 MainBoard.java

```
01  package test;
02
03  public class MainBoard {
04    public static void main(String[] args) {
05      Player player = new Player( );              //오류 발생
06      player.play(1);
07
08      AdvancedLevel aLevel = new AdvancedLevel( );   //오류 발생
09      player.upgradeLevel(aLevel);
10      player.play(2);
11
12      SuperLevel sLevel = new SuperLevel( );         //오류 발생
13      player.upgradeLevel(sLevel);
14      player.play(3);
15    }
16  }
```

그러면 아마 많은 오류 메시지가 나올 겁니다. 이제 오류 메시지를 없앨 수 있도록 코드를 수정하면서 MainBoard.java가 제대로 실행될 수 있도록 프로그램을 구현해 보세요. 앞에서 한 번만들어 보았으므로 많이 어렵지는 않을 겁니다. 이런 연습을 하다 보면 그냥 따라 하는 게 아니라 이미 학습한 코드를 이해하면서 자기만의 코드를 만들 수 있습니다. 실제로 테스트 코드를먼저 개발하는 개발 방법론을 테스트 주도 개발(Test Driven Development; TDD)이라고 합니다. 테스트 코드를 만들 수 있다는 것은 이미 구현 코드가 머릿속에 있다는 뜻이기도 합니다. 여기에서는 TDD를 연습하자는 게 아니고, 이미 한 번 따라 한 코드이므로 거꾸로 진행하면서리뷰도 해보고 자기만의 코드로 만들어 보자는 의미입니다.

한 걸음 더! **JDK의 String.java 파일 코드를 살펴볼까요?**

JDK에서 제공하는 클래스를 직접 열어서 확인할 수도 있습니다. String.java 파일을 직접 열어 어떻게 구현되었는지 확인해 봅시다. 나중에 JDK의 다른 클래스도 직접 파일을 열어서 코드를 확인해 보면 작동 원리를 이해하는 데 많은 도움이 됩니다. 예를 들어 ArrayList.java 소스를 보면 ArrayList 클래스 내부적으로 어떤 배열을 사용하는지, 각 메서드는 어떻게 구현되었는지 잘 알 수 있습니다.

이클립스에서 해당 클래스의 코드로 이동하려면 이동하려는 클래스에서 Ctrl(맥은 Command) 키를 누르면 됩니다. 그러면 마우스가 손가락 모양으로 변하면서 다음과 같은 메뉴가 보입니다.

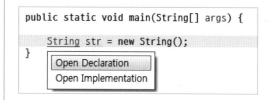

위 상태에서 Open Declaration을 클릭하면 String.java 파일로 이동합니다.

```
 * @see       java.lang.StringBuffer
 * @see       java.lang.StringBuilder
 * @see       java.nio.charset.Charset
 * @since     JDK1.0
 */

public final class String
    implements java.io.Serializable, Comparable<String>, CharSequence {
    /** The value is used for character storage. */
    private final char value[];

    /** Cache the hash code for the string */
    private int hash; // Default to 0

    /** use serialVersionUID from JDK 1.0.2 for interoperability */
    private static final long serialVersionUID = -6849794470754667710L;
```

String 클래스가 final로 선언된 것을 볼 수 있습니다. 그러므로 다음과 같이 String 클래스를 상속받은 MyString 클래스를 만들면 오류가 발생합니다. 오류 메시지는 String은 final 클래스이므로 상속받아 사용할 수 없다는 의미입니다.

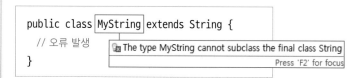

만약 다음과 같이 String.java 파일이 보이지 않는다면 자바 코드가 있는 경로를 설정하지 않은 경우입니다. 따라서 자바 코드가 어디에 있는지 경로를 설정해 주면 됩니다. 일단 [Change Attached Source…] 버튼을 누릅니다.

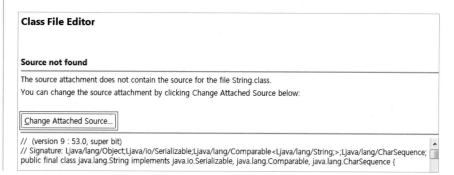

다음과 같은 대화 상자가 나오면 External Location을 선택합니다.

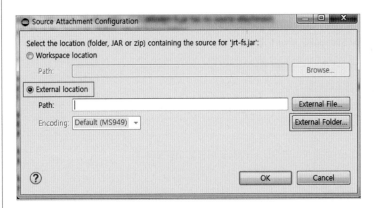

[External File⋯] 기능을 이용하려면 src.zip을 설정하면 됩니다. 나중에 소스를 확인하기 위해 src 폴더를 설정하겠습니다. 탐색기를 열고 자바가 설치되어 있는 위치를 찾아봅니다. 처음 자바를 설치할 때 경로를 변경하지 않았다면 C:\Program Files\Java\jdk-10.0.1\lib에 src.zip 파일이 보입니다. 이 압축 파일을 풀면 src 폴더가 생성됩니다.

[External Folder⋯] 버튼을 누르면 경로를 선택할 수 있는 대화 상자가 나옵니다. 다음과 같이 소스 파일 압축을 해제하여 생성된 src 폴더의 경로를 설정해 줍니다.

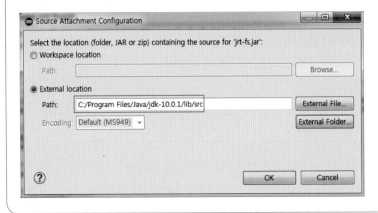

Q1 클래스를 구현할 때 메서드 몸체를 구현하지 않고 선언만 하는 메서드를 [추   ] 라 고 하고, 이를 포함한 클래스를 [추   ] 라고 합니다.

Q2 상수를 선언할 때 상속받은 클래스에서 메서드를 재정의하지 못하도록 사용하는 예약어는 [f   ] 입니다.

Q3 추상 클래스나 추상 메서드를 선언할 때 사용하는 예약어는 [a   ] 입니다.

Q4 로직 흐름을 정의한 메서드이며 메서드 내부에서 일반 메서드나 구현되지 않은 추상 메서드를 호출합니다. 흐름이 변하지 않도록 하위 클래스에서 재정의하지 못하게 final로 선언하는 메서드를 [템   ] 메서드라고 합니다.

Q5 Car 추상 클래스를 상속받는 Sonata, Avante, Grandeur, Genesis 클래스가 있습니다. 각 차는 주행하기 위해 다음 순서로 움직입니다.

```
run( ) {
   start( );
   drive( );
   stop( );
   turnoff( )
}
```

run( ) 메서드는 템플릿 메서드로 구현하고 다음 출력 결과가 나오도록 Car, Sonata, Avante, Grandeur, Genesis 클래스를 구현하세요.

```
package chapter9;
import java.util.ArrayList;

public class CarTest {
  public static void main(String[] args) {
    ArrayList<Car> carList = new ArrayList<Car>( );
    carList.add(new Sonata( ));
```

```
        carList.add(new Grandeur( ));
        carList.add(new Avante( ));
        carList.add(new Genesis( ));
        for(Car car : carList) {
            car.run( );
            System.out.println("=====================");
        }
    }
}
```

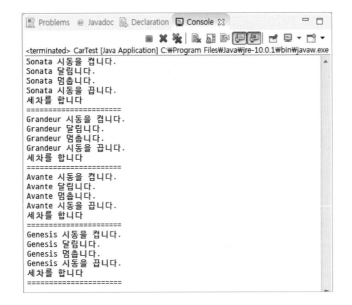

Q6 **Q5** 에서 구현한 차는 모두 공통으로 washCar( ) 메서드를 호출할 수 있습니다. 차를 주행한 후 세차를 하도록 메서드를 추가하여 프로그램을 구현해 보세요. 출력 결과는 다음과 같습니다.

09장 정답
591쪽

인터페이스

09장에서는 구현하지 않은 메서드를 포함한 추상 클래스에 대해 배웠습니다. 이제 모든 메서드가 추상 메서드로만 이루어진 인터페이스에 대해 알아봅시다. 구현 코드가 없는 인터페이스가 어떤 쓰임이 있는지, 클래스가 인터페이스를 구현하는 것은 어떤 의미인지 살펴봅니다. 인터페이스와 다형성의 관계를 이해함으로써 자바 프로그램을 만들 때 인터페이스 설계가 왜 중요한지도 알 수 있습니다.

10-1 인터페이스란?

구현 코드가 없는 인터페이스

인터페이스(interface)는 클래스 혹은 프로그램이 제공하는 기능을 명시적으로 선언하는 역할을 합니다. 인터페이스는 추상 메서드와 상수로만 이루어져 있습니다. 구현된 코드가 없기 때문에 당연히 인터페이스로 인스턴스를 생성할 수도 없습니다. 그렇다면 구현 코드도 없는 인터페이스는 어떻게 사용하는 걸까요? 인터페이스를 직접 만들어 보면서 살펴봅시다.

인터페이스 만들기

인터페이스를 사용해 간단한 계산기 프로그램을 만들어 보겠습니다. 이클립스에서 인터페이스를 만들려면 패키지에서 마우스 오른쪽 버튼을 클릭하고 [New → Interface]를 클릭합니다. 다음 화면처럼 Ctrl + N을 누른 후 interface를 검색해서 만들 수도 있습니다. Name 항목에 만들려는 인터페이스 이름 Calc를 입력하고 [Finish]를 누르면 Calc 인터페이스가 만들어집니다.

그리고 인터페이스 내부에 다음 코드를 작성합니다.

코딩해 보세요! **Calc 인터페이스 만들기**　　　　　　　　　　　　•참고 파일 Calc.java

```java
01    package interfaceex;
02
03    public interface Calc {
04        double PI = 3.14;                      인터페이스에서 선언한 변수는 컴파일
05        int ERROR = -999999999;                과정에서 상수로 변환됨
06
07        int add(int num1, int num2);
08        int substract(int num1, int num2);     인터페이스에서 선언한 메서드는 컴파일
09        int times(int num1, int num2);         과정에서 추상 메서드로 변환됨
10        int divide(int num1, int num2);
11    }
```

이 인터페이스는 계산기를 만들기 위해 선언한 코드입니다. Calc 인터페이스에는 원주율을 뜻하는 PI 변수와 오류가 났을 때 사용할 ERROR 변수, 그리고 사칙 연산을 수행하기 위해 add( ), substract( ), times( ), divide( ) 메서드를 선언했습니다. 인터페이스에 선언한 메서드는 모두 구현 코드가 없는 추상 메서드입니다. 이들 메서드는 public abstract 예약어를 명시적으로 쓰지 않아도 컴파일 과정에서 자동으로 추상 메서드로 변환됩니다. 그리고 인터페이스에 선언한 변수는 모두 컴파일 과정에서 값이 변하지 않는 상수로 자동 변환됩니다. public static final 예약어를 쓰지 않아도 무조건 상수로 인식하는 것입니다.

클래스에서 인터페이스 구현하기

이렇게 선언한 인터페이스를 클래스가 사용하는 것을 '클래스에서 인터페이스를 구현한다(implements)'라고 표현합니다. 08장의 클래스 간 상속에서 상위 클래스에 구현한 기능을 하위 클래스에서 확장한다는 의미로 extends 예약어를 사용하였습니다. 인터페이스에서는 인터페이스에 선언한 기능을 클래스가 구현한다는 의미로 implements 예약어를 사용합니다. Calc 인터페이스를 Calculator 클래스에서 구현하는 방법은 다음과 같습니다.

```java
package interfaceex;

public class Calculator implements Calc {
                      └─오류 발생
}
```

그런데 이렇게 코드를 작성하면 Calculator 클래스에 다음과 같은 오류가 표시됩니다.

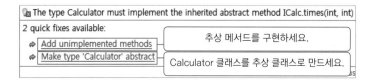

Calculator 클래스에서 Calc 인터페이스를 구현한다고 했으므로 Calculator 클래스는 추상 메서드 4개[add( ), substract( ), times( ), divide( ) 메서드]를 포함합니다. 이 추상 메서드를 구현하지 않으면 Calculator 클래스도 추상 클래스가 됩니다. 위 두 오류 메시지는 Calc 인터페이스에 포함된 추상 메서드를 구현하거나 Calculator 클래스를 추상 클래스로 만들라는 의미입니다.

여기에서는 일단 Add unimplemented method 옵션을 클릭합니다. 그리고 Calc 인터페이스에 선언한 4개 추상 메서드 중 add( )와 substract( ) 2개만 구현하여 추상 클래스로 만든 후 이를 상속하는 클래스를 만드는 과정으로 구현해 보겠습니다.

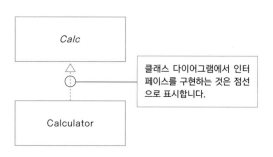

클래스 다이어그램에서 인터페이스를 구현하는 것은 점선으로 표시합니다.

코딩해 보세요! **인터페이스 구현하기** · 참고 파일 Calculator.java

```java
01    package interfaceex;
02
03    public abstract class Calculator implements Calc {   //추상 클래스
04        @Override
05        public int add(int num1, int num2) {
06            return num1 + num2;
07        }
08
09        @Override
10        public int substract(int num1, int num2) {
11            return num1 - num2;
12        }
13    }
```

추상 메서드 times( )와 divide( )를 구현하지 않았으므로 Calculator는 추상 클래스입니다.

클래스 완성하고 실행하기

이제 모든 메서드를 구현한 계산기 클래스를 만들어 보겠습니다. Calculator 추상 클래스를 상속받아 CompleteCalc 클래스를 만듭니다. 아직 구현하지 않은 times( )와 divide( ) 추상 메서드를 이 클래스에서 구현합니다.

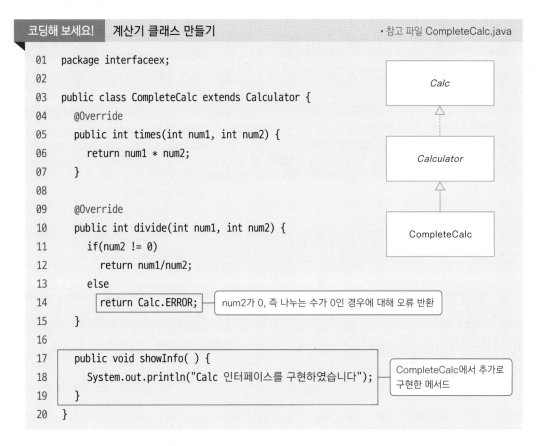

코딩해 보세요! 계산기 클래스 만들기 • 참고 파일 CompleteCalc.java

```
01  package interfaceex;
02
03  public class CompleteCalc extends Calculator {
04    @Override
05    public int times(int num1, int num2) {
06      return num1 * num2;
07    }
08
09    @Override
10    public int divide(int num1, int num2) {
11      if(num2 != 0)
12        return num1/num2;
13      else
14        return Calc.ERROR;      num2가 0, 즉 나누는 수가 0인 경우에 대해 오류 반환
15    }
16
17    public void showInfo( ) {
18      System.out.println("Calc 인터페이스를 구현하였습니다");      CompleteCalc에서 추가로 구현한 메서드
19    }
20  }
```

숫자를 0으로 나눌 수 없기 때문에 11행에서 나누는 수 num2가 0이 아닐 때만 나누기 연산을 진행합니다. 만약 num2가 0이라면 14행처럼 Calc 인터페이스에서 상수로 선언해 둔 ERROR 메시지를 반환합니다. 테스트 프로그램을 만들어 CompleteCalc 클래스를 실행해 보겠습니다.

코딩해 보세요! CompleteCalc 클래스 실행하기 • 참고 파일 CalculatorTest.java

```
01  package interfaceex;
02
03  public class CalculatorTest {
04    public static void main(String[] args) {
05      int num1 = 10;
```

```
06        int num2 = 5;
07
08        CompleteCalc calc = new CompleteCalc( );
09        System.out.println(calc.add(num1, num2));
10        System.out.println(calc.substract(num1, num2));
11        System.out.println(calc.times(num1, num2));
12        System.out.println(calc.divide(num1, num2));
13        calc.showInfo( );
14    }
15 }
```

:: 출력 화면

```
🔲 Problems  @ Javadoc  🔍 Declaration  🖥 Console 🔲
                        ■ 💥 ⚡ | 🔳 🔳 🔳 ⏹ ⏹ | 🔳 🖥 ▾ 🔳 ▾
<terminated> CalculatorTest [Java Application] C:₩Program Files₩Java₩jre-10.0.1₩bin₩javaw.exe
15
5
50
2
Calc 인터페이스를 구현하였습니다
```

10과 5를 덧셈, 뺄셈, 곱셈, 나눗셈 연산하고 결과 값을 출력합니다. 8행을 보면 구체적인 클래스인 CompleteCalc 클래스만 인스턴스를 생성할 수 있습니다. Calculator 클래스는 추상 클래스이므로 인스턴스를 생성할 수 없고, Calc 인터페이스는 추상 메서드만으로 선언되었기 때문에 인스턴스를 생성할 수 없습니다.

인터페이스 구현과 형 변환

Calculator 클래스는 인터페이스에서 선언한 추상 메서드 중 일부 메서드만 구현했으므로 추상 클래스입니다. 그리고 이를 상속받은 CompleteCalc 클래스는 Calculator 클래스에서 구현하지 않은 나머지 추상 메서드를 모두 구현하고 showInfo( ) 메서드를 추가로 구현했습니다. 이러한 관계에서 하위 클래스의 형 변환은 어떻게 이루어지는지 살펴보겠습니다.

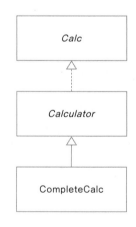

상속 관계에서 하위 클래스는 상위 클래스 자료형으로 묵시적 형 변환할 수 있다고 했습니다. 인터페이스도 마찬가지입니다. CompleteCalc 클래스는 상위 클래스인 Calculator형이면서, Calc 인터페이스를 구현하였으므로 Calc형이기도 합니다. 따라서 별다른 조치 없이 다음처럼 Calc형으로 선언한 변수에 대입할 수 있습니다.

```
Calc calc = new CompleteCalc( );
```

그러면 calc 변수를 Calc형 변수인 newCalc에 대입하고 Ctrl+Spacebar를 눌러 newCalc 변수가 사용할 수 있는 메서드를 살펴봅시다. newCalc 변수가 사용할 수 있는 메서드 목록에 Calc에서 선언한 추상 메서드[add( ), substract( ), times( ), divide( )]는 있지만, CompleteCalc 클래스에서 추가로 구현한 showInfo( ) 메서드는 없습니다.

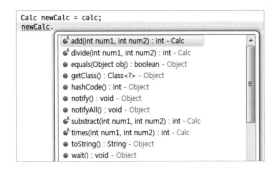

즉 Calc형으로 선언한 변수에서 사용할 수 있는 메서드는 Calc 인터페이스에 선언한 메서드뿐입니다. 정리하자면, 인터페이스를 구현한 클래스가 있을 때 그 클래스는 해당 인터페이스형으로 묵시적 형 변환이 이루어지며, 형 변환되었을 때 사용할 수 있는 메서드는 인터페이스에서 선언한 메서드뿐입니다. 각 자료형에서 사용할 수 있는 메서드 범위를 그림으로 나타내면 다음과 같습니다.

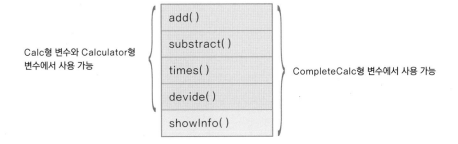

Calc형 변수와 Calculator형 변수에서 사용 가능

CompleteCalc형 변수에서 사용 가능

add( )
substract( )
times( )
devide( )
showInfo( )

나 혼자 코딩!

Calc 인터페이스에 새로운 메서드 추가하기

Calc 인터페이스에 int square(int num) 메서드를 추가로 선언합니다. square( ) 메서드는 매개변수로 전달된 값의 제곱을 반환하는 메서드입니다. 인터페이스에 메서드를 추가하고 CompleteCalc에서 구현한 후 CompleteCalcTest 클래스에서 메서드를 호출해 보세요.

정답 자료실 제공

10-2 인터페이스와 다형성

인터페이스의 역할

지금까지 인터페이스를 정의하고 클래스에서 구현하여 사용하는 방법을 알아보았습니다. 그러면 인터페이스는 어디에 쓰는 코드일까요? 자바 8에 새롭게 추가된 디폴트 메서드와 정적 메서드 구현부(implementation part)가 없다면 인터페이스는 그야말로 껍데기입니다. 그렇다면 메서드 선언부(declaration part)만 있는 인터페이스를 도대체 왜 사용하는지 살펴봅시다.

◎ 디폴트 메서드와 정적 메서드에 대해서는 10-3에서 설명합니다.

인터페이스는 클라이언트 프로그램에 어떤 메서드를 제공하는지 미리 알려주는 명세(specification) 또는 약속의 역할을 합니다. 예를 들어 봅시다. Abc 인터페이스를 구현한 A 클래스가 있습니다. 이 클래스를 사용하는 Z 프로그램이

◎ 클라이언트를 사전에서 찾아보면 고객이라는 뜻인데, 프로그래밍에서는 서버와 대응되는 의미로 사용됩니다. 서버는 기능을 제공하는 쪽, 클라이언트는 기능을 사용하는 쪽이라고 생각하면 됩니다.

있다고 가정합시다. Abc 인터페이스에는 구현할 추상 메서드가 모두 선언되어 있고, 어떤 매개변수가 사용되는지, 어떤 자료형 값이 반환되는지 선언되어 있겠지요. 즉 Z 프로그램에서는 A 클래스의 구현 코드 전체를 살펴보지 않고 Abc 인터페이스의 선언부만 봐도 이 A 클래스를 어떻게 사용할지 알 수 있는 것입니다.

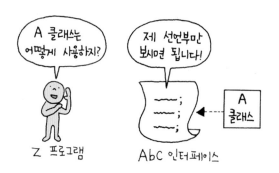

만약 Z 프로그램에서 Abc 인터페이스를 구현한 다른 클래스인 B를 사용하고 싶다면, 인터페이스 명세에 따라 A 클래스에서 B 클래스로 교체해서 사용할 수 있습니다. A, B, C 클래스가 모두 Abc 인터페이스를 구현했으므로 오른쪽과 같이 Z 프로그램에서 Abc를 클래스형으로 선언하여 코드를 작성할 수 있습니다.

```
Abc abc;
abc = new A( );
abc = new B( );
abc = new C( );
```

이렇듯 Z 프로그램에서 각 클래스를 사용할 때 클래스에서 구현한 내용을 몰라도 Abc 인터페이스에서 선언한 메서드의 매개변수 자료형과 반환 값만 알면 Abc 인터페이스를 구현한 어떤 클래스든 사용할 수 있습니다.

정리하자면, 인터페이스의 역할은 인터페이스를 구현한 클래스가 어떤 기능의 메서드를 제공하는지 명시하는 것입니다. 그리고 클라이언트 프로그램은 인터페이스에서 약속한 명세대로 구현한 클래스를 생성해서 사용하면 됩니다.

인터페이스와 다형성

인터페이스를 사용하면 다형성을 구현하여 확장성 있는 프로그램을 만들 수 있습니다. 즉 클라이언트 프로그램을 많이 수정하지 않고 기능을 추가하거나 다른 기능을 사용할 수 있습니다. 다음 예제를 보면서 생각해 봅시다.

예제 시나리오

고객 센터에는 전화 상담을 하는 상담원들이 있습니다. 일단 고객 센터로 전화가 오면 대기열에 저장됩니다. 상담원이 지정되기 전까지 대기 상태가 됩니다. 각 전화를 상담원에게 배분하는 정책은 다음과 같이 여러 방식으로 구현할 수 있습니다

1. 순서대로 배분하기 : 모든 상담원이 동일한 상담 건수를 처리하도록 들어오는 전화 순서대로 상담원에게 하나씩 배분합니다.
2. 짧은 대기열 찾아 배분하기 : 고객 대기 시간을 줄이기 위해 상담을 하지 않는 상담원이나 가장 짧은 대기열을 보유한 상담원에게 배분합니다.
3. 우선순위에 따라 배분하기 : 고객 등급에 따라 등급이 높은 고객의 전화를 우선 가져와서 업무 능력이 좋은 상담원에게 우선 배분합니다.

예제 시나리오를 보면 '고객 상담 전화 배분 프로그램'을 만드는 것임을 알 수 있습니다. 먼저 상담원에게 전화 업무를 배분하는 기능을 구현하기 위해 Scheduler 인터페이스를 만듭니다. Scheduler 인터페이스에는 시나리오 1~3에서 모두 공통으로 사용하는 메서드를 선언합니다.

getNextCall( )은 다음 전화를 가져오는 기능, sendCallToAgent( )는 상담원에게 전화를 배분하는 기능을 담당합니다. 각 클래스는 인터페이스에 선언한 메서드를 정책에 맞게 구현합니다.

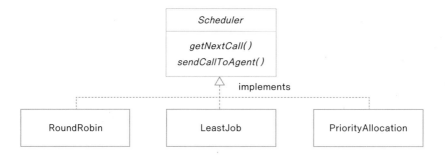

Scheduler 인터페이스를 구현하는 RoundRobin(순서대로), LeastJob(짧은 대기열 먼저), PriorityAllocation(우선순위에 따라) 클래스를 직접 만들어 보며 세 클래스를 어떻게 활용하는지 살펴봅시다. Scheduler 인터페이스는 추상 메서드 2개를 선언했습니다. 따라서 Scheduler 인터페이스를 구현하는 각 클래스도 모두 추상 메서드 2개를 구현해야 합니다.

코딩해 보세요! **Scheduler 인터페이스 정의하기**　　　　　•참고 파일 Scheduler.java

```
01  package scheduler;
02
03  public interface Scheduler {
04      public void getNextCall( );
05      public void sendCallToAgent( );
06  }
```

RoundRobin 클래스는 예제 시나리오 1을 구현한 것입니다. 고객 센터에 걸려온 상담 전화를 순서대로 가져와서 상담원에게 배분합니다. 이 동작 과정의 코드를 실제로 작성하는 것은 아직 많이 어려울 수 있으므로 눈으로 확인할 수 있는 문장을 출력해 보겠습니다.

코딩해 보세요! **순서대로 배분하기**　　　　　•참고 파일 RoundRobin.java

```
01  package scheduler;
02
03  //상담원 한 명씩 돌아가며 동일하게 상담 업무 배분
04  public class RoundRobin implements Scheduler {
05      @Override
06      public void getNextCall( ) {
07          System.out.println("상담 전화를 순서대로 대기열에서 가져옵니다");
08      }
```

```
09
10      @Override
11      public void sendCallToAgent( ) {
12          System.out.println("다음 순서 상담원에게 배분합니다.");
13      }
14  }
```

LeastJob 클래스는 예제 시나리오 2를 구현했습니다. 고객 센터에 걸려온 상담 전화를 순서대로 가져와서 현재 상담 업무가 없거나 상담 대기가 가장 적은 상담원에게 배분합니다.

코딩해 보세요! **짧은 대기열 먼저 배분하기** • 참고 파일 LeastJob.java

```
01  package scheduler;
02
03  //현재 상담 업무가 없거나 상담 대기가 가장 적은 상담원에게 배분
04  public class LeastJob implements Scheduler {
05      @Override
06      public void getNextCall( ) {
07          System.out.println("상담 전화를 순서대로 대기열에서 가져옵니다");
08      }
09
10      @Override
11      public void sendCallToAgent( ) {
12          System.out.println("현재 상담 업무가 없거나 대기가 가장 적은 상담원에게 할당합니다.");
13      }
14  }
```

마지막으로 PriorityAllocation 클래스는 예제 시나리오 3을 구현했습니다. 고객 센터에 걸려온 상담 전화 중 고객 등급이 높은 고객의 전화를 먼저 가져와서 업무 능력이 가장 좋은 상담원에게 배분합니다.

코딩해 보세요! **우선순위에 따라 배분하기** • 참고 파일 PriorityAllocation.java

```
01  package scheduler;
02
03  //고객 등급이 높은 고객의 전화부터 대기열에서 가져와 업무 능력이 높은 상담원 우선 배분
04  public class PriorityAllocation implements Scheduler {
05      @Override
06      public void getNextCall( ) {
```

```
07        System.out.println("고객 등급이 높은 고객의 전화를 먼저 가져옵니다.");
08    }
09
10    @Override
11    public void sendCallToAgent( ) {
12        System.out.println("업무 skill 값이 높은 상담원에게 우선적으로 배분합니다.");
13    }
14 }
```

이제 고객 상담 전화 배분 프로그램을 실행해 봅시다. 사용자가 콘솔 화면에서 문자 하나를 입력하면 그 입력 문자에 따라 배분 정책을 정하고 실행하는 프로그램을 구현합니다.

ⓒ 입력받는 방법은 '15-2 표준 입출력'에서 자세히 설명합니다. 여기에서는 간단히 표준 입력 방식을 이용해 입력받겠습니다.

코딩해 보세요! **입력 문자에 따라 배분 정책 수행하기**   • 참고 파일 SchedulerTest.java

```
01 package scheduler;
02
03 import java.io.IOException;
04
05 public class SchedulerTest {
06    public static void main(String[] args) throws IOException {
07        System.out.println("전화 상담 할당 방식을 선택하세요.");
08        System.out.println("R : 한명씩 차례로 할당 ");
09        System.out.println("L : 쉬고 있거나 대기가 가장 적은 상담원에게 할당 ");
10        System.out.println("P : 우선순위가 높은 고객 먼저 할당 ");
11
12        int ch = System.in.read( );          할당 방식을 입력받아 ch 변수에 대입
13        Scheduler scheduler = null;
14
15        if(ch == 'R' || ch == 'r') {          입력받은 값이 R 또는 r이면
16            scheduler = new RoundRobin( );    RoundRobin 클래스 생성
17        }
18        else if(ch == 'L' || ch == 'l') {     입력받은 값이 L 또는 l이면
19            scheduler = new LeastJob( );      Leastjob 클래스 생성
20        }
21        else if(ch == 'P'|| ch == 'p') {      입력받은 값이 P 또는 p이면
22            scheduler = new PriorityAllocation( );  PriorityAllocation 클래스 생성
23        }
```

> 문자를 입력받는 System.in.read( )를 사용하려면 IOExeption에서 오류를 처리해야 합니다. 지금은 이 정도로만 이해하고 14장과 15장에서 자세히 설명하겠습니다.

```
24        else {
25            System.out.println("지원되지 않는 기능입니다.");
26            return;
27        }
28
29        scheduler.getNextCall( );          어떤 정책인가와 상관없이 인터
30        scheduler.sendCallToAgent( );      페이스에 선언한 메서드 호출
31    }
32 }
```

:: 출력 화면

프로그램 실행 중

```
Problems  @ Javadoc  Declaration  Console ▣

SchedulerTest [Java Application] C:\Program Files\Java\jre-9.0.1\bin\javaw.exe
전화 상담 할당 방식을 선택 하세요.
R : 한명씩 차례로 할당
L : 쉬고 있거나 대기가 가장 적은 상담원에게 할당
P :              먼저 할당
│
```

입력 커서 생성

12행에서 문자를 입력받으면 입력 문자에 해당하는 배분 정책 클래스를 생성하여 대입합니
다. RoundRobin, LeastJob, PriorityAllocation 클래스로 생성한 인스턴스는 모두
Scheduler형 변수에 대입할 수 있습니다. 그리고 사용할 인스턴스가 어떤 클래스로 생성되었
는지와 상관없이 29~30행처럼 인터페이스에서 제공하는 메서드를 호출하면 됩니다. 인터페
이스를 활용해 다형성을 구현한 것이지요. 실행 화면을 보면 빨간색 사각형이 있는데 지금 프
로그램이 실행 중이라는 뜻입니다. 그리고 화면의 커서 부분에서 R, r, L, l, P, p 문자 중 하나
를 입력하고 Enter 를 누르면 해당 정책이 수행됩니다.

```
Problems  @ Javadoc  Declaration  Console ▣

<terminated> SchedulerTest [Java Application] C:\Program Files\Java\jre1.8.0_144\bin\javaw.exe
전화 상담 할당 방식을 선택 하세요.
R : 한명씩 차례로 할당
L : 쉬고 있거나 대기가 가장 적은 상담원에게 할당
P : 우선순위가 높은 고객 먼저 할당
P  Enter
고객 등급이 높은 고객의 전화를 먼저 가져옵니다.
업무 skill 값이 높은 상담원에게 우선적으로 배분합니다.
```

문자 P를 입력하면 PriorityAllocation 클래스가 실행됩니다. R이나 L을 입력하면 그 문자에
해당하는 배분 방식이 실행되고, 그 외의 문자를 입력하면 '지원되지 않는 기능입니다.'를 출
력합니다.

클라이언트가 클래스를 사용하는 방법

앞에서 정의한 상담 전화 배분 정책은 언제든지 바뀔 수 있습니다. 예를 들어 어느 회사에 이 고객 상담 전화 배분 프로그램을 팔려고 소개하러 갔더니 그 회사 담당자가 "우리 회사는 상담원에게 상담 전화를 자동으로 배분하는 방식이 아닌, 상담원이 전화를 직접 가져오는 방식을 사용하고 싶습니다"라든가 "우리 회사는 VIP 전담 상담원을 따로 관리하여 VIP는 대기 없이 바로 상담을 받을 수 있게 하고 싶습니다" 등 여러 요구를 할 수 있습니다. 이런 경우 추가로 만들어야 하는 배분 정책은 앞에서와 마찬가지로 Scheduler 인터페이스를 구현하는 새 클래스로 만들면 됩니다. 어떤 클래스를 구현하건 클라이언트가 인터페이스를 구현한 클래스를 사용하는 방식은 오른쪽 코드와 같습니다.

```
scheduler.getNextCall( );
scheduler.sendCallToAgent( );
```

이렇게 클라이언트 프로그램은 각 클래스의 구현 방법을 몰라도 인터페이스에서 선언된 매개 변수, 반환 값을 보고 클래스를 사용할 수 있습니다.

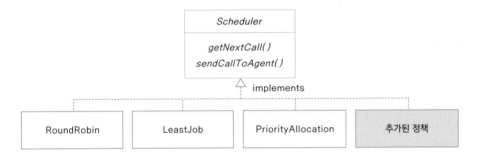

이렇듯 인터페이스는 구현된 클래스를 사용하는 클라이언트 코드와 기능을 제공하는 코드 사이의 약속입니다.

> **나 혼자 코딩!**
>
> **상담 전화 배분 정책 추가하기**
> 상담 전화를 할당하는 방식이 아닌 상담원이 본인이 필요할 때 가져오는 정책을 추가해 봅니다.
> AgentGetCall 클래스를 추가로 만듭니다. 추가된 정책에서 getNextCall( )이 호출되면 '상담원이 다음 전화 요청'이라고 출력합니다. sendCallToAgent( )가 호출되면 '상담원이 전화 상담을 가져 갔습니다'라고 출력합니다. 추가된 정책은 SchedulerTest가 실행될 때 A 또는 a를 입력하면 선택 됩니다. AgentGetCall 클래스가 Scheduler 인터페이스를 구현하고, 이를 SchedulerTest에서 생성하여 사용해 보세요.
>
> 정답 자료실 제공

10-3 인터페이스 요소 살펴보기

인터페이스 상수

인터페이스는 추상 메서드로 이루어지므로 인스턴스를 생성할 수 없으며 멤버 변수도 사용할 수 없습니다. 그런데 인터페이스에 오른쪽 코드와 같이 변수를 선언해도 오류가 발생하지 않습니다. 그 이유는 인터페이스에 선언한 변수를 컴파일하면 상수로 변환되기 때문입니다.

```
public interface Calc {
  double PI = 3.14;
  int ERROR = -999999999;
  ...
}
```

Calc 인터페이스에 선언한 변수 PI를 컴파일하면 public static final double PI = 3.14, 즉 상수 3.14로 변환됩니다. 그리고 int형 변수 ERROR 역시 public static final int ERROR = -999999999로 변환되어 상수로 취급됩니다.

디폴트 메서드와 정적 메서드

자바 7까지는 인터페이스에서 추상 메서드와 상수, 이 두 가지 요소만 선언해서 사용할 수 있었습니다. 그런데 어떤 인터페이스를 구현한 여러 클래스에서 사용할 메서드가 클래스마다 같은 기능을 제공하는 경우가 있습니다. 자바 7까지는 기능이 같다고 해도 인터페이스에서 코드를 구현할 수 없으므로 추상 메서드를 선언하고 각 클래스마다 똑같이 그 기능을 반복해 구현해야 해서 굉장히 번거로웠습니다. 또한 클래스를 생성하지 않아도 사용할 수 있는 메서드가 필요한 경우도 있는데, 인터페이스만으로는 메서드를 호출할 수가 없어 불편했죠.

자바 8부터는 이런 부분에서 인터페이스 활용성을 높이기 위해 디폴트 메서드와 정적 메서드 기능을 제공합니다. 디폴트 메서드는 인터페이스에서 구현 코드까지 작성한 메서드입니다. 인터페이스를 구현한 클래스에 기본적으로 제공할 메서드인 것이죠. 정적 메서드는 인스턴스 생성과 상관없이 사용할 수 있는 메서드입니다. 하지만 디폴트 메서드나 정적 메서드를 추가했다고 해서 인터페이스가 인스턴스를 생성할 수 있는 것은 아닙니다. 그러면 인터페이스에 구현하는 디폴트 메서드와 정적 메서드가 무엇인지, 어떻게 호출하고 사용하는지 자세히 살펴보겠습니다.

디폴트 메서드

디폴트 메서드란 말 그대로 기본으로 제공되는 메서드입니다. 디폴트 메서드는 인터페이스에서 구현하지만, 이후 인터페이스를 구현한 클래스가 생성되면 그 클래스에서 사용할 기본 기능입니다. 디폴트 메서드를 선언할 때는 default 예약어를 사용합니다. 그러면 예를 통해 디폴트 메서드 기능을 더 자세하게 알아봅시다. 앞에서 만든 Calc 인터페이스에서 디폴트 메서드를 구현해 보겠습니다.

코딩해 보세요! **Calc 인터페이스에 디폴트 메서드 구현하기** • 참고 파일 Calc.java

```
01  package interfaceex;
02
03  public interface Calc {
04      ...
05      default void description( ) {
06          System.out.println("정수 계산기를 구현합니다");
07      }
08  }
```

ⓒ CompleteCalc 클래스가 인터페이스를 구현하는 과정은 10-1과 같으므로 생략하겠습니다.

디폴트 메서드는 일반 메서드와 똑같이 구현하면 되고, 메서드 자료형 앞에 default 예약어만 써 주면 됩니다. 새로 구현한 description( ) 디폴트 메서드를 사용하려면 다음 코드와 같이 CompleteCalc 클래스를 생성해야 합니다.

코딩해 보세요! **디폴트 메서드 호출하기** • 참고 파일 CalculatorTest.java

```
01  package interfaceex;
02
03  public class CalculatorTest {
04      public static void main(String[] args) {
05          int num1 = 10;
06          int num2 = 5;
07
08          CompleteCalc calc = new CompleteCalc( );      ── CompleteCalc 클래스 생성
09          System.out.println(calc.add(num1, num2));
10          System.out.println(calc.substract(num1, num2));
11          System.out.println(calc.times(num1, num2));
12          System.out.println(calc.divide(num1, num2));
13          calc.showInfo( );
14          calc.description( );      ── 디폴트 메서드 호출
15      }
16  }
```

```
Console ⊠  Problems  @ Javadoc  Declarati...  Search  Coverage
            ■ ✖ ✖ | 🖹 🖥 🖳 📭 📭 🖻 ▾ 📄 ▾
<terminated> CalculatorTest [Java Application] C:\Program Files\Java\jre-10.0.1\bin\javaw.exe
15
5
50
2
Calc 인터페이스를 구현하였습니다
정수 계산기를 구현합니다
```

디폴트 메서드는 인터페이스에 이미 구현되어 있으므로 인터페이스를 구현한 추상 클래스 Calculator나 추상 클래스를 상속받은 CompleteCalc 클래스에서 코드를 구현할 필요가 없습니다. 14행을 보면 calc 인스턴스를 사용하여 description( ) 메서드를 호출했습니다.

디폴트 메서드 재정의하기

만약 이미 인터페이스에 구현되어 있는 디폴트 메서드가 새로 생성한 클래스에서 원하는 기능과 맞지 않는다면, 하위 클래스에서 디폴트 메서드를 재정의할 수 있습니다. Calc 인터페이스를 구현하는 Calculator 클래스에서 재정의할 수도 있고, Calculator 클래스를 상속받은 CompleteCalc 클래스에서 재정의할 수도 있습니다. 예를 들어 최종 하위 클래스인 CompleteCalc에서 description( ) 디폴트 메서드를 재정의하려면 CompleteCalc 클래스 파일의 소스 코드에서 마우스 오른쪽 버튼을 눌러 [Source → Override/Implement Methods…]를 클릭합니다. Override/Implement Methods 창이 나타나면 description( ) 옆에 있는 체크 상자를 클릭 후 [OK]를 누릅니다. 그러면 다음과 같이 메서드를 재정의할 수 있는 코드가 자동으로 추가됩니다.

```
public class CompleteCalc extends Calculator {
    ...
    @Override
    public void description( ) {
        //TODO Auto-generated method stub        디폴트 메서드 description( )을 CompleteCalc
        super.description( );                      클래스에서 원하는 기능으로 재정의
    }
}
```

super.description( )은 인터페이스에 선언한 메서드를 의미합니다. 이 코드를 사용하지 않을 거라면 지우고 새 코드를 작성하면 됩니다. 이제 CompleteCalc 클래스로 인스턴스를 생성하여 호출하면 재정의된 메서드가 호출됩니다.

정적 메서드

정적 메서드는 static 예약어를 사용하여 선언하며 클래스 생성과 무관하게 사용할 수 있습니다. 정적 메서드를 사용할 때는 인터페이스 이름으로 직접 참조하여 사용합니다. 그러면 Calc 인터페이스에 매개변수로 전달된 배열의 모든 요소 값을 더하는 정적 메서드 total( )을 추가해 보겠습니다.

코딩해 보세요! **정적 메서드 구현하기** • 참고 파일 Calc.java

```java
01   package interfaceex;
02
03   public interface Calc {
04     ...
05
06     static int total(int[] arr) {
07       int total = 0;
08
09       for(int i : arr) {            인터페이스에 정적 메서드 total( ) 구현
10         total += i;
11       }
12       return total;
13     }
14   }
```

메서드 자료형 앞에 static 예약어를 사용했습니다. 정적 메서드를 사용하는 테스트 프로그램을 다음과 같이 작성합니다.

코딩해 보세요! **정적 메서드 호출하기** • 참고 파일 CalculatorTest.java

```java
01   package interfaceex;
02
03   public class CalculatorTest {
04     public static void main(String[] args) {
05       int num1 = 10;
06       int num2 = 5;
07
08       CompleteCalc calc = new CompleteCalc( );
09       System.out.println(calc.add(num1, num2));
10       System.out.println(calc.substract(num1, num2));
11       System.out.println(calc.times(num1, num2));
12       System.out.println(calc.divide(num1, num2));
```

```
13        calc.showInfo( );
14
15        calc.description( );
16
17        int[] arr = {1, 2, 3, 4, 5};
18        System.out.println(Calc.total(arr));
19    }
20 }
```

정적 메서드 사용하기

:: 출력 화면

```
Console ☒  Problems  @ Javadoc  Declarati...  Search  Coverage
■ ✖ ✖ | ▤ ▦ ▦ | ▣ ▣ | ▣ ▣ ▾ ▭ ▾
<terminated> CalculatorTest [Java Application] C:₩Program Files₩Java₩jre-10.0.1₩bin₩javaw.exe
15
5
50
2
Calc 인터페이스를 구현하였습니다
정수 계산기를 구현합니다
15
```

18행을 보면 Calc.total(arr)처럼 인터페이스 이름으로 직접 참조하여 정적 메서드를 호출합니다. total( ) 메서드가 수행되면 배열의 모든 요소 값을 더한 결과 값을 반환하므로, 1부터 5까지 더한 값 15가 출력됩니다.

private 메서드

자바 9부터 인터페이스에 private 메서드를 구현할 수 있습니다. private 메서드는 인터페이스를 구현한 클래스에서 사용하거나 재정의할 수 없습니다. 따라서 기존에 구현된 코드를 변경하지 않고 인터페이스를 구현한 클래스에서 공통으로 사용하는 경우에 private 메서드로 구현하면 코드 재사용성을 높일 수 있습니다. 또한 클라이언트 프로그램에 제공할 기본 기능을 private 메서드로 구현하기도 합니다.

private 메서드는 코드를 모두 구현해야 하므로 추상 메서드에 private 예약어를 사용할 수는 없지만, static 예약어는 함께 사용할 수 있습니다. private static 메서드는 정적 메서드에서 호출하여 사용합니다. 그러면 Calc 인터페이스에 private 메서드와 private static 메서드를 구현하고 이를 디폴트 메서드와 정적 메서드에서 호출해 사용해 보겠습니다.

```
01  package interfaceex;
02
03  public interface Calc {
04    ...
05    default void description( ) {
06      System.out.println("정수 계산기를 구현합니다");
07      myMethod( );          디폴트 메서드에서 private 메서드 호출
08    }
09
10    static int total(int[] arr) {
11      int total = 0;
12
13      for(int i: arr){
14      total += i;
15      }
16      myStaticMethod( );     정적 메서드에서 private static 메서드 호출
17      return total;
18    }
19
20    private void myMethod( ) {
21      System.out.println("private 메서드입니다.");   private 메서드
22    }
23
24    private static void myStaticMethod( ) {
25      System.out.println("private static 메서드입니다.");   private static 메서드
26    }
27  }
```

위와 같이 인터페이스에 메서드를 구현한 후 CalculatorTest 클래스를 실행하면 실행 결과는
다음과 같습니다.

```
<terminated> CalculatorTest [Java Application] C:\Program Files\Java\jre-10.0.1\bin\javaw.exe
15
5
50
2
Calc 인터페이스를 구현하였습니다
정수 계산기를 구현합니다
private 메서드입니다.
private static 메서드입니다.
15
```

10-4 인터페이스 활용하기

한 클래스가 여러 인터페이스를 구현하는 경우

한 클래스가 여러 클래스를 상속받으면 메서드 호출
이 모호해지는 문제가 발생할 수 있습니다. 하지만 인
터페이스는 한 클래스가 여러 인터페이스를 구현할
수 있습니다. 오른쪽 그림을 보면 Customer 클래스
는 Buy와 Sell 두 인터페이스를 구현하고 있습니다.
이를 코드로 나타내면 다음과 같습니다.

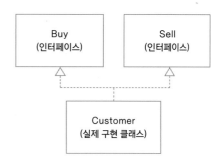

```
package interfaceex;

public interface Buy {
  void buy( );
}
```

```
package interfaceex;

public interface Sell {
  void sell( );
}
```

Buy 인터페이스에 추상 메서드 buy( )가 선언되어 있고, Sell 인터페이스에 추상 메서드
sell( )이 선언되어 있습니다. Customer 클래스가 두 인터페이스를 구현하는 코드는 다음과
같습니다.

```
package interfaceex;
                                      ┌─────────────────────────┐
                                      │ Customer 클래스는 Buy와 Sell  │
                                      │ 인터페이스를 모두 구현함        │
                                      └─────────────────────────┘
public class Customer implements Buy, Sell {
  @Override
  public void sell( ) {
    System.out.println("판매하기");
  }

  @Override
  public void buy( ) {
    System.out.println("구매하기");
  }
}
```

인터페이스는 구현 코드나 멤버 변수를 가지지 않기 때문에 여러 개를 동시에 구현할 수 있습니다. 두 인터페이스에 이름이 같은 메서드가 선언되었다고 해도 구현은 클래스에서 이루어지므로, 어떤 메서드를 호출해야 하는지 모호하지 않은 것입니다.

이렇게 두 인터페이스를 구현한 Customer 클래스는 Buy형이자 Sell형이기도 합니다. 따라서 다음과 같이 테스트 프로그램을 만들 수 있습니다.

```
package interfaceex;

public class CustomerTest {
  public static void main(String[] args) {
    Customer customer = new Customer( );

    Buy buyer = customer;          Customer 클래스형인 customer를 Buy 인터페이스형인 buyer에
    buyer.buy( );                  대입하여 형 변환. buyer는 Buy 인터페이스의 메서드만 호출 가능

    Sell seller = customer;        Customer 클래스형인 customer를 Sell 인터페이스형인 seller에
    seller.sell( );                대입하여 형 변환. seller는 Sell 인터페이스의 메서드만 호출 가능

    if(seller instanceof Customer) {
      Customer customer2 = (Customer)seller;     seller를 하위 클래스형인 Customer로
      customer2.buy( );                          다시 형 변환
      customer2.sell( );
    }
  }
}
```

Buy buyer = customer;처럼 customer를 Buy 인터페이스형 변수에 대입하면 형 변환이 일어나 Buy 인터페이스에 선언한 메서드만 호출할 수 있습니다. Sell형으로 변환될 때도 마찬가지입니다. 또한 상속 관계에서와 마찬가지로 원래의 인스턴스 자료형으로 다운 캐스팅하기 위해서는 instanceof를 사용하여 본래 인스턴스 자료형으로 안전하게 변환할 수 있습니다.

두 인터페이스의 디폴트 메서드가 중복되는 경우

정적 메서드는 인스턴스 생성과 상관없이 사용할 수 있습니다. Customer 클래스가 Buy, Sell 두 인터페이스를 구현하고 Buy 인터페이스와 Sell 인터페이스에 똑같은 pay( ) 정적 메서드가 있다고 생각해 봅시다. 이 경우 Buy.pay( )와 Sell.pay( )로 특정하여 호출할 수 있기 때문

에 문제가 되지 않습니다. 그런데 디폴트 메서드는 어떻게 될까요? 디폴트 메서드는 인스턴스를 생성해야 호출할 수 있는 메서드이기 때문에, 다음처럼 이름이 같은 디폴트 메서드가 두 인터페이스에 있으면 문제가 됩니다. 다음 코드를 봅시다.

```java
package interfaceex;

public interface Buy {
  void buy( );

  default void order( ) {
     System.out.println("구매 주문");
  }
}
```

```java
package interfaceex;

public interface Sell {
  void sell( );

  default void order( ) {
     System.out.println("판매 주문");
  }
}
```

Buy와 Sell 인터페이스 모두 order( ) 디폴트 메서드를 가지고 있습니다. 이 상태에서 두 인터페이스를 모두 구현하면 Customer 클래스에는 다음과 같은 오류 메시지가 나타납니다.

```
package interfaceex;

public class Customer implements Buy, Sell{

@Override      ⌷ Duplicate default methods named order with the parameters () and () are inherited from the types Sell and
public vo         Buy
      Syste   2 quick fixes available:
}                ● Override default method in 'Buy'
@Override        ● Override default method in 'Sell'
public vo                                                                        Press 'F2' for focus
      System.out.println("판매하기");
}
```

위 오류 메시지는 디폴트 메서드가 중복되었으니 두 인터페이스를 구현하는 Customer 클래스에서 재정의하라는 뜻입니다.

```java
package interfaceex;

public class Customer implements Buy, Sell {
  …
  @Override
  public void order( ) {              디폴트 메서드 order( )를
     System.out.println("고객 판매 주문");   Customer 클래스에서 재정의함
  }
}
```

Customer 클래스에서 디폴트 메서드를 재정의하면, Customer 클래스를 생성하여 사용할 때 재정의된 메서드가 호출됩니다. 즉 다음처럼 호출하면 Customer에서 재정의된 order( ) 메서드가 호출됩니다.

```
package interfaceex;

public class CustomerTest {
  public static void main(String[] args) {
    Customer customer = new Customer( );

    Buy buyer = customer;
    buyer.buy( );
    buyer.order( );

    Sell seller = Customer;
    seller.sell( );
    seller.order( );

    if(seller instanceof Customer) {
      Customer customer2 = (Customer)seller;
      customer2.buy( );
      customer2.sell( );
    }
    customer.order( );
  }
}
```

재정의된 메서드 호출됨

위 코드를 실행하면 다음과 같은 결과를 볼 수 있습니다.

여기에서 주의할 점은 customer가 Buy형으로 변환되고 buyer.order( )를 호출하면 Buy에 구현한 디폴트 메서드가 아닌 Customer 클래스에 재정의한 메서드가 호출된다는 사실입니다. 이는 254쪽의 상속에서 설명한 자바 가상 메서드 원리와 동일합니다.

인터페이스 상속하기

인터페이스 간에도 상속이 가능합니다. 인터페이스 간 상속은 구현 코드를 통해 기능을 상속하는 것이 아니므로 형 상속(type inheritance)이라고 부릅니다. 클래스의 경우에는 하나의 클래스만 상속받을 수 있지만, 인터페이스는 여러 개를 동시에 상속받을 수 있습니다. 한 인터페이스가 여러 인터페이스를 상속받으면, 상속받은 인터페이스는 상위 인터페이스에 선언한 추상 메서드를 모두 가지게 됩니다. 다음과 같은 경우를 생각해 봅시다.

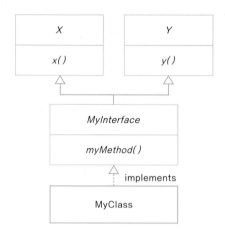

MyInterface 인터페이스는 X와 Y 인터페이스를 상속받고, MyClass 클래스는 MyInterface 인터페이스를 실제로 사용할 수 있도록 구현합니다. MyInterface 인터페이스는 두 인터페이스를 상속받고 자신이 추상 메서드를 1개 가지고 있으므로 상속받은 후 추상 메서드를 총 3개 가지게 됩니다. 따라서 MyClass 클래스가 구현해야 할 추상 메서드 개수는 총 3개입니다.

코드를 살펴보면 다음과 같습니다. X 인터페이스에 추상 메서드 x( )를 선언하고 Y 인터페이스에 추상 메서드 y( )를 선언합니다.

```
package interfaceex;

public interface X {
  void x( );
}
```

```
package interfaceex;

public interface Y {
  void y( );
}
```

또 다른 인터페이스인 MyInterface가 X, Y 인터페이스를 상속받는 방법은 다음과 같습니다. 클래스를 상속할 때 사용한 extends 예약어를 그대로 사용합니다.

```
package interfaceex;

public interface MyInterface extends X, Y {
   void myMethod( );
}
```

인터페이스 여러 개를 상속받을 수 있음

MyInterface 인터페이스를 구현하는 MyClass 클래스 코드는 다음과 같습니다. MyInterface 인터페이스에는 myMethod( ) 메서드만 선언되어 있지만, X 인터페이스와 Y 인터페이스를 상속받았으므로 MyClass 클래스에서는 x( ), y( ) 메서드까지 구현해야 합니다.

```
package interfaceex;

public class MyClass implements MyInterface {
   @Override
   public void x( ) {
      System.out.println("x( )");
   }

   @Override
   public void y( ) {
      System.out.println("y( )");
   }

   @Override
   public void myMethod( ) {
      System.out.println("myMethod( )");
   }
}
```

X 인터페이스에서 상속받은 x( ) 메서드 구현

Y 인터페이스에서 상속받은 y( ) 메서드 구현

MyInterface 인터페이스의 myMethod( ) 메서드 구현

MyClass 클래스를 실행하는 테스트 프로그램은 다음과 같습니다.

```
package interfaceex;

public class MyClassTest {
   public static void main(String[] args) {
      MyClass mClass = new MyClass( );
```

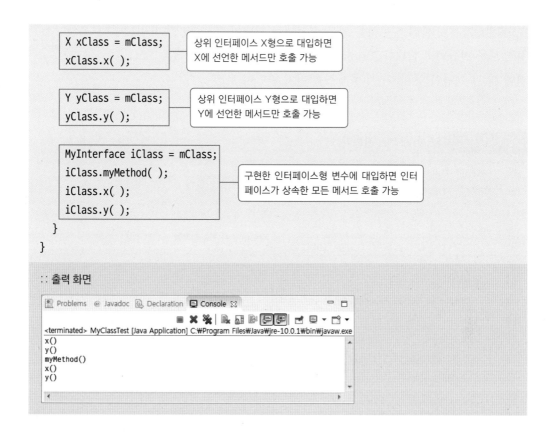

```
    X xClass = mClass;          상위 인터페이스 X형으로 대입하면
    xClass.x( );                X에 선언한 메서드만 호출 가능


    Y yClass = mClass;          상위 인터페이스 Y형으로 대입하면
    yClass.y( );                Y에 선언한 메서드만 호출 가능


    MyInterface iClass = mClass;
    iClass.myMethod( );         구현한 인터페이스형 변수에 대입하면 인터
    iClass.x( );                페이스가 상속한 모든 메서드 호출 가능
    iClass.y( );
  }
}
```

:: 출력 화면

```
Problems  @ Javadoc  Declaration  Console

<terminated> MyClassTest [Java Application] C:\Program Files\Java\jre-10.0.1\bin\javaw.exe
x()
y()
myMethod()
x()
y()
```

생성한 클래스는 상위 인터페이스형으로 변환할 수 있습니다. 다만 상위 인터페이스로 형 변환을 하면 상위 인터페이스에 선언한 메서드만 호출할 수 있습니다. 예제를 보면 mClass가 MyClass로 생성되었어도, X 인터페이스형으로 선언된 xClass에 대입되면 xClass가 호출할 수 있는 메서드는 X의 메서드인 x( )뿐입니다. 인터페이스를 정의할 때 기능상 계층 구조가 필요한 경우에 상속을 사용하기도 합니다.

인터페이스 구현과 클래스 상속 함께 쓰기

한 클래스에서 클래스 상속과 인터페이스 구현을 모두 할 수도 있습니다. 다음은 Queue 인터페이스를 구현하고 shelf 클래스를 상속받는 BookShelf 클래스를 나타낸 그림입니다.

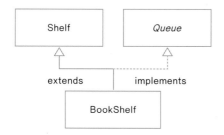

BookShelf(책장) 클래스는 책을 넣은 순서대로 꺼내어 볼
수 있도록 만들려고 합니다. BookSelf 클래스를 구현하기
전에 더 큰 개념인 Shelf(선반) 클래스를 먼저 만들어 보겠
습니다.

◎ 처음 들어간 자료부터 꺼내어 쓰는 것
을 큐(queue) 자료 구조라고 합니다. 일
상 생활에서 선착순 모집을 떠올리면 됩
니다.

코딩해 보세요! **Shelf 클래스 만들기** • 참고 파일 Shelf.java

```
01  package bookshelf;
02  import java.util.ArrayList;
03
04  public class Shelf {
05      protected ArrayList<String> shelf;          자료를 순서대로 저장할
                                                    ArrayList 선언
06
07      public Shelf( ) {                           디폴트 생성자로 Shelf 클래스를
08          shelf = new ArrayList<String>( );       생성하면 ArrayList도 생성됨
09      }
10
11      public ArrayList<String> getShelf( ) {
12          return shelf;
13      }
14
15      public int getCount( ){
16          return shelf.size( );
17      }
18  }
```

5행에서 Shelf 클래스에는 자료를 순서대로 저장할 배열 객체를 선언했습니다. 이름을 저장
할 수 있도록 자료형은 String을 사용합니다. 11행의 getShelf( ) 메서드는 저장되어 있는 배
열 shelf를 반환하고, 15행의 getCount( ) 메서드는 배열 shelf에 저장된 요소 개수를 반환합
니다. BookShelf 클래스는 Shelf 클래스를 상속받아 사용하는 하위 클래스입니다.

그러면 Queue 인터페이스를 정의해 보겠습니다. 다음 코드에서 Queue 인터페이스는 먼저
들어온 자료를 먼저 꺼내는 기능을 정의합니다.

```
01   package bookshelf;
02
03   public interface Queue {
04      void enQueue(String title);      // 배열의 맨 마지막에 추가
05      String deQueue( );               // 배열의 맨 처음 항목 반환
06      int getSize( );                  // 현재 Queue에 있는 개수 반환
07   }
```

4행의 enQueue( ) 메서드는 입력되는 요소 값을 배열의 맨 뒤에 추가합니다. 5행의
deQueue( )는 배열에서 맨 앞에 있는 요소를 제거하고 그 값을 반환합니다.

이제 Shelf 클래스와 Queue 인터페이스를 사용하여 BookShelf 클래스를 다음과 같이 구현
할 수 있습니다.

코딩해 보세요! BookShelf 클래스 구현하기 • 참고 파일 BookShelf.java

```
01   package bookshelf;
02
03   public class BookShelf extends Shelf implements Queue {
04      @Override
05      public void enQueue(String title) {          배열에 요소 추가
06         shelf.add(title);
07      }
08
09      @Override
10      public String deQueue( ) {                    맨 처음 요소를 배열에서 삭제하고 반환
11         return shelf.remove(0);
12      }
13
14      @Override
15      public int getSize( ) {                       배열 요소 개수 반환
16         return getCount( );
17      }
18   }
```

3행을 보면 BookShelf 클래스는 Shelf 클래스를 상속받고 Queue 인터페이스를 구현합니다. Shelf 클래스가 가지고 있는 ArrayList 배열을 사용하여 Queue 인터페이스에서 선언한 메서드를 모두 구현합니다. 이제 테스트 프로그램을 사용하여 실행해 봅시다.

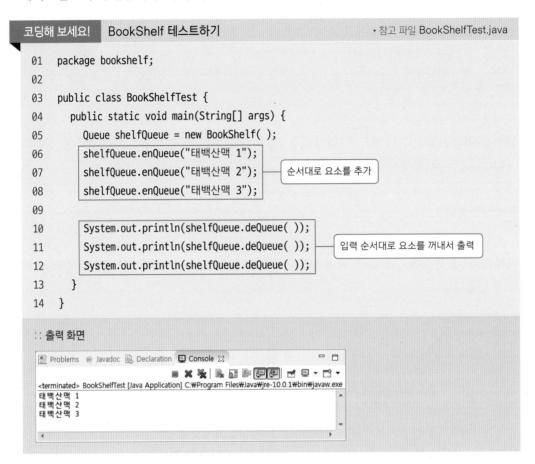

코딩해 보세요! BookShelf 테스트하기 ・참고 파일 BookShelfTest.java

```java
01    package bookshelf;
02
03    public class BookShelfTest {
04      public static void main(String[] args) {
05        Queue shelfQueue = new BookShelf( );
06        shelfQueue.enQueue("태백산맥 1");
07        shelfQueue.enQueue("태백산맥 2");      순서대로 요소를 추가
08        shelfQueue.enQueue("태백산맥 3");
09
10        System.out.println(shelfQueue.deQueue( ));
11        System.out.println(shelfQueue.deQueue( ));   입력 순서대로 요소를 꺼내서 출력
12        System.out.println(shelfQueue.deQueue( ));
13      }
14    }
```

:: 출력 화면

```
Problems  @ Javadoc  Declaration  Console ✕
<terminated> BookShelfTest [Java Application] C:\Program Files\Java\jre-10.0.1\bin\javaw.exe
태백산맥 1
태백산맥 2
태백산맥 3
```

10~12행과 같이 deQueue( ) 메서드를 사용하면 입력 순서대로 값이 출력되는 것을 확인할 수 있습니다.

앞으로 자바 프로그램을 개발하면서 이미 제공되고 있는 클래스나 인터페이스를 사용한 프로그램을 자주 접하게 될 것입니다. 특히 실무에서는 프레임워크나 기존 소스 코드를 사용해 개발하는 경우가 많습니다.

실무에서 인터페이스를 사용하는 경우

인터페이스는 클래스가 제공할 기능을 선언하고 설계하는 것입니다. 만약 여러 클래스가 같은 메서드를 서로 다르게 구현한다면 어떻게 해야 할까요? 우선 인터페이스에 메서드를 선언한 다음 인터페이스를 구현한 각 클래스에서 같은 메서드에 대해 다양한 기능을 구현하면 됩니다. 이것이 바로 인터페이스를 이용한 다형성의 구현입니다.

이런 경우를 생각해 봅시다. 어느 회사에서 시스템을 개발하였습니다. 이 시스템은 자료를 저장하기 위해 데이터베이스를 사용합니다. 처음에는 MySQL 데이터베이스를 사용했는데, 이 시스템을 다른 회사에 가서 설치하려고 하니 오라클 데이터베이스를 사용하여 설치해 달라고 요구합니다. 또 다른 회사는 MS-SQL을 사용한다고 합니다. 프로그램은 하나인데 사용하는 데이터베이스가 제각각인 것입니다. 이 프로그램의 웹 페이지나 모바일 페이지는 데이터베이스와 관계없이 수행됩니다. 데이터베이스와 연관되는 코드는 프로그램의 특정 부분인 것이지요. 이런 경우에 데이터베이스 기능을 수행할 인터페이스를 정의합니다. 그리고 인터페이스 정의에 맞게 여러 데이터베이스 관련 모듈을 개발하면 됩니다. 다음은 사용자 정보를 처리하는 모듈 그림입니다.

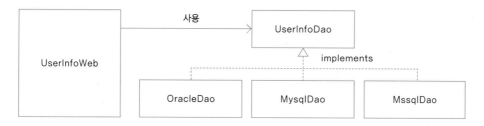

사용자 정보를 데이터베이스에 입력하거나 업데이트하거나 삭제하는 기능을 UserInfoDao 인터페이스에서 정의합니다. 그리고 여러 데이터베이스에 맞게 구현하는 것은 각 클래스가 담당합니다. 웹 페이지나 그 밖의 다른 클래스에서 이 기능이 필요하다면 UserInfoDao 인터페이스를 구현하여 사용할 수 있습니다. 인터페이스를 잘 정의하는 것이 확장성 있는 프로그램을 만드는 시작입니다.

JDBC는 Java DataBase Connectivity의 약자입니다. 자바와 데이터베이스를 연결해 주는 역할을 합니다. 자바와 데이터베이스를 연결하려면 여러 기능을 수행해야 하는데 그중 하나가 Connection을 생성하고 연결하는 것입니다. JavaDoc에서 Connection을 찾아보면 다음과 같습니다.

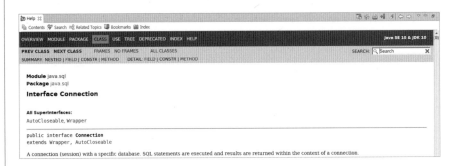

JavaDoc을 보니 자바와 데이터베이스를 연결하기 위해 사용하는 Connection은 인터페이스입니다. 이 인터페이스에는 여러 메서드들이 미리 구현되어 있으며 이들 메서드를 사용하여 데이터베이스에 접근하는 자바 프로그램을 구현하면 됩니다. Connection 이외에도 미리 구현된 여러 인터페이스를 활용할 수 있습니다.

그렇다면 Connection과 같은 JDBC 인터페이스는 누가 구현한 걸까요? 이 인터페이스는 오라클, MySQL 등 데이터베이스 프로그램을 만드는 회사에서 구현합니다. 데이터베이스 회사가 자신의 회사 데이터베이스에 맞게 구현한 클래스 파일 묶음인 .jar 라이브러리를 제공하기 때문에, 우리는 프로그래밍을 하면서 제공된 라이브러리를 로딩하고 Connection 인터페이스에 선언된 메서드를 사용하기만 하면 됩니다. 각 회사에서 만든 Connection 인터페이스를 어떻게 구현했는지 우리가 굳이 알 필요는 없는 것이지요. 다시 말해 JDBC는 자바에서 데이터베이스를 어떻게 사용할 것인지를 기술한 명세, 즉 약속인 것입니다.

Q1 클래스가 인터페이스를 구현하기 위해 사용하는 예약어는 [i _____] 입니다.

Q2 클래스가 인터페이스를 구현할 때 인터페이스에 선언한 메서드를 모두 구현하지 않으면 그 클래스는 [추 _____] 가 됩니다.

Q3 인터페이스에 선언한 변수는 컴파일할 때 [상 _____] 로 변환됩니다.

Q4 한 인터페이스를 여러 클래스가 다양한 방식으로 구현한 경우에 프로그램에서 인터페이스에 선언된 메서드를 사용할 때 각 클래스의 구현 내용과 상관없이 동일한 방식으로 사용할 수 있습니다. 이렇게 같은 코드가 여러 구현 내용으로 실행되는 객체 지향 특성을 [다 _____] 이라고 합니다.

Q5 인터페이스에서 구현 코드를 제공하는 메서드는 [디 _____] 와 [정 _____] 입니다.

Q6 한 클래스에서 여러 인터페이스를 구현할 수 있습니다. (예 / 아니오)

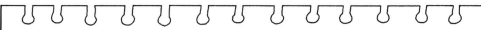 숫자 정렬 알고리즘에는 여러 정책이 존재합니다. 다음 시나리오처럼 인터페이스를 설계하고 인터페이스를 구현한 알고리즘 클래스를 만들어 봅시다.

예제 시나리오

정렬 알고리즘이 구현해야 할 내용을 Sort 인터페이스에 정의합니다. 인터페이스에는 정수형 배열을 인수로 받아서 오름차순으로 정렬하는 ascending( ) 메서드와 내림차순으로 정렬하는 descending( ) 메서드가 있습니다. 이 알고리즘에 대한 설명은 description( ) 디폴트 메서드로 정의되어 있습니다.

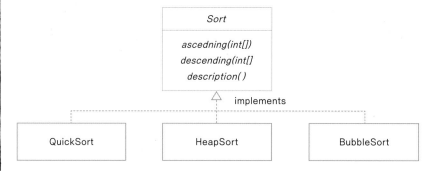

정렬 기능은 세 클래스가 구현했습니다. 여기에서는 실제 숫자를 정렬하지는 않고 설명만 출력합니다.

그리고 이들 클래스를 사용하는 클라이언트 프로그램이 있다고 합시다. 사용자가 화면에 H라고 입력하면 HeapSort 방식으로 정렬합니다. Q를 입력하면 QuickSort, B를 입력하면 BubbleSort 알고리즘이 수행되도록 프로그래밍할 것입니다.

실행 파일 코드가 다음과 같을 때 인터페이스와 클래스를 만들어 완성하세요.

```java
package sorting;
import java.io.IOException;

public class SortTest {
    public static void main(String[] args) throws IOException {
        System.out.println("정렬 방식을 선택하세요.");
        System.out.println("B : BubbleSort ");
        System.out.println("H : HeapSort ");
        System.out.println("Q : QuickSort ");

        int ch = System.in.read( );
        Sort sort = null;
```

```
        if(ch == 'B' || ch == 'b') {
            sort = new BubbleSort( );
        }
        else if(ch == 'H' || ch == 'h') {
            sort = new HeapSort( );
        }
        else if(ch == 'Q'|| ch == 'q') {
            sort = new QuickSort( );
        }
        else {
            System.out.println("지원되지 않는 기능입니다.");
            return;
        }
        //정렬 방식과 상관없이 Sort에 선언된 메서드 호출
        int[] arr = new int[10];
        sort.ascending(arr);
        sort.descending(arr);
        sort.description( );
    }
}
```

:: 출력 화면

```
┌──────────────────────────────────────────────────────────┐
│ 📇 Problems  @ Javadoc  📇 Declaration  📮 Console ⌗    ▭ ▢ │
│                  ▦ ✖ ✖  📄 🔛 📭 📱📱  📑 🖥 ▾ 📑 ▾    │
│ <terminated> SortTest [Java Application] C:\Program Files\Java\jre-10.0.1\bin\javaw.exe │
│ 정렬방식을 선택 하세요.                              ▲ │
│ B : BubbleSort                                             │
│ H : HeapSort                                               │
│ Q : QuickSort    ╭─────────────╮                          │
│ Q                │ Q를 입력한 경우 │                        │
│ QuickSort ascending ╰─────────────╯                       │
│ QuickSort descending                                      │
│ 숫자를 정렬하는 알고리즘입니다                             │
│ QuickSort입니다                                            │
│                                                           │
│ ◀                                              ▶          │
└──────────────────────────────────────────────────────────┘
```

10장 정답
591쪽

자바 JDK로
프로그래밍 날개 달기

지금까지 자바의 기본과 객체 지향 프로그램에 대한 내용을 살펴보았습니다. 이제 자바에서 제공하는 다양한 라이브러리를 알아봅시다. 자바의 많은 유용한 클래스들이 우리의 프로그램을 더욱 효율적이고 유연하게 만들어 줄 것입니다. 자 그럼 함께 살펴볼까요?

기본 클래스

JDK에서 제공하는 많은 클래스를 활용하면 프로그램을 더욱 효율적으로 구현할 수 있습니다. 이 장에서는 앞으로 자주 사용하게 될 클래스를 설명합니다. 내용을 모두 외울 필요는 없습니다. 이 장에서 설명하는 내용을 이해하고 나중에 필요한 부분은 책이나 JavaDoc에서 찾아서 활용할 수 있도록 연습합시다.

11-1 Object 클래스

java.lang 패키지

우리가 지금까지 자바로 프로그램을 구현하면서 String, Integer와 같은 클래스를 사용했습니다. 그러한 클래스들은 어디에 있는 걸까요? 이들 클래스는 java.lang 패키지에 속해 있습니다. String 클래스의 전체 이름은 java.lang.String이고, Integer 클래스의 전체 이름은 java.lang.Integer입니다. 이와 같이 java.lang 패키지에는 기본적으로 많이 사용하는 클래스들이 포함되어 있습니다. 자바를 설치한 경로에 있는 자바 소스 코드 압축 파일인 src.zip의 압축을 풀면 src 폴더가 생성됩니다. 이 폴더 하위의 java.base\java\lang 폴더를 보면 java.lang 패키지에서 제공하는 여러 소스 코드를 확인할 수 있습니다.

자바 프로그래밍에서 외부 패키지에 선언한 클래스를 사용할 때는 import문으로 클래스가 어느 패키지에 속해 있는지 선언해야 합니다. 그런데 우리는 지금까지 String 클래스를 쓰면서 import java.lang.String; 문장을 쓴 적이 없습니다. java.lang 패키지는 컴파일할 때 import java.lang.*; 문장이 자동으로 추가되어 java.lang 패키지 하위 클래스를 모두 사용할 수 있으므로 프로그래머가 직접 써 줄 필요가 없습니다. 즉 프로그래머가 import문을 직접 쓰지 않아도 java.lang 패키지의 모든 하위 클래스를 참조할 수 있습니다.

우리가 11장에서 이야기할 클래스는 모두 java.lang 패키지에 속해 있습니다. 모두 프로그램에서 가장 많이 사용하는 기본 클래스입니다. 그러면 모든 자바 클래스의 최상위 클래스인 java.lang.Object부터 알아봅시다.

모든 클래스의 최상위 클래스 Object

Object 클래스는 모든 자바 클래스의 최상위 클래스입니다. 다시 말하면 모든 클래스는 Object 클래스로부터 상속을 받습니다. 그런데 생각해 보면 우리가 클래스를 만들 때 Object 클래스를 상속받는 코드를 작성한 적이 없습니다. 예를 들어 다음 코드의 왼쪽을 보면 Student 클래스를 선언할 때 Object 클래스를 상속받는다는 뜻의 extends Object를 사용하지 않았습니다. 컴파일 과정에서 오른쪽과 같이 extends Object가 자동으로 쓰입니다.

```
class Student {
    int studentID;
    String studentName;
}
```
코드를 작성할 때

```
class Student extends Object {
    int studentID;
    String studentName;
}
```
컴파일러가 변환

우리가 직접 만드는 클래스뿐 아니라 기존 JDK에서 제공하는 클래스도 모두 Object 클래스에서 상속을 받습니다. 확인해 보기 위해 F1 키를 눌러 JavaDoc을 열고 String 클래스를 살펴보면 다음과 같습니다.

JavaDoc을 보니 String 클래스 역시 Object 클래스를 상속받았음을 알 수 있습니다. 모든 클래스가 Object 클래스를 상속받았으므로 Object의 메서드를 사용할 수 있고, 재정의할 수도 있고, Object형으로 변환할 수도 있습니다. 자바로 프로그래밍을 하다 보면 클래스가 Object형으로 변환되는 경우도 있고, Object에서 원래 클래스형으로 다운 캐스팅되는 경우도 있습니다.

이클립스의 편집 창에 Object라고 쓰고 F1 키를 누르면 JavaDoc 내용이 보입니다. 그러면 Object 클래스에 정의된 메서드를 살펴볼 수 있습니다. 주로 사용되는 Object 메서드는 다음과 같습니다.

메서드	설명
String toString( )	객체를 문자열로 표현하여 반환합니다. 재정의하여 객체에 대한 설명이나 특정 멤버 변수 값을 반환합니다.
boolean equals(Object obj)	두 인스턴스가 동일한지 여부를 반환합니다. 재정의하여 논리적으로 동일한 인스턴스임을 정의할 수 있습니다.
int hashCode( )	객체의 해시 코드 값을 반환합니다.
Object clone( )	객체를 복제하여 동일한 멤버 변수 값을 가진 새로운 인스턴스를 생성합니다.
Class getClass( )	객체의 Class 클래스를 반환합니다.
void finalize( )	인스턴스가 힙 메모리에서 제거될 때 가비지 컬렉터(GC)에 의해 호출되는 메서드입니다. 네트워크 연결 해제, 열려 있는 파일 스트림 해제 등을 구현합니다.
void wait( )	멀티스레드 프로그램에서 사용하는 메서드입니다. 스레드를 '기다리는 상태'(non runnable)로 만듭니다.
void notify( )	wait( ) 메서드에 의해 기다리고 있는 스레드(non runnable 상태)를 실행 가능한 상태(runnable)로 가져옵니다.

Object 메서드 중에는 재정의할 수 있는 메서드도 있고, 그렇지 않은 메서드도 있습니다. 여기에서는 자주 재정의하여 사용하는 메서드 위주로 설명하겠습니다.

> **한 걸음 더!** **Object 클래스의 모든 메서드를 재정의할 수 있는 것은 아닙니다**
>
> 모든 클래스는 Object의 메서드를 사용할 수 있고, 필요에 따라서는 재정의하여 사용할 수도 있습니다. 그러나 Object의 모든 메서드를 재정의할 수 있는 것은 아닙니다. JavaDoc에서 메서드 정의된 부분 아래쪽에 Method Detail을 보면 각 메서드마다 자세한 설명이 나와 있습니다. 그중 final 예약어로 선언한 메서드는 자바 스레드에서 사용하거나 클래스를 로딩하는 등 자바 가상 머신과 관련된 메서드이기 때문에 재정의할 수 없습니다.
>
> ---
> ***Method Detail***
>
> **getClass**
>
> public `final` Class<?> getClass()
>
> Returns the runtime class of this Object. The returned Class object is the object that is locked by static synchronized methods of the represented class.
>
> **The actual result type is Class<? extends |X|> where |X| is the erasure of the static type of the expression on which getClass is called.** For example, no cast is required in this code fragment:
>
> Number n = 0;
> Class<? extends Number> c = n.getClass();
>
> **Returns:**
> The Class object that represents the runtime class of this object.
>
> **See The Java™ Language Specification:**
> 15.8.2 Class Literals

toString( ) 메서드

Object 클래스에서 기본으로 제공하는 toString( ) 메서드는 이름처럼 객체 정보를 문자열 (String)로 바꾸어 줍니다. Object 클래스를 상속받은 모든 클래스는 toString( )을 재정의할 수 있습니다. String이나 Integer 등 여러 JDK 클래스에는 toString( ) 메서드가 이미 재정의 되어 있습니다.

Object 클래스의 toString( ) 메서드

toString( ) 메서드는 인스턴스 정보를 문자열로 반환하는 메서드입니다. toString( ) 메서드 의 원형은 생성된 인스턴스의 클래스 이름과 주소 값을 보여 줍니다. 다음 예제는 책 번호와 제목을 담고 있는 Book 클래스의 인스턴스를 생성하여 그 참조 변수를 출력합니다.

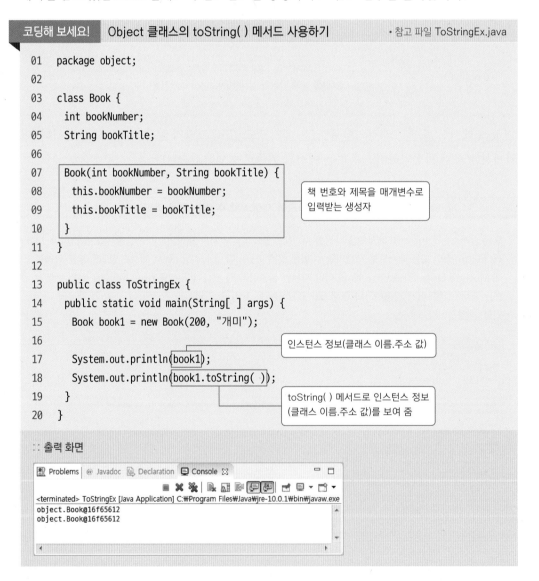

코딩해 보세요!　　Object 클래스의 toString( ) 메서드 사용하기　　• 참고 파일 ToStringEx.java

```java
01    package object;
02
03    class Book {
04      int bookNumber;
05      String bookTitle;
06
07      Book(int bookNumber, String bookTitle) {
08        this.bookNumber = bookNumber;
09        this.bookTitle = bookTitle;
10      }
11    }
12
13    public class ToStringEx {
14      public static void main(String[ ] args) {
15        Book book1 = new Book(200, "개미");
16
17        System.out.println(book1);
18        System.out.println(book1.toString( ));
19      }
20    }
```

책 번호와 제목을 매개변수로 입력받는 생성자

인스턴스 정보(클래스 이름.주소 값)

toString( ) 메서드로 인스턴스 정보 (클래스 이름.주소 값)를 보여 줌

:: 출력 화면

Problems | @ Javadoc | Declaration | Console

<terminated> ToStringEx [Java Application] C:\Program Files\Java\jre-10.0.1\bin\javaw.exe
object.Book@16f65612
object.Book@16f65612

17행 System.out.println( ) 출력문에 참조 변수를 넣으면 인스턴스 정보가 출력되는데, 이 때 자동으로 호출되는 메서드가 toString( )입니다. 여기에서 호출되는 toString( )은 Book 클래스의 메서드가 아닌 Object 클래스의 메서드입니다. Object 클래스의 toString( ) 메서드 원형은 다음과 같습니다.

```
getClass( ).getName( ) + '@' + Integer.toHexString(hashCode( ))
```

위 정의 내용을 살펴보면 '클래스 이름@해시 코드 값'임을 알 수 있습니다. 즉 클래스의 이름과 16진수 해시 코드 값이 출력됩니다. 17~18행의 출력 결과는 object.Book@16f65612로 같습니다.

◎ 해시 코드에 대한 내용은 363쪽 hash Code( ) 메서드에서 설명합니다.

String과 Integer 클래스의 toString( ) 메서드

toString( ) 메서드가 호출된 경우라도 출력 결과가 '클래스 이름 @해시 코드 값'이 아닌 경우가 있습니다. 다음 코드를 봅시다.

```
String str = new String("test");
System.out.println(str);          test 출력됨
Integer i1 = new Integer(100);
System.out.println(i1);           100 출력됨
```

String과 Integer 클래스로 인스턴스를 생성하여 System.out.println( ) 출력문에 참조 변수를 넣으면 String 클래스는 문자열 값 test가, Integer 클래스는 정수 값 100이 출력됩니다. 왜 두 클래스의 출력 결과는 '클래스 이름@해시 코드 값'이 아닌 걸까요? 그 이유는 String과 Integer 클래스는 toString( ) 메서드를 미리 재정의해 두었기 때문입니다. JDK에서 제공하는 클래스 중에는 toString( ) 메서드를 미리 재정의한 클래스가 많습니다. toString( ) 메서드가 재정의된 클래스는 '클래스의 이름@해시 코드 값'을 출력하는 toString( ) 메서드의 원형이 아닌 재정의된 메서드가 호출되는 것입니다.

Book 클래스에서 toString( ) 메서드 직접 재정의하기

이번에는 우리가 예제로 만든 Book 클래스에서 toString( ) 메서드를 직접 재정의해 봅시다. Book 클래스의 참조 변수를 사용해 '책 이름, 책 번호'를 출력해 보겠습니다. 만약 메서드 정

의를 기억하고 있다면 선언부를 직접 적어도 되고, Book.java 소스 코드 내부에서 마우스 오른쪽 버튼을 눌러 [Source → Override/Implement Methods...] 기능을 이용해 자동으로 메서드 재정의 코드를 넣어도 됩니다. 다음처럼 toString( ) 메서드를 재정의하여 '책 이름, 책 번호'를 반환하는 코드를 작성해 봅시다.

코딩해 보세요!   toString( ) 메서드 재정의하기   • 참고 파일 ToStringEx.java

```java
01  package object;
02
03  class Book {
04    int bookNumber;
05    String bookTitle;
06
07    Book(int bookNumber, String bookTitle) {
08      this.bookNumber = bookNumber;
09      this.bookTitle = bookTitle;
10    }
11
12    @Override
13    public String toString( ) {              toString( ) 메서드 재정의
14      return bookTitle + "," + bookNumber;
15    }
16  }
17
18  public class ToStringEx {
19    public static void main(String[ ] args) {
2       Book book1 = new Book(200, "개미");
21
22      System.out.println(book1);
23      System.out.println(book1.toString( ));
24    }
25  }
```

:: 출력 화면

```
Problems  @ Javadoc  Declaration  Console ✕

<terminated> ToStringEx [Java Application] C:\Program Files\Java\jre-10.0.1\bin\javaw.exe
개미,200
개미,200
```

toString( ) 메서드를 직접 재정의하면 객체의 참조 변수를 이용해 원하는 문자열을 표현할
수 있습니다.

▶ 나 혼자 코딩!

toString( ) 메서드 직접 재정의하기

기존에 만든 Student 클래스의 toString( ) 메서드를 재정의하여 Student 클래스의 참조 변수를 출
력할 때 학생의 이름과 학번이 출력되도록 프로그램을 구현해 보세요.

정답 자료실 제공

equals( ) 메서드

equals( ) 메서드의 원래 기능은 두 인스턴스의 주소 값을 비교하여 boolean 값(true/false)
을 반환해 주는 것입니다. 주소 값이 같다면 당연히 같은 인스턴스입니다. 그런데 서로 다른
주소 값을 가질 때도 같은 인스턴스라고 정의할 수 있는 경우가 있습니다. 따라서 물리적 동
일성(인스턴스의 메모리 주소가 같음)뿐 아니라 논리적 동일성(논리적으로 두 인스턴스가 같음)을 구
현할 때도 equals( ) 메서드를 재정의하여 사용합니다. 이 말이 무슨 뜻인지 하나하나 살펴
봅시다.

Object 클래스의 equals( ) 메서드

생성된 두 인스턴스가 '같다'는 것은 무엇을 의미할까요? 인스턴스를 가리키는 참조 변수가
두 개 있을 때 이 두 인스턴스가 물리적으로 같다는 것은, 두 인스턴스의 주소 값이 같은 경우
를 말합니다. 다시 말해 두 변수가 같은 메모리 주소를 가리키고 있다는 뜻이지요. 예를 들어
학생 객체를 구현한 Student 클래스가 있습니다. 다음 코드처럼 Student 클래스를 생성하고,
생성된 인스턴스를 가리키는 참조 변수(studentLee)를 다른 변수(studentLee2)에 복사합니다.

```
Student studentLee = new Student(100, "이상원");
Student studentLee2 = studentLee;    //주소 복사
```

그러면 두 변수는 다음 그림과 같이 동일한 인스턴스를 가리킵니다. 이때 equals( ) 메서드를
이용해 두 변수를 비교하면 동일하다는 결과가 나옵니다.

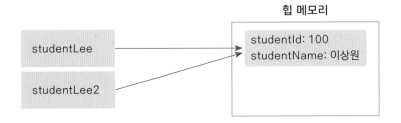

힙 메모리

다음 코드는 이름과 학번이 동일한 학생을 한 명 더 생성하고 다른 변수(studentSang)가 가리 키도록 만들었습니다.

```java
Student studentLee = new Student(100, "이상원");
Student studentLee2 = studentLee;
Student studentSang = new Student(100, "이상원");
```

위 코드를 표현한 그림은 다음과 같습니다.

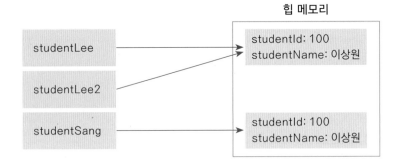

힙 메모리

studentLee, studentLee2가 가리키는 인스턴스와 studentSang이 가리키는 인스턴스는 서로 다른 주소를 가지고 있지만, 저장된 학생의 정보는 같습니다. 이런 경우 논리적으로는 studentLee, studentLee2와 studentSang을 같은 학생으로 처리하는 것이 맞을 것입니다. 이 상황을 구현한 예제를 만들면서 살펴봅시다.

코딩해 보세요! Object 클래스의 equals( ) 메서드 사용하기 · 참고 파일 EqualsTest.java

```java
01  package object;
02
03  class Student{
04    int studentId;
05    String studentName;
06
07    public Student(int studentId, String studentName) {
08      this.studentId = studentId;
```

```
09      this.studentName = studentName;
10    }
11
12    public String toString( ) {
13      return studentId + "," + studentName;
14    }
15  }
16
17  public class EqualsTest {
18    public static void main(String[ ] args) {
19      Student studentLee = new Student(100, "이상원");
20      Student studentLee2 = studentLee;     //주소 복사
21      Student studentSang = new Student(100, "이상원");
22
23      if(studentLee == studentLee2) //== 기호로 비교
24        System.out.println("studentLee와 studentLee2의 주소는 같습니다.");
25      else
26        System.out.println("studentLee와 studentLee2의 주소는 다릅니다.");
27
28      if(studentLee.equals(studentLee2)) //equals( ) 메서드로 비교
29        System.out.println("studentLee와 studentLee2는 동일합니다.");
30      else
31        System.out.println("studentLee와 studentLee2는 동일하지 않습니다.");
32
33      if(studentLee == studentSang) //== 기호로 비교
34        System.out.println("studentLee와 studentSang의 주소는 같습니다.");
35      else
36        System.out.println("studentLee와 studentSang의 주소는 다릅니다.");
37
38      if(studentLee.equals(studentSang)) //equals( ) 메서드로 비교
39        System.out.println("studentLee와 studentSang은 동일합니다.");
40      else
41        System.out.println("studentLee와 studentSang은 동일하지 않습니다.");
42    }
43  }
```

동일한 주소의 두 인스턴스 비교

동일인이지만 인스턴스의 주소가 다른 경우

:: 출력 화면

```
Problems  @ Javadoc  Declaration  Console 
                                                              
<terminated> EqualsTest [Java Application] C:\Program Files\Java\jre-10.0.1\bin\javaw.exe
studentLee와 studentLee2의 주소는 같습니다.
studentLee와 studentLee2는 동일합니다.
studentLee와 studentSang의 주소는 다릅니다.
studentLee와 studentSang은 동일하지 않습니다.
```

Object의 equals( ) 메서드의 원래 기능은 두 인스턴스의 주소를 비교하는 것입니다. 따라서 같은 주소인 경우만 equals( ) 메서드의 결과가 true가 됩니다. 이 예제에서 studentLee 참조 변수와 studentLee2 참조 변수는 동일한 주소를 가리키므로 true이고, studentSang의 경우는 다른 주소를 가리키므로 false입니다. 그런데 두 인스턴스의 주소가 같은 경우만 '같다'고 할 수 있을까요? 인스턴스 주소가 다르다고 해도 학번이 같으면 사실 같은 학생의 정보입니다. 대한민국 국민의 경우 주민등록번호가 같으면 같은 사람이고, 쇼핑몰 회원의 회원 아이디가 같으면 같은 회원인 것처럼 말입니다. 따라서 인스턴스의 주소가 달라도 동일한 객체임을 확인할 수 있어야 합니다. 즉 두 인스턴스가 있을 때 ==는 단순히 물리적으로 같은 메모리 주소인지 여부를 확인할 수 있고, Object의 equals( ) 메서드는 재정의를 하여 논리적으로 같은 인스턴스인지(메모리 주소가 다르더라도 같은 학생인지) 확인하도록 구현할 수 있습니다.

물리적 주소는 같지 않지만 논리적으로는 같은 학생입니다.

String과 Integer 클래스의 equals( ) 메서드

JDK에서 제공하는 String 클래스와 Integer 클래스에는 equals( ) 메서드가 이미 재정의되어 있습니다. 재정의된 equals( ) 메서드를 사용하는 예제를 따라하며 살펴봅시다.

코딩해 보세요! String과 Integer 클래스의 equals( )메서드 • 참고 파일 StringEquals.java

```
01  package object;
02
03  public class StringEquals {
04    public static void main(String[ ] args) {
05      String str1 = new String("abc");
06      String str2 = new String("abc");
07
08      System.out.println(str1 == str2);
09      System.out.println(str1.equals(str2));
10
11      Integer i1 = new Integer(100);
12      Integer i2 = new Integer(100);
13
14      System.out.println(i1 == i2);
15      System.out.println(i1.equals(i2));
16    }
17  }
```

08 → 두 인스턴스 주소 값이 같은지 비교하여 출력

09 → String 클래스의 equals() 메서드 사용. 두 인스턴스의 문자열 값이 같은지 비교하여 출력

14 → 두 인스턴스 주소 값이 같은지 비교하여 출력

15 → Integer 클래스의 equals( ) 메서드 사용. 두 인스턴스의 정수 값이 같은지 비교하여 출력

코드의 내용을 보면 str1과 str2는 서로 다른 인스턴스를 가리키기 때문에 str1 == st2의 결과
는 false입니다. 하지만 String 클래스의 equals( ) 메서드는 같은 문자열의 경우 true를, 그렇
지 않은 경우 false를 반환하도록 재정의되어있습니다. 두 문자열은 "abc"로 같은 값을 가지
므로 str1.equals(str2)의 반환 값은 true입니다. Integer 클래스의 경우도 정수 값이 같은 경
우 true를 반환하도록 equals( ) 메서드가 재정의되어 있음을 알 수 있습니다.

Student 클래스에서 equals( ) 메서드 직접 재정의하기

그러면 우리가 만든 Student 클래스에서 equals( ) 메서드는 어떻게 재정의할 수 있을까요?
학교에서 두 학생이 같다는 논리 정의는 아마 학번이 같은 경우일 것입니다. 회사에서는 사번
이 같으면 같은 직원이고, 은행에서는 계좌번호가 같으면 같은 계좌인 것처럼 말이지요. 따라
서 우리는 Student 클래스의 equals( ) 메서드를 다음과 같이 재정의할 수 있습니다.

코딩해 보세요!   **equals( ) 메서드 재정의하기**   • 참고 파일 EqualsTest.java

```java
01  package object;
02
03  class Student {
04    ...
05
06    @Override
07    public boolean equals(Object obj) {            equals( ) 메서드 재정의
08      if(obj instanceof Student) {
09        Student std = (Student)obj;
10        if(this.studentId == std.studentId)       재정의한 equals( ) 메서드는 학생의
11          return true;                            학번이 같으면 true 반환
12        else return false;
13      }
14      return false;
15    }
16  }
```

```
17
18   public class EqualsTest {
19     public static void main(String[ ] args) {
20       ...
21     }
22   }
```

:: 출력 화면

```
Problems  @ Javadoc  Declaration  Console ✕                      □   □
                     ■ ✖ ✖ | ▣ ▣ ▣ | ▣ ▣ | ▣ ▣ ▾ | ▣ ▾ ▣ ▾
<terminated> EqualsTest [Java Application] C:₩Program Files₩Java₩jre-10.0.1₩bin₩javaw.exe
studentLee와 studentLee2의 주소는 같습니다.
studentLee와 studentLee2는 동일합니다.
studentLee와 studentSang의 주소는 다릅니다.
studentLee와 studentSang은 동일합니다.
```

6~15행에서 equals( ) 메서드를 재정의하였습니다. equals( ) 메서드의 매개변수는 Object
형입니다. 비교될 객체가 Object형 매개변수로 전달되면 instanceof를 사용하여 매개변수
의 원래 자료형이 Student인지 확인합니다. 10~11행에서 this의 학번과 매개변수로 전달된
객체의 학번이 같으면 true를 반환합니다. equals( ) 메서드를 재정의한 후 출력 결과를 보면
studentLee와 studentSang은 서로 다른 메모리 주소에 존재하는 인스턴스이므로 == 연산
의 결과 값은 false를 반환하지만, 학번이 같으므로 equals( )는 true를 반환합니다.

> **나 혼자 코딩!**

MyDate 클래스의 equals( ) 메서드 재정의하기

날짜를 구현한 클래스 MyDate가 다음과 같습니다. 날짜가 같으면 System.out.println(date1.
equals(date2));의 출력 결과 값이 true가 되도록 equals( ) 메서드를 재정의하세요.

```
package object;

class MyDate {
  int day;
  int month;
  int year;

  public MyDate(int day, int month, int year) {
    this.day = day;
```

```
      this.month = month;
      this.year = year;
    }
}


public class MyDateTest {
  public static void main(String[ ] args) {
    MyDate date1 = new MyDate(9, 18, 2004);
    MyDate date2 = new MyDate(9, 18, 2004);
    System.out.println(date1.equals(date2));
  }
}
```

정답 자료실 제공

hashCode( ) 메서드

해시(hash)는 정보를 저장하거나 검색할 때 사용하는 자료 구조입니다. 정보를 어디에 저장할 것인지, 어디서 가져올 것인지 해시 함수를 사용하여 구현합니다. 해시 함수는 객체의 특정 정보(키 값)를 매개변수 값으로 넣으면 그 객체가 저장되어야 할 위치나 저장된 해시 테이블 주소(위치)를 반환합니다. 따라서 객체 정보를 알면 해당 객체의 위치를 빠르게 검색할 수 있습니다. 해시 함수 [(hash(key)]는 개발하는 프로그램 특성에 따라 다르게 구현됩니다.

자바에서는 인스턴스를 힙 메모리에 생성하여 관리할 때 해시 알고리즘을 사용합니다.

```
hashCode = hash(key);   //객체의 해시 코드 값(메모리 위치 값)이 반환됨
```

Object 클래스의 toString( ) 메서드 원형을 다시 살펴보면 getClass( ).getName( ) + '@' + Integer.toHexString(hashCode( ))입니다. 즉 우리가 참조 변수를 출력할 때 본 16진수 숫자 값이 '해시 코드 값'이고, 이 값은 자바 가상 머신이 힙 메모리에 저장한 '인스턴스의 주소 값'입니다. 즉 자바에서는 두 인스턴스가 같다면 hashCode( ) 메서드에서 반환하는 해시 코드 값이 같아야 합니다. 따라서 논리적으로 같은 두 객체도 같은 해시 코드 값을 반환하도록 hashCode( ) 메서드를 재정의해야 합니다. 다시 말해, equals( ) 메서드를 재정의했다면 hashCode( ) 메서드도 재정의해야 합니다.

String과 Integer 클래스의 hashCode( ) 메서드

String 클래스와 Integer 클래스의 equals( ) 메서드는 재정의되어 있다고 했습니다. 그러면 hashCode( ) 메서드도 함께 재정의되어 있을 것입니다. 다음 예제를 살펴봅시다.

◎ 자바 10으로 학습 중이라면 Integer( ) 생성자에 취소선이 보입니다. 이는 앞으로 사라질 수 있다는 deprecated 경고이며 자바 9부터 Integer( )에 적용되었습니다.

코딩해 보세요! String과 Integer 클래스의 hashCode( ) 메서드 · 참고 파일 HashCodeTest.java

```java
01  package object;
02
03  public class HashCodeTest {
04    public static void main(String[ ] args) {
05      String str1 = new String("abc");
06      String str2 = new String("abc");
07
08      System.out.println(str1.hashCode( ));
09      System.out.println(str2.hashCode( ));
10
11      Integer i1 = new Integer(100);
12      Integer i2 = new Integer(100);
13
14      System.out.println(i1.hashCode( ));
15      System.out.println(i2.hashCode( ));
16    }
17  }
```

08~09행 → abc 문자열의 해시 코드 값 출력

14~15행 → Integer(100)의 해시 코드 값 출력

:: 출력 화면

```
Problems  @ Javadoc  Declaration  Console ✕
<terminated> HashCodeTest [Java Application] C:₩Program Files₩Java₩jre-10.0.1₩bin₩javaw.exe
96354
96354
100
100
```

8~9행을 보면 String 클래스는 같은 문자열을 가진 경우, 즉 equals( ) 메서드의 결과 값이 true인 경우 hashCode( ) 메서드는 동일한 해시 코드 값을 반환합니다. Integer 클래스의 hashCode( ) 메서드는 정수 값을 반환하도록 재정의되어 있습니다.

◎ String 클래스나 Integer 클래스의 소스 코드를 보면 재정의된 hashCode( ) 메서드를 확인할 수 있습니다.

Student 클래스에서 hashCode( ) 메서드 재정의하기

앞에서 서로 다른 인스턴스로 생성된 두 학생이 논리적으로 같은 학생이라는 의미를 구현하기 위해 equals( ) 메서드를 재정의하였습니다. 논리적으로 동일한 두 학생은 같은 해시 코드 값을 반환하도록 hashCode( ) 메서드도 재정의해 봅시다.

Student 클래스에서 hashCode( )를 재정의할 때 어떤 값을 반환하도록 만드는 것이 가장 합리적일까요? 논리적으로 같은 학생인지 비교하는 equals( )를 재정의할 때 학번이 같으면 true를 반환하였습니다. 일반적으로 hashCode( ) 메서드를 재정의할 때는 equals( ) 메서드에서 논리적으로 같다는 것을 구현할 때 사용한 멤버 변수를 활용하는 것이 좋습니다. 따라서 Student 클래스에서는 hashCode( ) 메서드가 학번을 반환하는 것이 가장 합리적입니다. 그러면 앞에서 구현한 Student 클래스에 hashCode( )를 재정의하여 추가해 봅시다.

> **코딩해 보세요!** **hashCode( ) 메서드 재정의하기** · 참고 파일 EqualsTest.java

```
01  package object;
02
03  class Student {
04    ...
05    @Override
06    public int hashCode( ) {          해시 코드 값으로 학번을 반환
07      return studentId;              하도록 메서드 재정의
08    }
09  }
10
11  public class EqualsTest {
12    public static void main(String[ ] args) {
13      ...
14      System.out.println("studentLee의 hashCode :" + studentLee.hashCode( ));
15      System.out.println("studentSang의 hashCode :"+ studentSang.hashCode( ));
16
17      System.out.println("studentLee의 실제 주소값 :"+ System.identityHashCode(studentLee));
18      System.out.println("studentSang의 실제 주소값 :"+ System.identityHashCode(studentSang));
19    }
20  }
```

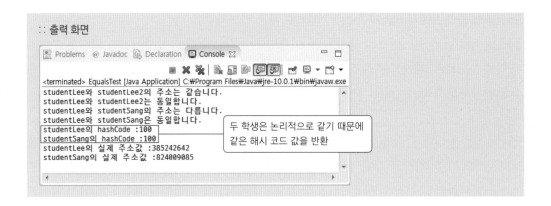

출력 결과를 보면 studentLee와 studentSang은 학번이 같기 때문에 논리적으로 같은지 확인하는 equals( ) 메서드 출력 값이 true입니다. 또한 같은 해시 코드 값을 반환하고 있습니다. hashCode( ) 메서드를 재정의했을 때 실제 인스턴스의 주소 값은 System.indentityHashCode( ) 메서드를 사용하면 알 수 있습니다. 17~18행에서 System.indentityHashCode( ) 메서드를 사용하여 studentLee와 studentSang의 실제 메모리 주소 값을 출력해 봅니다. 두 값은 다르지요? 즉 studentLee와 studentSang은 논리적으로는 같지만, 실제로는 다른 인스턴스입니다.

나 혼자 코딩!

MyDate 클래스의 hashCode( ) 메서드 재정의하기
362쪽의 〈나 혼자 코딩!〉 코너에서 만든 MyDate 클래스에 equals( )를 재정의했을 겁니다. equals( ) 메서드를 재정의할 때 사용한 멤버 변수를 활용하여 hashCode( ) 메서드를 재정의해 보세요.

정답 자료실 제공

clone( ) 메서드

객체 원본을 유지해 놓고 복사본을 사용한다거나, 기본 틀(prototype)의 복사본을 사용해 동일한 인스턴스를 만들어 복잡한 생성 과정을 간단히 하려는 경우에 clone( ) 메서드를 사용할 수 있습니다. clone( ) 메서드는 Object에 오른쪽과 같이 선언되어 있으며, 객체를 복제해 또 다른 객체를 반환해 주는 메서드입니다.

```
protected Object clone( );
```

그러면 예제를 통해 객체가 복제되는 과정을 구현해 보겠습니다. 다음 예제는 하나의 원점과 반지름을 멤버 변수로 가지는 Circle 클래스의 인스턴스를 생성하고 이를 clone( ) 메서드를 사용하여 복제하는 프로그램입니다. 원점은 Point 클래스를 사용했습니다.

코딩해 보세요!　clone( ) 메서드로 인스턴스 복제하기　　• 참고 파일 ObjectCloneTest.java

```java
01  package object;
02
03  class Point {
04    int x;
05    int y;
06
07    Point(int x, int y) {
08      this.x = x;
09      this.y = y;
10    }
11
12    public String toString( ) {
13      return "x = " + x + "," + "y = " + y;
14    }
15  }
16
17  class Circle implements Cloneable {
18    Point point;
19    int radius;
20
21    Circle(int x, int y, int radius) {
22      this.radius = radius;
23      point = new Point(x, y);
24    }
25
26    public String toString( ) {
27      return "원점은 " + point + "이고," + "반지름은 " + radius + "입니다";
28    }
29
30    @Override
31    public Object clone( ) throws CloneNotSupportedException {
32      return super.clone( );
33    }
34  }
35
```

원점을 의미하는 Point 클래스

객체를 복제해도 된다는 의미로 Cloneable 인터페이스를 함께 선언

clone( ) 메서드를 사용할 때 발생할 수 있는 오류를 예외 처리함

```
36  public class ObjectCloneTest {
37    public static void main(String[ ] args) throws CloneNotSupportedException {
38      Circle circle = new Circle(10, 20, 30);
39      Circle copyCircle = (Circle)circle.clone( );
40
41      System.out.println(circle);
42      System.out.println(copyCircle);
43      System.out.println(System.identityHashCode(circle));
44      System.out.println(System.identityHashCode(copyCircle));
45    }
46  }
```

> clone( ) 메서드를 사용해 circle 인스
> 턴스를 copyCircle에 복제함

:: 출력 화면

```
Console    Problems  @ Javadoc  Declaration  Search  Coverage
<terminated> ObjectCloneTest [Java Application] C:₩Program Files₩Java₩jre-10.0.1₩bin₩javaw.exe
원점은 x = 10,y = 20이고,반지름은 30입니다
원점은 x = 10,y = 20이고,반지름은 30입니다
2085857771
248609774
```

clone( ) 메서드를 사용하려면 객체를 복제해도 된다는 의
미로 클래스에 Cloneable 인터페이스를 구현해야 합니다.
만약 clone( ) 메서드만 재정의하고 Cloneable 인터페이스
를 명시하지 않으면 clone( ) 메서드를 호출할 때 CloneNot
SupportedException이 발생합니다. 이 예제의 clone( )
메서드는 Object의 clone( ) 메서드를 그대로 사용하고 있
습니다. Object의 clone( ) 메서드는 클래스의 인스턴스를
새로 복제하여 생성해 줍니다. 멤버 변수가 동일한 인스턴스가 다른 메모리에 새로 생성되는
것입니다. 출력 결과를 보면 인스턴스의 멤버 변수 값은 같고 주소 값은 다른 copyCircle이 생
성되었음을 알 수 있습니다.

◎ 예외 처리란 프로그램이 실행 중에 멈
추지 않도록 오류가 생길 수 있는 부분에
특정 코드를 구현하는 것입니다. 14장에
서 설명합니다.

◎ Cloneable 인터페이스를 선언해도
별도로 구현해야하는 메서드는 없습니다.
이렇게 구현할 메서드가 없는 인터페이스
를 마커 인터페이스(marker interface)
라고 합니다.

11-2 String 클래스

String을 선언하는 두 가지 방법

자바는 문자열을 사용할 수 있도록 String 클래스를 제공합니다. 문자열은 프로그램을 구현할 때 많이 활용합니다. String을 사용할 때 문자열을 생성자의 매개변수로 하여 생성하는 방식과 이미 생성된 문자열 상수를 가리키는 방식이 있습니다.

```
String str1 = new String("abc");   //생성자의 매개변수로 문자열 생성
String str2 = "test";              //문자열 상수를 가리키는 방식
```

언뜻 비슷해 보이지만, 내부적으로 두 가지 방식은 큰 차이가 있습니다. new 예약어를 사용하여 객체를 생성하는 경우는 "abc" 문자열을 위한 메모리가 할당되고 새로운 객체가 생성됩니다. 하지만 str2 = "test"와 같이 생성자를 이용하지 않고 바로 문자열 상수를 가리키는 경우에는 str2가 기존에 만들어져 있던 "test"라는 문자열 상수의 메모리 주소를 가리키게 됩니다. 따라서 String str3 = "test" 코드를 작성하면 str2와 str3는 주소 값이 같게 됩니다. 그림으로 나타내면 다음과 같습니다.

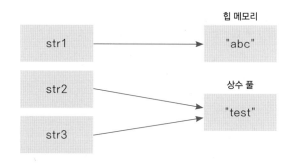

test나 10, 20 등과 같이 프로그램에서 사용되는 상수 값을 저장하는 공간을 '상수 풀(constant pool)'이라고 합니다.

ⓒ 상수 풀이 무엇인지 기억나지 않는다면 '02 -4 상수와 리터럴'을 다시 한 번 살펴보세요.

다음 예제는 String을 생성자로 생성했을 때의 주소 값과 문자열 상수를 바로 가리킬 때의 주소 값을 비교합니다. 문자열 상수를 바로 가리키는 경우에는 주소 값이 같음을 알 수 있습니다.

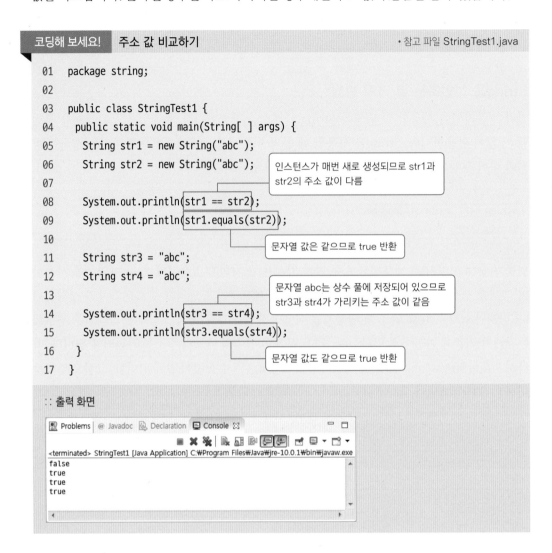

```
01   package string;
02
03   public class StringTest1 {
04     public static void main(String[ ] args) {
05       String str1 = new String("abc");
06       String str2 = new String("abc");
07
08       System.out.println(str1 == str2);
09       System.out.println(str1.equals(str2));
10
11       String str3 = "abc";
12       String str4 = "abc";
13
14       System.out.println(str3 == str4);
15       System.out.println(str3.equals(str4));
16     }
17   }
```

코딩해 보세요! 주소 값 비교하기   • 참고 파일 StringTest1.java

인스턴스가 매번 새로 생성되므로 str1과 str2의 주소 값이 다름

문자열 값은 같으므로 true 반환

문자열 abc는 상수 풀에 저장되어 있으므로 str3과 str4가 가리키는 주소 값이 같음

문자열 값도 같으므로 true 반환

:: 출력 화면

<terminated> StringTest1 [Java Application] C:\Program Files\Java\jre-10.0.1\bin\javaw.exe
```
false
true
true
true
```

String 클래스의 final char[ ] 변수

다른 프로그래밍 언어는 문자열을 구현할 때 일반적으로 char[ ] 배열을 사용합니다. 자바는 String 클래스를 제공해 char[ ] 배열을 직접 구현하지 않고도 편리하게 문자열을 사용할 수 있습니다. String.java 파일을 보면 다음과 같이 선언되어 있습니다.

```
public final class String
    implements java.io.Serializable, Comparable<String>, CharSequence {
    /** The value is used for character storage. */
    private final char value[];
```

String 클래스의 구현 내용을 보면 private final char value[ ]라고 선언된 char형 배열이 있습니다. 프로그램에서 String s = new String("abc")라고 쓰면 abc는 String 클래스의 value 변수에 저장됩니다. 그런데 이 변수는 final로 선언되어 있습니다. final은 문자열을 변경할 수 없다는 뜻입니다. 따라서 한 번 생성된 문자열은 변경되지 않습니다. 이런 문자열의 특징을 '문자열은 불변(immutable)한다'라고 합니다. 그러면 프로그램에서 두 개의 문자열을 연결하면 어떻게 될까요? 이러한 경우 둘 중 하나의 문자열이 변경되는 것이 아니라 두 문자열이 연결된 새로운 문자열이 생성됩니다.

다음 예제는 String으로 두 개의 문자열("java", "android")를 생성하고 concat( ) 메서드로 두 문자열을 연결합니다. 원래 문자열의 주소와 연결된 문자열의 주소 값을 System.identity HashCode( ) 메서드를 사용하여 비교해 보겠습니다.

코딩해 보세요! 두 문자열 연결하기 · 참고 파일 StringTest2.java

```
01  package string;
02
03  public class StringTest2 {
04    public static void main(String[ ] args) {
05      String javaStr = new String("java");
06      String androidStr = new String("android");
07      System.out.println(javaStr);
08      System.out.println("처음 문자열 주소 값: "+ System.identityHashCode(javaStr));
09
10      javaStr = javaStr.concat(androidStr);     문자열 javaStr와 문자열 androidStr를
                                                  연결하여 javaStr에 대입
11
12      System.out.println(javaStr);
13      System.out.println("연결된 문자열 주소 값: " + System.identityHashCode(javaStr));
14    }
15  }
```

:: 출력 화면

```
<terminated> StringTest2 [Java Application] C:\Program Files\Java\jre-10.0.1\bin\javaw.exe
java
처음 문자열 주소 값: 385242642
javaandroid
연결된 문자열 주소 값: 824009085
```

예제에서 두 개의 문자열 "java"과 "android"를 생성했습니다. 그리고 10행에서 두 문자열을 연결하는 concat( ) 메서드를 호출했습니다. 12행의 javaStr 변수 출력 결과를 보면 "javaandroid"로 연결되어 잘 출력되고 있습니다. 이 결과만 보면 "java" 문자열에 "android" 문자열이 연결된 것 같지만, 앞에서 설명했듯이 문자열은 불변(immutable)하므로 javaStr 변수 값 자체가 변하는 것이 아니라 새로운 문자열이 생성된 것입니다.

코드 내용을 메모리 상태로 나타내면 다음과 같습니다.

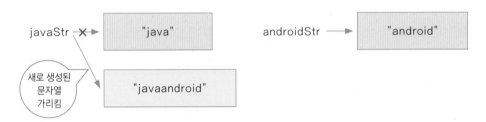

즉 "javaandroid" 문자열이 새로 생성되고 javaStr은 그 문자열을 가리키게 됩니다. 실제로 그런지 확인하기 위해 8행에서 처음 생성된 javaStr 변수의 해시 코드 값을 출력해 보고, 문자열을 연결한 후 13행에서 javaStr 변수의 해시 코드 값을 다시 출력해 보면 주소 값이 달라진 것을 알 수 있습니다.

StringBuffer와 StringBuilder 클래스 활용하기

프로그램을 만들다 보면 문자열을 변경하거나 연결해야 할 때가 많습니다. 그런데 String 클래스는 한번 생성되면 그 내부의 문자열이 변경되지 않기 때문에 String 클래스를 사용하여 문자열을 계속 연결하거나 변경하는 프로그램을 작성하면 메모리가 많이 낭비됩니다. 이 문제를 해결하는 것이 바로 StringBuffer와 StringBuilder 클래스입니다.

StringBuffer와 StringBuilder는 내부에 변경 가능한(final이 아닌) char[ ]를 변수로 가지고 있습니다. 이 두 클래스를 사용하여 문자열을 연결하면 기존에 사용하던 char[ ] 배열이 확장되므로 추가 메모리를 사용하지 않습니다. 따라서 문자열을 연결하거나 변경할 경우 두 클래스 중 하나를 사용하면 됩니다. 두 클래스의 차이는 여러 작업(스레드)이 동시에 문자열을 변경하려 할 때 문자열이 안전하게 변경되도록 보장해 주는가 그렇지 않은가의 차이입니다.

StringBuffer 클래스는 문자열이 안전하게 변경되도록 보장하지만, StringBuilder 클래스는 보장되지 않습니다. 프로그램에서 따로 스레드를 생성하는 멀티스레드 프로그램이 아니라면 StringBuilder를 사용하는 것이 실행 속도가 좀 더 빠릅니다.

◎ 두 스레드가 동시에 문자열을 변경할 때 문자열의 안전한 변경을 보장해 주는 것을 '스레드 동기화의 안정성'이라고 합니다. 스레드는 '12-3 List 인터페이스'에서 자세히 설명합니다.

다음 예제로 StringBuilder 사용 방법을 알아보겠습니다.

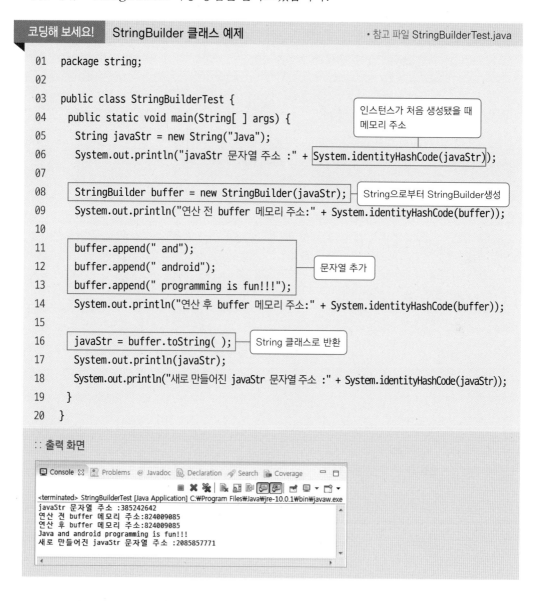

코딩해 보세요! StringBuilder 클래스 예제 • 참고 파일 StringBuilderTest.java

```java
01  package string;
02
03  public class StringBuilderTest {
04    public static void main(String[ ] args) {
05      String javaStr = new String("Java");
06      System.out.println("javaStr 문자열 주소 :" + System.identityHashCode(javaStr));
07
08      StringBuilder buffer = new StringBuilder(javaStr);
09      System.out.println("연산 전 buffer 메모리 주소:" + System.identityHashCode(buffer));
10
11      buffer.append(" and");
12      buffer.append(" android");
13      buffer.append(" programming is fun!!!");
14      System.out.println("연산 후 buffer 메모리 주소:" + System.identityHashCode(buffer));
15
16      javaStr = buffer.toString( );
17      System.out.println(javaStr);
18      System.out.println("새로 만들어진 javaStr 문자열 주소 :" + System.identityHashCode(javaStr));
19    }
20  }
```

- 06행 인스턴스가 처음 생성됐을 때 메모리 주소
- 08행 String으로부터 StringBuilder생성
- 11~13행 문자열 추가
- 16행 String 클래스로 반환

:: 출력 화면

```
<terminated> StringBuilderTest [Java Application] C:\Program Files\Java\jre-10.0.1\bin\javaw.exe
javaStr 문자열 주소 :385242642
연산 전 buffer 메모리 주소:824009085
연산 후 buffer 메모리 주소:824009085
Java and android programming is fun!!!
새로 만들어진 javaStr 문자열 주소 :2085857771
```

5행에서 생성한 "Java" 문자열에 여러 문자열을 추가해야 하는 경우에 8행에서처럼 일단 StringBuilder 클래스를 생성하고 여기에 문자열을 추가(append)합니다. 그러면 append( ) 메서드가 실행될 때마다 메모리가 새로 생성되는 것이 아니라, 하나의 메모리에 계속 연결되는 것을 해시 코드 값을 통해 알 수 있습니다. 연산 전 메모리 주소와 연산 후 메모리 주소가 같기 때문이지요. 문자열을 변경한 후에 buffer에 toString( ) 메서드를 호출하면 다시 문자열로 반환할 수 있습니다.

메모리 상태를 간단히 그림으로 나타내면 다음과 같습니다.

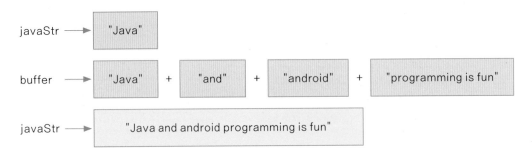

11-3 Wrapper 클래스

기본 자료형을 위한 클래스

지금까지 정수를 사용할 때 기본형인 int를 사용했습니다. 그런데 정수를 객체형으로 사용해야 하는 경우가 있습니다. 예를 들어 매개변수가 객체거나 반환 값이 객체형인 경우입니다.

```
public void setValue(Integer i) { ... } //객체를 매개변수로 받는 경우
public Integer returnValue( ) { ... }    //반환 값이 객체형인 경우
```

이를 위해 자바에서는 기본 자료형처럼 사용할 수 있는 클래스를 제공합니다. 이러한 클래스를 기본 자료형을 감쌌다는 의미로 Wrapper 클래스라고 합니다. Wrapper 클래스의 종류는 오른쪽과 같습니다.

기본형	Wrapper 클래스
boolean	Boolean
byte	Byte
char	Character
short	Short
int	Integer
long	Long
float	Float
double	Double

그러면 가장 대표적인 Integer 클래스를 통해 Wrapper 클래스의 사용법을 알아봅시다. 다른 클래스도 사용 방법이 크게 다르지 않으므로 Integer 클래스를 익혀 두면 충분히 응용할 수 있습니다.

Integer 클래스 사용하기

Integer 클래스의 JavaDoc을 살펴보면 int 자료형을 감싼 클래스라고 설명되어 있습니다. Integer 클래스의 생성자는 다음과 같이 특정 정수를 매개변수로 받는 경우와 문자열을 받는 경우 두 가지가 있습니다.

```
Integer(int value) { ... }   //특정 정수를 매개변수로 받는 경우
Integer(String s ) { ... }   //특정 문자열을 매개변수로 받는 경우
```

그러면 자바 소스 파일인 Integer.java를 살펴보겠습니다.

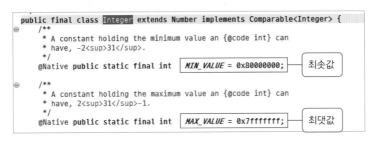

Integer 클래스는 int 자료형의 특성이 그대로 구현되어 있습니다. 사용 가능한 최댓값과 최 솟값이 static 변수로 정의되어 있습니다. 대부분의 Wrapper 클래스가 위 Integer 클래스 정 의와 크게 다르지 않습니다. 또한 Integer 클래스는 멤버 변수로 기본 자료형 int를 가지고 있 고, int 값을 객체로 활용할 수 있는 여러 메서드를 제공합니다. int value는 final 변수이며 한번 생성 되면 변경할 수 없습니다.

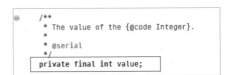

Integer 클래스의 메서드

그러면 Integer 클래스의 여러 메서드 중 자주 사용하는 메서드 몇 가지를 살펴보면서 Wrapper 클래스 메서드 사용법을 알아보겠습니다. Integer 클래스 내부의 int 자료형 값을 가져오기 위해서는 intValue( ) 메서드를 사용합니다.

```
Integer iValue = new Integer(100);
int myValue = iValue.intValue( );   //int 값 가져오기. myValue 값을 출력하면 100이 출력됨
```

valueOf( ) 정적 메서드를 사용하면 생성자를 사용하지 않고 정수나 문자열을 바로 Integer 클 래스로 반환받을 수 있습니다.

```
Integer number1 = Integer.valueOf("100");
Integer number2 = Integer.valueOf(100);
```

parseInt( ) 메서드를 활용하면 문자열이 어떤 숫자를 나타낼 때, 이를테면 학번이나 개수 등 이 문자열로 전달된 경우에 문자열에서 int 값을 바로 가져와서 반환할 수도 있습니다.

```
int num = Integer.parseInt("100");
```

ⓒ 여기에서 설명한 메서드 이외에 궁금한 메 서드가 있다면 JavaDoc을 참고하세요.

다른 Wrapper 클래스의 사용법도 크게 다르지 않습니다.

오토박싱과 언박싱

앞에서 살펴봤듯이 어떤 정수 값을 사용할 때 int로 선언하는 경우와 Integer로 선언하는 경우는 전혀 다릅니다. int는 기본 자료형 4바이트지만, Integer는 클래스이기 때문에 인스턴스로 생성하려면 생성자를 호출하고 정수 값을 인수로 넣어야 합니다. 이처럼 기본 자료형과 Wrapper 클래스는 같은 값을 나타내지만, 그 쓰임과 특성이 전혀 다릅니다. 그래서 자바 5 이전에는 기본 자료형과 Wrapper 클래스형을 함께 연산하기 위해 둘 중 하나의 형태로 일치시켜야 했습니다. 예를 들어 Integer와 int형으로 선언한 두 값을 더한다면 Integer에서 intValue( ) 메서드를 사용해 정수 값을 꺼내거나 int형으로 선언된 변수의 값을 Integer로 만들어 연산해야 했습니다. 하지만 자바 5부터는 다음과 같이 변환 없이 사용할 수 있습니다.

```
Integer num1 = new Integer(100);
int num2 = 200;
int sum = num1 + num2;          num.intValue( )로 변환(언박싱)
Integer num3 = num2;            Integer.valueOf(num2)로 변환(오토박싱)
```

기본형을 객체형으로 바꾸는 것을 오토박싱(autoboxing), 객체형을 기본형으로 꺼내는 것을 언박싱(unboxing)이라고 합니다. 이는 자바의 연산 방식이 변경된 것이 아니라 컴파일러가 변경하는 것입니다. 따라서 객체의 형 변환에 신경 쓰지 않고 편리하게 프로그래밍할 수 있습니다.

지금까지 Integer 클래스를 살펴보면서 Wrapper 클래스의 역할과 특징에 대해 알아보았습니다. 다른 Wrapper 클래스의 쓰임 또한 크게 다르지 않으므로 JavaDoc을 참고하여 활용해 보세요.

11-4 Class 클래스

자바의 모든 클래스와 인터페이스는 컴파일되고 나면 class 파일로 생성됩니다. 예를 들어 a.java 파일이 컴파일되면 a.class 파일이 생성되고 이 class 파일에는 클래스나 인터페이스에 대한 변수, 메서드, 생성자 등의 정보가 들어 있습니다. Class 클래스는 컴파일된 class 파일에 저장된 클래스나 인터페이스 정보를 가져오는 데 사용합니다.

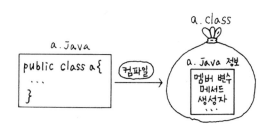

Class 클래스란?

지금까지 변수를 선언할 때 자료형을 미리 파악하고 그 자료형에 따라 변수를 선언했습니다. 그리고 클래스를 사용할 때도 이미 그 클래스 정보(변수, 메서드 등)를 알고 있는 상황에서 프로그램을 만들었습니다. 그런데 어떤 경우에는 여러 클래스 중에 상황에 따라 다른 클래스를 사용해야 할 때도 있고, 반환받는 클래스가 정확히 어떤 자료형인지 모를 때도 있습니다. 이렇게 모르는 클래스의 정보를 사용할 경우에 우리가 클래스 정보를 직접 찾아야 합니다. 이때 Class 클래스를 활용합니다.

Class 클래스를 선언하고 클래스 정보를 가져오는 방법은 다음과 같이 세 가지가 있습니다.

1. Object 클래스의 getClass( ) 메서드 사용하기

```
String s = new String( );
Class c = s.getClass( );   // getClass( ) 메서드의 반환형은 Class
```

2. 클래스 파일 이름을 Class 변수에 직접 대입하기

```
Class c = String.Class;
```

3. Class.forName("클래스 이름") 메서드 사용하기

```
Class c = Class.forName("java.lang.String");
```

1번의 경우 Object에 선언한 getClass( ) 메서드는 모든 클래스가 사용할 수 있는 메서드입니다. 이 메서드를 사용하려면 이미 생성된 인스턴스가 있어야 합니다. 2, 3번의 경우에는 컴파일된 클래스 파일이 있다면 클래스 이름만으로 Class 클래스를 반환받습니다.

다음 예제를 보면서 Class 클래스를 반환받고 활용해 보겠습니다. 우선 테스트에 사용할 Person 클래스를 하나 생성하겠습니다.

코딩해 보세요! Person 클래스 생성하기   • 참고 파일 Person.java

```java
01  package classex;
02
03  public class Person {
04    private String name;
05    private int age;
06
07    public Person( ) { }            ┤ 디폴트 생성자
08
09    public Person(String name) {
10      this.name = name;            ┤ 이름만 입력받는 생성자
11    }
12
13    public Person(String name, int age) {
14      this.name = name;            ┤ 이름과 나이를 입력받는
15      this.age = age;                생성자
16    }
17
18    public String getName( ) {
19      return name;
20    }
21
22    public void setName(String name) {
23      this.name = name;
24    }
25
26    public int getAge( ) {
```

```
27      return age;
28    }
29
30    public void setAge(int age) {
31      this.age = age;
32    }
33  }
```

Person 클래스는 생성자가 3개이고, 각 멤버 변수에 get( ) 메서드와 set( ) 메서드를 제공합니다. 이를 컴파일하여 Person.class 파일을 생성합니다. 이제 Person의 Class 클래스를 가져오겠습니다.

코딩해 보세요!   Person의 Class 클래스 가져오기   • 참고 파일 ClassTest.java

```
01  package classex;
02
03  public class ClassTest {
04    public static void main(String[ ] args) throws ClassNotFoundException {
05      Person person = new Person( );
06      Class pClass1 = person.getClass( );
07      System.out.println(pClass1.getName( ));
08
09      Class pClass2 = Person.class;
10      System.out.println(pClass2.getName( ));
11
12      Class pClass3 = Class.forName("classex.Person");
13      System.out.println(pClass3.getName( ));
14    }
15  }
```

forName( ) 메서드에서 발생하는 예외를 처리함. 이름과 일치하는 클래스가 없는 경우 ClassNotFoundException 발생

Object의 getClass( ) 메서드 사용하기

직접 class 파일 대입하기

클래스 이름으로 가져오기

:: 출력 화면

```
Problems  @ Javadoc  Declaration  Console

<terminated> ClassTest [Java Application] C:₩Program Files₩Java₩jre-10.0.1₩bin₩javaw.exe
classex.Person
classex.Person
classex.Person
```

12행에서 forName( ) 메서드를 살펴보면, 클래스 이름(패키지 이름 포함)으로 가져오는 경우에는 매개변수로 쓰이는 값이 문자열입니다. 이때 매개변수

◎ 예외 처리 부분은 14장에서 다룹니다.

로 받은 문자열에 해당하는 클래스가 존재하지 않으면 클래스를 가져오는 데 실패합니다. 이때 ClassNotFoundException이 발생합니다. 6, 9, 12행에서 Class 클래스를 가져온 후 getName( ) 메서드를 호출하면 클래스의 이름인 classex.Person이 잘 출력되는 것을 볼 수 있습니다. 즉 Class 클래스를 통하여 클래스 정보를 알 수 있습니다.

Class 클래스를 활용해 클래스 정보 알아보기

프로그래밍을 하다 보면 내가 사용할 클래스의 자료형을 모르는 경우가 있을 수 있습니다. 예를 들어 내 컴퓨터에 저장되어 있지 않은 객체를 메모리에 로드하고 생성하는 경우 그 객체의 정보를 알 수 없겠죠. 이때 Class 클래스를 가져올 수 있다면 해당 클래스 정보, 즉 생성자·메서드·멤버 변수 정보를 찾을 수 있습니다. 이렇게 사용하려는 클래스의 자료형을 모르는 상태에서 Class 클래스를 활용하여 그 클래스의 정보를 가져오고, 이 정보를 활용하여 인스턴스를 생성하거나 메서드를 호출하는 방식을 '리플렉션(reflection)'이라고 합니다. 사실 우리가 자바로 프로그램을 구현할 때 리플렉션 프로그래밍을 해야 하는 경우는 많지 않기 때문에, 이런 방법이 있다는 것 정도만 알아 두면 됩니다.

그러면 Class 클래스의 몇 가지 메서드를 활용하는 예제를 통해 정보를 어떻게 찾는지 알아보겠습니다. 다음 예제에서 사용하는 Constructor, Method, Field 등의 클래스는 java.lang.reflect 패키지에 정의되어 있습니다. Class 클래스와 java.lang.reflect 패키지의 클래스를 사용하면 리플렉션 프로그래밍을 할 수 있습니다. 다음 예제에서 String 클래스 정보를 가져오는 방법을 살펴보겠습니다.

코딩해 보세요! **String 클래스 정보 가져오기** • 참고 파일 StringClassTest.java

```
01  package classex;
02
03  import java.lang.reflect.Constructor;
04  import java.lang.reflect.Field;
05  import java.lang.reflect.Method;
06
07  public class StringClassTest {
08    public static void main(String[ ] args) throws ClassNotFoundException {
09      Class strClass = Class.forName("java.lang.String");     → 클래스 이름으로 가져오기
10
11      Constructor[ ] cons = strClass.getConstructors( );
12      for(Constructor c : cons) {                             → 모든 생성자 가져오기
```

```
13        System.out.println(c);
14      }
15
16      System.out.println( );
17      Field[ ] fields = strClass.getFields( );   모든 멤버 변수(필드) 가져오기
18      for(Field f : fields){
19        System.out.println(f);
20      }
21      System.out.println( );
22      Method[ ] methods = strClass.getMethods( );   모든 메서드 가져오기
23      for(Method m : methods){
24        System.out.println(m);
25      }
26    }
27  }
```

:: 출력 화면

```
Problems  @ Javadoc  Declaration  Console ⅩⅩ
<terminated> StringClassTest [Java Application] C:\Program Files\Java\jre-10.0.1\bin\javaw.exe
public java.lang.String(byte[])
public java.lang.String(byte[],int,int)
public java.lang.String(byte[],java.nio.charset.Charset)
public java.lang.String(byte[],java.lang.String) throws java.io.Unsupporte
public java.lang.String(byte[],int,int,java.nio.charset.Charset)
public java.lang.String(java.lang.StringBuilder)
public java.lang.String(java.lang.StringBuffer)
public java.lang.String(char[],int,int)
public java.lang.String(char[])
public java.lang.String(java.lang.String)
public java.lang.String()
public java.lang.String(byte[],int,int,java.lang.String) throws java.io.Un
public java.lang.String(byte[],int)
public java.lang.String(byte[],int,int,int)
public java.lang.String(int[],int,int)

public static final java.util.Comparator java.lang.String.CASE_INSENSITIVE
```

Class 클래스를 가져오기 위해 forName( ) 메서드를 사용합니다. 이 메서드는 정적 메서드이
므로 클래스를 생성하지 않아도 사용할 수 있습니다. 9행에서 String 클래스 이름 java.lang.
String을 사용하여 Class 클래스를 가져왔습니다. 이제 String 클래스의 정보를 알 수 있습니
다. 11행에서 String 클래스의 모든 생성자를 가져오기 위해 Class 클래스의 get
Constructors( ) 메서드를 호출했습니다. 향상된 for문을 사용하여 모든 생성자 정보를 출력
합니다. 출력 결과를 보면 String 클래스의 여러 생성자를 볼 수 있습니다. 이렇듯 Class 클래
스와 java.lang.reflect 패키지에 있는 클래스를 활용하면 클래스 이름만 알아도 클래스의 생
성자, 메서드 등의 정보를 알 수 있습니다. 또한 여기서는 다루지 않았지만 생성자나 메서드
를 직접 호출할 수도 있습니다.

나 혼자 코딩!

Person 클래스 정보 가져오기

379쪽에서 만든 Person 클래스의 Class 클래스를 가져와서 getConstructors( ), getMethods( ), getFields( ) 메서드를 사용해 생성자, 메서드, 멤버 변수(필드) 정보를 출력해 보세요.

정답 자료실 제공

newInstance( )를 사용해 클래스 생성하기

지금까지는 Class 클래스를 사용하여 클래스 정보만을 확인해 보았습니다. 그러면 이 정보를 바탕으로 인스턴스도 생성할 수 있을까요? Class 클래스의 메서드 중 newInstance( ) 메서드를 사용하면 됩니다. newInstance( ) 메서드는 항상 Object를 반환하므로 생성된 객체형으로 형 변환해야 합니다. 앞에서 만든 Person 클래스의 인스턴스를 Class 클래스와 newInstance( ) 메서드를 사용하여 생성해 보겠습니다.

코딩해 보세요! **Person 클래스의 인스턴스 생성하기** • 참고 파일 NewInstanceTest.java

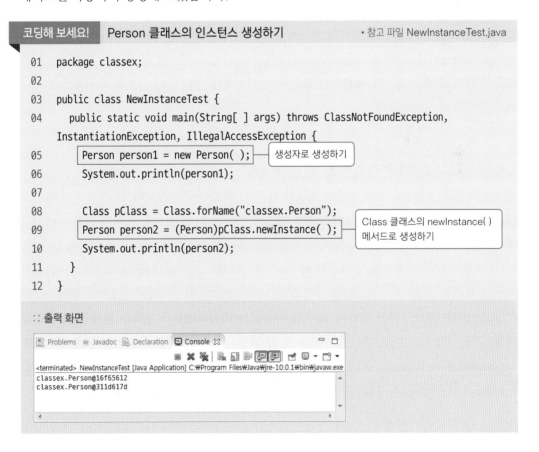

```java
01  package classex;
02
03  public class NewInstanceTest {
04      public static void main(String[ ] args) throws ClassNotFoundException,
    InstantiationException, IllegalAccessException {
05          Person person1 = new Person( );          생성자로 생성하기
06          System.out.println(person1);
07
08          Class pClass = Class.forName("classex.Person");
09          Person person2 = (Person)pClass.newInstance( );    Class 클래스의 newInstance( )
10          System.out.println(person2);                        메서드로 생성하기
11      }
12  }
```

:: 출력 화면

```
Problems  @ Javadoc  Declaration  Console
<terminated> NewInstanceTest [Java Application] C:\Program Files\Java\jre-10.0.1\bin\javaw.exe
classex.Person@16f65612
classex.Person@311d617d
```

코드를 살펴보면 두 가지 방식으로 인스턴스를 생성하고 있습니다. 첫 번째는 5행처럼 기존에 우리가 하던 대로 Person 클래스의 변수를 선언하고 생성자를 사용하여 생성하는 방법입니다. 두 번째는 이 장에서 학습한 Class 클래스의 newInstance( )를 사용하여 인스턴스를 생성해 보았습니다. 8행에서 Person 클래스 이름을 사용하여 Class 클래스를 반환했습니다. 그리고 Class 클래스의 newInstance( ) 메서드를 호출하면 Person 클래스의 디폴트 생성자가 호출되어 인스턴스가 생성됩니다. newInstance( )의 반환 값이 Object이므로 Person 클래스로 다운 캐스팅한 것을 알 수 있습니다. 출력 결과를 보면, 직접 생성자를 호출한 경우와 newInstance( )로 생성한 경우 모두 인스턴스가 잘 생성되는 것을 알 수 있습니다.

☺ 4행에서 InstantiationException, IllegalAccessException은 Class.forName( )과 newInstance( ) 메서드를 사용하는 동안 발생하는 예외 처리에 관한 것입니다. 예외 처리 부분은 14장에서 자세히 다루겠습니다.

Class 클래스를 사용하는 방법은 클래스의 자료형을 직접 사용하여 프로그래밍하는 것보다 더 복잡하고, 예외 처리도 해야 합니다. 이미 우리가 자료형을 알고 있는 클래스인 경우 또는 컴파일할 때 직접 참조할 수 있는 클래스는 Class 클래스를 활용할 필요가 없습니다. 클래스의 정보를 모두 알고 있는 상황에서 리플렉션 프로그래밍을 하면 오히려 코드가 복잡해지고 속도도 느려집니다. 따라서 리플렉션 프로그래밍은 컴파일 시점에 알 수 없는 클래스, 즉 프로그램 실행 중에 클래스를 메모리에 로딩하거나 객체가 다른 곳에 위치해서 원격으로 로딩하고 생성할 때 사용합니다.

Class.forName( )을 사용해 동적 로딩하기

대부분의 클래스 정보는 프로그램이 로딩될 때 이미 메모리에 있습니다. 그런데 이런 경우를 생각해 보겠습니다. 어떤 회사에서 개발한 시스템이 있는데, 그 시스템은 여러 종류의 데이터베이스를 지원합니다. 오라클, MySQL, MS-SQL 등등 여러 데이터베이스를 연동할 수 있습니다. 그렇다고 이 시스템을 컴파일할 때 모든 데이터베이스 라이브러리(드라이버)를 같이 컴파일할 필요는 없습니다. 시스템을 구동할 때 어떤 데이터베이스와 연결할지만 결정된다면 해당 드라이버만 로딩하면 됩니다. 회사가 사용하는 데이터베이스 정보는 환경 파일에서 읽어 올 수도 있고 다른 변수 값으로 받을 수도 있습니다. 즉 프로그램 실행 이후 클래스의 로딩이 필요한 경우 클래스의 '동적 로딩(dynamic loading)' 방식을 사용합니다. 자바는 Class. forName( ) 메서드를 동적 로딩으로 제공합니다.

```
Class pClass = Class.forName("classex.Person");
```

forName( ) 메서드를 살펴보면 매개변수로 문자열을 입력받습니다. 이때 입력받는 문자열을 변수로 선언하여 변수 값만 바꾸면 다른 클래스를 로딩할 수 있습니다. 앞에서 설명했듯이 여러 데이터베이스 드라이버 중 필요한 드라이버의 값을 설정 파일에서 읽어 문자열 변수로 저장한다면, 설정 파일을 변경함으로써 필요한 드라이버를 간단하게 로딩합니다.

```
String className = "classex.Person"
Class pClass = Class.forName(className);
```

위와 같이 작성하고 className 변수에 다른 문자열을 대입하면 필요에 따라 로딩되는 클래스를 동적으로 변경할 수 있습니다.

forName( ) 메서드를 사용할 때 유의할 점

forName( ) 메서드를 사용하여 Class 클래스를 가져올 때 가장 유의해야 할 점은 해당 forName("클래스 이름")의 클래스 이름이 문자열 값이므로, 문자열에 오류가 있어도(Person의 P가 소문자라든가) 컴파일할 때에는 그 오류를 알 수 없다는 것입니다. 결국 프로그램이 실행되고 메서드가 호출될 때 클래스 이름에 해당하는 클래스가 없다면 ClassNotFoundException이 발생합니다. 따라서 동적 로딩 방식은 컴파일할 때 오류를 알 수 없습니다. 하지만 앞에서 설명한 것처럼 여러 클래스 중 하나를 선택한다거나, 시스템 연동 중 매개변수로 넘어온 값에 해당하는 클래스가 로딩되고 실행되는 경우에는 동적 로딩 방식을 유연하게 사용할 수 있습니다. 동적 로딩을 통해 Class 클래스를 가져올 수 있다면 리플렉션 프로그래밍으로 객체를 생성하고 활용할 수 있습니다.

동적 로딩 방식은 자바에서만 제공하는 방식이 아닙니다. 다른 언어도 실행 중에 라이브러리를 로딩하는 방식을 제공하고 있습니다. 프로그래밍 언어로 자바를 처음 배우는 분도 있고, 이미 다른 언어로 개발한 경험이 많은 분도 있을 겁니다. 프로그래밍 언어는 각 언어마다 특성이 있지만 공통된 부분이 더 많습니다. 따라서 하나의 언어를 잘하게 되면 다른 언어도 잘할 수 있습니다.

Q1 두 개의 인스턴스가 메모리는 다르더라도 논리적으로 동일하다는 것을 구현하는 Object의 메서드는 [e   ] 입니다.

Q2 String 클래스는 멤버로 가지는 문자열 변수가 final이어서 변하지 않습니다. 다음과 같이 두 개의 String 변수를 연결할 때 힙 메모리에 생성되는 String 인스턴스를 그려 보세요.

```
String a = new String("abc");
String d = new String("def");
String a = a+b;
```

Q3 기본 자료형을 멤버 변수로 포함하여 메서드를 제공함으로써 기본 자료형의 객체를 제공하는 클래스를 [W   ] 라고 합니다.

Q4 다음 코드의 출력 결과가 '진돗개 멍멍이'가 되도록 MyDog 클래스를 수정하세요.

```
class MyDog {
  String name;
  String type;
  ...
}

public class Q4 {
  public static void main(String[] args) {
    MyDog dog = new MyDog("멍멍이", "진돗개");
    System.out.println(dog);
  }
}
```

Q5 자바에서 클래스의 동적 로딩 방식을 제공하는 메서드는 [C   ] 입니다.

11장 정답
591쪽

컬렉션 프레임워크

우리가 사용하는 프로그램은 대부분 데이터를 사용하여 구현합니다. 메일 시스템은 메일을, 채팅 앱은 친구 목록과 채팅 내용 등을 관리합니다. 프로그램을 실행할 때 데이터를 효율적으로 관리하기 위해 자료 구조를 사용합니다. 이 장에서는 자료 구조를 구현한 다양한 인터페이스와 클래스를 소개합니다. 각 특성을 잘 이해하여 프로그램을 만들 때 활용해 보세요.

프로그램의 여러 자료를
구조적으로 관리하려면?

12-1 제네릭

제네릭이란?

프로그램에서 변수를 선언할 때 모든 변수는 자료형이 있습니다. 메서드에서 매개변수를 사용할 때도 자료형을 가지고 있습니다. 대부분은 하나의 자료형으로 구현하지만, 변수나 메서드의 자료형을 필요에 따라 여러 자료형으로 바꿀 수 있다면 프로그램이 훨씬 유연할 것입니다. 이와 같이 어떤 값이 하나의 참조 자료형이 아닌 여러 참조 자료형을 사용할 수 있도록 프로그래밍하는 것을 '제네릭(Generic) 프로그래밍'이라고 합니다. 제네릭 프로그램은 참조 자료형이 변환될 때 이에 대한 검증을 컴파일러가 하므로 안정적입니다. 우리가 앞으로 학습할 '컬렉션 프레임워크'도 많은 부분이 제네릭으로 구현되어 있습니다. 그러면 제네릭은 어떤 방식으로 사용하는지, 어떤 장점이 있는지 예제를 통해 하나씩 살펴보겠습니다.

😊 제네릭 프로그래밍은 자바 5에서 처음 등장하였고 이후 기능이 점점 추가되고 있습니다.

제네릭의 필요성

3D 프린터를 예로 들어 제네릭에 대해 이해해 봅시다. 3D 프린터는 재료를 가지고 입체 모형을 만드는 일을 합니다. 프린터에 쓰이는 재료는 여러 가지가 있을 수 있는데, 쌓아 올려 입체 모형을 만드는 경우에 파우더나 플라스틱 액체를 사용합니다. 그러면 다음과 같이 파우더를 재료로 사용하는 3D 프린터 클래스 코드를 살펴보겠습니다.

```java
public class ThreeDPrinter {
  private Powder material;  //재료가 파우더인 경우

  public void setMaterial(Powder material) {
    this.material = material;
  }

  public Powder getMaterial( ) {
    return material;
  }
}
```

그런데 앞에서 이야기했듯이 재료는 다른 것도 사용할 수 있습니다. 이번에는 플라스틱 액체를 재료로 사용하는 프린터를 구현해 봅시다.

```
public class ThreeDPrinter {
  private Plastic material;   // 재료가 Plastic인 경우

  public void setMaterial(Plastic material) {
    this.material = material;
  }

  public Plastic getMaterial( ) {
    return material;
  }
}
```

그런데 재료만 바뀌었을 뿐 프린터 기능이 동일하다면 프린터 클래스를 두 개 만드는 것은 비효율적입니다. 이런 경우에 어떤 재료든 쓸 수 있도록 material 변수의 자료형을 Object로 사용할수 있습니다. Object는 모든 클래스의 최상위 클래스이므로 모든 클래스는 Object로 변환할수 있기 때문입니다. Object를 활용하여 만든 코드는 다음과 같습니다.

```
public class ThreeDPrinter {
  private Object material;

  public void setMaterial(Object material) {
    this.material = material;
  }

  public Object getMaterial( ) {
    return material;
  }
}
```

material 변수의 자료형을 Object로 선언한 ThreeDPrinter에 파우더를 재료로 사용하면 다음과 같은 코드를 구현할 수 있습니다.

```
ThreeDPrinter printer = new ThreeDPrinter( );

Powder p1 = new Powder( );
printer.setMaterial(p1);      ─ 자동 형 변환됨

Powder p2 = (Powder)printer.getMaterial( );   ─ 직접 형 변환을 해야 함
```

setMaterial( ) 메서드를 활용하여 Powder를 재료로 선택할 때는 매개변수 자료형이 Object 이므로 자동으로 형 변환이 됩니다. 하지만 반환형이 Object 클래스인 getMaterial( ) 메서드로 Powder 자료형 변수를 반환받을 때는 반드시 형 변환을 해줘야 합니다. 즉 어떤 변수가 여러 참조 자료형을 사용할 수 있도록 Object 클래스를 사용하면 다시 원래 자료형으로 반환해 주기 위해 매번 형 변환을 해야 하는 번거로움이 있습니다. 이러한 경우에 사용하는 프로그래밍 방식이 제네릭입니다. 여러 참조 자료형이 쓰일 수 있는 곳에 특정한 자료형을 지정하지 않고, 클래스나 메서드를 정의한 후 사용하는 시점에 어떤 자료형을 사용할 것인지 지정하는 방식입니다. 그러면 제네릭 클래스를 구현하고 사용해 보면서 하나하나 배워 봅시다.

제네릭 클래스 정의하기

제네릭에서는 여러 참조 자료형을 사용해야 하는 부분에 Object가 아닌 하나의 문자로 표현합니다. 앞에서 예를 든 ThreeDPrinter를 제네릭 클래스로 정의하면 다음과 같습니다.

```
public class GenericPrinter<T> {          제네릭 클래스
  private T material;
                                          type의 약자. 자료형 매개변수
  public void setMaterial(T material) {
    this.material = material;
  }

  public T getMaterial( ) {
    return material;
  }
}
```

코드를 보면 여러 자료형으로 바꾸어 사용할 material 변수의 자료형을 T라고 썼습니다. 이때 T를 자료형 매개변수(type parameter)라고 부릅니다. 클래스 이름을 GenericPrinter<T>라고 정의하고 나중에 클래스를 사용할 때 T 위치에 실제 사용할 자료형을 지정합니다. 클래스의 각 메서드에서 해당 자료형이 필요한 부분에는 모두 T 문자를 사용하여 구현합니다.

다이아몬드 연산자 < >

자바 7부터는 제네릭 자료형의 클래스를 생성할 때 생성자에 사용하는 자료형을 명시하지 않을 수 있습니다. 그동안 우리가 많이 사용한 ArrayList를 살펴볼까요?

```
ArrayList<String> list = new ArrayList< >( );      생략 가능
```

여기에서 〈 〉를 다이아몬드 연산자라고 합니다. 선언된 자료형을 보고 생략된 부분이 String임을 컴파일러가 유추할 수 있기 때문에 생성 부분에서는 생략할 수 있습니다.

자료형 매개변수 T와 static

static 변수나 메서드는 인스턴스를 생성하지 않아도 클래스 이름으로 호출할 수 있습니다. static 변수는 인스턴스 변수가 생성되기 이전에 생성됩니다. 또한 static 메서드에서는 인스턴스 변수를 사용할 수 없습니다. 그런데 T의 자료형이 정해지는 순간은 제네릭 클래스의 인스턴스가 생성되는 순간입니다. 따라서 T의 자료형이 결정되는 시점보다 빠르기 때문에 static 변수의 자료형이나 static 메서드 내부 변수의 자료형으로 T를 사용할 수 없습니다.

자료형 매개변수로 T 외에 다른 문자도 사용할 수 있습니다. E는 element, K는 key, V는 value를 의미합니다. 의미가 그렇다는 것이지 꼭 이런 문자를 사용해야 하는 것은 아닙니다. A, B 등 아무 문자나 사용해서 정의할 수도 있습니다.

제네릭에서 자료형 추론하기

02장 변수와 자료형에서 잠깐 소개했듯이 자바 10부터는 지역 변수에 한해서 자료형을 추론할 수 있습니다. 이는 제네릭에도 적용됩니다. String을 자료형 매개변수로 사용한 ArrayList 선언 코드를 다음처럼 바꿀 수 있습니다.

```
ArrayList<String> list = new ArrayList<String>( );  ➡  var list = new ArrayList<String>( );
```

생성되는 인스턴스를 바탕으로 list의 자료형이 ArrayList〈String〉임을 추론할 수 있기 때문입니다. 물론 list가 지역 변수로 선언되는 경우만 가능합니다.

제네릭 클래스 사용하기

파우더가 재료인 프린터는 다음과 같이 선언하여 생성합니다.

```
GenericPrinter<Powder> powderPrinter = new GenericPrinter<Powder>( );
powderPrinter.setMaterial(new Powder( ));
Powder powder = powderPrinter.getMaterial( );  //명시적 형 변환을 하지 않음
```

T로 정의한 클래스 부분에 Powder형을 넣어 주고, T형 매개변수가 필요한 메서드에 Powder 클래스를 생성하여 대입해 줍니다. GenericPrinter〈Powder〉에서 어떤 자료형을 사용할지 명시했으므로 getMaterial( ) 메서드에서 반환할 때 형 변환을 하지 않습니다. 이렇게 실제 제네릭 클래스를 사용할 때 T 위치에 사용한 Powder형을 '대입된 자료형'이라 하고, Powder 를 대입해 만든 GenericPrinter〈Powder〉를 '제네릭 자료형'이라고 하겠습니다.

용어	설명
GenericPrinter〈Powder〉	제네릭 자료형(Generic type), 매개변수화된 자료형(parameterized type)
Powder	대입된 자료형

제네릭으로 구현하면 왜 형 변환을 하지 않아도 될까요? 제네릭 클래스를 사용하면 컴파일러는 일단 대입된 자료형이 잘 쓰였는지 확인합니다. 그리고 class 파일을 생성할 때 T를 사용한 곳에 지정된 자료형에 따라 컴파일하므로 형 변환을 하지 않아도 됩니다. 따라서 제네릭을 사용하면 컴파일러가 자료형을 확인해 주기 때문에 안정적이면서 형 변환 코드가 줄어듭니다.

 이번에는 플라스틱 액체가 재료인 프린터를 선언해 봅시다. 다음 빈칸을 채워 보세요.

```
GenericPrinter<        1  > plasticPrinter = new GenericPrinter<Plastic>( );
            2  .setMaterial(new Plastic( ));
Plastic plastic = plasticPrinter.        3  ;
```

정답 1. Plastic 2. plasticPrinter 3. getMaterial( )

제네릭 클래스 사용 예제

지금까지 설명한 내용을 예제 코드로 작성하면 다음과 같습니다. 재료로 사용할 Powder와 Plastic 클래스를 먼저 정의합니다.

코딩해 보세요! Powder 클래스 정의하기 · 참고 파일 Powder.java

```
01  package generics;
02
03  public class Powder {
04    public void doPrinting( ) {
05      System.out.println("Powder 재료로 출력합니다");
06    }
07    public String toString( ) {
```

```
08       return "재료는 Powder입니다";
09     }
10   }
```

코딩해 보세요! **Plastic 클래스 정의하기**   • 참고 파일 Plastic.java

```
01   package generics;
02
03   public class Plastic {
04     public void doPrinting( ) {
05       System.out.println("Plastic 재료로 출력합니다");
06     }
07     public String toString( ) {
08       return "재료는 Plastic입니다";
09     }
10   }
```

파우더와 플라스틱 액체를 재료로 모형을 출력하는 프린터를 제네릭 클래스로 정의하면 다음과 같습니다.

코딩해 보세요! **GenericPrinter〈T〉 클래스 정의하기**   • 참고 파일 GenericPrinter.java

```
01   package generics;
02
03   public class GenericPrinter<T> {
04     private T material;          ─ T 자료형으로 선언한 변수
05
06     public void setMaterial(T material) {
07       this.material = material;
08     }
09
10     public T getMaterial( ) {
11       return material;           ─ T 자료형 변수 material을 반환하는
12     }                              제네릭 메서드
13
14     public String toString( ) {
15       return material.toString( );
16     }
17   }
```

GenericPrinter⟨T⟩ 클래스의 인스턴스 변수 material은 자료형 매개변수 T로 선언했습니다. 그리고 10~12행의 getMaterial( ) 메서드는 T 자료형 변수 material을 반환합니다. 메서드 선 언부나 메서드의 매개변수로 자료형 매개변수 T를 사용한 메서드를 '제네릭 메서드(generic method)'라고 합니다. 제네릭 메서드는 일반 메서드뿐 아니라 static 메서드에서도 활용할 수 있습니다.

◉ 제네릭 메서드는 399쪽에서 더 자세히 설 명합니다.

이제 이 프로그램을 실행해 봅시다.

코딩해 보세요! GenericPrinter⟨T⟩ 클래스 사용하기   • 참고 파일 GenericPrinterTest. java

```java
01  package generics;
02
03  public class GenericPrinterTest {
04    public static void main(String[ ] args) {
05      GenericPrinter<Powder> powderPrinter = new GenericPrinter<Powder>( );
06
07      powderPrinter.setMaterial(new Powder( ));
08      Powder powder = powderPrinter.getMaterial( );
09      System.out.println(powderPrinter);
10
11      GenericPrinter<Plastic> plasticPrinter = new GenericPrinter<Plastic>( );
12
13      plasticPrinter.setMaterial(new Plastic( ));
14      Plastic plastic = plasticPrinter.getMaterial( );
15      System.out.println(plasticPrinter);
16    }
17  }
```

Powder형으로 GenericPrinter 클래스 생성

Plastic형으로 GenericPrinter 클래스 생성

:: 출력 화면

```
Problems  @ Javadoc  Declaration  Console ☒

<terminated> GenericPrinterTest [Java Application] C:₩Program Files₩Java₩jre-10.0.1₩bin₩javaw.exe
재료는 Powder입니다
재료는 Plastic입니다
```

5행과 11행처럼 사용할 참조 자료형을 지정하여 GenericPrinter 클래스를 생성합니다. 만약 새로운 재료가 추가되면 추가된 재료 클래스를 만들고 T 대신 해당 클래스를 대입하여 GenericPrinter를 생성하면 됩니다.

제네릭에서 대입된 자료형을 명시하지 않는 경우

제네릭 클래스를 사용할 때는 GenericPrinter⟨Powder⟩의 Powder와 같이 대입된 자료형을 명시해야 합니다. 그런데 다음과 같이 자료형을 명시하지 않고 사용할 수도 있습니다. 이 문법은 이전 버전과의 호환을 위해 제공합니다.

```
                          ┌─── 대입된 자료형 <Powder>를 명시하지 않음
GenericPrinter□ powderPrinter2 = new GenericPrinter□( );
                                                          ┌─── 강제 형 변환
powderPrinter2.setMaterial(new Powder( ));
Powder powder = (Powder)powderPrinter.getMaterial( );
System.out.println(powderPrinter);
```

이렇게 클래스에 대입된 자료형을 명시하지 않는 경우 컴파일 오류는 아니지만, 사용할 자료형을 명시하라는 의미로 노란색 경고 줄이 나타납니다. 또한 컴파일러가 어떤 자료형을 사용할 것인지 알 수 없으므로 getMaterial( ) 메서드에서 강제로 형 변환을 해야 합니다. 따라서 제네릭 클래스를 사용하는 경우에는 되도록이면 대입된 자료형으로 사용할 참조 자료형을 지정하는 것이 좋습니다. 만약 여러 자료형을 동시에 사용하려면 다음과 같이 Object 클래스를 사용할 수도 있습니다. 이 경우는 자료형이 지정된 것이므로 경고는 나타나지 않습니다.

```
GenericPrinter<Object> generalPrinter = new GenericPrinter<Object>( );
```

T 자료형에 사용할 자료형을 제한하는 ⟨T extends 클래스⟩

제네릭 클래스에서 T 자료형에 사용할 자료형에 제한을 둘 수 있습니다. 예를 들어 우리가 구현한 GenericPrinter⟨T⟩ 클래스는 사용할 수 있는 재료가 한정되어 있습니다. 만약 아무 제약이 없으면 다음 코드처럼 물을 재료로 쓰겠다고 할 수도 있겠죠.

```
GenericPrinter<Water> printer = new GenericPrinter<Water>( ) ;
```

물은 3D 출력을 할 수 없는 재료입니다. 이런 일을 방지하기 위해 사용할 클래스에 자료형 제한을 두는 방식으로 extends 예약어를 사용할 수 있습니다. GenericPrinter⟨T⟩ 클래스의 T에 대입된 자료형으로 사용할 재료 클래스를 오른쪽과 같이 추상 클래스에서 상속받습니다.

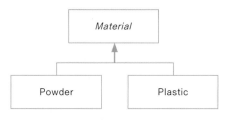

Material 클래스는 다음처럼 추상 클래스로 정의하였습니다. 상속받은 클래스는 doPrinting( ) 추상 메서드를 반드시 구현해야 합니다.

코딩해 보세요! Material 추상 클래스 · 참고 파일 Material.java

```
01  package generics;
02
03  public abstract class Material {
04    public abstract void doPrinting( );
05  }
```

Material을 상속받은 Powder와 Plastic 클래스 코드는 다음과 같습니다.

코딩해 보세요! Powder 클래스 · 참고 파일 Powder.java

```
01  package generics;
02
03  public class Powder extends Material {
04    public void doPrinting( ) {
05      System.out.println("Powder 재료로 출력합니다");
06    }
07
08    public String toString( ) {
09      return "재료는 Powder입니다";
10    }
11  }
```

코딩해 보세요! Plastic 클래스 · 참고 파일 Plastic.java

```
01  package generics;
02
03  public class Plastic extends Material {
04    public void doPrinting( ) {
05      System.out.println("Plastic 재료로 출력합니다");
06    }
07
08    public String toString( ) {
09      return "재료는 Plastic입니다";
10    }
11  }
```

〈T extends Material〉을 사용한 코드는 다음과 같습니다.

코딩해 보세요! **GenericPrinter〈T extends Material〉 클래스** • 참고 파일 GenericPrinter.java

```
01    package generics;
02
03    public class GenericPrinter<T extends Material> {
04      private T material;
05
...   ...
17    }
```

> extends 예약어로 사용할
> 수 있는 자료형에 제한을 둠

클래스 이름에 〈T extends Material〉이라고 명시하여 사용할 수 있는 자료형에 제한을 둡니다. 만약 Material 클래스를 상속받지 않은 Water 클래스를 사용하면 오류가 발생합니다.

```
GenericPrinter<Water> printer = new GenericPrinter<Water>();
```
> ❌ Bound mismatch: The type Water is not a valid substitute for the bounded parameter <T extends Material>
> of the type GenericPrinter<T>
>
> Press 'F2' for focus

T 위치에 특정 인터페이스를 구현한 클래스만 사용하려는 경우에도 extends 예약어를 사용할 수 있습니다.

〈T extends 클래스〉로 상위 클래스 메서드 사용하기

〈T extends Material〉로 선언하면 제네릭 클래스를 사용할 때 상위 클래스 Material에서 선언한 메서드를 사용할 수도 있습니다. 우선 〈T extends Material〉을 사용하지 않은 경우부터 살펴봅시다.

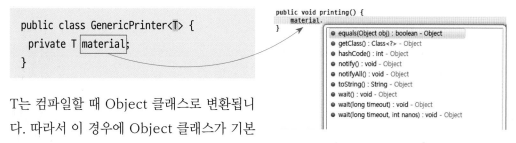

T는 컴파일할 때 Object 클래스로 변환됩니다. 따라서 이 경우에 Object 클래스가 기본으로 제공하는 메서드만 사용할 수 있습니다. 왜냐하면 자료형을 알 수 없기 때문입니다. 만약 〈T extends Material〉을 사용하면 어떻게 될까요? Material 추상 클래스에 doPrinting( ) 메서드가 선언되어 있습니다.

클래스 선언부에 다음과 같이 〈T extends Material〉을 추가합니다.

```
public class GenericPrinter<T extends Material> {
  private T material;
}
```

그러면 material이 사용할 수 있는 메서드에 doPrinting( )이 추가된 것을 확인할 수 있습니다. 즉 상위 클래스 Material에서 선언하거나 구현한 메서드를 모두 사용할 수 있습니다. 실제로 〈T extends Material〉을 사용하면 컴파일할 때 내부적으로 T 자료형이 Object가 아닌 Material로 변환됩니다.

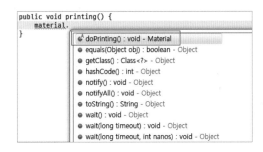

위에서 설명한 내용을 전체 코드로 살펴보겠습니다. Material, Powder와 Plastic 클래스는 이전 예제와 코드가 같기 때문에 생략합니다.

코딩해 보세요! 〈T extends 클래스〉 사용하기 • 참고 파일 GenericPrinter.java

```
01   package generics;
02
03   public class GenericPrinter<T extends Material> {
04     private T material;
05
06     public void setMaterial(T material) {
07       this.material = material;
08     }
09
10     public T getMaterial( ) {
11       return material;
12     }
13
14     public String toString( ) {
15       return material.toString( );
16     }
17
```

```
18    public void printing( ) {
19      material.doPrinting( );
20    }
21  }
```

상위 클래스 Material의
메서드 호출

19행에서처럼 T형 material 변수에서 doPrinting( ) 메서드를 호출할 수 있습니다. 테스트 코드는 다음과 같습니다.

코딩해 보세요! 〈T extends 클래스〉 테스트하기   • 참고 파일 GenericPrinterTest2.java

```
01  package generics;
02
03  public class GenericPrinterTest2 {
04    public static void main(String[ ] args) {
05      GenericPrinter<Powder> powderPrinter = new GenericPrinter<Powder>( );
06      powderPrinter.setMaterial(new Powder( ));
07      powderPrinter.printing( );
08
09      GenericPrinter<Plastic> plasticPrinter = new GenericPrinter<Plastic>( );
10      plasticPrinter.setMaterial(new Plastic( ));
11      plasticPrinter.printing( );
12    }
13  }
```

:: 출력 화면

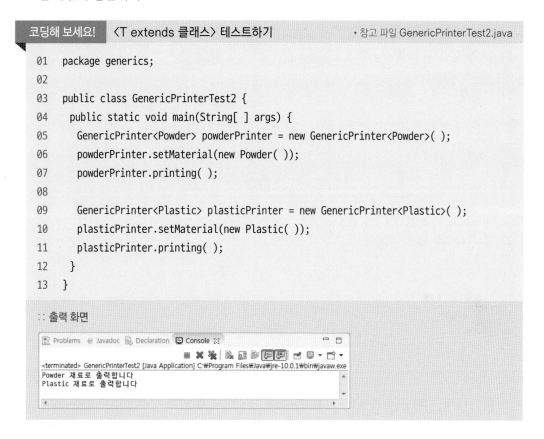

```
Powder 재료로 출력합니다
Plastic 재료로 출력합니다
```

제네릭 메서드 활용하기

메서드의 매개변수를 자료형 매개변수로 사용하는 경우에 대해 알아봅시다. 또한 자료형 매개변수가 하나 이상인 경우도 살펴보겠습니다. 제네릭 메서드의 일반 형식은 다음과 같습니다.

public 〈자료형 매개변수〉 반환형 메서드 이름(자료형 매개변수 …) { }

반환형 앞에 사용하는 〈자료형 매개변수〉는 여러 개일 수 있으며, 이는 메서드 내에서만 유효합니다. 그러면 자료형 매개변수를 여러 개 사용하는 제네릭 메서드 예제를 살펴보겠습니다.

다음과 같은 Point 클래스가 있습니다. 이 클래스는 한 점을 나타내기 위해 x, y 두 멤버 변수를 사용하는데 이는 모두 자료형 매개변수로 선언합니다.

코딩해 보세요! **자료형 매개변수를 두 개 사용하는 클래스**   • 참고 파일 Point.java

```
01   package generics;
02
03   public class Point<T, V> {
04     T x;
05     V y;
06
07     Point(T x, V y) {
08       this.x = x;
09       this.y = y;
10     }
11
12     public T getX( ) {
13         return x;
14     }
15                                    제네릭 메서드
16     public V getY( ) {
17       return y;
18     }
19   }
```

한 점을 나타내는 Point 클래스의 두 좌표 x, y는 정수일 수도 있고 실수일 수도 있습니다. 그래서 T와 V라는 자료형 매개변수로 표현했습니다. 그리고 이 변수들을 위한 메서드 getX( ), getY( )는 T와 V를 반환하고 있으므로 제네릭 메서드입니다. 이제 이 Point 클래스를 활용하여 다음과 같이 두 점을 생성합니다.

```
Point<Integer, Double> p1 = new Point<>(0, 0.0);        < > 다이아몬드 연산자만 사용하고
Point<Integer, Double> p2 = new Point<>(10, 10.0);      자료형을 명시하지 않음
```

두 점의 위치를 표현할 때 x 좌표는 Integer를 사용하였고 y 좌표는 Double을 사용하였습니다. 컴파일러는 선언된 자료형을 보고 생성되는 인스턴스의 자료형을 유추할 수 있으므로 〈〉다이아몬드 연산자에는 자료형을 명시하지 않아도 됩니다.

그러면 두 점을 매개변수로 받아 만들어지는 사각형의 넓이를 계산하는 makeRectangle( ) 메서드를 만들어 보겠습니다. 두 점이 Integer형으로 만들어질 수도 있고. Double형으로 만들어질 수도 있기 때문에 넓이를 계산하는 makeRectangle( ) 역시 제네릭 메서드로 만들어야 합니다. 코드 내용은 다음과 같습니다.

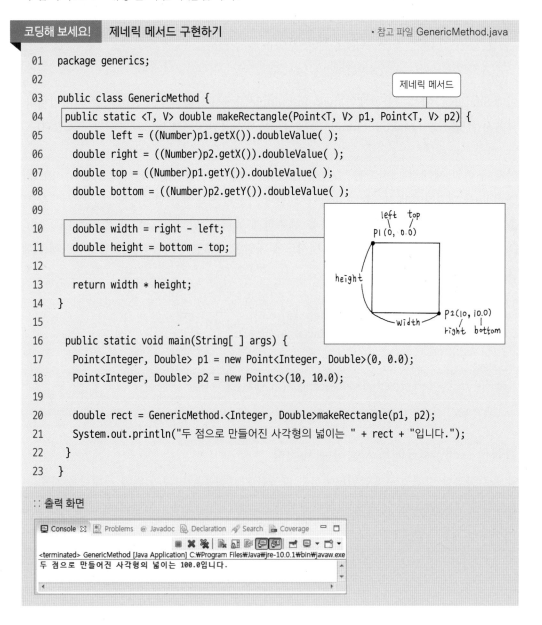

```
코딩해 보세요!   제네릭 메서드 구현하기                    · 참고 파일 GenericMethod.java

01   package generics;
02
03   public class GenericMethod {
                                                       제네릭 메서드
04     public static <T, V> double makeRectangle(Point<T, V> p1, Point<T, V> p2) {
05       double left = ((Number)p1.getX()).doubleValue( );
06       double right = ((Number)p2.getX()).doubleValue( );
07       double top = ((Number)p1.getY()).doubleValue( );
08       double bottom = ((Number)p2.getY()).doubleValue( );
09
10       double width = right - left;
11       double height = bottom - top;
12
13       return width * height;
14     }
15
16     public static void main(String[ ] args) {
17       Point<Integer, Double> p1 = new Point<Integer, Double>(0, 0.0);
18       Point<Integer, Double> p2 = new Point<>(10, 10.0);
19
20       double rect = GenericMethod.<Integer, Double>makeRectangle(p1, p2);
21       System.out.println("두 점으로 만들어진 사각형의 넓이는 " + rect + "입니다.");
22     }
23   }
```

:: 출력 화면

```
Console ☒  Problems  @ Javadoc  Declaration  Search  Coverage
■ ✖ ✖ |          | ☐ ☐ ☐ ▾ ☐ ▾
<terminated> GenericMethod [Java Application] C:\Program Files\Java\jre-10.0.1\bin\javaw.exe
두 점으로 만들어진 사각형의 넓이는 100.0입니다.
```

GenericMethod 클래스는 제네릭 클래스가 아닙니다. 제네릭 클래스가 아니라도 내부에 제네릭 메서드를 구현할 수 있습니다. 제네릭 메서드인 makeRectangle( ) 메서드는 static으로 구현했습니다. makeRectangle( ) 메서드에서 사용하는 T와 V는 makeRectangle( ) 메서드 내부에서만 유효하게 사용할 수 있습니다.

다음과 같이 제네릭 클래스 안에 제네릭 메서드를 선언했다고 가정해 봅시다.

```
class Shape<T> {
   public static <T, V> double makeRectangle(Point<T, V> p1, Point<T, V> p2) {
      ...
   }
}
```

이때 Shape〈T〉에서 사용한 T와 makeRectangle( )에서 사용한 T는 전혀 다른 의미입니다. 앞에서 설명했듯이 makeRectangle( ) 메서드에서 사용한 T는 메서드 내에서만 유효합니다.

이제 구현한 제네릭 메서드를 호출해 봅시다. 20행에서 사용할 자료형으로 Integer와 Double을 대입하여 메서드를 호출합니다. 만약 사용할 자료형을 명시하지 않고 메서드를 호출하면 매개변수 클래스에서 자료형을 유추하게 됩니다. 만약 p1, p2가 Point〈Integer, Double〉형으로 선언된 경우 제네릭 메서드에 대입할 자료형이 생략되어도 컴파일러에 의해 〈Integer, Double〉로 유추됩니다.

```
Point<Integer, Double> p1 = new Point<>(0, 0.0);    생략
Point<Integer, Double> p2 = new Point<>(10, 10.0);
```

```
double rect = GenericMethod.makeRectangle(p1, p2);    〈Integer, Double〉 생략 가능
```

컬렉션 프레임워크에서 사용하는 제네릭

앞으로 공부할 컬렉션 프레임워크에서도 다양한 자료형을 관리하기 위해 제네릭을 자주 사용합니다. ArrayList를 예로 들어 살펴봅시다. ArrayList.java에서 ArrayList 클래스의 정의는 다음과 같습니다.

```
public class ArrayList<E> extends AbstractList<E> implements List<E>, RandomAccess,
Cloneable, java.io.Serializable {

    ...

}
```

배열은 요소를 가지므로 T보다는 Element를 의미하는 E를 더 많이 사용합니다. 다음과 같이
E 위치에 원하는 자료형을 넣어 배열을 사용할 수 있습니다.

```
ArrayList<String> list = new ArrayList<String>( );
```

ArrayList에서 미리 정의되어 있는 메서드 중 가장 많이
사용하는 get( ) 메서드를 살펴보면 오른쪽 코드와 같습
니다. E라고 쓰인 반환형은 ArrayList를 생성할 때 사용
한 자료형으로 반환합니다. 여기에서는 String이 되겠
네요.

```
public E get(int index) {
  rangeCheck(index);
  return elementData(index);
}
```

또한 컴파일러가 형 변환을 구현하므로 프로그래머가 직접 형 변환을 하지 않아도 됩니다.

```
ArrayList<String> list = new ArrayList<String>( );
String str = new String("abc");
list.add(str);
String s = list.get(0);    ── 형 변환을 사용하지 않음
```

한 걸음 더!   **C++의 템플릿**

자바의 제네릭 자료형과 유사한 기능이 C++에도 있습니다. C++에서는 '템플릿 클래스'라고 합니다. 자바
의 제네릭과 마찬가지로 클래스에서 사용할 자료형을 일반화해 놓고, 나중에 실제로 사용할 때 자료형을 지
정합니다. 이처럼 프로그래밍 언어는 비슷한 기능을 많이 가지고 있습니다.

12-2 컬렉션 프레임워크

컬렉션 프레임워크란?

흔히 프로그램 개발을 건물 짓는 일에 비유합니다. 원하는 건물을 지으려면 구조를 잘 잡아야 하듯이 프로그램을 개발할 때도 사용하는 자료를 어떤 구조로 관리할 것인지가 중요합니다. 그래야 프로그램의 기능을 효과적으로 구현할 수 있기 때문입니다. 이 때 사용하는 것이 자료 구조(data structure)입니다. 자료 구조는 프로그램 실행 중 메모리에 자료를 유지·관리하기 위해 사용합니다. 자바에서는 필요한 자료 구조를 미리 구현하여 java.util 패키지에서 제공하고 있는데, 이를 컬렉션 프레임워크(collection framework)라고 합니다. 자료 구조는 개발자가 필요할 때 직접 만들어 사용할 수도 있습니다. 하지만 자바 컬렉션 프레임워크를 사용하면 직접 개발하는 수고를 덜 수 있을 뿐만 아니라 잘 만들어진 자료 구조 클래스를 활용할 수 있습니다. 여기에서는 자료 구조 자체에 대해 자세히 다루지는 않습니다. 앞으로 이야기할 내용은 자바에서 제공하는 자료 구조 라이브러리입니다. 자바가 라이브러리를 어떻게 제공하는지, 또 그 라이브러리를 어떻게 사용할 수 있는지 살펴볼 것입니다.

자바 컬렉션 프레임워크에는 여러 인터페이스가 정의되어 있고, 그 인터페이스를 구현한 클래스가 있습니다. 각 인터페이스의 특성과 클래스 활용법을 알면 개발 목적에 맞게 잘 활용할 수 있습니다. 다음 그림을 봅시다.

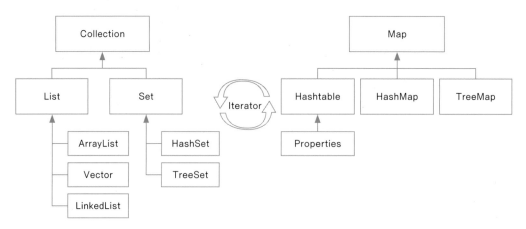

컬렉션 프레임워크의 전체 구조는 Collection 인터페이스와 Map 인터페이스 기반으로 이루어져 있습니다. Collection 인터페이스는 하나의 자료를 모아서 관리하는 데 필요한 기능을 제공하고, Map 인터페이스는 쌍(pair)으로 된 자료들을 관리하는 데 유용한 기능을 제공합니다. 각 인터페이스를 구현한 클래스는 그림에서 소개한 것보다 많습니다. 이 책에서는 프로그램 개발에 많이 사용되고 알아 두어야 하는 클래스 위주로 설명합니다.

Collection 인터페이스

Collection 인터페이스 하위에 List 인터페이스와 Set 인터페이스가 있습니다. List를 구현한 클래스는 순차적인 자료를 관리하는 데 사용하는 클래스이고, Set 인터페이스는 우리가 수학 시간에 배운 집합을 생각하면 됩니다. 집합은 순서와 상관없이 중복을 허용하지 않습니다. 따라서 Set 계열의 클래스는 아이디처럼 중복되지 않는 객체를 다루는 데 사용합니다.

분류	설명
List 인터페이스	순서가 있는 자료 관리, 중복 허용. 이 인터페이스를 구현한 클래스는 ArrayList, Vectior, LinkedList, Stack, Queue 등이 있음
Set 인터페이스	순서가 정해져 있지 않음, 중복을 허용하지 않음. 이 인터페이스를 구현한 클래스는 HashSet, TreeSet 등이 있음

Collection 인터페이스에 선언된 메서드 중 자주 사용하는 메서드는 다음과 같습니다.

메서드	설명
boolean add(E e)	Collection에 객체를 추가합니다.
void clear( )	Collection의 모든 객체를 제거합니다.
Iterator⟨E⟩ iterator	Collection을 순환할 반복자(Iterator)를 반환합니다.
boolean remove(Object o)	Collection에 매개변수에 해당하는 인스턴스가 존재하면 제거합니다.
int size( )	Collection에 있는 요소의 개수를 반환합니다.

add( )나 remove( ) 메서드가 boolean형으로 결과 값을 반환하는 것은 객체가 잘 추가되었는지, 컬렉션에서 객체가 잘 제거되었는지 여부를 반환하는 것입니다. Collection 인터페이스를 구현한 클래스는 위 메서드를 모두 제공합니다.

Map 인터페이스

Map 인터페이스는 하나가 아닌 쌍(Pair)으로 되어 있는 자료를 관리하는 메서드들이 선언되어 있습니다. key-value 쌍이라고 표현하는데 이때 키 값은 중복될 수 없습니다. 학번과 학생 이름처럼 쌍으로 되어 있는 자료를 관리할 때 사용하면 편리합니다. Map 인터페이스를 구현한 클래스 중 대표 클래스는 오른쪽과 같습니다.

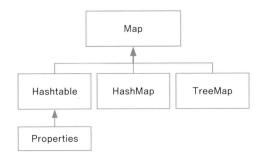

예를 들어 어떤 사람의 정보가 있다고 할 때 그냥 나열할 수도 있지만 오른쪽처럼 쓸 수도 있습니다. 이때 이름, 나이 등의 값을 key라고 하고, 그에 대응하는 이지수, 30세 등의 값을 value라고 합니다. 그리고 이런 자료를 key-value 쌍이라고 합니다. 여기에서 key 값은 중복될 수 없습니다. 다시 말해 '이름'이라는 key는 유일하게 딱 하나 있는 것입니다. 이에 대응하는 value 값은 여러 개일 수도

Key	Value
이름	이지수
나이	30세
직업	회사원, 프리랜서
취미	수영, 테니스
특기	수영

있고 중복될 수도 있습니다. 수영이라는 value가 취미이기도 하고 특기일 수도 있으니까요. 이렇게 key-value 쌍으로 된 자료를 관리할 때 Map을 유용하게 사용할 수 있습니다.

Map은 기본적으로 검색용 자료 구조입니다. 즉 어떤 key 값을 알고 있을 때 value를 찾기 위한 자료 구조입니다. Map 인터페이스에 선언된 메서드 중 주요 메서드는 다음과 같습니다.

메서드	설명
V put(K key, V value)	key에 해당하는 value 값을 map에 넣습니다.
V get(K key)	key에 해당하는 value 값을 반환합니다.
boolean isEmpty( )	Map이 비었는지 여부를 반환합니다.
boolean containsKey(Object key)	Map에 해당 key가 있는지 여부를 반환합니다.
boolean containsValue(Object value)	Map에 해당 value가 있는지 여부를 반환합니다.
Set keyset( )	key 집합을 Set로 반환합니다(중복 안 되므로 Set).
Collection values( )	value를 Collection으로 반환합니다(중복 무관).
V remove(key)	key가 있는 경우 삭제합니다.
boolean remove(Object key, Object value)	key가 있는 경우 key에 해당하는 value가 매개변수와 일치할 때 삭제합니다.

실습 패키지 구조

그러면 간단한 회원 관리 프로그램을 만들면서 컬렉션 프레임워크에서 제공하는 각 클래스를 실습해 봅시다. 회원 관리 프로그램에서 회원 추가, 회원 삭제, 전체 회원 정보 출력 기능을 구현합니다. 모든 실습을 마치고 나면 collection 패키지와 map 패키지 하위에 사용할 클래스에 따른 패키지가 오른쪽처럼 완성될 것입니다. 실무에서 일할 때는 이와 같이 계층적으로 패키지 구조를 잡아 소스 코드 파일을 구분하여 사용합니다. 계층 구조를 좀 더 명확하게 보려면 Package Explorer에서 ▽ 버튼을 누르고 [Package Presentation → Hierarchical] 메뉴를 선택하세요.

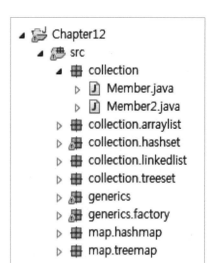

그러면 collection 패키지 하위에 프로그램 전반에서 공통으로 사용할 '회원'을 나타내는 Member 클래스를 만들어 보겠습니다. Member 클래스 속성(멤버 변수)은 간단히 아이디와 이름만 구현합니다.

코딩해 보세요!   Member 클래스 구현하기   • 참고 파일 Member.java

```
01   package collection;
02
03   public class Member {
04     private int memberId; //회원 아이디        ┐
05     private String memberName; //회원 이름      ┘ 속성
06
07     public Member(int memberId, String memberName) {
08       this.memberId = memberId;
09       this.memberName = memberName;
10     }
11
12     public int getMemberId( ) {
13       return memberId;
14     }
15
16     public void setMemberId(int memberId) {
17       this.memberId = memberId;
18     }
```

```
19
20    public String getMemberName( ) {
21      return memberName;
22    }
23
24    public void setMemberName(String memberName) {
25      this.memberName = memberName;
26    }
27
28    @Override
29    public String toString( ) {                                          toString( ) 메서드
30      return memberName + " 회원님의 아이디는 " + memberId + "입니다";      재정의
31    }
32  }
```

속성으로 사용한 아이디와 이름은 private 변수로 선언하고 get( ), set( ) 메서드를 public으로 제공합니다. 나중에 회원 정보를 출력하기 위해 toString( ) 메서드를 재정의하여 구현하였습니다. Member 클래스는 앞으로 실습할 때 계속 사용할 것입니다.

12-3 List 인터페이스

List 인터페이스에는 객체를 순서에 따라 저장하고 유지하는 데 필요한 메서드가 선언되어 있습니다. 우리가 알고 있는 순차 자료 구조의 대표적인 예는 배열입니다. 배열은 07장에서 자세히 다루었습니다. 자바에서 배열을 구현한 대표 클래스로는 ArrayList, Vector가 있고, 배열과 구현 방식은 다르지만 순차 자료 구조를 구현한 LinkedList가 있습니다. 그러면 객체 배열로 가장 많이 사용하고 기존 예제에서도 자주 활용한 ArrayList부터 자세히 살펴보겠습니다.

ArrayList 클래스

ArrayList는 그동안 다른 예제에서도 종종 사용했습니다. 객체 배열을 구현한 클래스이며 컬렉션 인터페이스와 그 하위 List 인터페이스를 구현하였습니다. 객체 순서를 기반으로 순차적으로 자료를 관리하는 프로그램을 구현할 때 사용합니다. collection 패키지 하위에 arraylist 패키지를 만들고 MemberArrayList.java 클래스를 생성하면 패키지의 계층 구조가 오른쪽과 같이 보입니다. 공통으로 사용할 Member 클래스는 collection 패키지 하위에 있고, MemberArrayList 클래스를 활용할 관리 클래스는 collection.arraylist 패키지에 만듭니다.

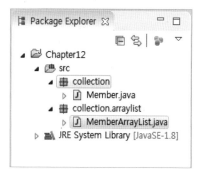

ArrayList를 활용해 회원 관리 프로그램 구현하기

ArrayList를 활용한 MemberArrayList 클래스에서는 메서드를 3개 제공합니다. 회원을 추가하는 addMember( ) 메서드, 회원을 삭제하는 removeMember( ) 메서드, 그리고 전체 회원을 출력하는 showAllMember( ) 메서드입니다. 각 메서드의 코드를 보면 Collection 인터페이스에서 선언하고 ArrayList에서 구현한 add( ), get( ) 등의 메서드를 사용한 것을 알 수 있습니다. ArrayList를 사용하여 회원을 추가하고, 삭제하고, 회원 정보를 출력해 보겠습니다.

```
01  package collection.arraylist;
02
03  import java.util.ArrayList;
04  import collection.Member;          Member 클래스는 collection 패키지에 있으므로
05                                     사용하려면 import해야 함
06  public class MemberArrayList {
07    private ArrayList<Member> arrayList;      ArrayList 선언
08
09    public MemberArrayList( ) {
10      arrayList = new ArrayList<Member>( );      Member형으로 선언한 ArrayList 생성
11    }
12
13    public void addMember(Member member) {
14      arrayList.add(member);                   ArrayList에 회원을 추가하는 메서드
15    }
16
17    public boolean removeMember(int memberId) {
18      for(int i = 0; i < arrayList.size( ); i++) {
19        Member member = arrayList.get(i);    //get( ) 메서드로 회원을 순차적으로 가져옴
20        int tempId = member.getMemberId( );
21        if(tempId == memberId) {             //회원 아이디가 매개변수와 일치하면
22          arrayList.remove(i);               //해당 회원을 삭제
23          return true;
24        }
25      }
26      System.out.println(memberId + "가 존재하지 않습니다");
27      return false;                          반복문이 끝날 때까지
28    }                                        해당 아이디를 찾지
29                                             못한 경우
30    public void showAllMember( ) {
31      for(Member member : arrayList) {
32        System.out.println(member);
33      }
34      System.out.println( );
35    }
36  }
```

해당 아이디를 가진 회원을 ArrayList에서
찾아 제거함

전체 회원을 출력하는 메서드

ArrayList를 사용하려면 import java.util.ArrayList를 선언해 주어야 합니다. 7행에서
ArrayList를 선언하고 MemberArrayList( ) 생성자에서 ArrayList를 생성합니다. 13~15행

addMember( ) 메서드에서는 매개변수로 전달된 회원을 ArrayList의 맨 뒤에 추가합니다. 17~28행 removeMember( ) 메서드에서는 매개변수로 전달받은 아이디(memberId) 회원을 ArrayList에서 찾아 제거합니다.

아마 제거할 회원을 찾는 코드가 조금 어렵게 느껴질 수도 있을 텐데요. get(i) 메서드는 순차 관리를 하는 배열에서 사용하는 메서드이며 이 예제에서는 매개변수의 i에 해당

ⓒ 순서와 관계없는 Set 인터페이스를 구현한 클래스에서는 get( ) 메서드를 제공하지 않습니다.

하는 객체를 ArrayList에서 반환해 줍니다. 예를 들어 get(0)은 ArrayList에 저장된 객체 중 첫 번째 객체를 반환합니다. 회원 아이디가 매개변수로 전달받은 아이디와 같으면 해당 회원을 배열에서 삭제합니다. 성공적으로 삭제한 경우 true를, 그렇지 않은 경우는 false를 반환하기 때문에 메서드의 반환형이 boolean입니다. 30~35행 showAllMember( ) 메서드에서는 모든 회원을 출력합니다. 향상된 for문을 사용하여 배열에 있는 회원을 하나씩 가져와 출력하면 Member 클래스에 재정의한 toString( )이 호출되면서 회원 정보가 출력됩니다.

MemberArrayList 테스트 클래스 구현하기

이제 이렇게 만든 클래스에 직접 회원을 추가하고 삭제하며 프로그램이 잘 구현되었는지 확인해 봅시다. 다음과 같이 collection.arraylist 패키지 하위에 MemberArrayListTest 클래스를 만듭니다.

ⓒ 앞으로 구현하는 다른 Collection 인터페이스나 Map 인터페이스 구현 클래스도 기존에 구현한 collection.Member 클래스를 사용합니다.

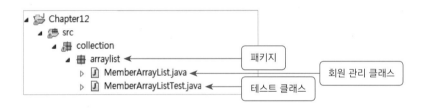

코딩해 보세요!　　ArrayList 활용하기　　　　　　　　　　• 참고 파일 MemberArrayListTest.java

```
01  package collection.arraylist;
02
03  import collection.Member;
04
05  public class MemberArrayListTest {
06    public static void main(String[ ] args) {
07      MemberArrayList memberArrayList = new MemberArrayList( );
08
```

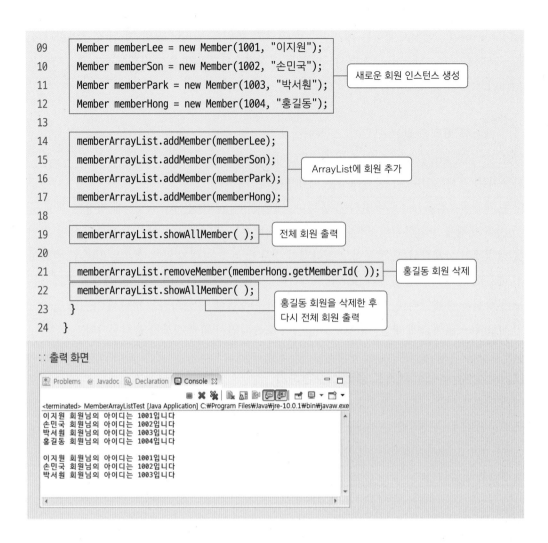

```
09    Member memberLee = new Member(1001, "이지원");
10    Member memberSon = new Member(1002, "손민국");
11    Member memberPark = new Member(1003, "박서훤");          새로운 회원 인스턴스 생성
12    Member memberHong = new Member(1004, "홍길동");
13
14    memberArrayList.addMember(memberLee);
15    memberArrayList.addMember(memberSon);
16    memberArrayList.addMember(memberPark);                 ArrayList에 회원 추가
17    memberArrayList.addMember(memberHong);
18
19    memberArrayList.showAllMember( );          전체 회원 출력
20
21    memberArrayList.removeMember(memberHong.getMemberId( ));     홍길동 회원 삭제
22    memberArrayList.showAllMember( );
23    }                                          홍길동 회원을 삭제한 후
24  }                                            다시 전체 회원 출력
```

:: 출력 화면

```
Problems  @ Javadoc  Declaration  Console ☒
<terminated> MemberArrayListTest [Java Application] C:\Program Files\Java\jre-10.0.1\bin\javaw.exe
이지원  회원님의  아이디는  1001입니다
손민국  회원님의  아이디는  1002입니다
박서훤  회원님의  아이디는  1003입니다
홍길동  회원님의  아이디는  1004입니다

이지원  회원님의  아이디는  1001입니다
손민국  회원님의  아이디는  1002입니다
박서훤  회원님의  아이디는  1003입니다
```

14~17행 ArrayList에 추가한 회원이 19행 출력문에 의해 출력됩니다. 또한 memberHong
의 아이디를 매개변수로 removeMember( ) 메서드를 호출하여 배열에서 회원 삭제도 잘 수
행됨을 알 수 있습니다.

나 혼자 코딩!

ArrayList의 특정 위치에 회원 추가하기

회원을 추가할 때 맨 뒤가 아닌 특정 위치에 추가하는 메서드를 만들고, MemberArrayListTest 클
래스에 코드를 추가하여 테스트해 봅니다.

힌트 public void insertMember(Member member, int index) 같은 메서드를 MemberArrayList에 구현해 보
세요. 매개변수로 전달된 index 위치에 회원을 추가하고 전체 회원을 출력하여 확인해 봅니다.

정답 자료실 제공

한 걸음 더!   배열 용량에 대해 알아봅시다

ArrayList list = new ArrayList( )와 같이 생성자를 호출할 때 ArrayList가 생성되는 과정을 살펴보겠습니다. ArrayList.java 파일을 보면, 객체 배열로 사용할 Object 배열(elementData)과 디폴트 용량(DEFAULT_CAPACITY)이 정의되어 있습니다.

```
transient Object[ ] elementData;
...
/**
 * Default initial capacity.
 */
private static final int DEFAULT_CAPACITY = 10;
```

ArrayList( ) 디폴트 생성자를 호출하여 배열 크기를 지정하지 않으면 크기가 10개짜리 배열이 기본으로 만들어집니다. 이를 배열의 용량(capacity)이라고 합니다. ArrayList(int) 생성자를 사용하면 초기에 생성할 배열의 용량을 지정할 수도 있습니다.

배열에 요소를 추가하여 3개 항목이 있다고 할 때 size( ) 메서드를 호출하면 유효한 값이 저장된 요소 개수 3이 반환됩니다. 이는 배열 용량과는 다른 의미입니다. 호텔에 1인실이 10개 있는데 손님 셋이 투숙한다고 해서 방이 3개인 것은 아니니까요. ArrayList에 요소를 추가하면 처음 생성한 용량이 부족할 수 있습니다. 기본으로 10개가 만들어진 경우 11번째 요소를 추가하면 어떻게 될까요? ArrayList의 요소가 추가되는 add( )나 insert( ) 등의 메서드는 용량이 부족하면 큰 용량의 배열을 새로 만들고 기존 항목을 복사합니다.

ArrayList와 Vector 클래스

Vector는 자바 2 이전부터 제공했으며 ArrayList처럼 배열을 구현한 클래스입니다. ArrayList와 Vector의 가장 큰 차이는 동기화 지원 여부입니다. 동기화(synchronization)란 두 개 이상의 스레드가 동시에 Vector를 사용할 때 오류가 나지 않도록 실행 순서를 보장하는 것입니다.

스레드와 멀티스레드 프로그래밍

스레드란 간단히 말하면 작업 단위입니다. 프로그램이 메모리에서 수행되려면 스레드 작업이 생성되어야 합니다. 이때 하나의 스레드만 수행되면 단일 스레드(single thread)라고 하고 두 개 이상의 스레드가 동시에 실행되는 경우를 멀티스레드(multi-thread)라고 합니다. 두 개 이상의 스레드가 동시에 실행되면 같은 메모리 공간(리소스)에 접근하기 때문에 변수 값이나 메모리 상태에 오류가 생길 수 있습니다. 이때 메모리에 동시에 접근하지 못하도록 순서를 맞추는 것이 동기화입니다.

두 작업이 동시에 실행되는 멀티스레드 환경이 아닌 경우에는 ArrayList를 사용하도록 권장합니다. 왜냐하면 동기화를 구현하기 위해서는 동시에 작업이 이루어지는 자원에 대해 잠금(lock)을 수행하기 때문입니다. 즉 메서드를 호출할 때 배열 객체에 잠금을 하고, 메서드 수행이 끝나면 잠금을 해제한다는 뜻입니다. 이렇게 Vector의 모든 메서드는 호출될 때마다 잠금과 해제가 일어나므로 ArrayList보다 수행 속도가 느립니다. ArrayList를 사용해서 구현했는데 나중에 프로그램에서 동기화가 필요하다면 Vector로 바꾸지 않고 다음과 같이 ArrayList 생성 코드를 쓰면 됩니다.

```
Collections.synchronizedList(new ArrayList<String>( ));
```

LinkedList 클래스

배열은 처음 배열을 생성할 때 정적 크기로 선언하고, 물리적 순서와 논리적 순서가 동일합니다. 배열은 중간에 자료를 삽입하거나 삭제할 때 나머지 자료를 이동시켜 빈 공간을 만들지 않고 연속된 자료 구조를 구현합니다. 또한 처음 선언한 배열 크기 이상으로 요소가 추가되는 경우에는 크기가 더 큰 배열을 새로 생성하여 각 요소를 복사해야 하는 번거로움이 있습니다. 이런 점을 개선한 자료 구조를 링크드 리스트(linked list)라고 합니다. 자바의 LinkedList 클래스가 이를 구현하고 있습니다. 그러면 링크드 리스트 자료 구조에 대해 간략하게 살펴보고 자바에서 LinkedList 클래스를 활용한 예제를 보겠습니다.

링크드 리스트 구조

링크드 리스트의 각 요소는 다음 요소를 가리키는 주소 값을 가집니다. 따라서 물리적인 메모리는 떨어져 있어도 논리적으로는 앞뒤 순서가 있습니다. 같은 List 인터페이스를 구현한 ArrayList에 비해 중간에 자료를 넣고 제거하는 데 시간이 적게 걸린다는 장점이 있고, 크기를 동적으로 증가시킬 수 있습니다. 링크드 리스트의 각 요소는 요소의 자료와 다음 요소의 주소를 저장하는 부분으로 구현됩니다.

다음 그림은 링크드 리스트에 세 요소 A, B, D가 순차적으로 저장된 상태입니다.

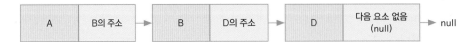

각 요소는 물리적으로 다른 메모리에 생성되어 있지만, 다음 요소를 가리키는 순서에 따라 A 다음은 B, 그다음은 D가 됩니다. D의 다음은 가리키는 요소가 없기 때문에 널(null; 아무것도 없음) 값이나 0을 저장합니다.

링크드 리스트에 요소 추가하기

이제 링크드 리스트의 3번째 위치에 'C' 요소를 추가해 보겠습니다. 배열이라면 D 요소를 뒤로 밀고 공간을 비워서 그 자리에 C를 놓습니다. 하지만 링크드 리스트는 서로 가리키고 있는 주소 값만 변경해 주면 됩니다. 자료 이동이 발생하는 배열에 비해 훨씬 효율적이죠.

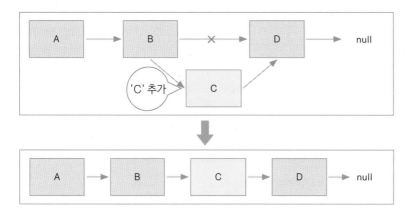

B가 가리키던 다음 위치를 C로 변경하고 C는 D를 가리키면 됩니다. 그러면 논리적으로 A → B → C → D 순서가 됩니다.

링크드 리스트의 요소 제거하기

제거해야 하는 요소가 있는 경우에도 각 요소가 가리키는 주소 값만 변경하면 됩니다. B를 제거한다고 할 때 A의 다음 요소를 C로 변경하기만 하면 A → C → D 순서가 됩니다. 이때 제거된 B의 메모리는 나중에 자바의 가비지 컬렉터에 의해 수거됩니다.

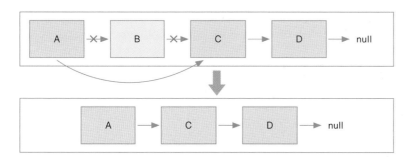

배열과 링크드 리스트의 다른 점

배열은 생성할 때 용량을 지정하고, 용량보다 더 많은 요소가 추가된 경우에 용량을 늘려 가며 수행합니다. 그러나 링크드 리스트는 요소를 추가할 때마다 동적으로 요소의 메모리를 생성하기 때문에 배열처럼 용량을 늘리고 요소 값을 복사하는 번거로움이 없습니다. 또한 링크드 리스트는 자료를 중간에 추가하거나 삭제할 때 자료의 이동이 배열보다 적습니다. 이런 면에서 링크드 리스트가 배열에 비해 더 편리한 자료 구조라 생각할 수 있습니다. 하지만 배열이 링크드 리스트보다 효율적인 경우도 있습니다. 어떤 요소의 위치(i번째)를 찾을 때를 생각해 봅시다. 배열은 물리적으로 연결된 자료 구조이므로 i 번째 요소 메모리 위치를 바로 계산할 수 있어 접근이 빠릅니다. 예를 들어 int형 배열의 두 번째 자료는 처음 주소부터 8바이트 떨어진 위치라고 바로 알 수 있습니다. 그리고 배열이 링크드 리스트보다 구현하기도 쉽습니다. 따라서 사용하는 자료의 변동(삽입·삭제)이 많은 경우에는 링크드 리스트를, 자료 변동이 거의 없는 경우에는 배열을 사용하는 것이 효율적입니다.

LinkedList 클래스 사용하기

이제 자바 LinkedList 클래스를 살펴보겠습니다. LinkedList는 ArrayList보다 다양한 메서드를 제공합니다. 여기에서는 LinkedList 클래스에서만 제공하는 메서드를 사용해 보겠습니다.

> **코딩해 보세요!** **LinkedList 테스트하기** • 참고 파일 LinkedListTest.java

```java
01  package collection;
02
03  import java.util.LinkedList;
04
05  public class LinkedListTest {
06    public static void main(String[ ] args) {
07      LinkedList<String> myList = new LinkedList<String>( );
08
09      myList.add("A");
10      myList.add("B");          링크드 리스트에 요소 추가
11      myList.add("C");
12
13      System.out.println(myList);   리스트 전체 출력
14
15      myList.add(1, "D");        링크드 리스트의 첫 번째 위치에 D 추가
16      System.out.println(myList);
17
18      myList.addFirst("O");      연결 리스트의 맨 앞에 O 추가
```

```
19      System.out.println(myList);
20
21      System.out.println(myList.removeLast( ));        연결 리스트의 맨 뒤 요소 삭제 후
22      System.out.println(myList);                       해당 요소를 출력
23    }
24  }
```

:: 출력 화면

```
Problems  @ Javadoc  Declaration  Console ⌧                          ▭ ▯
                    ⚅ ✖ ✖ | ▤ ▧ ▨ ▣ ▣ ▣ | ▨ ▭ ▾ ▭ ▾
<terminated> LinkedListTest [Java Application] C:₩Program Files₩Java₩jre-10.0.1₩bin₩javaw.exe
[A, B, C]
[A, D, B, C]
[O, A, D, B, C]
C
[O, A, D, B]
```

LinkedList 클래스에는 링크드 리스트의 맨 앞 또는 맨 뒤에 요소를 추가·삭제하는 addFirst( ), addLast( ), removeFirst( ), removeLast( ) 등의 메서드가 있습니다. ArrayList 클래스보다 훨씬 다양하죠. 이들 메서드는 이후 이야기할 스택(stack)이나 큐(queue)에서 다양하게 활용할 수 있습니다.

ArrayList로 스택과 큐 구현하기

그러면 프로그램을 개발할 때 가장 많이 사용하는 자료 구조인 스택과 큐에 대해 살펴봅시다. 먼저 스택은 상자를 쌓듯이 자료를 관리하는 방식입니다. 상자가 쌓인 상태에서 하나의 상자를 꺼내려면 어떻게 하나요? 중간에서 꺼내면 상자더미가 무너질 수 있습니다. 맨 나중에 올린 상자를 먼저 꺼내야 합니다. 이처럼 스택은 맨 나중에 추가된 데이터를 먼저 꺼내는(Last In First Out; LIFO) 방식입니다.

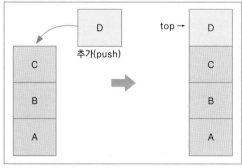

스택에 요소 추가(push)하기

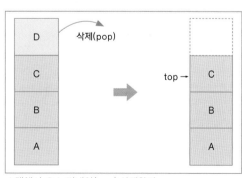

스택에서 요소 꺼내어(pop) 삭제하기

큐는 일상 생활에서 가장 많이 사용하는 방식의 자료 구조로 '선착순'을 생각하면 됩니다. 줄을
선 대기열처럼 먼저 추가된 데이터부터 꺼내서 사용하는 방식(First In First Out; FIFO)입니다.

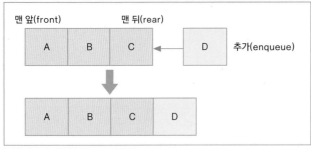

큐에서 요소 추가(enqueue)하기

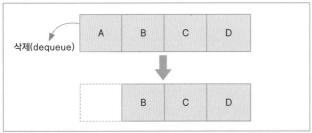

큐에서 요소 삭제(dequeue)하기

Stack 클래스는 자바 1부터 제공했습니다. Queue는 인터페이스로 정의되어 있고 Priority
Queue 등이 구현되어 있습니다. 하지만 ArrayList나 LinkedList 클래스를 활용하여 구현하
는 경우도 종종 있습니다. 자신이 직접 구현하면 사용하기 편리할 때도 있으니까요. 그러면
ArrayList를 활용하여 스택과 큐를 구현해 보겠습니다.

ArrayList로 스택 구현하기

스택은 가장 최근에 추가된 자료부터 반환해 줍니다. 그러므로 가장 최근에 검색한 단어를 찾
는다든가 장기, 체스 같은 게임에서 수를 무를 때도 응용할 수 있습니다. 스택에 자료를 추가
하는 것을 push( )라고 하고, 자료를 꺼내는 것을 pop( )이라고 합니다. 그리고 스택에 가장 최
근에 추가된 자료의 위치를 top이라고 합니다.

다음과 같이 MyStack 클래스를 만들고 ArrayList를 생성하여 push( )와 pop( )을 간단하게
구현하였습니다.

```
01   package collection.arraylist;
02
03   import java.util.ArrayList;
04
05   class MyStack {
06     private ArrayList<String> arrayStack = new ArrayList<String>( );
07
08     public void push(String data) {
09       arrayStack.add(data);
10     }
11
12     public String pop( ) {
13       int len = arrayStack.size( );
14       if(len == 0) {
15         System.out.println("스택이 비었습니다");
16         return null;
17       }
18
19       return(arrayStack.remove(len-1));
20     }
21   }
22
23   public class StackTest {
24     public static void main(String[ ] args) {
25       MyStack stack = new MyStack( );
26       stack.push("A");
27       stack.push("B");
28       stack.push("C");
29
30       System.out.println(stack.pop( ));
31       System.out.println(stack.pop( ));
32       System.out.println(stack.pop( ));
33     }
34   }
```

스택의 맨 뒤에 요소를 추가

ArrayList에 저장된 유효한 자료의 개수

스택의 맨 뒤에서 요소 꺼냄

맨 뒤에 있는 자료 반환하고 배열에서 제거

push("A")　push("B")　push("C")

pop( )　pop( )　pop( )

:: 출력 화면

Problems @ Javadoc Declaration ☐ Console ⌗

<terminated> StackTest [Java Application] C:\Program Files\Java\jre-10.0.1\bin\javaw.exe

```
C
B
A
```

8~10행 push( )에서는 add( ) 메서드를 사용하여 ArrayList 맨 뒤에 요소를 추가합니다. 그리고 pop( ) 메서드의 19행에서 arrayStack.remove(len-1)을 사용해 가장 최근에 추가된 마지막 항목(요소)을 ArrayList에서 제거하고 반환해 줍니다. 테스트 프로그램을 통해 추가된 순서와 반대로 최근 항목부터 pop( )이 수행됨을 알 수 있습니다.

> **한 걸음 더!** **스택 메모리 구조는 스택 자료 구조 형식입니다**
>
> 함수를 호출하면 스택 메모리에 지역 변수가 생성된다고 했습니다. 이때 함수를 호출하면 호출된 함수가 끝날 때까지 해당 함수의 메모리 공간은 계속 남아 있습니다. 이렇듯 가장 나중에 호출된 함수와 그 함수의 지역 변수가 사용하는 메모리는 스택 자료 구조와 같은 방식으로 운영됩니다.

ArrayList로 큐 구현하기

이번에는 ArrayList로 큐를 구현해 봅시다.

> **코딩해 보세요!** **큐 구현하기** • 참고 파일 QueueTest.java

```
01  package collection.arraylist;
02
03  import java.util.ArrayList;
04
05  class MyQueue {
06    private ArrayList<String> arrayQueue = new ArrayList<String>( );
07
08    public void enQueue(String data) {        큐의 맨 뒤에 추가
09      arrayQueue.add(data);
10    }
11
12    public String deQueue( ) {
13      int len = arrayQueue.size( );
14      if(len == 0) {
15        System.out.println("큐가 비었습니다");       큐의 맨 앞에서 꺼냄
16        return null;
17      }
18
19      return(arrayQueue.remove(0));        맨 앞의 자료 반환하고 배열에서 제거
20    }
21  }
22
```

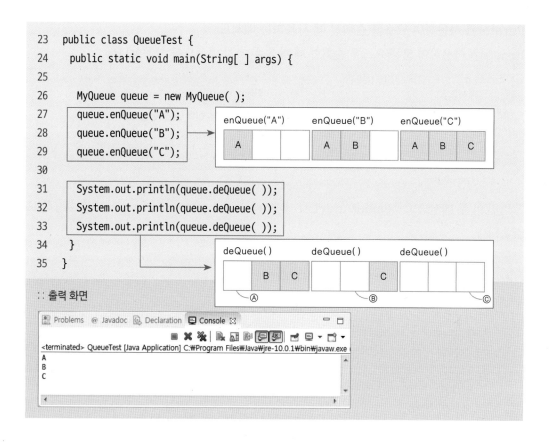

```
23   public class QueueTest {
24     public static void main(String[ ] args) {
25
26       MyQueue queue = new MyQueue( );
27       queue.enQueue("A");          enQueue("A")      enQueue("B")        enQueue("C")
28       queue.enQueue("B");
29       queue.enQueue("C");            A              A   B            A   B   C
30
31       System.out.println(queue.deQueue( ));
32       System.out.println(queue.deQueue( ));
33       System.out.println(queue.deQueue( ));
34     }
35   }
                                         deQueue( )        deQueue( )        deQueue( )
:: 출력 화면
                                            B   C               C
                                         Ⓐ               Ⓑ                Ⓒ
```

8~10행 enQueue( )에서는 add( ) 메서드를 사용하여 ArrayList 맨 뒤에 요소를 추가합니다.
그리고 큐에서 자료를 꺼내는 12~20행의 deQueue( ) 메서드는 ArrayList의 맨 앞에 있는 요
소부터 제거하고 반환합니다. 출력 결과를 보면 추가된 순서대로 요소가 반환되는 것을 알 수
있습니다.

Collection 요소를 순회하는 Iterator

MemberArrayList.java의 removeMember( ) 메서드를 보면 for문과 get(i) 메서드를 사용
하여 회원을 순차적으로 하나씩 꺼내면서 매개변수와 같은 아이디를 찾습니다. 그런데 순서
가 없는 Set 인터페이스를 구현한 경우에는 get(i) 메서드를 사용할 수 없습니다. 이때
Iterator를 사용합니다. Iterator는 Collection 인터페이스를 구현한 객체에서 미리 정의되어
있는 iterator( ) 메서드를 호출하여 참조합니다. 예를 들어 Collection을 구현한 ArrayList에
iterator( ) 메서드를 호출하면 Iterator 클래스가 반환되므로 다음처럼 Iterator형 변수에 대
입해 사용합니다.

```
Iterator ir = memberArrayList.iterator( );
```

Iterator를 사용하여 요소를 순회할 때 사용하는 메서드

Iterator를 사용하여 모든 요소를 순회할 때 다음 두 가지 메서드를 사용합니다.

메서드	설명
boolean hasNext( )	이후에 요소가 더 있는지를 체크하는 메서드이며, 요소가 있다면 true를 반환합니다.
E next( )	다음에 있는 요소를 반환합니다.

그러면 이 두 메서드로 MemberArrayList 클래스의 removeMember( ) 메서드를 수정해 보겠습니다.

```java
public boolean removeMember(int memberId) {
  Iterator<Member> ir = arrayList.iterator( );        // Iterator 반환
  while(ir.hasNext( )) {                               // 요소가 있는 동안
    Member member = ir.next( );                        // 다음 회원을 반환받음
    int tempId = member.getMemberId( );
    if(tempId == memberId) {                           // 회원 아이디가 매개변수와 일치하면
        arrayList.remove(member);                      // 해당 회원 삭제
        return true;                                   // true 반환
    }
  }
  //끝날 때까지 삭제하려는 값을 찾지 못한 경우
  System.out.println(memberId + "가 존재하지 않습니다");
  return false;
}
```

arrayList.iterator( ) 메서드를 호출하여 Iterator를 가져옵니다. Iterator〈Member〉와 같이 제네릭 자료형으로 Iterator가 순회할 요소의 자료형을 지정합니다. Iterator는 각 요소를 순회하기 때문에 hashNext( )의 결과가 true이면 다음 요소를 가져오는 next( ) 메서드를 호출합니다. 나머지 비교 부분은 for문과 get(i) 메서드를 사용하는 경우와 같습니다. 이렇게 순서가 없는 클래스도 Iterator를 사용하면 요소를 순회할 수 있습니다.

◎ 13장 스트림에서 Collection이 구현된 객체를 순회할 때 Iterator를 사용하는 것보다 조금 더 간단한 방법을 소개합니다.

12-4 Set 인터페이스

순서와 상관없이 중복을 허용하지 않는 경우에는 Set 인터페이스를 구현한 클래스를 사용합니다. 우리가 사용하는 데이터 중에 중복을 허용하지 않는 데이터는 어떤 것이 있을까요? 회원 아이디, 주민등록번호, 사번, 홈쇼핑 주문 번호 등은 중복되면 안 될 것입니다. Set 인터페이스를 구현한 대표 클래스에는 HashSet와 TreeSet가 있습니다. 우선 HashSet부터 살펴보겠습니다.

HashSet 클래스

HashSet 클래스는 집합 자료 구조를 구현하며 중복을 허용하지 않습니다. 중복을 허용하지 않는다는 의미를 살펴보기 위해 다음과 같이 간단한 HashSet를 테스트하는 프로그램을 작성해 봅시다. HashSet 클래스를 생성하고 문자열 자료를 추가합니다.

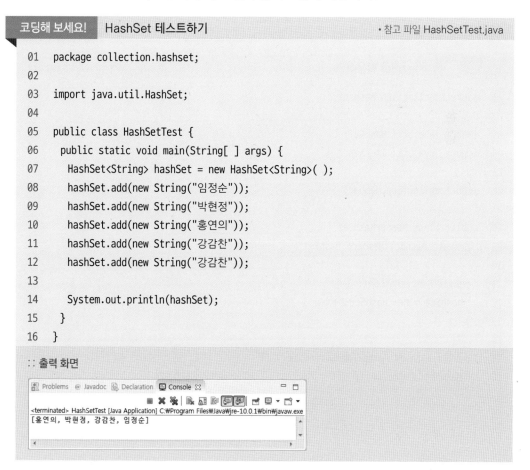

코딩해 보세요! HashSet 테스트하기 · 참고 파일 HashSetTest.java

```
01  package collection.hashset;
02
03  import java.util.HashSet;
04
05  public class HashSetTest {
06    public static void main(String[ ] args) {
07      HashSet<String> hashSet = new HashSet<String>( );
08      hashSet.add(new String("임정순"));
09      hashSet.add(new String("박현정"));
10      hashSet.add(new String("홍연의"));
11      hashSet.add(new String("강감찬"));
12      hashSet.add(new String("강감찬"));
13
14      System.out.println(hashSet);
15    }
16  }
```

:: 출력 화면

```
Problems  @ Javadoc  Declaration  Console ☒
<terminated> HashSetTest [Java Application] C:\Program Files\Java\jre-10.0.1\bin\javaw.exe
[홍연의, 박현정, 강감찬, 임정순]
```

11~12행을 보면 hashSet에 동일한 자료 '강감찬'을 추가했습니다. 같은 문자열을 추가한 것입니다. 결과 화면을 보면 같은 자료는 중복되어 출력되지 않았습니다. 출력 결과에서 우리는 두 가지 사실을 알 수 있습니다. 첫째, HashSet에 중복된 값은 추가되지 않는다는 것입니다. HashSet은 중복을 허용하지 않는 자료 구조이기 때문에 '강감찬'이란 문자열이 한 번만 출력되었습니다. 둘째, ArrayList는 순서가 있는 자료 구조이기 때문에 추가한 순서대로 출력되지만, HashSet는 자료가 추가된 순서와 상관없이 출력됩니다.

HashSet를 활용해 회원 관리 프로그램 구현하기

이제 HashSet를 활용하여 회원을 관리하는 프로그램을 구현해 봅시다. 구현할 메서드는 MemberArrayList 클래스와 동일합니다. 패키지 구조는 오른쪽과 같습니다. collection 패키지 하위에 hashset 패키지를 만들고 관리 프로그램과 테스트 프로그램을 구현합니다.

HashSet 클래스를 생성하고 addMember( ), removeMember( ), showAllMember( )를 구현해 봅시다.

코딩해 보세요!　　**HashSet 활용하기**　　　　　　• 참고 파일 MemberHashSet.java

```
01   package collection.hashset;
02
03   import java.util.HashSet;
04   import java.util.Iterator;
05
06   import collection.Member;
07
08   public class MemberHashSet {
09       private HashSet<Member> hashSet;        ── HashSet 선언
10
11       public MemberHashSet( ) {
12           hashSet = new HashSet<Member>( );   ── HashSet 생성
13       }
14
15       public void addMember(Member member) {
16           hashSet.add(member);                ── HashSet에 회원추가
17       }
18
```

```
19  public boolean removeMember(int memberId) {
20      Iterator<Member> ir = hashSet.iterator( );         ──── Iterator를 활용해 순회함
21
22    while(ir.hasNext( )) {
23      Member member = ir.next( );  //회원을 하나씩 가져와서
24      int tempId = member.getMemberId( );  //아이디 비교
25      if(tempId == memberId) {  //같은 아이디인 경우
26        hashSet.remove(member);  //회원 삭제              ──── 매개변수로 받은 회원 아이디에
27        return true;                                          해당하는 회원 삭제
28      }
29    }
30    System.out.println(memberId + "가 존재하지 않습니다");
31    return false;
32  }
33
34  public void showAllMember( ) {
35    for(Member member : hashSet) {
36      System.out.println(member);
37    }                                                     ──── 모든 회원 출력
38    System.out.println( );
39  }
40 }
```

회원을 삭제할 때 사용하는 remove( ) 메서드가 ArrayList와 좀 다릅니다. ArrayList에서는 get(i) 메서드를 사용해 i번째에 해당하는 항목을 가져와서 삭제했습니다. HashSet에서는 해당하는 아이디를 가진 회원을 찾기 위해 Iterator를 사용하며, 만약 아이디가 같으면 HashSet의 remove( ) 메서드를 사용하여 해당하는 회원을 삭제합니다.

메서드	설명
boolean remove(Object o)	매개변수로 받은 객체를 삭제하고 삭제 여부를 true, false로 반환합니다.

이제 테스트 프로그램을 실행하여 MemberHashSet 클래스가 잘 구현되었는지 확인해 봅시다. 먼저 MemberHashSet를 생성하여 회원 집합을 추가합니다. 그리고 기존에 추가된 회원과 아이디가 같은 회원을 추가해 보겠습니다.

```
01   package collection.hashset;
02
03   import collection.Member;
04
05   public class MemberHashSetTest {
06     public static void main(String[ ] args) {
07       MemberHashSet memberHashSet = new MemberHashSet( );
08
09       Member memberLee = new Member(1001, "이지원");
10       Member memberSon = new Member(1002, "손민국");
11       Member memberPark = new Member(1003, "박서훤");
12
13       memberHashSet.addMember(memberLee);
14       memberHashSet.addMember(memberSon);
15       memberHashSet.addMember(memberPark);
16       memberHashSet.showAllMember( );
17
18       Member memberHong = new Member(1003, "홍길동");      아이디 중복 회원 추가
19       memberHashSet.addMember(memberHong);
20       memberHashSet.showAllMember( );
21     }
22   }
```

:: 출력 화면

```
Problems  @ Javadoc  Declaration  Console ✕
<terminated> MemberHashSetTest [Java Application] C:₩Program Files₩Java₩jre-10.0.1₩bin₩javaw.exe
이지원  회원님의  아이디는  1001입니다
손민국  회원님의  아이디는  1002입니다
박서훤  회원님의  아이디는  1003입니다

이지원  회원님의  아이디는  1001입니다
홍길동  회원님의  아이디는  1003입니다
손민국  회원님의  아이디는  1002입니다
박서훤  회원님의  아이디는  1003입니다
```

출력 결과를 보면 같은 아이디 1003을 가진 박서훤 회원과 홍길동 회원이 그대로 출력되었습니다. 같은 회원이라는 것은 회원 아이디가 같다는 뜻인데 원래 HashSet의 정의대로라면 홍길동 회원이 추가되지 않아야 합니다. 앞에서 본 HashSetTest 예제에서는 같은 문자열(강감찬)은 두 번 추가되지 않았습니다. String("강감찬")이 두 번 추가 되지 않은 이유는 String 클래스에 객체가 동일한 경우에 대한 처리 방법이 이미 구현되어 있기 때문입니다. 그러면 Member 클래스에도 같은 객체를 처리하는 방법을 구현해 보겠습니다.

객체가 동일함을 구현하기

기본적으로 인스턴스 주소가 같으면 같은 객체입니다. 하지만 여기에서는 회원 아이디가 같아도 같은 회원이지요. Object 클래스에서 논리적으로 같은 객체를 구현하기 위해 equals( ) 메서드와 hashCode( ) 메서드를 재정의했습니다. 그러므로 Member 클래스에도 equals( ) 메서드와 hashCode( ) 메서드를 재정의하여 회원 아이디가 같으면 같은 회원임을 구현해 주어야 합니다. 다음 예제를 따라 해봅시다.

코딩해 보세요! **HashSet 활용하기**   • 참고 파일 Member.java

```java
01   package collection;
02
03   public class Member {
04     private int memberId;
05     private String memberName;
06
07     ...
08
09     @Override
10     public int hashCode( ) {
11       return memberId;          ──  hashCode( ) 메서드가 회원 아이디를 반환하도록 재정의
12     }
13
14     @Override
15     public boolean equals(Object obj) {
16       if(obj instanceof Member) {
17         Member member = (Member)obj;
18         if(this.memberId == member.memberId)     매개변수로 받은 회원 아이디가 자신의 회원
19           return true;                            아이디와 같다면 true 반환
20         else
21           return false;
22       }
23       return false;
24     }
25   }
```

Member 클래스에 equals( )와 hashCode( ) 메서드를 재정의하고 MemberHashSet Test를 수행해 출력 결과를 보면 오른쪽처럼 아이디가 같은 회원은 추가되지 않은 것을 알 수 있습니다.

```
Problems | Javadoc | Declaration | Console ✕
<terminated> MemberHashSetTest [Java Application] C:\Program Files\Java\jre-10.0.1\bin\javaw.exe
이지원 회원님의 아이디는 1001입니다
손민국 회원님의 아이디는 1002입니다
박서원 회원님의 아이디는 1003입니다

이지원 회원님의 아이디는 1001입니다
손민국 회원님의 아이디는 1002입니다
박서원 회원님의 아이디는 1003입니다
```

TreeSet 클래스

자바의 Collection 인터페이스나 Map 인터페이스를 구현한 클래스 중 Tree로 시작하는 클래스는 데이터를 추가한 후 결과를 출력하면 결과 값이 정렬됩니다. TreeSet는 자료의 중복을 허용하지 않으면서 출력 결과 값을 정렬하는 클래스입니다. TreeSet를 활용한 간단한 코드를 살펴보겠습니다.

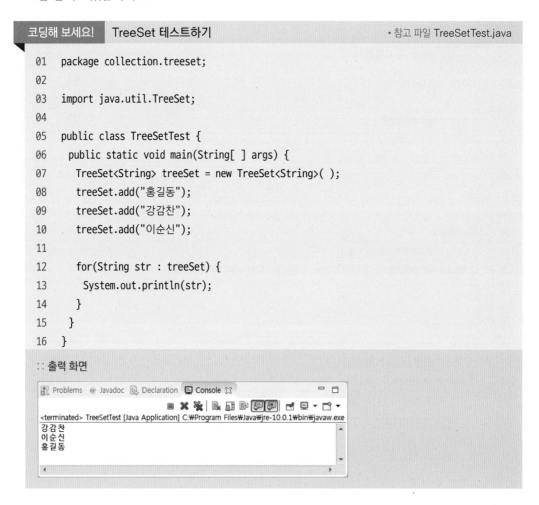

코딩해 보세요! **TreeSet 테스트하기** • 참고 파일 TreeSetTest.java

```java
01  package collection.treeset;
02
03  import java.util.TreeSet;
04
05  public class TreeSetTest {
06    public static void main(String[ ] args) {
07      TreeSet<String> treeSet = new TreeSet<String>( );
08      treeSet.add("홍길동");
09      treeSet.add("강감찬");
10      treeSet.add("이순신");
11
12      for(String str : treeSet) {
13        System.out.println(str);
14      }
15    }
16  }
```

:: 출력 화면

```
강감찬
이순신
홍길동
```

TreeSet에 홍길동, 강감찬, 이순신 순으로 요소를 추가했습니다. 그런데 결과 값은 정렬되어 출력되었습니다. 그렇다면 정렬은 어떤 기준으로 이루어질까요? 자바는 정렬을 구현하기 위해 '이진 트리(binary tree)'를 사용합니다.

이진 검색 트리

트리는 자료 사이의 계층 구조를 나타내는 자료 구조입니다. 트리 자료 구조를 자세히 설명하기보다는 TreeSet를 이해하기 위해 필요한 '이진 검색 트리(Binary Search Tree; BST)'에 대해서만 간단히 설명하겠습니다.

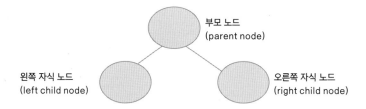

트리 자료 구조에서 각 자료가 들어가는 공간을 노드라고 합니다. 그리고 위아래로 연결된 노드의 관계를 '부모-자식 노드(parent-child node)'라고 합니다. 이진 검색 트리는 노드에 저장되는 자료의 중복을 허용하지 않고, 부모가 가지는 자식 노드의 수가 2개 이하입니다. 또한 왼쪽에 위치하는 자식 노드는 부모 노드보다 항상 작은 값을 가집니다. 반대로 오른쪽에 놓인 자식 노드는 부모 노드보다 항상 큰 값을 가집니다. 따라서 어떤 특정 값을 찾으려 할 때 한 노드와 비교해 비교한 노드보다 작은 값이면 왼쪽 자식 노드 방향으로, 그렇지 않으면 오른쪽 자식 노드 방향으로 이동합니다. 따라서 비교 범위가 평균 1/2만큼씩 줄어들어 효과적으로 자료를 검색할 수 있습니다.

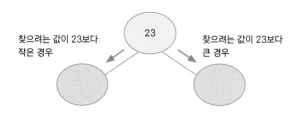

그러면 간단한 이진 검색 트리를 만들어 보겠습니다. 오른쪽 순서로 숫자를 입력한다고 할 때 트리가 만들어지는 모양은 다음과 같습니다.

> 23, 10, 48, 15, 7, 22, 56

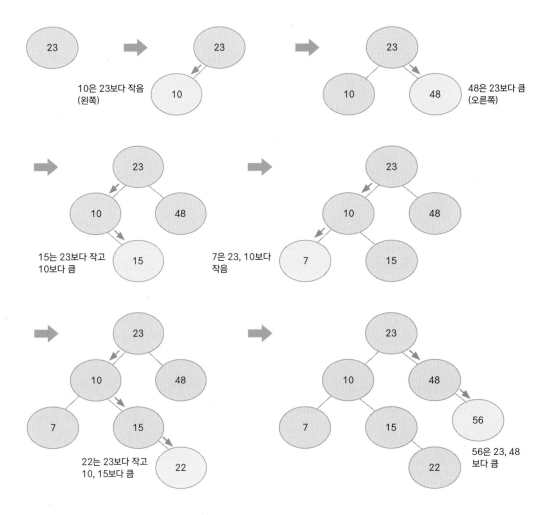

이렇게 만들어진 이진 검색 트리를 맨 왼쪽 노드부터 시작해서 왼쪽 → 부모 → 오른쪽 순으로 순회하면 오름차순이 됩니다. 순회하다가 노드의 끝을 만나면 부모 노드로 올라갑니다. 가장 왼쪽 노드인 7부터 순회하면 결과는 다음과 같습니다.

```
7 → 10 → 15 → 22 → 23 → 48 → 56
```

그 반대로 오른쪽 → 부모 → 왼쪽 순으로 순회하면 내림차순이 됩니다. 자바의 TreeSet는 이진 검색 트리를 활용하여 자료를 정렬합니다. 어떤 기준으로 값의 크기를 비교할 것인지는 프로그래머가 직접 구현해야 합니다.

TreeSet를 활용해 회원 관리 프로그램 구현하기

TreeSetTest.java 예제에서 별도의 코드를 구현하지 않아도 요소들이 정렬되었던 이유는
String 클래스 안에 정렬 방식이 이미 구현되어 있기 때
문입니다. 이제 패키지를 새로 만들고 TreeSet를 활용하
여 회원 관리 프로그램을 구현해 보겠습니다. 동일한 Set
인터페이스를 구현한 클래스이므로 HashSet 대신에
TreeSet만 선언하여 생성하면 나머지 코드는 같습니다.
패키지와 클래스 구조는 오른쪽과 같습니다.

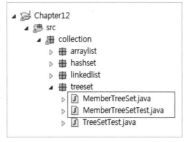

코드는 다음과 같습니다. 회원 정렬 기준은 회원 아이디순으로 하겠습니다.

코딩해 보세요! **TreeSet 활용하기** · 참고 파일 MemberTreeSet.java

```java
01  package collection.treeset;
02
03  import java.util.Iterator;
04  import java.util.TreeSet;
05
06  import collection.Member;
07
08  public class MemberTreeSet {
09    private TreeSet<Member> treeSet;
10
11    public MemberTreeSet( ) {
12      treeSet = new TreeSet<Member>( );
13    }
14
15    public void addMember(Member member) {        // TreeSet에 회원을 추가하는 메서드
16      treeSet.add(member);
17    }
18
19    public boolean removeMember(int memberId) {
20      Iterator<Member> ir = treeSet.iterator( );
21
22      while(ir.hasNext( )) {                       // TreeSet에서 회원을
23        Member member = ir.next( );                //   삭제하는 메서드
24        int tempId = member.getMemberId( );
25        if(tempId == memberId) {
26          treeSet.remove(member);
27          return true;
```

```
28        }
29      }
30      System.out.println(memberId + "가 존재하지 않습니다");
31      return false;
32    }
33
34    public void showAllMember( ) {
35      for(Member member : treeSet) {
36        System.out.println(member);                  ── 전체 회원을 출력하는 메서드
37      }
38      System.out.println( );
39    }
40  }
```

그러면 TreeSet를 테스트하여 회원 아이디 순서대로 정렬이 되는지 확인해 봅시다.

코딩해 보세요!　TreeSet 활용하기　　　　　　• 참고 파일 MemberTreeSetTest.java

```
01  package collection.treeset;
02
03  import collection.Member;
04
05  public class MemberTreeSetTest {
06    public static void main(String[ ] args) {
07      MemberTreeSet memberTreeSet = new MemberTreeSet( );
08
09      Member memberPark = new Member(1003, "박서훤");
10      Member memberLee = new Member(1001, "이지원");
11      Member memberSon = new Member(1002, "손민국");
12
13      memberTreeSet.addMember(memberLee);
14      memberTreeSet.addMember(memberSon);
15      memberTreeSet.addMember(memberPark);
16      memberTreeSet.showAllMember( );
17
18      Member memberHong = new Member(1003, "홍길동");     ── 아이디 중복 회원 추가
19      memberTreeSet.addMember(memberHong);
20      memberTreeSet.showAllMember( );
21    }
22  }
```

:: 출력 화면

아이디 중복 없이 제거되고 회원 아이디로 정렬되어 잘 출력될 줄 알았는데, 오류가 발생했습니다. 오류 메시지가 나타나면 바로 닫지 말고 그 내용을 잘 살펴보기 바랍니다. 위 출력 화면에서 오류 내용을 살펴보면 Member 클래스가 Comparable 인터페이스를 구현하지 않았다는 의미입니다. Comparable 인터페이스를 구현하지 않았다는 의미는 우리가 만든 Member 클래스를 TreeSet의 요소로 추가할 때 어떤 기준으로 노드를 비교하여 트리를 형성해야 하는지를 구현하지 않았다는 뜻입니다. 따라서 회원을 TreeSet에 추가할 때 어떤 기준으로 비교할 것인지를 구현해 주어야 합니다. 이때 사용하는 인터페이스가 Comparable 또는 Comparator입니다.

Comparable 인터페이스와 Comparator 인터페이스

우리는 Member 클래스가 가진 회원 아이디를 기준으로 하여 오름차순으로 정렬할 것입니다. Comparable과 Comparator는 이러한 정렬을 구현할 수 있게 해주는 인터페이스입니다. 그렇다면 정렬 방식을 어디에 구현해야 할까요? 정렬 기준 값이 있는 Member 클래스에 구현하면 됩니다.

```
public class Member implements Comparable<member> {
   ...
}
```

먼저 Comparable 인터페이스를 활용하여 구현해 보겠습니다.

자기 자신과 전달받은 매개변수를 비교하는 Comparable 인터페이스

Comparable 인터페이스에는 compareTo( ) 추상 메서드가 포함되어 있습니다. 따라서 이 인터페이스를 구현하는 Member 클래스에서 compareTo( ) 메서드를 구현해야 합니다. compareTo( ) 메서드를 구현한 Member 클래스 코드는 다음과 같습니다.

```
01   public class Member implements Comparable<Member> {
02     private int memberId;
03     private String memberName;
04
05     public Member(int memberId, String memberName) {
06       this.memberId = memberId;
07       this.memberName = memberName;
08   }
09
10   ...
11     @Override
12     public int compareTo(Member member) {
13       return (this.memberId - member.memberId);
14     }
15   }
```

> compareTo( ) 메서드 재정의.
> 추가한 회원 아이디와 매개변수로 받은
> 회원 아이디를 비교함

이 예제에서 재정의한 compareTo( ) 메서드의 의미는 다음과 같습니다. 비교 대상은 this의
회원 아이디, 즉 새로 추가한 회원의 아이디와 compareTo( ) 메서드의 매개변수로 전달된 회
원 아이디입니다. 두 값을 비교하여 새로 추가한 회원 아이디가 더 크면 양수, 그렇지 않으면 음
수, 같으면 0을 반환하도록 만들었습니다. 이렇게 구현하면 출력 결과 값은 오름차순으로 정렬
됩니다.

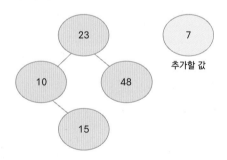

1. 7과 23을 비교하면 7이 더 작으므로 23의 왼쪽 자식
노드 쪽으로 이동합니다.

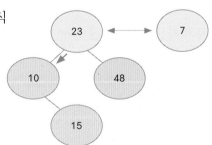

2. 7을 10과 비교하면 이번에도 7이 더 작으므로 10의 왼쪽 자식 노드 쪽으로 이동합니다.

3. 10의 왼쪽 자식 노드가 비어 있으므로 (null) 그 자리에 7을 추가합니다.

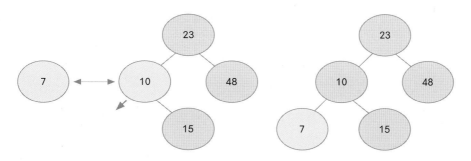

즉 compareTo( ) 메서드에서는 새로 추가되는 값 7이 this이고 비교되는 값 23과 10이 매개변수로 전달됩니다.

compareTo( )의 반환 값은 정수 값인데, 비교하는 두 값 중 this 값이 더 크면 양수를 반환하여 오름차순으로 정렬됩니다. 그렇지 않고 this 값이 더 작으면 음수를 반환하여 내림차순으로 정렬됩니다. compareTo( )는 프로그래머가 호출하는 메서드가 아닌 객체가 TreeSet에 요소를 추가할 때 호출되는 메서드입니다. 그리고 어떤 매개변수가 전달될지는 기존 TreeSet에 어떤 요소가 들어 있는지에 따라 달라집니다. 이제 MemberTree SetTest 클래스를 다시 실행하면 다음과 같은 정렬 결과를 볼 수 있습니다.

😊 compareTo( ) 메서드처럼 프로그래머가 작성하지만 시스템이나 자바 컬렉션 프레임워크가 호출하는 메서드를 콜백(callback) 메서드라고 합니다.

아이디가 오름차순으로 정렬되어 있음을 알 수 있습니다. 내림차순으로 정렬하려면 Member 클래스의 compareTo( ) 메서드를 다음과 같이 수정하면 됩니다.

```
@Override
public int compareTo(Member member) {
  return (this.memberId - member.memberId) * (-1);
}
```

내림차순으로 정렬하기 위해 반환 값을 음수로 만듦

반환 값 결과에 -1을 곱하여
음수로 바꾸면 내림차순으로
정렬됩니다.

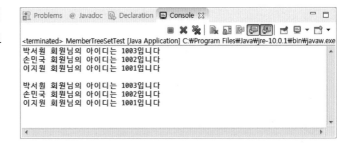

나 혼자 코딩!

회원 이름순으로 정렬하기

출력 결과가 회원 이름순으로 정렬되도록 compareTo( ) 메서드를 수정해 보세요.

정답 자료실 제공

두 매개변수를 비교하는 Comparator 인터페이스

Comparator 역시 정렬을 구현하는 데 사용하는 인터페이스입니다. Comparator 인터페이스는 compare( ) 메서드를 구현해야 합니다. Member2 클래스를 새로 만들어 Comparator를 구현한 코드는 다음과 같습니다.

코딩해 보세요! Comparator 인터페이스 구현하기   • 참고 파일 Member2.java

```
01    package collection;
02
03    import java.util.Comparator;
04
05    public class Member2 implements Comparator<Member2> {
06      private int memberId;
07      private String memberName;
08
09      public Member2(int memberId, String memberName) {
10        this.memberId = memberId;
11        this.memberName = memberName;
12      }
13      ...
14      @Override
15      public int compare(Member2 mem1, Member2 mem2) {
16        return mem1.getMemberId( ) - mem2.getMemberId( );
17      }
18    }
```

compare( ) 메서드 재정의.
전달받은 두 매개변수를 비교함

Comparator 인터페이스는 compare( ) 메서드를 구현해야 하는데, 이 메서드에는 매개변수가 2개 전달됩니다. compareTo( ) 메서드는 this와 전달된 매개변수를 비교하였다면, compare( ) 메서드는 전달되는 두 매개변수를 비교합니다. 첫 번째 매개변수가 더 클 때 양수를 반환하여 오름차순으로 정렬됩니다.

Comparator를 사용할 때 유의할 점은 TreeSet 생성자에 Comparator를 구현한 객체를 매개변수로 전달한다는 것입니다. 즉 다음과 같이 코드를 구현해야 합니다.

```
TreeSet<Member> treeSet = new TreeSet<Member>(new Member( ));
```

일반적으로 Comparator 인터페이스보다는 Comparable 인터페이스를 더 많이 사용합니다. 다만 어떤 클래스가 이미 Comparable 인터페이스를 구현한 경우에 이 클래스의 정렬 방식을 정의할 때 Comparator 인터페이스를 사용할 수 있습니다. 예를 들어 String 클래스는 Comparable 인터페이스를 이미 구현했다고 했습니다. 그리고 Comparable 인터페이스의 compareTo( ) 메서드는 오름차순 정렬을 구현하고 있습니다. 만약 정렬 방식을 내림차순으로 바꾸고 싶은 경우에는 어떻게 해야 할까요? String 클래스의 경우는 final로 선언되어 있어서 상속받아 compareTo( ) 메서드를 재정의할 수도 없습니다. 이러한 경우 Comparator를 사용합니다. 다음 예제를 봅시다.

코딩해 보세요! **Comparator 인터페이스 사용하기** • 참고 파일 ComparatorTest.java

```
01  package collection.treeset;
02
03  import java.util.Comparator;
04  import java.util.Set;
05  import java.util.TreeSet;
06
07  class MyCompare implements Comparator<String> {
08    @Override
09    public int compare(String s1, String s2) {
10      return (s1.compareTo(s2)) * -1 ;          내림차순으로 정렬
11    }
12  }
13
14  public class ComparatorTest {
15    public static void main(String[] args) {
```

```
16    Set<String> set = new TreeSet<String>(new MyCompare( ));   ──┐ TreeSet 생성자의 매개
                                                                    │ 변수로 정렬 방식을 지정
17    set.add("aaa");
18    set.add("ccc");
19    set.add("bbb");
20
21    System.out.println(set);
22    }
23 }
```

:: 출력 화면

```
Console ☒  Problems  @ Javadoc  Declaration  Search  Coverage        ─ □
                         ■ ✖ ✖ | ▤ ▤ ▥ | ▦ ▦ | ▭ ▭ ▾ ▭ ▾
<terminated> ComparatorTest [Java Application] C:\Program Files\Java\jre-10.0.1\bin\javaw.exe
[ccc, bbb, aaa]
```

16행에서 TreeSet 클래스를 생성할 때 생성자에 매개변수를 넣지 않으면 원래 String 클래
스에 정의된 Comparable 인터페이스의 compareTo( ) 메서드 구현 내용대로 오름차순으
로 정렬됩니다. 이 예제에서는 TreeSet 클래스 생성자에 Comparator 인터페이스를 구현
한 MyCompare 인스턴스를 매개변수로 넣었기 때문에, 재정의한 compare( ) 메서드 방식
에 따라 내림차순으로 정렬 방식이 바뀝니다.

12-5 Map 인터페이스

Map 인터페이스는 자료를 쌍(pair)으로 관리하는 데 필요한 메서드가 정의되어 있습니다. key-value 쌍으로 이루어진 객체의 key 값은 유일하며 value 값은 중복될 수 있습니다. Map 인터페이스를 구현한 클래스는 내부적으로 해시 알고리즘에 의해 구현되어 있습니다. 그러면 가장 많이 사용하는 HashMap 클래스부터 살펴보겠습니다.

HashMap 클래스

HashMap은 Map 인터페이스를 구현한 클래스 중 가장 많이 사용합니다. HashMap에서 자료를 관리하는 방식은 해시 방식입니다. 해시는 11장의 Object 부분에서 hashCode( ) 메서드와 함께 설명했습니다. 해시 방식의 자료를 저장하는 공간을 해시 테이블이라고 합니다. key 값이 정해지면 그에 대응하는 해시 테이블의 저장 위치가 정해지는데 이런 위치를 계산하는 함수가 '해시 함수'입니다. 오른쪽과 같이 해시 함수를 표현할 수 있습니다.

```
index = hash(key)    // index는 저장 위치
```

새로운 key-value 자료가 입력되거나, key를 알고 있는 상태에서 value를 검색하는 데 걸리는 시간은 산술적으로 계산할 수 있습니다. 그러므로 자료 추가 속도나 검색 속도가 상당히 빠르다는 장점이 있습니다. 해시 함수를 어떻게 만드느냐는 key 값 특성이나 개발 프로그램 성격에 따라 다를 수 있습니다. 그런데 서로 다른 key 값에 같은 index가 반환되는 충돌(collision)이 발생하는 경우도 있습니다. 따라서 해시 테이블에 데이터를 꽉 채우지 않고 적정 수준이 되면 테이블을 확장해 충돌 발생 확률을 낮춥니다. 또한 Map 인터페이스에서 사용하는 key 값은 중복될 수 없으므로 equals( ) 메서드와 hashcode( ) 메 | ⓒ 자바는 해시 테이블의 75%까지 사용하고 컴파일러가 자동으로 메모리를 확장합니다.
서드를 재정의하여 사용하는 것이 좋습니다.

HashMap을 활용해 회원 관리 프로그램 구현하기

이제 HashMap을 활용하여 회원 관리 프로그램을 만들어 보겠습니다. key 값은 회원 아이디, value는 회원 클래스로 구현합니다. 컬렉션에서 사용한 Member 클래스를 그대로 사용하고 관리 클래스와 테스트 클래스를 오른쪽과 같이 구현해 보겠습니다.

```java
01   package map.hashmap;
02
03   import java.util.HashMap;
04   import java.util.Iterator;
05
06   import collection.Member;
07
08   public class MemberHashMap {
09     private HashMap<Integer, Member> hashMap;
10
11     public MemberHashMap( ) {
12       hashMap = new HashMap<Integer, Member>( );
13     }
14
15     public void addMember(Member member) {
16       hashMap.put(member.getMemberId( ), member);
17     }
18
19     public boolean removeMember(int memberId) {
20       if(hashMap.containsKey(memberId)) {
21         hashMap.remove(memberId);
22         return true;
23       }
24       System.out.println(memberId + "가 존재하지 않습니다");
25       return false;
26     }
27
28     public void showAllMember( ) {
29       Iterator<Integer> ir = hashMap.keySet( ).iterator( );
30       while (ir.hasNext( )) {   //다음 key가 있으면
31         int key = ir.next( );   //key 값을 가져와서
32         Member member = hashMap.get(key); //key로부터 value 가져오기
33         System.out.println(member);
34       }
35       System.out.println( );
36     }
37   }
```

key-value 쌍으로 추가

HashMap에 회원을 추가하는 메서드

HashMap에 매개변수로 받은 키 값인 회원 아이디가 있다면

해당 회원 삭제

HashMap에서 회원을 삭제하는 메서드

Iterator를 사용해 전체 회원을 출력하는 메서드

key 값은 회원 아이디, value는 회원 클래스입니다. 9행에서 HashMap을 선언하고 11~13
행 생성자에서 생성했습니다. 15~17행 addMember( ) 메서드에서 회원 아이디와 회원 클래
스를 put( ) 메서드를 사용하여 추가합니다. 19~26행 removeMember( ) 메서드를 살펴보
면, 매개변수로 key 값인 memberID가 전달되었습니다. 우선 containsKey( ) 메서드를 호출
하여 해당 key 값이 HashMap에 존재하는지 확인하고 존재하는 경우 key 값을 사용하여 삭
제합니다.

전체 회원을 출력하는 showAllMember( ) 메서드는 어떻게 구현할까요? Map 인터페이스는
모든 자료를 한 번에 순회할 수 있는 방법이 없습니다. 모든 자료를 순회하려면 key 값을 먼저
가져와서 key 값에 해당하는 value를 찾아야 합니다. 29행에서 hashMap.keySet( ) 메서드
를 호출하면 모든 key 값이 Set 객체로 반환됩니다. 반환된 Set 객체에 iterator( ) 메서드를 호
출하면 key를 순회할 수 있는 Iterator가 반환됩니다. 그리고 모든 key 값을 하나씩 순회하면
서 32행처럼 get( ) 메서드를 사용하여 해당 value 값을 가져옵니다. 이 외에 HashMap의
values( ) 메서드를 사용하면 key 값 없이 모든 value 값을 Collection 자료형으로 반환해 줍
니다. key는 중복될 수 없으므로 반환형이 Set이고, value는 중복 가능하므로 Collection이
됩니다.

key 값으로 쓰인 회원 아이디는 Integer형입니다. Integer 클래스는 equals( ) 메서드와
hashcode( ) 메서드가 이미 재정의되어 있습니다. 테스트 코드를 구현하여 잘 실행되는지 확
인해 봅시다.

코딩해 보세요!   **HashMap 활용하기**   • 참고 파일 MemberHashMapTest.java

```
01   package map.hashmap;
02
03   import collection.Member;
04
05   public class MemberHashMapTest {
06     public static void main(String[ ] args) {
07       MemberHashMap memberHashMap = new MemberHashMap( );
08
09       Member memberLee = new Member(1001, "이지원");
10       Member memberSon = new Member(1002, "손민국");
11       Member memberPark = new Member(1003, "박서훤");
12       Member memberHong = new Member(1004, "홍길동");
13
```

```
14       memberHashMap.addMember(memberLee);
15       memberHashMap.addMember(memberSon);
16       memberHashMap.addMember(memberPark);
17       memberHashMap.addMember(memberHong);
18
19       memberHashMap.showAllMember( );
20
21       memberHashMap.removeMember(1004);        회원 아이디(key 값)가 1004인 회원 삭제
22       memberHashMap.showAllMember( );
23    }
24  }
```

:: 출력 화면

```
Problems  @ Javadoc  Declaration  Console ✕
<terminated> MemberHashMapTest [Java Application] C:\Program Files\Java\jre-10.0.1\bin\javaw.exe
이지원  회원님의  아이디는  1001입니다
손민국  회원님의  아이디는  1002입니다
박서원  회원님의  아이디는  1003입니다
홍길동  회원님의  아이디는  1004입니다

이지원  회원님의  아이디는  1001입니다
손민국  회원님의  아이디는  1002입니다
박서원  회원님의  아이디는  1003입니다
```

모든 회원이 잘 추가되고 회원 아이디가 1004인 홍길동 회원이 삭제되었습니다. 이처럼 쌍으로 된 자료는 HashMap을 사용하여 관리하면 편리합니다.

HashMap과 Hashtable

HashMap과 Hashtable 클래스는 모두 쌍으로 이루어진 자료를 관리하는 데 사용됩니다. Hashtable 클래스는 자바 1부터 사용했고 Vector 클래스와 마찬가지로 멀티스레드를 위한 동기화를 제공합니다. Vector 클래스에서 설명했듯이 멀티스레드 환경이 아니라면, Hashtable보다는 HashMap을 사용하는 것을 권장합니다.

TreeMap 클래스

Map 인터페이스를 구현한 클래스 중 key 값으로 자료를 정렬하려면 TreeMap을 사용할 수 있습니다. TreeMap은 TreeSet와 마찬가지로 이진 검색 트리로 구현되었습니다. key 값으로 정렬하므로 key 값에 해당하는 클래스에 Comparable이나 Comparator 인터페이스를 구현해야 합니다.

회원 관리 프로그램에서 사용하는 key 값인 회원 아이디는 Integer형입니다. JavaDoc에서 Integer 클래스를 보면 이미 Comparable 인터페이스가 구현되어 있습니다.

```
public final class Integer extends Number implements Comparable<integer> {
...
    public int compareTo(Integer anotherInteger) {
        return compare(this.value, anotherInteger.value);
    }
```

따라서 이 예제에서는 따로 Comparable 인터페이스를 구현하지 않아도 됩니다. 패키지 구조는 오른쪽과 같습니다. 그러면 다음과 같이 관리 클래스와 테스트 클래스를 구현해 보겠습니다.

```
▲ ⊞ map
  ▷ ⊞ hashmap
  ▲ ⊞ treemap
      ▷ 🗋 MemberTreeMap.java
      ▷ 🗋 MemberTreeMapTest.java
```

코딩해 보세요! **TreeMap 활용하기** • 참고 파일 MemberTreeMap.java

```
01    package map.treemap;
02
03    import java.util.Iterator;
04    import java.util.TreeMap;
05
06    import collection.Member;
07
08    public class MemberTreeMap {
09      private TreeMap<Integer, Member> treeMap;
10
11      public MemberTreeMap( ) {
12        treeMap = new TreeMap<Integer, Member>( );
13      }
14
15      public void addMember(Member member) {
16        treeMap.put(member.getMemberId( ), member);    ──── key-value 쌍으로 추가
17      }
```

```
18
19    public boolean removeMember(int memberId) {
20      if(treeMap.containsKey(memberId)){
21        treeMap.remove(memberId);        ─── key 값에 맞는 자료 삭제
22        return true;
23      }
24      System.out.println(memberId + "가 존재하지 않습니다");
25      return false;
26    }
27
28    public void showAllMember( ) {
29      Iterator<Integer> ir = treeMap.keySet( ).iterator( );
30      while (ir.hasNext( )) {
31        int key = ir.next( );
32        Member member = treeMap.get(key);
33        System.out.println(member);
34      }
35      System.out.println( );
36    }
37  }
```

코딩해 보세요! TreeMap 활용하기 • 참고 파일 MemberTreeMapTest.java

```
01  package map.treemap;
02
03  import collection.Member;
04
05  public class MemberTreeMapTest {
06    public static void main(String[ ] args) {
07      MemberTreeMap memberHashMap = new MemberTreeMap( );
08
09      Member memberPark = new Member(1003, "박서훤");
10      Member memberLee = new Member(1001, "이지원");        ─── 회원 아이디 순서와 상관없이 회원 추가
11      Member memberHong = new Member(1004, "홍길동");
12      Member memberSon = new Member(1002, "손민국");
13
14      memberHashMap.addMember(memberPark);
15      memberHashMap.addMember(memberLee);
16      memberHashMap.addMember(memberHong);
17      memberHashMap.addMember(memberSon);
18
```

```
19      memberHashMap.showAllMember( );
20
21      memberHashMap.removeMember(1004);     회원 아이디(key 값)가 1004인 회원 삭제
22      memberHashMap.showAllMember( );
23   }
24 }
```

:: 출력 화면

```
📋 Problems  @ Javadoc  🔍 Declaration  🖥 Console ☒                    ▭ ▢ □

                        ▣ ✖ ✖ | 🔳 🔐 🔳 🔳 🔳 | 🔲 🔲 ▾ 🗂 ▾ 🗂 ▾
<terminated> MemberTreeMapTest [Java Application] C:\Program Files\Java\jre-10.0.1\bin\javaw.exe
이지원 회원님의 아이디는 1001입니다
손민국 회원님의 아이디는 1002입니다
박서원 회원님의 아이디는 1003입니다
홍길동 회원님의 아이디는 1004입니다

이지원 회원님의 아이디는 1001입니다
손민국 회원님의 아이디는 1002입니다
박서원 회원님의 아이디는 1003입니다

◂                                                            ▸
```

회원이 모두 잘 추가되고 삭제도 잘 이루어지는 것을 확인할 수 있습니다. 추가되는 순서와
상관없이 key 값인 회원 아이디를 기준으로 잘 정렬됩니다.

지금까지 컬렉션 프레임워크에서 제공하는 여러 클래스를 살펴보았습니다. 자바의 컬렉션
프레임워크는 자료 구조를 최적화하여 구현했고, 다양한 메서드도 구현되어 있습니다. 이러
한 클래스의 특성을 잘 이해해 두면 여러분이 프로그램을 만들 때 적절하게 활용할 수 있습
니다.

Q1 자료 구조를 사용하기 편리하도록 자바에서 제공하는 라이브러리를 [컬   ]라고 합니다.

Q2 클래스에서 여러 자료형을 사용할 때 자료형을 명시하지 않고 자료형을 의미하는 문자로 선언한 후 실제 클래스를 생성할 때 자료형을 명시하는 프로그래밍 방식을 [제   ]이라고 합니다.

Q3 Collection 인터페이스를 구현한 클래스를 순회하기 위해 사용하는 인터페이스는 [   ]입니다.

Q4 TreeSet를 사용할 때 Comparable 인터페이스를 구현해야 하는 이유를 설명하세요.

Q5 StudentTest의 출력 결과가 다음처럼 나오도록 Student 클래스를 구현해 보세요.

```
public class StudentTest {
    public static void main(String[ ] args) {
        HashSet<Student> set = new HashSet<Student>( );
        set.add(new Student("100", "홍길동"));
        set.add(new Student("200", "강감찬"));
        set.add(new Student("300", "이순신"));
        set.add(new Student("400", "정약용"));
        set.add(new Student("100", "송중기"));

        System.out.println(set);
    }
}
```

〈출력 결과〉

100:홍길동, 200:강감찬, 300:이순신, 400:정약용

힌트 1 출력 순서는 상관 없습니다.

다음 코드에서 CarTest의 테스트 결과가 true, true, false가 되도록 HashMap을 사용하여 CarFactory 클래스를 구현해 보세요.

```java
public class Car {
    String name;
    public Car( ) { }
    public Car(String name) {
      this.name = name;
    }
}

public class CarTest {
  public void main(String[ ] args) {
    CarFactory factory = CarFactory.getInstance( );
    Car sonata1 = factory.createCar("연수 차");
    Car sonata2 = factory.createCar("연수 차");
    System.out.println(sonata1 == sonata2);    //true

    Car avante1 = factory.createCar("승연 차");
    Car avante2 = factory.createCar("승연 차");
    System.out.println(avante1 == avante2);    //true

    System.out.println(sonata1 == avante1);    //false
  }
}
```

12장 정답
591쪽

내부 클래스, 람다식, 스트림

이 장에서는 앞에서 다룬 클래스와 조금 다른 형식의 클래스를 배웁니다. 바로 클래스 내부에 있는 클래스입니다. 그리고 자바 8부터 새롭게 추가된 람다식과 여러 자료에 대해 같은 기능을 적용할 수 있는 스트림 클래스에 대해서도 살펴봅니다. 이 장에서 다루는 세 가지 개념은 모두 다른 주제인 듯하지만 사실은 서로 연관되어 있습니다. 처음부터 차근차근 살펴봅시다.

한 걸음 더
들어가 볼까요?

13-1 내부 클래스

내부 클래스 정의와 유형

내부 클래스(inner class)는 말 그대로 '클래스 내부에 선언한 클래스'입니다. 내부에 클래스를 선언하는 이유는 대개 이 클래스와 외부 클래스가 밀접한 관련이 있기 때문입니다. 또한 그 밖의 다른 클래스와 협력할 일이 없는 경우에 내부 클래스로 선언해서 사용합니다.

내부 클래스를 간단히 표현하면 오른쪽과 같습니다. 내부 클래스는 선언하는 위치나 예약어에 따라 크게 네 가지 유형으로 나누어 생각할 수 있습니다. 먼저 인스턴스 내부 클래스, 정적(static) 내부 클래스, 지역(local) 내부 클래스가 있는데, 이것은 클래스 내부에 선언하는 변수의 유형 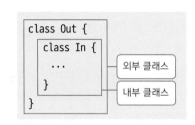 (인스턴스 변수, 정적 변수, 지역 변수)과 유사합니다. 마지막으로 클래스 이름 없이 선언하고 바로 생성하여 사용할 수 있는 익명(anonymous) 내부 클래스가 있습니다. 그러면 변수 유형과 내부 클래스 유형을 비교하여 살펴보겠습니다.

변수		내부 클래스	

class ABC {
    int n1;
    static int n2;
 	
    public void abc( ) {
        int i;
    }
}
	// 인스턴스 변수
	// 정적 변수
	
	// 지역 변수
		class ABC {
		    class In {
		        static class SIn {
		        }
		    }
		    public void abc( ) {
		        class Local {
		        }
		    }
		}
			// 외부 클래스
			// 인스턴스 내부 클래스
			// 정적 내부 클래스
			
			// 지역 내부 클래스

위 표의 오른쪽 코드를 봅시다. 가장 바깥에 선언한 ABC 클래스를 외부 클래스, ABC 클래스 내부에 선언한 클래스를 내부 클래스 또는 중첩된 클래스라고 합니다. 또 내부 클래스는 멤버 변수처럼 클래스 내부에 정의하는 인스턴스 내부 클래스, static 키워드를 사용하는 정적 내부 클래스, 그리고 메서드 내부에 정의하는 지역 내부 클래스로 나눌 수 있습니다. 이 코드에 사용하지 않은 익명 클래스는 나중에 예를 보면서 설명하겠습니다.

내부 클래스는 유형에 따라 만드는 방법이 다를뿐더러 클래스 내부에 선언할 수 있는 변수 유형과 사용할 수 있는 외부 클래스 변수 유형도 다릅니다. 그러면 각 유형의 예제를 살펴보면서 내부 클래스 선언 방법과 외부 클래스와의 관계 그리고 생성 방법을 알아보겠습니다.

인스턴스 내부 클래스

인스턴스 내부 클래스(instance inner class)는 인스턴스 변수를 선언할 때와 같은 위치에 선언하며, 외부 클래스 내부에서만 생성하여 사용하는 객체를 선언할 때 씁니다. 예를 들어 어떤 클래스 내에 여러 변수가 있고 이들 변수 중 일부를 모아 클래스로 표현할 수 있습니다. 이 클래스를 다른 외부 클래스에서 사용할 일이 없는 경우 내부 인스턴스 클래스로 정의합니다. 인스턴스 내부 클래스는 외부 클래스 생성 후 생성됩니다. 따라서 외부 클래스를 먼저 생성하지 않고 인스턴스 내부 클래스를 사용할 수는 없습니다. 이는 이후 설명하는 정적 내부 클래스와 다른 점입니다.

간단한 예제와 함께 문법을 살펴보겠습니다. 먼저 OutClass 외부 클래스를 만들고, 그 안에 InClass 인스턴스 내부 클래스를 선언해 보겠습니다.

◎ 하나의 파일 InnerTest.java에 외부 클래스와 내부 클래스를 함께 선언하여 테스트하겠습니다.

코딩해 보세요! **인스턴스 내부 클래스 예제** · 참고 파일 InnerTest.java

```
01   package innerclass;
02
03   class OutClass {                        // 외부 클래스
04     private int num = 10;                 // 외부 클래스 private 변수
05     private static int sNum = 20;         // 외부 클래스 정적 변수
06
07     private InClass inClass;      ── 내부 클래스 자료형 변수를 먼저 선언
08
09     public OutClass( ) {          ┐ 외부 클래스 디폴트 생성자. 외부 클래스가 생성된
10       inClass = new InClass( );  │ 후에 내부 클래스 생성 가능
11     }
12
13     class InClass {                        // 인스턴스 내부 클래스
14       int inNum = 100;                     // 내부 클래스의 인스턴스 변수
15       //static int sInNum = 200;   ┐ 인스턴스 내부 클래스에 정적 변수 선언 불가능.
16                                    │ 오류가 발생하므로 주석 처리함
17       void inTest( ) {
18         System.out.println("OutClass num = " +num + "(외부 클래스의 인스턴스 변수)");
19         System.out.println("OutClass sNum = " + sNum + "(외부 클래스의 정적 변수)");
20       }
```

```
21
22       //static void sTest( ) {                    정적 메서드 역시 정의 불가능. 오류
23       //}                                          가 발생하므로 주석 처리함
24     }
25     public void usingClass( ) {
26       inClass.inTest( );
27     }
28   }
29
30   public class InnerTest {
31     public static void main(String[ ] args) {
32       OutClass outClass = new OutClass( );
33       System.out.println("외부 클래스 이용하여 내부 클래스 기능 호출");
34       outClass.usingClass( );              내부 클래스 기능 호출
35     }
36   }
```

:: 출력 화면

```
Problems  @ Javadoc  Declaration  Console ☒            ⌐ ⌐
            ▣ ✖ ✖ | ▣ ▣ ▣ | ▣ ▣ | ⌐ ▣ ▾ ⌐ ▾
<terminated> InnerTest [Java Application] C:\Program Files\Java\jre-9.0.1\bin\javaw.exe
외부 클래스 이용하여 내부 클래스 기능 호출
OutClass num = 10(외부 클래스의 인스턴스 변수)
OutClass sNum = 20(외부 클래스의 정적 변수)
```

OutClass 외부 클래스를 만들고 내부 클래스로 InClass를 선언했습니다. 외부 클래스를 먼저 생성해야 내부 클래스를 사용할 수 있습니다. 그러므로 7행에서 내부 클래스 자료형 변수를 먼저 선언만하고 9~11행 OutClass 생성자에서 내부 클래스를 생성합니다.

인스턴스 내부 클래스에서 사용하는 변수와 메서드

인스턴스 내부 클래스에서는 어떤 유형의 변수를 선언하고 사용할 수 있는지, 외부 클래스 변수는 어떻게 활용하는지 살펴보겠습니다. 외부 클래스 안에 private 예약어로 변수 num과 정적 변수 sNum을 선언했습니다. 이 두 변수는 private으로 선언했지만 외부 클래스 안에 있기 때문에 내부 클래스에서도 당연히 사용할 수 있습니다. 17~20행을 보면 내부 클래스에 정의한 inTest( ) 메서드에서 변수 num과 sNum을 사용합니다. 14~15행을 보면 내부 클래스 InClass 안에 인스턴스 변수 inNum과 정적 변수 sInNum을 선언했는데 정적 변수 부분에서는 오류가 납니다. 인스턴스 내부 클래스는 외부 클래스를 생성한 이후에 사용해야 하기 때문

입니다. 따라서 클래스의 생성과 상관없이 사용할 수 있는 정적 변수는 인스턴스 내부 클래스에서 선언할 수 없습니다. 마찬가지 이유로 정적 메서드도 인스턴스 내부 클래스에서 선언할 수 없습니다. 25~27행을 보면 외부 클래스의 usingClass( ) 메서드에서 내부 클래스의 inTest( ) 메서드를 사용할 수 있는 것을 알 수 있습니다.

정리하면 인스턴스 내부 클래스는 외부 클래스가 먼저 생성되어야 사용할 수 있습니다. 그리고 인스턴스 내부 클래스의 메서드는 외부 클래스의 메서드가 호출될 때 사용할 수 있습니다.

다른 클래스에서 인스턴스 내부 클래스 생성하기

내부 클래스를 생성하는 이유는 그 클래스를 감싸고 있는 외부 클래스에서만 사용하기 위해서입니다. 그러므로 내부 클래스를 그 밖의 다른 클래스에서 생성해서 사용하는 것은 사실 맞지 않습니다. 하지만 외부 클래스 외의 다른 클래스에서 private이 아닌 내부 클래스를 생성하는 것이 문법적으로 가능하기는 합니다. 일반적인 인스턴스 내부 클래스 사용 방법은 InnerTest.java 예제의 34행과 같습니다. OutClass 클래스를 생성하고 인스턴스 변수를 이용하여 outClass.usingClass( ); 문장으로 내부 클래스 기능을 호출하는 것이죠. 이때 만약 내부 클래스를 private으로 선언하지 않았다면 외부 클래스가 아닌 다른 클래스에서도 다음처럼 내부 클래스를 생성할 수 있습니다. 먼저 OutClass를 만들고, 생성한 참조 변수를 사용하여 내부 클래스를 생성합니다.

```
OutClass outClass = new OutClass( );
OutClass.InClass inClass = outClass.new InClass( );
```

내부 클래스를 private으로 선언했다면 다른 클래스에서 InClass를 사용할 수 없습니다. 따라서 어떤 클래스의 내부에서만 사용할 목적이라면 내부 클래스를 private으로 선언합니다.

정적 내부 클래스

인스턴스 내부 클래스는 외부 클래스가 먼저 생성되어야 생성할 수 있기 때문에 정적 변수나 정적 메서드를 사용할 수 없다고 했습니다. 그런데 내부 클래스가 외부 클래스 생성과 무관하게 사용할 수 있어야 하고 정적 변수도 사용할 수 있어야 한다면 정적 내부 클래스(static inner class)를 사용하면 됩니다. 정적 내부 클래스는 인스턴스 내부 클래스처럼 외부 클래스의 멤버 변수와 같은 위치에 정의하며 static 예약어를 함께 사용합니다.

다음 예제에서 기존에 만들어 둔 외부 클래스(OutClass)에 정적 내부 클래스(InStaticClass)를 정의하고, InnerTest 클래스에 테스트 코드를 추가해 봅시다.

코딩해 보세요! 정적 내부 클래스 예제 · 참고 파일 InnerTest.java

```java
01   package innerclass;
02
03   class OutClass {
04       private int num = 10;
05       private static int sNum = 20;
06
07       static class InStaticClass {          //정적 내부 클래스
08           int inNum = 100;                  //정적 내부 클래스의 인스턴스 변수
09           static int sInNum = 200;          //정적 내부 클래스의 정적 변수
```

정적 내부 클래스의 일반 메서드

```java
12       void inTest( ) {
13           //num += 10;
```
외부 클래스의 인스턴스 변수는 사용할 수 없으므로 주석 처리
```java
14           System.out.println("InStaticClass inNum = " + inNum + "(내부 클래스의 인스턴스 변수 사용)");
15           System.out.println("InStaticClass sInNum = " + sInNum + "(내부 클래스의 정적 변수 사용)");
16           System.out.println("OutClass sNum = " + sNum + "(외부 클래스의 정적 변수 사용)");
17       }
```

정적 내부 클래스의 정적 메서드

```java
20       static void sTest( ) {
21           //num += 10;
22           //inNum += 10;
```
외부 클래스와 내부 클래스의 인스턴스 변수는 사용할 수 없으므로 주석 처리
```java
23           System.out.println("OutClass sNum = " + sNum + "(외부 클래스의 정적 변수 사용)");
24           System.out.println("InStaticClass sInNum = " + sInNum + "(내부 클래스의 정적 변수 사용)");
25       }
26   }
27   }
28
29   public class InnerTest {
30       public static void main(String[ ] args) {
31           ...
```
외부 클래스를 생성하지 않고 바로 정적 내부 클래스 생성 가능
```java
32           OutClass.InStaticClass sInClass = new OutClass.InStaticClass( );
33           System.out.println("정적 내부 클래스 일반 메서드 호출");
34           sInClass.inTest( );
```

```
35        System.out.println( );
36        System.out.println("정적 내부 클래스의 정적 메서드 호출");
37        OutClass.InStaticClass.sTest( );
38      }
39    }
40  }
```

:: 출력 화면

```
Problems  @ Javadoc  Declaration  Console 
<terminated> InnerTest [Java Application] C:₩Program Files₩Java₩jre-9.0.1₩bin₩javaw.exe
정적 내부 클래스 일반 메서드 호출
InStaticClass inNum = 100(내부 클래스의 인스턴스 변수 사용)
InStaticClass sInNum = 200(내부 클래스의 정적 변수 사용)
OutClass sNum = 20(외부 클래스의 정적 변수 사용)

정적 내부 클래스의 정적 메서드 호출
OutClass sNum = 20(외부 클래스의 정적 변수 사용)
InStaticClass sInNum = 200(내부 클래스의 정적 변수 사용)
```

7~26행 정적 내부 클래스(InStaticClass)를 보면 인스턴스 변수 inNum과 정적 변수 sInNum
이 있고, 일반 메서드 inTest( )와 정적 메서드 sTest( )가 있습니다. 앞에서도 배웠듯이 정적
메서드에서는 인스턴스 변수를 사용할 수 없습니다. 따라서 정적 내부 클래스에서도 외부 클
래스의 인스턴스 변수는 사용할 수 없습니다. 이 내용을 표로 정리하면 다음과 같습니다.

정적 내부 클래스 메서드	변수 유형	사용 가능 여부
일반 메서드 void inTest( )	외부 클래스의 인스턴스 변수(num)	X
	외부 클래스의 정적 변수(sNum)	O
	정적 내부 클래스의 인스턴스 변수(inNum)	O
	정적 내부 클래스의 정적 변수(sInNum)	O
정적 메서드 static void sTest( )	외부 클래스의 인스턴스 변수(num)	X
	외부 클래스의 정적 변수(sNum)	O
	정적 내부 클래스의 인스턴스 변수(inNum)	X
	정적 내부 클래스의 정적 변수(sInNum)	O

예제와 표에서 알 수 있듯이 정적 내부 클래스에서 사용하는 메서드가 정적 메서드인 경우에
는 외부 클래스와 정적 내부 클래스에 선언된 변수 중 정적 변수만 사용할 수 있습니다.

다른 클래스에서 정적 내부 클래스 사용하기

정적 내부 클래스는 외부 클래스를 생성하지 않고도 내부 클래스 자료형으로 바로 선언하여 생성할 수 있습니다.

```
OutClass.InStaticClass sInClass = new OutClass.InStaticClass( );
```

또 정적 내부 클래스에 선언한 메서드(정적 메서드 포함)나 변수는 private이 아닌 경우에 다른 클래스에서도 바로 사용할 수 있습니다.

```
OutClass.InStaticClass.sTest( );
```

따라서 내부 클래스를 만들고 외부 클래스와 무관하게 다른 클래스에서도 사용하려면 정적 내부 클래스로 생성하면 됩니다. 하지만 정적 내부 클래스를 private으로 선언했다면 이것 역시 다른 클래스에서 사용할 수 없습니다.

지역 내부 클래스

지역 내부 클래스는 지역 변수처럼 메서드 내부에 클래스를 정의하여 사용하는 것을 말합니다. 따라서 이 클래스는 메서드 안에서만 사용할 수 있습니다.

다음은 Runnable 인터페이스를 구현하는 클래스를 지역 내부 클래스로 만든 예제입니다. Runnable 인터페이스는 자바에서 스레드를 만들 때 사용하는 인터페이스로 java.lang 패키지에 선언되어 있으며 반드시 run( ) 메서드를 구현해야 합니다.

코딩해 보세요! 지역 내부 클래스 예제 · 참고 파일 LocalInnerTest.java

```java
01   package innerclass;
02
03   class Outer {
04     int outNum = 100;
05     static int sNum = 200;
06
07     Runnable getRunnable(int i) {
08       int num = 100;                            //지역 변수
09
10       class MyRunnable implements Runnable {    //지역 내부 클래스
11         int localNum = 10;                      //지역 내부 클래스의 인스턴스 변수
12
```

```
13          @Override
14          public void run( ) {          ┌─ 지역 변수는 상수로 바뀌므로 값을 변경할 수 없어 오류 발생
15            //num = 200;
16            //i = 100;      ┌─ 매개변수도 지역 변수처럼 상수로 바뀌므로 값을 변경할 수 없어 오류 발생
17            System.out.println("i =" + i);
18            System.out.println("num = " +num);
19            System.out.println("localNum = " +localNum);
20            System.out.println("outNum = " + outNum + "(외부 클래스 인스턴스 변수)");
21            System.out.println("Outer.sNum = " + Outer.sNum + "(외부 클래스 정적 변수)");
22          }
23        }
24      return new MyRunnable( );
25    }
26  }
27
28  public class LocalInnerTest {
29    public static void main(String[ ] args) {
30      Outer out = new Outer( );
31      Runnable runner = out.getRunnable(10);  // 메서드 호출
32      runner.run( );
33    }
34  }
```

:: 출력 화면

```
🖳 Console ▨  🖳 Problems  @ Javadoc  🖳 Declarat...  🔎 Search  🖳 Coverage   ▭ □
                        ■ ✖ ✖  🖺 🔊 🗊 | 🖻🗊 | 🖃 🖵 ▾ 🖺 ▾
<terminated> LocalInnerTest [Java Application] C:\Program Files\Java\jre-10.0.1\bin\javaw.exe
i =10
num = 100
localNum = 10
outNum = 100(외부 클래스 인스턴스 변수)
Outer.sNum = 200(외부 클래스 정적 변수)
```

7행 getRunnable( ) 메서드를 살펴보면, 이 메서드의 반환형은 Runnable입니다. 즉 이 메서드에서는 Runnable 자료형의 객체를 생성하여 반환해야 합니다. 그래서 이 메서드 내부에 클래스를 하나 정의했습니다. 이름은 MyRunnable이고 Runnable 인터페이스를 구현한 클래스입니다. 메서드 안에 정의한 MyRunnable 클래스가 바로 지역 내부 클래스입니다. 14~22행을 보면 자바 스레드가 실행될 때 호출되는 run( ) 메서드를 구현했습니다. 이 메서드에서 Runnable 자료형을 반환해야 하므로 return new MyRunnable( ); 문장으로 MyRunnable 클래스를 생성한 후 반환합니다.

그러면 MyRunnable 지역 내부 클래스는 어떻게 사용할 수 있을까요? LocalInnerTest 클래스의 30~32행을 보면, Outer 클래스를 생성한 후 Runnable형 객체로 getRunnable( )을 호출합니다. 즉 MyRunnable을 사용하려면 이 클래스를 직접 생성하는 것이 아니라 getRunnable( ) 메서드 호출을 통해 생성된 객체를 반환받아야 합니다.

지역 내부 클래스에서 지역 변수의 유효성

여기에서 변수의 유효성에 대해 잘 살펴봐야 합니다. 지역 변수는 메서드가 호출될 때 스택 메모리에 생성되고 메서드의 수행이 끝나면 메모리에서 사라집니다. 그런데 지역 내부 클래스에 포함된 getRunnable( ) 메서드의 매개변수 i와 메서드 내부에 선언한 변수 num은 지역 변수이지요. 이 두 변수를 사용하는 부분의 코드를 다시 한 번 살펴봅시다.

```
Outer out = new Outer( );
Runnable runner = out.getRunnable(10);   // getRunnable( ) 메서드의 호출이 끝남
runner.run( ); // run( )이 실행되면서 getRunnable( ) 메서드의 지역 변수가 사용됨
```

run( ) 메서드는 getRunnable( ) 메서드의 지역 변수 i와 num을 사용합니다. 그런데 지역 내부 클래스를 가지고 있는 getRunnable( ) 메서드 호출이 끝난 후에도 run( ) 메서드가 정상적으로 호출됩니다. 이는 getRunnable( ) 메서드 호출이 끝나고 스택 메모리에서 지워진 변수를 이후에 또 참조할 수 있다는 것입니다. 즉 지역 내부 클래스에서 사용하는 지역 변수는 상수로 처리됩니다. 상수를 처리하기 위해 자바 7까지는 final 예약어를 꼭 함께 써 주어야 했지만, 자바 8부터는 직접 써 주지 않아도 코드를 컴파일하면 final 예약어가 자동으로 추가됩니다. 그러므로 15~16행처럼 num과 i 변수의 값을 다른 값으로 바꾸려고 하면 오류가 발생합니다. 정리하면, 지역 내부 클래스에서 사용하는 메서드의 지역 변수는 모두 상수로 바뀝니다.

익명 내부 클래스

지금까지 만든 클래스는 모두 이름이 있었습니다. 그런데 클래스 이름을 사용하지 않는 클래스가 있습니다. 이런 클래스를 익명 클래스라고 부릅니다. 먼저 지역 내부 클래스에서 사용한 코드를 살펴봅시다.

```
class Outer {
  ...
  Runnable getRunnable(int i) {
    ...
    class MyRunnable implements Runnable {   //지역 내부 클래스
      ...

      @Override
      public void run( ) {
        ...
      }
    }
    return new MyRunnable( );
  }
}
```

지역 내부 클래스 이름은 클래스를 생성하여 반환할 때만 사용함

지역 내부 클래스 MyRunnable을 선언했지만, 이 클래스 이름을 사용하는 곳은 맨 마지막에 클래스를 생성하여 반환할 때뿐입니다. 그래서 다음 예제처럼 이름을 생략한 Runnable 인터페이스를 바로 생성해서 반환하는 익명 클래스 형식으로 새롭게 선언합니다.

코딩해 보세요! 익명 내부 클래스 예제 • 참고 파일 AnonymousInnerTest.java

```
01  package innerclass;
02
03  class Outer2 {
04    Runnable getRunnable(int i) {
05      int num = 100;
06
07      return new Runnable( ) {  //익명 내부 클래스. Runnable 인터페이스 생성
08        @Override
09        public void run( ) {
10          //num = 200;
11          //i = 10;
12          System.out.println(i);
13          System.out.println(num);
14        }
15      };
16    }
17
```

MyRunnable 클래스 이름을 빼고 클래스를 바로 생성하는 방법

오류 발생

클래스 끝에 ;를 씀

```
18   Runnable runner = new Runnable( ) {   //익명 내부 클래스를 변수에 대입
19     @Override
20     public void run( ) {
21        System.out.println("Runnable이 구현된 익명 클래스 변수");
22     }        클래스 끝에 ;를 씀
23   };
24  }
25
26  public class AnonymousInnerTest {
27    public static void main(String[ ] args) {
28      Outer2 out = new Outer2( );
29      Runnable runnerble = out.getRunnable(10);
30      runnerble.run( );
31      out.runner.run( );
32    }
33  }
```

> 인터페이스나 추상 클래스형 변수를 선언하고 클래스를 생성해 대입하는 방법

:: 출력 화면

```
Console 🔲   Problems  @ Javadoc  Declaration  Search  Coverage       🔲 🔲
                    ■ ✖ ✖ | 🔳 🔳 🔳 | 🔳🔳 🔳 🔳 ▾ 🔳 ▾ 🔳 ▾
<terminated> AnonymousInnerTest [Java Application] C:\Program Files\Java\jre-10.0.1\bin\javaw.exe
10
100
Runnable이 구현된 익명 클래스 변수
```

익명 내부 클래스는 단 하나의 인터페이스 또는 단 하나의 추상 클래스를 바로 생성할 수 있습니다. 그런데 앞에서 인터페이스는 인스턴스로 생성할 수 없다고 했지요. Runnable 인터페이스를 생성할 수 있으려면 인터페이스 몸체가 필요합니다. 9~14행을 보면 Runnable 인터페이스에서 반드시 구현해야 하는 run( ) 메서드가 포함되어 있습니다. 마지막에 세미콜론(;)을 사용해서 익명 내부 클래스가 끝났다는 것을 알려 줍니다. 익명 내부 클래스는 18~23행처럼 인터페이스나 추상 클래스 자료형으로 변수를 선언한 후 익명 내부 클래스를 생성해 대입할 수도 있습니다. 여기에도 마찬가지로 추상 메서드나 인터페이스를 구현한 후 세미콜론으로 클래스 끝을 나타냅니다. 마지막으로 28~31행은 익명 클래스를 사용하는 코드이며, 방법은 지역 내부 클래스와 동일합니다. 즉 Runnable 인터페이스 자료형으로 변수를 선언하고, 인터페이스의 익명 내부 클래스가 구현된 메서드를 호출하면 인스턴스를 반환합니다. 그리고 runnable.run( ) 또는 out.runner.run( )으로 인터페이스의 메서드를 호출할 수 있습니다.

정리하면 익명 내부 클래스는 변수에 직접 대입하는 경우도 있고 메서드 내부에서 인터페이스나 추상 클래스를 구현하는 경우도 있습니다. 이때 사용하는 지역 변수는 상수화되므로 메서드 호출이 끝난 후에도 사용할 수 있습니다.

한 걸음 더!　　**익명 내부 클래스는 어디에 사용할까요?**

익명 내부 클래스는 예전에 자바 UI에서 이벤트를 처리하는 데 많이 사용했습니다. 현재는 안드로이드 프로그래밍에서 위젯의 이벤트를 처리하는 핸들러를 구현할 때 사용합니다. 안드로이드에서 사용하는 버튼, 텍스트 상자 등을 위젯(widget)이라고 합니다. 위젯은 사용자가 터치하거나 키 값을 입력하면 이벤트를 일으킵니다. 발생한 이벤트를 처리해 주는 코드를 이벤트 핸들러라고 합니다. 앞에서 말했듯이 안드로이드 이벤트 핸들러는 대부분 익명 내부 클래스로 구현합니다.

다음은 버튼을 눌렀을 때 'hello' 메시지를 하나 띄우는 코드입니다. 버튼을 누르면 발생하는 이벤트 핸들러는 new View.OnClickListener( )입니다. 그리고 이 핸들러의 구현 메서드는 onClick입니다. new부터 시작된 익명 내부 클래스는 맨 마지막 세미콜론(;)에서 구현을 마칩니다. 이와 같이 안드로이드 위젯의 이벤트 핸들러를 익명 내부 클래스로 구현합니다.

```
button1.setOnClickListener(new View.OnClickListener( ) {
  public boolean onClick(View v) {
    Toast.makeText(getBaseContext( ), "hello ", Toast.LENGTH_LONG).show( );
    return true;
  }
});
```

지금까지 배운 내부 클래스 내용을 표로 정리하면 다음과 같습니다.

종류	구현 위치	사용할 수 있는 외부 클래스 변수	생성 방법
인스턴스 내부 클래스	외부 클래스 멤버 변수와 동일	외부 인스턴스 변수 외부 전역 변수	외부 클래스를 먼저 만든 후 내부 클래스 생성
정적 내부 클래스	외부 클래스 멤버 변수와 동일	외부 전역 변수	외부 클래스와 무관하게 생성
지역 내부 클래스	메서드 내부에 구현	외부 인스턴스 변수 외부 전역 변수	메서드를 호출할 때 생성
익명 내부 클래스	메서드 내부에 구현 변수에 대입하여 직접 구현	외부 인스턴스 변수 외부 전역 변수	메서드를 호출할 때 생성되거나, 인터페이스 타입 변수에 대입할 때 new 예약어를 사용하여 생성

13-2 람다식

함수형 프로그래밍과 람다식

자바는 객체를 기반으로 프로그램을 구현합니다. 만약 어떤 기능이 필요하다면 클래스를 먼저 만들고, 클래스 안에 기능을 구현한 메서드를 만든 후 그 메서드를 호출해야 합니다. 다시 말해 클래스가 없다면 메서드를 사용할 수 없습니다. 그런데 프로그래밍 언어 중에는 함수의 구현과 호출만으로 프로그램을 만들 수 있는 프로그래밍 방식이 있습니다. 이를 '함수형 프로그래밍(Fucntional Programming; FP)'이라고 합니다. 최근 함수형 프로그래밍의 여러 장점이 대두되면서 자바 8부터 함수형 프로그래밍을 지원하고 있습니다. 자바에서 제공하는 함수형 프로그래밍 방식을 '람다식(Lambda expression)'이라고 합니다. 그러면 객체 기반 프로그래밍 언어인 자바가 함수형 프로그래밍을 어떻게 제공하는지 살펴보겠습니다.

람다식 구현하기

람다식을 구현하는 방법은 지금까지 배운 프로그래밍 방식과 조금 다릅니다. 람다식은 간단히 설명하면 함수 이름이 없는 익명 함수를 만드는 것입니다. 람다식 문법은 오른쪽과 같습니다. 메서드에서 사용하는 매개변수가

> (매개변수) -> {실행문;}

있고, 이 메서드가 매개변수를 사용하여 실행할 구현 내용, 즉 메서드의 구현부를 { } 내부에 씁니다. 예를 들어 두 수를 입력받아 그 합을 반환하는 add( ) 함수가 있을 때 이를 람다식으로 변환해 보겠습니다.

```
int add(int x, int y) {
  return x + y;
}
```
➡
```
(int x, int y) -> {return x + y;}
```

메서드 이름 add와 반환형 int를 없애고 -> 기호를 사용하여 구현합니다. 람다식의 의미를 살펴보면 두 입력 매개변수(x, y)를 사용하여 {return x + y;} 문장을 실행해 반환하라는 의미입니다. 여러분이 해 본 적이 없는 코딩 방식이라 익숙하지 않겠지만, 함수의 이름이 있는 경우와 비교해 보면 훨씬 간결하게 느껴질 겁니다.

람다식 문법 살펴보기

매개변수 자료형과 괄호 생략하기

람다식 문법에서는 매개변수 자료형을 생략할 수 있습니다. 또 매개변수가 하나인 경우에는 괄호도 생략할 수 있습니다. 예를 들어 문자열 하나를 매개변수로 받아 출력할 때 다음과 같이 매개변수를 감싸는 괄호를 생략합니다.

```
str -> {System.out.println(str);}
```

하지만 매개변수가 두 개인 경우는 괄호를 생략할 수 없습니다.

```
x, y -> {System.out.println(x + y);} //잘못된 형식
```

중괄호 생략하기

중괄호 안의 구현 부분이 한 문장인 경우 중괄호를 생략할 수 있습니다.

```
str -> System.out.println(str);
```

하지만 중괄호 안의 구현 부분이 한 문장이더라도 return문은 중괄호를 생략할 수 없습니다.

```
str -> return str.length( ); //잘못된 형식
```

return 생략하기

중괄호 안의 구현 부분이 return문 하나라면 중괄호와 return을 모두 생략하고 식만 씁니다.

```
(x, y) -> x + y        //두 값을 더하여 반환함
str -> str.length( )  //문자열의 길이를 반환함
```

람다식 사용하기

이제 간단한 람다식 예제 하나를 살펴봅시다. 두 수 중 큰 수를 찾는 함수를 람다식으로 구현해 보겠습니다. 구현할 람다식 코드는 매개변수가 두 개이고 이 중 큰 수를 반환합니다. 람다식을 구현하기 위해서는 먼저 인터페이스를 만들고, 인터페이스에 람다식으로 구현할 메서드를 선언합니다. 이를 함수형 인터페이스라고 합니다.

lambda 패키지를 만들고 MyNumber 함수형 인터페이스를 만듭니다. 그리고 내부에 getMax( ) 추상 메서드를 작성합니다.

◎ 함수형 인터페이스가 필요한 이유에 대해서는 곧 자세히 설명합니다. 여기에서는 직접 입력하며 익혀 보세요.

코딩해 보세요! **함수형 인터페이스 선언하기**　　　　　　　　　　• 참고 파일 MyNumber.java

```
01  package lambda;
02
03  public interface MyNumber {
04      int getMax(int num1, int num2);   ── 추상 메서드 선언
05  }
```

위 코드에서 getMax( ) 추상 메서드는 입력받은 두 수 중 더 큰 수를 반환하는 기능을 구현할 것입니다. 이를 람다식으로 구현하면 다음 왼쪽 코드와 같습니다. 더 간단하게 쓰면 다음 코드의 오른쪽과 같습니다. 람다식을 구현할 때 되도록 생략할 수 있는 부분은 생략하여 구현합니다.

```
(x, y) -> {
  if (x >= y) return x;
  else return y;
}
```
➡
```
(x, y) -> x >= y ? x : y
```

그러면 이 람다식을 어떻게 사용하는지 다음 코드를 따라 하며 살펴봅시다.

코딩해 보세요! **람다식 구현과 호출**　　　　　　　　　　• 참고 파일 TestMyNumber.java

```
01  package lambda;
02
03  public class TestMyNumber {
04    public static void main(String[ ] args) {
05      MyNumber max = (x, y) -> (x >= y) ? x : y;   // 람다식을 인터페이스형 max 변수에 대입
06      System.out.println(max.getMax(10, 20));      // 인터페이스형 변수로 메서드 호출
07    }
08  }
```

:: 출력 화면

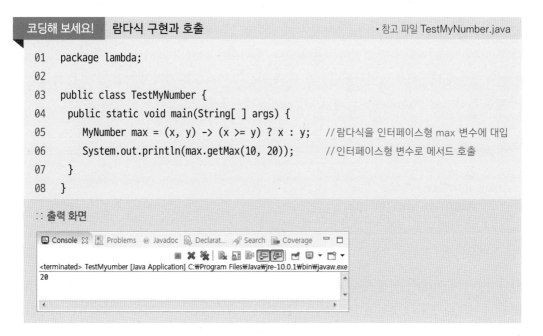

```
Console ⋈  Problems  @ Javadoc  Declarat...  Search  Coverage
<terminated> TestMyumber [Java Application] C:₩Program Files₩Java₩jre-10.0.1₩bin₩javaw.exe
20
```

앞에서 구현한 람다식은 MyNumber 인터페이스의 getMax( ) 메서드입니다. MyNumber 인터페이스형 변수(max)를 선언하고 변수에 람다식을 대입합니다. 변수 max의 자료형이 MyNumber이므로 max.getMax(10, 20)과 같이 getMax( ) 메서드를 호출할 수 있습니다.

한 걸음 더!　**함수형 프로그래밍을 좀 더 자세히 알아볼까요?**

함수형 프로그래밍은 순수 함수(pure function)를 구현하고 호출함으로써 외부 자료에 부수적인 영향(side effect)를 주지 않도록 구현하는 방식입니다. 순수 함수란 매개변수만을 사용하여 만드는 함수입니다. 즉 함수 내부에서 함수 외부에 있는 변수를 사용하지 않아 함수가 수행되더라도 외부에 영향을 주지 않습니다.

객체 지향 언어가 객체를 기반으로 구현하는 방식이라면 함수형 프로그램은 함수를 기반으로 하고, 자료를 입력받아 구현하는 방식입니다. 함수가 입력받은 자료 이외에 외부 자료에 영향을 미치지 않기 때문에 여러 자료 동시에 처리하는 병렬 처리에 적합하며, 안정되고 확장성 있는 프로그램을 개발할 수 있는 장점이 있습니다. 또 순수 함수로 구현된 함수형 프로그램은 함수 기능이 자료에 독립적일 수 있도록 보장합니다. 즉 동일한 입력에 대해서는 동일한 출력을 보장하고, 다양한 자료에 같은 기능을 수행할 수 있습니다. 언뜻 듣기에도 우리가 지금까지 배운 객체 지향 프로그래밍과는 그 기반이 다르다는 것을 알 수 있습니다.

함수형 인터페이스

람다식은 메서드 이름이 없고 메서드를 실행하는 데 필요한 매개변수와 매개변수를 활용한 실행 코드를 구현하는 것입니다. 그러면 메서드는 어디에 선언하고 구현해야 할까요? 함수형 언어에서는 함수만 따로 호출할 수 있지만, 자바에서는 참조 변수 없이 메서드를 호출할 수 없습니다. 그러므로 람다식을 구현하기 위해 함수형 인터페이스를 만들고, 인터페이스에 람다식으로 구현할 메서드를 선언하는 것입니다. 람다식은 하나의 메서드를 구현하여 인터페이스형 변수에 대입하므로 인터페이스가 두 개 이상의 메서드를 가져서는 안 됩니다. 예를 들어 다음과 같이 MyNumber 인터페이스에 add( ) 메서드를 추가했다고 생각해 봅시다.

```
package lambda;

public interface MyNumber {
    int getMax(int num1, int num2);
    int add(int num1, int num2);  ─── 추가한 메서드
}
```

람다식은 이름이 없는 익명 함수로 구현하기 때문에 인터페이스에 메서드가 여러 개 있다면 어떤 메서드를 구현한 것인지 모호해집니다. 따라서 람다식은 오직 하나의 메서드만 선언한 인터페이스를 구현할 수 있습니다.

@FunctionalInterface 애노테이션

프로그래밍을 하다 보면 람다식으로 구현한 인터페이스에 실수로 다른 메서드를 추가할 수도 있습니다. 이러한 실수를 막기 위해 @FunctionalInterface 애노테이션을 사용합니다. @FunctionalInterface를 사용하면 함수형 인터페이스라는 의미이고, 메서드를 하나 이상 선언하면 다음과 같이 오류가 납니다.

```
1  package lambda;
2
3  @FunctionalInterface
4  public interface MyNumber {
5
6      int getMax(int num1, int num2);
7      int add(int num1, int num2);
8  }
9
```

> 메서드가 2개이므로 오류 발생

이 애노테이션은 반드시 써야 하는 것은 아닙니다. 다만 함수형 인터페이스라는 것을 명시적으로 표현할 수 있으므로 나중에 발생할 오류를 방지할 수 있습니다.

객체 지향 프로그래밍 방식과 람다식 비교

문자열 두 개를 연결해서 출력하는 예제를 기존의 객체 지향 프로그래밍 방식과 람다식으로 각각 구현해 보겠습니다. 람다식을 사용하면 기존 방식보다 간결한 코드를 구현할 수 있습니다. 메서드의 구현부를 클래스에 만들고, 이를 다시 인스턴스로 생성하고 호출하는 코드가 줄어들기 때문입니다.

그러면 먼저 다음 인터페이스 코드를 작성해 봅시다.

| 코딩해 보세요! | 인터페이스 구현하기 | · 참고 파일 StringConcat.java |

```
01  package lambda;
02
03  public interface StringConcat {
04      public void makeString(String s1, String s2);
05  }
```

이 인터페이스는 문자열 두 개를 매개변수로 입력받아 두 문자열을 연결하여 출력하는 makeString( ) 메서드를 가지고 있습니다. 이 메서드는 두 문자열을 쉼표(,)로 연결하여 출력하도록 구현할 것입니다. 즉 s1 = Hello이고 s2 = World라면 Hello,World를 출력합니다. 그러면 이 인터페이스를 클래스와 람다식 두 가지 방식으로 구현해 보겠습니다.

클래스에서 인터페이스 구현하기

StringConcatImpl 클래스에서 StringConcat 인터페이스를 구현했습니다. StringConcat 인터페이스는 추상 메서드 makeString( )을 가지고 있으므로 StringConCatImpl 클래스에서 재정의했습니다.

코딩해 보세요! 　**추상 메서드 구현하기**　　　　　　　· 참고 파일 StringConcatImpl.java

```
01  package lambda;
02
03  public class StringConCatImpl implements StringConcat {
04    @Override
05    public void makeString(String s1, String s2) {
06      System.out.println( s1 + "," + s2 );
07    }
08  }
```

이 코드를 테스트하는 프로그램은 다음과 같습니다.

코딩해 보세요! 　**메서드 테스트하기**　　　　　　　· 참고 파일 TestStringConcat.java

```
01  package lambda;
02
03  public class TestStringConcat {
04    public static void main(String[ ] args) {
05      String s1 = "Hello";
06      String s2 = "World";
07      StringConCatImpl concat1 = new StringConCatImpl( );
08      concat1.makeString(s1, s2);
09    }
10  }
```

:: 출력 화면

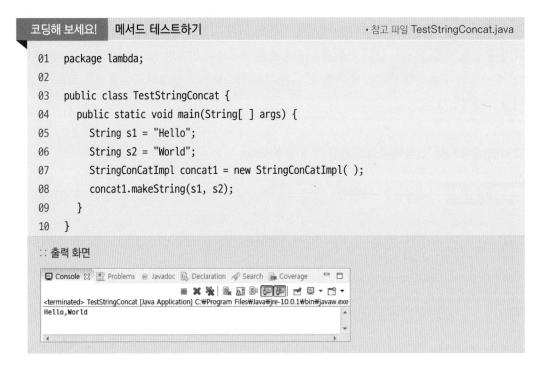

```
Console 🔲    Problems  @ Javadoc  🔍 Declaration  🔍 Search  🔍 Coverage

<terminated> TestStringConcat [Java Application] C:\Program Files\Java\jre-10.0.1\bin\javaw.exe
Hello,World
```

문자열 s1, s2를 선언하고 각각 "Hello"와 "World"를 대입합니다. makeString( ) 메서드를 수행하려면 StringConcat 인터페이스를 구현한 StringConCatImpl 클래스를 인스턴스로 생성해야 합니다. 7행에서 인스턴스를 생성하고 8행에서 참조 변수 concat1을 사용해 makeString( ) 메서드를 호출했습니다.

람다식으로 인터페이스 구현하기

람다식으로 인터페이스를 구현할 때 클래스를 따로 생성할 필요 없이 바로 메서드를 구현합니다.

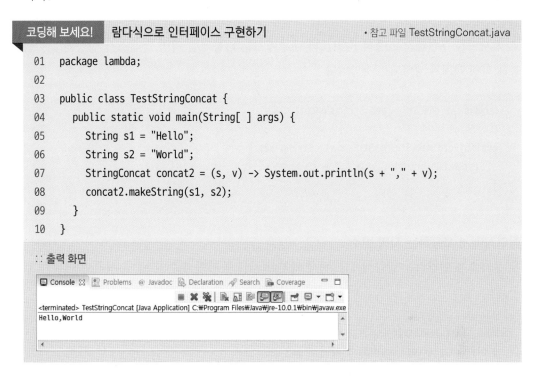

```
01  package lambda;
02
03  public class TestStringConcat {
04    public static void main(String[ ] args) {
05      String s1 = "Hello";
06      String s2 = "World";
07      StringConcat concat2 = (s, v) -> System.out.println(s + "," + v);
08      concat2.makeString(s1, s2);
09    }
10  }
```

두 매개변수 s, v를 사용해 연결된 문자열을 출력하도록 구현했습니다. 이 구현 부분을 String Concat 인터페이스 자료형인 concat2 변수에 대입하고, 이 변수를 사용하여 makeString( ) 메서드를 호출합니다.

두 구현 방법을 비교해 보면, 람다식으로 구현하는 경우에 코드가 더 간결해지는 것을 알 수 있습니다. 람다식으로 구현하려면 메서드를 하나만 포함하는 함수형 인터페이스만 가능하다는 점을 잊지 마세요.

익명 객체를 생성하는 람다식

자바는 객체 지향 언어입니다. 그런데 람다식은 객체 없이 인터페이스의 구현만으로 메서드를 호출할 수 있습니다. 자바는 객체 생성 없이 메서드 호출이 일어날 수 없는데 이 메서드는 어떻게 호출되는 것일까요?

우리는 앞에서 익명 내부 클래스에 대해 배웠습니다. 익명 내부 클래스는 클래스 이름 없이 인터페이스 자료형 변수에 바로 메서드 구현부를 생성하여 대입할 수 있습니다. 즉 람다식으로 메서드를 구현해서 호출하면 컴퓨터 내부에서는 다음처럼 익명 클래스가 생성되고 이를 통해 익명 객체가 생성되는 것입니다.

```
StringConcat concat3 = new StringConcat( ) {
  @Override
  public void makeString(String s1, String s2) {
    System.out.println( s1 + "," + s2 );
  }
};
```

람다식에서 사용하는 지역 변수

두 문자열을 연결하는 람다식 코드에서 외부 메서드의 지역 변수인 i를 수정하면 어떻게 될까요?

```
public class TestStringConcat {
  public static void main(String[ ] args) {
    ...
    int i = 100;    //main( ) 함수의 지역 변수

    StringConcat concat2 = (s, v) -> {
      // i = 200;         ─── 람다식 내부에서 변경하면 오류 발생
      System.out.println(i);
      System.out.println(s + "," + v);
    };
```

i는 main( ) 함수의 지역 변수입니다. 만약 람다식 내부에서 변수 i 값을 변경하면 오류가 납니다. 변수 값을 변경하지 않고 출력만 하면 오류가 발생하지 않습니다. 그 이유는 무엇일까요?

이는 지역 내부 클래스에서 다루었던 내용과 같은 이유입니다. 지역 변수는 메서드 호출이 끝나면 메모리에서 사라지기 때문에 익명 내부 클래스에서 사용하는 경우에는 지역 변수가 상수로 변합니다. 람다식 역시 익명 내부 클래스가 생성되므로 외부 메서드의 지역 변수를 사용하면 변수는 final 변수, 즉 상수가 됩니다. 따라서 이 변수를 변경하면 오류가 발생하는 것입니다.

함수를 변수처럼 사용하는 람다식

람다식을 이용하면 구현된 함수를 변수처럼 사용할 수 있습니다. 우리가 프로그램에서 변수를 사용하는 경우는 크게 세 가지입니다.

변수를 사용하는 경우	예시
특정 자료형으로 변수 선언 후 값 대입하여 사용하기	int a = 10;
매개변수로 전달하기	int add(int x, int y);
메서드의 반환 값으로 반환하기	return num;

람다식으로 구현된 메서드도 변수에 대입하여 사용할 수 있고, 매개변수로 전달하고 반환할 수 있습니다. 예제로 살펴봅시다.

인터페이스형 변수에 람다식 대입하기

인터페이스형 변수에 람다식을 대입하는 방법은 앞에서 이미 해보았습니다. 다음과 같이 함수형 인터페이스 PrintString이 있고, 여기에 메서드를 하나 선언합니다. 이 메서드를 구현한 람다식이 오른쪽과 같습니다.

```
interface PrintString {
  void showString(String str);
}
```

➡

```
s -> System.out.println(s)
```

이를 실행하기 위해 인터페이스형 변수를 선언하고 여기에 람다식 구현부를 대입했습니다.

```
PrintString lambdaStr = s -> System.out.println(s);   //인터페이스형 변수에 람다식 대입
lambdaStr.showString("hello lamda_1");
```

람다식이 대입된 변수 lamdaStr를 사용하여 람다식 구현부를 호출할 수 있습니다.

매개변수로 전달하는 람다식

람다식을 변수에 대입하면 이를 매개변수로 전달할 수 있습니다. 이때 전달되는 매개변수의 자료형은 인터페이스형입니다. 예제를 살펴보면 다음과 같습니다.

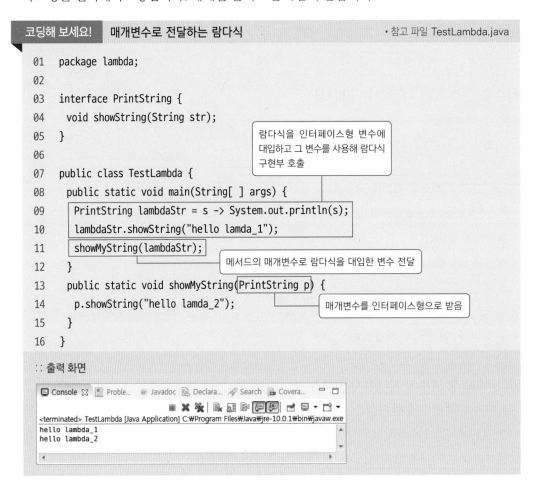

코딩해 보세요! 매개변수로 전달하는 람다식 • 참고 파일 TestLambda.java

```java
01   package lambda;
02
03   interface PrintString {
04     void showString(String str);
05   }
06
07   public class TestLambda {
08     public static void main(String[ ] args) {
09       PrintString lambdaStr = s -> System.out.println(s);
10       lambdaStr.showString("hello lamda_1");
11       showMyString(lambdaStr);
12     }
13     public static void showMyString(PrintString p) {
14       p.showString("hello lamda_2");
15     }
16   }
```

> 람다식을 인터페이스형 변수에 대입하고 그 변수를 사용해 람다식 구현부 호출

> 메서드의 매개변수로 람다식을 대입한 변수 전달

> 매개변수를 인터페이스형으로 받음

:: 출력 화면

```
<terminated> TestLambda [Java Application] C:\Program Files\Java\jre-10.0.1\bin\javaw.exe
hello lamda_1
hello lamda_2
```

TestLamda 클래스에 정적 메서드 showMyString( )을 하나 추가했습니다. 11행에서 showMyString( )을 메서드를 호출할 때 구현된 람다식을 대입한 lamdaStr 변수를 매개변수로 전달했습니다. 매개변수의 자료형은 인터페이스형인 PrintString이고 변수는 p입니다. p.showString("hello_lamda_2");라고 호출하면 람다식의 구현부인 출력문이 호출됩니다.

반환 값으로 쓰이는 람다식

다음과 같이 메서드의 반환형을 람다식의 인터페이스형으로 선언하면 구현한 람다식을 반환할 수 있습니다.

```
public static PrintString returnString( ) {
  PrintString str = s -> System.out.println(s + "world");
  return str;
}
```

이 람다식은 매개변수로 전달된 문자열에 "world"를 더하여 반환하도록 구현합니다. 반환형은 인터페이스형인 PrintString입니다. 좀 더 간단하게 쓰면 str 변수를 생략하고 다음과 같이 쓸 수 있습니다.

```
public static PrintString returnString( ) {
  return s -> System.out.println(s + "world");
}
```

테스트 프로그램에서 실행하면 다음과 같습니다.

코딩해 보세요!   **반환 값으로 쓰이는 람다식**   • 참고 파일 TestLambda.java

```
01  package lamda;
02
03  interface PrintString {
04    void showString(String str);
05  }
06
07  public class TestLambda {
08    public static void main(String[ ] args) {
09      ...
10      PrintString reStr = returnString( );    //변수로 반환받기
11      reStr.showString("hello ");             //메서드 호출
12    }
13
14    public static void showMyString(PrintString p) {
15      p.showString("hello lamda_2");
16    }
17
```

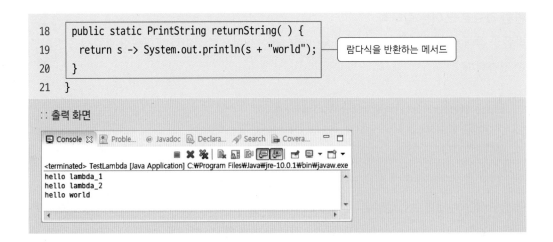

```
18    public static PrintString returnString( ) {
19        return s -> System.out.println(s + "world");
20    }
21  }
```

람다식을 반환하는 메서드

:: 출력 화면

```
Console ⊠   Proble...   @ Javadoc   Declara...   Search   Covera...
<terminated> TestLambda [Java Application] C:\Program Files\Java\jre-10.0.1\bin\javaw.exe
hello lambda_1
hello lambda_2
hello world
```

지금까지 예제에서 보듯이 람다식은 함수의 구현부를 변수에 대입하고, 매개변수로 전달하고, 함수의 반환 값으로 사용할 수 있습니다. 마치 변수처럼 사용할 수 있는 것이죠. 이는 함수형 프로그래밍의 특징 중 하나입니다.

사실 람다식이 이제 막 객체 지향 프로그래밍에 입문한 초보자들한테는 쉽지 않을 것입니다. 하지만 최근의 자바에는 제네릭이나 람다식 같은 개념을 모르면 이해하기 어려운 코드를 종종 볼 수 있습니다. 그러니 너무 어렵다고 포기하지 말고 천천히 코드를 따라 하면서 기본 개념을 익히기 바랍니다.

😊 자바 8부터는 java.util.function에서 함수형 인터페이스 표준 API를 제공합니다. 좀 더 공부하고 싶다면 JavaDoc을 참조하세요.

13-3 스트림

스트림이란?

자료가 모여 있는 배열이나 컬렉션 또는 특정 범위 안에 있는 일련의 숫자를 처리하는 기능이 미리 구현되어 있다면 프로그램의 코드가 훨씬 간결해지고 일관성 있게 다룰 수 있겠죠? 예를 들어 배열 요소를 특정 기준에 따라 정렬(sorting)하거나, 요소 중 특정 값은 제외하고 출력하는(filter) 기능처럼 말입니다. 이렇게 여러 자료의 처리에 대한 기능을 구현해 놓은 클래스가 스트림(stream)입니다. 스트림을 활용하면 배열, 컬렉션 등의 자료를 일관성 있게 처리할 수 있습니다. 자료에 따라 기능을 각각 새로 구현하는 것이 아니라 처리해야 하는 자료가 무엇인지와 상관없이 같은 방식으로 메서드를 호출할 수 있기 때문입니다. 다른 말로는 자료를 추상화했다고 표현합니다.

◎ 15장에서 입출력을 위한 I/O 스트림을 소개하는데, 여기에서 다루는 스트림과는 전혀 다른 개념입니다.

배열을 예로 들어 보겠습니다. 오른쪽 코드는 정수 5개를 요소로 가진 배열이고, 이를 모두 출력하는 출력문입니다.

```
int[ ] arr = {1, 2, 3, 4, 5};
for(int i = 0; i < arr.length; i++) {
    System.out.println(arr[i]);
}
```

이 배열에 대한 스트림을 생성하여 출력하면 다음과 같습니다.

```
int[ ] arr = {1, 2, 3, 4, 5};
Arrays.stream(arr).forEach(n -> System.out.println(n));
```

무언가 상당히 간단해졌네요. 위 코드를 분석해 봅시다.

Arrays.stream(arr) | forEach(n -> System.out.println(n));

스트림 생성 부분 | 요소를 하나씩 꺼내어 출력하는 기능

스트림을 생성하고 미리 구현되어 있는 forEach( ) 메서드(최종 연산)를 사용하여 배열의 요소를 하나씩 꺼내어 출력할 수 있습니다. 그러면 스트림에 미리 구현되어 있는 연산 기능은 무엇이 있는지 살펴보겠습니다.

스트림 연산

스트림 연산의 종류에는 크게 중간 연산과 최종 연산 두 가지가 있습니다. 중간 연산은 자료를 거르거나 변경하여 또 다른 자료를 내부적으로 생성합니다. 최종 연산은 생성된 내부 자료를 소모해 가면서 연산을 수행합니다. 따라서 최종 연산은 마지막에 한 번만 호출됩니다. 그리고 최종 연산이 호출되어야 중간 연산의 결과가 만들어집니다. 중간 연산과 최종 연산에는 여러 종류가 있지만, 그중에서 많이 사용하는 연산 위주로 설명하겠습니다.

중간 연산 — filter( ), map( )

filter( )는 조건을 넣고 그 조건에 맞는 참인 경우만 추출하는 경우에 사용합니다. 문자열 배열이 있을 때 문자열의 길이가 5 이상인 경우만 출력하는 코드는 다음과 같습니다.

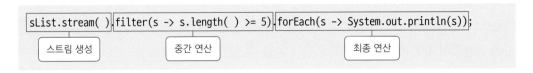

map( )은 클래스가 가진 자료 중 이름만 출력하는 경우에 사용합니다. 예를 들어 고객 클래스가 있다면 고객 이름만 가져와서 출력할 수 있습니다. map( )은 요소들을 순회하여 다른 형식으로 변환하기도 합니다. map( )을 사용하는 예는 다음과 같습니다.

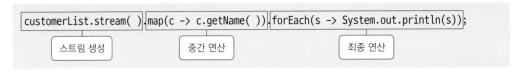

filter( )와 map( ) 둘 다 함수를 수행하면서 해당 조건이나 함수에 맞는 결과를 추출해 내는 중간 역할을 합니다. 그리고 최종 연산으로 중간 연산 결과를 출력합니다.

최종 연산 — forEach( ), count( ), sum( ), reduce( )

최종 연산은 스트림의 자료를 소모하면서 연산을 수행하기 때문에 최종 연산이 수행되고 나면 해당 스트림은 더 이상 사용할 수 없습니다. 최종 연산은 결과를 만드는 데 주로 사용합니다. forEach( )는 앞에서도 보았듯이 요소를 하나씩 꺼내는 기능을 합니다. 통계용으로 사용되는 sum( ), count( )는 배열 요소의 합계를 구한다든가 개수를 출력하는 등의 연산을 수행합니다.

자바 입문자들이 스트림의 모든 연산 방법을 알 필요는 없습니다. 여기에서는 스트림의 기본 내용과 사용하는 방법 위주로 설명하겠습니다.

스트림 생성하고 사용하기

정수 배열에 스트림 생성하고 사용하기

스트림을 활용해 정수 배열에 대한 개수와 합을 출력하는 예제를 살펴봅시다.

코딩해 보세요! **정수 배열에서 스트림 활용하기** • 참고 파일 IntArrayTest.java

```
01  package stream;
02
03  import java.util.Arrays;
04
05  public class IntArrayTest {
06    public static void main(String[ ] args) {
07      int[ ] arr = {1, 2, 3, 4, 5};
08
09      int sumVal = Arrays.stream(arr).sum( );
10      int count = (int) Arrays.stream(arr).count( );
11      System.out.println(sumVal);
12      System.out.println(count);
13    }
14  }
```

sum( ) 연산으로 arr 배열에 저장된 값을 모두 더함

count( ) 연산으로 arr 배열의 요소 개수를 반환함

count( ) 메서드의 반환 값이 long이므로 ing형으로 변환

:: 출력 화면

```
Console ☒  Proble...  @ Javadoc  Declara...  Search  Covera...     □
           ■ ✖ ✖ | ▣ ▤ ▤ | ▣ ▣ | ▣ ▣ ▼ ▣ ▼
<terminated> IntArrayTest [Java Application] C:\Program Files\Java\jre-10.0.1\bin\javaw.exe
15
5
```

출력 결과를 보면 배열의 합과 개수가 계산되는 것을 알 수 있습니다. 10행 count( ) 메서드의 반환 값이 long형이므로 int형으로 형 변환하였습니다. count( ), sum( ) 이외에 max( ), min( ), average( ) 등 통계 연산을 위한 메서드도 제공합니다.

Collection에서 스트림 생성하고 사용하기

Collection 인터페이스를 구현한 클래스 중 가장 많이 사용하는 ArrayList에 스트림을 생성하고 활용해 보겠습니다. 오른쪽과 같이 문자열을 요소로 가

```
List<String> sList = new ArrayList<String>( );
sList.add("Tomas");
sList.add("Edward");
sList.add("Jack");
```

지는 ArrayList가 있습니다. 이 ArrayList의 스트림을 생성하여 출력하고, 정렬하는 예를 살펴보겠습니다. Collection 인터페이스의 메서드를 살펴보면 다음과 같은 메서드가 있습니다.

메서드	설명
Stream\<E\> stream( )	스트림 클래스를 반환합니다.

Collection에서 stream( ) 메서드를 사용하면 이 클래스는 제네릭형을 사용해 다음과 같이 자료형을 명시할 수 있습니다.

```
Stream<String> stream = sList.stream( );
```

이렇게 생성된 스트림은 내부적으로 ArrayList의 모든 요소를 가지고 있습니다. 각 요소를 하나씩 출력하는 기능을 구현해 봅시다. 모든 요소를 하나씩 가져와서 처리할 때 스트림의 forEach( ) 메서드를 활용합니다. 😊 12장에서 Iterator를 사용해 구현한 예제입니다.

```
Stream<String> stream = sList.stream( );
stream.forEach(s -> System.out.println(s));
```

forEach( ) 메서드는 내부적으로 반복문이 수행됩니다. 그럼 forEach( ) 괄호 안에 구현되는 람다식의 의미는 무엇일까요? forEach( ) 메서드가 수행되면 요소가 하나씩 차례로 변수 s에 대입되고 이를 매개변수로 받아 출력문이 호출됩니다.

이번에는 ArrayList에 저장된 이름을 정렬하여 그 결과를 출력해 봅시다. 앞에서 stream 변수에 스트림을 생성했지만 forEach( ) 메서드가 수행되면서 자료가 소모되었습니다. 따라서 스트림을 새로 생성해야 합니다.

```
Stream<String> stream2 = sList.stream( )
stream2.sorted( ).forEach(s -> System.out.println(s));
```

여기서에는 중간 연산으로 정렬을 위한 sorted( ) 메서드를 호출하고, 최종 연산으로 출력을 위해 forEach( ) 메서드를 사용합니다. sorted( ) 메서드를 사용하려면 정렬 방식에 대한 정의가 필요합니다. 따라서 사용하는 자료 클래스가 Comparable 인터페이스를 구현해야 합니다. 만약 구현되어 있지 않다면 sorted( ) 메서드의 매개변수로 Comparator 인터페이스를 구현한 클래스를 지 😊 Comparable 인터페이스와 Comparator 인터페이스는 '12-3 List 인터페이스'의 TreeSet에서 설명한 내용을 참고하세요.

정할 수 있습니다. ArrayList 이외에 다른 Collection의 자료도 같은 방식으로 정렬하고 출력할 수 있습니다. 이것이 스트림을 사용하는 장점입니다.

지금까지의 코드를 정리한 예제는 다음과 같습니다.

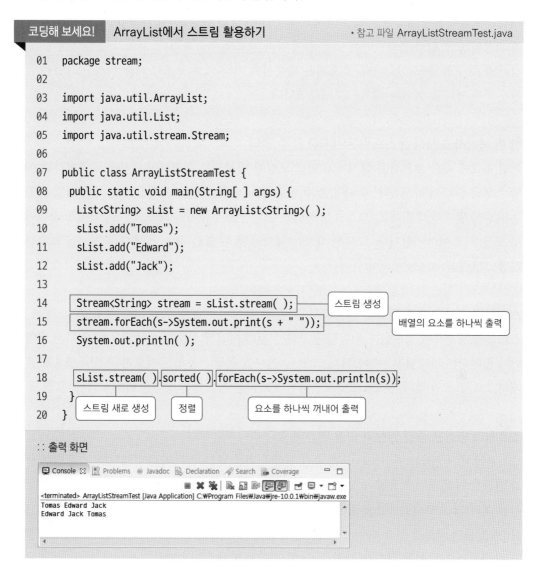

```
01  package stream;
02
03  import java.util.ArrayList;
04  import java.util.List;
05  import java.util.stream.Stream;
06
07  public class ArrayListStreamTest {
08    public static void main(String[ ] args) {
09      List<String> sList = new ArrayList<String>( );
10      sList.add("Tomas");
11      sList.add("Edward");
12      sList.add("Jack");
13
14      Stream<String> stream = sList.stream( );          스트림 생성
15      stream.forEach(s->System.out.print(s + " "));     배열의 요소를 하나씩 출력
16      System.out.println( );
17
18      sList.stream( ).sorted( ).forEach(s->System.out.println(s));
19    }        스트림 새로 생성    정렬    요소를 하나씩 꺼내어 출력
20  }
```

:: 출력 화면

```
Tomas Edward Jack
Edward Jack Tomas
```

스트림의 특징

지금까지 살펴본 스트림의 특징을 정리해 볼까요?

자료의 대상과 관계없이 동일한 연산을 수행한다

배열이나 컬렉션에 저장된 자료를 가지고 수행할 수 있는 연산은 여러 가지가 있습니다. 배열에 저장된 요소 값을 출력한다든지, 조건에 따라 자료를 추출하거나, 자료가 숫자일 때 합계·평균 등을 구할 수도 있습니다. 스트림은 컬렉션의 여러 자료 구조에 대해 이러한 작업을 일관성 있게 처리할 수 있는 메서드를 제공합니다.

한 번 생성하고 사용한 스트림은 재사용할 수 없다

어떤 자료에 대한 스트림을 생성하고 이 스트림에 메서드를 호출하여 연산을 수행했다면 해당 스트림을 다시 다른 연산에 사용할 수 없습니다. 예를 들어 스트림을 생성하여 배열에 있는 요소를 출력하기 위해 각 요소들을 하나씩 순회하면서 출력에 사용하는데, 이때 요소들이 '소모된다'고 이야기합니다. 소모된 요소는 재사용할 수 없습니다. 만약 다른 기능을 호출하려면 스트림을 새로 생성해야 합니다.

스트림의 연산은 기존 자료를 변경하지 않는다

스트림을 생성하여 정렬한다거나 합을 구하는 등의 여러 연산을 수행한다고 해서 기존 배열이나 컬렉션이 변경되지는 않습니다. 스트림 연산을 위해 사용하는 메모리 공간이 별도로 존재하므로, 스트림의 여러 메서드를 호출하더라도 기존 자료에는 영향을 미치지 않습니다.

스트림의 연산은 중간 연산과 최종 연산이 있다

스트림에서 사용하는 메서드는 크게 중간 연산과 최종 연산 두 가지로 나뉩니다. 스트림에 중간 연산은 여러 개가 적용될 수 있고, 최종 연산은 맨 마지막에 한 번 적용됩니다. 만약 중간 연산이 여러 개 호출되었더라도 최종 연산이 호출되어야 스트림의 중간 연산이 모두 적용됩니다. 예를 들어 자료를 정렬하거나 검색하는 중간 연산이 호출되어도 최종 연산이 호출되지 않으면 정렬이나 검색한 결과를 가져올 수 없습니다. 이를 '지연 연산(lazy evaluation)'이라고 합니다.

프로그래머가 기능을 지정하는 reduce( ) 연산

이제까지 우리가 사용한 연산은 기능이 미리 정해져 있습니다. reduce( ) 연산은 내부적으로 스트림의 요소를 하나씩 소모하면서 프로그래머가 직접 지정한 기능을 수행합니다.

JDK에서 제공하는 reduce( ) 메서드의 정의는 다음과 같습니다.

```
T reduce(T identify, BinaryOperator<T> accumulator)
```

첫 번째 매개변수 T identify는 초깃값을 의미하고 두 번째 매개변수 BinaryOperator〈T〉 accumulator는 수행해야 할 기능입니다. BinaryOperator 인터페이스는 두 매개변수로 람다식을 구현하며 이 람다식이 각 요소가 수행해야 할 기능이 됩니다. 이때 BinayOperator 인터페이스를 구현한 람다식을 직접 써도 되고, 람다식이 길면 인터페이스를 구현한 클래스를 생성하여 대입해도 됩니다. 또한 BinaryOperator는 함수형 인터페이스로 apply( ) 메서드를 반드시 구현해야 합니다. apply( ) 메서드는 두 개의 매개변수와 한 개의 반환 값을 가지는데, 세 개 모두 같은 자료형입니다. reduce( ) 메서드가 호출될 때 BinaryOperator의 apply( ) 메서드가 호출됩니다.

reduce( ) 메서드를 사용해 모든 요소의 합을 구할 때, 두 번째 매개변수에 람다식을 직접 쓰는 경우는 다음과 같습니다.

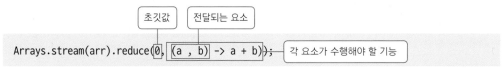

초깃값은 0이고 스트림 요소가 매개변수로 전달되면서 합을 구합니다. 내부적으로는 반복문이 호출되면서 람다식에 해당하는 부분이 리스트 요소만큼 호출되는 것입니다. 따라서 reduce( ) 메서드에 어떤 람다식이 전달되느냐에 따라 다양한 연산을 수행할 수 있습니다. reduce( )는 처음부터 마지막까지 모든 요소를 소모하면서 람다식을 반복해서 수행하므로 최종 연산입니다.

배열에 여러 문자열이 있을 때 그중 길이가 가장 긴 문자열을 찾는 예제를 따라 하면서 reduce( ) 메서드 사용법을 살펴보겠습니다. 두 번째 매개변수에 람다식을 직접 쓰는 경우와 Binary Operator 인터페이스를 구현한 클래스를 사용하는 경우 두 가지를 살펴보겠습니다.

```
01  package stream;
02
03  import java.util.Arrays;
04  import java.util.function.BinaryOperator;          BinaryOperator를 구현한 클래스 정의
05
06  class CompareString implements BinaryOperator<String> {
07    @Override
08    public String apply(String s1, String s2) {      reduce( ) 메서드가
09      if(s1.getBytes( ).length >= s2.getBytes( ).length) return s1;   호출될 때 불리는 메
10      else return s2;                                서드, 두 문자열 길
11    }                                                이를 비교
12  }
13
14  public class ReduceTest {
15    public static void main(String[ ] args) {         람다식을 직접 구현하는 방법
16      String[] greetings = {"안녕하세요~~~", "hello", "Good morning", "반갑습니다^^"};
17      System.out.println(Arrays.stream(greetings).reduce("", (s1, s2) -> {
18                      if(s1.getBytes().length >= s2.getBytes().length)
19                        return s1;
20                      else return s2;}));
21
22      String str = Arrays.stream(greetings).reduce(new CompareString( )).get( );
23      System.out.println(str);
24    }
25  }
```

BinaryOperator를 구현한 클래스 사용

:: 출력 화면

```
Console ⊠  Proble...  @ Javadoc  Declar...  Search  Covera...
■ ✖ ⚒ | ▤ ▦ ▧ | ▦ ▦ | ▥ ▤ ▾ ▭ ▾
<terminated> ReduceTest [Java Application] C:\Program Files\Java\jre-10.0.1\bin\javaw.exe
안녕하세요~~~
안녕하세요~~~
◄                                              ►
```

17~20행에서는 reduce( ) 메서드 내에 직접 람다식을 구현하였습니다. 람다식을 살펴보면 문자열을 비교하여 바이트 수가 더 긴 문자열을 반환합니다. 내부적으로 이 람다식 부분이 요소 개수만큼 반복해서 호출되고 결과적으로 가장 긴 문자열을 반환합니다. 구현하는 람다식이 너무 긴 경우에는 6~12행과 같이 직접 BinaryOperator 인터페이스를 구현한 클래스를 만들고 reduce( ) 메서드에 해당 클래스로 생성한 인스턴스를 매개변수로 전달하면 여기에 구현된 apply( ) 메서드가 자동으로 호출됩니다.

람다식으로 구현된 부분도 익명 클래스의 인스턴스가 생성되는 것이므로 내부적으로는 동일한 구조라 할 수 있습니다. 예제는 간단하지만 그 내부에 많은 코드가 숨겨져 있어서 이해하는 데 쉽지 않을테니 반복적으로 학습하기를 바랍니다.

스트림을 활용하여 여행객의 여행 비용 계산하기

패키지 여행을 떠나는 고객들이 있습니다. 여행 비용은 15세 이상은 100만 원, 그 미만은 50만 원입니다. 고객 세 명이 패키지 여행을 간다고 했을 때 비용 계산과 고객 명단 검색 등을 스트림을 활용하여 구현해 보겠습니다.

우선 고객 클래스를 정의합니다. 고객 클래스는 이름, 나이, 비용을 멤버 변수로 가지며, 멤버 변수에 대한 get( ) 메서드만 제공합니다.

코딩해 보세요! **스트림 활용하기 (1)** • 참고 파일 TravelCustomer.java

```java
01  package stream;
02
03  public class TravelCustomer {
04    private String name;      //고객 이름
05    private int age;          //나이
06    private int price;        //가격
07
08    public TravelCustomer(String name, int age, int price) {
09      this.name = name;
10      this.age = age;
11      this.price = price;
12    }
13
14    public String getName( ) {
15      return name;
16    }
17
18    public int getAge( ) {
19      return age;
20    }
```

```
21
22    public int getPrice( ) {
23      return price;
24    }
25
26    public String toString( ) {
27      return "name: " + name + "age: " + age + "price: " + price;
28    }
29  }
```

세 명의 고객을 ArrayList에 추가하고 이에 대한 스트림을 생성하여 다음 연산을 수행해 봅시다.

예제 시나리오

1. 고객의 명단을 출력합니다.
2. 여행의 총 비용을 계산합니다.
3. 고객 중 20세 이상인 사람의 이름을 정렬하여 출력합니다.

스트림을 사용하지 않고 위 내용을 구현한다면 코드를 여러 번 반복해서 사용해야 할 것입니다. 하지만 미리 구현되어 있는 스트림의 메서드로 코드를 간결하게 작성할 수 있습니다.

코딩해 보세요! 스트림 활용하기 (2)   · 참고 파일 TravleTest.java

```
01    package stream;
02
03    import java.util.ArrayList;
04    import java.util.List;
05
06    public class TravelTest {
07      public static void main(String[ ] args) {
08        TravelCustomer customerLee = new TravelCustomer("이순신", 40, 100);
09        TravelCustomer customerKim = new TravelCustomer("김유신", 20, 100);    ─ 고객 생성
10        TravelCustomer customerHong = new TravelCustomer("홍길동", 13, 50);
11        List<TravelCustomer> customerList = new ArrayList<>( );
12        customerList.add(customerLee);
13        customerList.add(customerKim);    ─ ArrayList에 고객 추가
14        customerList.add(customerHong);
```

```
15
16        System.out.println("== 고객 명단 추가된 순서대로 출력 ==");
17        customerList.stream( ).map(c -> c.getName( )).forEach(s -> System.out.println(s));
18
19        int total = customerList.stream( ).mapToInt(c->c.getPrice( )).sum( );
20        System.out.println("총 여행 비용은 :" + total + "입니다");
21
22        System.out.println("== 20세 이상 고객 명단 정렬하여 출력 ==");
23        customerList.stream( ).filter(c -> c.getAge( ) >= 20)
                       .map(c -> c.getName( )).sorted( ).forEach(s -> System.out.println(s));
24    }
25  }
```

:: 출력 화면

```
Console     Proble...  @ Javadoc  Declar...  Search  Cover...
<terminated> TravelTest [Java Application] C:₩Program Files₩Java₩jre-10.0.1₩bin₩javaw.exe
== 고객 명단 추가된 순서대로 출력 ==
이순신
김유신
홍길동
총 여행 비용은 :250입니다
== 20세 이상 고객 명단 정렬하여 출력 ==
김유신
이순신
```

고객 명단을 출력하는 코드를 살펴보면 17행에서는 map( ) 메서드를 사용하여 고객의 이름을 가져오고 forEach( ) 메서드로 이름을 출력하고 있습니다. 19행에서는 각 고객이 지불한 비용을 가져와서 mapToInt( ) 메서드로 그 값을 정수로 변환한 후 sum( )으로 합을 구합니다. 최종 연산 sum( )의 반환 값이 int형이므로 int형 total 변수에 결과를 대입하였습니다. 23행의 20세 이상 고객을 가져와서 이름을 정렬하는 부분은 3개의 중간 연산을 사용하였습니다. 우선 filter( )를 사용하여 20세 이상만 추출한 후 map( )으로 이들의 이름을 가져오고, sorted( )를 사용하여 이름을 정렬하였습니다. 여기까지가 중간 연산이고 최종 연산 forEach( )를 활용하여 출력하였습니다.

혹시 여러분이 데이터베이스를 사용해 본 적이 있다면 스트림이 쿼리문과 비슷하다는 느낌을 받을 겁니다. 이처럼 스트림은 많은 데이터 속에서 우리가 원하는 데이터를 추출하고 적용하고 계산하고 출력하는 등의 기능을 제공합니다.

Q1 지역 내부 클래스에서 외부 클래스 메서드의 지역 변수를 사용할 수 있지만, 그 값을 변경하면 오류가 발생합니다. 이때 사용하는 지역 변수는 ⌈f   ⌉ 변수가 되기 때문입니다.

Q2 내부 클래스 중 클래스 이름 없이 인터페이스나 추상 클래스 자료형에 직접 대입하여 생성하는 클래스를 ⌈익   ⌉ 라고 합니다.

Q3 자바에서 제공하는 함수형 프로그래밍 방식으로 인터페이스의 메서드를 직접 구현하는 코드를 ⌈람   ⌉ 이라고 합니다.

Q4 람다식으로 구현할 수 있는 인터페이스는 메서드를 하나만 가져야 합니다. 이러한 인터페이스를 ⌈함   ⌉ 라고 합니다.

Q5 다음과 같이 두 정수를 매개변수로 하는 메서드가 인터페이스에 정의되어 있습니다. 두 정수의 합을 반환하는 람다식을 구현하고 호출해 보세요.

```
package lambda;

public interface Calc {
    public int add(int num1, int num2);
}
```

Q6 자바에서 자료를 처리를 추상화하여 여러 자료형의 자료를 동일하게 처리할 수 있도록 제공하는 클래스를 ⌈스   ⌉ 이라고 합니다.

Q7 다음과 같이 도서관에 책이 있습니다.

```
class Book {
 private String name;
 private int price;

 public Book(String name, int price) {
    this.name = name;
    this.price = price;
 }
}

public class LibraryTest {
 public static void main(String[] args) {
  List<Book> bookList = new ArrayList<>( );

  bookList.add(new Book("자바", 25000));
  bookList.add(new Book("파이썬", 15000));
  bookList.add(new Book("안드로이드", 30000));

  //스트림 생성하고 출력하기
 }
}
```

위와 같을 때 스트림을 활용하여 다음처럼 책 목록을 출력해 보세요.

- 모든 책의 가격의 합
- 책의 가격이 20,000원 이상인 책의 이름을 정렬하여 출력

13장 정답
591쪽

예외 처리

소프트웨어를 사용하다 보면 여러 가지 상황의 오류를 봅니다. 잘 접속되던 사이트가 접속이 안 되거나, 스마트폰 앱이 갑자기 종료되는 그런 경우이죠. 아무리 잘 만든 소프트웨어라도 이런 상황은 발생할 수 있습니다. 이런 일이 발생하더라도 갑자기 종료되는 상황이 일어나지 않도록 예외 처리 방법에 대해 살펴보겠습니다.

오류가 발생했다고
프로그램이 멈추면 안 되겠지?

14-1 예외 클래스

오류란 무엇인가요?

프로그램에서 오류가 발생하는 상황은 두 가지입니다. 하나는 프로그램 코드 작성 중 실수로 발생하는 컴파일 오류(compile error)이고, 다른 하나는 실행 중인 프로그램이 의도하지 않은 동작을 하거나 프로그램이 중지되는 실행 오류(runtime error)입니다. 실행 오류 중 프로그램을 잘못 구현하여 의도한 바와 다르게 실행되어 생기는 오류를 버그(bug)라고 합니다. 컴파일 오류는 개발 환경에서 대부분 원인을 알 수 있습니다. 발생한 컴파일 오류를 모두 수정해야 프로그램이 정상적으로 실행되므로, 문법적으로 오류가 있다는 것을 바로 알 수 있죠. 하지만 프로그램 실행 중에 발생하는 오류는 예측하기 어려운 경우가 많고, 프로그램이 비정상 종료되면서 갑자기 멈춰 버립니다.

실제 서비스를 제공하고 있는 프로그램의 경우 오류가 생기면 서비스가 중지되므로 문제가 심각해집니다. 또한 실행 중에 오류가 발생하면 그 상황을 재현하여 테스트해야 하는데, 실제 시스템이나 서비스가 운영 중인 경우에는 쉽지 않습니다. 따라서 로그(log) 분석을 통해 원인을 찾을 수 있도록 프로그램을 개발할 때 로그를 정확하게 남기는 것이 중요합니다.

> 🙂 로그란 소프트웨어 실행 중에 발생하는 여러 상황을 기록한 내용으로서 주로 파일에 기록합니다. 이 파일을 로그 파일(log file)이라고 합니다.

자바는 이러한 비정상 종료를 최대한 줄이기 위해 다양한 예외에 대한 처리 방법을 가지고 있습니다. 예외 처리를 하는 목적은 일단 프로그램이 비정상 종료되는 것을 방지하기 위한 것입니다. 그리고 예외가 발생했을 때 로그를 남겨 두면 예외 상황을 파악하고 버그를 수정하는 데 도움을 받을 수 있습니다.

오류와 예외

실행 오류는 크게 두 가지가 있는데, 하나는 자바 가상 머신에서 발생하는 시스템 오류(error)이고 다른 하나는 예외(exception)입니다. 시스템 오류의 예로는 사용 가능한 동적 메모리가 없는 경우나 스택 메모리의 오버플로가 발생한 경우 등을 들 수 있습니다. 이러한 시스템 오류는 프로그램에서 제어할 수 없습니다. 반면 '예외'는 프로그램에서 제어할 수 있습니다. 예를 들어 프로그램에서 파일을 읽어 사용하려는데 파일이 없는 경우, 네트워크로 데이터를 전송하려는데 연결이 안 된 경우, 배열 값을 출력하려는데 배열 요소가 없는 경우 등입니다.

자바에서 제공하는 오류에 대한 전체 클래스를 간단히 나타내면 다음과 같습니다.

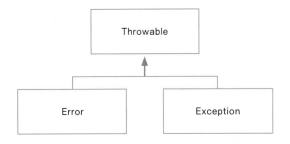

오류 클래스는 모두 Throwable 클래스에서 상속받습니다. Error 클래스의 하위 클래스는 시스템에서 발생하는 오류를 다루며 프로그램에서 제어하지 않습니다. 프로그램에서 제어하는 부분은 Exception 클래스와 그 하위에 있는 예외 클래스입니다.

예외 클래스의 종류

프로그램에서 처리하는 예외 클래스의 최상위 클래스는 Exception 클래스입니다. Exception 클래스의 내용을 살펴보면 오른쪽과 같습니다.

Class Exception

java.lang.Object
  java.lang.Throwable
    java.lang.Exception

다음 그림은 Excption 하위 클래스 중 사용 빈도가 높은 클래스 위주로 계층도를 표현한 것입니다.

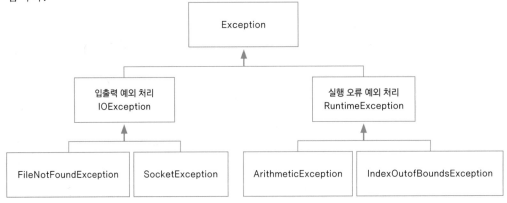

Exception 클래스 하위에는 이 외에도 많은 클래스가 있습니다. 계층도에서 IOException 클래스는 입출력에 대한 예외를 처리하고, RuntimeException는 프로그램 실행 중 발생할 수 있는 오류에 대한 예외를 처리합니다.

이클립스 같은 개발 환경에서는 예외가 발생하면 대부분 처리하라는 컴파일 오류 메시지를 띄웁니다. 그러므로 '14-2 예외 처리하기'에서 배울 try-catch문을 사용하여 예외 처리를 해야합니다. 그런데 Exception 하위 클래스 중 RuntimeException은 try-catch문을 사용하여 예외 처리를 하지 않아도 컴파일 오류가 나지 않습니다. 예를 들어 RuntimeException 하위 클래스 중 ArithmeticException은 산술 연산 중 발생할 수 있는 예외, 즉 '0으로 숫자 나누기'와 같은 경우에 발생하는 예외입니다. 이러한 컴파일러에 의해 체크되지 않는 예외는 프로그래머가 알아서 처리해야 하므로 주의해야 합니다.

이제 예제를 하나씩 살펴보면서 자바 프로그램에서 어떻게 예외 처리를 하는지 알아봅시다.

14-2 예외 처리하기

try-catch문

예외 상황을 어떻게 처리해야 하는 지 알아보겠습니다. 예외를 처리하는 가장 기본 문법인 try-catch문의 형식은 다음과 같습니다.

```
try {
    예외가 발생할 수 있는 코드 부분
} catch(처리할 예외 타입 e) {
    try 블록 안에서 예외가 발생했을 때 예외를 처리하는 부분
}
```

try 블록에는 예외가 발생할 가능성이 있는 코드를 작성합니다. 만약 try 블록 안에서 예외가 발생하면 바로 catch 블록이 수행됩니다. catch문의 괄호 ( ) 안에 쓰는 예외 타입은 예외 상황에 따라 달라집니다.

try-catch문 사용하기

간단한 배열 예제로 예외가 발생하는 상황을 만들고 그에 따른 예외 처리를 해보겠습니다. 다음은 요소가 5개인 정수형 배열을 만들고 요소에 0부터 4를 대입하는 코드입니다. 배열 크기가 5이므로 정수 값을 5개 저장할 수 있습니다. 여기서 i < 5를 i <= 5로 바꾸어 보겠습니다.

```
int[ ] arr = new int[5];

for(int i = 0; i < 5; i++) {
    arr[i] = i;
    System.out.println(arr[i]);
}
```

```
int[ ] arr = new int[5];

for(int i = 0; i <= 5; i++) {
    arr[i] = i;
    System.out.println(arr[i]);
}
```

변경한 코드는 0부터 5까지 총 6개 숫자를 배열에 넣기 때문에 다음과 같은 예외 상황이 발생합니다.

```
Console 🖾  📑 Problems  @ Javadoc  🔍 Declaration  🗁 Coverage
<terminated> ArrayExceptionHandling [Java Application] C:\Program Files\Java\jre-10.0.1\bin\javaw.exe
0
1
2
3
4
Exception in thread "main" java.lang.ArrayIndexOutOfBoundsException: 5
        at exception.ArrayExceptionHandling.main(ArrayExceptionHandling.java:11)
```

배열에 저장하려는 값의 개수가 배열 범위를 벗어났기 때문에 예외가 발생한 것입니다. 참고로 이 예외는 RuntimeException의 하위 클래스인 ArrayIndexOutofBounds Exception으로 처리하는데, 이런 경우에는 예외 처리를 하지 않아도 컴파일 오류가 나지 않습니다. 따라서 프로그래머가 직접 예외 처리를 하지 않으면 예외가 잡히지 않아서 예외가 발생하는 순간에(이 예제에서는 i가 5가 되는 순간) 프로그램이 갑자기 멈춥니다. 그러므로 예외가 발생한 순간 프로그램이 비정상 종료되지 않도록 예외 처리를 해주어야 합니다.

그러면 예외가 발생한다는 가정하에 다음과 같이 예외 처리를 해보겠습니다.

코딩해 보세요! try-catch문 사용하기 · 참고 파일 ArrayExceptionHandling.java

```java
01  package exception;
02
03  public class ArrayExceptionHandling {
04      public static void main(String[ ] args) {
05          int[ ] arr = new int[5];
06
07      try {
08          for(int i = 0; i <= 5; i++) {        ─── 예외가 발생할 수 있으므로 try 블록에 작성
09          arr[i] = i;
10          System.out.println(arr[i]);
11          }
12      } catch(ArrayIndexOutOfBoundsException e) {
13          System.out.println(e);               ─── 예외가 발생하면 catch 블록 수행
14          System.out.println("예외 처리 부분");
15      }
16      System.out.println("프로그램 종료");
17      }
18  }
```

:: 출력 화면

```
Console ☒  Problems  @ Javadoc  Declaration  Coverage

<terminated> ArrayExceptionHandling [Java Application] C:\Program Files\Java\jre-10.0.1\bin\javaw.exe
0
1
2
3
4
java.lang.ArrayIndexOutOfBoundsException: 5
예외 처리 부분
프로그램 종료
```

ArrayExceptionHandling 예제를 보면, 배열 범위가 유효한 값 4까지는 배열에 저장되어 출력되고 그다음 값을 배열에 넣으려 할 때 예외가 발생합니다. 발생한 예외는 catch 블록에서 처리하므로 System.out.println("프로그램 종료") 문장까지 수행하고 프로그램이 정상 종료됩니다. 만약 예외가 발생하여 프로그램이 바로 비정상 종료되었다면 System.out.println("프로그램 종료") 문장을 수행할 수 없습니다. 이처럼 예외 처리는 프로그램이 비정상 종료되는 것을 방지할 수 있으므로 매우 중요합니다.

컴파일러에 의해 예외가 체크되는 경우

앞에서 살펴본 예제는 예외 처리를 하지 않아도 컴파일 오류가 나지 않지만, 자바에서 제공하는 많은 예외 클래스들은 컴파일러에 의해 처리됩니다. 이런 경우 자바에서는 예외 처리를 하지 않으면 컴파일 오류가 계속 남습니다. 그러면 예외를 처리해야 하는 파일 입출력과 관련한 예제를 살펴보겠습니다. 파일 입출력에 대해 아직 배우지는 않았지만 예외 처리 방법을 익힐 수 있는 정도의 수준으로 간단하게 구현했으니 직접 코딩하며 익혀 봅시다.

파일 입출력에서 발생하는 예외 처리하기

자바에서 파일을 읽고 쓰는 데 스트림(stream) 객체를 사용합니다. 스트림 종류는 여러 가지가 있지만, 여기에서는 파일에서 데이터를 바이트 단위로 읽어 들이는 FileInputStream을 사용하겠습니다. 이클립스에서 exception 패키지를 만들고 ExceptionHandling1.java 파일을 작성합니다. main( ) 함수 안에 FileInputStream 선언 코드를 다음처럼 작성합니다.

◎ 이 스트림은 13장의 스트림과 다릅니다. 15장에서 자세히 설명합니다.

```
FileInputStream fis = new FileInputStream("a.txt");
```

지금까지 클래스를 생성할 때 사용하던 코드와 다르지 않습니다. 위 코드는 a.txt 파일에서 데이터를 읽어 들이기 위해 스트림 객체를 생성한다는 의미입니다. 이렇게 코드를 작성하면 new FileInputStream("a.txt"); 부분에 다음처럼 오류가 발생할 겁니다.

```
package exception;
import java.io.FileInputStream;
public class ExceptionHandling1 {
    public static void main(String[] args) {
        FileInputStream fis = new FileInputStream("a.txt");
    }
}
```

Unhandled exception type FileNotFoundException
2 quick fixes available:
 Add throws declaration
 Surround with try/catch ← try-catch문으로 감싸기
Press F2 for focus

마우스를 올려 보면 'FileNotFoundException이 처리되지 않았다'는 메시지가 나타나고 그 아래쪽에 있는 두 옵션 중 하나를 선택하라고 되어 있습니다. 이 코드는 a.txt 파일을 열어 읽으려고 FileInputStream 클래스를 생성한 경우인데, 이 경우 a.txt 파일이 존재하지 않는 오류가 발생할 수 있다는 것입니다. 읽으려는 파일이 없는 경우에 자바 가상 머신에서는 FileNot FoundException 예외 클래스가 생성됩니다. 따라서 위 오류 메시지는 이러한 예외 상황에 대비한 예외 처리를 해야 한다는 뜻입니다. try-catch문으로 감싼다는 뜻인 Surround with try/catch를 클릭하겠습니다.

```java
try {
    FileInputStream fis = new FileInputStream("a.txt");
} catch (FileNotFoundException e) {
    // TODO Auto-generated catch block
    e.printStackTrace();
}
```

그러면 예외가 발생할 위험이 있는 코드가 try 블록으로 감 싸집니다. 앞에서 본 배열 예제와 마찬가지로 try 블록이 먼

😊 변수 이름 e는 다른 이름으로 바꿔서 사용해도 됩니다.

저 수행되고, 이 코드에서 예외가 발생하면 catch 블록을 수행합니다. try문으로 감싸진 부분에서 발생할 수 있는 예외는 FileNotFoundException이고 변수 이름 e로 선언되었습니다. 그리고 어디에서 예외가 발생했는지 따라 가는 printStackTrace( ) 메서드가 호출된 것을 알 수 있습니다. 아직 우리에게는 a.txt 파일이 없으므로 이 상황에서는 당연히 다음처럼 예외가 발생할 것입니다.

코드를 실행해 보면 결과 화면에 예외 이름과 그 내용이 보입니다. 결과 화면에서 Exception Handling1.java:12를 클릭해 보면 예외가 발생한 코드 위치로 이동합니다. 빨간색 글씨로 나타나서 프로그램이 비정상 종료된 것 같지만 그렇지 않습니다. try-catch문을 사용해 다음 코드를 완성해 봅시다.

```
01  package exception;
02
03  import java.io.FileInputStream;
04  import java.io.FileNotFoundException;
05
06  public class ExceptionHandling1 {
07      public static void main(String[ ] args) {
08          try {
09              FileInputStream fis = new FileInputStream("a.txt");
10          } catch (FileNotFoundException e) {
11              System.out.println(e);    //예외 클래스의 toString( ) 메서드 호출
12          }
13          System.out.println("여기도 수행됩니다.");    //정상 출력
14      }
15  }
```

:: 출력 화면

```
Console ⊠   Problems  @ Javadoc  Declaration  Coverage

<terminated> ExceptionHandling1 [Java Application] C:\Program Files\Java\jre-10.0.1\bin\javaw.exe
java.io.FileNotFoundException: a.txt (지정된 파일을 찾을 수 없습니다)  ────  e.toString( )의 출력 내용
여기도 수행됩니다.
```

예외가 발생했을 때 FileNotFoundException e의 toString( ) 메서드가 호출되도록 코드를 작성해 보았습니다. 출력 결과를 살펴보면 첫 번째 줄은 e의 출력 내용입니다. 만약 여기서 바로 비정상 종료되었다면 다른 수행이 일어나지 않았겠죠. 하지만 두 번째 줄 '여기도 수행됩니다.'가 출력되었으므로 예외 처리 후에도 프로그램이 계속 수행되었음을 알 수 있습니다.

예외 처리를 한다고 해서 프로그램의 예외 상황 자체를 막을 수는 없습니다. 하지만 예외 처리를 하면 예외 상황을 알려 주는 메시지를 볼 수 있고, 프로그램이 비정상 종료되지 않고 계속 수행되도록 만들 수 있습니다.

try-catch-finally문

프로그램에서 사용한 리소스는 프로그램이 종료되면 자동으로 해제됩니다. 예를 들어 네트워크가 연결되었을 경우에 채팅 프로그램이 종료될 때 연결도 닫힙니다. 하지만 끝

😊 리소스(resource)란 시스템에서 사용하는 자원을 말합니다. 예를 들어 파일이나 네트워크, 데이터베이스 연결 등이 리소스에 해당합니다.

나지 않고 계속 수행되는 서비스 같은 경우에 리소스를 여러 번 반복해서 열기만 하고 닫지 않는다면 문제가 발생합니다. 시스템에서 허용하는 자원은 한계가 있기 때문이죠. 따라서 사용한 시스템 리소스는 사용 후 반드시 close( ) 메서드로 닫아 주어야 합니다. 그러면 앞에서 사용한 FileInputStream 클래스를 다시 살펴보겠습니다. 열어 놓은 파일 리소스를 닫는 코드를 다음과 같이 추가합니다.

```
try {
    fis = new FileInputStream("a.txt");
    if(fis != null) {
    try {
        fis.close( );    ── try 블록에서 파일 리소스를 닫는 close( ) 메서드 호출
    } catch (IOException e) {
        // TODO Auto-generated catch block
        e.printStackTrace( );
    }
    }
} catch (FileNotFoundException e) {
    System.out.println(e);
}
```

현재는 try 블록에서만 파일 리소스를 닫았습니다. 그런데 프로그램이 정상적으로 종료된 경우에도 열어 놓은 파일 리소스를 닫아야 하고, 비정상 종료된 경우에도 리소스를 닫아야 합니다. 따라서 try 블록뿐 아니라 catch 블록에도 close( ) 메서드를 사용해야 합니다.

만약 try 블록 안에서 발생할 수 있는 예외 상황이 여러 개라면 catch 블록을 예외 상황 수만큼 구현해야 합니다. 그런데 한번 열어 놓은 리소스를 해제하는 코드를 try-catch-catch … 각 블록에 모두 작성해야한다면 정말 번거롭겠죠. 이때 사용하는 블록이 finally입니다. finally를 사용하는 형식은 오른쪽과 같습니다. 일단 try 블록이 수행되면 finally 블록은 어떤 경우에도 반드시 수행됩니다. 이를테면 try나 catch문에 return문이 있어도 수행됩니다.

```
try {
    예외가 발생할 수 있는 부분
} catch(처리할 예외 타입 e) {
    예외를 처리하는 부분
} finally {
    항상 수행되는 부분
}
```

따라서 try-catch-catch ⋯ 각 블록마다 리소스를 해제하지 않고 finally 블록에서 한 번만 해제해 주면 됩니다. 이 내용을 코드로 정리하면 다음과 같습니다.

코딩해 보세요! finally 블록 사용하기 • 참고 파일 ExceptionHandling3.java

```java
01  package exception;
02
03  import java.io.FileInputStream;
04  import java.io.FileNotFoundException;
05  import java.io.IOException;
06
07  public class ExceptionHandling3 {
08      public static void main(String[ ] args) {
09          FileInputStream fis = null;
10
11          try {
12              fis = new FileInputStream("a.txt");
13          } catch (FileNotFoundException e) {
14              System.out.println(e);
15              return;
16          } finally {
17              if(fis != null) {
18                  try {
19                      fis.close( );          ┤ 파일 입력 스트림 닫기
20                  } catch (IOException e) {
21                      //TODO Auto-generated catch block
22                      e.printStackTrace( );
23                  }
24              }
25          System.out.println("항상 수행됩니다.");
26          }
27      System.out.println("여기도 수행됩니다.");
28      }
29  }
```

∷ 출력 화면

```
Console ⊠ | Problems @ Javadoc Declaration Coverage         ▬ ▭
                       ▬ ✖ ✖ | ▤ ▦ ▦ | ▣ ▣ | ▭ ▤ ▾ ▭ ▾ ▾
<terminated> ExceptionHandling2 [Java Application] C:\Program Files\Java\jre-10.0.1\bin\javaw.exe
java.io.FileNotFoundException: a.txt (지정된 파일을 찾을 수 없습니다)
항상 수행됩니다.
```

◎ try 블록에서 네트워크나 데이터베이스에 연결한 경우에도 이 연결을 닫는 close( ) 코드를 finally 블록에서 수행합니다.

코드가 복잡해 보이지요? 하지만 예외 처리 코드에 익숙해지면 절대 복잡한 코드가 아닙니다. 우선 입력받은 파일이 없는 경우에 대해 try-catch문을 사용해 FileNotFoundException 예외 처리를 하였습니다. 프로그램을 실행하면 a.txt 파일이 없으므로 예외가 발생하여 catch 블록이 수행될 것입니다. 예외를 출력하고 15행에서 강제로 return을 해보았습니다. 하지만 출력 결과를 보면 return문과 상관없이 finally 블록이 수행되어 '항상 수행됩니다.' 문장이 출력된 것을 알 수 있습니다. 이 finally 블록에서 파일 리소스를 닫는 코드를 구현하였습니다. fis.close( ) 문장에서도 예외가 발생할 수 있으므로 예외 처리를 해야 합니다.

try-with-resources문

앞에서 살펴봤듯이 시스템 리소스를 사용하고 해제하는 코드는 다소 복잡합니다. 자바 7부터 try-with-resources문을 제공하여 close( ) 메서드를 명시적으로 호출하지 않아도 try 블록 내에서 열린 리소스를 자동으로 닫도록 만들 수 있습니다. try-with-resources 문법을 사용하려면 해당 리소스가 AutoCloseable 인터페이스를 구현해야 합니다.

AutoCloseable 인터페이스에는 close( ) 메서드가 있고 이를 구현한 클래스는 close( )를 명시적으로 호출하지 않아도 close( ) 메서드 부분이 호출됩니다. 예제를 통해 실제로 호출되는 과정을 살펴보기 전에 앞에서 사용했던 FileInputStream을 JavaDoc에서 찾아보면 AutoCloseable 인터페이스를 구현하고 있음을 알 수 있습니다.

FileInputStream 클래스는 Closeable과 AutoCloseable 인터페이스를 구현했습니다. 따라서 자바 7부터는 try-with-resources 문법을 사용하면 FileInputStream을 사용할 때 close( )를 명시적으로 호출하지 않아도 정상인 경우와 예외가 발생한 경우 모두 close( ) 메서드가 호출됩니다. FileInputStream 이외에 네트워크 (socket)와 데이터베이스(connection) 관련 클래스도 AutoCloseable 인터페이스를 구현하고 있습니다.

ⓒ AutoCloseable 인터페이스를 구현한 클래스가 무엇이 있는지 궁금하다면 Java Doc에서 AutoCloseable Interface를 찾아보세요.

AutoCloseable 인터페이스

AutoCloseable 인터페이스를 직접 구현한 클래스를 만들고 프로그램이 정상적으로 수행됐을 때와 예외가 발생했을 때 각각 close( ) 메서드 부분이 잘 호출되는지 살펴봅시다. 먼저 프로그램이 정상적으로 수행되는 경우를 보겠습니다.

> **코딩해 보세요!** **AutoCloseable 인터페이스 구현하기** · 참고 파일 AutoCloseObj.java

```java
01  package exception;
02
03  public class AutoCloseObj implements AutoCloseable {
04    @Override
05    public void close( ) throws Exception {        ┐
06        System.out.println("리소스가 close( ) 되었습니다");   ├ close( ) 메서드 구현
07    }                                               ┘
08  }
```

AutoCloseable 인터페이스는 반드시 close( ) 메서드를 구현해야 합니다. 시스템 리소스인 경우에는 파일 스트림을 닫거나 네트워크 연결을 해제하는 코드를 작성해야겠지만, 여기에서는 close( ) 메서드가 제대로 호출되는지 알아보기 위해 출력문만 남깁니다.

이제 AutoCloseTest 클래스를 만들어 테스트해 보겠습니다.

> **코딩해 보세요!** **try-with-resources문 사용하기 (1)** · 참고 파일 AutoCloseTest.java

```java
01  package exception;
02
03  public class AutoCloseTest {
04    public static void main(String[ ] args) {        ── 사용할 리소스 선언
05        try(AutoCloseObj obj = new AutoCloseObj( )) {
06        } catch(Exception e) {
07            System.out.println("예외 부분입니다");
08        }
09    }
10  }
```

∷ 출력 화면

```
Console ☒  Problems  @ Javadoc  Declaration  Coverage
<terminated> AutoCloseTest [Java Application] C:\Program Files\Java\jre-10.0.1\bin\javaw.exe
리소스가 close() 되었습니다
```

try-with-resources문을 사용할 때 try문의 괄호
( ) 안에 리소스를 선언합니다. 이 예제는 예외가
발생하지 않고 정상 종료되는데 출력 결과를 보면
close( ) 메서드가 호출되어 '리소스가 close( ) 되
었습니다.' 문장이 출력된 것을 알 수 있습니다. 리

```
try (A a = new A( ); B b = new B( )) {
    ...
} catch(Exception e) {
    ...
}
```

소스를 여러 개 생성해야 한다면 세미 콜론(;)으로 구분합니다.

정상적으로 종료되는 경우를 봤으니 예외가 발생하여 종료되는 경우에도 close( ) 메서드가
잘 호출되는지 살펴봐야겠죠? throw new Exception( ) 문장을 사용하면 프로그램에서 강제
로 예외를 발생시켜 catch 블록이 수행되도록 구현할 수 있습니다. try 블록 안에 다음 6행처
럼 코드를 작성해 보세요.

코딩해 보세요! **try-with-resources문 사용하기 (2)** • 참고 파일 AutoCloseObjTest.java

```
01  package exception;
02
03  public class AutoCloseTest {
04      public static void main(String[ ] args) {
05          try (AutoCloseObj obj = new AutoCloseObj( )) {
06              throw new Exception( );                    ┌─ 강제 예외 발생
07          } catch(Exception e) {
08              System.out.println("예외 부분입니다");
09          }
10      }
11  }
```

:: 출력 화면

```
Console ✕   Problems  @ Javadoc  Declaration  Coverage
<terminated> AutoCloseTest [Java Application] C:₩Program Files₩Java₩jre-10.0.1₩bin₩javaw.exe
리소스가 close() 되었습니다
예외 부분 입니다
```

6행에서 강제로 예외를 발생시키면 catch 블록이 수행됩니다. 출력 결과를 보면 리소스의
close( ) 메서드가 먼저 호출되고 예외 블록 부분이 수행되는 것을 알 수 있습니다. 이처럼
try-with-resources문을 사용하면 close( ) 메서드를 명시적으로 호출하지 않아도 정상 종
료된 경우와 예외가 발생한 경우 모두 리소스가 잘 해제됩니다.

향상된 try-with-resources문(자바 9에서 추가된 문법)

자바 7에서 제공하기 시작한 try-with-resources문의 예외 처리 방법은 자바 9로 업그레이드되면서 조금 더 향상되었습니다. 자바 7에서는 AutoCloseable 인터페이스를 구현한 리소스의 변수 선언을 try문 괄호 안에서 해야 했습니다. 따라서 리소스가 외부에 선언되고 생성된 경우에도 다른 참조 변수로 괄호 안에 다시 선언해야 했습니다.

```
AutoCloseObj obj = new AutoCloseObj( );
try (AutoCloseObj obj2 = obj)          다른 참조 변수로 다시 선언해야 함
  throw new Exception( );
}catch(Exception e) {
  System.out.println("예외 부분입니다");
}
```

하지만 자바 9부터는 다음처럼 try문의 괄호 안에서 외부에서 선언한 변수를 쓸 수 있습니다. 이렇게 사용하면 가독성도 좋고 반복하여 선언하는 일도 줄어듭니다.

```
AutoCloseObj obj = new AutoCloseObj( );
try(obj) {                             외부에서 선언한 변수를 그대로 쓸 수 있음
  throw new Exception( );
} catch(Exception e) {
  System.out.println("예외 부분입니다");
}
```

이 문법은 자바 9에서 추가된 내용으로 자바 8 이하에서는 오류가 발생합니다.

14-3 예외 처리 미루기

예외 처리를 미루는 throws 사용하기

FileInputStream을 생성했을 때 예외 처리 방법
은 두 가지 있었습니다. Surround with try/catch
는 살펴보았으니, 이제 Add throws declaration
에 대해 살펴보겠습니다. 그대로 번역하면 throws

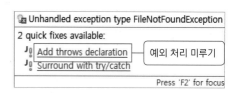

선언을 추가한다는 의미인데, 예외를 해당 메서드에서 처리하지 않고 미룬 후 메서드를 호출
하여 사용하는 부분에서 예외를 처리하는 방법입니다. 다음 예제를 살펴봅시다.

코딩해 보세요!   throws로 예외 미루기   · 참고 파일 ThrowsException.java

```java
01  package exception;
02
03  import java.io.FileInputStream;
04  import java.io.FileNotFoundException;
05
06  public class ThrowsException {
07      public Class loadClass(String fileName, String className) throws
            FileNotFoundException, ClassNotFoundException {
08          FileInputStream fis = new FileInputStream(fileName);
09          Class c = Class.forName(className);
10          return c;
11      }
12
13      public static void main(String[ ] args) {
14          ThrowsException test = new ThrowsException( );
15          test.loadClass("a.txt", "java.lang.String");
16      }
17  }
```

> 두 예외를 메서드가 호출될 때 처리하도록 미룸

> FileNotFoundException 발생 가능

> ClassNotFoundException 발생 가능

> 메서드를 호출할 때 예외를 처리함

위 코드에서 정의한 loadClass( ) 메서드는 FileInput
Stream을 열고 Class를 동적으로 로딩하여 반환합니다. 파
일을 열 때는 FileNotFoundException이 발생할 수 있고, 클래스를 로딩할 때는 Class
NotFoundException이 발생할 수 있습니다. 하지만 이 예제의 7행을 보면 처리를 미루겠다

◎ Class를 동적으로 로딩하는 코드는
'11-4 Class 클래스'를 참고하세요.

는 뜻의 throws를 메서드의 선언부에 추가했습니다. 그러면 이 두 가지 예외는 어디에서 처리될까요?

throws를 활용하여 예외 처리 미루기

예외를 처리하지 않고 미룬다고 선언하면, 그 메서드를 호출하여 사용하는 부분에서 예외 처리를 해야 합니다. main( ) 함수의 15행을 보면 loadClass( ) 메서드를 호출하는 부분이 있습니다. 따라서 15행 코드에서 빨간색 줄로 오류가 표시되고 마우스를 올리면 다음과 같은 메시지를 볼 수 있습니다.

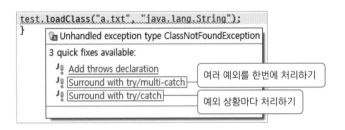

세 가지 옵션 중 하나를 선택하여 오류를 처리할 수 있습니다. 첫 번째 옵션인 Add throws declaration은 main( ) 함수 선언 부분에 throws FileNotFoundException, ClassNotFoundException을 추가하고 예외 처리를 미룬다는 뜻입니다. main( ) 함수에서 미룬 예외 처리는 main( ) 함수를 호출하는 자바 가상 머신으로 보내집니다. 즉 예외를 처리하는 것이 아니라 대부분의 프로그램이 비정상 종료됩니다. 따라서 다른 두 옵션 중 하나를 사용하는 것이 좋습니다. 두 번째 옵션 Surround with try/multi-catch를 선택하면 다음과 같이 코드가 생성됩니다.

```java
public static void main(String[ ] args) {
  ThrowsException test = new ThrowException( );
  try {
    test.loadClass("a.txt", "java.lang.String");
  } catch (FileNotFoundException | ClassNotFoundException e) {
    //TODO Auto-generated catch block
    e.printStackTrace( );
  }
}
```

생성됨

여러 예외를 한 문장으로 처리함

이 옵션은 하나의 catch문에서 여러 예외를 한 문장으로 처리하겠다는 뜻입니다. 그렇지 않고 각 상황마다 예외 처리를 하려면 세 번째 옵션 Surround with try/catch를 선택하면 됩니다.

```
public static void main(String[ ] args) {
  ThrowsException test = new ThrowException( );
  try {
    test.loadClass("a.txt", "java.lang.String");                      ┌─────────┐
  } catch (FileNotFoundException e) {                                  │ 생성됨    │
    // TODO Auto-generated catch block                                 └─────────┘
    e.printStackTrace( );
  } catch (ClassNotFoundException e) {                                ┌──────────────┐
    // TODO Auto-generated catch block                                │ 각 예외 상황마다  │
    e.printStackTrace( );                                             │ 다른 방식으로 처리함 │
  }                                                                   └──────────────┘
}
```

그러면 예외 상황의 수만큼 catch문이 생성됩니다. 각 예외 상황마다 다른 방식으로 처리해야 하고 로그도 다르게 남겨야 하는 경우라면 이 옵션을 사용합니다.

예외가 발생한 메서드에서 그 예외를 바로 처리할 것인지, 아니면 미루어서 그 메서드를 호출하여 사용하는 부분에서 처리할 것인지는 여러분이 만들고자 하는 프로그램 상황에 따라 다를 수 있습니다. 만약 어떤 메서드가 다른 여러 코드에서 호출되어 사용된다면 호출하는 코드의 상황에 맞게 로그를 남기거나 예외 처리를 하는 것이 더 좋습니다. 따라서 이런 경우에는 메서드를 호출하는 부분에서 예외 처리를 하도록 미루는 것이 합리적입니다.

다중 예외 처리

여러 catch문을 한꺼번에 사용하는 경우에 각 catch 블록은 각각의 예외 처리를 담당합니다. 그런데 문법적으로 반드시 예외 처리를 해야 하는 경우 이외에도 예외 처리를 해야 할 때가 있습니다. 예를 들어 배열을 사용할 때 배열의 크기보다 큰 위치, 즉 요소가 존재하지 않는 위치로 접근하는 경우에 RuntimeException 중 ArrayIndexOutOfBoundsException이 발생합니다. 이 예외는 컴파일러에 의해 체크되지 않습니다. 이렇게 어떤 예외가 발생할지 미리 알 수 없지만 모든 예외 상황을 처리하고자 한다면 맨 마지막 부분에 Exception 클래스를 활용하여 catch 블록을 추가합니다. 다음 예제로 살펴보겠습니다.

```java
01   package exception;
02
03   import java.io.FileInputStream;
04   import java.io.FileNotFoundException;
05
06   public class ThrowsException {
07     public Class loadClass(String fileName, String className)
                      throws FileNotFoundException, ClassNotFoundException {
08       FileInputStream fis = new FileInputStream(fileName);
09       Class c = Class.forName(className);
10       return c;
11     }
12
13     public static void main(String[ ] args) {
14      ThrowsException test = new ThrowsException( );
15      try {
16         test.loadClass("a.txt", "java.lang.String");
17      } catch (FileNotFoundException e) {
18         e.printStackTrace( );
19      } catch (ClassNotFoundException e) {
20         e.printStackTrace( );
21      } catch(Exception e) {
22         e.printStackTrace( );
23      }
24     }
25   }
```

Exception 클래스로
그 외 예외 상황 처리

Exception 클래스는 모든 예외 클래스의 최상위 클래스입니다. 따라서 다른 catch 블록에 선언한 것 이외의 예외가 발생하더라도 Exception 클래스로 자동 형 변환됩니다.

◎ Exception 클래스를 기본(default) 예외 처리라고도 합니다.

다중 예외 처리에서 주의 사항

예외는 catch문을 선언한 순서대로 검사합니다. 따라서 맨 위에 catch(Exception e) 문장을 쓰면 발생하는 모든 예외 클래스는 Exception 상위 클래스로 자동 형 변환되어 오류가 발생합니다.

```java
public static void main(String[] args) {

    ThrowsException test = new ThrowsException();

    try {
        test.loadClass("a.txt", "java.lang.String");
    } catch (Exception e) {
        e.printStackTrace();
    } catch (ClassNotFoundException e) {
        e.printStackTrace();
    } catch(FileNotFoundException e){
        e.printStackTrace();
    }
}
```

> 맨 위에 Exception을 활용한 catch 블록을 사용할 경우 이후 예외 클래스에 오류 발생

Exception 클래스의 아래에 있는 ClassNotFoundException과 FileNotFoundException에 오류가 발생했습니다. 빨간색 부분에 마우스를 올리면 다음과 같은 오류 메시지를 확인할 수 있습니다.

```
(FileNotFoundException e) {
  Unreachable catch block for FileNotFoundException. It is already handled by the catch block for Exception
  2 quick fixes available:
    Remove catch clause
    Replace catch clause with throws
                                                              Press 'F2' for focus
```

기본(default) 예외 처리를 하는 Exception 클래스에 의해 모든 예외가 처리되므로 Class NotFoundException이나 FileNotFoundException 문장에는 예외가 도달할 일이 없어 컴파일 오류가 발생합니다. 따라서 기본 예외 처리를 하는 Exception 클래스 블록은 여러 예외 처리 블록의 가장 아래에 놓여야 합니다.

14-4 사용자 정의 예외

자바에서 제공하는 예외 처리 클래스 이외에 개발하는 프로그램에 따라 다양한 예외 상황이
발생할 수 있습니다. 예를 들어 어떤 사이트에 회원 가입을 할 때 입력하는 아이디 값이 null
이어서는 안 되고 8자 이상 20자 이하로 만들어야 하는 조건이 필요할 수 있습니다. 이런 조
건을 체크하는 작업을 자바 프로그램에서 한다면 예외 클래스를 직접 만들어 예외를 발생시
키고 예외 처리 코드를 구현할 수 있습니다. 실무에서 프로젝트를 진행할 때에도 예외 클래스
를 직접 만들어 사용하는 경우가 종종 있으므로 사용자 정의 예외 클래스를 어떻게 구현하는
지 알아 두면 좋습니다.

사용자 정의 예외 클래스 구현하기

사용자 정의 예외 클래스를 구현할 때는 기존 JDK에서 제공하는 예외 클래스 중 가장 유사한
클래스를 상속받는 것이 좋습니다. 유사한 예외 클래스를 잘 모르겠다면 가장 상위 클래스인
Exception 클래스에서 상속받으세요. 아이디가 null 값이거나 지정 범위를 벗어나는 경우의
예외 처리 클래스를 만들어 보겠습니다.

코딩해 보세요!　　**사용자 정의 예외 구현하기**　　　　• 참고 파일 IDFormatException.java

```
01  package exception;
02
03  public class IDFormatException extends Exception {
04    public IDFormatException(String message) {
05      super(message);
06    }
07  }
```

생성자의 매개변수로 예외 상황 메시지를 받음

위 코드는 Exception 클래스에서 상속받아 구현했습니다. 예외 상황 메시지를 생성자에서 입
력받습니다. Exception 클래스에서 메시지 생성자, 멤버 변수와 메서드를 이미 제공하고 있
으므로 super(message)를 사용하여 예외 메시지를 설정합니다. 나중에 getMessage( ) 메서
드를 호출하면 메시지 내용을 볼 수 있습니다. 그러면 예외를 발생시켜 보겠습니다.

```java
01  package exception;
02
03  public class IDFormatTest {
04      private String userID;
05
06      public String getUserID( ) {
07          return userID;
08      }
09
10      public void setUserID(String userID) throws IDFormatException {
11          if(userID == null) {
12              throw new IDFormatException("아이디는 null일 수 없습니다");
13          }
14          else if(userID.length( ) < 8 || userID.length( ) > 20) {
15              throw new IDFormatException("아이디는 8자 이상 20자 이하로 쓰세요");
16          }
17      this.userID = userID;
18      }
19
20      public static void main(String[ ] args) {
21          IDFormatTest test = new IDFormatTest( );
22
23          String userID = null;
24          try {
25              test.setUserID(userID);
26          } catch (IDFormatException e) {
27              System.out.println(e.getMessage( ));
28          }
29
30          userID = "1234567";
31          try {
32              test.setUserID(userID);
33          } catch (IDFormatException e) {
34              System.out.println(e.getMessage( ));
35          }
36      }
37  }
```

아이디에 대한 제약 조건 구현

IDFormatException 예외를 setUserID( ) 메서드가 호출될 때 처리하도록 미룸

강제로 예외 발생시킴

아이디 값이 null인 경우

아이디 값이 8자 이하인 경우

:: 출력 화면

IDFormatTest 클래스에서 setUserID( ) 메서드는 아이디에 대한 제약 조건을 구현합니다. 이 제약 조건이 지켜지지 않으면 예외를 발생시킵니다. 여기에서 발생하는 예외는 자바에서 제공하는 예외가 아니기 때문에 예외 클래스를 직접 생성하여 예외를 발생시켜야 합니다.

11~13행에서 매개변수로 넘어온 userID가 null인 경우에 예외 메시지를 생성자에 넣어 예외 클래스를 생성한 후 throw문으로 직접 예외를 발생시킵니다. 아이디가 8자 미만 20자 초과인 경우에도 길이 관련 예외를 발생시킵니다. setUserID( ) 메서드는 IDFormatException 예외 처리를 해야 합니다. 이 예외는 메서드를 호출하는 부분에서 처리하도록 throws 예약어를 선언해 줍니다. 예외 상황을 만들기 위해 23행에서 아이디 값에 null을 대입했습니다. 그러면 setUserID( ) 메서드에서 IDFormatException 예외가 발생하고 setUserID( ) 메서드는 이 예외를 미루었으므로, 이 예외는 26행 catch 블록에서 처리됩니다. 마찬가지로 아이디가 8자 이하인 예외를 확인하기 위해 30행에서 아이디에 7자짜리 숫자를 대입했습니다. 이때 발생한 IDFormatException 예외는 33행의 catch 블록에서 처리됩니다.

이처럼 프로그램 개발 상황에서 필요에 따라 사용자 정의 예외 클래스를 직접 만들고 이를 발생시켜 예외 처리를 할 수 있음을 알 수 있습니다.

예외 처리를 할 때는 로그를 잘 남기자

회사에서 어떤 시스템을 개발하여 구축했습니다. 그런데 고객으로부터 오류가 발생했다는 연락이 왔을 때 개발자는 어떤 조치를 취할 수 있을까요? 어떤 상황에서 오류가 났는지, 또 시스템에서 어떤 메서드를 호출하고 어떻게 매개변수를 전달했는지 오류 현상만 보고는 알 수 없습니다.

따라서 프로그램을 개발할 때는 로그(log)를 남기는 것이 매우 중요합니다. 오류가 발생했을 때 로그를 보고 오류가 발생하는 코드를 순서대로 따라가며 확인할 수 있고 원인을 찾을 수 있습니다. 로그는 정보 의미에 따라 레벨을 나누어 관리합니다. 간단한 정보 의미를 가진 로그부터 심각한 예외가 발생했을 때의 로그까지 여러 레벨이 존재할 수 있습니다. 이러한 로그를 체계적이고 의미 있게 남겨서 시스템에서 오류가 났을 때 그 원인을 유추해 볼 수 있어야 합니다.

이 책은 자바의 기본을 배우는 책이므로 로그를 만드는 부분은 넣지 않았습니다. 하지만 웹 애플리케이션이나 안드로이드 앱을 만든다면 프로그램 개발뿐 아니라 유지보수를 위해서도 로그는 정말 중요합니다. 따라서 로그의 필요성을 깊이 인식하고 의미 있는 로그를 체계적으로 남기는 습관을 들여야 합니다.

> **나 혼자 코딩!**
>
> ### 비밀번호 예외 클래스 만들기
> 조금 전 실습한 사용자 정의 예외를 응용하여 PasswordException을 만들어 봅시다. 예외 상황은 비밀번호가 null인 경우, 문자열로만 이루어진 경우, 5자 미만인 경우입니다.
>
> 힌트 문자열로만 이루어졌는지 알아보려면 String의 matches( ) 메서드를 사용하면 됩니다. 다음 사용법을 참고하세요.
>
> ```java
> String pass = new String("abc");
> System.out.println(pass.matches("[a-zA-Z]+"));    // true
>
> String pass2 = new String("abc1");
> System.out.println(pass2.matches("[a-zA-Z]+"));    // false
> ```
>
> 정답 자료실 제공

Q1 모든 예외 클래스의 최상위 클래스는 [E   ] 입니다.

Q2 try { } 블록이 수행되면 항상 수행되는 블록으로서 주로 열린 파일이나 네트워크 리소스의 해제를 수행하는 블록을 구현하는 예약어는 [f   ] 입니다.

Q3 예외 처리를 위해 try-catch 문장을 사용할 수도 있지만, 예외를 직접 처리하지 않고 미룰 때 사용하는 예약어는 [t   ] 입니다.

Q4 사용자가 예외를 직접 발생시키기 위해 사용하는 예약어는 [t   ] 입니다.

14장 정답
591쪽

자바 입출력

대부분의 프로그램은 자료를 입력받는 기능과 저장하거나 쓰는 출력 기능을 구현합니다. 음악이나 동영상 파일을 재생하는 것도 입출력 기능에 해당합니다. 채팅을 하고 SNS에 글을 쓰거나 사진을 올리는 것도 입출력 기능으로 구현합니다. 지금부터 자바의 입출력 기능을 함께 살펴보죠.

15-1 자바 입출력과 스트림

입출력은 프로그램의 가장 기본 기능이지만, 외부 저장 장치나 네트워크와 연동해야 하기 때문에 장치에 따라 다르게 구현해야 합니다. 자바는 장치에 따라 독립적이고 효율적인 입출력 기능을 제공합니다.

스트림이란?

자바에서 모든 입출력은 스트림(stream)을 통해 이루어집니다. 스트림이란 네트워크에서 유래된 용어입니다. 자료 흐름이 물의 흐름과 같다는 의미에서 사용되었습니다. 입출력 장치는 매우 다양하기 때문에 장치에 따라 입출력 부분을 일일이 다르게 구현을 하면 프로그램 호환성이 떨어질 수밖에 없습니다. 이런 문제를 해결하기 위해 자바는 입출력 장치와 무관하고 일관성 있게 프로그램을 구현할 수 있도록 일종의 가상 통로인 스트림을 제공하는 것입니다. 자료를 읽어 들이려는 소스(source)와 자료를 쓰려는 대상(target)에 따라 각각 다른 스트림 클래스를 제공합니다.

◎ 13장에서 살펴본 스트림과 다른 용도이니 헷갈리지 않도록 주의하세요.

자바에서 입출력 기능을 사용하는 곳은 파일 디스크, 키보드, 모니터, 메모리 입출력, 네트워크 등이 있습니다. 이러한 곳에서 일어나는 모든 입출력 기능을 스트림 클래스로 제공합니다. 따라서 자바에서 자료를 입출력하려면 여러 스트림 클래스에 대해 알아야 하지만, 구현 방식이 서로 비슷하므로 크게 걱정할 필요가 없습니다. 일단 스트림을 세 가지 기준에 따라 분류해서 생각해 봅시다.

입력 스트림과 출력 스트림

어떤 대상으로부터 자료를 읽어 들일 때 사용하는 스트림이 입력 스트림입니다. 예를 들어 입력 스트림은 어떤 동영상을 재생하기 위해 동영상 파일에서 자료를 읽을 때 사용합니다. 편집 화면에 사용자가 쓴 글을 파일에 저장할 때는 출력 스트림을 사용합니다. 스트림은 단방향으로 자료가 이동하기 때문에 입력과 출력을 동시에 할 수 없습니다. 입력 자료의 이동이 출력 자료의 이동과 한 스트림에서 동시에 일어날 수 없기 때문입니다. 일방 통행 외길에 차가 양방향으로 다닐 수 없는 것에 비유할 수 있습니다. 따라서 어떤 스트림이 있다고 하면 그 스트림은 입력 스트림이거나 출력 스트림입니다.

스트림의 이름을 보면 입력용인지 출력용인지 알 수 있습니다. InputStream이나 Reader로 끝나는 이름의 클래스는 입력 스트림입니다. 반면에 OutputStream이나 Writer로 끝나는 이름의 클래스는 출력 스트림입니다.

종류	예시
입력 스트림	FileInputStream, FileReader, BufferedInputStream, BufferedReader 등
출력 스트림	FileOutputStream, FileWriter, BufferedOutputStream, BufferedWriter 등

바이트 단위 스트림과 문자 단위 스트림

원래 자바의 스트림은 바이트(byte) 단위로 자료의 입출력이 이루어집니다. 그러므로 그림, 동영상, 음악 파일 등 대부분 파일은 바이트 단위로 읽거나 쓰면 됩니다. 그런데 자바에서 하나의 문자를 나타내는 char형은 2바이트이기 때문에 1바이트만 읽으면 한글 같은 문자는 깨집니다. 따라서 입출력 중 가장 많이 사용하는 자료인 문자를 위해 문자 스트림을 별도로 제공합니다. 즉 읽어 들이는 자료형에 따라 바이트용과 문자용 스트림이 있습니다.

스트림 클래스의 이름이 Stream으로 끝나는 경우는 바이트 단위를 처리하는 스트림입니다. Reader나 Writer로 끝나는 이름은 문자를 위한 스트림 클래스입니다.

종류	예시
바이트 스트림	FileInputStream, FileOutputStream, BufferedInputStream, BufferedOutputStream 등
문자 스트림	FileReader, FileWriter, BufferedReader, BufferedWriter 등

기반 스트림과 보조 스트림

마지막으로 어떤 스트림이 자료를 직접 읽거나 쓰는 기능을 제공하는 스트림인가, 아니면 자료를 직접 읽거나 쓰는 기능은 없이 다른 스트림에 부가 기능을 제공하는가에 따라 기반 스트림과 보조 스트림으로 구분할 수 있습니다. 기반 스트림은 읽어 들일 곳(소스)이나 써야 할 곳(대상)에서 직접 읽고 쓸 수 있으며 입출력 대상에 직접 연결되어 생성되는 스트림입니다. 반면에 보조 스트림은 직접 읽고 쓰는 기능은 없습니다. 따라서 항상 다른 스트림을 포함하여 생성됩니다. 다음 그림처럼 기반 스트림에 보조 스트림을 더하여 기능을 추가합니다.

기반 스트림인가 보조 스트림인가 여부는 이름으로 판단하기는 좀 어려울 수 있습니다. 대부분 기반 스트림이 소스나 대상의 이름을 가지고 있지만, 보조 스트림 중에도 이름만 봐서 바로 알 수 없는 경우도 있으므로 많이 사용하는 클래스 위주로 기억해 두면 됩니다.

종류	예시
기반 스트림	FileInputStream, FileOutputStream, FileReader, FileWriter 등
보조 스트림	InputStreamReader, OutputStreamWriter, BufferedInputStream, BufferedOutputStream 등

하나의 스트림 클래스는 세 가지 분류로 나눌 수 있습니다. 예를 들어 FileInputStream을 살펴보면 InputStream이니 입력 스트림이고, Stream이니 바이트 단위로 처리하며, File에 직접 읽고 쓰는 기반 스트림입니다. 즉 자바 스트림 클래스 이름에서 스트림 특성을 유추할 수 있습니다. 각 스트림을 사용하는 메서드도 거의 같습니다.

 다음 스트림의 이름을 보고 스트림의 종류를 생각해 보세요.

스트림	입력/출력	바이트/문자	기반/보조
1. FileReader			
2. FileOutputStream			
3. BufferedReader			

정답 1. 입력, 문자, 기반 2. 출력, 바이트, 기반 3. 입력, 문자, 보조

15-2 표준 입출력

자바에서는 화면에 출력하고 입력받는 표준 입출력 클래스를 미리 정의해 두었습니다. 이 클래스는 프로그램이 시작될 때 생성되므로 따로 만들 필요가 없습니다. 우리가 지금까지 화면 출력을 위해 사용한 System.out은 표준 출력을 위한 객체입니다. 표준 입출력은 콘솔 화면에 입출력된다고 해서 콘솔 입출력이라고도 합니다. 표준 입출력을 위한 System 클래스는 다음과 같이 세 개의 변수를 가지고 있습니다.

자료형	변수 이름	설명
static PrintStream	out	표준 출력 스트림
static InputStream	in	표준 입력 스트림
static OutputStream	err	표준 오류 출력 스트림

◎ 자료형에 사용한 PrintStream은 OutputStream의 하위 클래스입니다.

System.out은 표준 출력용, System.in은 표준 입력용 스트림입니다. 빨간색으로 오류 메시지를 출력할 때는 System.err를 사용합니다. out, in, err 모두 정적(static) 변수입니다. 지금까지 우리가 System 클래스를 생성하지 않고도 System.out을 사용할 수 있었던 이유는 out 변수가 System 클래스의 정적 변수이기 때문입니다. 지금까지 System.out을 활용한 프로그램은 많이 실습해 보았으니 사용자로부터 콘솔 입력을 받는 System.in을 사용해 봅시다.

System.in으로 화면에서 문자 입력받기

System.in을 사용하여 문자를 입력받는 프로그램을 구현해 봅시다. 입출력에 관련한 코드를 구현하면 예외 처리를 해야 합니다. 그러면 다음과 같이 하나의 문자를 입력받는 코드를 구현해 보겠습니다.

◎ 예외 처리에 대해서는 14장에서 자세히 다루었습니다.

코딩해 보세요!　문자 하나를 입력받기　　　　　　　　　• 참고 파일 SystemInTest1.java

```
01    package stream.inputstream;
02
03    import java.io.IOException;
04
05    public class SystemInTest1 {
```

```
06    public static void main(String[ ] args) throws IOException {
07      System.out.println("알파벳 하나를 쓰고 [Enter]를 누르세요");
08
09      int i;
10      try {
11        i = System.in.read( );          ──  read( ) 메서드로 한 바이트 읽음
12       System.out.println(i);
13        System.out.println((char)i);    ──  문자로 변환하여 출력
14      } catch (IOException e) {
15        e.printStackTrace( );
16      }
17    }
18  }
```

:: 출력 화면

```
Console ☒  Problems  @ Javadoc  Declaration  Coverage         ▭ ▢
             ■ ✖ ✖   ▨ 晶 ▤ 回回  ▱ ▣ ▾ ▭▾ ▾
<terminated> SystemInTest1 [Java Application] C:\Program Files\Java\jre-10.0.1\bin\javaw.exe
알파벳 하나를 쓰고 [Enter]를 누르세요
A Enter
65
A
```

프로그램을 실행하면 입력을 받기 위해 커서가 기다리고 있습니다. A라고 알파벳을 쓰고
Enter 를 누르면 입력한 값이 변수 i에 들어갑니다. i는 4바이트지만 System.in은 바이트 단
위로 읽어 들이는 InputStream이므로 1바이트만 읽습니다. 읽어 들인 1바이트를 출력하면
문자에 대한 숫자 값, 즉 아스키 값을 출력합니다. 13행처럼 문자로 변환하여 출력하면 입력
한 A가 출력됩니다. 읽어 들일 때 사용한 InputStream의   ◎ InputStream 관련 메서드는 '15-3
read( ) 메서드는 한 바이트만을 읽어 들입니다. 이번에는   바이트 단위 스트림'에서 설명합니다.
알파벳 여러 개를 쓰고 Enter (\n)를 눌러 입력받는 예제를 봅시다.

코딩해 보세요!   문자 여러 개를 입력받기   • 참고 파일 SystemInTest2.java

```
01  package stream.inputstream;
02
03  import java.io.IOException;
04
05  public class SystemInTest2 {
06    public static void main(String[ ] args) {
07      System.out.println("알파벳 여러 개를 쓰고 [Enter]를 누르세요");
```

```
08
09    int i;
10    try {
11        while((i = System.in.read( )) != '\n') {
12          System.out.print((char)i);
13        }
14    } catch (IOException e) {
15        e.printStackTrace( );
16    }
17  }
18 }
```

> while문에서 read( ) 메서드로 한 바이트를 반복해 읽음

:: 출력 화면

```
Problems  @ Javadoc  Declaration  Console ☒
<terminated> SystemInTest2 [Java Application] C:\Program Files\Java\jre1.8.0_144\bin\javaw.exe
알파벳 여러 개를 쓰고 [Enter]를 누르세요
hello  Enter
hello
```

while문에서 read( ) 메서드를 이용해 한 바이트씩 읽어 들입니다. Enter에 해당하는 '\n' 값
이 입력될 때까지 반복 수행됩니다. Enter가 입력되면 읽어 들인 내용을 화면에 출력합니다.

그 외 입력 클래스

Scanner 클래스

Scanner 클래스는 java.util 패키지에 있는 입력 클래스입니다. Scanner 클래스는 문자뿐 아
니라 정수, 실수 등 다른 자료형도 읽을 수 있습니다. 또한 콘솔 화면뿐 아니라 파일이나 문자
열을 생성자의 매개변수로 받아 자료를 읽어 올 수 있습니다. 여러 대상에서 자료를 읽는
Scanner 클래스의 생성자는 굉장히 다양합니다. 대표 생성자를 살펴보겠습니다.

생성자	설명
Scanner(File source)	파일을 매개변수로 받아 Scanner를 생성합니다.
Scanner(InputStream source)	바이트 스트림을 매개변수로 받아 Scanner를 생성합니다.
Scanner(String source)	String을 매개변수로 받아 Scanner를 생성합니다.

Scanner scanner = new Scanner(System.in)처럼 사용하면 표준 입력으로부터 자료를 읽
어 들이는 기능을 사용할 수 있습니다. Scanner 클래스는 System.in으로 입력받는 것보다 다
양한 메서드를 활용할 수 있기 때문에 자주 사용하는 클래스입니다.

Scanner 클래스에서 제공하는 메서드는 다음과 같습니다.

메서드	설명
boolean nextBoolean( )	boolean 자료를 읽습니다.
byte nextByte( )	한 바이트 자료를 읽습니다.
short nextShort( )	short 자료형을 읽습니다.
int nextInt( )	int 자료형을 읽습니다.
long nextLong( )	long 자료형을 읽습니다.
float nextFloat( )	float 자료형을 읽습니다.
double nextDouble( )	double 자료형을 읽습니다.
String nextLine( )	문자열 String을 읽습니다.

Scanner 클래스를 활용하여 표준 입력에서 다양한 자료를 읽어 온 후 출력하는 예제를 살펴봅시다.

코딩해 보세요! **Scanner 테스트하기** • 참고 파일 ScannerTest.java

```
01    package stream.others;
02
03    import java.util.Scanner;
04
05    public class ScannerTest {
06      public static void main(String[ ] args) {
07        Scanner scanner = new Scanner(System.in);
08
09        System.out.println("이름:");
10        String name = scanner.nextLine( );
11        System.out.println("직업:");
12        String job = scanner.nextLine( );
13        System.out.println("사번:");
14        int num = scanner.nextInt( );
15
16        System.out.println(name);
17        System.out.println(job);
18        System.out.println(num);
19      }
20    }
```

문자열을 읽는 nextLine( ) 메서드로
이름과 직업 입력받음

int형을 읽는 nextInt( ) 메서드로 사번을
입력받음

:: 출력 화면

7행에서 표준 입력을 매개변수로 Scanner 클래스를 생성하였습니다. 이름과 직업은 문자열이므로 nextLine( ) 메서드로 입력받고, 사번은 정수이므로 nextInt( ) 메서드를 사용합니다. 입력받은 자료를 그대로 출력하여 잘 입력되었는지 확인할 수 있습니다. 표준 입력 System. in을 사용하면 바이트 단위 자료만 처리할 수 있어 한글 같은 경우 보조 스트림을 추가로 사용해야 하는데, Scanner는 다양한 자료형을 입력할 수 있어 많이 활용합니다.

Console 클래스

System.in을 사용하지 않고 간단히 콘솔 내용을 읽을 수 있는 Console 클래스도 있습니다. 직접 콘솔 창에서 자료를 입력받을 때 이 클래스를 사용하는데, 이클립스와는 연동되지 않습니다. 사용하는 메서드는 다음과 같습니다.

메서드	설명
String readLine( )	문자열을 읽습니다.
char[ ] readPassword( )	사용자에게 문자열을 보여 주지 않고 읽습니다.
Reader reader( )	Reader 클래스를 반환합니다.
PrintWriter writer( )	PrintWriter 클래스를 반환합니다.

Console 클래스를 활용하여 직접 명령 프롬프트 창에서 자료를 입력받는 실습을 해봅시다.

코딩해 보세요! Console 테스트하기   · 참고 파일 ConsoleTest.java

```
01   package stream.others;
02
03   import java.io.Console;
04
05   public class ConsoleTest {
```

```
06      public static void main(String[ ] args) {
07        Console console = System.console( );          ── 콘솔 클래스 반환
08
09        System.out.println("이름:");
10        String name = console.readLine( );
11        System.out.println("직업:");
12        String job = console.readLine( );
13        System.out.println("비밀번호:");
14        char[ ] pass = console.readPassword( );
15        String strPass = new String(pass);
16
17        System.out.println(name);
18        System.out.println(job);
19        System.out.println(strPass);
20      }
21    }
```

이 예제를 실행하기 위해 명령 프롬프트 창을 띄우고 프로젝트 폴더로 이동합니다. 거기에서 다시 클래스가 컴파일되어 있는 bin 폴더로 이동한 후 java stream.others.ConsoleTest라고 씁니다. 주의할 점은 명령 프롬프트 창에서 실행할 때 패키지의 상위 폴더에서 패키지 이름까지 포함한 전체 클래스 이름을 써야 합니다. 출력 결과는 다음과 같습니다.

ⓒ 만약 stream\others\ 폴더로 이동하여 java ConsoleTest라고 쓰면 수행되지 않습니다.

readLine( ) 메서드를 사용해 이름과 직업을 문자열로 입력받고 readPassword( ) 메서드를 사용해 비밀번호를 char[ ] 배열로 입력받습니다. 비밀번호는 입력할 때 화면에 나타나지 않습니다. Console 클래스에서는 Scanner와 마찬가지로 한글도 읽을 수 있습니다. 다만 이클립스 같은 통합 개발 환경에서는 Console 클래스가 연동되지 않는 경우가 있어 Scanner를 더 많이 사용합니다.

15-3 바이트 단위 스트림

이제부터 다양한 스트림의 종류와 사용 방법에 대해 자세히 알아보겠습니다. 여기에서 설명하는 스트림은 입출력 기능을 구현하는 데 기본으로 알아야 하는 클래스와 메서드입니다. 이들 클래스를 모두 외워야 하는 것은 아닙니다. 기본 사용법을 익히고 나중에 프로그램을 개발할 때 원하는 기능의 클래스를 잘 찾아서 사용할 수 있으면 됩니다. 그러면 바이트 입출력 스트림부터 살펴보겠습니다.

InputStream

바이트 단위로 읽는 스트림 중 최상위 스트림입니다. InputStream은 추상 메서드를 포함한 추상 클래스로서 하위 스트림 클래스가 상속받아 각 클래스 역할에 맞게 추상 메서드 기능을 구현합니다. 주로 사용하는 하위 클래스는 다음과 같습니다.

😊 앞으로 살펴볼 OutputStream, Reader, Writer도 InputStream과 같은 추상 클래스이고, 하위 클래스가 구현해야 할 추상 메서드가 선언되어 있습니다.

스트림 클래스	설명
FileInputStream	파일에서 바이트 단위로 자료를 읽습니다.
ByteArrayInputStream	byte 배열 메모리에서 바이트 단위로 자료를 읽습니다.
FilterInputStream	기반 스트림에서 자료를 읽을 때 추가 기능을 제공하는 보조 스트림의 상위 클래스입니다(보조 스트림은 '15-5 보조 스트림'에서 자세히 설명합니다).

InputStream은 바이트 자료를 읽기 위해 다음 메서드를 제공합니다.

메서드	설명
int read( )	입력 스트림으로부터 한 바이트의 자료를 읽습니다. 읽은 자료의 바이트 수를 반환합니다.
int read(byte[ ] b)	입력 스트림으로부터 b[ ] 크기의 자료를 b[ ]에 읽습니다. 읽은 자료의 바이트 수를 반환합니다.
int read(byte[ ] b, int off, int len)	입력 스트림으로부터 b[ ] 크기의 자료를 b[ ]의 off 변수 위치부터 저장하며 len만큼 읽습니다. 읽은 자료의 바이트 수를 반환합니다.
void close( )	입력 스트림과 연결된 대상 리소스를 닫습니다. (예 : FileInputStream인 경우 파일 닫음)

read( ) 메서드의 반환형은 int입니다. 한 바이트를 읽어서 int에 저장합니다. 한 바이트만 읽는 데 반환형이 int인 이유는 더 이상 읽어 들일 자료가 없는 경우에 정수 −1이 반환되기 때문입니다. 파일에서 자료를 읽는 경우 파일의 끝에 도달하면 −1이 반환됩니다. 그러면 Input Stream 중 가장 많이 사용하는 FileInputStream 클래스를 살펴보겠습니다.

FileInputStream

FileInputStream은 파일에서 바이트 단위로 자료를 읽어 들일 때 사용하는 스트림 클래스입니다. 스트림을 사용하기 위해서는 먼저 스트림 클래스를 생성해야 합니다. FileInputStream의 생성자를 살펴보면 다음과 같습니다.

생성자	설명
FileInputStream(String name)	파일 이름 name(경로 포함)을 매개변수로 받아 입력 스트림을 생성합니다.
FileInputStream(File f)	File 클래스 정보를 매개변수로 받아 입력 스트림을 생성합니다.

FileInputStream(String name) 생성자로 스트림을 생성하여 파일로부터 자료를 읽을 것입니다. 코드를 작성하면 다음과 같습니다.

코딩해 보세요! **FileInputStream 사용하기**　　　　· 참고 파일 FileInputStreamTest1.java

```
01  package stream.inputstream;
02
03  import java.io.FileInputStream;
04  import java.io.IOException;
05
06  public class FileInputStreamTest1 {
07    public static void main(String[ ] args) {
08      FileInputStream fis = null;
09
10      try {
11        fis = new FileInputStream("input.txt");      input.txt 파일 입력 스트림 생성
12        System.out.println(fis.read( ));
13        System.out.println(fis.read( ));
14        System.out.println(fis.read( ));
15      } catch (IOException e) {
16        System.out.println(e);
17      } finally {
```

```
18          try {
19              fis.close( );                    열린 스트림은 finally 블록에서 닫음
20          } catch (IOException e) {
21            System.out.println(e);
22          } catch (NullPointerException e){     스트림이 null인 경우
23            System.out.println(e);
24          }
25        }
26        System.out.println("end");
27      }
28    }
```

:: 출력 화면

```
Console ☒   Problems  @ Javadoc  Declaration  Search  Coverage

                              ■ ✖ ✖ | ■ ■ ■ ■ ■ | ■ ■ ▾ | ■ ▾ ▾
<terminated> FileInputStreamTest1 [Java Application] C:\Program Files\Java\jre-10.0.1\bin\javaw.exe
java.io.FileNotFoundException: input.txt (지정된 파일을 찾을 수 없습니다)
java.lang.NullPointerException
end
```

이 예제는 첫 예제이므로 모든 예외 처리를 try-catch문으
로 구현했습니다. try-catch문을 보면 파일 스트림을 생성

😊 다음에 살펴볼 FileOutputStream은
파일이 없으면 파일을 새로 생성합니다.

하고 활용할 때 어떤 예외가 발생하고 어떻게 처리해야 하는지 알 수 있습니다. 11행에서
FileInputStream("input.txt") 생성자로 input.txt 파일에 입력 스트림을 생성하려고 합니다.
이때 input.txt 파일은 아직 존재하지 않는 상태입니다. FileInputStream은 읽으려는 파일이
없으면 FileNotFoundException 예외가 발생합니다. 따라서 11행을 수행하려다가 IOExce
ption(FileNotFoundException의 상위 예외 클래스)이 발생하여 15행에서 catch됩니다. 그러고
나서 finally 블록에서 열려있는 스트림을 닫기 위해 close( )를 호출하는데, 스트림이 생성되
지 않았으므로 NullPointerException이 발생합니다. NullPointerException은 처리하지 않
을 때 컴파일 오류가 발생하는 예외가 아니므로 어떤 예외 클래스로 처리해야 할지 잘 모르는
경우 최상위 예외 클래스 Exception을 사용하면 됩니다. 수행 결과에서 알 수 있는 또 하나의
사실은 예외 처리가 되어 프로그램이 중단되거나 멈춘 것이 아니라 end 부분까지 출력되었다
는 점입니다. 프로그램 수행을 중단시키지 않는 예외 처리의 중요성을 알 수 있는 부분입니다.

파일에서 자료 읽기

이제 실제 파일에서 자료를 읽어 봅시다. File
InputStream("input.txt")와 같이 쓰면 제일
먼저 input.txt 파일을 프로젝트 폴더에서 찾
습니다. 따라서 임의로 파일을 만들어 줍니다.
[New File] 메뉴를 선택하고 그중 [File] 메
뉴를 누르면 오른쪽과 같이 창이 보입니다. 현
재 프로젝트 폴더(이 예제에서는 Chapter15)를
선택하고 input.txt 파일을 생성합니다.

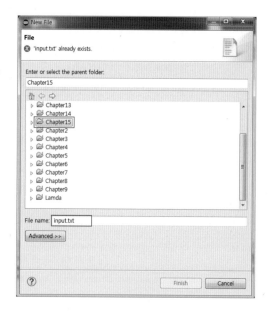

이렇게 생성된 파일은 다음과 같이 볼 수 있습니다. input.txt 파일을 직접 열고 다음과 같이
작성한 후 저장합니다.

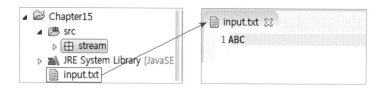

ABC 세 개의 문자를 적었습니다. 이제 FileInputStream
Test1.java를 다시 실행하여 출력 결과를 봅시다. input.
txt에 적혀 있는 ABC 세 개를 읽어 들여서 바로 출력하니
각 알파벳의 아스키 코드 값이 적혔습니다. system.out의

read( ) 메서드는 한 바이트씩 자료를 읽어 들이기 때문입니다. 이를 A, B, C로 화면에 출력하
려면 출력문을 다음처럼 char 자료형으로 변환하면 됩니다.

```
System.out.println((char)fis.read( ));
```

이렇게 문자로 변환하여 출력하면 각 아스키 코드 값에 해당
하는 문자가 출력됩니다. 출력 결과는 오른쪽과 같습니다.

파일 끝까지 읽기

바로 앞 예제에서는 a.txt에 문자가 세 개 포함된 것을 알고 있기 때문에 read( ) 메서드를 세 번 호출해 파일에서 문자를 읽어 들였습니다. 하지만 파일에 내용이 얼마큼 있는지 모르는 경우에는 어떻게 해야 할까요? 파일의 끝에 도달할 때까지 반복해서 읽어야 할 것입니다. 다음은 input.txt 파일을 끝까지 읽는 방식으로 FileInputStreamTest1.java를 바꾼 예제입니다. 이 예제는 try-with-resources문을 사용하여 구현했습니다.

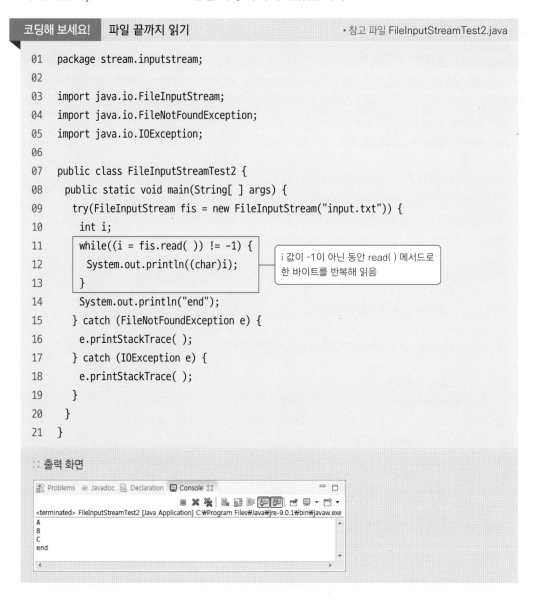

```
01  package stream.inputstream;
02
03  import java.io.FileInputStream;
04  import java.io.FileNotFoundException;
05  import java.io.IOException;
06
07  public class FileInputStreamTest2 {
08    public static void main(String[ ] args) {
09      try(FileInputStream fis = new FileInputStream("input.txt")) {
10        int i;
11        while((i = fis.read( )) != -1) {
12          System.out.println((char)i);
13        }
14        System.out.println("end");
15      } catch (FileNotFoundException e) {
16        e.printStackTrace( );
17      } catch (IOException e) {
18        e.printStackTrace( );
19      }
20    }
21  }
```

i 값이 -1이 아닌 동안 read( ) 메서드로 한 바이트를 반복해 읽음

:: 출력 화면

```
Problems  @ Javadoc  Declaration  Console ☒
<terminated> FileInputStreamTest2 [Java Application] C:\Program Files\Java\jre-9.0.1\bin\javaw.exe
A
B
C
end
```

read( ) 메서드로 파일을 읽는 경우 파일의 끝에 도달하면 -1을 반환합니다. 11행 while문을 보면 read( ) 메서드를 사용하여 한 바이트씩 읽어 들이고 있습니다. 읽어 들여 저장한 i 값이 -1이 아닌 한 while문이 계속 수행됩니다.

int read(byte[ ] b) 메서드로 읽기

자료를 read( ) 메서드로 한 바이트씩 읽는 것보다 배열을 사용하여 한꺼번에 많이 읽으면 처리 속도가 훨씬 빠릅니다. read(byte[ ] b) 메서드는 선언한 바이트 배열의 크기만큼 한꺼번에 자료를 읽습니다. 그리고 읽어 들인 자료의 수를 반환합니다. 그러면 바이트 배열을 생성하고 배열을 사용하여 자료를 읽어 보겠습니다. 이전 input.txt 파일과 유사하게 input2.txt 파일을 만들고 A~Z까지 알파벳을 적습니다. 실제로는 더 큰 배열을 사용하지만, 테스트를 위해 10바이트 크기 배열을 만들어 사용합니다.

코딩해 보세요!   byte 배열로 읽기
• 참고 파일 FileInputStreamTest3.java

```
01  package stream.inputstream;
02
03  import java.io.FileInputStream;
04  import java.io.IOException;
05
06  public class FileInputStreamTest3 {
07    public static void main(String[ ] args) {
08      try(FileInputStream fis = new FileInputStream("input2.txt")) {
09        byte[ ] bs = new byte[10] ;
10        int i;
11        while((i = fis.read(bs)) != -1) {
12          for(byte b : bs) {
13            System.out.print((char)b);
14          }
15          System.out.println(": " + i + "바이트 읽음");
16        }
17      } catch (IOException e) {
18        e.printStackTrace( );
19      }
20      System.out.println("end");
21    }
22  }
```

:: 출력 화면

```
Console  Problems  @ Javadoc  Declaration  Coverage
<terminated> FileInputStreamTest3 [Java Application] C:\Program Files\Java\jre-10.0.1\bin\javaw.exe
ABCDEFGHIJ: 10바이트 읽음
KLMNOPQRST: 10바이트 읽음
UVWXYZQRST: 6바이트 읽음
end
```

9행에서 크기 10인 바이트 배열을 생성하고 11행의 파일을 읽어 들이는 부분에 배열 bs를 매개변수로 넣습니다. 그리고 읽어 들인 반환 값이 −1이 아닐 때까지, 즉 파일의 끝에 도달할 때까지 읽습니다. 12행 향상된 for문을 사용하여 bs 배열에 들어 있는 자료를 출력하고 몇 바이트를 읽었는지 출력합니다.

배열 크기는 10이고 26개 알파벳을 읽으므로 반복할 때마다 읽는 알파벳 개수는 10, 10, 6입니다. 그런데 출력 화면을 보면 뭔가 이상하지요? 마지막에 6바이트를 읽었는데 출력 값은 Z 이후에 QRST가 더 출력되었습니다. 왜 그럴까요? bs 배열을 보면 두 번째 읽을 때 K~T까지 10개 알파벳을 저장했습니다. 그러고 나서 마지막으로 U~Z까지 저장할 때 새로 읽어 들인 6개 외에 남은 4개 공간에는 기존 자료가 남아 있습니다. 따라서 6개만 읽었는데 bs 전체를 출력하면 다음과 같이 출력되는 것입니다.

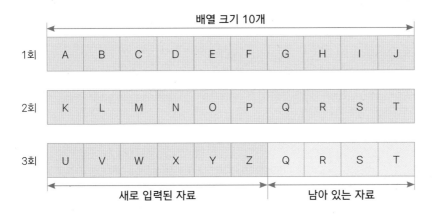

그러면 어떻게 출력해야 할까요? read(byte[ ] b) 메서드의 반환 값은 읽어 들인 자료의 바이트 수입니다. 이를 사용하여 전체 배열을 출력하는 것이 아닌 바이트 수만큼, 즉 i 개수만큼 출력하도록 코드를 다음과 같이 바꾸면 됩니다.

```
for(byte b : bs) {
  System.out.print((char)b);
}
```

```
for(int k = 0; k < i; k++) {
  System.out.print((char)bs[k]);
}
```

for문 부분을 바꾸면 출력 결과는 다음과 같습니다.

```
Console ☒  Problems  @ Javadoc  Declaration  Coverage
<terminated> FileInputStreamTest3 [Java Application] C:₩Program Files₩Java₩jre-10.0.1₩bin₩javaw.exe
ABCDEFGHIJ: 10바이트 읽음
KLMNOPQRST: 10바이트 읽음
UVWXYZ: 6바이트 읽음
end
```

이처럼 메서드의 반환 값은 프로그래밍할 때 유용하게 쓰입니다. 그러므로 JavaDoc 등에서 메서드를 찾아 사용할 때는 매개변수뿐 아니라 반환 값의 의미도 잘 확인하기 바랍니다.

OutputStream

바이트 단위로 쓰는 스트림 중 최상위 스트림입니다. 자료의 출력 대상에 따라 다른 스트림을 제공합니다.

스트림 클래스	설명
FileOutputStream	바이트 단위로 파일에 자료를 씁니다.
ByteArrayOutputStream	Byte 배열에 바이트 단위로 자료를 씁니다.
FilterOutputStream	기반 스트림에서 자료를 쓸 때 추가 기능을 제공하는 보조 스트림의 상위 클래스입니다.

OutputStream에서 제공하는 메서드는 다음과 같습니다.

메서드	설명
void write(int b)	한 바이트를 출력합니다.
void write(byte[ ] b)	b[ ] 배열에 있는 자료를 출력합니다.
void write(byte[ ] b , int off, int len)	b[ ] 배열에 있는 자료의 off 위치부터 len 개수만큼 자료를 출력합니다.
void flush( )	출력을 위해 잠시 자료가 머무르는 출력 버퍼를 강제로 비워 자료를 출력합니다.
void close( )	출력 스트림과 연결된 대상 리소스를 닫습니다. 출력 버퍼가 비워집니다. (예 : FileOutputStream인 경우 파일 닫음)

OutputStream을 상속받은 클래스 중 가장 많이 사용하는 FileOutputStream을 활용하는 메서드 예제를 살펴보겠습니다.

FileOutputStream

파일에 바이트 단위 자료를 출력하기 위해 사용하는 스트림입니다. FileOutputStream을 생성하는 생성자는 다음과 같습니다.

생성자	설명
FileOutputStream(String name)	파일 이름 name(경로 포함)을 매개변수로 받아 출력 스트림을 생성합니다.
FileOutputStream(String name, boolean append)	파일 이름 name(경로 포함)을 매개변수로 받아 입력 스트림을 생성합니다. append 값이 true이면 파일 스트림을 닫고 다시 생성할 때 파일의 끝에 이어서 씁니다. 디폴트 값은 false입니다.
FileOutputStream(File f,)	File 클래스 정보를 매개변수로 받아 출력 스트림을 생성합니다.
FileOutputStream(Filen f, boolean append)	File 클래스 정보를 매개변수로 받아 출력 스트림을 생성합니다. append 값이 true이면 파일 스트림을 닫고 다시 생성할 때 파일의 끝에 이어서 씁니다. 디폴트 값은 false입니다.

생성자 매개변수로 전달한 파일이 경로에 없으면 FileOutputStream은 파일을 새로 생성합니다. FileOutStream을 사용해 파일에 자료를 쓸 때 기존 파일의 내용이 있더라도 처음부터 새로 쓸지(overwrite), 아니면 기존 내용 맨 뒤에 연결해서 쓸 것인지(append) 여부를 File OutStream 생성자의 매개변수로 전달합니다. 이 값이 append 변수입니다. 스트림 생성자에서 append 값은 디폴트가 false입니다. 기존에 쓰여 있는 내용이 있더라도 새로 씁니다. 기존 파일 내용에 이어서 써야 한다면 append 값을 반드시 true로 지정합니다.

write( ) 메서드 사용하기

다음은 FileOutputStream을 생성하고 write( ) 메서드를 활용하여 파일에 정수 값을 저장하는 예제입니다.

코딩해 보세요!　**파일에 한 바이트씩 출력하기**　　　　　• 참고 파일 FileOutputStreamTest1.java

```java
01  package stream.outputstream;
02
03  import java.io.FileOutputStream;
04  import java.io.IOException;
05
06  public class FileOutputStreamTest1 {
07    public static void main(String[ ] args) {
08      try(FileOutputStream fos = new FileOutputStream("output.txt")) {
09        fos.write(65);
10        fos.write(66);          FileOutputStream은 파일에 숫자를 쓰면
11        fos.write(67);          해당하는 아스키 코드 값으로 변환됨
12      } catch(IOException e) {
13        e.printStackTrace( );
14      }
```

```
15      System.out.println("출력이 완료되었습니다.");
16    }
17  }
```

:: 출력 화면

```
🔲 Console 🔲  📋 Problems  @ Javadoc  🔲 Declaration  🔲 Coverage          ▬ 🔲
                                           ■ ✖ ✖ | 🔲 🔲 🔲 🔲 | 🔲 🔲 ▾ 🔲 ▾
<terminated> FileOutputStreamTest1 [Java Application] C:₩Program Files₩Java₩jre-10.0.1₩bin₩javaw.exe
출력이 완료되었습니다.
```

8행에서 output.txt 파일 이름으로 FileOutputStream을 생성합니다. write( ) 메서드에 따라 파일에 값을 출력하고(쓰고) 스트림을 닫습니다. 이클립스에서 현재 프로젝트(여기에서는 Chapter15)를 선택하고 [refresh] 메뉴(또는 F5)를 누르면 생성된 output.txt 파일이 보입니다. 생성된 파일을 열고 확인하면 다음과 같습니다.

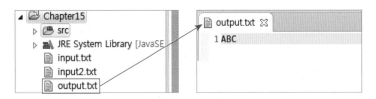

출력한 숫자 65, 66, 67에 해당하는 문자 A, B, C가 output. txt 파일에 쓰여 있습니다. FileOutputStream은 숫자를 해당 아스키 코드 값의 문자로 변환하여 저장합니다.

😊 변환된 문자가 아닌 숫자 65를 그대로 출력하려면 DataOutputStream을 사용하면 됩니다. DataOutputStream은 '15-5 보조 스트림'에서 살펴봅니다.

앞에서 실행한 FileOutputStreamTest1을 한 번 더 실행하고 output.txt 파일을 살펴보면 출력 결과가 이전과 같습니다. 기존의 ABC는 없어지고 새로운 ABC가 쓰인 것입니다. 만약 기존 자료에 이어서 출력하고 싶으면 생성자의 두 번째 매개변수에 true라고 씁니다.

```
fos = new FileOutputStream("output.txt", true);
```

true 매개변수를 추가하고 실행하면 다음과 같이 이어서 쓰이는 것을 알 수 있습니다.

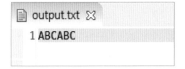

write(byte[ ] b) 메서드 사용하기

출력도 입력과 마찬가지로 여러 자료를 한꺼번에 출력하면 효율적일뿐더러 실행 시간도 줄어듭니다. 따라서 바이트 배열을 활용하여 출력할 수 있습니다. write(byte[ ] b) 메서드는 바이트 배열에 있는 자료를 한꺼번에 출력합니다. 다음 코드를 살펴봅시다.

코딩해 보세요! **파일에 바이트 배열로 출력하기** • 참고 파일 FileOutputStreamTest2.java

```java
01  package stream.outputstream;
02
03  import java.io.FileOutputStream;
04  import java.io.IOException;
05
06  public class FileOutputStreamTest2 {
07    public static void main(String[ ] args) throws IOException {
08      FileOutputStream fos = new FileOutputStream("output2.txt", true);
09      try(fos) {
10        byte[ ] bs = new byte[26];
11        byte data = 65;  //'A'의 아스키 값
12        for(int i = 0; i < bs.length; i++) {
13          bs[i] = data;
14          data++;
15        }
16        fos.write(bs);  //배열을 한꺼번에 출력
17      } catch(IOException e) {
18        e.printStackTrace( );
19      }
20      System.out.println("출력이 완료되었습니다.");
21    }
22  }
```

8행 옆 주석: 자바 9부터 제공하는 향상된 try-with-resources문

12~15행 옆 주석: A부터 Z까지 배열에 넣기

:: 출력 화면

```
Console  Problems  Javadoc  Declaration  Coverage
<terminated> FileOutputStreamTest2 [Java Application] C:\Program Files\Java\jre-10.0.1\bin\javaw.exe
출력이 완료되었습니다.
```

이번에는 자바 9부터 제공하는 향상된 try-with-resources문을 활용해 예제 코드를 작성했습니다. 만약 자바 8 환경에서 학습 중이라면 오류가 발생하므로 8행을 삭제하고 9행 try문의 괄호 안을 다음처럼 수정하세요.

```java
try(FileOutputStream fos = new FileOutputStream("output2.txt", true)) {
```

10행에서 26개 크기 바이트 배열을 만듭니다. 그리고 for문을 사용하여 A~Z의 아스키 코드 값을 넣어 출력할 바이트 배열을 만들었습니다. 16행의 fos.write(bs)를 호출하여 전체 바이트 배열을 한꺼번에 출력합니다. output2.txt 파일을 열어 확인하면 다음과 같이 A~Z까지 출력되어 쓰여 있음을 확인할 수 있습니다.

```
📄 output2.txt ☒
 1 ABCDEFGHIJKLMNOPQRSTUVWXYZ
```

바이트 배열을 사용해 파일 출력 스트림을 생성할 때도 생성자의 두 번째 매개변수에 true라고 쓰면 이미 쓰인 자료에 연결되어 출력됩니다.

```
FileOutputStteam fos = new FileOutputStream("output2.txt", true);
```

```
📄 output2.txt ☒
 1 ABCDEFGHIJKLMNOPQRSTUVWXYZABCDEFGHIJKLMNOPQRSTUVWXYZ
```

write(byte[ ] b, int off, int len) 메서드 사용하기

write(byte[ ] b, int off, int len) 메서드는 배열의 전체 자료를 출력하지 않고 배열의 off 위치부터 len 길이만큼 출력합니다. 예를 들어 앞 예제에서 만든 bs 배열을 사용한다고 할 때 write(bs, 2, 10)이라고 쓰면 bs 배열의 두 번째 인덱스, 즉 세 번째 위치부터 10개 바이트 자료만 출력합니다. 즉 배열 자료 중 일부를 출력할 때 사용할 수 있습니다. 다음 예제를 살펴보죠.

코딩해 보세요! 파일에 바이트 배열로 출력하기 · 참고 파일 FileOutputStreamTest3.java

```
01  package stream.outputstream;
02
03  import java.io.FileOutputStream;
04  import java.io.IOException;
05
06  public class FileOutputStreamTest3 {
07    public static void main(String[ ] args) {
08      try(FileOutputStream fos = new FileOutputStream("output3.txt")) {
09        byte[ ] bs = new byte[26];
10        byte data = 65;
11        for(int i = 0; i < bs.length; i++) {
12          bs[i] = data;
```

```
13        data++;
14      }
15      fos.write(bs, 2, 10);          배열의 세 번째 위치부터 10개 바이트 출력
16    } catch(IOException e) {
17      e.printStackTrace( );
18    }
19    System.out.println("출력이 완료되었습니다.");
20  }
21 }
```

:: 출력 화면

```
🖳 Console ☒ 🔧 Problems  @ Javadoc  🔍 Declaration  📄 Coverage                    ⊟ 🗖
                                    ■ ✖ ✖ | 🗎 🗟 🗐 | 🗗 🗗 | 🖃 🖳 ▾ 🗖 ▾
<terminated> FileOutputStreamTest3 [Java Application] C:\Program Files\Java\jre-10.0.1\bin\javaw.exe
출력이  완료되었습니다.
◄                                                                              ►
```

FileOutputTest2 예제에서 write( ) 메서드만 바꾸었습니다. 15행의 fos.write(bs, 2, 10)를
사용하여 두 번째 인덱스(세 번째 위치)부터 10개를 출력합니다. 출력 파일 output3.txt를 확인
하면 다음과 같습니다.

```
📄 output3.txt ☒
  1 CDEFGHIJKL
```

배열에 저장된 자료 중 세 번째 위치에 있는 C부터 L까지 10개 바이트가 출력되었습니다.

flush( ) 메서드와 close( ) 메서드

출력 스트림에서 flush( ) 메서드의 기능은 강제로 자료를 출력하는 것입니다. write( ) 메서
드로 값을 썼다고 해도 바로 파일이나 네트워크로 전송되지 않고 출력을 위한 자료가 쌓이는
출력 버퍼에 어느 정도 자료가 모여야 출력됩니다. 따라서 자료의 양이 출력할 만큼 많지 않
으면 write( ) 메서드로 출력했어도 파일에 쓰이지 않거나 전송되지 않을 수 있습니다. 이런
경우에 flush( ) 메서드를 호출합니다. 출력 스트림의 close( ) 메서드 안에서 flush( ) 메서드
를 호출하여 출력 버퍼가 비워지면서 남아 있는 자료가   ◎ 바로바로 전송할 채팅 메시지 같은 경우
모두 출력됩니다.   는 flush( ) 메서드를 호출하는 것이 좋습니다.

15-4 문자 단위 스트림

Reader

문자 단위로 읽는 스트림 중 최상위 스트림으로 다음 하위 클래스를 주로 사용합니다.

스트림 클래스	설명
FileReader	파일에서 문자 단위로 읽는 스트림 클래스입니다.
InputStreamReader	바이트 단위로 읽은 자료를 문자로 변환해 주는 보조 스트림 클래스입니다.
BufferedReader	문자로 읽을 때 배열을 제공하여 한꺼번에 읽을 수 있는 기능을 제공해 주는 보조 스트림입니다.

다음과 같이 자료를 읽는 메서드를 제공합니다.

메서드	설명
int read( )	파일로부터 한 문자를 읽습니다. 읽은 값을 반환합니다.
int read(char[ ] buf)	파일로부터 buf 배열에 문자를 읽습니다.
int read(char[ ] buf, int off, int len)	파일로부터 buf 배열의 off 위치에서부터 len 개수만큼 문자를 읽습니다.
void close( )	스트림과 연결된 파일 리소스를 닫습니다.

그러면 Reader 중 가장 많이 사용하는 FileReader에 대해 살펴보겠습니다.

FileReader

FileReader를 생성하는 데 사용하는 생성자는 다음과 같습니다. FileInputStream과 마찬가지로 읽으려는 파일이 없으면 FileNotFoundException이 발생합니다.

생성자	설명
FileReader(String name)	파일 이름 name(경로 포함)을 매개변수로 받아 입력 스트림을 생성합니다.
FileReader(File f)	File 클래스 정보를 매개변수로 받아 입력 스트림을 생성합니다.

Reader 스트림을 활용하지 않고 바이트 단위로 문자를 읽을 때 문자가 어떻게 되는지 알아보기 위해 먼저 앞에서 사용한 FileInputStream으로 자료를 읽어 보겠습니다. 현재 프로젝트에 reader.txt 파일을 만들고 오른쪽과 같이 한글로 '안녕하세요'라고 적은 후 바이트 단위로 읽었을 때 어떻게 되는지 확인해 봅시다. 앞에서 만든 FileInput StreamTest2 예제에서 스트림을 생성할 때 한글을 적은 reader. txt 파일을 매개변수로 입력하여 생성합니다.

📄 reader.txt ☒
1 안녕하세요

```java
public class FileInputStreamTest2 {
  public static void main(String[ ] args) {
   try(FileInputStream fis = new FileInputStream("reader.txt")) {
    int i;
    while ((i = fis.read( )) != -1) {
     System.out.println((char)i);
    }
    System.out.println("end");
   } catch (FileNotFoundException e) {
    e.printStackTrace( );
   } catch (IOException e) {
    e.printStackTrace( );
   }
  }
}
```

FileInputStream을 생성할 때 reader.txt 파일을 매개변수로 사용

그리고 예제를 실행하여 출력 결과를 보면 한글 문자가 모두 깨진 것을 알 수 있습니다.

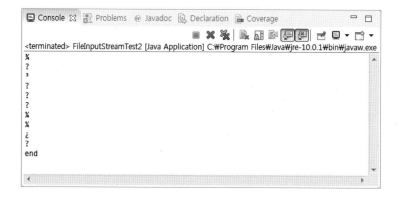

```
Console ☒  🔝 Problems  @ Javadoc  🗐 Declaration  🗐 Coverage
<terminated> FileInputStreamTest2 [Java Application] C:₩Program Files₩Java₩jre-10.0.1₩bin₩javaw.exe
%
?
ɜ
?
?
?
%
%
¿
?
end
```

한글을 바이트 단위로 읽어 오니 무슨 글자인지 알 수 없습니다. 따라서 문자를 입출력할 때는 문자 스트림을 사용해야 합니다. 이제 FileReader로 reader.txt를 다시 읽어 보겠습니다.

```java
01    package stream.reader;
02
03    import java.io.FileReader;
04    import java.io.IOException;
05
06    public class FileReaderTest {
07      public static void main(String[ ] args) {
08        try(FileReader fr = new FileReader("reader.txt")) {
09          int i;
10          while((i = fr.read( )) != -1) {
11            System.out.print((char)i);
12          }
13        } catch (IOException e) {
14          e.printStackTrace( );
15        }
16      }
17    }
```

:: 출력 화면

```
Console ☒  Problems  @ Javadoc  Declaration  Coverage
                ■ ✖ ✖ | ▥ ▦ ▣ | ᇢ | ᇢ ▣ ▾ ▭ ▾
<terminated> FileReaderTest [Java Application] C:\Program Files\Java\jre-10.0.1\bin\javaw.exe
안녕하세요
```

문자 스트림 FileReader로 읽으면 한글이 제대로 읽히는 것을 알 수 있습니다. 이처럼 Reader
클래스는 문자를 처리할 때 사용하는 클래스입니다. 나머지 read(char[ ] buf) 메서드와
read(char[ ] buf, int off, int len) 메서드의 내용은 FileInputStream과 유사합니다.

Writer

문자 단위로 출력하는 스트림 중 최상위 스트림으로 다음 하위 클래스를 주로 사용합니다.

스트림 클래스	설명
FileWriter	파일에 문자 단위로 출력하는 스트림 클래스입니다.
OutputStreamWriter	파일에 바이트 단위로 출력한 자료를 문자로 변환해 주는 보조 스트림입니다.
BufferedWriter	문자로 쓸 때 배열을 제공하여 한꺼번에 쓸 수 있는 기능을 제공해 주는 보조 스트림입니다.

다음과 같이 자료를 읽는 메서드를 제공합니다.

메서드	설명
void write(int c)	한 문자를 파일에 출력합니다.
void write(char[ ] buf)	문자 배열 buf의 내용을 파일에 출력합니다.
void write(char[ ] buf, int off, int len)	문자 배열 buf의 off 위치에서부터 len 개수의 문자를 파일에 출력합니다.
void write(String str)	문자열 str를 파일에 출력합니다.
void write(String str, int off, int len)	문자열 str의 off번째 문자부터 len 개수만큼 파일에 출력합니다.
void flush( )	파일에 출력하기 전에 자료가 있는 공간(출력 버퍼)을 비워 출력합니다.
void close( )	파일과 연결된 스트림을 닫습니다. 출력 버퍼도 비워집니다.

Writer 스트림 중 가장 많이 사용하는 FileWriter 스트림 클래스로 자료를 출력해 봅시다.

FileWriter

다른 스트림 클래스과 마찬가지로 생성자를 사용해서 스트림을 생성합니다. FileOutput Stream과 마찬가지로 출력 파일이 존재하지 않으면 파일을 생성합니다. 생성자는 다음과 같습니다.

생성자	설명
FileWriter(String name)	파일 이름 name(경로 포함)을 매개변수로 받아 출력 스트림을 생성합니다.
FileWriter(String name, boolean append)	파일 이름 name(경로 포함)을 매개변수로 받아 출력 스트림을 생성합니다. append 값이 true이면 파일 스트림을 닫고 다시 생성할 때 파일 끝에 이어서 씁니다. 기본 값은 false입니다.
FileWriter(File f,)	File 클래스 정보를 매개변수로 받아 출력 스트림을 생성합니다.
FileWriter(File f, boolean append)	File 클래스 정보를 매개변수로 받아 출력 스트림을 생성합니다. append 값이 true이면 파일 스트림을 닫고 다시 생성할 때 파일 끝에 이어서 씁니다. 기본 값은 false입니다.

Writer에서 제공하는 여러 가지 메서드와 FileWriter를 사용하여 실습해 봅시다.

```
01  package stream.writer;
02
03  import java.io.FileWriter;
04  import java.io.IOException;
05
06  public class FileWriterTest {
07    public static void main(String[] args) {
08      try(FileWriter fw = new FileWriter("writer.txt")) {
09        fw.write('A');                              // 문자 하나 출력
10        char buf[] = {'B', 'C', 'D', 'E', 'F', 'G'};
11
12        fw.write(buf);                              // 문자 배열 출력
13        fw.write("안녕하세요. 잘 써지네요");         // 문자열 출력
14        fw.write(buf, 1, 2);                        // 문자 배열의 일부 출력
15        fw.write("65");                             // 숫자를 그대로 출력
16      } catch(IOException e) {
17        e.printStackTrace();
18      }
19      System.out.println("출력이 완료되었습니다.");
20    }
```

:: 출력 화면

```
Console ☒   Problems   @ Javadoc   Declaration   Coverage
<terminated> FileWriterTest [Java Application] C:\Program Files\Java\jre-10.0.1\bin\javaw.exe
출력이 완료되었습니다.
```

예제에서 여러 write( ) 메서드를 사용해 보았습니다. 9행은 문자 하나를 출력하는 경우이고, 13행에서는 문자열 전체를 출력하였습니다. 문자 배열도 12행에서는 전체를 출력하고, 14행에서는 배열 일부만 출력하는 메서드를 사용했습니다. 앞에서 FileOutputStream을 사용했을 때 숫자 65를 출력하면 65의 아스키 코드 값에 해당하는 A가 보였습니다. 이는 한 바이트로 해석되어 출력되기 때문입니다. 만약 그냥 숫자 65를 출력하고 싶다면 15행과 같이 FileWriter를 활용합니다. writer.txt 파일을 확인해 보면 다음과 같습니다.

```
writer.txt ☒
1 ABCDEFG안녕하세요. 잘 써지네요CD65
```

15-5 보조 스트림

보조 스트림이란?

보조 스트림은 입출력 대상이 되는 파일이나 네트워크에 직접 쓰거나 읽는 기능은 없습니다. 말 그대로 보조 기능을 추가하는 스트림입니다. 이 보조 기능은 여러 스트림에 적용할 수 있습니다. 우리가 일상 생활에서 마시는 커피를 생각해 봅시다. 에스프레소에 우유를 넣으면 카페 라테가 됩니다. 모카 시럽을 넣으면 모카 커피가 되고, 휘핑 크림을 넣으면 휘핑 크림이 올라가는 커피가 됩니다. 여기에서 우유나 모카 시럽이나 휘핑 크림은 커피가 아니며 커피의 맛을 좋게 만드는 보조 요소입니다. 즉 자바의 기반 스트림은 커피, 보조 스트림은 우유, 모카 시럽, 휘핑 크림과 비슷한 개념으로 이해할 수 있습니다. 어떤 보조 스트림이 더해지느냐에 따라 스트림 기능이 추가됩니다.

보조 스트림은 다른 말로 Wrapper 스트림이라고도 합니다. 다른 스트림을 감싸고 있다는 의미입니다. 스스로는 입출력 기능이 없기 때문에 생성자의 매개변수로 다른 스트림을 받게 되면 자신이 감싸고 있는 스트림이 읽거나 쓰는 기능을 수행할 때 보조 기능을 추가합니다.

ⓒ 보조 스트림처럼 다양한 기능을 제공하는 클래스를 디자인 패턴에서 '데코레이터 (decorator)' 라고 합니다.

FilterInputStream과 FilterOutputStream

FilterInputStream과 FilterOutputStream은 보조 스트림의 상위 클래스입니다. 모든 보조 스트림은 FilterInputStream이나 FilterOutputStream을 상속받습니다. 또한 앞에서 설명했 듯이 보조 스트림은 자료 입출력을 직접 할 수 없기 때문에 다른 기반 스트림을 포함합니다. FilterInputStream과 FilterOutputStream의 생성자는 다음과 같습니다.

생성자	설명
protected FilterInputStream(InputStream in)	생성자의 매개변수로 InputStream을 받습니다.
public FilterOutputStream(OutputStream out)	생성자의 매개변수로 OutputStream을 받습니다.

두 클래스 모두 다른 생성자는 제공하지 않습니다. 따라서 이들 클래스를 상속받은 보조 클래 스도 상위 클래스에 디폴트 생성자가 없으므로 다른 스트림을 매개변수로 받아 상위 클래스를 호출해야 합니다. FilterInputStream과 FilterOutputStream을 직접 생성하여 사용하는 경우 는 거의 없고 이를 상속한 하위 클래스를 프로그램에서 많이 사용합니다. 우리가 보조 스트림 을 배울 때 기억할 사항은 보조 스트림의 생성자에 항상 기반 스트림만 매개변수로 전달되는 것은 아니라는 점입니다. 때로는 또 다른 보조 스트림을 매개변수로 전달받을 수도 있습니다. 이때 전달되는 또 다른 보조 스트림은 내부적으로 기반 스트림을 포함하고 있습니다. 이런 경 우 다음 그림처럼 하나의 기반 스트림에 여러 보조 스트림 기능이 추가됩니다.

그러면 주로 사용하는 보조 스트림을 중심으로 살펴보겠습니다.

InputStreamReader와 OutputStreamWriter

바이트 단위로 자료를 읽으면 한글 같은 문자는 깨집니다. 그래서 문자는 Reader나 Writer에 서 상속받은 스트림을 사용해서 자료를 읽거나 써야 합니다. 하지만 바이트 자료만 입력되는 스트림도 있습니다. 대표적으로 표준 입출력 System.in 스트림입니다. 또한 네트워크에서 소 켓이나 인터넷이 연결되었을 때 읽거나 쓰는 스트림은 바이트 단위인 InputStream과 Output Stream입니다. 이렇게 생성된 바이트 스트림을 문자로 변환해 주는 보조 스트림이 Input StreamReader와 OutputStreamWriter입니다.

보조 스트림은 입출력 기능이 없으므로 다른 입출력 스트림을 포함합니다. InputStream Reader의 생성자를 살펴보면 다음과 같습니다.

생성자	설명
InputStreamReader(InputStream in)	InputStream 클래스를 생성자의 매개변수로 받아 Reader를 생성합니다.
InputStreamReader(InputStream in, Charset cs)	InputStream과 Charset 클래스를 매개변수로 받아 Reader를 생성합니다.
InputStreamReader(InputStream in, CharsetDecoder dec)	InputStream과 CharsetDecoder를 매개변수로 받아 Reader를 생성합니다.
InputStreamReader(InputStream in, String charsetName)	InputStream과 String으로 문자 세트 이름을 받아 Reader를 생성합니다.

InpuStreamReader 생성자의 매개변수로 바이트 스트림과 문자 세트를 매개변수로 지정할 수 있습니다. 문자 세트란 문자를 표현하는 인코딩 방식입니다. 바이트 자료가 문자로 변환될 때 지정된 문자 세트가 적용됩니다. 적용할 문자 세트를 명시하지 않으면 시스템이 기본으로 사용하는 문자 세트가 적용됩니다.

◎ 문자 세트는 각 문자가 가지는 고유 값이 어떤 값으로 이루어졌는가에 따라 다릅니다. 대표적으로 자바에서 사용하는 UTF-16 문자 세트가 있는데 이는 유니코드를 나타내는 문자 세트 중 하나입니다.

InputStreamReader의 모든 생성자는 InputStream, 즉 바이트 단위로 읽어 들이는 스트림을 매개변수로 받습니다. 생성자에서 매개변수로 받은 InputStream이 자료를 읽으면 InputStreamReader가 읽은 바이트 자료를 문자로 변환해 줍니다. 그러면 InputStream인 FileInputStream을 사용하여 InputStreamReader가 해주는 문자 변환 기능을 살펴봅시다.

코딩해 보세요! **InputStreamReader 사용하기** ・참고 파일 InputStreamReaderTest.java

```java
01  package stream.decorator;
02
03  import java.io.FileInputStream;
04  import java.io.IOException;
05  import java.io.InputStreamReader;
06
07  public class InputStreamReaderTest {
08    public static void main(String[ ] args) {
09      try(InputStreamReader isr = new InputStreamReader(new FileInputStream("reader.
    txt"))) {
```

> 보조 스트림인 InputStreamReader의 매개변수로 기반 스트림인 FileInputStream을 받아 생성함

```
10        int i;
11        while((i = isr.read( )) != -1) {
12          System.out.print((char)i);
13        }
14    } catch (IOException e) {
15        e.printStackTrace( );
16      }
17    }
18  }
```

파일의 끝인 -1이 반환될 때까지
보조 스트림으로 자료를 읽음

:: 출력 화면

```
Console   Problems  @ Javadoc  Declaration  Coverage
<terminated> InputStreamReaderTest [Java Application] C:\Program Files\Java\jre-10.0.1\bin\javaw.exe
안녕하세요
```

9행을 보면 InputStreamReader(보조 스트림)이 File   ☺ 같은 패키지에 reader.txt 파일을 만들고 '안
InputStream(기반 스트림)을 매개변수로 받아 생성됩니   녕하세요' 라고 작성한 후 저장하세요.
다. 그리고 11행에서 파일의 끝 -1이 반환될 때까지 보조 스트림으로 읽어 들입니다.
FileInputStream은 바이트 단위로 자료를 읽기 때문에 reader.txt에 쓰여 있는 한글 '안녕하
세요'를 읽을 수 없습니다. InputStreamReader는 파일 스트림이 바이트 단위로 읽어 들인
내용을 문자로 변환해 주는 역할을 합니다. 사실 파일에서 문자를 읽는 경우는 위와 같이
InputStreamReader로 변환할 필요 없이 FileReader로 바로 읽으면 됩니다. 여기에서는 우
리가 사용해 본 InputStream을 쓰기 위해 FileInputStream을 사용한 것입니다.

표준 입출력 스트림 System.in과 System.out은 모두 바이트 스트림입니다. 특히 System.in
은 콘솔 화면에서 한글을 읽으려면 InputStreamReader를 사용해야 합니다. Scanner 클래스
는 이런 변환이 필요 없어 콘솔 입력에 많이 쓰입니다. 네트워크에서 쓰이는 클래스는 스트림
을 생성하면 InputStream이나 OutputStream으로 생성됩니다. 예를 들어 채팅 프로그램을
만든다고 할 때 바이트 단위로 사용하면 영어로만 채팅을 해야 합니다. 이럴 때 읽어 들인 자료
를 InputStreamReader나 OutputStreamWriter를 활용해 문자로 변환하여 사용합니다.

Buffered 스트림

입출력이 한 바이트나 문자 단위로 이루어지면 그만큼 프로그램 수행 속도가 느려집니다. Buffered 스트림은 내부적으로 8,192바이트 크기의 배열을 가지고 있으며 이미 생성된 스트림에 배열 기능을 추가해 더 빠르게 입출력을 실행할 수 있는 버퍼링 기능을 제공합니다. 당연히 한 바이트나 한 문자 단위로 처리할 때보다 훨씬 빠르게 처리할 수 있습니다. 버퍼링 기능을 제공하는 스트림 클래스는 다음과 같습니다.

스트림 클래스	설명
BufferedInputStream	바이트 단위로 읽는 스트림에 버퍼링 기능을 제공합니다.
BufferedOutputStream	바이트 단위로 출력하는 스트림에 버퍼링 기능을 제공합니다.
BufferedReader	문자 단위로 읽는 스트림에 버퍼링 기능을 제공합니다.
BufferedWriter	문자 단위로 출력하는 스트림에 버퍼링 기능을 제공합니다.

버퍼링 기능을 제공하는 스트림 역시 보조 스트림으로 다른 스트림을 포함하여 수행됩니다. BufferedInputStream의 생성자를 살펴보면 다음과 같습니다.

생성자	설명
BufferedInputStream(InputStream in)	InputStream 클래스를 생성자의 매개변수로 받아 BufferedInputStream을 생성합니다.
BufferedInputStream (InputStream in, int size)	InputStream 클래스와 버퍼 크기를 생성자의 매개변수로 받아 BufferedInputStream을 생성합니다.

BufferedInputStream은 보조 스트림이므로 생성자의 매개변수로 다른 InputStream을 가져야 합니다. BufferedOutputStream은 OutputStream을, BufferedReader는 Reader를, BufferedWriter는 Writer 클래스를 생성자의 매개변수로 받습니다. Buffered 스트림이 포함할 스트림이 입력 스트림인지 출력 스트림인지, 문자용인지 바이트용인지에 따라 그에 맞는 스트림을 사용합니다.

그러면 Buffered 스트림을 사용할 때와 그렇지 않은 경우의 수행 시간을 비교해 보겠습니다. FileInputStream과 FileOutputStream을 사용하여 파일을 복사할 때 걸리는 시간과 BufferedInputStream과 BufferedOutputStream을 사용했을 때 걸리는 시간을 확인해 보겠습니다. 테스트를 위해 용량이 5MB 정도 되는 복사할 파일 a.zip을 만들어 현재 프로젝트 폴더에 넣으세요. 그리고 이를 copy.zip 파일로 복사하여 생성합니다.

```java
01  package stream.decorator;
02
03  import java.io.FileInputStream;
04  import java.io.FileOutputStream;
05  import java.io.IOException;
06
07  public class FileCopyTest {
08    public static void main(String[ ] args) {
09      long millisecond = 0;
10      try(FileInputStream fis = new FileInputStream("a.zip");
11      FileOutputStream fos = new FileOutputStream("copy.zip")) {
12        millisecond = System.currentTimeMillis( );      ── 파일 복사를 시작하기 전 시간
13        int i;
14        while((i = fis.read( )) != -1) {
15          fos.write(i);
16        }
17        millisecond = System.currentTimeMillis( ) - millisecond;   파일을 복사하는 데
                                                                     걸리는 시간 계산
18      } catch (IOException e) {
19        e.printStackTrace( );
20      }
21      System.out.println("파일 복사하는 데" + millisecond + " milliseconds 소요되었습니다.");
22    }
23  }
```

:: 출력 화면

```
🖳 Console ☒  🛒 Problems  @ Javadoc  🗐 Declaration  🖿 Coverage              ▭ 🗖
                                  ■ ✕ ✖ | 🔧 🔝 | 🖭 🗗 | 🛃 🖭 ▾ 🗂 ▾
<terminated> FileCopyTest [Java Application] C:\Program Files\Java\jre-10.0.1\bin\javaw.exe
파일 복사하는 데 23274 milliseconds 소요되었습니다.
```

FileInputStream과 FileOutputStream을 사용하여 a.zip 파일에서 한 바이트씩 읽어서 copy.zip 파일에 쓰고 있습 😊 걸리는 시간은 컴퓨터마다 조금씩 다
를 수 있습니다.
니다. 전체를 복사하는 데 걸리는 시간은 232초입니다. FileInputStream은 바이트 단위로 자료를 읽는 스트림입니다. 한 바이트를 읽어서 변수 i에 저장하면 그 값을 다시 FileOutput Stream을 통해 저장합니다. 한 바이트씩 읽고 쓰는 과정의 시간이 여러 바이트를 한꺼번에 읽고 쓰는 것보다 당연히 오래 걸립니다.

이번에는 보조 스트림 BufferedInputStream과 BufferedOutputStream을 사용하여 파일을 복사해 보겠습니다.

코딩해 보세요! **버퍼링 기능으로 파일 복사하기**　　　　　　　• 참고 파일 BufferedStreamTest.java

```java
01  package stream.decorator;
02
03  import java.io.BufferedInputStream;
04  import java.io.BufferedOutputStream;
05  import java.io.FileInputStream;
06  import java.io.FileOutputStream;
07  import java.io.IOException;
08
09  public class BufferedStreamTest {
10    public static void main(String[ ] args) {
11      long millisecond = 0;
12      try(FileInputStream fis = new FileInputStream("a.zip");
13        FileOutputStream fos = new FileOutputStream("copy.zip");
14        BufferedInputStream bis = new BufferedInputStream(fis);
15        BufferedOutputStream bos = new BufferedOutputStream(fos)) {
16        millisecond = System.currentTimeMillis( );
17        int i;
18        while(( i = bis.read( )) != -1){
19          bos.write(i);
20        }
21        millisecond = System.currentTimeMillis( ) - millisecond;
22      } catch(IOException e) {
23        e.printStackTrace( );
24      }
25      System.out.println("파일 복사하는 데" + millisecond + " milliseconds 소요되었습니다.");
26    }
27  }
```

:: 출력 화면

```
Console ☒   Problems  @ Javadoc  Declaration  Coverage         □ □
                          ■ ✖ ✖ | ■ ♨ ■ ♛♛ | ♙ ♙ ▾ □ ▾
<terminated> BufferedStreamTest [Java Application] C:₩Program Files₩Java₩jre-10.0.1₩bin₩javaw.exe
파일 복사하는 데 79 milliseconds 소요되었습니다.
```

수행 시간이 0.079초 걸렸습니다. 속도가 매우 빠른 것을 알 수 있습니다.

Buffered 스트림은 멤버 변수로 8,192바이트 배열을 가지고 있습니다. 즉 한 번 자료를 읽을 때 8KB 정보를 한꺼번에 읽고 쓸 수 있으므로 1바이트씩 읽고 쓸 때보다 훨씬 빠른 수행을 보장합니다. 배열의 크기는 Buffered 스트림 생성자 매개변수로 지정할 수도 있습니다.

한 걸음 더!　　**소켓 통신에서 스트림 사용하기**

채팅 프로그램을 만든다고 합시다. 채팅을 하려면 서버와 채팅 클라이언트 프로그램이 서로 통신을 해야 합니다. 자바는 통신을 위한 여러 클래스를 제공합니다. 가장 간단하게 소켓 통신을 한다고 가정해 봅시다. 소켓이란 통신에 사용하는 네트워크 연결 리소스입니다. 소켓 통신을 위해 자바는 Socket 클래스를 제공합니다. Socket 클래스에서 스트림을 사용하는 방법은 다음과 같습니다.

```
Socket socket = new Socket( );
InputStream is = socket.getInputStream( );
```

소켓 통신을 하기 위해 스트림을 가져올 때는 getInputStream( )이나 getOutputStream( )을 사용해야 합니다. getInputStream( ) 메서드를 호출하면 InputStream이 반환됩니다. 그런데 InputStream은 바이트 단위 스트림이므로 한글을 쓰면 깨집니다. 따라서 이를 문자로 변환해야 합니다. 그리고 여기에 버퍼링 기능을 추가해 주면 더 빠르게 읽고 쓸 수 있습니다. 다음은 각 기능이 추가된 입출력 스트림 코드입니다.

```
Socket socket = new Socket( );
BufferedReader br = new BufferedReader(new InputStreamReader(socket.getInputStream( )));
BufferedWriter bw = new BufferedWriter(new OutputStreamWriter(socket.getOutputStream( )));
```

InputStreamReader를 사용하여 Reader로 변환된 스트림을 BufferedReader로 감싸서 다시 버퍼링 기능을 제공합니다. 이렇게 보조 스트림을 활용하면 스트림 클래스에 다양한 기능을 추가하여 구현할 수 있죠.

DataInputStream과 DataOutputStream

지금까지 살펴본 스트림은 사람이 읽고 쓰는 텍스트 형식의 자료를 다루었습니다. 지금부터 배울 DataInputStream과 DataOutputStream은 메모리에 저장된 0, 1 상태를 그대로 읽거나 씁니다. 그래서 자료형의 크기가 그대로 보존됩니다. 두 스트림은 다음과 같은 생성자를 제공합니다.

생성자	설명
DataInputStream(InputStream in)	InputStream을 생성자의 매개변수로 받아 DataInputStream을 생성합니다.
DataOutputStream(OutputStream out)	OutputStream을 생성자의 매개변수로 받아 DataOutputStream을 생성합니다.

또 DataInputStream은 다음과 같이 각 자료형별 메서드를 제공하여 자료형에 따라 읽거나 쓸 때 사용할 수 있습니다.

메서드	설명
byte readByte( )	1바이트를 읽어 반환합니다.
boolean readBoolean( )	읽은 자료가 0이 아니면 true를, 0이면 false를 반환합니다.
char readChar( )	한 문자를 읽어 반환합니다.
short readShort( )	2바이트를 읽어 정수 값을 반환합니다.
int readInt( )	4바이트를 읽어 정수 값을 반환합니다.
long readLong( )	8바이트를 읽어 정수 값을 반환합니다.
float readFloat( )	4바이트를 읽어 실수 값을 반환합니다.
double readDouble( )	8바이트를 읽어 실수 값을 반환합니다.
String readUTF( )	수정된 UTF-8 인코딩 기반으로 문자열을 읽어 반환합니다.

DataOutputStream은 각 자료형별로 read( )에 대응되는 write( ) 메서드를 제공합니다.

메서드	설명
void writeByte(int v)	1바이트의 자료를 출력합니다.
void writeBoolean(boolean v)	1바이트 값을 출력합니다.
void writeChar(int v)	2바이트를 출력합니다.
void writeShort(int v)	2바이트를 출력합니다
void writeInt(int v)	4바이트를 출력합니다.
void writeLong(ling v)	8바이트를 출력합니다.
void writeFloat(float v)	4바이트를 출력합니다.
void writeDouble(double v)	8바이트를 출력합니다.
void writeUTF(String str)	수정된 UTF-8 인코딩 기반으로 문자열을 출력합니다.

자료형을 그대로 읽고 쓰는 스트림이기 때문에 같은 정수라도 자료형에 따라 다르게 처리합니다. 즉 writeByte(100)은 1바이트로 쓰인 100을 의미하지만, writeInt(100)은 4바이트로 쓰인 100을 의미합니다. 따라서 자료를 쓸 때 사용한 메서드와 같은 자료형의 메서드로 읽어야 합니다. 즉 정수 100을 쓰는 데 writeInt(100)를 쓰고 readByte( )로 읽으면 서로 사용한 메모리 크기가 달라서 같은 값을 가져올 수 없습니다. 또 파일이든 네트워크든 자료를 쓸 때 사용한 메서드 순서대로 읽어야 합니다.

다음은 파일에 여러 자료형 값을 저장하는 예제입니다. 자료형을 유지하여 저장하기 위해 DataInputStream과 DataOuputStream을 보조 스트림으로 사용합니다.

코딩해 보세요! **DataInputStream/DataOutputStream 테스트하기** · 참고 파일 DataStreamTest.java

```java
01  package stream.decorator;
02
03  import java.io.DataInputStream;
04  import java.io.DataOutputStream;
05  import java.io.FileInputStream;
06  import java.io.FileOutputStream;
07  import java.io.IOException;
08
09  public class DataStreamTest {
10    public static void main(String[ ] args) {
11      try(FileOutputStream fos = new FileOutputStream("data.txt");
12         DataOutputStream dos = new DataOutputStream(fos)) {
13        dos.writeByte(100);
14        dos.writeChar('A');
15        dos.writeInt(10);                      각 자료형에 맞게 자료를 씀
16        dos.writeFloat(3.14f);
17        dos.writeUTF("Test");
18      } catch(IOException e) {
19        e.printStackTrace( );
20      }
21      try(FileInputStream fis = new FileInputStream("data.txt");
22         DataInputStream dis = new DataInputStream(fis)) {
23        System.out.println(dis.readByte( ));
24        System.out.println(dis.readChar( ));
25        System.out.println(dis.readInt( ));     자료형에 맞게 자료를 읽어 출력함. 파일에 쓴
26        System.out.println(dis.readFloat( ));    순서와 같은 순서, 같은 메서드로 읽어야 함
27        System.out.println(dis.readUTF( ));
28      } catch (IOException e) {
29        e.printStackTrace( );
30      }
31    }
32  }
```

:: 출력 화면

파일 스트림을 만들고 여기에 DataInputStream과 DataOutputStream 기능을 추가했습니다. 기반 스트림에서 쓸 수 없던 각 자료형의 자료를 그대로 읽고 쓸 수 있습니다. 파일에 쓴 것과 동일한 순서, 동일한 메서드로 읽어야 합니다.

한 걸음 더! **자바 입출력 스트림은 데코레이터 패턴입니다**

보조 스트림은 자바 입출력 스트림 클래스에 유동적이고 효율적으로 기능을 추가하거나 제거할 수 있는 클래스입니다. 이러한 구조를 디자인 패턴에서는 '데코레이터 패턴'이라고 합니다. 자바의 입출력 스트림 클래스는 데코레이터 패턴 구조입니다. 데코레이터 패턴에서 클래스는 실제로 입출력이 가능한 클래스와 그렇지 않은 클래스로 구분됩니다. 앞에서 이야기한 커피, 우유, 시럽을 생각해 봅시다. 우유와 시럽은 커피에 추가 기능을 제공하는 역할을 했습니다. 이렇게 추가 기능을 제공하는 클래스와 실제 역할을 하는 클래스는 구분해서 생각해야 합니다.

이렇게 기능이 동적으로 추가되는 클래스를 데코레이터(장식자)라고 합니다. 자바의 스트림 클래스에 여러 데코레이터 클래스가 추가되는데 이들 데코레이터는 하나의 클래스에 국한하지 않고 여러 클래스에 다양하게 적용할 수 있습니다. 예를 들어 BufferedReader는 FileReader를 감쌀 수도 있지만 또 다른 보조 스트림 InputStreamReader도 감싸서 기능을 더할 수 있습니다. 즉 보조 스트림은 자료형만 맞다면 또 다른 보조 스트림에 기능을 더해 줄 수 있습니다.

```
WhippedCreadCoffee whippedCreamCoffee = new WhippedCreamCoffee(new MochaCoffee
                                (new LatteCoffee(new KenyaCoffee( )));
```

위와 같이 만들면 휘핑 크림이 올라간 모카 커피가 만들어집니다. 실제 커피는 KenyaCoffee이고 나머지 클래스는 데코레이터입니다. 전체 코드는 15장의 coffee 패키지에서 제공한 파일을 참고하세요.

15-6 직렬화

직렬화와 역직렬화

클래스의 인스턴스가 생성되면 인스턴스의 상태, 즉 인스턴스 변수 값은 마치 생명체처럼 계속 변하게 됩니다. 그런데 인스턴스의 어느 순간 상태를 그대로 저장하거나 네트워크를 통해 전송할 일이 있을 수 있습니다. 이를 직렬화(serialization)라고 합니다. 그리고 저장된 내용이나 전송받은 내용을 다시 복원하는 것을 역직렬화(deserialization)라고 합니다. 다시 말해 직렬화란 인스턴스 내용을 연속 스트림으로 만드는 것입니다. 스트림으로 만들어야 파일에 쓸 수도 있고 네트워크로 전송할 수도 있습니다. 따라서 직렬화 과정에서 하는 일은 인스턴스 변수 값을 스트림으로 만드는 것입니다. 복잡한 과정일 수 있지만 자바에서는 보조 스트림인 ObjectInputStream과 ObjectOutputStream을 사용하여 좀 더 쉽게 구현할 수 있습니다. 생성자를 보면 다음과 같습니다.

생성자	설명
ObjectInputStream(InputStream in)	InputStream을 생성자의 매개변수로 받아 ObjectInputStream을 생성합니다.
ObjectOutputStream(OutputStream out)	OutputStream을 생성자의 매개변수로 받아 ObjectOutputStream을 생성합니다

저장할 파일이나 전송할 네트워크 등의 기반 스트림을 매개변수로 받아서 인스턴스 변수 값을 저장하거나 전송합니다. 그러면 직렬화에 사용할 Person 클래스를 하나 만들어 인스턴스로 생성한 후 파일에 썼다가 복원하는 예제를 살펴봅시다. Person 클래스의 생성자로 두 인스턴스를 생성합니다. 이를 serial.out 파일에 저장합니다(직렬화). 그러고 나서 serial.out 파일에서 저장된 내용을 읽어서 원래 인스턴스 상태로 복원합니다(역직렬화).

코딩해 보세요! **직렬화 테스트하기** ・참고 파일 SerializationTest.java

```java
01  package stream.serialization;
02
03  import java.io.FileInputStream;
04  import java.io.FileOutputStream;
```

```
05  import java.io.IOException;
06  import java.io.ObjectInputStream;
07  import java.io.ObjectOutputStream;
08
09  class Person {
10    private static final long serialVersionUID = -1503252402544036183L;
11    String name;
12    String job;
13
14    public Person( ) { }
15
16    public Person(String name, String job) {
17      this.name = name;
18      this.job = job;
19    }
20
21    public String toString( ) {
22      return name + "," + job;
23    }
24  }
25
26  public class SerializationTest {
27    public static void main(String[ ] args) throws ClassNotFoundException {
28      Person personAhn = new Person("안재용", "대표이사");
29      Person personKim = new Person("김철수", "상무이사");
30
31      try(FileOutputStream fos = new FileOutputStream("serial.out");
32          ObjectOutputStream oos = new ObjectOutputStream(fos)) {
32        oos.writeObject(personAhn);
33        oos.writeObject(personKim);
34      } catch(IOException e) {
35        e.printStackTrace( );
36      }
37      try(FileInputStream fis = new FileInputStream("serial.out");
38          ObjectInputStream ois = new ObjectInputStream(fis)) {
39        Person p1 = (Person)ois.readObject( );
40        Person p2 = (Person)ois.readObject( );
41
42        System.out.println(p1);
43        System.out.println(p2);
44      }catch (IOException e) {
```

> 버전 관리를 위한 정보 (line 10)

> personAhn과 personKim의 값을 파일에 씀(직렬화) (lines 32-33)

> personAhn과 personKim의 값을 파일에서 읽어 들임(역직렬화) (lines 39-40)

```
45        e.printStackTrace( );
46      }
47    }
48  }
```

:: 출력 화면

```
Console ⊠  Problems  @ Javadoc  Declaration  Coverage           □ □
                          ▨ ✖ ⚒ | ▨ ▣ ▣ ▣ | ▤ ▤ | ▽ ▭ ▽ □ ▽
<terminated> SerializationTest [Java Application] C:\Program Files\Java\jre-10.0.1\bin\javaw.exe (2018. 5. 19. 오후
Exception in thread "main" java.io.NotSerializableException: stream.serialization.Person
        at java.base/java.io.ObjectOutputStream.writeObject0(Unknown Source)
        at java.base/java.io.ObjectOutputStream.writeObject(Unknown Source)
        at stream.serialization.SerializationTest.main(SerializationTest.java:77)
```

먼저 직렬화에 사용할 Person 클래스를 하나 만들었습니다. 이 클래스는 이름과 직업을 생성자의 매개변수로 받아 생성됩니다. 32~33행에서 writeObject( ) 메서드를 호출하면 personAhn과 personKim 값이 파일에 쓰입니다. 이때 serial.out 파일을 열어 보면 우리가 읽을 수 없는 내용으로 저장되어 있을 겁니다. 다시 원래 상태로 복원할 때는 readObject( )를 사용해 저장된 순서대로 읽어 들입니다. 이때 readObject( ) 메서드의 반환 값이 Object이므로 원래 자료형인 Person으로 형 변환을 합니다. 또 역직렬화를 할 때 클래스 정보가 존재하지 않을 수 있으므로 ClassNotFoundExceptioin도 처리해야 합니다. 여기에서는 일단 main( ) 함수의 throws 부분에 추가했습니다.

Serializable 인터페이스

프로그램을 실행하면 출력 화면처럼 오류가 발생합니다. 직렬화는 인스턴스 내용이 외부로 유출되는 것이므로 프로그래머가 직렬화를 하겠다는 의도를 표시해야 합니다. 따라서 Person 클래스에 마커 인터페이스(marker interface)인 Serializable 인터페이스를 다음과 같이 추가합니다.

```
class Person implements Serializable {
  ...                        ┌─────────────────────────┐
                             │ 직렬화하겠다는 의도를 표시 │
  String name;               └─────────────────────────┘
  String job;
  ...
}
```

Serializable 인터페이스는 이 클래스를 직렬화하겠다는 의미로만 해석하면 됩니다. 그리고 다시 프로그램을 실행하면 출력 화면이 다음과 같습니다.

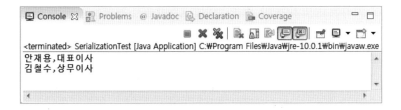

처음 생성한 클래스 내용이 그대로 읽히고 복원된 것을 알 수 있습니다.

transient 예약어

직렬화 대상이 되는 클래스는 모든 인스턴스 변수가 직렬화되고 복원됩니다. 그런데 직렬화될 수 없는 클래스(Socket 클래스는 직렬화될 수 없음)가 인스턴스 변수로 있다거나 직렬화하고 싶지 않은 변수가 있을 수 있습니다. 그럴 때 transient 예약어를 사용합니다. 그러면 해당 변수는 직렬화되고 복원되는 과정에서 제외됩니다. transient 예약어를 사용한 변수 정보는 그 자료형의 기본 값으로 저장됩니다. 따라서 객체 자료형인 경우에 null 값이 됩니다. 앞의 예제에서 Person의 job 변수를 오른쪽과 같이 바꾸고 실행해 봅시다.

```
String name;
transient String job;
```

그리고 나서 출력 결과를 살펴보면 다음과 같습니다.

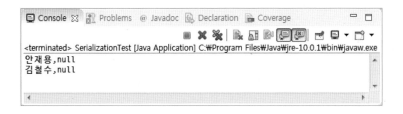

job 내용이 저장되지 않았음을 알 수 있습니다.

serialVersionUID를 사용한 버전 관리

객체를 역직렬화할 때, 직렬화할 때의 클래스와 상태가 다르면 오류가 발생합니다. 그 사이 클래스가 수정되었다거나 변경되었다면 역직렬화할 수 없기 때문이죠. 따라서 직렬화할 때 자동으로 serialVersionUID를 생성하여 정보를 저장합니다. 그리고 역직렬화를 할 때 serialVersionUID를 비교하는데 만약 클래스 내용이 변경되었다면 클래스 버전이 맞지 않는다는 오류가 발생합니다. 그런데 작은 변경에도 클래스 버전이 계속 바뀌면 네트워크로 서로 객체를 공유해서 일하는 경우에 매번 클래스를 새로 배포해야 하는 번거로움이 있습니다.

이런 경우에 클래스의 버전 관리를 개발자가 할 수 있습니다. 자바에서 제공하는 자바 설치 경로의 bin\serialver.exe를 사용하면 다음과 같이 serialVersionUID가 생성됩니다. 이 정보를 클래스 파일에 적어 주면 됩니다.

이클립스에서는 이 기능을 자동으로 제공합니다.

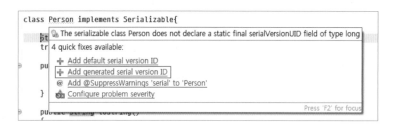

이 중에서 두 번째 Add generated serial version ID를 선택하면 다음과 같이 직렬화를 위한 버전 번호가 자동으로 생성됩니다.

```
class Person implements Serializable{
    private static final long serialVersionUID = -1503252402544036183L;
```

만약 직렬화의 대상이 되는 클래스 정보가 바뀌고 이를 공유해야 하는 경우에 버전 정보를 변경하면 됩니다.

Externalizable 인터페이스

직렬화하는 데 사용하는 또 다른 인터페이스는 Externalizable입니다. Serializable 인터페이스는 자료를 읽고 쓰는 데 필요한 부분을 프로그래머가 따로 구현하지 않습니다. 하지만 Externalizable 인터페이스는 프로그래머가 구현해야 할 메서드가 있습니다. 객체의 직렬화와 역직렬화를 프로그래머가 직접 세밀하게 제어하고자 할 때, 메서드에 그 내용을 구현합니다. name 속성을 가진 Dog 클래스에 Externalizable를 구현하면 다음과 같습니다.

```java
01    package stream.serialization;
02
03    import java.io.Externalizable;
04    import java.io.FileInputStream;
05    import java.io.FileOutputStream;
06    import java.io.IOException;
07    import java.io.ObjectInput;
08    import java.io.ObjectInputStream;
09    import java.io.ObjectOutput;
10    import java.io.ObjectOutputStream;
11
12    class Dog implements Externalizable {
13      String name;
14
15      public Dog( ) { }
16
17      @Override
18      public void writeExternal(ObjectOutput out) throws IOException {
19        out.writeUTF(name);
20      }
21
22      @Override
23      public void readExternal(ObjectInput in) throws IOException, ClassNotFoundException {
24        name = in.readUTF( );
25      }
26
27      public String toString( ) {
28        return name;
29      }
30    }
31
32    public class ExternalizableTest {
33      public static void main(String[ ] args) throws IOException, ClassNotFoundException {
34        Dog myDog = new Dog( );
35        myDog.name = "멍멍이";
36
37        FileOutputStream fos = new FileOutputStream("external.out");
38        ObjectOutputStream oos = new ObjectOutputStream(fos);
39
40        try(fos; oos) {
```

Externalizable 인터페이스의 메서드 구현

```
41        oos.writeObject(myDog);
42      } catch(IOException e) {
43        e.printStackTrace( );
44      }
45
46      FileInputStream fis = new FileInputStream("external.out");
47      ObjectInputStream ois = new ObjectInputStream(fis);
48
49      Dog dog = (Dog)ois.readObject( );
50      System.out.println(dog);
51    }
52  }
```

∷ 출력 화면

```
📋 Console ☒  🔐 Problems  @ Javadoc  📖 Declaration  📇 Coverage      ⊟ 🗖
                        ▣ ✖ 🔆 | 📑 🖳 📝 🖵 🖵 | 🖵 🖳 ▾ 🗂 ▾
<terminated> ExternalizableTest [Java Application] C:\Program Files\Java\jre-10.0.1\bin\javaw.exe
멍멍이
```

Externalizable 인터페이스를 구현하면 writeExternal( ) 메서드와 readExternal( ) 메서드를 구현해야 합니다. 또한 복원할 때 디폴트 생성자가 호출되므로 15행에서처럼 디폴트 생성자를 추가해 주어야 합니다. 읽고 쓰는 내용은 프로그래머가 직접 구현합니다.

15-7 그 외 입출력 클래스

File 클래스

File 클래스는 말그대로 파일이라는 개념을 추상화한 클래스입니다. 파일에 대한 입출력은 지금까지 배운 스트림을 사용하여 수행합니다. 따라서 File 클래스에 별도의 입출력 기능은 없지만 파일 자체의 경로나 정보를 알 수 있고 파일을 생성할 수도 있습니다. File 클래스의 주요 생성자는 다음과 같습니다.

생성자	설명
File(String pathname)	pathname을 매개변수로 받아 파일을 생성합니다.

다음 예제를 통하여 File 클래스에서 제공하는 여러 메서드 기능을 살펴보겠습니다.

코딩해 보세요!   File 클래스 테스트하기   • 참고 파일 FileTest.java

```
01  package stream.others;
02
03  import java.io.File;
04  import java.io.IOException;
05
06  public class FileTest {
07    public static void main(String[ ] args) throws IOException {
08      File file = new File("D:\\easyspub\\JAVA_LAB\\Chapter15\\newFile.txt");
09      file.createNewFile( );
10
11      System.out.println(file.isFile( ));
12      System.out.println(file.isDirectory( ));
13      System.out.println(file.getName( ));
14      System.out.println(file.getAbsolutePath( ));
15      System.out.println(file.getPath( ));
16      System.out.println(file.canRead( ));
17      System.out.println(file.canWrite( ));
18
19      file.delete( );
20    }
21  }
```

> 해당 경로에 File 클래스 생성. 아직 실제 파일이 생성된 것은 아님 (08행)

> 실제 파일 생성 (09행)

> 파일의 속성을 살펴보는 메서드 호출하여 출력 (11~17행)

> 파일 삭제 (19행)

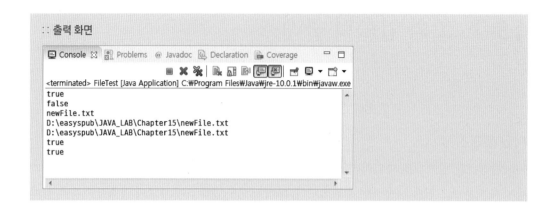

:: 출력 화면

```
Console 🔲   Problems   @ Javadoc   Declaration   Coverage
<terminated> FileTest [Java Application] C:₩Program Files₩Java₩jre-10.0.1₩bin₩javaw.exe
true
false
newFile.txt
D:\easyspub\JAVA_LAB\Chapter15\newFile.txt
D:\easyspub\JAVA_LAB\Chapter15\newFile.txt
true
true
```

File 클래스를 생성했다고 실제 파일이 생성되는 것은 아닙니다. createNewFile( ) 메서드를 활용하여 파일을 생성합니다. 그리고 File 클래스가 제공하는 메서드로 생성한 파일의 속성을 살펴볼 수 있습니다. 맨 마지막 19행에서 delete( ) 메서드를 사용하여 파일을 삭제합니다. 이렇게 생성한 파일은 FileInputStream과 같은 파일 입출력 기능을 제공하는 클래스의 생성자 매개변수로 사용할 수 있습니다.

RandomAccessFile 클래스

RandomAccessFile은 입출력 클래스 중 유일하게 파일 입출력을 동시에 할 수 있는 클래스입니다. 또한 지금까지 배운 스트림은 처음부터 차례로 자료를 읽었지만 RandomAccessFile은 임의의 위치로 이동하여 자료를 읽을 수 있습니다. RandomAccess File에는 파일 포인터가 있는데, 현재 이 파일의 어느 위치에서 읽고 쓰는지 그 위치를 가리키는 속성입니다. 혹시 음악 LP판을 본 적 있나요? LP판이 돌아갈 때 오디오 기계 바늘이 음악이 연주되는 곳을 가리킵니다. 파일 포인터도 이런 모습이라고 생각하면 됩니다. 스트림을 생성하지 않고 간단하게 파일에 자료를 쓰거나 읽을 때 사용하면 유용합니다. 파일 포인터가 이동하는 위치가 파일 자료를 읽거나 쓰이는 위치이므로 파일 포인터의 위치를 잘 생각하며 구현해야 합니다. RandomAccessFile의 생성자는 다음과 같습니다.

생성자	설명
RandomAcceeFile(File file, String mode)	입출력을 할 File과 입출력 mode를 매개변수로 받습니다. mode에는 읽기 전용 "r"과 읽고 쓰기 기능인 "rw"를 사용할 수 있습니다.
RandomAcceeFile(String file, String mode)	입출력을 할 파일 이름을 문자열로 받고 입출력 mode를 매개변수로 받습니다. mode에는 읽기 전용 "r"과 읽고 쓰기 기능인 "rw"를 사용할 수 있습니다.

RandomAccessFile은 임의의 위치에 읽거나 쓰는 기능 외에도 다양한 자료형 값을 읽거나 쓸 수 있습니다. 이 원리를 이해하기 위해 RandomAccessFile이 어떤 인터페이스를 구현했는지 JavaDoc에서 살펴보겠습니다.

Class RandomAccessFile

java.lang.Object
    java.io.RandomAccessFile

All Implemented Interfaces:
Closeable, DataInput, DataOutput, AutoCloseable

구현한 인터페이스를 살펴보면 DataInput, DataOuput 인터페이스가 있습니다. 이런 인터 페이스를 구현하면 RandomAccessFile 클래스는 DataInputStream 및 DataOuputStream 과 같이 다양한 자료형을 다루는 메서드를 사용할 수 있습니다.

RandomAccessFile을 활용하여 여러 자료형 값을 읽고 쓰는 예제를 살펴보겠습니다.

코딩해 보세요!   RandomAccessFile 테스트하기   • 참고 파일 RandomAccessFileTest.java

```java
01  package stream.others;
02
03  import java.io.IOException;
04  import java.io.RandomAccessFile;
05
06  public class RandomAccessFileTest {
07    public static void main(String[ ] args) throws IOException {
08      RandomAccessFile rf = new RandomAccessFile("random.txt", "rw");
09      rf.writeInt(100);
10      System.out.println("파일 포인터 위치:" + rf.getFilePointer( ));
11      rf.writeDouble(3.14);
12      System.out.println("파일 포인터 위치:" + rf.getFilePointer( ));
13      rf.writeUTF("안녕하세요");
14      System.out.println("파일 포인터 위치:" + rf.getFilePointer( ));
15
16      int i = rf.readInt( );
17      double d = rf.readDouble( );
18      String str = rf.readUTF( );
19
20      System.out.println("파일 포인터 위치:" + rf.getFilePointer( ));
21      System.out.println(i);
```

> 파일 포인터 위치를 반환하는 메서드

```
22        System.out.println(d);
23        System.out.println(str);
24    }
25 }
```

:: 출력 화면

```
Console ⊠    Problems  @ Javadoc   Declaration   Coverage               ▭ ▫ ▭

             ■ ✖ ✖ | ▤ ▩ ▤ | ▣ ▣ | ▣ ▣ ▾ | ▭ ▾

<terminated> RandomAccessFileTest [Java Application] C:\Program Files\Java\jre-10.0.1\bin\javaw.exe
파일 포인터 위치:4
파일 포인터 위치:12
파일 포인터 위치:29
Exception in thread "main" java.io.EOFException
        at java.base/java.io.RandomAccessFile.readInt(Unknown Source)
        at java.base/java.io.RandomAccessFile.readLong(Unknown Source)
        at java.base/java.io.RandomAccessFile.readDouble(Unknown Source)
        at stream.others.RandomAccessFileTest.main(RandomAccessFileTest.java:21)

◀ ▬                             ▬▬▬                               ▶
```

> 파일 포인터의 위치가 맨 처음으로 옮겨지지 않아서 오류 발생

예제를 설명하기 전에 먼저 파일 포인터에 대해 알아봅시다. 파일에 자료를 읽거나 쓰면 파일 포인터가 이동합니다. 처음 RandomAccessFile 클래스를 생성하면 파일 포인터 위치는 맨 앞, 즉 0의 위치를 가리킵니다. int 값을 하나 쓰면 int 크기는 4바이트이므로 파일 포인터 위치가 4로 이동합니다. 다시 말해 다음 자료를 읽거나 써야 할 위치로 계속 이동하는 것이 파일 포인터입니다.

8행에서 RandomAccessFile를 생성할 때 rw 모드를 사용했습니다. 따라서 이 파일은 읽고 쓰기가 모두 가능합니다. 9행, 11행, 13행에서 다양한 자료형 메서드를 활용하여 파일에 자료를 출력했습니다. 각 행에서 자료를 출력한 후의 파일 포인터 위치를 확인합니다. 각 메서드가 호출됨으로써 이동한 파일 포인터의 값은 다음과 같습니다.

```
rf.writeInt(100);          // int 4 바이트
rf.writeDouble(3.14);      // double 8바이트
rf.writeUTF("안녕하세요");   // 수정된 UTF-8 사용 한글(3바이트) * 5 + null 문자(2바이트) = 17
```

쓰기가 끝난 후 파일 포인터 위치는 4 + 8 + 17 = 29입니다. 그런데 여기에서 read( ) 메서드를 바로 호출하면 오류가 납니다. 왜냐하면 파일 포인터 위치가 29에 있기 때문이죠. 우리가 읽어야 할 파일 위치는 맨 처음인 0부터입니다. 따라서 파일 포인터 위치를 이동해 주는 seek( ) 메서드를 활용하여 맨 처음으로 이동합니다. 다음과 같이 파일을 읽기 전에 파일 포인터를 이동하는 코드를 넣어 줍니다.

```
01    package stream.others;
02
03    import java.io.IOException;
04    import java.io.RandomAccessFile;
05
06    public class RandomAccessFileTest {
07      public static void main(String[ ] args) throws IOException {
08        ...
09        rf.writeUTF("안녕하세요");
10        System.out.println("파일 포인터 위치:" + rf.getFilePointer( ));
11
12        rf.seek(0);
13        System.out.println("파일 포인터 위치:" + rf.getFilePointer( ));
14
15        int i = rf.readInt( );
16        double d = rf.readDouble( );
17        String str = rf.readUTF( );
18
19        System.out.println("파일 포인터 위치:" + rf.getFilePointer( ));
20
21        System.out.println(i);
22        System.out.println(d);
23        System.out.println(str);
24      }
25    }
```

> 12~13행: 파일 포인터 위치를 맨 처음으로 옮기고 위치를 출력함

> 19행: 읽기가 끝난 후 파일 포인터 위치를 출력함

:: 출력 화면

```
Console ☒ 📄 Problems ⓦ Javadoc ⓠ Declaration 📄 Coverage

<terminated> RandomAccessFileTest [Java Application] C:₩Program Files₩Java₩jre-10.0.1₩bin₩javaw.exe
파일 포인터 위치:4
파일 포인터 위치:12
파일 포인터 위치:29          ← 13행 출력 결과
파일 포인터 위치:0
파일 포인터 위치:29          ← 19행 출력 결과
100
3.14
안녕하세요
```

이제 자료를 읽기 전에 파일의 맨 처음으로 이동하여 처음부터 차례로 값을 읽어 올 수 있습니다. 자료를 읽어 올 때는 저장할 때 사용한 자료형에 맞는 메서드로 읽어야 합니다.

Q1 자바에서 입출력 기능을 스트림 클래스로 제공하는 이유는 무엇인가요?

Q2 바이트로 읽어 들인 자료를 문자로 변환해 주는 스트림은 [ㅣ   ] 입니다.

Q3 FileOutputStream과 OutputStreamWriter를 활용하여 a.txt 파일에 다음처럼 출력해 보세요.

지금까지 자바 정말 재미있게 공부했어요^^

Q4 다른 스트림을 감싸서 부가 기능을 제공하는 스트림은 [보   ] 입니다.

Q5 인스턴스 내용을 그대로 저장하거나 네트워크로 전송할 수 있도록 연속된 바이트로 만들고 이를 복원하는 기술은 [직   ] 입니다.

Q6 **Q5** 의 기술을 구현하기 위해 자바에서 사용하는 두 가지 인터페이스는
[S   ], [E   ] 입니다.

15장 정답
591쪽

최종 프로젝트

학점 산출 프로그램 만들기

●

자바는 웹 프로그래밍, 안드로이드 앱, 게임 등 다양한 분야에 사용하고 있는 언어입니다. 웹이나 안드로이드 등의 프로그램을 만들기 위해서는 자바뿐 아니라 더 알아야 하는 기술적 지식이 많습니다. 이 장에서는 우리가 이 책에서 배운 자바의 여러 기술과 라이브러리를 기반으로 간단한 콘솔 프로그램을 만들어 보겠습니다.

Step 1 문제 정의하기
Step 2 클래스 정의하고 관계도 그리기
Step 3 학점 평가 정책 설계하고 구현하기
Step 4 프로그램 테스트하기
Step 5 프로그램 업그레이드하기

최종 프로젝트로 '학점 산출 프로그램'을 만들어 봅니다. 이 프로그램에서 학생이 수업을 듣고 시험을 본 후 받은 점수에 따라 학점을 산출하는 과정을 구현합니다.

프로그램 시나리오

Good School 학교가 있습니다. 이 학교에는 5명의 학생들이 수업을 듣습니다. 과목은 국어와 수학이 있고 각 학생은 두 과목을 모두 수강합니다. 그리고 컴퓨터공학과 학생은 수학, 국어국문학과 학생은 국어가 필수 과목입니다. 이번 학기 각 학생의 과목별 성적은 다음과 같습니다.

이름	학번	전공	필수 과목	수학 점수	국어 점수
안성원	181213	국어국문학과	국어	95	56
오태훈	182330	컴퓨터공학과	수학	95	98
이동호	171518	국어국문학과	국어	100	88
조성욱	172350	국어국문학과	국어	89	95
최태평	171290	컴퓨터공학과	수학	83	56

학점을 부여하는 방법은 여러 가지가 있습니다. 단순히 A, B, C, D, F를 사용하는 방법, A+, B-처럼 +/-를 사용하는 방법, 통과(pass), 탈락(fail)을 사용하는 방법 등이 있습니다. 여기에서 각 학생에게 학점을 부여하는 데 사용하는 정책은 두 가지입니다. 일반 과목이라면 A~F로, 필수 과목이라면 S~F로 분류합니다. 점수에 따른 자세한 학점 부여 기준은 다음과 같습니다.

필수 과목	S	A	B	C	D	F
	95~100점	90~94점	80~89점	70~79점	60~69점	60점 미만
일반 과목	A	B	C	D	F	
	90~100점	80~89점	70~79점	55~69점	55점 미만	

만약 똑같이 95점을 받는 경우 필수 과목이라면 S를 받지만, 일반 과목은 A를 받습니다. 또한 56점을 받으면 필수 과목은 F이지만, 일반 과목은 D를 받습니다.

과목별 결과 리포트

과목별 결과 리포트는 다음과 같습니다.

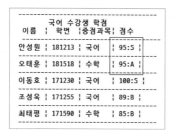

과목을 새로 추가하거나 학점 평가 정책을 추가해도 유연하게 확장할 수 있는 객체 지향 프로그램을 개발해 봅시다. 그동안 우리가 배운 클래스 협력, 상속, 인터페이스 등을 활용합니다.

필요한 클래스 생각해 보기

이 프로그램을 구현하기 위해 필요한 클래스부터 생각해 봅시다. 가장 먼저 학생 클래스가 있습니다. 학생 클래스에 필요한 속성을 단순하게 생각해 보면 학번, 이름, 전공, 필수 과목, 수강한 과목 성적 등이 있습니다. 그런데 학생이 수강한 과목에서 받은 점수를 모두 학생 클래스의 멤버 변수로 정의하는 게 좋을까요? 만약 모든 과목의 점수를 하나하나 멤버 변수로 정의한다면 나중에 학생이 드는 과목 수가 각각 달라지는 경우에 사용하지 않는 변수도 생기고 학생 클래스가 가지는 변수도 너무 많아집니다. 우리는 '05-6 참조 자료형'에서 객체를 별도의 클래스로 분리하여 참조 자료형을 변수로 가지는 방법을 배웠습니다. 따라서 학생 클래스의 속성으로 모든 내용을 포함하지 않고 과목 클래스와 점수 클래스로 분리하면 프로그램을 효율적으로 구현할 수 있습니다.

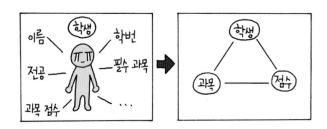

Student(학생), Subject(과목), Score(점수) 클래스에 필요한 속성을 정리해 보면 다음과 같습니다.

```
Student 클래스          Subject 클래스          Score 클래스
┌─────────────┐      ┌──────────────────┐    ┌──────────┐
│ 학번          │      │ 과목 이름          │    │ 학번      │
│ 학생 이름      │      │ 과목 고유 번호      │    │ 과목      │
│ 필수 과목      │      │ 학점 산출 방식      │    │ 점수      │
│ 수강한 과목 점수 리스트 │      │ 수강 신청한 학생 리스트 │    │          │
└─────────────┘      └──────────────────┘    └──────────┘
```

클래스 관계도 그리기

학생, 과목, 점수 클래스의 관계를 생각해 봅시다. 참고로 우리가 실제 프로젝트를 진행하다 보면 여러 개발 방식이 있을 수 있습니다. 그러므로 여기에서 제시하는 클래스 관계도 외에 다른 방식의 개발도 가능합니다. 다만 필자가 생각할 때 가장 합리적인 방식을 제안하겠습니다.

Student와 Score의 관계

학생 속성에는 학번, 이름, 필수 과목이 있습니다. 학생 한 명은 여러 과목의 점수를 가지게 되므로 다음과 같은 관계를 생각할 수 있습니다.

Student와 Score 클래스의 관계도에서 0···*는 Student가 0개부터 여러 개의 Score를 가진다는 의미입니다. 또한 Score는 어떤 학생의 점수인가에 대한 정보를 가져야 하므로 한 명의 학생 정보(학번)를 가지게 됩니다.

Student와 Subject의 관계

학생은 여러 과목을 신청합니다. 그리고 한 과목에는 여러 명의 수강생이 있습니다. 그러므로 학생 클래스에 여러 과목을 포함할지 아니면 과목 클래스에 여러 학생을 포함할지 고민할 수 있습니다. 여기에서는 학생이 과목을 수강 신청하고 과목 단위로 성적을 처리하도록 구현합니다. 따라서 과목이 여러 학생을 포함하는 관계로 표현하겠습니다. 그리고 학생마다 한 개의 필수 과목을 가지므로 관계도는 다음과 같습니다.

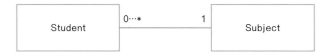

Subject와 Score의 관계

Score 클래스는 '어느 학생의 어느 과목 점수가 몇 점이다'를 구현합니다. 따라서 Score 클래스는 하나의 Subject를 포함합니다.

Student, Score, Subject의 관계

정리하자면 학생은 점수 리스트를 가지고 있고 과목은
학생 리스트를 가집니다. 그리고 각 점수는 과목과 학생
정보를 포함합니다. 학생은 하나의 필수 과목을 가집니
다. 이 세 클래스의 관계도를 간단히 그림으로 그리면 다음과 같습니다.

😊 나중에 데이터베이스를 공부하게 되면 이
런 정보를 데이터베이스에 합리적으로 저장하
기 위해 테이블 설계를 어떻게 해야 하는지 학
습할 수 있습니다.

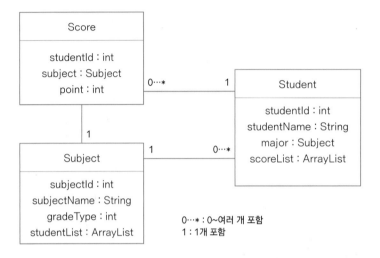

클래스 정의하기

학생 클래스

학생 클래스는 이름, 학번, 필수 과목과 자신이 수강하는 과목의 점수 리스트를 속성으로 가
집니다. 점수 리스트는 배열로 관리하기 위해 ArrayList를 사용합니다. 학생 클래스 코드는
다음과 같습니다.

코딩해 보세요! 학생 클래스 구현   • 참고 파일 Student.java

```
01   package school;
02
03   import java.util.ArrayList;
04
05   public class Student {
06     private int studentId;          //학번
07     private String studentName;     //이름
08     private Subject majorSubject;   //필수 과목
09
10     private ArrayList<Score> scoreList = new ArrayList<Score>( );
11
12     public Student(int studentId, String studentName, Subject majorSubject) {
```

학생이 수강한 과목의 점수 리스트.
addSubjectSocre( ) 메서드가 호출
되면 이 리스트에 추가됨

```
13    this.studentId = studentId;
14    this.studentName = studentName;
15    this.majorSubject = majorSubject;
16  }
17
18  public void addSubjectScore(Score score) {
19    scoreList.add(score);
20  }
21
22  public int getStudentId( ) {
23    return studentId;
24  }
25
26  public void setStudentId(int studentId) {
27    this.studentId = studentId;
28  }
29
30  public String getStudentName( ) {
31    return studentName;
32  }
33
34  public void setStudentName(String studentName) {
35    this.studentName = studentName;
36  }
37
38  public Subject getMajorSubject( ) {
39    return majorSubject;
40  }
41
42  public void setMajorSubject(Subject majorSubject) {
43    this.majorSubject = majorSubject;
44  }
45
46  public ArrayList<Score> getScoreList( ) {
47    return scoreList;
48  }
49
50  public void setScoreList(ArrayList<Score> scoreList) {
51    this.scoreList = scoreList;
52  }
53 }
```

과목 클래스

과목의 속성을 생각해 봅시다. 과목 이름, 과목 고유 번호, 그리고 수강 신청한 학생 리스트가 있습니다. 과목의 속성과 메서드를 구현한 클래스 코드는 다음과 같습니다.

코딩해 보세요! 　**과목 클래스 구현**　　　　　　　　　　　　　　　• 참고 파일 Subject.java

```java
01   package school;
02
03   import java.util.ArrayList;
04   import utils.Define;                    ┤ 프로그램 전반에서 사용하는 상수 클래스
05
06   public class Subject {
07     private String subjectName;     //과목 이름
08     private int subjectId;          //과목 고유 번호
09     private int gradeType;          //학점 평가 정책
10
11     private ArrayList<Student> studentList = new ArrayList<Student>( );
12
13     public Subject(String subjectName, int subjectId) {
14       this.subjectName = subjectName;
15       this.subjectId = subjectId;
16       this.gradeType = Define.AB_TYPE;
17     }
18
19     public String getSubjectName( ) {
20       return subjectName;
21     }
22
23     public void setSubjectName(String subjectName) {
24       this.subjectName = subjectName;
25     }
26
27     public int getSubjectId( ) {
28       return subjectId;
29     }
30
31     public void setSubjectId(int subjectId) {
32       this.subjectId = subjectId;
33     }
34
35     public ArrayList<Student> getStudentList( ) {
36       return studentList;
```

> 이 과목을 수강 신청한 학생 리스트. register( ) 메서드를 호출하면 이 리스트에 추가됨

> 학점 평가 정책은 기본으로 A, B 방식을 사용함

```
37    }
38
39    public void setStudentList(ArrayList<Student> studentList) {
40      this.studentList = studentList;
41    }
42
43    public int getGradeType( ) {
44      return gradeType;
45    }
46
47    public void setGradeType(int gradeType) {
48      this.gradeType = gradeType;
49    }
50
51    public void register(Student student) {
52      studentList.add(student);                      수강 신청 메서드
53    }
54  }
```

점수 클래스

점수 클래스는 '어느 학생의 어느 과목 점수가 몇 점이다'를 구현합니다. 따라서 학번, 과목, 점수 값이 속성이 됩니다.

코딩해 보세요! 점수 클래스 구현 ・참고 파일 Score.java

```
01  package school;
02
03  public class Score {
04    int studentId;        //학번
05    Subject subject;      //과목
06    int point;            //점수
07
08    public Score(int studentId, Subject subject, int point) {
09      this.studentId = studentId;
10      this.subject = subject;
11      this.point = point;
12    }
13
14    public int getStudentId( ) {
15      return studentId;
16    }
```

```
17
18    public void setStudentId(int studentId) {
19      this.studentId = studentId;
20    }
21
22    public Subject getSubject( ) {
23      return subject;
24    }
25
26    public void setSubject(Subject subject) {
27      this.subject = subject;
28    }
29
30    public int getPoint( ) {
31      return point;
32    }
33
34    public void setPoint(int point) {
35      this.point = point;
36    }                                              ┌─────────────────────────┐
37                                                   │ toString( ) 메서드 재정의 │
38    public String toString( ) {                    └─────────────────────────┘
39      return "학번:" + studentId + "," + subject.getSubjectName( ) + ":" + point;
40    }
41  }
```

프로그램 전반에서 사용하는 상수 클래스

프로그램 전반에서 사용하는 상수 값을 정의하는 Define 클래스를 만들고 public static final로 상수 선언합니다.

코딩해 보세요! 상수 값 정의   •참고 파일 Define.java

```
01  package utils;
02
03  public class Define {
04    public static final int KOREAN = 1001;      //국어
05    public static final int MATH = 2001;        //수학
06
07    public static final int AB_TYPE = 0;        //일반 과목 학점 산출 정책
08    public static final int SAB_TYPE = 1;       //필수 과목 학점 산출 정책
09  }
```

학점 평가 정책 설계하고 구현하기

인터페이스 정의하기

앞에서도 이야기했듯이 점수에 따른 학점을 평가하는 방법은 여러 가지가 있을 수 있습니다. 그러므로 일단 여러 산출 방법 클래스가 구현할 내용을 인터페이스로 정의합니다.

코딩해 보세요! **인터페이스 정의** • 참고 파일 GradeEvaluation.java

```java
01  package grade;
02
03  public interface GradeEvaluation {
04    public String getGrade(int point);
05  }
```

getGrade( ) 메서드는 점수가 있으면 그 점수에 따른 학점을 문자열로 반환해 줍니다. 이제 학점을 산출하는 모든 클래스는 위 인터페이스를 구현해야 합니다. 이 프로그램에는 두 가지 정책이 있습니다. 필수 과목과 일반 과목으로 구분하여 학점을 산출하는 정책입니다. 일반 과목 학점 정책을 BasicEvaluation이라고 하고 필수 과목 학점 정책을 MajorEvaluation이라고 하겠습니다. 그러면 다음 그림과 같이 구현해야 할 것입니다.

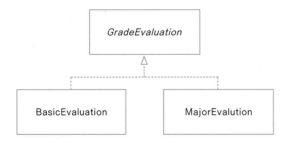

인터페이스를 구현한 학점 산출 클래스

일반 과목 학점 산출하기

코딩해 보세요! **일반 과목 학점 정책 클래스**　　　　　　　　　　• 참고 파일 BasicEvaluation.java

```java
01  package grade;
02
03  public class BasicEvaluation implements GradeEvaluation {
04    @Override
05    public String getGrade(int point) {
06      String grade;
07
08      if(point >= 90 && point <= 100)
09        grade = "A";
10      else if(point >= 80)
11        grade = "B";
12      else if(point >= 70)
13        grade = "C";
14      else if(point >= 55)
15        grade = "D";
16      else
17        grade = "F";
18      return grade;
19    }
20  }
```

필수 과목 학점 산출하기

코딩해 보세요! **필수 과목 학점 정책 클래스**　　　　　　　　　　• 참고 파일 MajorEvaluation.java

```java
01  package grade;
02
03  public class MajorEvaluation implements GradeEvaluation {
04    @Override
05    public String getGrade(int point) {
06      String grade;
07      if(point >= 95 && point <= 100)
08        grade = "S";
09      else if(point >= 90 )
10        grade = new String("A");
```

```
11    else if(point >= 80 )
12      grade = "B";
13    else if(point >= 70)
14      grade = "C";
15    else if(point >= 60)
16      grade = "D";
17    else
18      grade = "F";
19    return grade;
20   }
21 }
```

리포트 클래스

실제 서비스를 운영하는 쇼핑몰이나 금융, 검색 등에서 리포트 프로그램은 매우 많은 양을 차지합니다. 특히 관리와 통계를 위한 프로그램이 많습니다. 여기에서 학점 리포트는 각 과목당 산출하겠습니다.

◎ 데이터베이스를 사용하는 경우에 데이터 베이스로부터 값을 가져오는 쿼리문을 최적화하여 구현합니다.

코딩해 보세요! **리포트 클래스 구현하기**　　　　• 참고 파일 GenerateGradeReport.java

```
01   package school.report;
02
03   import java.util.ArrayList;
04
05   import grade.BasicEvaluation;
06   import grade.GradeEvaluation;
07   import grade.MajorEvaluation;
08   import school.School;
09   import school.Score;
10   import school.Student;
11   import school.Subject;
12   import utils.Define;
13
14   public class GenerateGradeReport {
15     School school = School.getInstance( );
16     public static final String TITLE = " 수강생 학점 \t\t\n";
17     public static final String HEADER = " 이름 ¦ 학번 ¦필수과목¦점수  \n ";
18     public static final String LINE = "-----------------------------------\n";
```

```
19    private StringBuffer buffer = new StringBuffer( );
20
21    public String getReport( ) {
22      ArrayList<Subject> subjectList = school.getSubjectList( );
23
24      for(Subject subject : subjectList) {
25        makeHeader(subject);
26        makeBody(subject);
27        makeFooter( );
28      }
29      return buffer.toString( );────  String으로 반환
30    }
31
32    public void makeHeader(Subject subject) {
33      buffer.append(GenerateGradeReport.LINE);
34      buffer.append("\t" + subject.getSubjectName( ));
35      buffer.append(GenerateGradeReport.TITLE);
36      buffer.append(GenerateGradeReport.HEADER);
37      buffer.append(GenerateGradeReport.LINE);
38    }
39
40    public void makeBody(Subject subject) {
41      ArrayList<Student> studentList = subject.getStudentList( );
42
43      for(int i = 0; i < studentList.size( ); i++) {
44        Student student = studentList.get(i);
45        buffer.append(student.getStudentName( ));
46        buffer.append(" ¦ ");
47        buffer.append(student.getStudentId( ));
48        buffer.append(" ¦ ");
49        buffer.append(student.getMajorSubject( ).getSubjectName( ) + "\t");
50        buffer.append(" ¦ ");
51
52        getScoreGrade(student, subject.getSubjectId( ));────  학생별 수강 과목 학점 계산
53
54        buffer.append("\n");
55        buffer.append(LINE);
56      }
57    }
58
59    public void getScoreGrade(Student student, int subjectId) {
```

```
60    ArrayList<Score> scoreList = student.getScoreList( );
61    int majorId = student.getMajorSubject( ).getSubjectId( );
62
63    GradeEvaluation[ ] gradeEvaluation = {new BasicEvaluation( ),        학점 평가 클래스
                            new MajorEvaluation( )};
64
65    for(int i=0; i<scoreList.size( ); i++) {
66      Score score = scoreList.get(i);
67      if(score.getSubject( ).getSubjectId( ) == subjectId) {  // 학점 산출할 과목
68        String grade;
69        if(score.getSubject( ).getSubjectId( ) == majorId)      // 필수 과목인 경우
70          grade = gradeEvaluation[Define.SAB_TYPE].getGrade(score.getPoint( ));
71        else // 일반 과목인 경우
72          grade = gradeEvaluation[Define.AB_TYPE].getGrade(score.getPoint( ));
73
74        buffer.append(score.getPoint( ));
75        buffer.append(":");
76        buffer.append(grade);
77        buffer.append(" ¦ ");
78      }
79    }
80  }
81
82  public void makeFooter( ) {
83    buffer.append("\n");
84  }
85  }
```

학점을 산출하기 위해 사용하는 클래스를 다음처럼 배열로 정의했습니다. 학점 평가 클래스는 GradeEvaluation 인터페이스를 구현하였으므로 GradeEvaluation형으로 선언해 두고 인스턴스를 생성한 후 필요할 때 사용하면 됩니다.

```
GradeEvaluation[ ] gradeEvaluation = {new BasicEvaluation( ), new MajorEvaluation( )};
```

학점을 계산하려는 점수의 과목이 필수일 경우 Define.SAB_TYPE 값을 배열에 넣습니다. 그러면 MajorEvaluation( ) 메서드 계산 방법이 적용됩니다.

```
if(score.getSubject( ).getSubjectId( ) == majorId)  // 필수 과목인 경우
  grade = gradeEvaluation[Define.SAB_TYPE].getGrade(score.getPoint( ));
```

프로그램 테스트하기

이제 기본 프로그램 코드는 모두 작성했고 테스트를 위한 프로그램을 작성하겠습니다. 학교에서는 학생이 등록을 하고 과목이 개설됩니다. 그리고 학생이 해당 과목에 수강 신청을 합니다. 이러한 기능을 웹 페이지나 모바일 UI 앱으로 실행할 수 있으면 좋겠지만 그러기 위해서는 별도의 내용을 배워야 합니다. 여기에서는 테스트 데이터를 직접 생성하고 이를 콘솔 창에서 확인해 보겠습니다.

학교 클래스

학교 클래스의 속성은 학생 리스트, 과목 리스트가 있습니다. 학교는 유일한 객체이므로 '06-5 static 응용'에서 배운 싱글톤 패턴으로 구현해 보겠습니다.

코딩해 보세요! 학교 클래스 • 참고 파일 School.java

```java
01    package school;
02
03    import java.util.ArrayList;
04
05    public class School {
06      private static School instance = new School( );
07
08      private static String SCHOOL_NAME = "Good School";
09      private ArrayList<Student> studentList = new ArrayList<Student>( );  //등록된 학생
10      private ArrayList<Subject> subjectList = new ArrayList<Subject>( );  //과목 리스트
11
12      private School( ) { }
13
14      public static School getInstance( ) {
15        if(instance == null)
16          instance = new School( );
17        return instance;
18      }
19
20      public ArrayList<Student> getStudentList( ) {
```

```
21      return studentList;
22    }
23
24    public void addStudent(Student student) {
25      studentList.add(student);
26    }
27
28    public void addSubject(Subject subject) {
29      subjectList.add(subject);
30    }
31
32    public ArrayList<Subject> getSubjectList( ) {
33      return subjectList;
34    }
35
36    public void setSubjectList(ArrayList<Subject> subjectList) {
37      this.subjectList = subjectList;
38    }
39  }
```

테스트 프로그램

학생, 과목, 점수 등을 각각 생성하고 리포트 클래스를 생성하여 성적과 학점을 출력합니다.

| 코딩해 보세요! | 테스트 클래스 | • 참고 파일 TestMain.java |

```
01  package test;
02
03  import school.School;
04  import school.Score;
05  import school.Student;
06  import school.Subject;
07  import school.report.GenerateGradeReport;
08  import utils.Define;
09
10  public class TestMain {
11    School goodSchool = School.getInstance( );
12    Subject korean;
13    Subject math;
14
```

```
15    GenerateGradeReport gradeReport = new GenerateGradeReport( );
16
17  public static void main(String[ ] args) {
18    TestMain test = new TestMain( );
19
20    test.creatSubject( );
21    test.createStudent( );
22
23    String report = test.gradeReport.getReport( ); //성적 결과 생성
24    System.out.println(report);
25  }
26
27  public void creatSubject( ) {
28    korean = new Subject("국어", Define.KOREAN);
29    math = new Subject("수학", Define.MATH);
30                                                          테스트 과목 생성
31    goodSchool.addSubject(korean);
32    goodSchool.addSubject(math);
33  }
34
35  public void createStudent( ) {
36    Student student1 = new Student(181213, "안성원", korean);
37    Student student2 = new Student(181518, "오태훈", math);
38    Student student3 = new Student(171230, "이동호", korean);    테스트 학생 생성
39    Student student4 = new Student(171255, "조성욱", korean);
40    Student student5 = new Student(171590, "최태평", math);
41
42    goodSchool.addStudent(student1);
43    goodSchool.addStudent(student2);
44    goodSchool.addStudent(student3);      goodSchool에 학생 추가
45    goodSchool.addStudent(student4);
46    goodSchool.addStudent(student5);
47
48    korean.register(student1);
49    korean.register(student2);
50    korean.register(student3);      국어 과목을 수강하는 학생 등록
51    korean.register(student4);
52    korean.register(student5);
53
54    math.register(student1);
55    math.register(student2);
```

```
56    math.register(student3);
57    math.register(student4);          수학 과목을 수강하는 학생 등록
58    math.register(student5);
59
60    addScoreForStudent(student1, korean, 95);
61    addScoreForStudent(student1, math, 56);
62
63    addScoreForStudent(student2, korean, 95);
64    addScoreForStudent(student2, math, 95);
65
66    addScoreForStudent(student3, korean, 100);    각 학생의 과목 점수 추가
67    addScoreForStudent(student3, math, 88);
68
69    addScoreForStudent(student4, korean, 89);
70    addScoreForStudent(student4, math, 95);
71
72    addScoreForStudent(student5, korean, 85);
73    addScoreForStudent(student5, math, 56);
74  }
                                               과목별 점수를 추가하는 메서드
75
76  public void addScoreForStudent(Student student, Subject subject, int point) {
77    Score score = new Score(student.getStudentId( ), subject, point);
78    student.addSubjectScore(score);
79  }
80 }
```

과목과 학점 정책이 추가되는 경우

'방송 댄스' 과목이 새로 개설되고 이 과목의 학점 평가 정책은 pass/fail로 정해졌다고 가정해 봅시다. 평가 기준은 70점 이상인 경우 pass, 70점 미만일 경우 fail입니다. 그리고 학생 다섯 명 중 세 명만 이 과목을 수강 신청했습니다. 이렇게 과목과 정책이 추가되는 경우 업그레이드하는 방법을 살펴보겠습니다.

우선 과목 클래스에 대해 생각해 보겠습니다. 추가된 과목 자체의 속성은 이전 과목들과 동일합니다. 따라서 TestMain 클래스에서 Subject 클래스만 추가로 생성하고, 학생들이 그 과목에 등록하면 됩니다. 만약 추가된 과목에 기존 과목에서 확장되는 기능이나 속성이 있다면 상속을 사용하면 될 것입니다. 다음으로 생각할 것은 추가된 학점 정책 부분입니다. 학점 정책이 새로 생겼으므로 GradeEvaluation 인터페이스를 구현하는 클래스를 새로 추가합니다. 그리고 Subject 클래스에서 gradeType 변수 값으로 pass/fail 방식임을 지정하면 됩니다.

먼저 Define.java 파일에 과목 코드와 학점 정책 코드를 추가합니다.

코딩해 보세요! 상수 값 정의 • 참고 파일 Define.java

```java
01  package utils;
02
03  public class Define {
04    ...
05    public static final int DANCE = 3001;      // 방송 댄스
06    ...
07    public static final int PF_TYPE = 2;       // pass/fail 방식
08  }
```

그리고 TestMain.java 파일에서 과목을 생성한 후 생성한 과목에 학생 3명을 등록합니다.

```java
01   package test;
02
03   ...
04
05   public class TestMain {
06     School goodSchool = School.getInstance( );
07     Subject korean;
08     Subject math;
09     Subject dance;
10
11     ...
12
13     public void creatSubject( ) {
14       korean = new Subject("국어", Define.KOREAN);
15       math = new Subject("수학", Define.MATH);
16       dance = new Subject("방송 댄스", Define.DANCE);
17
18       dance.setGradeType(Define.PF_TYPE);   //학점 평가 정책 지정
19
20       goodSchool.addSubject(korean);
21       goodSchool.addSubject(math);
22       goodSchool.addSubject(dance);
23     }
24
25     public void createStudent( ) {
26       ...
27       math.register(student5);
28
29       dance.register(student1);
30       dance.register(student2);
31       dance.register(student3);
32
33       addScoreForStudent(student1, korean, 95);
34       addScoreForStudent(student1, math, 56);
35       addScoreForStudent(student1, dance, 95);
36
37       addScoreForStudent(student2, korean, 95);
38       addScoreForStudent(student2, math, 95);
39       addScoreForStudent(student2, dance, 85);
40
```

```
41    addScoreForStudent(student3, korean, 100);
42    addScoreForStudent(student3, math, 88);
43    addScoreForStudent(student3, dance, 55);
44    ...
45  }
46
47  ...
48
```

GradeEvaluation 인터페이스를 구현한 PassFailEvaluation 클래스는 다음과 같습니다.

코딩해 보세요!　**Pass/Fail 학점 클래스 구현**　　•참고 파일 PassFailEvaluation.java

```
01  package grade;
02
03  public class PassFailEvaluation implements GradeEvaluation {
04   @Override
05   public String getGrade(int point) {
06    if(point >= 70 && point <= 100)
07      return "P";
08    else
09      return "F";
10   }
11  }
```

리포트를 생성하는 코드의 학점 평가 정책 인스턴스 배열에 PassFailEvaluation 인스턴스를 추가합니다. 정책이 PF_TYPE인 경우에 이 인스턴스의 getGrade( ) 메서드를 호출합니다. 그리고 PF_TYPE의 평가가 수행되도록 조건문을 추가합니다.

코딩해 보세요!　**리포트 클래스 구현하기**　　•참고 파일 GenerateGradeReport.java

```
01  package school.report;
02
03  ...
04
05  public class GenerateGradeReport {
06   ...
07   public void getScoreGrade(Student student, int subjectId) {
08    ArrayList<Score> scoreList = student.getScoreList( );
```

```
09      int majorId = student.getMajorSubject( ).getSubjectId( );
10      GradeEvaluation[ ] gradeEvaluation = {new BasicEvaluation( ),
11                      new MajorEvaluation( ), new PassFailEvaluation( )};
12
13       for(int i = 0; i < scoreList.size( ); i++) {
14       Score score = scoreList.get(i);
15       if(score.getSubject( ).getSubjectId( ) == subjectId) {  //학점 산출할 과목
16         String grade;
17         if(subject.getGradeType( ) == Define.PF_TYPE) {        //pss/fail 방식
18           grade = gradeEvaluation[Define.PF_TYPE].getGrade(score.getPoint( ));
19         }
20         else {
21           if(score.getSubject( ).getSubjectId( ) == majorId)
22             grade = gradeEvaluation[Define.SAB_TYPE].getGrade(score.getPoint( ));
23           else
24             grade = gradeEvaluation[Define.AB_TYPE].getGrade(score.getPoint( ));
25         }
26         ...
27       }
28     }
29   }
30   ...
31 }
```

많은 부분을 추가한 듯하지만 TestMain 부분을 제외하면 학점 평가 정책 클래스를 하나 더 구현하고 구현된 클래스를 적용하기 위한 조건을 추가한 부분이 주요 내용입니다. 출력 결과는 다음과 같습니다.

```
------------------------------        ------------------------------        ------------------------------
        국어 수강생 학점                        수학 수강생 학점                      방송댄스 수강생 학점
이름  ¦  학번  ¦중점과목¦ 점수            이름  ¦  학번  ¦중점과목¦ 점수            이름  ¦  학번  ¦중점과목¦ 점수
------------------------------        ------------------------------        ------------------------------
안성원 ¦ 181213 ¦ 국어  ¦ 95:S ¦         안성원 ¦ 181213 ¦ 국어  ¦ 56:D ¦         안성원 ¦ 181213 ¦ 국어  ¦ 95:P ¦
오태훈 ¦ 181518 ¦ 수학  ¦ 95:A ¦         오태훈 ¦ 181518 ¦ 수학  ¦ 95:S ¦         오태훈 ¦ 181518 ¦ 수학  ¦ 85:P ¦
------------------------------        ------------------------------        ------------------------------
이동호 ¦ 171230 ¦ 국어  ¦ 100:S ¦        이동호 ¦ 171230 ¦ 국어  ¦ 88:B ¦         이동호 ¦ 171230 ¦ 국어  ¦ 55:F ¦
조성욱 ¦ 171255 ¦ 국어  ¦ 89:B ¦         조성욱 ¦ 171255 ¦ 국어  ¦ 95:A ¦         ------------------------------
최태평 ¦ 171590 ¦ 수학  ¦ 85:B ¦         최태평 ¦ 171590 ¦ 수학  ¦ 56:F ¦
------------------------------        ------------------------------
```

지금까지 우리가 배운 객체 지향 개념과 그 기술을 활용한 프로그램을 구현해 보았습니다. 주어진 프로젝트나 과제를 처음부터 능숙하게 구현할 수는 없습니다. 지금 우리가 만든 프로그램을 우선 따라 해보고 다시 처음부터 클래스, 인터페이스, 리포트를 스스로 만들면서 시행 착오

를 겪어 보기 바랍니다. 또한 여기에서는 TestMain 클래스에서 모든 클래스를 직접 생성하여 테스트했지만, 실제 업무에서 자료는 데이터베이스나 파일에 저장되어 있을 것입니다. 파일로부터 자료를 읽어 오는 방식으로 업그레이드를 해보는 등 더 멋진 프로그램으로 발전시켜 보기 바랍니다.

오랜 시간 책의 많은 내용을 함께 공부하느라 수고하셨습니다. 여러분이 자바를 시작하는 데 도움이 되었기를 바랍니다.

45쪽

```
package chapter2;

public class Variable1 {
  public static void main(String[ ] args) {
  int age;
  age = 25;
  System.out.println(age);
  }
}
```

74쪽

```
package chapter3;

public class OperationEx1 {
  public static void main(String[] args) {
    int mathScore = 90;
    int engSccore = 70;
    int korScore = 100;

    int totalScore = mathScore + engSccore + korScore;
    System.out.println(totalScore);

    double avgScore = totalScore / 3.0;
    System.out.println(avgScore);
  }
}
```

```
package chapter4;

public class IfExample2 {
  public static void main(String[] args) {
    int age = 60;
    int charge;

    if(age < 8) {
      charge = 1000;
      System.out.println("취학 전 아동입니다.");
    }
    else if(age < 14) {
      charge = 2000;
      System.out.println("초등학생입니다.");
    }
    else if(age < 20) {
      charge = 2500;
      System.out.println("중, 고등학생입니다.");
    }
    else if(age >= 60) {
      charge = 0;
      System.out.println("경로 우대입니다.");
    }
    else {
      charge = 3000;
      System.out.println("일반인입니다.");
    }
    System.out.println("입장료는 " + charge + "원입니다.");
  }
}
```

```
package chapter4;

public class NestedLoop {
  public static void main(String[] args) {
    int dan;
    int times;

    for(dan = 3; dan <=7; dan++) {
      for(times = 1; times <=9; times++) {
        System.out.println(dan + "X" + times + "=" + dan * times);
      }
      System.out.println();
    }
  }
}
```

```
package chapter7;

public class ArrayTest {
  public static void main(String[] args) {
    int[] number = new int[] {1, 2, 3, 4, 5, 6, 7, 8, 9, 10};
    int sum = 0;

    for(int i=0; i<number.length; i++) {
      sum += number[i];
    }

    System.out.println(sum);
  }
}
```

정답

01 · 자바 프로그래밍 시작하기　37쪽

Q1 컴파일

Q2 객체 지향 프로그래밍

Q3 자바 가상 머신(JVM)

Q4 JDK

Q5 JRE

Q6 깃허브 또는 자료실을 참고하세요!

02 · 변수와 자료형　69쪽

Q1 예

Q2 아니오

Q3 부동 소수점 방식

Q4 ~ Q5 깃허브 또는 자료실을 참고하세요!

03 · 자바의 여러 가지 연산자　88~90쪽

Q1 1. = 2. == 3. ? 4. :

Q2 ① 10

Q3 ① 10 ② 10 ③ 11 ④ 10

Q4 ① false ② true ③ false

Q5 ① 2 ② 10 ③ 8 ④ -3

Q6 ① 18 ② 8 ③ 2

Q7 ① 30

04 · 제어 흐름 이해하기　123쪽

Q1 ~ Q5 깃허브 또는 자료실을 참고하세요!

05 · 클래스와 객체 1　168쪽

Q1 생성자

Q2 인스턴스, 인스턴스 변수

Q3 메서드

Q4 깃허브 또는 자료실을 참고하세요!

06 · 클래스와 객체 2　197쪽

Q1 this

Q2 this

Q3 클래스 변수

Q4 스택, 데이터 영역

Q5 ~ Q7 깃허브 또는 자료실을 참고하세요!

07 · 배열과 ArrayList　230쪽

Q1 같은

Q2 ~ Q5 깃허브 또는 자료실을 참고하세요!

08 · 상속과 다형성　279쪽

Q1 extends

Q2 super

Q3 메서드 재정의(오버라이딩)

Q4 상위 클래스(Employee)에 디폴트 생성자가 없으므로 하위 클래스(Engineer)에서 생성자를 정의하고 super()를 사용하여 상위 클래스의 생성자를 명시적으로 호출해야 합니다.

Q5 1. ArrayList<Shape> list = new ArrayList<Shape>( ); 2. s.draw( );

기초 프로그래밍 코스

파이썬, C 언어, 자바로 시작하는 프로그래밍!
기초 단계를 독파한 후 응용 단계로 넘어가세요!

기초
단계

박응용 | 360쪽

김성엽 | 576쪽

김동형 | 856쪽

시바타 보요, 강민 역 | 408쪽

시바타 보요, 강민 역 | 452쪽

시바타 보요, 강민 역 | 424쪽

응용
단계

김창현 | 296쪽

강성윤 | 720쪽

김종관 | 564쪽

나는 어떤
코스가
적합할까?

A 파이썬 개발자가 되고 싶은 사람

- Do it! 파이썬 생활 프로그래밍
- Do it! 점프 투 장고
- Do it! 점프 투 플라스크
- Do it! 장고+부트스트랩 파이썬 웹
  개발의 정석
- Do it! 점프 투 파이썬 — 라이브러리
  예제 편

B 자바·코틀린 개발자가 되고 싶은 사람

- Do it! 자바 완전 정복
- Do it! 자바 프로그래밍 입문
- Do it! 코틀린 프로그래밍
- Do it! 안드로이드 앱 프로그래밍
  — 개정 8판
- Do it! 깡샘의 안드로이드 앱 프로그래밍
  with 코틀린 — 개정 2판

기초 단계

문법부터 차근차근~

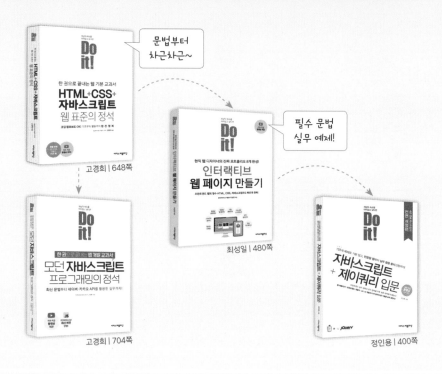

한 권으로 끝내는 웹 기본 교과서
Do it!
HTML+CSS+자바스크립트
웹 표준의 정석

고경희 | 648쪽

필수 문법 실무 예제!

Do it!
인터랙티브 웹 페이지 만들기

최성일 | 480쪽

한 권으로 끝내는 웹 개발 교과서
Do it!
모던 자바스크립트 프로그래밍의 정석

고경희 | 704쪽

Do it!
자바스크립트 + 제이쿼리 입문

정인용 | 400쪽

응용 단계

Do it!
반응형 웹 페이지 만들기

김운아 | 344쪽

Do it!
클론 코딩 줌 zoom

니꼴라스, 강윤호 | 296쪽

Do it!
클론 코딩 영화 평점 웹서비스

니꼴라스, 김형태 | 248쪽

Do it!
클론 코딩 트위터

니꼴라스, 김준혁 | 256쪽

나는 어떤 코스가 적합할까?

A 웹 퍼블리셔가 되고 싶은 사람

- Do it! HTML+CSS+자바스크립트 웹 표준의 정석
- Do it! 인터랙티브 웹 페이지 만들기
- Do it! 자바스크립트+제이쿼리 입문
- Do it! 반응형 웹 페이지 만들기
- Do it! 웹 사이트 기획 입문

B 웹 개발자가 되고 싶은 사람

- Do it! HTML+CSS+자바스크립트 웹 표준의 정석
- Do it! 모던 자바스크립트 프로그래밍의 정석
- Do it! 클론코딩 줌
- Do it! 클론 코딩 영화 평점 웹서비스 만들기
- Do it! 클론 코딩 트위터
- Do it! 리액트 프로그래밍 정석

앱 프로그래밍 코스

자바, 코틀린, 스위프트로 시작하는 앱 프로그래밍!
나만의 앱을 만들어 보세요!

기초 단계

김동형 | 856쪽

황영덕 | 680쪽

송호정, 이범근 | 696쪽

정재곤 | 800쪽

강성윤 | 720쪽

응용 단계

강성윤 | 712쪽

전예홍 | 856쪽

김응석 | 576쪽

나는 어떤 코스가 적합할까?

A 빠르게 앱을 만들고 싶은 사람

- Do it! 안드로이드 앱 프로그래밍
  — 개정 8판
- Do it! 깡샘의 안드로이드 앱
  프로그래밍 with 코틀린 — 개정 2판
- Do it! 스위프트로 아이폰 앱 만들기
  입문 — 개정 7판
- Do it! 플러터 앱 프로그래밍 — 개정판
- Do it! 깡샘의 플러터&다트 프로그래밍

B 앱 개발 실력을 더 키우고 싶은 사람

- Do it! 자바 완전 정복
- Do it! 코틀린 프로그래밍
- Do it! 리액트 네이티브 앱 프로그래밍
- Do it! 프로그레시브 웹앱 만들기

AI & Data Analysis Course
인공지능 & 데이터 분석 코스

인공지능, 데이터 분석도 Do it! 시리즈와 함께!
주어진 순서대로 차근차근 독파해 보세요!

인공
지능

정직하게 코딩하며 배우는
딥러닝 입문

박해선 | 328쪽

Do it!
파셉트론부터 GAN까지 핵심 이론 총망라!
딥러닝 교과서

윤성진 | 432쪽

이론을
더 깊게~

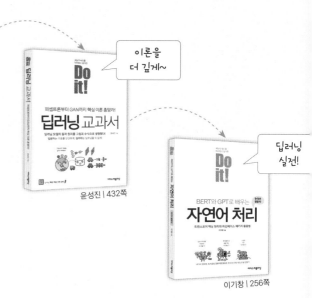

Do it!
BERT와 GPT로 배우는
자연어 처리

딥러닝
실전!

이기창 | 256쪽

데이터
분석

**쉽게 배우는
R 데이터 분석**

**쉽게 배우는
R 텍스트 마이닝**

김영우 | 376쪽

김영우 | 344쪽

**쉽게 배우는
파이썬 데이터 분석**

김영우 | 472쪽

부동산 빅데이터 분석 전 과정 수록!
**공공데이터로 배우는
R 데이터 분석** with 샤이니

김철민 | 248쪽

나는 어떤
코스가
적합할까?

A 인공지능 개발자가 되고 싶은 사람

- Do it! 점프 투 파이썬
- Do it! 정직하게 코딩하며 배우는
  딥러닝 입문
- Do it! 딥러닝 교과서
- Do it! BERT와 GPT로 배우는
  자연어 처리

B 데이터 분석가가 되고 싶은 사람

- Do it! 쉽게 배우는 파이썬 데이터 분석
- Do it! 쉽게 배우는 R 데이터 분석
- Do it! 쉽게 배우는 R 텍스트 마이닝
- Do it! 데이터 분석을 위한 판다스 입문
- Do it! R 데이터 분석 with 샤이니
- Do it! 첫 통계 with 베이즈